徳川義宣著

新修 徳川家康文書の研究 第二輯

財團法人
徳川黎明會刊

晩年の徳川義宣

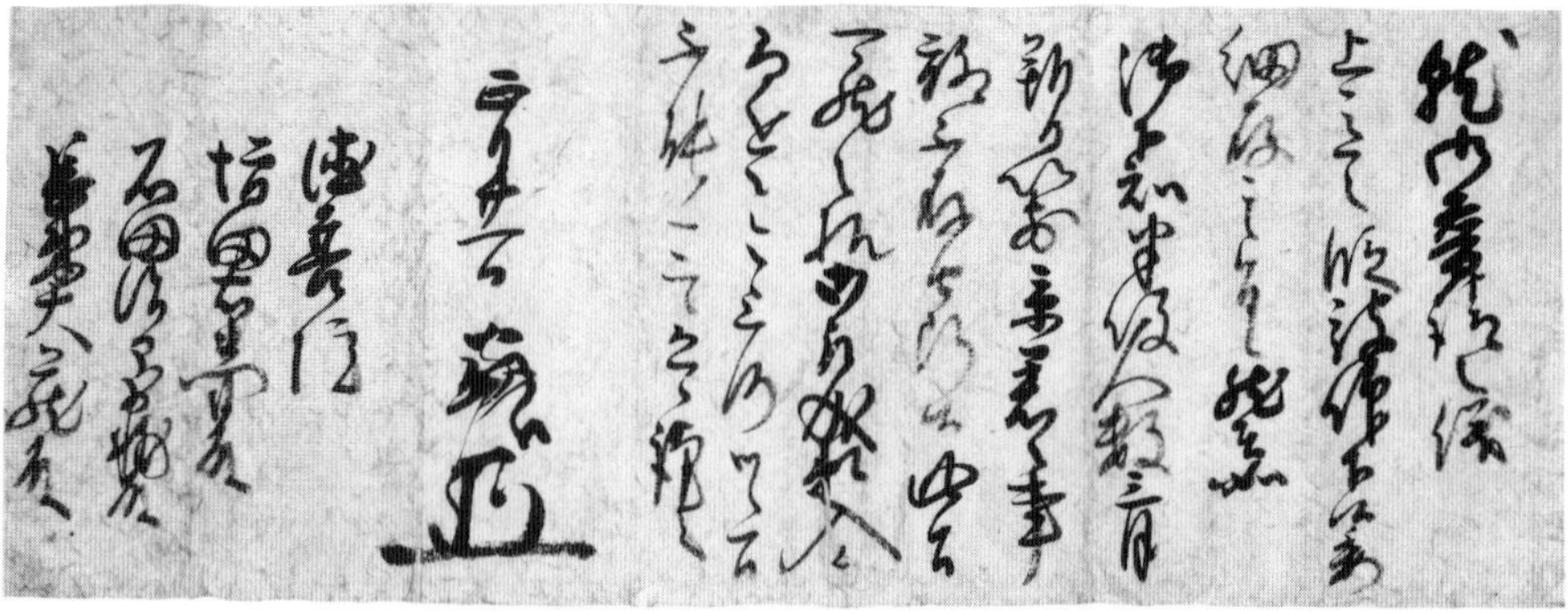

圖版一　豊臣氏四奉行に遺れる書状（慶長三年正月二十一日）

奈良縣立美術館所藏（解說 264 頁）

圖版二　前田利家に遺れる書状（慶長三年七月二十二日）

村上氏舊藏（解說 267 頁）

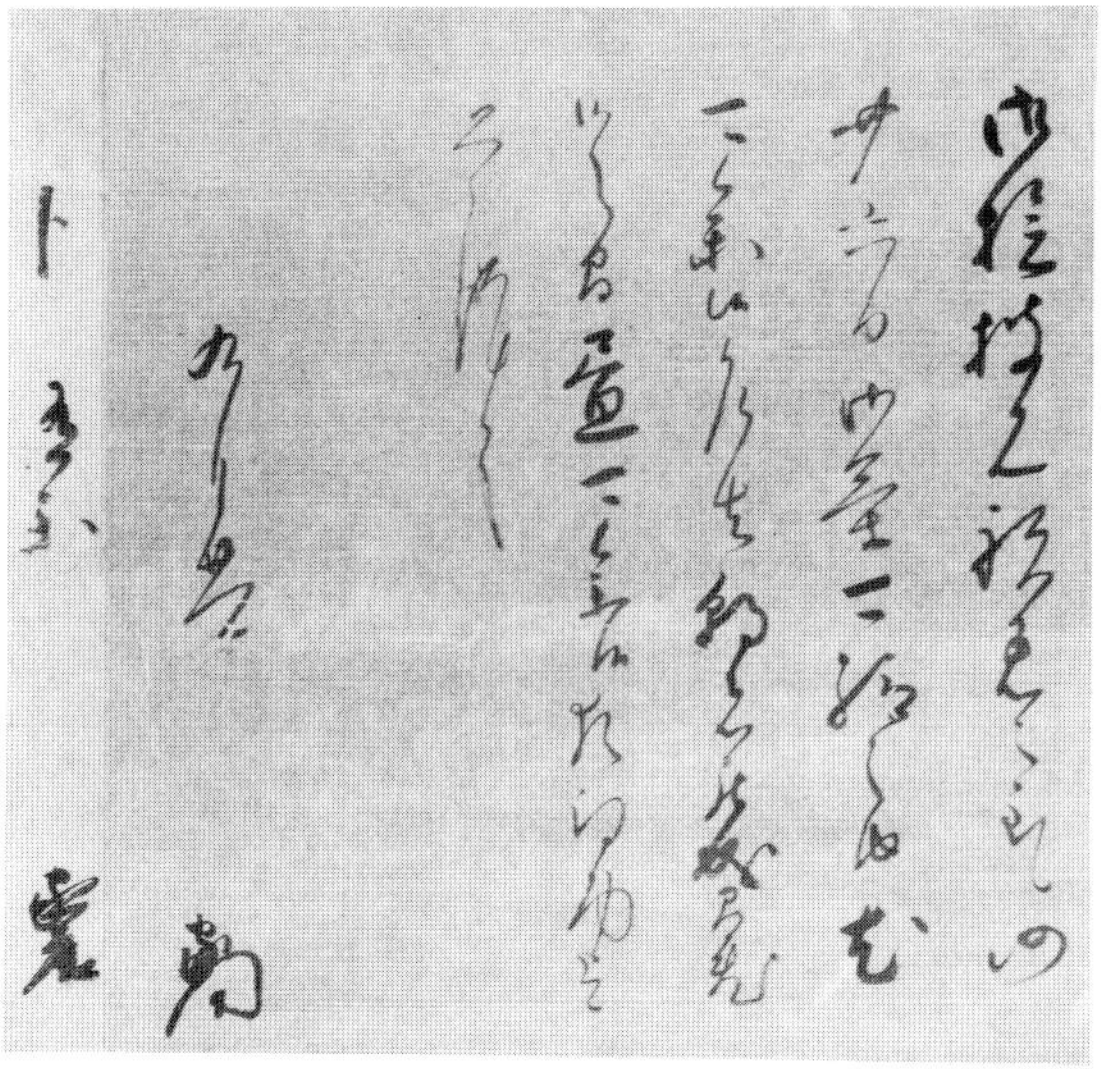

圖版三　織田長益に遺れる書狀（慶長四年假入九月二十一日）
玉英堂書店所藏（解說 300 頁）

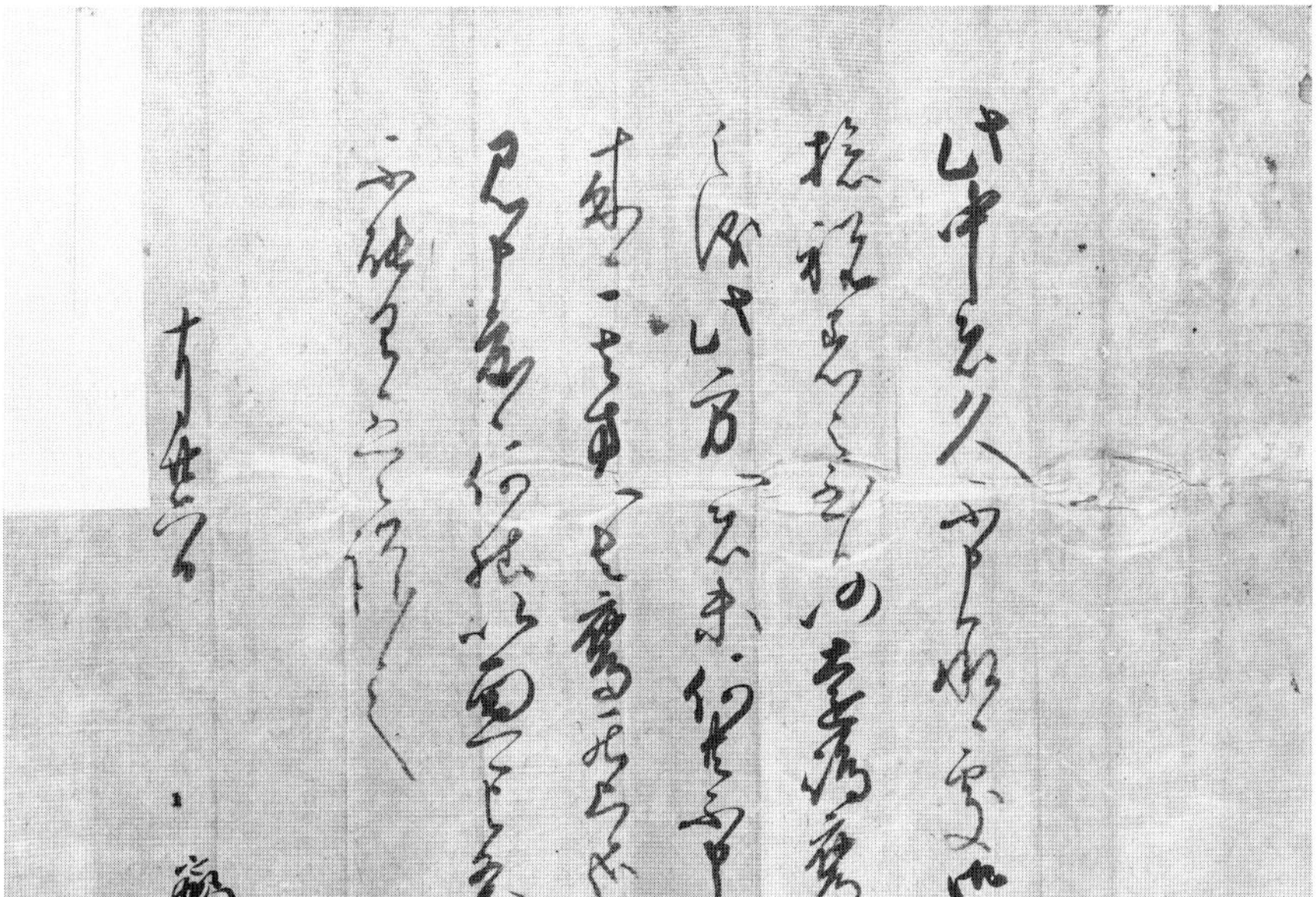

圖版四　伊達政宗に遺れる書狀（慶長四年十月二十六日）
仙臺市博物館所藏（解說 303 頁）

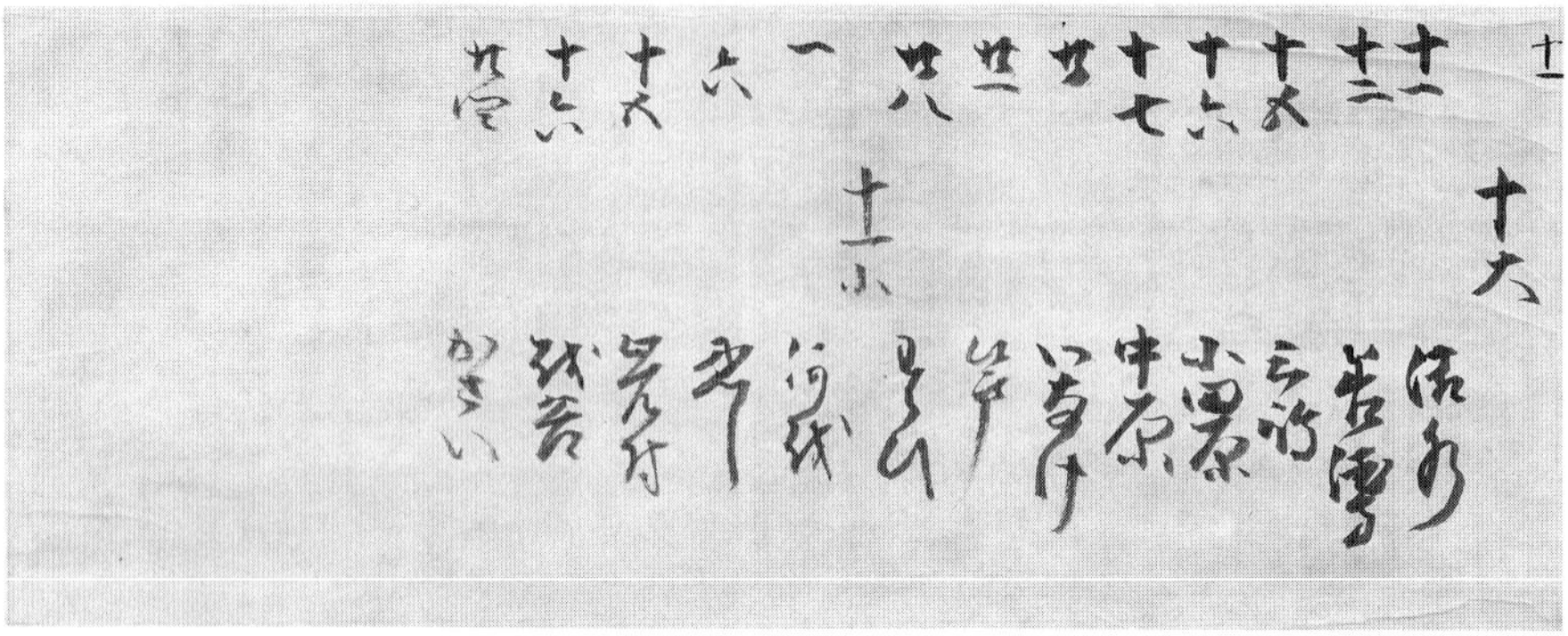

圖版五　道中宿付（慶長十四年十月）

徳川恆孝氏所藏（解說 558 頁）

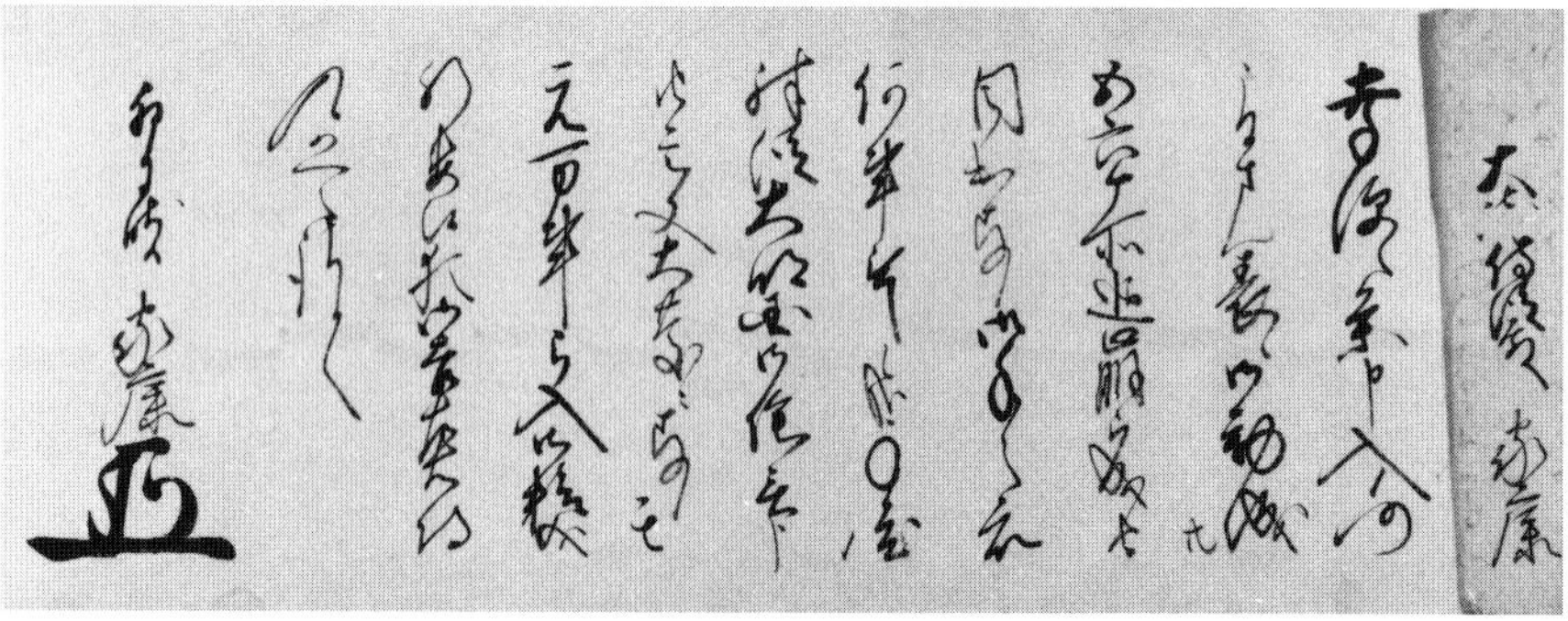

圖版六　伊達政宗に遣れる書狀（文祿二年四月三十日）

仙臺市博物館所藏（754 頁原本確認一覽表）

目次

永禄五年

永禄六年

永禄七年

天正十一年

竹居郷右衞門に與へたる本領安堵狀（天正十一年五月六日）……七九
今井與三兵衞に與へたる本領替地宛行狀（天正十一年五月六日）……八〇
三澤昌利に與へたる本領替地安堵狀（天正十一年五月十六日）……八一
田邊忠村に與へたる本領改替宛行狀（天正十一年六月二日）……八二
禰津信光に遣れる書狀（天正十一年九月十日）……八三
岩手信政に與へたる所領宛行狀（天正十一年九月二十日）……八四
高木貞利に遣れる書狀（天正十一年閏九月二十八日）……八六
甲斐西光寺に與へたる寺領安堵狀（天正十一年九月三十日）……八八

天正十二年

北條氏直に遣れる書狀（天正十二年三月九日）……八九
鱸越中守に與へたる所領宛行狀（天正十二年三月十九日）……九〇
森正成（推定）に與へたる所領宛行狀（天正十二年三月二十八日）……九二
屋代秀正（勝永）に遣れる書狀（天正十二年五月二日）……九四
〔參考〕羽柴秀吉より前田利家に遣れる書狀（天正十二年六月七日）……九五
山口重勝に遣れる書狀（天正十二年十一月六日）……九七

天正十三年

天正十四年

〔參考〕本多廣孝より柴田康忠に遺れる書狀（天正十四年十月十五日）……一一五

天正十五年

金掘六十人に與へたる山金等採掘その他に關する免許狀（天正十五年六月二十五日）……一一八

天正十六年

駿河・甲斐・信濃の宿中に下せる傳馬手形（天正十六年十二月日）……一一九
〔參考〕豐臣秀吉より遺られたる書狀（天正十五〜十六年十二月四日）……一一九

天正十七年

〔參考〕北條氏規より家康の家臣某に遺れる書狀（天正十〜十七年九月二十三日）……一二〇
三河國渥美郡高師《たかし》郷に下せる七箇條定書（天正十七年十一月三日）……一二二
三河國渥美郡小松原村（推定）に下せる七箇條定書（天正十七年十一月三日）……一二三
〔參考〕伊奈忠次より河野通鄕に與へたる知行書立（天正十七年十一月十九日）……一二四

天正十八年

天正十九年

〔參考〕將軍秀忠より上總妙經寺に與へたる寺領安堵狀（元和三年三月二十七日）……一八三
上總神野寺に與へたる寺領寄進狀（天正十九年十一月日）……一八三
下總祥鳳院に與へたる寺領寄進狀（天正十九年十一月日）……一八四
下總萬滿寺に與へたる寺領寄進狀（天正十九年十一月日）……一八五
〔參考〕將軍秀忠より相摸淨妙寺に與へたる寺領安堵狀（元和三年二月二十八日）……一八六
〔參考〕將軍秀忠より相摸長谷觀音堂に與へたる寺領安堵狀（元和三年三月二十七日）……一八七
豐臣秀吉の家臣某に遺れる書狀（天正十九年十二月二十八日）……一八七
〔參考〕豐臣秀吉より家康に遺れる書狀（天正十六～十九年五月二十日）……一八九

文祿元年

〔參考〕豐臣秀吉より家康に下されたる條目（文祿元年正月日）……一九〇
最上義光に遺れる書狀（文祿元年正月十六日）……一九二
彥坂元正に與へたる知行宛行狀（文祿元年二月一日）……一九五
蒔田賴久に與へたる知行宛行狀（文祿元年二月一日）……一九六
加藤正次に與へたる知行宛行狀（文祿元年二月一日）……一九七
〔參考〕北條氏直より家康に遺れる書狀（天正十一～文祿元年二月一日）……一九八

文祿二年

文祿三年

〔参考〕豊臣秀次より家康に与へられたる御内書（文禄三年十一月二十五日）……二三三

文禄四年

武蔵知足院に下せる下知状（文禄四年二月二日）……二三四
有馬豊氏に遺れる書状（文禄四年三月二十九日）……二三五
小林重勝に与へたる年貢皆済状（文禄四年六月九日）……二三七
〔参考〕徳川家康・宇喜多秀家・上杉景勝・前田利家・毛利輝元・小早川隆景の連署せる豊臣秀吉の條目（文禄四年八月三日）……二三八
大友義乗に遺れる書状（文禄四年十月二十四日）……二四〇

慶長元年

加藤正次に与へたる御内書（?～慶長元年二月十五日）……二四一
豊臣氏四奉行に遺れる書状（慶長元年五月三日）……二四三
岡田善同に遺れる前田利家連署の書状（慶長元年六月三日）……二四五
〔参考〕徳川秀忠より上田重安に遺れる書状（慶長元年閏七月十三日）……二四七

慶長二年

慶長三年

武川衆に與へたる替知行宛行狀（慶長三年四月二日）……二六五
前田利家に遺れる書狀（慶長三年七月二十二日）……二六七
〔參考〕豐臣秀吉の遺言覺書（慶長三年八月五日）……二七〇
加藤清正に遺れる豐臣氏四大老連署狀（慶長三年九月五日）……二七一
小西行長・宗義智に遺れる豐臣氏四大老連署書狀（慶長三年九月五日）……二七三
脇坂安治に遺れる豐臣氏五大老連署の書狀（慶長三年十月十六日）……二七五
生駒一正に遺れる豐臣氏五大老連署の書狀（慶長三年十月十六日）……二七六

慶長四年

豐臣氏五大老五奉行連署の大坂城勤番定書（慶長四年正月）……二七七
柏原次郎右衞門に遺れる書狀（？〜慶長四年二月十日）……二八一
豐臣氏五奉行に遺れる書狀（慶長四年三月十日）……二八二
京極高次に遺れる書狀（慶長四年三月十三日）……二八四
〔參考〕德川秀忠より結城秀康に遺れる書狀（慶長四年三月二十二日）……二八五
前田利長に遺れる書狀（慶長四年三月二十六日）……二八六
〔參考〕德川秀忠より某に遺れる書狀（慶長四年閏三月十九日）……二八七

慶長五年

慶長六年

慶長七年

慶長八年

慶長九年

慶長十年

中川秀成に與へたる御内書（慶長十一年五月六日）……五二七
一柳直盛に與へたる御内書（慶長十一年五月七日）……五二八

慶長十二年

中川秀成に與へたる御内書（慶長八〜十二年三月十五日）……五二八
松浦隆信に與へたる御内書（慶長十二年閏四月十二日）……五二九
小坂井新左衞門に與へたる定書（慶長十二年五月）……五三〇
松浦鎭信に與へたる御内書（慶長十二年五月十六日）……五三一
〔參考〕將軍秀忠より生駒一正に遺れる書狀（慶長十二年六月十八日）……五三二
加藤嘉明に與へたる御内書（慶長十二年六月二十日）……五三三
生駒正俊に與へたる御内書（慶長十二年六月二十日）……五三四
〔參考〕將軍秀忠より池田輝政に遺れる書狀（慶長十二年七月二十五日）……五三五
福原廣俊に與へたる御内書（慶長十〜十二年九月九日）……五三五
池田利隆に與へたる御内書（慶長十二年十月四日）……五三六
中川秀成に與へたる御内書（慶長八〜十二年十一月二日）……五三八
中川秀成に與へたる御内書（慶長八〜十二年十二月二日）……五三九

慶長十三年

慶長十四年

慶長十五年

〔參考〕將軍家光より三河本光寺に與へたる寺領安堵狀（寬永十三年十一月九日）……五六九
〔參考〕將軍秀忠より山城東寺に與へたる寺領安堵狀（慶長十五年四月二十八日）……五七〇
〔參考〕廣東商船に授けたる來航許可朱印狀案（慶長十五年七月）……五七一
阿部重吉・木村某に與へたる直書（天正十二年？〜慶長十五年七月二日）……五七一
道中宿付㈡（慶長十五年十月）……五七四
道中宿付㈢（慶長十五年十一月）……五七六
武藏增上寺に與へたる寺領目錄（慶長十五年十二月十五日）……五七八

慶長十六年

〔參考〕將軍秀忠より生駒正俊に與へたる讚岐領知狀（慶長十六年正月九日）……五七九
〔參考〕將軍秀忠より生駒正俊に與へたる半役免許狀（慶長十六年正月九日）……五七九
寺西昌吉に與へたる小物成・年貢皆濟狀（慶長十六年正月吉日）……五八〇
池田輝政室督姬に遺れる消息（慶長十六年三月二十九日）……五八一
〔參考〕將軍秀忠より池田輝政室督姬に遺れる消息（年月日未詳）……五八五
舟橋秀賢に與へたる知行宛行狀（慶長十六年四月十六日）……五八六
〔參考〕將軍秀忠より舟橋秀雅に與へたる知行安堵狀（元和三年九月七日）……五八六

慶長十七年

慶長十八年

慶長十九年

慶長二十年

元和元年

元和二年

年未詳

未勘文書

校訂（中村孝也博士『徳川家康文書の研究』收錄中）

正誤表（前著『新修徳川家康文書の研究』）

緒言

東京大學史料編纂所で研究を重ねられ、教室では長い間教鞭を執られ、多くの著作を世に遺られた故中村孝也博士の御偉業の一つに『德川家康文書の研究』の大著のあることは、今さら更めて記すまでもないであらう。その中村先生と著者との御緣は、振り返つてみると僅か五年にも充たなかつたのだが、著者がこの研究に手を染め、二冊目の本書を世に送る因となつたのは、その先生との御緣による。その因緣に就いては既に前著『新修德川家康文書の研究』（財團法人德川黎明會　昭和五十八年六月二十日發行　吉川弘文館發賣）の「序說」に誌したのだが、簡略化はしながらもある程度の重複は覺悟の上で、やはり茲に再び掲げながら本書の緒言を綴つて行くこととする。

中村先生の大著『德川家康文書の研究』は昭和三十三年三月二十五日に上卷と中卷、同三十五年の同月日に下卷之一、同三十六年の同月日に下卷之二、さらに逝去後の同四十六年六月三十日には拾遺集と、全五册にのぼつて日本學術振興會より發行され、昭和五十五年三月三十一日には、拾遺集を年代別に各卷に振り分け附錄せしめて全四册とした復刻本も同會より發行された。

著者が初めて中村先生の謦咳に接したのは昭和四十年五月十六日、東照宮三百五十年式年大祭參列のため、日光へ向かふ列車の中のことであつた。當時、先生は八十歳、著者は三十一歳であつた。以後、著者は史料の運び屋としてたび〳〵先生の御自宅へ參上する様になつた。昭和四十四年六月十六日、數點溜つた家康文書史料を携へて、著者は本郷西片町の御自宅に參上した。その席上で著者が口にした〝暴言〟が引金となつたのか、先生は著者の訪問中に脳血栓發作で倒れられ、同年十一月にはかなり恢復されたものの十二月、三度目の大發作を起こされて翌年二月五日に亡くなられた。明治十八年一月二日の御誕生で、享年八十五歳であられた。

中村孝也博士の略年譜は復刻版の『新訂　德川家康文書の研究』下巻之二に著作目録と共に収載されてゐるので、詳しくはその參照を乞ふ。

先生逝去後はその御遺業を繼承するお弟子さんがをられるに違ひない、その方に引き繼げばよいと考へて、消極的ながら家康文書關係史料は目にとまつた範圍で取り留めてゐたのだつたが、年月を經るに從つて後繼者の出現への期待は薄れて行つた。一方、史料は山積して行く。これらを空しく散在させ、埋もらせたままにして置いたのでは先生に申しわけない。著者は暇を盗んでは史料の解明、解説の執筆に手を染め始めた。

同じことならと積極的に史料を探し始めた。それを聞き知られた多くの方々、著者が勤務してゐる財團所属の研究所や美術館の研究員・學藝員たちからも史料や情報の提供を受けた。新史料の出現や堆積の方が、時間を盗んで進める解明、原稿書きより遙かに速い。それでも十年經つと執筆濟史料は五百點ほどに達してゐた。際限の見通しの立つ仕事ではないし、著者の作業を聞き知つた研究者からは早く上梓せよとの催促も次第に喧しくなつて來た。そこでそれまで書き溜めてあつた原稿を活字にするとなつたらどれほどの費用を要するか、まづは一應見當をつけたいと考へて懇意だつた印刷所に見積書の作成を依頼した。

ところが見積書はなかなか出來て來ないので當方も忘れかけ、半年以上も經つてから憶ひ出して催促の電話をかけたところ、もう大半活字は組んである、組み方は中村先生の御著書に倣つてゐるとの返答に驚いた。家康の轉機節目ごとに附けようと考へてゐた通期概觀解説はまだ書いてないし、一通ごとの解説も通年の整合性はまだ檢してない、不完全原稿段階だからそのまま活字に組まれても困る、第一見積書が提出されなければ豫算の立て様もないと抗議した。

だが印刷所の社長は、あの様な原稿こそ是非とも取り組みたい(註　當時は活字を一つひとつ手で拾ふ活版印刷である)仕事と念願して來た、まだ不完全原稿ならばゲラを何回、何年かけて校正してくれても構はない。費用は著者の立てられる豫算の範圍、失禮だが一萬圓しかないと言はれればそれでもよい、とにかく印刷屋の冥利に盡きる仕事だからやらせて欲しいとの申し出を受けた。こちらこそ研究者冥利に盡きる申し出だが、その好意に甘へるわけにも行かないから、まだ一年以上はかかるだらうが二年以内の發行を目處とし、發賣元が精々五百部と言つた部數も単價を下げるために千部印刷と決めて見積書を作成して貰つた。

今日から見れば笑話に近い餘談だが、徳川林政史研究所の所三男所長は「索引作りは手傳はう、誰でもよいと言ふわけには行かない仕事だから、せめて史學科大學院生くらゐの知識を持つてゐる人で、最少限延べ百人、多くて延べ二百人、まあ大體百五十人前後と見て、頭數が多いとそれだけ間違ひも多くなるから、よく出來る人を四人ほど傭つて、特に安いアルバイト料でやらせませう」と提案してくれた。當時はまた索引作りとなれば色鉛筆で傍線引き、書き取つてカード作成、五十音順竝べ、編輯、索引原稿執筆、入稿と言ふのが常識の時代だつたが、フロッピーもディスクもないカセットテープ時代のパソコンを使つて、研究助手兼秘書の伊東秀子氏が一人で仕上げてしまつた。著者の作業は色鉛筆作業のみだつた。索引作りにコンピューターが發揮する威力に所三男所長が啞然とした顏は忘れられない。

この樣にまことに不完全な狀態のまゝ昭和五十八年に發行されたのが前著『新修徳川家康文書の研究』であり、行きがかり上、見切り發車とせざるを得なかつた。それ故、既に解説濟だつた十數通や自筆文書を初め、未解說新文書數十通も次回廻しとして收錄を見送つたのである。

前著發行後も著者は日常の仕事の合間から時間を盜んでは解明に取組み、原稿用紙を埋めて行つた。著者の作業を知つてゐた日光東照宮は、その年刊機關誌『大日光』に「徳川家康文書の研究」後拾遺集と題して寄稿を求めて來たので、前著への積み殘し原稿および新たに解説を書いた文書の中から、一回掲載分原稿約十五枚に合はせて、宛所や年代等で纏め易い數通から十數通を撰んで連載した。それらは掲載誌の性格に合はせて原稿の一部を平易化し、用字法や割付も緩和したが、本書に收録するに際しては全てもとの原稿に戻し、用字法や割付も前著の方式を踏襲することとした。

また前著發行の五ヶ月後の昭和五十八年十一月十五日に『徳川家康眞蹟集』と題し、圖版編・解說編の二冊を一箱に收めて角川書店より發行した。家康の自筆文書は秀吉に比べて遙かに少ないと考へられ、公文書は初期の段階から全て右筆と捉へられてゐたが、仔細に比較検討すると弘治・永祿年間の書札禮に適つた公文書にも意外と家康自筆と捉へられる文書が多く、天正期以降でも起請文や年貢皆濟狀や覺書は全て自筆であり、とかく否定的に捉へられてゐた和歌短冊や懐紙と言つた文藝的な遺墨にも、家康自筆と捉へ得る例が多いと考へられるに至つたので、編著し發行したのである。それらの中で中村先生の高著や前著にも未收録だつた文書は本書に收録した。その代り長年家康自筆遺墨の代表例と世に捉へられてゐた「日課念佛」は、全て僞作と判明したので收録しなかつた。その解明は小論「一連の徳川家康の僞筆と日課念佛—僞作者を周る人々—」(『金鯱叢書』第八輯　財團法人徳川黎明會　昭和五十六年六月三十日發行)と題して公刊したし、本書の未勘文書の中にも「日課念佛」と題して抄録しておく。

文書の全文もしくは一部が發給者の自筆によつて記されたか、或は全て右筆の手蹟や奉書かの區分には、その文書の文意のみからは斟み盡くせない重要な意義がある。その意義の検討は本書にとつても重要なのだが既に小論「自筆文書の意義と認識形成について—徳川家康文書と日課念佛を例に—」(『金鯱叢書』第二十二輯　財團法人徳川黎明會　平成七年十月三十日發行)で論じ、山本泰一氏の好論文「宛所が徳川家康自筆の知行宛行狀について—新出の松平太郎八宛黑印狀を中心に—」(『金鯱叢書』第二十九輯　財團法人徳川黎明會　平成十四年十一月三十日發行)も公刊されたので、本書での再検討は避け、それらの論文の參照を乞ふこととする。

前著は參考文書を含めて四五八通、未勘文書六九通に家康の第八子仙千代の譜と徳川家康文書に見られる贈答品一覧表等を加へて八七八頁、索引七五頁と全九五〇頁を超えて一册の書物としては厚くなり過ぎ、扱ひ難くなつてしまつた。それ故次回は五〇〇頁を目處と考へてゐたのだが、相變らず未收文書の出現速度は文書の解明原稿書きより速く、縣史や市史、或は某々家文書と言つた樣に活字に組まれて收錄されてゐる未收文書は、既に公刊されてゐて失はれる虞れはないと考へ、敢て見送つて他日を期すこととし、解説執筆は散在する文書を優先することとした。それでも際限のある仕事ではなく、まだ多くの未解説文書を抱へながらも、既解説文書は五百通を超えてしまつた。

わが國は世界一の長壽國となつたと言つても、六十歳代も半ばを超え古稀も近づいて來れば人生の始末を考へるのが當然であり、研究者としての義務である。書き溜めた原稿で何頁ほどになるか大まかに計算して貰つたところ、既に八百頁分を超え、纏め方次第によつては九百頁を超えるかも知れないと見積もられた。

今回もまた多くの史料を積み殘したままの見切り發車となつた。厚過ぎてまた讀者に不便をかける點には豫め御海容を乞ひ、御叱正とさらなる御教示とをお願ひ申し上げる。

例　言

一、本著は中村孝也博士著『徳川家康文書の研究』(上・中・下之一・下之二巻・拾遺集　全五册)既刊本の體裁を基準とし、文書には、句點・返り點を付した。

一、年紀の判明せる文書は年紀順に掲げたが、年紀未確定の文書に關しては下限を捉へて、その年代の項に入れた。

一、家康以外の文書も參考文書として採錄したが、直接家康文書の附屬資料として採錄したものは、その關連せる家康文書の次に掲げた。特に關連する家康文書のない參考文書は、各年紀の項を掲げた。

一、今回採錄し得た文書數は、家康文書三百五十七點(附屬文書二點)、參考文書百三十三點、未勘文書十四點、合計五百六點に達した。當會研究紀要『金鯱叢書』第八輯(昭和五十六年六月三十日發行)拙稿「一連の德川家康の僞筆と日課念佛」に發表した家康僞筆文書も今回採錄する豫定であったが、既存の文書からの盗用やあまりにも幼稚粗雜な僞文書が大半であり、研究者を惑はす惧れは殆どないと考へ、本書への採錄は見合はせることとした。

一、中村孝也博士著『德川家康文書の研究』上・中・下之一卷の三册が去昭和五十五年三月三十一日　日本學術振興會から復刻版として發行された爲、本書では文書解說中、便宜上、昭和四十六年以前に發行された前掲書を(舊)、昭和五十五年發行の復刻版を(復)と示した。

文書解説

大橋義重に與へたる所領宛行状（永禄四年二月十二日）

坂崎之郷久保田

一高橋悉之助分、石田之内屋敷貳百五十〆《(貫)》目也、境は《(は)》北土井きわ《(わ)》とあ《(あ)》り、東は《(は)》道境迄也

一山崎新畠を《(を)》こし貳百〆《(貫)》目

一七斗目在所ゆの木田長嶺衞門三郎分なわ《(な　わ)》田そい也

一石丸あ《(あ)》らた《(た)》おこしの田五つ

一かう〳〵の野外境は《(は)》南道境迄也、東も道境迄也

右於㆓末代㆒大橋善五左衞門《(義　重)》ニ出置所□《(所カ)》也、仍如㆑件、

永祿四年辛酉

二月十二日　　　藏人佐

元康《(松　平)》（花押摸）

大橋善五左衞門《(義　重)》殿

寫文書〔竹内勇氏所藏〕○愛知縣知多市　三河吉良東條花岳寺舊藏

掛物に軸装されてゐる。寫眞から採錄したので斷定は控へるが、原本ではなく寫文書と推定される。「藏人佐　元康」の署名や花押はよく寫してあるが家康自筆とは見られない。本文は讀みとれぬままに字形のみ寫したと思はれる箇所や

誤寫と思はれる箇所が多く難讀難解である。

「坂崎之鄕」は三河國額田郡のうちで「久保田」はそのうちの地であつたが、慶長年間に分れて坂崎村・久保田村・長嶺村となつた。今日では三村とも幸田町の大字となつてゐる（『角川　日本地名大辭典』『幸田町史』）。高橋「悉之助」は「半四郎」の誤寫かと推測される。「石田」の地名は額田郡の東に隣接する設樂郡のうちに「石田村」があり、この地を所領としてゐた菅沼定盈が永祿四年に今川氏を離れて松平氏についたため、同年六月十一日今川氏眞は奥平貞能に「石田村米錢陣夫共」二十六貫四百文を宛行ひ、一方松平元康は同年七月二十四日に定盈に「石田」を安堵してゐる（『角川　日本地名大辭典』）。本狀にある「石田」がこの地に該當するとは斷じられないが、もし該當するとすれば菅沼氏の今川氏離反、松平氏歸屬の動きに關連する記事として注目されよう。「〆目」の用法は不審であり、「貫文」とあつてほしいところである。「山崎」の地名は額田郡の西に隣接する碧海郡のうちの村名に見出されるが、幸田町大字久保田のうちに今日「山崎前」の地名があり（『幸田町史』史料編　3）むしろこの地に關した地名と解されよう。「をこし」は「起し」で新たに開墾した畠の意であらう。「七斗目」の一項は最も難讀で難解である。「七斗目」は「七〆目」であつたらうか、小字より小さい地名かも知れないと思はれる。次の二字は「在所」と讀んだが不確かで、「ゆの」は未明である。「木田」は額田郡の西南に隣接する幡豆郡のうちにある鄕名で、矢作古川の下流左岸に位置し今日の吉良町に屬する（『角川　日本地名大辭典』）。またこの地から起こつた木田氏は清和源氏足利氏族で吉良一族といふ（『角川日本姓氏歴史人物大辭典』23）。「長嶺」は戰國期に額田郡のうちに見える地名で、江戸期には村名である（『角川　日本地名大辭典』）。木田・長嶺ともに地名と推されるが斷定は差し控へておく。「衞門三郎分」以下は文字としても難讀である。「石丸」は「慶長九年甲辰久保田水帳」に見える小字「石丸」および寛永五年の「深溝領上六栗村畑方檢地帳寫」（『幸田町史』資料編1）に小さな地名として「いし丸」と記されてゐる地に該當すると思はれる。上六栗《かみむつくり》村は今日の幸田町內で幡豆郡に屬してゐる。「あらた」は「あいた」とも「あはた」とも讀めるが「あらた」と讀んで新田の意と解しておく。「かう〳〵」は「交々＝こも〳〵」の可能性まで考へて調べてみたが、そのまま該當する地は見出せない。今日の幸田町大字久保田のうちに「內廣々」の地名があり（『幸田町史』資料編3）かな書きにすれば「うちくわう〳〵」であるが、永祿年間にはかな遣ひも亂れてゐたので「かう〳〵」と記された可能性は十分に考へられる。とすれば「かう〳〵」は久保田のうちの地名と解し得よう。

宛行の文言のうち「出置」と「也」との間の二字分は、寫し崩れてゐて讀みとれない。「出置」の次の字は行末で、一旦「所」と書いて行取りの過ちに氣付いて消し、改行して「所也」と書き改めたものかと推定される。宛所は料紙の半から下に書かれてをり、永祿四年二月の文書としては位置が少し低すぎる樣に思はれるが、寫す際に下がつたと見れば敢て疑問とする要はないだらう。

山田柾之氏はその著「史跡散策『愛知の城』」の「久保田城　幸田町久保田字上ノ山」の項に「代々高橋氏が城主であつたが、永祿年間（一五五八―一五七〇）高橋半四郎宗正が家康に謀反の噂が流れ、城を追放されて大草で神官となつている。後、大橋善五左衞門義重が居城、三河一向一揆のときには石川平三郎正俊らがここに據り一揆に加擔したが、間もなく廢城となつた」と記してをられる。『角川日本姓氏歴史人物大辭典』23には「今川氏に仕えた大橋義重は善五左衞門と稱し、のち叔母が家康に近侍したこともあつて家康に仕え、その後、額田郡久保田村に住んだという（額田郡誌）」とある。よつて本狀にある大橋善五左衞門はこの義重と捉へられよう。高橋半四郎は本狀には悉之助と寫し違へたかとも考へられる。

永祿六年九月に起つて翌七年三月に收拾された三河一向一揆に關して『三河物語』は「土ろに立テコモル衆、大橋傳一郎・石河半三郎（中略）・石河源左衞門尉・佐馳覧之助・大橋左馬之助（中略）・石河十郎左衞門尉・石河新九郎・石河新七郎・石河太八郎・石河□衞門八郎・石河又十郎（後略）」等の名を掲げ、『岡崎市史別巻　徳川家康と其周圍』上卷は「土呂本宗寺には、大橋傳十郎、佐橋甚兵衞、同甚五郎、石川半三郎、同善五左衞門、同十郎左衞門、同源左衞門、同新九郎、同新七郎、同大八郎、同右衞門八郎（後略）」と土呂本宗寺に楯籠つた一揆の面々を掲げてゐる。「同善五左衞門」とは記されてゐるが、これは大橋善五左衞門義重と解される。また「石川半三郎」は前掲の「史跡散策『愛知の城』」に「一向一揆のとき石川平三郎正俊」と記されてゐる人物に同じと推される。

尾張徳川家藩士錄『士林泝洄』卷第十一　乙之部の淸和源氏「石川」の項には左の通りの記事がある。

源左衛門　小隼人。三州木戸住、舅大橋善五左衛門継二家督一、有レ故不レ称二大橋一。奉二仕于　神君一、於二菅生川一闘傷蒙レ疵《ヲ》三所、是故蟄二居于土呂邑一。

大橋善五左衛門者代々住二三州土呂邑一、不レ仕、有二武名一、常好二養鷹一。

神君放鷹之時、毎度奉レ謁。永禄四年酉二月二日、(ママ)賜下宅地免二許諸役一朱章上、無二男子一有二二女一。長女嫁二源左衛門一、令レ継二家督一、次女嫁二天野三郎兵衛一。

大橋善五左衛門義重の生歿年は未詳であり、その長女の夫石川源左衛門も生歿年未詳であるが、次女の夫天野三郎兵衛康景は天文七年生で永禄八年三河平定の時に高力清長・本多重次と共に奉行を勤め、慶長十八年に歿した人物であるから、義重はおそくとも永正十五年頃までには生まれ、本状を與へられた永禄四年には五十歳ほどであったかと推量される。石川源左衛門には三男四女があり、長女は平岩親吉の妻で、親吉亡き後には尾張徳川義直から五百石の食邑を給された。長男忠兵衛は永禄六年十一月二十五日、三河一向一揆が上和田を襲ったとき家康に随ひ、翌年正月三日の小豆坂の戰でも家康に隨って、その子孫は尾張徳川家に仕へた。源左衛門の三男善助は大橋姓を名乘って家康に仕へてゐる。『三河物語』や『岡崎市史』によると、三河一向一揆に際して義重を含む大橋一族と石川一族とは共に一揆勢として土呂に楯籠り、かつ義重は長女を石川源左衛門に嫁せしめ、晩年は大橋姓を稱さずに家康に仕へたとある。これらの記録に鑑み、大橋氏と石川氏は姻戚に結ばれた三河額田郡在住の地侍であったと解される。

長田重元に與へたる徳政免許状（永禄四年九月三日）

雖二何時徳政入一、於二末代一親子手前事除レ之、令二免許一者也、仍如レ件、

永禄四辛酉年

九月三日　（松平）元康（花押）

長田平右衛門（重元）とのへ

原本〔個人所藏〕○静岡市

〔地方史静岡第十六號〕○宮本勉論文

「今川義元より長田喜八郎に與へたる三河熊野社領安堵狀（天文十九年十一月十九日）」（『新修德川家康文書の研究』二頁）、「三河常行院等七箇寺に與へたる寺領寄進狀（永祿二年十一月二十八日）」（『德川家康文書の研究』舊・復とも上巻　三二頁）、「長田與助・同喜八郎に與へたる三河熊野社領寄進狀（永祿二年十一月二十八日）」（『同書』舊拾遺集　一頁、復上巻　八四五頁）の三通ならびにそれらの解説を參照されたい。

先づ本狀の宛所の長田《をさだ》平右衛門に觸れる。

『寛永諸家系圖傳』は平氏支流の長田《をさだ》氏を次の通りに掲げてゐる。

白次《あきつぐ》——白吉《あきよし》
　├忠勝《ただかつ》——（以下略）
　├吉正《よしまさ》——（以下略）
　├白茂《あきしげ》——（以下略）
　└白政《まさ》——（以下略）

白次　喜八郎　生國三河。天文年中、尾州の勢岡崎によする時、三州大濱の郷上の宮の神主河井惣大夫大濱をもつて尾張へくみせんとす。白次此よしを廣忠卿へ告しむ。是によりて神主を追放し、彼田地を白次にたまふ。又今川義元判形をたまはる。

白吉　八右衛門　生國三河。廣忠卿をよひ大權現につかへたてまつる。慶長八年八月十八日に死す。法名道金。

忠勝　喜六郎　生國同前。大權現・台德院殿につかへたてまつり、御鷹をあづかる。法名春當。
吉正　喜兵衞　生國三河。大權現につかへたてまつる。元和元年閏六月廿四日病死。法名露元。
白茂　金平　生國參河。大權現につかへたてまつる。慶長十五年五月十八日に死す。
白政　清右衞門　生國三河。將軍家御三代につかへたてまつる。
『寛政重修諸家譜』巻第五百十八には平氏良兼流の長田《をさだ》氏を次の樣に掲げてゐる。

白次《あきつぐ》
　├重元《しげもと》　平右衞門
　├白吉《あきよし》　喜八郎　八右衞門
　│　├忠勝《ただかつ》
　│　├吉正《よしまさ》
　│　├白茂《あきしげ》
　│　├白政《あきまさ》
　│　├女子
　│　└女子
　└某　平藏（以下略）

白次の事績は『寛永諸家系圖傳』に記されたところと大差はないが、「…其田地を白次に賜ふ。十九年十一月十九日今川義元より、神田所務の事相違あるべからざるの證文をあたふ。某年死す。法名道春。」とやや精しく記され、その證文が前掲の「今川義元より長田喜八郎に與へたる三河熊野社領安堵狀（天文十九年十一月十九日）」（『新修德川家康文書の研究』二頁）に當る。重元は『寛永諸家系圖傳』には記載されてゐなかつたが、新たに「平右衞門。男傳八郎直勝がとき、東照宮の仰により大江氏となり、永井を稱す。今永井信濃守直方が祖なり。」と載せられてゐる。白吉の記事も精しくなる。「喜八郎　八右衞門　貞享及び今の呈譜、はじめ白次のち重吉に作る。母は某氏。廣忠卿をよび東照宮につかへたてまつり、天正十年六月和泉國堺に御座ありしとき、明智光秀が謀反により、伊賀路を歴て伊勢白子に着御あり。このとき兄重元とゝもに船を催してむかへたてまつり、白吉が大濱の宅にをいて御膳を獻ず。(以下略)」と載せられてゐる。

『寛政重修諸家譜』巻第六百十九　大江氏永井の項には、長田白次は喜八郎廣正と稱したとあり、その長男重元の事績を左の通りに掲げてゐる。

「平右衛門　今の呈譜、重元《しげもと》のち直吉《なをよし》にあらたむといふ。長田喜八郎廣正が長男。母は某氏。廣忠卿に仕へたてまつり、天文年中織田信秀しばしば兵を出して岡崎城をうかゞふにより、船手の要害として三河國大濱の郷に砦を築きたまひ、重元をしてこれをまもらしめらる。永祿四年九月三日東照宮より御判物をたまふ。天正十年六月織田右府ことあるの時、東照宮和泉堺より伊賀伊勢を經て白子の濱に着御あり。このとき重元等船を催し、大濱の宅にむかへたてまつり、御膳を獻じ供奉の人々にも飲食をすゝむ。しばらく休ませたまふのあいだ、岡崎より御むかひとして多勢參着せしかば、やがて岡崎にいらせたまふ。文祿二年正月二十七日大濱にをいて死す。年九十。法名道全。三河國の寶珠寺に葬る。妻は鈴木彌右衛門某が女。」

『藩翰譜』第五　永井氏の項にも廣正(白次)直吉(重元)の事績が略述され、重元の長男傳八郎直勝が幼時三郎信康に仕へてゐたが、信康自刃の機に、長田は昔源義朝を弑した逆臣の名字だから改めよと家康に命ぜられ、永井と改め大江を姓としたとある。直勝はのちに右近大夫に任ぜられ、下總國古河で七萬二千石を給されるに至る。

長田氏は往古より三河に住した豪族で、岡崎松平氏に仕へ、喜八郎白次(廣正)が天文十六、七年の織田信秀の侵攻に際し、織田氏に與した碧海郡大濱村熊野社禰宜河井惣大夫を松平廣忠に訴へ、河井に代つてその所職を與へられたことは前掲拙著三頁に記した通りである。

家康は未だ駿府に在つた永祿二年十一月二十八日、三河大濱郷の惣寺七箇寺に寺領を寄進するとともに、同日大濱郷の上宮下宮兩熊野社領をも、その神職長田與助・同喜八郎(白次・廣正)を宛所として寄進した(『德川家康文書の研究』舊上巻　三二頁　拾遺集　一頁。復　上巻　三二頁・八四五頁)。

この今川義元の社領安堵狀ならびに家康の社領寄進狀によつて、もとの禰宜河井氏よりの訴訟ならびに百姓等より假令沽券を以て買得を主張されても、長田氏は十分に對抗し得るところとなつたはずであつたが、德政令が發せられれば、これら既得權も否定される虞れがあつた。そこで長田平右衞門重元は家康に既得權確保の保證乞ひ、本狀の發給を受けたものと解される。

尙、永祿二年十一月二十八日附社領寄進狀の宛所の喜八郎は白次(廣正)と解されるが、與助は重元(直吉)と推されるも確證を得ない。本狀に謂ふ「親子手前事」は、重元の長男直勝が永祿六年生であるから、白次・重元の父子を指すと考へられる。重元は永正元年生、當時既に五十八歲と算されるので、白次は既に引退してゐたと考へられよう。

本狀の解説は宮本勉氏の論考に負ふ所が大きかつた。記して感謝する。

松井忠次(松平康親)に與へたる下知狀(永祿四年十一月九日)

一松崎籠城之衆足弱事、上鄕償之在所幷西條端、又寺內仁雖レ有レ之、改次第可二成敗一、若自然寺內不レ及レ手者、早速交名可レ有二注進一、即改其方ゟ可二相渡一事

一取出普請出來之上、猶〻松崎城ゟ出入可二停止一、縱雖レ爲二償之在所一、使一人之外一切出入、手柄次第可二成敗一事

一敵相二詰調儀一候者、其方差圖次第可レ令二領掌一、但松崎城中之者、忠節有二其望一者、兼日加二談合一可二申付一事

右條〻所レ定不レ可レ有二相違一、若別人雖レ有二訴訟一、不レ可二許容一者也、仍如レ件

（永禄四年）十一月九日　元康（花押）

松井左近（忠次）とのへ

原本〔光西寺保管〕○川越市仙波町松井子爵家舊藏

永祿四年四月、三河國幡豆郡吉良東條城に入った吉良義昭と、寶飯郡牛久保から西條、即ち西尾城に入った牧野成定は、今川氏眞を後楯に恃んで家康に對抗した。家康は酒井忠尙・松平好景・同伊忠・酒井正親・本多廣孝・松井忠次等、および義昭の一族でこれに抗する荒川義廣をして、義昭・成定等を討伐せしめた。幡豆郡を主戰場としたこの攻防戰は半年に及び、同年九月十三日本多廣孝が東條を攻めて義昭を降服せしめるに至り、漸々家康の勝利に終った。本狀はこの合戰のとき、松崎城に楯籠ってゐた敵の戰後處分に關して松井忠次に下した全文家康自筆の下知狀である。松崎城とは幡豆郡八ッ面村西端に松崎の小字が見出されるので、その地に在った城と推される。岡崎から東條・西條に向って南下し、幡豆郡に入った街道を扼する地に位置してゐる。足弱とは女子供、償之在所とは替りの地の意であらう。忠次はこの合戰に當って津平に砦を築いてその地を給せられてゐるが、本狀にある取出は津平の砦とはまた別に築かれたものであらう。調儀とは策略、兼日とは日頃・豫めと言った意である。本狀の發せられた十一月には既に合戰も終熄してゐた筈であるが、その殘敵に對する處分はなか〳〵嚴しく、その代り家康に忠節を盡さうとの志を有する者には追て談合を加へようとの硬軟兩策を以て臨んだと知られる。

松井忠次（松平康親）に遺れる書狀（永祿元～五年十二月四日）

（端書）「御自筆之御書」

永祿五年

萬せい入候、祝著ニ候、彌ヽ心いれ可レ被レ申候、い細酒井雅樂助(正親)可レ申候、彼方へ心得可レ申候、
恐ヽ謹言、
(永禄元～五年)十二月四日　　元康　御判
松井左近(忠次)とのへ

寫文書〔光西寺保管〕　〇川越市仙波町松井子爵家舊藏

「萬せい入候」の所に「萬せいニ入候」と記した貼紙があり、「可被申候」の所にも「可申候」の貼紙があり、また「恐ヽ謹言」の所にも「心得可被申候、恐ヽ謹言」と記した貼紙がある。光西寺は松井子爵家(明治に賜姓松平から舊姓松井に復した)の菩提寺である。

家康が元康と署名した文書は永禄元年七月十七日を初見とし、元康を家康と改めたのは永禄六年七月六日と考證されてゐる(『德川家康文書の研究』舊・復とも　上巻　二五頁　五二頁)。從つて本狀は永禄元年から同五年の間の發給とは抑へられるものの、それ以上に解明を進める策を得られない。

松井忠次は吉良東條松平家の家老に永禄三年に任ぜられてより、幼主龜千代(家忠)に代つて歴戰奮鬪し、家康より篤く信任された。本狀も原本は端書にある通り、家康の自筆であつたと考へられる。

松平家忠(龜千世)に與へたる替所領宛行狀　(永禄六年五月日)

(竪紙)下和田爲ニ替知一、以ニ筒針分之内百五拾貫文一進レ之候、今度就ニ彼知之儀一、異見申候處、則同心祝著候、於ニ末代一不レ可レ有ニ相違一者也、仍如レ件、

永祿六年癸亥

五月日　　元康（花押）

松平龜千世（家忠）殿

（まいる）

原本〔光西寺保管〕　○川越市仙波町 松井子爵家舊藏

全文家康の自筆である。下和田村・筒針村ともに三河國碧海郡に在り、筒針村は筒鍼村とも書かれ、筒井村とも呼ばれた。

松平家忠と名乗つた人物は、同時代に三名あるので注意を要する。この家忠は東條松平義春の嫡子で、弘治二年二月二十日の額田郡日近村の合戰で父が討死してより後に生れた。龜千世(代)と名付けられ、母の兄松井忠次の補佐を受けたことは、永祿三年六月六日附で元康が松井忠次に與へた誓書(『德川家康文書の研究』舊　下巻之二　一三二頁。復　上巻　七八三頁。新修　八一五頁)によつて明らかである。中村孝也博士はこの誓書を弘治二年とされたが誤りである。第一に、誓書は忠次を東條松平家の家老とし、龜千代(家忠)の後見人としたのち間もなく發給されたものであることが明らかであり、家康が忠次を家老職に補し得るのは、桶狭間合戰四日後の永祿三年五月二十三日以降である。第二に、誓書には「元康」と署名されてゐるが、弘治二年は未だ今川氏の下に在つて「元信」と稱してゐたはずである。「元康」の署名の初見は永祿元年七月で、以後も「元信」と稱したとは考へられない。さらに書體・書風ならびに花押の形の變遷からもこの誓書は永祿三年の發給と確實に捉へられる旨を、圖版を掲げて拙著『德川家康眞蹟集』(角川書店昭和五十八年十一月十五日發行)に記しておいたので參照されたい。

本狀の永祿六年には家忠は未だ八歳である。この家忠に宛行はれてゐた下和田村の所領を、なんらかの必要あつて元康は回收し、代りに筒針村の內百五拾貫文の地を替所領として宛行つたのである。「彼知之儀異見申候處、則同心祝著候」

とあるから、本狀を發給する以前に、豫め同意を求めたものと知られる。と言つても、八歳の家忠に尋ね樣もないので、その補佐役松井忠次に尋ね、同意を得たのであらうことは疑ひない。

三河花岳寺に與へたる寺領寄進狀（永祿七年四月十四日）

（包紙）「權現樣御書判　三河國幡豆郡岡山村花岳寺」

「花岳寺參　家康」

花岳寺領之事

一於二木田鄕內一拾壹貫文并岡山之鄕內田方壹町

一同於二木田鄕內一靈源寺領拾貫文并廣國寺領田方三反

一靈源寺領於二岡山內一田方三反

右三ヶ寺領事任二先判旨一令二寄進一訖、其上諸役免許不レ可レ有二相違一者也、仍如レ件、

永祿七年甲子

四月十四日　藏人 家康（花押摸）

花岳寺

參

寫文書〔花岳寺所藏〕○愛知縣幡豆郡吉良町岡山

〔參考〕將軍家光より三河花岳寺に與へたる寺領安堵狀（寛永十九年七月十七日）

花岳寺領、三河國幡頭郡岡山村之内三拾六石此内（拾石者靈源寺領、六石者廣國寺領）、右任㆓先規㆒寄㆓附之㆒訖、全收納彌不㆑可㆑有㆓相違㆒者也、

御朱印

寛永十九年七月十七日

寫文書〔花岳寺所藏〕○愛知縣幡豆郡吉良町岡山

〔參考〕將軍家綱より三河花岳寺に與へたる寺領安堵狀（寛文五年七月十一日）

花岳寺・靈源寺・廣國寺領

花岳寺領、三河國幡豆郡岡山村之内三拾六石（内拾石靈源寺領、六石廣國寺領）事、任㆓永祿七年四月十四日、寛永十九年七月十七日兩先判之旨㆒、永不㆑可㆑有㆓相違㆒者也、

寛文五年七月十一日

御朱印

〔寛文朱印留　下〕○史料館叢書2 文書番號一七六一

家康・家光の文書はよく原本を寫し取ってある。花岳寺は往古は金星山と稱し、眞言宗寺院の僧房の一つであったと傳へられる。南北朝時代の貞和三年佛海禪師が入山して廢寺を興し開山、臨濟宗に轉じ妙心寺派に屬した。山號はのちに

高雲山と改められた。以降吉良氏の保護を受けて榮え、大永五年には東條吉良氏の第八代持廣が諸堂を寄附した。持廣の室は松平清康の妹で瀬戸の大房と呼ばれたが子に惠まれなかつたので西條吉良氏から義安を養子に迎へ清康の女を娶らせた。義安の弟で西條吉良氏の第八代當主となつた義昭は、永祿六、七年の三河一向一揆に際して主將に擔ぎ出され、敗れて滅亡したので、義安は東條・西條の兩吉良家をもとの一系に戻した。義安の四代のちが元祿十五年に赤穗浪士に討たれた義央で、その男義周の代で吉良氏は絕家となつた。

永祿七年二月二十八日に一向宗門徒を降し、持廣の弟で門徒に與した荒川義廣や西條吉良義昭等を一掃した家康は、義安によつて一系に戻された吉良家の香華所花岳寺に本狀を以て寺領を寄進した。

靈源寺・廣國寺はともに花岳寺の塔頭であつた。十七世紀中頃兩寺は三河實相寺の末寺とも稱されて紛爭となつたが、寛文五年の御朱印にもある通りとして寛文十二年兩寺は花岳寺の末寺であると幕府より裁定された。兩寺とも明治初年に廢されて今日には存續してゐない。

西郷清員に與へたる替地宛行狀（永祿七年六月五日）

今度者宇都(津)山東筋肝要之儀候間、就㆓引付㆒御知行之儀、御勘忍祝著候、先少當座之爲㆓替代㆒三百貫之地於㆓吉良㆒・河嶋三百貫・佐(作カ)手領二百貫・小法師(菅沼貞吉)知行百貫打谷(井カ)領、渡置申候、其上東筋相替儀候者相違之分可㆑進候、貴所御忠節之儀候間、神八幡・富士・白山、彌向後如在申間敷候、猶委細左衛門尉(酒井忠次)得㆑意可㆓申入㆒候、仍如㆑件、

松　藏

家　康　御判

（永祿七年）六月五日

西　左（西鄉左衛門佐清員）

參

〔士林泝洄〕○巻第二十八丁之部一

〔古案　三州聞書〕○徳川林政史研究所所藏

西鄉氏は三河の名族である。清員《きよかず》の祖父正員は三河國西鄉庄嵩山《すせ》月谷《わちがや》城に住して今川氏に屬した。父正勝は永祿四年、菅沼新八郎定盈・同貞吉・設樂越中守貞道等と相かたらつて家康に屬し、月谷より中山の堂山に移つて五本松城を築き住したが、同年九月十一日に今川家の將朝比奈紀伊守泰長に攻められ、長子元正と共に討死した。清員は吉員・新太郎・孫九郎・孫平・左衛門尉・左衛門佐とも稱した。その事蹟は『徳川家康文書の研究』舊・復とも上巻　四四頁ならびに本書二三頁參照。

元康を家康と改めたのは永祿六年七月六日、松平姓を徳川姓に改めたのは永祿九年十二月九日との中村孝也博士の考證に從へば、本狀の發給年次は永祿七年から九年の間となる。『士林泝洄』は本狀を永祿五年としてゐるけれども、それには從へないことになる。

『寛政重修諸家譜』巻第三百六十九の西鄉清員の事蹟の項には、「七年五月今川氏眞、武田信虎と共に本多百助信俊がこもれる三河國一宮の砦を攻るのとき、東照宮岡崎より御進發あり。清員、菅沼定盈と共に勝山の邊にをいて今川勢と戰ひ、敵兵大泉助次郎某をはじめ數人を討捕。六月五日清員が所領宇津の山の東は肝要の地たるにより御料となされ、吉良、河嶋、作手《つくて》領小法師知行井谷《ゐのや》等にをいて九百貫文の采地を賜ふ。後吉田、田原、遠江國堀川、宇津山、掛川等の城攻に軍忠を勵ます。」とある。同書巻第六百八十三の本多信俊の事蹟にも三州一宮合戰を同樣に載せ、「貞享菅沼主水書上」には同年の吉田城攻撃に際して、菅沼定盈と西鄉清員は酒井左衛門尉忠次に屬して軍功ありとしてゐる。

「引付」を證據文書の意に解すると、聊か文意は通じ難くなるが、大意は『寛政重修諸家譜』の説く通りであり、永祿七年とする説に従っておく。

大橋義重に與へたる所領宛行状（永祿八年五月六日）

山屋敷ゟ見通シ、幷ニ高橋半四郎(宗正)名田之内三ツ、長岸(峯カ)右衞門三郎扣田畑五ツ除キ遣候間、不レ可レ有二相違一者也、

(御判斗リ)(家康)
永祿八年乙丑五月六日

大橋善五(義重)左衞門へ

〔三河州寺社御朱印御墨印除地等寫〕○新編岡崎市史 史料 古代中世6

大橋義重に關しては永祿四年二月十二日附で同人に與へられた所領宛行状（本書一頁）の解説參照。高橋半四郎宗正もその解説で觸れた通り、もと久保田城主であつたが家康に追放された人物である。『新編岡崎市史』史料　古代中世6には、本状を「松平家康ヵ判物寫」として揭げられ、後註には「疑問アリ」と記されてゐるが、永祿四年の大橋義重宛の所領宛行状の出現により、本状もまた原本は眞正なる家康文書と考へ得るに至つたので採錄した。「長岸」は長峯（長峰・長嶺）の誤讀と思はれ、額田郡内の地名であらう。「右衞門三郎」は幸田町役場社會教育課の敎示によると、「慶長九年甲辰久保田水帳」に額田郡大字久保田の北浦の小字に「右衞門三郎田《ゑむさんだ》」が見えるので、それに該當しよう。とすると、永祿四年二月十二日の所領宛行状に見える「衞門三郎分」以下の難讀難解の地も、この「右衞門三郎田」に關連すると解し得るかも知れない。

河村與次右衛門に與へたる所領宛行狀（永祿八年八月十八日）

（竪紙）
一大濱箸函名田可㆓申付㆒事
一代官一所可㆓申付㆒事
一借付之分可㆓取置㆒事
右三ケ條、依㆓岡崎在鄕仕㆒令㆓領掌㆒了、其上於㆓岡崎㆒藏屋敷一所可㆓申付㆑之、猶慶忠・六藏
可㆑申者也、仍如㆑件、
永祿八乙丑年
八月十八日　　家　康（花押）
河村與次右衛門とのへ

原本〔本成寺所藏〕○愛知縣清洲町一場

三河國の幡豆郡と碧海郡は矢作川を境として東と西に分かれてゐる。大濱は中世には幡豆郡に屬し、廣い範圍に及ぶ鄕名であった。ところが慶長十年矢作川の河口は大改修されて大濱は矢作川の西に位置することとなり、以後碧海郡に屬するところとなった。今日は碧南市に編成されてゐるが、本狀の永祿八年にはまだ幡豆郡に屬してゐた。箸函は同地に在った字と推され、その地を名田とすること、その地の代官職を與へること、借付之分すなはち年貢未收分の收納權を認めるとの三ケ條を約し、さらに岡崎に藏屋敷を與へる旨を約した。

河村與次右衛門は家康に從つて關ケ原合戰に出陣して負傷したため佛門に歸依し、本願寺教如上人より慶俊の法名を與へられて慶長十一年分地の春日村に林光坊を開いたと傳へられてゐる。林光坊は寛永元年に現在の清洲町一場に移って林光山本成寺と改めた(『清洲の文化財』第一集)。淨土眞宗大谷派に屬してゐる。
大濱は知多灣の權現崎に在つて岡崎から尾張・伊勢方面に向かふ海上交通路の要衝の湊であつた。『德川家康文書の研究』(舊・復とも　下卷之一　三五二頁)には慶長八年十月二日附で「河村與三右衛門・木村勝正に與へたる過書船條書」が收錄されてゐる。この條書は淀川過書船に對するものであるが、この河村與三右衛門は與次右衛門の一族であるかと推量される。慶忠・六藏は未詳である。

和田維政に遺れる書狀（永祿八年十一月二十日）

「(包紙ウハ書)
　　松平藏人
和田伊賀守殿　　家　康
　　御返報　　」

如レ仰今度(闕字)公儀之御樣躰無二是非一次第候、就レ其(闕字)(足利義昭)一乘院殿樣御入洛之故、近國出勢之事、
被二仰出一之旨、當國之儀不レ可レ存二疎意一候、此等趣御意得專要候、猶重而可レ得二御意一候條、
不備候、恐々謹言、
(永祿八年)十一月廿日　　家　康（花押）

和田伊賀守殿《維政》
御返報

原本〔京都歴史資料館所蔵〕○京都市「高山右近とその時代」展圖錄

足利義昭は第十二代將軍義晴の次男として天文六年に誕生、同十一年に僧籍に入つて覺慶と稱し、永祿五年には一乘院門蹟權少僧都となつた。永祿八年五月十九日、覺慶の兄で第十三代將軍であつた義輝が松永久秀に襲はれて自殺せしめられると、覺慶は一乘院内に幽閉されたが、同年七月二十八日に脱出して近江國和田の和田維政の館に入つた。覺慶は八月五日上杉輝虎に足利家の再興を依賴したのを初め各地の諸大名に書を遣り、歸洛して幕府の再興が出來る樣に支援を要請した。覺慶は永祿九年二月に還俗して義秋と名乘り、同十一年さらに義昭と改めた(『日本史大辭典』『史料綜覽』)。

『寛政重修諸家譜』巻第四百四十七　和田維政の事蹟に「伊賀守、今の呈譜惟政に作る。光源院義輝につかふ。義輝生害ののち靈陽院義昭入洛の催しあるにより、維政飛札をもつて東照宮に告たてまつりしかば懇の御返翰を賜ふ」とあるのが本狀に當る。

有力大名に支援を依賴し歸洛を焦つた義昭ではあつたが、永祿十一年に至つて信長に擁せられて漸く歸洛し十月十八日第十五代將軍に補せられた。維政は攝津國芥川城に移つて織田信長に屬し、天正元年八月十日荒木村重との合戰で四十二歲で討死した。

大田六左衞門に與へたる關役所免許狀（永祿九年九月日）

（竪紙）
當國中之關役所令㆓免許㆒上、永不㆑可㆑有㆓相違㆒者也、仍如㆑件、

永祿九年

永祿九年丙寅　岡藏

九月日　　家　康（花押）

太田六左衞門殿

原本〔太田嘉郎氏所藏〕○神戸市

全文家康の自筆である。永祿九年九月に家康が「當國中」と記し得た當國とは、三河一國以外にない。「閞《べん》」とは「關」ほどに正規に置かれたものではなく、小規模な砦程度のものであったと言ふ（一志茂樹氏説）。この説に從へば、「閞役所」の免許とは閞に吏を配し、關錢に類する通過税の徴收權を認めた意と解することとなる。織田信長が上洛して關錢の廢止を令するのは永祿十一年であるから、永祿九年段階で家康が本狀の如き通過税徴收權を免許したと考へても矛盾はない。

大田六左衞門に關しては審らかにできない。永祿六年の三河一向一揆に際して上宮寺に楯籠った諸士の中に「大田彌大夫、同彥六郎、同善大夫」の名が見え（『三河物語』）、『參河志』第十二巻碧海郡（下）には、この大田黨は、代々「三藏」または「三左衞門」を通稱とした松平家の同心であったとある。また『參河志』第十一巻碧海郡（上）には、松井忠次家中の士に「太田六右衞門」の名が見え、同書第四拾巻「諸士姓名目錄」碧海郡上青野村の項に松平康親（松井忠次）と共に「太田六左衞門」の名が見出される。惟ふに本狀を與へられた「大田六左衞門」は、松井忠次配下にあった東條松平義春・家忠の家士であり、一向一揆に際して功を立て、從前より保有してゐた「閞役所」の通過税徴收の既得權益の保證を與へられたものと解される。本狀の所藏者太田嘉郎氏の祖先は、承應年間より丹波篠山の青山氏に仕へ、留守居役や馬廻役を勤めたが、本狀宛所の大田六左衞門の裔なるや否やは確證を得られない。

祝田新六（推定）に與へたる感狀（永祿十一年假入月日未詳）

（折紙）

（家康）

朱印（印文福德）

今度別而忠節可レ仕候由、神妙至也、忠節之上、急度かうひ（ほ・褒美）可レ有レ之者也、仍[如]レ[件]、

（折紙後半闕失）

原本〔祝田正一氏所藏〕　○靜岡縣引佐郡

〔附〕本多忠勝より祝田新六に遣れる副狀（永祿十一年假入十一月十一日）

（折紙）今度御忠節可レ有レ之候由候間、即披露申候處、一段御祝著之御意候、いよ〳〵あ（か）せき一形御忠節可レ被レ仕候、涯分申立、御かうひ（ほ・褒美）等之儀、我〻まあせおあ（か）きら（かれ）し（候へく候）、少ゑ（も）如在有ましく候、仍如レ件、

本平八（本多平八郎）　忠勝（花押）

（永祿十一年カ）十一月十一日

か（祝）う田

新六

原本〔祝田正一氏所藏〕○静岡縣引佐郡

祝は「はふり」であるから正しい假名遣ひで記せば「はふだ」であるが、蜂前神社文書でも「祝田」の假名書きは全て「ほう田」と記されてゐる。祝田氏は遠州引佐郡祝田鄕の蜂前神社の神職であり、同社は祝田村大明神とも呼ばれた。祝田氏は土地の有勢者で天文二十一年二月七日附で井伊直盛より「祝田市㲋」の判物を與へられてをり、市場特權を安堵された商人的性格をも有してゐたと知られる。『靜岡縣史料　第五輯　遠州古文書』に收錄されてゐる「引佐郡　蜂前神社文書」に精しい。

この家康文書は折紙の後半を闕失してをり、發給日も宛所も缺いてゐるが、辛うじて「仍如件」の書止め文言は判讀できるので、本文は滿足と解される。附屬文書とした本多忠勝の判物と共に祝田家に傳へられてをり、忠勝の判物は文意からして家康の感狀の副狀と稱すべき密接な關係にあると解される。由て家康の感狀も祝田新六に與へたものと推定され、發給月日も略同じと推定される。

遠江に家康が進出し始めたのは永祿七年に三河一國を東邊まで平定してより先づは四年後の永祿十一年からであるが、今川氏の勢力を驅逐してより後も武田氏との確執は天正十年の勝賴滅亡まで續いた。その間にあつて引佐郡の有勢者で名族であつた祝田氏が家康に忠節を盡すと申し出たのを大いに嘉して與へたのがこの感狀である。だが單に忠節とあるのみであるから、合戰の場の軍功とは限らず平時とも考へられ、發給年次を解明する決め手は得難い。

忠勝は天文十七年三河に生れ、家康より六歲年少であつたが、永祿三年の家康の大高城兵粮入に從軍したのが初陣で、以後文字通り歷戰に軍功を重ねた。永祿十一年三月の家康の遠江進攻、懸川城攻めに先登して功を立て、そののち濱名城攻略、十二月には井伊谷城攻略に從軍した。忠勝が西遠江の引佐郡、濱名湖北方の井伊谷や祝田鄕方面での活躍著しかつたのは永祿十一、十二年頃である。

家康文書に於ける「福德」朱印の初見例は、永祿十二年閏五月日の「遠江舞坂鄕に下せる傳馬等禁止定書」(『德川家康文書の研究』舊・復とも　上卷　一四二頁)と中村孝也博士は指摘してをられ、右上の袖印である點も本狀と同じである。本狀は井伊谷城攻略に先立つ永祿十一年十一月の文書である可能性が考へられ、とすれば「福德」朱印の初見例となるのだが決め手を欠く。

西郷清員に遣れる書状（永禄十二年十月）

於二其表一普請以下、御辛労候、彌無二御油斷一可レ被二仰付一候事専要候、書状ニ而頓而可レ申處、懸川へ罷出候間、遲々事候、毎篇其邊之段、異見以深（憑カ）入候、尚重而可レ申候、恐惶謹言、

（永禄十二年）十月（九日カ）　家　康　御判

西左（西郷左衛門佐清員）

〔士林泝洄〕○巻第二十八 丁之部一

西郷清員の事蹟に關しては『徳川家康文書の研究』上巻　四四頁（舊・復とも）ならびに本書一四頁の解説參照。永禄四年九月、清員は父・兄討死の仇を討つて本領を取返し、家康に願つて兄元正の幼ない嫡子孫太郎義勝に相續させ、その成人の日まで自分は陣代たらんことを乞うて許された。「御感ありて請むねを許され、十一月六日御書（『徳川家康文書の研究』舊・復とも　上巻　四四頁）を賜はる。五年敵地の押として西郷のうち古要に城を築のとき、十月九日御書をたまふ（『寛政重修諸家譜』巻第三百六十九）」とある御書が、本狀に該當するかと思はれる。だが本狀の署名は「家康」とあり、元康を家康と改めたのは永禄六年七月六日と考證されてゐるので、それ以降と考へられるし、本文にある「懸川へ罷出候間」も永禄五年十月では早すぎると考へられる。

『士林泝洄』は永禄七年六月五日附の替地宛行狀（本書一四頁）を掲げた後に「其後、清員于二遠州一築レ城、又賜二御書一曰、」と註して本狀を掲げてゐる。家康の懸川城攻撃は永禄十一年十二月六日に始まり、翌十二年五月十七日の落城を

以て終る。清員は十二年三月二日に遠江國榛原郡のうちに采地を移されて七百貫文を給されたので（寛政重修諸家譜・『德川家康文書の研究』舊・復とも　上卷　一二七頁）『士林泝洄』の記事と「家康」の署名に鑑みて、本狀の發給年次は采地を移されて間もない永祿十二年十月と推定される。普請の行なはれてゐた「其表」とは、遠州榛原郡のうちと推されるも詳らかでない。

中條秀正に遺れる書狀（元龜元年十月二十三日）

（折紙）
其表迄著陣之由候、御大儀共候、左候者一刻も早〻待入候、猶成瀨可ㇾ申候、恐〻謹言、

（元龜元年）
十月廿三日　　家　康（花押）

中條將監（秀正）殿

原本〔平山堂所藏〕○東京港區

全文家康の自筆で、書體ならびに花押の形より永祿九年以降、元龜三年頃までの間の執筆と捉へられる。

中條《ちゅうでう》秀正は織田信長の部將であり、右の間の年の十月に、家康が織田軍と軍事行動を共にしたのは、元龜元年十月、近江に於ける淺井・朝倉勢との對陣以外にないと考へられる。元龜三年十二月の三方ケ原戰役に先立つ文書かとも考へたが、その時の織田軍到著は十一月下旬であり、本狀の文意に合致しない。

宛所の中條將監に檢討を加へてみる。三河國加茂郡中條邑より起きた中條氏があり、初めは伴姓を稱し、鎌倉時代以降は藤原姓を稱した。南北朝時代には加茂郡擧母城（根川村金谷、今日は豐田市）を居城とし、戰國期には勢力を誇ったが、永祿四年四月、中條出羽守常隆が織田信長に攻められて陷落、中條氏は滅亡した。『二葉松』の加茂郡古城の項には「擧母城　中條出羽守判官秀長有棟札阿部某」「廣見城　中條將監秀長後尾州織田信長ニ屬」とある。秀長は明應二年十

月に松平親忠と戦つてゐるので、常隆の父か祖父であらう。季長は信長麾下の部将となり、八草城（橋見村矢草）城主となつた秀正と同一人物かと推されるも確證を得ない。

秀正は尾張春日井郡出身とも傳へられてゐる。天正六年四月二十一日に再興された猿役神社棟札に、中條左近將監藤原秀正が再興を志し、子息勝兵衞尉秀清が遷宮した旨が記されてゐると言ふ。秀正は天正五年八月三十日に歿して正林寺に葬され、法名は德翁淨勝大禪定門と諡られた（『豊田市史』一）。

秀正は小一郎、家忠とも稱したらしい。『信長公記』には永祿十二年八月の伊勢大河内城攻めから中條又兵衞（秀正の一族。子息秀清か否かは未明）とともに登場し、元龜元年六月の淺井氏攻めに際しては殿りの奉行衆の一人を勤めて手疵を負ひ、又兵衞も橋より落ちて堀底で敵の首級をあげ、大いに武名を高めた。同年九月の再度の淺井・朝倉攻めに際しては、同月二十五日に配された穴太《あなふ》（大津市坂本）の要害の守將十六人の一人を勤めてゐる。その後、天正二年七月の長嶋一揆攻め、同五年三月の雜賀攻めにも出陣したと知られる。

本狀の使者の名は、單に成瀬とある。永祿末年から天正初年の頃、家康の使者を勤める成瀬としては、正義（藤藏）とその弟正一（小吉・吉右衞門・一齋）そして國次（吉藏・藤三郎・藤八郎・伊賀守）の三名が考へられるので、そのいづれとも決し難い。

元龜元年頃の家康の動靜を示す史料は意外に少ない。同年九月に信長に援兵を乞はれた家康は、十月石川日向守家成・本多豐後守康重・松井周防守忠次・酒井左衞門尉忠次・松平主殿助伊忠を部將として、二千餘の兵を江州に出陣せしめたと知られ（『神君御年譜』『武德編年集成』）、家康自身も十月二日までには著陣した（『德川家康文書の研究』舊・復とも　上卷　一六四頁）と知られるものの、その後の江州に於ける動靜は審らかでない。

金子與五右衛門尉に與へたる過所（元龜二年二月吉日）

〔山形縣史〕〇資料編十五上　瀬場村文書　立川町　深澤重兵衛氏所藏

　　　　　　　　金子與五右衛門尉
御朱印
（元龜二年）
辛未二月吉日

「德川家康過所寫」として掲げられてゐるので、それに倣つて掲出した。過所は往々にして過書とも記される。關所料免除の證文であるから、どこからどこへ向かふ如何なる物資や一行であるかを示す文言がなければならないところであるが、本書にはなんの文言もない。御朱印とあつても寫文書では印文も、果して家康印なるやも確認は難しい。もつとも辛未の年、即ち元龜二年に用ゐられた印章となれば、福德印以外には考へられないが。

『山形縣史』に收録されてゐる「瀬場村文書」は全七通で、本書以外の他の六通はいづれも山金・川金・鉛等の掘鑿免許狀である。うち三通は瀬場村の金掘衆に與へられたこと明らかであり、二通は年次不明だが一通は寛永十一年三月十日附である。瀬場村は庄內地方立谷澤川上流沿岸に位置し、今日の山形縣東田川郡立川町の內である。瀬場村では文祿年間頃より金掘りが開始されたが産金量は少なく、寛永末年から寛文の間に金掘衆の大半は延澤銀山に移つて鑛山としては衰退した（『日本地名大辭典』）。

一方、六通のうちの他の三通は左の通りであり、いづれも家康が分國中の金掘衆に對して與へた免許狀の寫である。

イ、金山衆に與へたる山金等採掘その他に關する免許狀（天正十六年閏五月十四日）

　　『德川家康文書の研究』舊　下之二　一七四頁　復　上卷　八二六頁

ロ、黑川衆・安部衆に與へたる山金等採掘その他に關する免許狀（文祿二年十一月九日）

『徳川家康文書の研究』舊　下之二　二〇〇頁　復　中巻　八五一頁

ハ、大野彌兵衞・彌津新左衞門に與へたる山金等採掘その他に關する免許狀（文祿二年十一月九日）

本書二〇九頁

文書（ハ）の文面は文書（ロ）に略々同じである。この三通はその發給年次より當時出羽庄內に在った金掘衆に與へたものではなく、家康の分國中に在った金掘衆に與へたものであること明らかである。おそらくその金掘衆のうちの數名が、文祿・慶長の頃、庄內の瀨場村に移住した際、寫を作成携帶したものと推される。この過所を與へられた金子與五右衞門尉はおそらく三河か遠江の士で、その本人か一族が庄內に移住する際、同じくその寫を作成携帶したものと推定されよう。

某局に遺れる消息（元龜～天正初年九月三日）

原本〔財團法人三井文庫所藏〕〇東京中野區上高田

（前闕）（竪紙）
きくもみち色〻まんそく候、（かしく）
（年未詳）九月三日　家　康（花押）
（切封）〆　（つほね・局）

古筆手鑑「筆林」に貼り込まれてをり、手鑑に「元文三年初冬上旬　古筆了延」の跋がある。竪三一・五糎、横二三・〇糎で宛所の幅も各折幅も約三糎である。竪紙と思はれるが切り詰められてゐると考へられる。寸法から斷簡であることは疑ひないが、切封と見られる宛所が殘されてゐるのに、前半が失はれてゐるのは手鑑に貼り込むために切り捨てられたのであらうか。

斷簡であるから文意は汲み難いが、殘された文字からは「菊・紅葉、色々滿足候、かしく」と讀める。日附は九月三日であり、宛所は女性であるから首肯できなくもないだらう。消息に「家康」と署名し花押まで据ゑた例は「平岩親吉に遣れる書狀（元龜元年十月二日）（『德川家康文書の研究』舊・下之二　一四五頁、復・上巻　七九七頁）と「村越直吉に與へたる直書（?～慶長十八年八月十日）（『新修德川家康文書の研究』四八一頁）の二例しか見出してゐない。女性宛としては本書が初見例である。本文から日附・署名・花押まで墨色は同じである。家康の署名の形は前記の「平岩親吉に遣れる書狀」を初め元龜年間から天正初年の頃の形に近く、花押の形は天正年間前半の形に近い。
宛所の「局」も推し樣がなく、年代未詳の某局宛としておく以外にない。一見した時は疑問を抱いたが、全文家康自筆と考へてよささうである。

織田信長に遣れる書狀（天正二年九月十三日）

（竪紙）先日、堀平右衞門尉以申上處條々、御懇蒙レ仰、殊重而西尾小左衞門尉（吉次）被レ爲レ越候、別而被レ入二御精一之段、忝奉レ存候、遠州ゟ出張之敵退散之躰、先書ニ申上候き、猶兩國之儀御吏見聞候、委曲追而可レ令レ申候、恐々謹言、

（天正二年）九月十三日　家康（花押）

（織田信長）岐阜殿

人々御中

原本〔西蓮寺所藏〕○新潟縣佐渡郡金井町
平成九年一月十四日產經新聞夕刊

永禄十年、信長は美濃國の稲葉山城に入つてその地名井の口を岐阜と改めた。天正四年には安土に移り、岐阜城は長子信忠に譲られたので、信長が岐阜殿と呼ばれたのはその間と捉へられよう。

永禄年間は信長家康ともに武田信玄との抗争は避け、専ら誼を通じるべく努めてゐたが、元龜二年に至つて上洛の姿勢を示し始めた信玄と家康は對峙するところとなつた。以後、天正四年までの間、元龜三年十二月の三方ケ原戰役、天正三年五月の長篠戰役を代表例として、家康は武田勢と遠州經略を廻つて激しく對立を續ける。この間の年の八月後半から九月上旬の間に、「遠州江出張之敵退散之躰」に相當する戰況は天正二年にしか求められない。この年六月三日、武田勝頼は高天神城を包圍し、同月十七日信長も家康の求めに應じて三州吉田まで出陣したが、城主小笠原與八郎長忠は既に降つて高天神城は勝頼の手に歸したので、家康に兵粮代を贈つて兵を還した。勝頼も七月には甲府に歸り、家康は高天神城の押へとして馬伏塚の舊壘を修築し守兵を置いた。

九月勝頼は再び軍を起こし、二萬餘騎を率ゐて遠州に發向して七日、天龍川畔に陣を構へた。家康も小天龍川に出馬して陣を張り、川を挾んで兩軍は小競り合ひを繰り返した。折からの大雨で川は増水し、渡河攻撃の困難に加へ家康方に策略ありと考へた勝頼は、合戰不利と見て戰を重ねずに兵を引き、諏訪原城を堅く守らせて信州伊奈に馬を返した(『史料綜覽』『武德編年集成』『改正三河後風土記』『岡崎市史別巻　德川家康と其周圍』)。

信玄歿したと雖、武田の軍勢は家康にとつては直接の脅威であり、信長にとつても巨大な壓力であつたはずで、遠州での攻防は最大の關心事であつたらう。天正二年六月の高天神城攻防戰には救援間に合はず空しく吉田から兵を還した信長は、九月上旬家康より堀平右衛門尉を使者として天龍川を挾んだ勝頼軍との攻防を報ぜられた。しかしその時には既に武田軍が陣を引く形勢にあるとも報ぜられたのである。この武田軍の遠州來襲に關して家康は早くから信長に日々刻々の情勢の推移を重ねて報じ、信長もまたその報に應じて懇篤な助言を與へ、戰況によつては家康救援に出馬する覺悟であつたと思はれる。兩者の間の連絡が密であつたことは、先日堀平右衛門尉を以て申し上げた、重ねて西尾吉次を遣はされた、敵退散之躰を先書で申し上げたと言つた文意から十分に斟酌されよう。十三日附の本狀に先立つて武田軍陣拂の様子は既に看取され、信長に報ぜられてゐたとも知られる。信長はこの度は救援に出向しないものの西尾吉次を派遣して安心を與へ、三遠兩國の情勢を見聞せしめたのである。この翌年五月の長篠戰役で織田德川連合軍が武田軍を討ち破るまでの間、勝賴勢が家康にとつて如何に大きな敵であり、これに對抗するには常に信長を恃みとし、信長もまた重大な關心を抱いてゐた樣子がよく窺はれる。

家康の使者に立つた堀平右衛門尉の事蹟は審らかでないが、この年六月の合戰で嗣子平十郎定正を喪つた老臣に與へた文書にその名が見られ、同一人物と思はれるので次に掲げる「堀平右衛門に與へたる安祥寺諸役免許狀（天正二年十一月）」の解說を參照されたい。

信長の使者に立つた西尾小左衛門尉吉次は享祿三年尾張國に生れ、小三郎とも稱し初めは義次と名乘り、信長に仕へて采地三千石を給された。天正十年家康の饗應役を命ぜられて堺に在つた六月二日、信長の凶事の報を受けて家康の伊賀越歸國にも隨從し、軈て召されて家康の臣となり、天正十四年十月の家康の上洛にも供奉して秀吉より片諱を與へられ吉次と改めた。慶長四年十月三日從五位下隱岐守に敍任、同七年には都合一萬二千石を領して騎士二十五人を附屬せらるるに至り、同十一年八月二十六日伏見で歿した（『寬政重修諸家譜』卷第三百七十六）。

堀平右衛門に與へたる安祥寺諸役免許狀（天正二年十一月）

堀平十郎（定正）就二討死一依レ無二遺跡一、爲二彼菩提一安祥寺之內釋氏堂隈迄、兩方有二由緒一抱之內之地、結二草庵一置處也、同所右之寺領爲二出入一出二判形一之間、永諸役令二免許一畢、至二子々孫々一不レ可レ有二違亂一者也、仍如レ件、

天正二甲戌年十一月　家康

堀平右衛門入道とのへ

〔武徳編年集成〕○巻之十四

『武徳編年集成』巻之十四、天正二年十一月の項に「今年四月廿日遠州乾表退口ニテ戰死ノ族、今度其子弟ニ其遺領ヲ授ケ、寡婦孤子ニ恩賜アリ、堀平十郎ハ其子ナキ故、老父ニ御簡ヲ賜フ」として本状を載せ、その後に續けて「右平十郎ガ墓ハ大樹寺ノ中、竹葉軒ニ是アリ、法諱西翁心光ト稱ス」とある。

『參河志』第三十一巻　墳墓部　額田郡　大樹寺塔頭の項に「竹用院　堀平十郎定正墓」とある記事が右の記事に合致しよう。

三河國の内に安祥寺は『參河志』『大日本寺院總覽』『日本社寺大觀』『全國寺院名鑑』に據つては見出されず、大樹寺の塔頭竹用院・竹葉軒も既に滅したと思はれ見出されない。

『改正三河後風土記』第十四巻にも左の通り載せられてゐる。

「此冬に至て氣多村御退口の戰に忠死せし御家人共に遺領を給ふ所、堀平十郎は敵二人を討取て鐵炮にあたり、三倉山入口にて落命せしかば殊更御憐深かりしが、子一人もなければ、其父平右衛門入道に御書を賜はる。いとありがたき御事なり。

堀平十郎就㆓討死㆒無㆓遺領㆒爲㆓彼菩提㆒、安城之内限㆓酌子堂之内南方㆒有㆓由緒㆒抱之内之地、結㆓草庵㆒置所也、同所志之寺領爲㆓不入㆒出㆓判形㆒、永諸役令㆓免許㆒畢、至㆓子々孫々㆒不㆑可㆑有㆓違亂㆒者也、依如㆑件、

天正二年甲戌十一月　　家　康　御判

堀平右衛門入道殿

今の世までも三州大樹寺の竹葉軒に、平十郎が墓しるし殘りて、西翁心光といふ法諱をとどめるこそ哀なれ」

四月二十日の合戰とは、家康に背いて武田方に屬した遠州周智郡乾の城主天野景貫を討たうと出陣した家康軍が、降雨出水により一先づ濱松へ引返さうとするところを、城から討つて出て嶮岨な山道で追ひ討ちにかかつた天野軍との合戰

を指す。酌子堂は釋氏堂、すなはち釋迦堂である。『武德編年集成』と『改正三河後風土記』とでは文言にかなりの相違があり、俄かに當否を決し難い。雙方ともに誤寫があるらしく釋然としないが、家康に老齢の家臣堀平右衛門があり、その男が討死したが嗣子がないので、その菩提追善のため草庵を結ぶ地に、諸役免許を與へたとは知られる。堀平右衛門の名は「織田信長に遺れる書狀（天正二年九月十三日）」（本書二八頁）に見え、同一人と思はれる。平右衛門はその書狀の日附以降に一子平十郎定正の菩提を悼して入道したとも考へられよう。

『寛政重修諸家譜』卷第七百六十六　堀氏の家譜に、直次の男で堀美作守（親良？　天正八年安土に生）に仕へた平右衛門直成が見出されるが、年代が合ひさうもなく別人であらう。平十郎定正は見出されない。

遠江妙香城寺に與へたる寺領寄進狀（天正二年十一月二十八日）

遠州濱松庄妙香城寺領之事
　合貳拾七貫九百拾文者

右、寄附之所任二先判形之旨一、於當寺中灌惣國領四分一人足・竹木、見伐諸役等爲二不入一令二免許一畢、幷堂山・野山開發地、或地頭寄進、或末寺長福寺・西鴨江寺・山本坊之事、任二先規一永不レ可レ有二相違一、彌守二此旨一修造勤行不レ可二懈怠一者也、仍如レ件、

　天正貳甲戌年
十一月廿八日　家康

妙香城寺

（古案　三州聞書）2 ○徳川林政史研究所所藏

「寛文御朱印留」には眞言宗寺院として左の通りに載つてゐる。

妙香城寺領

遠江國敷智郡大窪村之内四拾貳石事、任慶長八年九月十五日、元和三年三月十七日、寛永十三年十一月九日
先判旨、妙香城寺全收納如有來可配當者也

寛文五年七月十一日

御朱印

本狀を採錄した（古案　三州聞書）は、誤讀誤寫が少なくなく、難讀の例も多いので右の本文にも意の通じ難い箇所がある。だが天正二年冬に發給された他の寺領寄進狀の文意とも大差はないので、大意に誤りはないであらう。妙香城寺は濱松庄内に在つて大窪村に四十二石の寺領を有した眞言宗の寺院とは判明するものの、文中の西鴨江寺と共に『大日本寺院總覽』『全國寺院名鑑』を初め地名辭書や『濱松市史』『靜岡縣史』には見出せず、既に廢寺になつたかと推される。文中にある末寺長福寺は同名の寺院が靜岡縣内に十箇寺あり、そのうち濱名郡内に二箇寺、磐田郡内にも二箇寺あつて手掛りとはなし得なかつた。

匂坂牛之助に與へたる所領宛行狀（天正五年四月二十三日）

宛行知行分之事

天正五年

右白須賀郷并長屋郷、田畠・野山・船□(泊カ)等、不レ准二自餘一相二除之一、彼郷中見出・聞出之田地等一圓勝手可レ爲斗(事カ)、然者去ル戌年高天神籠城之時節、凌二敵地一及二數ケ度一令二通用一、不レ顧二身命一忠節、爲二其賞一彼知行出置上者、永不レ可レ有二相違一、此旨守彌可レ抽二忠功一者也、仍如レ件、

天正五丁丑四月廿三日　　家康　御判

匂坂牛之助殿

〔古案　三州聞書〕17　○德川林政史研究所所藏

匂坂《さぎさか》は向坂とも鷺坂とも記され、遠州磐田郡向坂村より起こつた豪族で、初めは今川氏に屬してゐたが、永祿十一年頃、今川氏眞の衰弱、家康の遠州進出を見るに至つて德川氏に歸屬した。匂坂牛之助は天正二戌年五月、小笠原與八郎長忠の楯籠つた高天神城を武田勝頼が包圍した時、通路のない敵地を數回突破して使者を勤めた功績によつて、遠州周智郡宇苅郷に於いて百貫文の所領を與へられ、望みの地への替地を約束された(『德川家康文書の研究』舊・復とも　上卷二一七頁)。

白須賀郷は白菅とも書き、濱名湖の西岸、笠子川・坊瀬川の上流域に位置し敷智郡に屬する。長屋郷は長谷と書き、佐野郡のうちである。本狀には周智郡宇苅郷に於ける所領の改替としてとの文言もなく、新たに與へた所領の貫高も示されてをらず、一圓知行となつてゐる點は極めて異例であらう。本狀に先立つて貫高を記した宛行狀が發給されてゐたとの證もないので、先づは所領宛行狀と解しておく。

駿河阿部三ケ郷に下せる禁制（天正十年二月二十二日）

今度忠節之子細付而對朱印之上者、當軍勢等不レ可二手差一、若於レ在二此旨違背一者、縱雖レ爲レ後聞出次第、可レ處二死罪一之者也、仍如レ件、

天正十年

二月廿二日　（家康）朱印（印文福德）摸　（大須賀康高）松平五郎左衛門奉（之脫カ）

（正勝）阿部善九郎奉（之脫カ）

阿门三ケ鄉（衆カ）□

〔日本歴史第五二三號〕一九九一年十二月刊

静岡縣立中央圖書館所藏『安倍郡美和村誌』所收の寫文書を、宮本勉氏が『日本歴史』第五二三號に「新發見の天正十年徳川家康朱印狀について」と題して、圖版を掲出された文書である。詳細な検討と解説は宮本氏の論考の參照に委ね、簡略に紹介しておく。

「子細付而對朱印之上者」の條は難讀だが、同樣な文例が「駿河當目鄉に下せる百姓保護の朱印狀(天正十年二月二十一日)」と題して「駿河志料」より『徳川家康文書の研究』(舊・復とも)上卷の二七五頁に採録されてゐる。中村博士も難澁されたらしく、「對」を「付ヵ」と註してをられるが、宮本氏は同朱印狀の原本圖版をも掲出され、それにも明らかに「對朱印相出之上」とある。難讀ではあるが、本文書・同朱印狀ともに「對」の意味は「こたふ・むくゆ」と解して大過はないであらう。

阿部三ケ鄉とは安部三河內、卽ち大河內・中河內・西河內を指し、當時は門屋と松野村より奥の安部川全流域と井川を指してをり、また「今度忠節之子細」とは武田勢攻擊に向かひつつあつた徳川軍への協力、軍事行動であつたらうと宮本氏は指摘してゐる。

三河先方衆に與へたる所領宛行状（天正十年六月十四日）

一三ヶ先方衆、今度抽ニ忠節一無ニ相違一於ニ馳走一者、本領之儀ハ不レ及レ申、別而新地（知）可レ遣候、
諸事ハ吉原又兵衛令ニ談合一、被ニ相觸一肝要ニ候、爲ニ其證一跡之□朱印候也、仍而如レ件、

天正十壬午年
六月十四日　　家康　御朱印有り
三州先方衆中

〔古案　神田〕14　○徳川林政史研究所所藏

右の文書に續けて左の記事がある。

松平賴母と申牢人、加納飛驒守代々家來ニテ松平四郎左衛門甥、在所ハだミ（み）禰田口ノ近所鹽津村ニ而、大野宮棟札ニ雅樂助と有之候、子孫之由ニ而御朱印所持ス。

文意のみ解すれば、絶對矛楯も特に不審な點も見當らないと思はれる。語句の續きの惡さは、誤寫によつて生じたとも容認されよう。それでも次の通りの疑問は解けない。

1、三州先方衆とあるが、この稱の他例は未見で、その實態も未明である。呼稱よりして山家三方衆の様な三河國衆かと考へられるが、永祿年中ならばまだしも、天正十年に至つても、その様な集團がいまだ家中に家臣團の單位として殘つてゐたとは解し難い。本領あるいは新知ともあるので、先方衆を單なる先頭部隊の意と解すわけにも行かない。

2、この様な所領宛行状は、同時期に略同一文面で一齊に發給されるを例とするが、本狀と同様に發給された他例を見

ない。
3、文中にある「吉原又兵衛」なる人名は、眞正文書や堅實な記録には未見で、「未勘文書」の唐津小笠原家文書に三例(『新修德川家康文書の研究』六二七頁・六三三頁・六三九頁)見られる。
以上の三點より本狀を眞正文書の寫と解することは躊躇されるのだが、確たる反對證左もないので、先づは收錄しておく。

中澤清季(久吉)に與へたる所領宛行狀(天正十年六月十七日)

中澤彦次郎清季拜領、同五郎左衞門建敬書上
東照宮御朱印
今度信州佐久郡令二出馬一之所、早速人質差出相詰祝著ニ候、依レ之預二岩村田・岩尾兩城一、執來知行如二先槻(規)一不レ可レ有二相違一之狀如レ件、
天正十年午
六月十七日　　家康　御朱印
中澤彦次郎(清季・久吉)殿

〔古文書〕○内閣文庫所藏 『信濃史料』補遺卷上 五五七頁收載

『寬政重修諸家譜』卷第千四十一 中澤久吉の項に次の通りに記されてゐる。「五郎左衞門 今の呈譜に、小太郎、後田左衞門、また五郎左衞門清正《きよまさ》に作る。岩村田大炊助某につかへ、その後武田信玄、勝賴につかふ。天正十年勝賴沒落

ののち、北條氏直に屬し、信濃國の士とともに岩村田の城を守る。このとき東照宮甲斐國新府に御進發あり。かつて蘆田右衞門佐信蕃信濃國佐久郡三澤の山小屋に楯籠るのとき、忠節を盡すべきむね御告をたまふにより、信蕃御味方となり、潛に岩村田に住する諸士をすゝめて御麾下に屬せしむ。この時久吉も諸士とともにこれに應ず。これよりさき岩村田にある輩、氏眞がために其母を人質とすといへども、いま其母をすてゝ命にしたがふべしと、こゝにをいて兵粮等を蘆田に遣る。のち相圖の時日を定め、岩村田城に火を放ちて信蕃に屬す。氏眞大きに怒り、田口にをいて人質の諸母を殺害す。これによりたま〳〵氏眞に與する者ありといへども、みな信蕃に屬す。元和六年今の呈譜元和七年四月二十八日死す。年七十五。法名道榮。今の呈譜道法」。

久吉の嗣子久次、七代の子孫杵正も彦次郎を稱してをり、本狀を書上げ呈出したと「古文書」にある五郎左衞門建敬は杵正の息、即ち八代の子孫に當る。本狀の宛所中澤彦次郎を久吉の息久次と解することは年齢より見て不可能であり、天正十年に三十六、七歳であつた久吉に擬することが、その事蹟に照らして相應しいであらう。

岩村田・岩尾の兩城はともに信州佐久郡所在である。依田信蕃は源十郎・常陸介・右衞門佐といひ、信州蘆田に據つたので「蘆田」とも稱した。天正十年三月、織田德川軍の甲州攻めの折、信長・家康の雙方から誘降を受け、信長を避けて家康に屬した。『寬政重修諸家譜』巻第三百五十六　依田信蕃の事蹟の項に、天正十年六月初旬、堺より岡崎に歸つた(四日到著といふ)家康が、「脚力をして信蕃に御書を下され、はやく甲信の間に旗をあげ、兩國をして平均せしむべし」と命じたとある。六月十四日、家康は信長の弔合戰のため尾張鳴海まで出陣したが、十九日秀吉より上方平定により歸陣を奬める使者に接して、二十一日撤兵、濱松に歸つた。

六月四日の岡崎歸著後二日の同月六日、早くも家康は甲州經略策を開始した(岡部正綱に遣れる書狀　天正十年六月六日『德川家康文書の研究』舊・復とも　上巻　二八五頁參照)と知られ、本狀と同日の六月十七日には甲州の士窪田正勝に所領安堵宛行狀(同書　舊・復とも　二九三頁)を與へてゐるので、本狀の發給日附も早過ぎると疑ふ要はないであらう。

六月十七日附で「今度信州佐久郡令出馬之所」とある點は注目される。即ち、家康は信長弔合戰と稱して十四日には尾張鳴海まで出陣しながら、一方では、おそらくそれ以前の岡崎歸著後直ちに、甲州のみならず信州經略策にも著手してゐたと知られる。甲信經略開始期の知られる史料で、信長歿後の家康の政策を窺ふ上に重要な文書であらう。家康の命を受けて信州に出馬した部將が誰であつたかは未明であるが、前掲の中澤久吉の事蹟には、久吉は信蕃と共に家康の誘ひに應じ、のちこれに屬したとあり、かつ天正十年七月二十六日附で家康が依田信蕃に與へた所領宛行狀(『德川家康文書の研究』舊・復とも　上卷　三二六頁)には「兼又前々付來與力事、不可有相違」との文言が見られるので、中澤清季(久吉)は依田信蕃の與力であつたかと推されよう。とすれば、信州佐久郡に出馬を命ぜられた部將とは、依田信蕃であつたかとも推されよう。

〔參考〕岡部昌綱・同掃部助に與へたる本領安堵狀の包紙(天正十年八月五日)

原本〔海老塚正彦氏所藏〕○東京

(外包紙)
「家康公御直筆」

(包紙ウハ書)
「岡部太郎左衛門尉殿
同掃部助殿　　　　家　康」

本領安堵狀そのものは〔古文書〕より採集されて『德川家康文書の研究』(舊・復とも　上卷　三三〇頁)に收載されてゐる。この包紙はその原本に附屬してゐたと思はれるが、安堵狀の原本の所在は不明である(補注　著者は原本を確認している　本書七八二頁參照)。包紙は「岡部昌綱に與へたる知行宛行狀(天正十九年五月三日)」(本書一六七頁)と共に傳來し所藏されてゐる。包紙の「家康」の署名は自筆と見られる。

今井與三兵衛に與へたる本領安堵状（天正十年八月十日）

甲州極樂寺分貳拾貫文・手作前三百文・今井内同貳拾五貫文、信州替山城分（但信州替山城分イ割書）、西郡之内夫（イ夫丸）壹人前（イなし）幷棟別屋敷ひかへ（イひろい）分・被（イ仕）官諸役之事

右、（以下二行、イより補）爲二本領一之由言上候間、所二宛行一不レ可レ有二相違一、彌以二此旨一可レ抽二軍忠一之状如レ件、

天正十年
八月十日　御朱印（家康）
井伊兵部少輔（直政）
奉レ之（なしイ）

今井與三兵衛殿

イ〔平岩家分限證文書札集譜系（三）〕○徳川林政史研究所所藏
〔士林泝洄〕○巻第十二乙之部二

『士林泝洄』は後半の宛行文言を缺くので『平岩分限證文書札集』に據つて補ひ、かつその他の異同も（イ）として示した。

『士林泝洄』は本狀の宛所とされた今井與三兵衛の項に「某與三兵衛。仕二武田信玄一、二十人衆、奉レ仕于神君一、賜二朱章一」と記して、本狀と天正十一年五月六日附の本領替地宛行狀（本書八〇頁參照）とを掲げてゐる。

『甲斐國志』巻之九十八　人物部第七　武田氏將帥部に「今井氏」が見え、與三兵衛もその一族であったと推される。與三兵衛の息伊右衛門が平岩親吉に仕へ、のち義直に仕へて成瀬隼人正に屬せしめられ、以後子孫は代々尾州家に仕へてゐる。『平岩家分限證文書札集』には、宛所は「今井與兵衛殿」と記されてゐるが、『士林泝洄』には「今井與三兵衛殿」と記されてをり、かつ子孫にも「與三兵衛」を稱した者が見出されるので、『士林泝洄』の記す宛所を採った。

武田家中の二十人衆とは、歩《かち》若黨を十人廿人づつ預る頭を言ふと『甲斐國志』巻之九十九　人物部第八に解説され、天正十年の頃、その役に在った者の氏名も掲げられてをり、「今井彌四郎」の名は見出せるが「今井與三兵衛」の名は見出されず、その事蹟は未詳である。

信濃國筑摩郡今井邑より起こった今井氏がある。中原氏流で平安朝末期に中原兼遠の子兼平がこの地にあって今井四郎兼平を稱したに創まると謂ふ（『姓氏家系大辭典』）。本狀ならびに本領替地宛行狀ともに信州の替地なる旨が謳はれてゐるので、今井與三兵衛は信州に領を有してゐたこと明らかであり、中原氏流今井氏の支流であったかと推される。

極樂寺村は甲斐國巨麻郡中郡筋、今井村はのち上下に分かれ山梨郡中郡筋、山城は今井・小瀬・下鍛冶屋・落合・西油川の各村がのちに合併して山城村となるのでその地域名、西郡は巨麻郡西郡筋と解される。

角屋秀持に與へたる渡航諸役免許狀（天正十年八月二十三日）

四百斛船壹艘之事
右分國中、諸湊出入役以下之諸役、所ㇾ令二免許一、不ㇾ可ㇾ有二相違一者也、仍如ㇾ件、
天正十年
八月廿三日　（家康）（朱印）（印文福德）摸
安倍善九（阿部正勝）

天　正　十　年

勢州大湊
角屋七郎次郎(秀持)とのへ

奉レ之

〔角屋文書〕○東京大學史料編纂所所藏

角屋《かどや》秀持の五代の祖は信州筑摩郡松本郷八幡宮の神職で松本兵部元實と稱し、その次男七郎次郎元吉が伊勢山田に移住し、秀持の父七郎次郎元秀が大湊に移つて廻船を業として、角屋と稱した。角屋は代々七郎次郎を通稱とし、松本を姓とした(南紀德川史　巻之六十四)。

東京大學史料編纂所には「角屋文書」二册、「角屋記錄」「角屋由緒」の計四册が所藏されてをり、いづれも明治後半に當時の角屋七郎次郎所藏本を寫した寫本である。

秀持は天正三年頃より小田原北條氏と家康との間の海路連絡役を勤め、天正十年六月には伊賀越の難を脱した家康一行を、白子若松浦から船で無事歸國せしめたと傳へてゐる。

(前略)東照宮樣從二多羅尾一、伊賀街道鹿伏兎村より勢州關之川原傳ひ神戸江御著座被レ爲レ遊候、則尾州江可レ被レ爲レ入ニ、其近邊船停止ニ而、御渡海可レ被レ爲レ遊船無レ之處、七郎次郎兼而心附、手船壹艘爲二忍置一、渡御奉二待受一候處、無レ程被レ爲レ入候ニ付、御目見仕候、急御座船之用意仕候樣被レ爲二仰付一、則從二白子若松浦一御出船被レ爲レ遊候、難レ有御諚ニ而御刀御召之時服拜領仕候、船中ニ而御膳差上申候、鰹のたゝき(き)入二御意一、其後も度〻差上申候處、御機嫌能、鰹のたゝき(き)ニ而御膳被レ爲二召上一候儀、御奉書于レ今所持仕候、(「角屋由緒」)

『南紀德川史』巻之六十四　俊傑傳第一の冒頭にも、この時の秀持の活躍ぶりはさらに詳細に揭げられてゐるが、「角屋由緒」の傳と共に、この他の記錄と矛盾するところ多く、そのままに信ずるわけには行かない。但し、家康が鰹のたたきを氣に入つたことを報ずる全阿彌(內田政次)の書狀寫も「角屋文書」一に收められてをり、逸話としても面白く、強ちにその傳を全て否定するわけにも行かない。

この伊勢灣渡海の功に由るか否かは別としても、家康が本狀を秀持に與へたことは、同じ免許をその後秀忠・家光・家綱・綱吉・吉宗・家重・家治・家齊・家慶・家定・家茂の歴代將軍が角屋に與へた點より見て信じられよう（「角屋文書」『寛文朱印留』一八三一）

本狀に謂ふ分國中とは、當時の家康の領國中の三河・遠江・駿河三國中で、家康はその諸湊に於ける四百石船一艘に對する諸役の免許を本狀を以て與へた。

山宮右馬助に與へたる本領安堵狀（天正十年九月五日）

（折紙）

甲斐國本領山宮鄕參百貫文・方丈分夫丸并法恩寺分拾六貫文・山宮內六ケ寺正蓮寺分拾四貫四百五十文役錢共・千塚內貳貫文被官人等事

右如二前々一不レ可レ有二相違一、者守二此旨一可レ被レ勵二忠信一之狀如レ件、

天正十年

九月五日　（家康）朱印（印文福德）

安倍善九（阿部善九郎正勝）奉レ之

山宮右馬助殿

原本〔古典籍下見展觀大入札會〕○平成十一年十一月十二日於東京古書會館

『甲斐國志』巻之百十一　士庶部第十に山宮村に住した山宮民部少輔信安とその子孫の記事が見られるので、右馬介もその一族であつたらうとは推測されるものの確證を得ない。山宮郷は山梨郡北山筋所在で、今日でも甲府市内に千塚町と共に山宮町の地名が殘つてゐる。法恩寺・正蓮寺とも『甲斐國志』巻之八十二　佛寺部第十　山梨郡北山筋には既に見出せない。正蓮寺は『大日本寺院總覽』に南都留郡三吉村戸澤組所在の淨土眞宗本願寺派寺院として見出されるものの本狀にある正蓮寺とは結ばれないであらう。『全國寺院名鑑』には見出せず、法恩寺は『大日本寺院總覽』『全國寺院名鑑』にも見出されない。

屋代秀正（勝永）に遺れる書狀　（天正十年九月十九日）

（包紙ウハ書）「八代左衞門尉殿　家康〇（血判痕カ）」

急度令レ申候、仍眞田安房守（昌幸）此方へ令二一味一候間、自二其方一彼館へ行等、諸事御遠慮尤候、其段卽景勝（上杉）へも委細申理候、然者敵之儀今節悉可二討果一候間、可二御心安一候、尚令レ期二後信之時一候、恐〻謹言、

（天正十年）九月十九日　家　康（花押）

八代（屋）左衞門尉（秀正）殿

原本（屋代忠雄氏所藏）〇清水市更埴市役所寄託

竪一一・五糎、横三六・五糎の料紙を幅二糎足らずに細かく折り疊んであり、陣中密かに遺られた書狀と解される。包紙の署名の下に血痕の様な滲みが見える。

本狀は「屋代秀正に遺れる書狀（天正十一年四月十九日）」として『德川家康文書の研究』（舊　拾遺集　三二頁、復　上卷　八七六頁）に（諸家感狀錄）より既に收錄されてゐるが、原本の出現によつて日附の誤りが判明し、從つて發給年も考證し直す要が生ずるので再錄する。

屋代氏は村上庶流で代々信濃國埴科郡屋代鄕に住して屋代氏を稱し武田氏に仕へた。武田氏滅亡後の天正十年六月に開始された家康の甲信經略鎭撫に際して、秀正は「最初御味方仕勵戰功」と『譜牒餘錄』卷五十九　屋代越中守の項にあるが、實は初めは旗幟鮮明でなく、上杉景勝とも通じてゐた。秀正が信州更科郡の所領を安堵せしめられたのは天正十一年三月十四日であるから、秀正の向背はそれまで不鮮明であつたと思はれる。

眞田昌幸が家康に歸屬したのは天正十年九月二十八日と諸記錄（『史料綜覽』）によつて從來は捉へられて來た。だがその日は歸屬が公表された日であつて、その九日前の十九日に家康は眞田昌幸の歸屬を確信するに至つてゐたことを本狀は示してゐる。家康はその旨を速やかにかつ密かに秀正に報じ、眞田氏に對し敵對しない樣に自重を求め、この旨を上杉景勝にも報じた旨を告げたのである。

秀正は未だ家康に歸屬してゐなかつたとしても既に家康に好意的な態度を示してゐたのであらう。その秀正を一層確實に味方に引入れようとした配慮と威勢のよい宣傳とが窺はれる。秀正は諱をのちに勝永と改めた。

甲斐一蓮寺小庫裏（巨勢玉田寺）（小瀬　玉傳寺）に與へたる寺領安堵狀

（天正十年十月十三日）

甲州一蓮寺小庫裏（巨勢玉田寺）、年來被二拘來一寺領分幷名田屋敷等之事

右如二前々一不レ可レ有二相違一、彌以二此旨一勤行以下不レ可レ有二怠慢一候者也、仍如レ件、

天正十年壬午　　市川左內

天正十年　十月十三日　御朱印　奉レ之

一蓮寺

小庫裏

〔新編甲州古文書一〕○一蓮寺文書 三一頁　山梨郡之一

一蓮寺に與へられた文書は、既に『徳川家康文書の研究』上巻に四通（舊・復とも　三〇六、三一八、三九九、八二八頁）新修（八二頁）に一通、計五通が收錄されてゐるので、それらの解説の參照を乞ふ。

『甲斐國志』卷之七十三　佛寺部第一　府中の稲久山一蓮寺の記事中に「同年（天正十年）十月十三日同小庫裏御朱印市川左内奉之小庫裡ハ巨勢玉田寺ノ事ナリ」とあるのが本狀を指す。巨勢玉田寺とは同じく佛事部第六　山梨郡中郡筋の項に「如金山玉傳寺　小瀬村　時宗一蓮寺末御朱印四拾壹石四斗餘内貳百三拾壹坪敷地　本山ノ小庫裡トテ自レ古兼帯所ナリ」とある玉傳寺に同じであらう。一蓮寺の末寺である。

市川左内は當然にして家康の奉行と解されるが他に例がなく審らかでない。武田家舊臣で家康に仕へて奉行を勤めた者に市川昌忠（以清齋）がある。その養子昌倚（實は駒井肥前守勝英の三男）も同じく武田氏に仕へて後、家康に召されて仕へ、宮内を稱したので、或はその誤記かとも考へてみたが、昌倚が奉行を勤めたとの證も得られない。

下條頼安に遣れる書狀（天正十年十月二十四日）

此表之様子、爲レ可レ被二聞屆一來音事、令二披見一候、仍其元之儀、作手・足助被二相談一、無二異儀一之由祝著候、彌被レ廻二御才覺一肝要候、爰元之儀も、諸方手合候之間、敵敗北可レ爲二五三日

之内一候、巨細石河伯耆守(數正)可レ申候、恐々謹言、

(天正十年)十月廿四日　　家　康（花押）

下條兵庫助(賴安)殿

〔下條文書寫〕○下伊那郡下條村　龍嶽寺所藏　『信濃史料』第十五卷　四九〇頁

『德川家康文書の研究』(舊　拾遺集　四二頁、復　上卷　八八六頁)に「下條牛千世(推定)に遣れる書狀(天正十二年十月二十四日)」と題して下條文書より採錄され、「宛名闕ク、下條牛千世ト推定」として解說されてゐる。しかし『信濃史料』に收錄されてゐる本狀には宛所も記され、本文にも多少の異同があるので、更めて採り上げておく。宛所の下條《しもでう》兵庫助賴安は、天正十二年正月二十日に殺害された(『下伊那史』第七卷　一二四三頁)ので、本狀の發給された年は天正十年か十一年に絞られるが、十一年十月には家康も賴安も茲に記されてゐる樣な動靜は窺はれず、天正十年と捉へられる。

家康が賴安に宛てて發給した文書は『德川家康文書の研究』(舊・復とも　上卷　三一二・三三二・三四二・三四二・三五七頁)(舊　下卷之二　一六五・一六六頁)(復　上卷　八一七・八一八頁)に計七通が既に採錄されてをり、それらとその解說を參照されたい。

下條氏は累代伊那(伊奈)谷に住した伊那衆の一人で、下條兵庫頭信正は武田氏に屬して勝賴と共に戰死した。その嫡子牛千世は未だ幼かつたので、叔父賴安が事實上の下條城主として後見し、天正十年七月に始まつた家康の甲信鎭撫出征に際しては、早くから家康に屬して諸城攻略に武功を立てた。

本狀發給日の天正十年十月二十四日には、家康は「此表」すなはち甲斐新府に在つて、若神子の北條氏直軍と對陣中であつたが、戰線は膠着狀態で和議が摸索されてゐた頃である。本狀ではまだ敵の敗北は五三日のうちだらうと優勢を宣傳してゐるが、この五日後の十月二十九日には和議が結ばれるに至る。賴安が新府の家康のもとへ何處から書狀を遣つ

て來たかは未明であるが、作手《つくで》郷は三河國設樂郡で奥平信昌の領、足助《あすけ》荘は三河國加茂郡で足助城は眞弓山城とも呼ばれ鈴木重次の領であつたから、本狀に言ふ作手・足助とは信昌・重次を指すと解すべきであらう。信昌・重次ともに出征してをり、この時何處に陣してゐたかは未明であるが、賴安と密接な關係にあつたらしいことは同年八月十二日附の家康の書狀（前掲書　上卷　三四二頁）によつても窺はれる。

同日、家康は賴安の武功を賞して小笠原信嶺と知久賴氏の領を除く信州伊奈郡を、手柄次第に申付けると約束した（前掲書　上卷　三四一頁）。ところが本狀と同日の十月二十四日附で、家康は保科正直に對して「伊奈郡半分可出置」との所領宛行（前掲書　上卷　三八四頁）を約してをり、『寛政重修諸家譜』卷第二百五十　保科正直の事蹟にも同じく記されて二萬五千石を領すとある。賴安への伊奈郡宛行は實行されなかつたのか、それとも替知行が宛行はれたのか、本狀にその手懸りを探つてみたが得られない樣である。

北條氏規に遣れる誓書（天正十年十月二十四日）

（白山牛王裏書）

きせう文事

何事ふ《（に）》おいても氏のり御志《（し）》んたいのき、ミねゐ《（みはな）》し申間敷候事

右此む祢《（ね）》そむくにおゐてハ、日本國中大小の神・ふし・白山・天滿天神・八滿《（幡）》大ぼ《（ほ）》さつ・あ〓《（た）》

この御ね《（は）》つとを《（をカ）》む《（こ・蒙）》り、來せま《（に）》てハ一こ《（期）》申祢《（ね）》んふつむまゐ《（無にな）》り可レ申者也、仍如レ件、

三河守

（天正十年）十月廿四日　　家　康（花押）

ミのゝかミ殿（みのゝかみ・北條氏規）

参

原本〔神奈川縣立歷史博物館所藏〕○橫濱市

子爵北條雋八氏の舊藏文書で軸裝されてゐる。『譜牒餘錄後編』巻第二十二　大御番四番　北條伊勢守組の條に、家康の文書三通を掲げたのに續けて、「右之外、權現樣御直筆之御誓紙一通、美濃守氏規頂戴、于今所持仕候」と記されてゐる通り、家康の自筆と認められる。起請文には年紀の記されるのが通例であるが、家康の誓書には年紀を缺いてゐる例が、この他にも三例知られてゐる。

『寛政重修諸家譜』巻第五百六　氏規の事蹟の項には「天正十年甲斐國にをいて北條氏直と御對陣のとき和議の使として御陣營に至る。(中略。天正十八年七月に北條氏政・氏輝の切腹に介錯を勤めた記事に續けて)のち氏直にしたがひ高野山におもむく。十月二十四日御誓書を下さる。これ氏規いとけなうして駿府にあり。東照宮も彼地におはします。氏規まめやかにつかへたてまつりし御したしみによりてなり」とあり、この誓書の發給年次を天正十八年と捉へてゐるが誤りであらう。

『寛永諸家系圖傳』平氏北條流の氏規の事蹟の項には「大權現御弱年のとき、氏規駿河にありて御芳恩をかうふるあまりに、大權現の御誓書を頂戴す」と記して、誓書の發給年次には觸れてゐない。

『武德編年集成』も家康の駿府人質時代の宮ケ崎の假寓の右隣に孕石主水元泰、左隣に相州小田原の質子北條助五郎氏規の居宅があつたとの所傳を記してをり(『德川家康文書の研究』上巻　一九頁)、家康と氏規は幼な馴染みであつたと考へられる。氏規は氏康の男で天文十四年生、家康より三歳若年である。

氏規がいつ美濃守に任ぜられたか分明でないが「井伊直政の德川・北條兩家和睦覺書(天正十年十月二十八日)」(『德川家康文書の研究』舊　拾遺集　二七頁。復　上巻　八七一頁)に「濃州一代御おんに可レ被レ請候由被レ仰候事」とあるので、天正十年十月には既に美濃守を稱してゐたと解される。

『北條記』巻五「家康公與二氏直一和睦之事」の項には、天正十年八月の黒駒合戰の條に續けて「北條美濃守氏規才覺を以て、家康と氏直御和談有る」とあり、中村孝也博士も前掲の井伊直政の覺書の解説に「この和睦は人質時代の幼少より家康と親しくしてゐる氏規が兩方の面目を立てながら和睦せしめようと企圖したもの」と記してをられる。家康はこの年十月二十七日、依田信蕃（『德川家康文書の研究』舊・復とも　上巻　三八四頁）と梶原政景（『新修德川家康文書の研究』八一頁）にそれぞれ宛てて、信長の遺子信雄・信孝の勸告を度々受け、信長の恩義を淺からず考へて北條氏と和議を結ぶこととしたと書き遺つてゐるので、その數日前までには和睦を決意するに至つてゐたと解される。十月二十九日、家康は氏直と正式に和睦し、甲州・信州は家康が收め、上州は北條氏に讓つた上に次女督姫を氏直に嫁せしむと約し質を取交した。それに先立つて和議の使者として來てゐた幼な馴染みの氏規に自筆を以て遺つたのがこの起請文である。文意に家康の氏規に對する個人的親しみが窺はれ、「來せにて」の「來」の字をなぞり返したり、年紀を缺いたりしてゐるのも、またその親しみの現はれであらう。

加藤五郎作に與へたる本領安堵狀（天正十年十一月三日）

（家康）
朱印
（印文福德）

甲州上萩（荻）原之郷貳拾五貫文幷夫丸三人、被官等之事、棟別諸役免除、軍役衆可レ爲二同前一事

右爲二本給一之旨、言上候間、如二前々一不レ可レ有二相違一之狀如レ件、

天正十年

壬午十一月三日　井伊兵部少輔（直政）

奉レ之

加藤五郎作殿

（甲州古文書）○舊小菅村惣四郎所藏文書 二二四二

本狀は『甲斐國志　巻之九十七　人物部第六　武田氏將帥部』にも小菅村惣四郎所藏文書として後半を省略して採録されてゐる。加藤五郎作は甲州在住の加藤氏一族の一人らしいとは推定されるものの詳細は未明である。「上萩原郷」は『甲斐國志』にある「上荻原郷」が正しく、荻原平とも呼ばれた東山梨郡三富村のうち、字名川浦の地に當る（『角川日本地名大辭典』）。

小田切善三に與へたる本領安堵狀（天正十年十一月九日）

甲州大石和内貳貫文・飯田内四貫三百文・舊井（白）河原内壹貫三百文・吉澤内三貫文・信州新村改替三ケ壹・長塚内長沼長右衞門分貳拾五貫文、嶋（上）三條半太夫等事

右、爲二本領一之由言上候間、領掌不レ可レ有二相違一之狀如レ件、

天正十年

十一月九日　井伊兵部少輔（直政）

奉レ之

小田切善三殿 〔士林泝洄〕○巻第十四乙之部二附録

小田切昌茂の一族である。父郷左衞門は信玄に仕へて駿州で討死、長兄三左衞門も信玄に仕へて甲州府中で討死、次兄源太夫は平岩親吉に仕へて武州岩槻で討死した。善三は平次左衞門と稱し、家康より本朱印狀を與へられて平岩親吉に屬し、のち尾張義直に仕へて成瀨隼人正に附屬せしめられた。その子孫は代々尾州家に仕へた(士林泝洄　巻第十四)。大石和《いさは》筋は八代郡、飯田村は山梨郡北山筋所在。舊井河原は八代郡小石和筋の白井《しらゐ》河原《かはら》村もしくは巨麻郡中郡筋の臼井《うずゐ》阿《あ》原《はら》村の誤寫であらう。吉澤《きつさは》村と長塚《ながづか》村は巨麻郡北山筋所在である。島三條は島上條村の誤寫と推され、これも巨麻郡北山筋所在である。

小田切昌茂に與へたる本領替地安堵狀（天正十年十一月九日）

甲州志田內土岐殿分五拾貫文・保(穗)坂內賀(イ加)茂與八郎分四貫五百文・中下條內羽田中田(イなし)分壹貫文等(イなし)之事

右、爲(イより補)二信州本領改替一、領掌不レ可レ有二相違一、但至(イ到)信州本意之時者、如二前々一可レ令二迗(イ還)補一者也、仍如レ件、

天正十年

十一月九日　袖印(イより補)

井伊兵部(直政)少輔

小田切雅樂(昌茂)助殿

イ〔平岩家分限證文書札集譜系(三)〕○徳川林政史研究所所藏
〔士林泝洄〕○巻第十四乙之部二

羽田中田は羽中田、送補は還補が正しい。

小田切氏の先祖は信濃國佐久郡小田切村に住し、のち武田信玄・勝頼に仕へた。昌茂は父采女正昌豊が永祿四年九月十日に信州川中嶋合戰で討死した後に生まれ、七歳にして信玄に仕へ、永祿十年九月九日に父の遺領を繼いだ。天正十年家康より本朱印狀を與へられ、平岩親吉に屬し、のち尾張義直に仕へて成瀬隼人正に附屬せしめられて百五十石を領し、寛永八年八月十六日に卒した。その子孫は代々尾州家に仕へた(士林泝洄　巻第十四)。

志田村・穗坂庄・中下條村とも巨麻郡北山筋所在。

白幡金藏に與へたる感狀（天正十年十一月十二日）

(折紙)

一簡令レ啓、抑今度於二岩村田一被レ蒙二鑓疵切疵數ケ所一、殊高名無二比類一働之由、芝田(柴田康忠)七九郎披露候、寔感入快悅候、委曲來臨之刻可レ申候、恐〻謹言、

(天正十年)十一月十二日　　家　康（花押）

白幡金藏殿

原本〔早川雅則氏所藏〕○名古屋市

折紙を半截して巻子に装幀してある。上半分を三段に染め分け、下半分に白幡金藏と墨書した指物も附屬してゐる。

天正十年十月下旬、武田の舊臣大井美作守某は誘降を拒んで信濃國佐久郡岩村田の城に據つて反抗した。先に家康に臣從してゐた依田信蕃は蘆田小屋を發して岩村田に向かひ、筑摩川を挾んでの激戰の末に城を攻略した。信蕃は家康の旗下を遠く離れた合戰であつた故に檢使の派遣を乞ひ、柴田康忠が蘆田小屋に至つて檢使の役を勤めた。この合戰の次第は『寛政重修諸家譜』巻第三百五十六　依田信蕃の事蹟に詳しい。白幡金藏の事蹟は未明だが、この時信蕃と共に岩村田城攻略に參戰し、その働きぶりを柴田康忠より報告されて本狀を與へられるに至つたことは疑ひない。白幡金藏かその子孫はのち淺野氏に仕へた。『譜牒餘錄』巻第二十二　松平安藝守　附家臣の項に本狀は收錄されてをり、「此御書松平安藝守家來白幡三郎助所持仕候」との註がつけられてゐる。現所藏者の實家は廣島縣福山市で、本狀も實家に傳へられてゐる。

丸山半右衛門尉に與へたる本領安堵狀（天正十年十一月二十七日）

（竪紙）駿州上方藏出三貫文・幷於二甲州一藏出六貫文・駿州賀嶋内長谷川名加地子拾五貫文・甲州上石田下石田國玉戸嶋分共ニ拾五貫文・月次俵指持三拾俵等之事

右爲二本給一之間、不レ可レ有二相違一之狀如レ件、

天正十年
十一月廿七日　（家康）朱印（印文福德）

井伊兵部少輔（直政）
奉之

丸山半右衛門尉殿

原本〔井伊直愛氏所藏〕○彦根市

丸山氏を稱する者は甲州に多く、『甲斐國志』士庶部にも數例掲げられてゐるが、半右衞門尉に該當する記事はなく、その事蹟は未詳である。『姓氏家系大辭典』も多くの丸山氏を掲げてをり、その中に遠江國の藤原姓勝間田氏より出て室町後期に丸山氏と改めて甲州武田氏に仕へた一族があり、井伊氏も祖を同じくすると說かれてゐる。もしかすると丸山半右衞門尉は井伊直政の遠い親戚に當つてゐたのかも知れず、その關係で本狀も井伊家に傳へられたのかも知れない。駿州賀嶋は富士郡のうちに鎌倉期から見える莊園名である。上石田・下石田はともに巨摩郡在の鄕名、國玉《くだま》は山梨郡のうちの鄕名であるが巨摩・山梨・八代の三郡の境に位置してゐる。長谷川と戸嶋は人名であらうが未詳である。月次俵指持の意も分明にしてゐない。

金丸內藏助に與へたる本領安堵狀（天正十年十二月三日）

（竪紙）

甲州七覺之夫錢貳拾三貫文、并名田被官等之事

右爲二本給一之間、不レ可レ有二相違一之狀如レ件、

天正十年

十二月三日 （家康）（朱印）（印文福德）

芝（柴）田七九郎（康忠）

奉レ之

金丸內藏助殿

原本〔徳川恆孝氏所藏〕○東京澁谷區

七覺《しっかく》は戰國期に見える地名で八代郡の內である。その地名は同地にある修驗道の古刹七覺山圓樂寺に由來すると唱へられてゐる。同寺は天正十年織田勢に燒かれるまでは塔頭三刹・三十二坊を有す大寺院であった。また寺域には熊野・白山・金峰・伊豆・箱根の五社權現があって上の宮と稱した。江戸期の右左口《うばぐち》村の枝鄕七覺、今日の中道町右左口字七覺に比定される（『角川　日本地名大辭典』）。

夫錢は夫役で賦役とも書き、農民の勞働課役のことであったが、次第に米や錢で代納する樣になり、夫米・夫錢と呼ばれる樣になった。その夫錢が二十三貫となれば一村や二村と言った小單位とは思はれず、當時七覺とはかなり廣範圍を指して呼んだ地名であったと思はれる。

甲州には武田信重の男で金丸氏を稱した右衞門尉光重とその子孫が『甲斐國志』巻之九十七　人物部第六に載り、巻之九十九　人物部第八、巻之百十四　士庶部第十三にも金丸氏が見られるが、本狀の宛所の金丸內藏助に結び得る樣な記事は見出されない。

志村貞綱に與へたる本領安堵狀（天正十年十二月三日）

甲州下三藏手作前三貫七百文・同所增分拾四貫三百文・境（イ堤）內貳貫文（イ百）・下條內貳貫文・中條內觀音（イ王）分五百文・林郡（イ部）內飯嶋分六貫七百文・河東內（イ本）花輪分增（イなし）三貫文・上三藏內貳貫五百文幷名田・被官・屋敷等之事

右、本領不レ可レ有二相違一之狀如レ件、

天正十年

十二月三日　　御朱印

芝田七九郎（柴田康忠）

奉レ之

志村源五左衛門尉殿（貞綱）

イ〔平岩家分限證文書札集譜系(三)〕○徳川林政史研究所所藏

〔士林泝洄〕○巻第十八乙之部二

志村氏一族の先祖は信州志村の住人であつたが、のち甲斐武田氏に仕へた。貞綱は孫左衛門とも稱し、武田信玄に仕へて栗原左兵衛組に屬してゐた。武田氏滅亡ののち本狀を與へられて平岩親吉に屬し、のち尾張義直に仕へて成瀬隼人正に屬せしめられ、二百五十石を領して寛永二十年十一月十日に卒した。その子孫は代々尾州家に仕へた（士林泝洄　巻第十八）。

三藏《さんのくら》村は上下に分れてゐたと知られ、境村は堤村が正しく、下條村・中條村とも、いづれも巨麻郡逸見筋所在である。林郡は他例（『徳川家康文書の研究』上巻　四三八・四四〇頁）によつて林部が正しい。河東村および花輪村の地名は巨麻郡中郡筋に見出される。

大嶋五郎兵衛に與へたる本領安堵狀（天正十年十二月九日）

甲州市河上野分三拾貫文幷上河東惣領分、上之内夫丸半夫等之事

右爲二本給一之間、不レ可レ有二相違一之狀如レ件、

天正十年

天正十年
十二月九日　〔福德印カ〕

井伊兵部少輔（直政）
奉レ之

大嶋五郎兵衛殿

〔武州古文書　上〕○埼玉縣大里郡岡部市太郎氏所藏

大嶋五郎兵衛の事蹟は未詳である。『姓氏家系大辭典』によると、清和源氏片切氏流で、平安時代末期に信濃國伊那郡大島邑より起こつた大島氏がある。その子孫大嶋五郎左衛門爲重は、弘治二年武田信玄に降參して大嶋城を引渡し、その弟で沼之城々主であつた爲清も、同年降參して武田氏の直參となつたとある。『甲斐國志』巻九十八　人物部第七　武田氏將帥部には大島讃岐守爲元を掲げ、元龜二年北ノ方を沼城に移居せしめ、その跡に築城して大島城と號したが、天正十年二月十五日、開城に際してその男源次郎正繼と共に死すとある。本狀を與へられた大嶋五郎兵衛も、おそらくこれらの一族であつたと推定される。市河上野は未詳であるが、武田氏將帥に市河（市川）氏があつた（『甲斐國志』巻之九十七　人物部第六）ので、その一族であらう。上河東は村としては巨麻郡中郡筋に見出されるが、惣領とあるので直ちに村名とは決め難いし、さりとて人名とも解せず未詳である。

飯沼忠元に與へたる所領宛行狀（天正十年十二月九日）

甲州長坂・栗林三井八右衛門分貳拾貫文之事

右、所二宛行一不レ可レ有二相違一之状如レ件、

天正十年

十二月九日　御朱印(家康)

井伊兵部少輔(直政)

奉レ之

飯沼藤太殿(忠元)

(平岩家分限證文書札集譜系(三))　○徳川林政史研究所所藏

(士林泝洄)　○巻第二十乙之部二

長坂は長坂上條村・長坂下條村、栗林は大八田《おほばつた》村の字栗林かと推される。いづれも巨麻郡逸見筋所在である(『甲斐國志』巻之十二)。

飯沼氏は『甲斐國志』には見出されない。忠元は彌右衛門とも稱し、小笠原氏であったが在所に因んで飯沼氏に改めた。武田信玄に仕へ、武田氏滅亡後、家康より本狀を與へられて平岩親吉に屬し、清須町奉行を勤め、のち尾張義直に仕へて成瀬隼人正に附屬せしめられた。元和二年十月六日に卒し、子孫は代々尾州家に仕へた(『士林泝洄』巻第二十)。

志村吉綱に與へたる本領安堵狀　(天正十年十二月十日)

甲州篠原之内卅五貫文・巨瀬(小瀬)村之内貳貫四百文・淺原之内七貫文・田嶋貳貫六百文・加々(賀)美之内壹貫七百文・成嶋之内久兵衛給三貫六百文・江原之内棟別壹間免許之事

天　正　十　年

右、爲二本給一之間、不レ可レ有二相違一狀（之脱カ）如レ件、

天正十年

十二月十日　御朱印（家康）

本田彌八（本多正信）

高木九助（廣正）

奉レ之

志村半兵衛殿（吉綱）

〔士林泝洄〕○巻第十三乙之部一

『士林泝洄』には「甲州人、仕二武田信玄及勝頼一。（中略）後仕二平岩親吉一、領二百五十石一。大坂役從軍、得二首級一、後屬二成瀬正成一。」とあり、弓削衆、即ち初め平岩親吉の家臣でのち尾州家直參となつた家臣に部類されてゐる。志村氏一族はもと信濃國志村の住人であつたが、甲斐武田家に仕へたので「甲州人」とされたのであらう。吉綱の子孫は代々尾州家に仕へた。

篠原《しのばら》村は巨麻郡北山筋、巨瀬村は小瀬《こせ》村で、許勢・巨勢・古瀬とも書かれ山梨郡中郡筋、淺原村は巨麻郡中郡筋、田嶋村・加賀美村・江原村は巨麻郡西郡筋、成嶋村は巨麻郡中郡筋か西河内領にそれぞれ所在である。

三科次大夫に與へたる本領安堵狀（天正十年十二月十日）

甲州鹽後之内六貫六百文・菅兵衛名田内德四貫文之事

右爲二本給一之間、不レ可レ有二相違一之狀如レ件、

天正十年

十二月十日（家康）朱印（印文福德）

本多彌八郎（正信）

高木九助（廣正）

奉レ之

三科次大夫殿

原本〔三科隆氏所藏〕○山梨市

『甲斐國志』巻之百四　士庶部第三に三科次大夫の項があり本狀の記事も載せられてゐる。三科次大夫の事蹟は未詳だが、天正十年に家康に呈出された「壬午甲信諸士起請文」の小山田備中守衆の中に三科宗四郎（惣四郎）の名が見え、三科家記ではこれを次大夫の男としてゐると言ふ。三科氏は山梨郡に居住した名族で、文政七年に栗原筋上神内川《かみかのがは》村で寺子屋を開いた人物は、その子孫であらう。

鹽後《しほご》村は山梨郡所在で鹽子村とも記される。天正十七年十一月二十三日付の向嶽寺領證文（向嶽寺文書『甲州古文書』一）には「小（於）曾鄕・鹽後兩鄕內」とあるので鄕と考へられる。

內德は內得《うちのとく》に同じで加地子得分で作人が負擔した地代の一種である。即ち國衙領や莊園領主と作人との間に地主が介在してゐる場合、作人が領主に納めるべき課役以外に、その地主に納める一定の作德米で、本狀では菅兵衞名田の作德米收納の權益を意味してゐる。

〔參考〕甲州於曾鄕百姓中に與へたる下知狀（天正十年十二月十三日）

（折紙）

吾妻源五左衞門分
四貫文　於曾之內
四貫文　同所民部丞分
貳貫五拾文　右之役錢
合拾貫五拾文
右棟別之替幷新恩而如レ此田邊佐左衞門尉（忠村）方へ被二下置一候、當納無二異儀一可レ被二相渡一者也、
（天正十年）午　十二月十三日

玄隨齋（工藤喜盛）（黑印）
以淸齋（市川昌忠）（黑印）
石四郞右（石原昌新）（黑印）
榮富齋（駒井元久）（黑印）

百姓中

原本（田邊紀俊氏所藏）○山梨縣鹽山市

「田邊忠村に與へたる本領改替宛行狀（天正十一年六月二日）本書八二頁參照。『甲斐國志』卷之百四　士庶部第三「田

邊四郎兵衛」の項に「同年十二月十三日四奉行ノ書小曾ノ内合拾貫五拾文新恩ト而田邊佐左衛門方ヘ被㆓下置㆒云々百姓中トアリ」とある文書に該當する。『甲州古文書』八四一の文書の註に右の『甲斐國志』の記事を載せ、「の一通ありと云えども(雖も)傳存せず」と記されてゐるのが本狀であり傳存が確認された。

田邊佐左衛門尉忠村は武田遺臣であったが天正十年家康に謁し、本狀の發給を受けた。四奉行より百姓中に宛てられてゐるので參考文書「下知狀」と題したが、實質は田邊忠村への所領宛行狀である。

吾妻源五左衛門は未詳、民部丞は下條民部丞(『德川家康文書の研究』舊・復とも　上巻　四四二頁)に當るか否か不詳。

四人の奉行衆に關しては前掲書の四八六頁參照。

水野忠重に遣れる書狀（天正十年十二月十七日）

羽柴惟任(秀吉?)佐和山迄出陣之様子、慥被㆓示越㆒得㆓其意㆒候、我〻も昨日十六日(イ)濱松ゟ令㆓歸城㆒候、
将又今度者甲表爲㆓御加勢㆒、長〻御在陣御辛勞難㆑謝候、尚替儀期㆓後音之(イ)時㆒候、恐〻(イ煌)謹言、

(天正十年)十二月十七日　御直判(イ家康判)

水野惣兵衛殿(忠重)

〔譜牒餘錄〕○四十三 水野美作守　附家臣
イ〔水野記〕○京都紫野大德寺町 龍光院所藏

本文は「譜牒餘錄」に據り「水野記」の異なる箇所を(イ)として示した。

忠重は水野忠政の九男として天文十年に生れた。姉の於大は松平廣忠室であったから、忠重は家康の母方の叔父に當る。

家督を繼いで三河刈屋に住した兄信元が織田方に屬したので、於大が離縁された經緯はよく知られてゐよう。しかしながら信元は佐久間信盛の讒によつて信長に疑はれ、その命を受けた家康の仕置により、天正三年十二月に害せられた。忠重は永祿年間より家康に隨つてゐたが家康の家臣と言ふ身分ではなく、織田信長の麾下にあつたらしい。兄信元が害せられると家督を繼ぎ、天正八年九月信長から舊領刈屋城を與へられた。信長の滅亡後、小牧長久手の役には家康に屬し、その後は秀吉に仕へて天正十五年七月晦日豐臣姓を與へられ、從五位下和泉守に敍任、秀吉の歿後は再び家康に隨つたが、慶長五年七月十九日、三河池鯉鮒で堀尾可晴を饗應中、相客の加々野江彌八郎秀望に刺殺された。

家康は天正十年と十一年の二年續いて甲州に出征し、共に十二月に濱松に歸著してゐる。天正十一年は十二月四日に歸著したと「家忠日記」にある。中村孝也博士は天正十年の家康の甲府出立、濱松歸著の日に關し、相違する諸書の記事を掲げて檢討を加へた上で、十二月十二日に甲州を出發したと解された（『德川家康文書の研究』舊・復とも　上卷　四六一～二頁）。その解は本狀にある十二月十六日に濱松歸城との記事とよく符合する。

忠重はこの年の家康の甲信出征に從軍し北條勢との合戰に活躍したとの詳しい記事が「譜牒餘錄」に見られ、本狀の文意と一致する。

「羽柴惟任」とは何某を指すか難解である。惟任・惟住はともに鎭西の名族の姓であり、信長は將來の鎭西平定のために備へて明智光秀に惟任、丹羽長秀に惟住を稱させたと傳へられてゐる。光秀を討滅した秀吉が惟任姓まで繼承したのかと想像してみても他の史料に例を見出してゐないし、第一、羽柴惟任と重ねるのは不可解である。ではあるが、『史料綜覽』は「兼見卿記」や「多聞院日記」等に據つて天正十年十二月九日「羽柴秀吉兵を率ゐて近江に入る」と記してゐるので、これを秀吉と解せば辻褄は合ふことになる。

加津野信昌に遣れる書狀（天正十一年正月二十四日）

内〻其表之儀、無二心元一候處ニ(イ)、竹石(信濃國小縣郡以下ノ村々モ同ジ)・丸子・和田・大門・内村・長窪才企二逆心一之由、注進
候、不レ及二是非一候、雪消候ハヽ急度令二出馬一、凶徒才可レ遂二對治(退)一候、於レ時者可二御心安一候、
猶大久保新十郎(忠泰)可レ申候、恐〻謹言、
(天正十一年)正月廿四日　御書御判(徳川家康)(イ御書判)
加津野隱岐守(信昌)殿

〔譜牒餘錄　後編〕○十七 御小姓組 眞田善左衛門
イ〔御感書〕二〇 ○内閣文庫所藏
〔信濃史料　補遺〕○巻上 六〇二頁

〔參考〕大久保忠泰より加津野信昌に遣れる書狀（天正十一年正月二十四日）

去十五日之御注進狀、得二其意一及二披露一候、仍竹石・丸子・和田・大門・内村・長窪令二逆心一候由、無二是非一次第候、乍レ去雪消候由(ママ)、早速及二御出馬一御對治(退)可レ被レ遂候旨候、其内御人數入(要)候者、御一左右次第ニ可レ被二差立一候旨ニ候、伊那表其外人數之儀、被二仰付一候間、於二樣子一者可レ被二御心安一候、隨而房州(眞田昌幸)御證人御老母、只今可レ被レ進候之旨、被二仰越一候、先以不レ及二御渡一候、御病氣之由誠ニ寒之砌、無二心元一義候間、暖氣迄御延慮候而も不レ苦候由申入候、然處ニ御病氣御平癒之間、只今御進上可レ有之由、尤至極存候、緞御證人無レ之候共、一度被二仰合一候上者、定而御無沙汰有レ之間敷候處、如レ此ニ被二仰越一候事、一段御喜悅被レ

成候旨ニ候、委曲口上ニ申含候條、期二來悅一候、恐々謹言、

（天正十一年）正月廿四日　大久保新十郎

忠泰　書判

（加津野信昌）如隱

〔譜牒餘錄　後編〕〇十七　御小姓組　眞田善左衞門

〔參考〕大久保忠泰より加津野信昌に遣れる書狀（天正十一年二月九日）

御書中披見申候、仍房州（眞田昌幸）ゟ以二吏者一御申一々披露申候、其表之儀听々錯亂之條、御苦勞之段不レ及二是非一候、御人數之事、御先様被レ遣不レ及候、近々可レ有二御出馬一ニ相定候、其尋靜謐不レ可レ有レ程候、將又房州御證人之事、先木曾江御斷之由、尤之事ニ候、自レ是も被二相別一被二差遣一候間、可レ被二御心安一候、委ハ御吏者申渡候、早々申候、恐々謹言、

（天正十一年）二月九日　大久保新十郎

忠泰　書判

（加津野信昌）加隱

〔譜牒餘錄　後編〕〇十七　御小姓組　眞田善左衞門

『德川家康文書の研究』（舊・復とも）上卷　三七八頁に掲げられてゐる「加津野信昌に遣れる書狀二通（天正十年九月二一

十八日）」とその解説參照。

信昌《のぶまさ》は眞田幸隆の息で、安房守昌幸の弟である。源次郎　市右衛門　隱岐守と稱し、信尹《のぶただ》とも名乘つた。武田家に仕へ加津野某の養子となつたが、のち家康に召出されて眞田姓に復した。天正十年九月、計らつて兄昌幸を家康に屬せしめ、家康の感を得、同十一年正月、信濃國小縣《ちいさがた》郡のうちに逆心を企てる者のあるを家康に注進し、同十二年駿河國に於て初めて家康に目見て采地三千石を與へられた。のち一旦退身して蒲生氏郷に仕へたが、再び召返されて甲斐國巨摩郡のうちに於いて三千石の地を給され、御使番となり關ケ原戰役および大坂兩度の陣に從軍した。その後御旗奉行に轉じて千石を加增され、寛永九年五月四日、八十六歳で卒した（『寛政重修諸家譜』巻第六百五十五）。

竹石は武石、丸子《まりこ》は鞠子、長窪は長久保とも書かれる。和田・大門・内村とともに、いづれも小縣郡内所在で、今日の諏訪市から東北に向かひ上田市に至る山間の街道筋に點在する村々である。

天正十年十二月、甲信鎭撫を一旦は終へて古府中より濱松に歸著したものの、尙動搖を續ける信州に家康は心元なかつた。翌十一年正月、小縣郡内の竹石以下六ケ村が叛意を示した旨を、十五日附で信昌は家康に注進した。その報に接した家康は消雪を待つて急度出馬し、凶徒を退治する故安心する樣にと本狀を以て應へた。

參考文書として掲げた二通の大久保忠泰の書狀により、家康が人數を用意し、伊奈表にも手立てを命じたにもかかはらず、正月十五日以降、小縣郡内の叛亂は擴大に向かつたと知られる。忠泰は二月九日附で「近々可レ有二御出馬一」と書き送つたが、三月下旬に至つて漸く家康は濱松を發して甲府に到つた。『德川家康文書の研究』（舊下巻之二　一六四頁、復上巻　八一六頁）に收錄されてゐる「飯田半兵衛尉に遺れる書狀（天正十一年四月三日）」に、「就レ中拙者儀、信州佐久・小懸（縣）之殘徒等爲二退治申付一、至二甲府一致二出馬一候」と見出されるので、本狀に記された通り、雪消を待つて家康は再び信州鎭撫の兵を進めたと知られる。

忠泰の二通の書狀により、前年九月の甲信鎭撫に當つて兄昌幸の家康附屬を取計らつた信昌が、引續き昌幸の老母を人質に差出す件の斡旋に立つてゐたことも知られる。

某に遺れる書状（天正十一年三月二十三日）

其表別一和之以後、急度以二使者一不二申入一候之條、以二松平玄蕃允(清宗)一申候、氏政(北條)宜レ被レ得二其意一候、爰許之儀、猶可レ有二彼口上一候間、令二省略一候、恐々謹言、

(天正十一年)三月廿三日　　家　康（花押）

（宛所闕ク）

原本〔思文閣古書資料目録第百六十三號〕○平成十一年八月刊

折紙を半截し上半分の末尾に記されてゐたはずの宛所を切除し、下半分の白紙を上半分の前後に繼ぎ、餘白を適宜に設け體裁を整へて軸裝してある。

天正十年織田信長の歿後、甲信鎭撫に向かつた家康勢と、同じく甲信に勢力を伸張しようとした北條勢とは、新府と若神子に陣を張つて對立膠著狀態に陷つてゐたが、十月二十九日に至り家康の第二女督姫を氏直に嫁せしめる等の條件によつて漸く兩軍の間に和議が成立し、氏直は十一月下旬小田原に歸著、家康は暫く新府に留まつて年末には濱松に歸著した。

松平玄蕃允清宗は守家を初祖とする竹谷松平家の第五代で天文七年生、慶長十年十一月十日に六十八歳で歿した。『寛永諸家系圖傳』よりも『寛政重修諸家譜』卷第二十にその事蹟は一層詳しい。天正十年黑駒合戰では大いに武功を顯はして家康の御感をかうぶり「この年北條氏直と御和睦ありしかば、御使をうけたまはりて小田原城に赴きしに、氏直蒲萄の蒔繪したる鼓の筒を與ふ」とあり、文脈の上では天正十年に小田原城に赴いた樣に讀まれるが、本狀には「一和以

後、使者を以ても申し入れなかつたので松平玄蕃允を以て申す、氏政に云々」とあるので、清宗が小田原城に赴いたとの記事は、本状の使者となつた天正十一年三月のことを指すと斷ぜられよう。氏直は時に二十二歳の青年武将で若神子に陣を張り、家康と和睦を結ぶに至つた時の大将であつたが、父氏政はその和議に何かしら含むところがあつたのであらうか、本状の文面からは家康の氏政に對する配慮が窺はれる。

松平清宗が天正十年に家康の奉行を務めてゐた文書は三通（『徳川家康文書の研究』舊・復とも　上巻三六〇・三六七・三八三頁）知られてをり、松平一族であつて本状の使者を務める人物としても相應しい。宛所は截除されてゐるものの氏直もしくは氏規かと推されよう。

今井肥後守に與へたる本領安堵状（天正十一年三月二十八日）

甲州鎌田・今井之内三拾五貫文等之事

右、本領不レ可レ有二相違一之状如レ件、

天正十一年

三月廿八日　御朱印（家康）

今井肥後守殿

〔甲斐國志〕○巻之百八 士庶部第七

今井肥後守の事蹟は未詳である。甲斐國山梨郡中郡筋今井村に住し、武田氏に仕へた今井氏である。肥後守の子市郎右衛門は浪人して今井村に住し、本状はその子孫に傳へられてゐると『甲斐國志』にある。

鎌田は巨麻郡中郡筋の鎌田八幡宮に發した庄名で、二日市場村以下九ヶ村を併せてのちに大鎌田村と稱した地に當ると推される。

土屋倫重に與へたる本領安堵狀（天正十一年三月二十八日）

甲州下條分花輪内八貫六百文・西花輪内貳貫百（イなし）文・中牧藏料（イ科）内六貫五百文・信州得替清水勘三分參貫三百文・大藏内三井分九貫四百五十（イ拾）文・駿州藏出五百五十文等之事

右、本領不レ可レ有二相違一狀（イ之あり）如レ件、

天正十一年

三月廿八日　御朱印（家康）

土屋才右兵衞（倫重）殿

イ（平岩家分限證文書札集譜系㈢）〇徳川林政史研究所所藏

（士林泝洄）〇巻第二十一乙之部二

土屋氏は名族金丸氏の支流であつて、『甲斐國志』巻之九十六　人物部第五　武田氏將帥部に揭げられてゐる名家である。倫重もその一族で、武田右馬頭信繁に仕へ、武田氏滅亡後、家康に召出されて本狀を與へられた。平岩親吉に屬し、のち尾張義直に仕へ、成瀨正成に附屬せしめられて二百石を領し、寛永十六年三月十九日に卒した。子孫は代々尾州家に仕へた（士林泝洄　巻第二十一）。

花輪村・西花輪村は巨麻郡中郡筋、中牧藏料は未詳。大藏村は巨麻郡逸見筋所在。

前嶋知政に與へたる本領安堵狀（天正十一年三月二十八日）

甲州野呂內拾六貫三百文・青野（粟生野）內四貫文・熊野內叄貫文等之事

右、本領不レ可レ有二相違一之狀如レ件、

天正十一年

三月廿八日　（家康）朱印（印文福德）摸

前嶋織部佐（知政）殿

寫〔七夕古書大入札會〕○平成十年七月三日・明治古典會於東京古書會館

〔平岩家分限證文書札集譜系(三)〕○徳川林政史研究所所藏

〔士林泝洄〕○巻第十六乙之部二

本紙竪約三十三糎、横は約五十二糎だが眞中で繼いであり、掛物假表具裝である。紙質、墨色、書風、朱印から寫文書と推定した。

野呂村は八代郡大石和筋、粟生野（青野）村と熊野村は山梨郡栗原筋所在である。

前嶋氏は『甲斐國志』には見出せず、『士林泝洄』巻第十六によると、代々甲州武田家に仕へたとある。知政は又十郎と稱し、平岩親吉に屬して犬山で卒したとある。その男知重も初め親吉に屬し、のち義直に仕へて成瀬隼人正に屬せしめられた。子孫は代々尾州家に仕へた（『士林泝洄』巻第十六）。

長澤主膳に與へたる本領安堵狀（天正十一年三月二十八日）

甲州長澤之内手作分貳貫五百文・駿州藏出四貫六百八拾文餘、棟別壹間免許等事
右、本領不レ可レ有二相違一之狀如レ件、

天正十一年
三月廿八日 （家康）朱印（印文福德）

長澤主膳殿

原本（輿水喜富氏所藏）○山梨縣北巨摩郡

小さな寫眞に據ったので斷定は下せないが、書體、福德印とも果して眞正なりや否や疑問が多い。一應可として解説しておく。

『甲斐國志』巻之百十四　士庶部第十三に長澤和泉守の記事があり、一條衆に長澤彌三左衞門、同彌左衞門（一本孫左衞門）、同雅樂助、同七郎左衞門等の同族があったと記されてゐる。おそらく主膳も同族の一人と推される。長澤村は巨摩郡逸見筋所在である。『德川家康文書の研究』上巻　四九四頁（舊・復とも）に、同日附で略同内容の文書が收錄されてをり、それらと一連の文書である。

甲斐長泉寺に與へたる寺領安堵狀（天正十一年四月二十日）

（竪紙）
甲州長泉寺領事

若神子之內五貫文之事

右爲二本寺領一之間、領掌不レ可レ有二相違一之狀如レ件、

天正十一年
　卯月廿日　（家康）（朱印）（印文福德）
　　長泉寺

原本〔源喜堂書店所藏〕　○東京千代田區神田『源喜堂古文書目錄』五　昭和五十八年四月刊

長泉寺は湯澤山と號し、相州藤澤山淸淨光寺の末寺で遊行二祖他阿上人を開山とする時宗の寺院である。『甲斐國志』卷之八十三　佛寺部第十一　巨摩郡逸見筋に御朱印七石貳斗境內千七百六拾六坪の若神子村所在寺院として載り、『寛文御朱印留』にも同じ高で「任天正十一年四月廿日、寛永十九年七月十七日兩先判旨」として收載されてゐる。中村孝也博士は『德川家康文書の研究』（舊・復とも　上卷　五一二頁）に「甲斐國長象寺」として「御朱印帳」の記事と共に「日付竝に御朱印の文字なし」との註記も揭げて「甲斐國志には長象寺が見當らない」と記されたが、それは參照された「御朱印帳」が不備であつたと思はれ、長象寺は長泉寺の誤りである。今日も山梨縣北巨摩郡須玉町若神子新町一九七三番地所在である（『角川日本地名大辭典』『全國寺院名鑑』）。

依田宮内左衛門以下八名の甲州金山衆に與へたる諸役免許狀

(天正十一年四月二十一日)

除二田地役一其外公事以下、本棟別之外懸錢・新屋棟別錢、壹人ニ壹間宛幷印判衆役・新衆、四壁之竹木叨剪採等之事

右、如二先證一令二免許一畢、但如二前々一黄金令二增長一者、此朱印可レ令二返進一者也、仍如レ件、

(家康)
(朱印)(印文福德)摸　天正十一年

卯月廿一日　日下兵左衛門尉(右)(日下部定好)
成瀬吉左衛門尉(右)(正一)　奉之

中村彈左衛門尉
依田平左衛門尉
大野將監
風間庄左衛門尉
田邊清九郎
古屋次郎右衛門尉

田邊四郎（直基）左衛門尉
依田宮内左衛門尉

寫（田邊紀俊氏所藏）○山梨縣鹽山市
（甲州古文書）八三七

本狀と同日附で「保坂次郎右衛門以下七名の甲州金山衆に與へたる諸役免許狀」と略同文である。その狀の宛所の一人「田邊清九郎」は本狀にも記されてをり、同一人の重複と見られる。

保坂次郎右衛門以下七名の甲州金山衆に與へたる諸役免許狀

（天正十一年四月二十一日）

除二田地役一其外公事以下、本棟別之外懸錢・新在家棟別錢、壹人ニ壹間宛幷印判衆役・新衆、四壁之竹木濫剪取等事

右、任二先證一令二免許一訖、但如二前々一黄金令二增長一者、此朱印可レ令二返進一者也、仍如レ件、

天正十一年

（家康）○（朱印）（印文福德）

四月廿一日

成瀬吉（正一）（ママ）衛門尉
日下部兵（定好）（ママ）衛門尉
奉之

田邊喜三郎

天正十一年

同名清九郎

古屋

同名清右衞門

同名七衞門

中村彌左衞門

保坂次郎右衞門

〔鹽山市史〕○史料編 第一巻 三七二 田邊源吾家文書

『鹽山市史』は原本文書から收錄されたと推されるが、「成瀬吉(右)衞門尉・日下部兵(右)衞門尉」と脫字されたらしい點は原本か寫か、史料や編纂の堅實性に不安が殘る。先證とは武田氏から與へられた免許狀を指すと解され、免許された諸役も同樣であつたらうと推される。武田氏免許狀は傳存してゐないらしく特定出來ない。田地役以外の諸公事、本棟別以外の役錢、新在家棟別錢は一人につき一間宛、印判衆役と新衆役をそれぞれ免除し、四周の竹木伐採の許可を金山衆七人に對して與へた免許狀で、但し黃金が先々の樣に增産される樣になつたらこの朱印狀を返進、免許取消の條件を附帶せしめてゐる。

甲州黑川金山衆に與へたる諸役免許狀（天正十一年四月二十一日）

於二金山一黃金無二出來一候間、一月ニ馬壹疋分諸役令二免許一之旨、所レ任二先證一不レ可レ有二相違一

之狀如レ件、

天正十一年

卯月廿一日

成瀨吉右（正一）衛門尉

日下部兵右（定好）衛門尉

奉レ之

黑川

金山衆

寫〔田邊紀俊氏所藏〕○山梨縣鹽山市

『甲州古文書』に八三八文書として收錄されてゐる文書に該當すると思はれるが「於金山黄金出來候間」とあつて「無」の一字がない。茲に收錄した通り「無出來」が正しく、さもないと意味が通じなくなる。金山に於いて黄金が産出しなくなつたので一月に就き馬壹疋分の諸役を免除すると金山衆に與へた免許狀である。先證とは左の武田勝賴の免許狀を指すと考へられる。

〔參考〕武田勝賴より甲州黑河金山衆に與へたる諸役免許狀（天正五年二月十一日）

於二金山一黄金無二出來一之間、一月馬壹疋分諸役御免許之由、被二仰出一候也、仍如レ件、

天正五丁丑年

二月十一日　櫻井右近助

天正十一年

黒河也　以（武田勝頼）清斎　奉之

金山衆

〔鹽山市史〕○史料編第一巻 河合鍋石家文書　三一四

甲斐寶珠院に與へたる寺領安堵狀（天正十一年四月二十六日）

（竪紙）
甲斐國寶珠院領千塚内埃本坊油免共ふ（に）三貫百文・同所八王子分壹貫四百文・金竹内四百文等事

右、領掌不レ可レ有二相違一之狀如レ件、

天正十一年　（家康）（朱印）（印文福德）

四月廿六日

寶珠院

原本〔古典籍下見展觀大入札會〕○平成十一年十一月十二日 於東京古書會館

『甲斐國志』卷之七十三　佛寺部第一　府中に「藥王山寶珠院　元城屋町　同宗松本大藏寺末、御朱印寺領五石餘在二千塚村内一　本尊千手觀音」との記事に續けて本狀の本文が載せられてをり、「今千塚村ニ藥師堂アリテ兼二帶之一、八王子權現ハ下帶那村ニ屬ス、又當寺ノ所レ攝ナリ（中略）寛永中御朱印頂戴御代々同ジ」と結ばれてゐる。金竹《かねたけ》は巨摩郡北山筋にある地名で、千塚は今の甲府市千塚町に當ると解される。「寛文御朱印留」には後掲の通り載せられてゐるが、『大日本寺院總覧』『全國寺院名鑑』には既に見出されない。

寶珠院領（甲斐國山梨郡）

甲斐國山梨郡千塚村之内五石餘事、任㆓天正十一年四月廿六日、寛永十九年七月十七日兩先判之旨㆒、寶珠院全收納、永不㆑可㆑有㆓相違㆒者也、

寛文五年七月十一日

御朱印

竹居郷右衛門に與へたる本領安堵状（天正十一年五月六日）

甲州五ケ村内河野源三分爲㆓藏出改替㆒八貫三百卅文・同替大津之内知生院細田市左衛門分三百十五文・同替而初（ママ）鹿野之内有賀勘左衛門分三百五十五文・和戸之内夫丸三分一并棟別貳間免許之事

右、爲㆓本給㆒之間、領掌不㆑可㆑有㆓相違㆒之状如㆑件、

天正十一年

五月六日　御朱印（家康）

竹居郷右衛門殿

〔平岩家分限證文書札集譜系(三)〕○徳川林政史研究所所藏

〔士林泝洄〕○巻第十九乙之部二

竹居氏は甲州八代郡小石和筋竹井村に發し、鄕右衞門(尉)は山梨郡萬力筋室伏村に住して廿人衆頭であったと言ふ(『甲斐國志』巻之百三　士庶部第二)。家康に召出されて平岩親吉に屬し、のち尾張義直に仕へて成瀬隼人正に附屬せしめられ、百五十石を領して致仕後も二十石を賜はり、采女と改めて犬山城内に住し、寛永十五年十一月に卒した(『士林泝洄』巻第十九)。

大津村は巨麻郡中郡筋、初鹿野《はじかの》村は山梨郡栗原筋、和戸《わど》村は山梨郡萬力筋所在である。知生院は未詳。

今井與三兵衞に與へたる本領替地宛行狀(天正十一年五月六日)

甲州本領極樂寺分、手作共ニ高拾九貫廿文、定納貳拾五貫文、信州爲二得替一岩崎之内向山勘三分拾貫文、同初鹿野内勘左衞門分壹貫六百文、同石村之内勘四郎分百文、西保之内夫丸五分壹(イなし)之事幷棟別貳間新屋免許之事

右、本領同改替領掌、不レ可レ有二相違一之狀如レ件、

天正十一年

五月六日(イ十六日)　御朱印(家康)

今井與三兵衞殿

イ〔平岩家分限證文書札集譜系(三)〕○徳川林政史研究所所藏
〔士林泝洄〕○巻第十二乙之部二

今井與三兵衛に關しては、本書四〇頁參照。武田家中に向山新之丞、佐渡守久兵衛等があり『甲斐國志』巻之九十七人物部第六）、勘三・勘左衞門・勘四郎はその支流と推される。極樂寺は巨麻郡中郡筋、岩崎村はのち上下に分かれ八代郡大石和筋、初鹿野《はじかの》村は山梨郡栗原筋、石村は八代郡大石和筋、西保《にしぶ》村は西保下村・高保中村・牧平村・西保北村の四村から成り山梨郡萬力筋にそれぞれ所在である。

今井與三兵衛はこの前年八月十日附で極樂寺二十貫文、手作前三百文、今井二十五貫文等の本領を安堵せしめられてゐるが、さらに信州の替地として向山勘三・勘左衞門・勘四郎の三名分計十一貫七百文を與へられ、棟別二間新屋の免許を認められたと知られる。

三澤昌利に與へたる本領替地安堵狀（天正十一年五月十六日）

信州爲二得替一河内之内大通院分貳拾四貫八百文、同國替同所喜見寺分八貫百三拾六文之事
右、本給爲二改替一領掌不レ可レ有二相違一之狀如レ件、
天正十一年
五月十六日　袖（家康）印
三澤藤三（昌利）殿
〔平岩家分限證文書札集譜系(三)〕○徳川林政史研究所所藏

「三澤昌利に與へたる本領安堵狀（天正十年八月九日）」を、『新修德川家康文書の研究』七五頁に收錄してあるので、その本文と解說を參照されたい。

『甲斐國志』士庶部に據ると、山梨郡栗原筋上神內川村、八代郡小石和筋、巨摩郡北山筋三ッ澤村、八代郡東河內領三澤村に夫々三澤氏が見出される。天正十年八月九日に安堵せしめられた昌利の本領は山梨郡のうちであったが、本狀によると昌利は信州にも所領を有してゐたと解される。河內の地は八代郡小石和筋に河內《かうち》村が見出されるが、それよりも八代郡東河內領か巨摩郡西河內領かを指すと解すべきであらう。

信州にあった三澤氏の緣故寺院、大通院と喜見寺の寺領を、甲州の河內領內に替へ與へた安堵狀と解されるが、大通院・喜見寺とも『甲斐國志』や『大日本寺院總覽』『全國寺院名鑑』には見出されない。

田邊忠村に與へたる本領改替宛行狀（天正十一年六月二日）

甲州棟別之替、小曾之內吾妻分・矢崎分役錢共ニ八貫文、同所番匠分壹貫文、都合定納九貫文之事

右、爲二本給一之間、改替不レ可レ有二相違一之狀如レ件、

天正十一年

六月二日　○（家康）（朱印）（印文福德）

田邊佐左衞門尉（忠村）殿

〔甲州古文書〕○八三九 田邊家現藏
寫〔田邊紀俊氏所藏〕○山梨縣鹽山市

『甲州古文書』に「田邊家現藏」とあるが原本文書か或は田邊家所藏の寫文書からの採錄なのか分明でない。『甲斐國志』卷之百四　士庶部第三に〔田邊四郎兵衛〕下於曾村の項に「浪人田邊佐左衛門家譜ニ云本國紀州熊野、永祿中本州ニ來リ云々」と事蹟が綴られ、「翌十一年六月二日御朱印ヲ賜フ」と本狀を與へられたことも記されてゐる。『姓氏家系大辭典』の「田邊氏」16の項には「本國紀州熊野より永祿年中本州に來る。其の子佐左衛門也」と。また「(前略)田邊四郎左衛門直基、その子四郎兵衛忠直と共に當國に來り武田家に仕ふ。忠直の子を佐左衛門忠村と云ふ。紋丸に十字」ともあり、本狀の宛所はこの忠村と解される。その生歿年や事蹟は未明である。小曾は山梨郡十郷のうちの一つ於曾郷で、現在の鹽山市內、その地權の變遷は『角川日本地名大辭典』に詳しい。

禰津信光に遺れる書狀（天正十一年九月十日）

今度在陣の議(儀)に付、度々預㆓御札㆒候、彌任㆓存分㆒條、可㆑被㆑安㆓御心㆒候、委細の儀者、大久保新十郎(忠泰)口上可㆑申候、恐々謹言、

(天正十一年)九月十日　家康公在判

禰津宮內太輔(信光)殿

〔加澤平次左衛門遺著　四〕○『信濃史料』第十六卷　一〇二頁

十月十三日附で同じく禰津信光に遺った、本狀と略同意の書狀が、年次未詳として『德川家康文書の研究』上卷　三三一

一頁（舊・復とも）に收錄されてゐる。禰津信光に關しては、同書三二一・五四二頁の解說參照。

本狀ならびに十月十三日附の書狀は、同一年次と解してよいだらう。それらの文意から、この間家康は長期に亙つて出陣してゐたと解される。禰津信光が大須賀康高に依つて家康に歸屬した天正十年七月以降、九月初旬から十月中旬に亙つて家康が在陣した年は、天正十年・十一年・十二年、文祿元年の四ケ年となる。この四ケ年の九〜十月に家康が遣つた他の書狀文例に照らし合はせ、かつその間の家康の動靜に鑑みて、天正十一年八月二十四日から三十數日間の甲府在陣、その後駿州江尻に移つて四十數日間の在陣の期と解するのが、一番安當と思はれる。

岩手信政に與へたる所領宛行狀（天正十一年九月二十日）

（竪紙）
甲州本領岩手鄕之内半分、所㆓宛行㆒不㆑可㆑有㆓相違㆒之狀如㆑件、
戸田三郎右衞門尉（忠次）
奉㆑之
天正十一年
九月廿日（家康）（朱印）（印文福德）
岩手助九郎（信政）殿

原本〔大阪城天守閣所藏〕○大阪市

『德川家康文書の研究』舊・復とも　上卷　三五三頁に「岩手入道に與へたる本領安堵狀（天正十年八月二十一日）」の

文書が、『譜牒餘録』巻第二一　紀伊殿　水野土佐守組付岩手九左衛門の記事より収録されてゐる。『譜牒餘録』の當該記事には右の文書に續けて左の記事がある。

　翌年九月祖父岩手助九郎於甲州本領被下置、御朱印御證文頂戴仕候、其後關東御入國之刻御知行御重恩拜領、御代官證文二通被下置候、共四通所持仕候、

「武田家印判狀（元龜二年四月朔日）」（『甲州古文書』第一巻　七七四　上野正家文書）には「岩手之鄕　免許　家九　岩手能登守殿」と見える。

『甲斐國志』巻之百三　士庶部第二　［岩手能登守信盛］岩手村の項には、武田刑部信昌の二男武田治部少輔繩美が岩手鄕を領して岩手氏を稱し、能登守信盛はその男とある。信盛の男に右衛門大夫信景があり、信景は右衛門尉・右衛門佐とも稱したらしく、その男に助九郎信眞の名が見える。

『南紀德川史』巻之四十　名臣傳第一には岩手九左衛門信政の事蹟が見られる。それに依ると祖先は新羅三郎義光で十八代武田刑部大輔信昌の三男繩美四郎信安が岩手鄕を領して岩手氏を號し、その嫡子能登守信盛は武田家に仕へ、武田家沒落後の天正十年に家康に召出されて本領二百貫を下置かれ、その朱印狀は今に所持してゐる。信盛の嫡子右衛門尉信景は甲州で若死した。九左衛門信政は信盛の三男で初め助九郎と稱した。十八歳の時に武田氏が沒落して浪人したのち織田信雄に一年餘仕へた。その後甲州に戻つて戸田三郎右衛門を頼んで御訴訟申上げたところ本知の半分を下置かれ、その朱印狀は今に所持してゐるとあるのが本狀にあたる。通稱の助九郎は上意によつて九左衛門と改め、水野對馬守番下で駿府や伏見の御番を勤めた。慶長八年賴宣が水戸に封ぜられ、同十二年に水野對馬守は賴宣に附けられて賴宣が水戸から駿遠三へ移り、さらに元和五年紀州に入國したのに隨ひ、信政もそれに隨つて新宮で五百五十石を給され、寛永元年正月二十八日六十歳で病死したとある。

『甲斐國志』には助九郎信眞とあるが、『南紀德川史』に從つて信政としておく。中村孝也博士が「事蹟は今明らかでない」と記された天正十年八月二十一日附で本領安堵狀を與へられた岩手入道とは、信政の父能登守信盛と解される。岩手鄕は甲府盆地の北東、山梨郡で笛吹川の西岸に位置する。

本状は天正十年八月二十一日附で岩手入道信盛に與へられた本領安堵状と共に傳へられて、平成十年共に大阪城天守閣に收められた。

高木貞利に遺れる書狀（天正十一年假入九月二十八日）

（折紙）
音簡殊爲二書信一吉野折敷到來、祝著候、如二來意之一、去年者遂二面展一本望候、委細本多平八郎（忠勝）可レ令レ申候、恐々謹言、

（天正十一年假入）九月廿八日　家康（花押）

高木權右衛門尉殿（貞利）

原本〔市田靖氏所藏〕○岐阜縣揖斐郡揖斐川町清水

貞利の父高木貞久は初め齋藤道三に仕へて駒野城に住し、のち織田信長に屬して天正八年十一月五百四十二貫五百文餘の地を與へられ、また加增を受け今尾城およびその邊りに於いて九十七貫文餘の地を與へられた。信長の滅後は信孝に仕へ、信孝生害の後は駒野に閑居して同十一年に歿した。

貞利は父に今尾城を讓られて別家を立て、貞久の蹟は弟貞友が承繼した。貞利にはその外に弟貞秀・貞西・貞俊（實は長兄貞家の男）があり、貞西の事蹟は不詳だが、貞利・貞秀・貞友・貞俊はいづれも信長から信孝・信雄に仕へた。貞利は天正十年五月、家康が穴山梅雪を伴って安土に赴く時、一族と共に今尾・駒野・安田の城にあって饗應して馬を與へられ、また同年六月十四日に尾張鳴海まで家康が出陣した際に今尾城を旅館として提供し、川渡し等に就いても盡力すべき旨を要請され、これに應へて家康に嘉せられた。

天正十二年家康が信雄と同盟して羽柴秀吉と對峙した時、高木兄弟はいづれも秀吉の招きを斷つて人質を信雄にをくり家康の陣に參じた。家康はこれを喜び、兄弟の戰功を賞して馬を與へ、信雄は貞利を含む高木一族四人に一萬貫の地を宛行つた。

天正十八年八月、織田信雄が出羽國秋田に配流されるに及んで、貞利初め一族四人は甲斐國に赴き加藤遠江守光泰の許に寓居した。貞利は文祿四年家康に召し出され、上總國天羽《あまう》・周准《すす》二郡のうちに於いて采地千石を與へられ、貞秀・貞友・貞俊の弟たちも慶長二年家康に召し出されて武藏國・上總國のうちに於いてそれぞれ采地を與へられた。

貞秀はのち勘氣を蒙つて前田利長に仕へたが、貞利・貞友・貞俊は關ヶ原戰役に出陣し、三人とも役後の慶長六年、それまでの采地をあらため、加恩されて美濃國石津郡のうちに於いて采地を給され、貞利は二千石餘を知行し多羅鄕に住して慶長八年八月二十四日に五十三歳でその地に歿した(『寬政重修諸家譜』卷第三百二十一、第三百二十二)。

本狀には折紙の折目に擦傷が生じてゐて難讀箇所もある。『譜牒餘錄』後編卷第六　交代寄合之五　高木新兵衞の項に「御當家江先祖代々御奉公申上筋目之事」と題して記されてゐる貞利兄弟の事蹟は、『寬政重修諸家譜』にも略同じく蹈襲されてゐる。

折敷は「をしき」と讀み、多くは檜の片木《へぎ》板で作り、緣を垂直に二センチメートルほど立て上げた盆で、角を切つた角切正方形が通例である。低い足のついた足打折敷、足のつかない平折敷など形は幾種類かあるが、塗は木地の木目を活かして色づけした上に透漆をかけた春慶塗が多い。神事等、清淨を旨とする場合は白木で用ゐる。吉野は木工品の名産地であり漆工品の產地でもあつたので、吉野折敷は當時定評を得てゐたものと思はれる。家康のもとへ折敷が贈られた例は、他に二列が知られてをり(『新修德川家康文書の研究』八四八・八四九頁)、折敷は贈答品としても適切な品とされてゐたと解される。

面展《めんてん》の語は使用された例が少ない。「めんでん」とも發音されるが意味は面拝と同じで、對面した、或は對面する相手を尊重し敬意を籠めた敬語である。家康が貞利に對面した初回は、天正十年五月かと思はれるが、本狀に言ふ面展が初回の對面を指すとも斷じられない。けれども面展の敬語を用ゐて文意が總體に鄭重である點に鑑み、降つても文祿四年に家康が召し出す前、吉野との地縁から推測すれば貞利が美濃を離れる天正十八年以前で織田信雄の下で今尾城主であつた時代と考へられるが、それ以上發給年を究める手立がない。本狀は本多忠勝が取次いでゐるが、天正十年六月十四日附で貞利に對し家康の動靜を書き遺つた（『徳川家康文書の研究』舊・復とも　上巻　二九一頁）のも忠勝であり、忠勝は貞利と近い關係を持つてゐたのかも知れない。

署名の書體と丈高く大きめの花押の形とから天正十一年に假入しておく。

甲斐西光寺に與へたる寺領安堵狀（天正十一年九月三十日）

甲州西光寺領鮎澤分地藏免三貫文之事

右、爲㆓本寺領㆒之間、不㆑可㆑有㆓相違㆒之狀如㆑件、

天正十一年

九月卅日　（家康）（朱印）（印文福德）　成瀬吉衛門尉（正一）

日下兵右衛門尉（日下部定好）

奉㆑之

西光寺

原本〔思文閣所藏〕○京都市東山區　思文閣墨蹟資料目録第一七九號所載

西光寺は眞言宗高野派に屬し、同じく西郡筋加賀美村の加賀美山法善寺の末寺で照峯山と號した。神龜二年行基菩薩によつて開基され、往時は七堂伽藍を具備したと傳へられる。本尊は地藏菩薩で河耶《かや》地藏堂の名で知られた。

『甲斐國志』巻之八十五　佛寺部第十三に載せられ、嘗ての巨麻郡西郡筋鮎澤村、後世の中巨摩郡大井村鮎澤、今日の中巨摩郡甲西町鮎澤に在つたが、既に廢寺となつたか或は移轉したか、『大日本寺院總覽』には見出されるも『全國寺院名鑑』には載せられてゐない。猶、『新編甲州古文書』にも文書番號一四三〇徳川家印判狀寫として採錄されてゐるが誤寫がある。

原本は掛軸に裱裝されてゐるが竪三一・〇糎、横四三・〇糎の大きさより推し竪紙であらうと思はれる。

北條氏直に遺れる書狀（天正十二年三月九日）

（折紙）急度注進申候、仍此度羽柴（秀吉）餘恣之振舞仕付而、三介殿（織田信雄）申合、彼凶徒可二討果一覺悟候而、令二出馬一候、上方治候事不レ可レ有レ程、於二模樣一可二御心安一候、尚追而吉左右可レ申候、恐〻謹言、

（天正十二年）三月九日　　家康（花押）

北條殿（氏直）

原本〔財團法人水府明德會所藏〕○東京世田ケ谷區

小牧・長久手の役は天正十二年三月六日、織田信雄が家康と謀つて、その老臣三名を斬つて羽柴秀吉と斷交した時から開始されたと見るべきであると中村孝也博士は吉村文書・香宗我部家傳證文・當代記・豐鑑等の記事を典據として記してをられる（『德川家康文書の研究』舊・復とも　上巻　五六〇頁）。本狀はその役の開始後、これまでに知られてゐる家康文書の中では最も早く發給された文書で、堂々たる宣戰布告狀であり宣傳文書である。

秀吉の所行を「餘りにほしいままの振まひ」と非難して宣戰を正當化し、信雄との連帶を以て義戰である旨を謳ひ、秀吉を凶徒と極めつけ、それを討果す覺悟で出馬した故、上方もほどなく治まるだらう、安心して吉報をお待ち下さいと

宣傳してゐる。合戰に當つては前宵戰として誇大な宣傳合戰を展開し、第三者を味方に誘ひ、少なくとも敵には廻さないてだてを周らすのが常套である。

宛所は北條殿とのみあるので、天正八年八月に父氏政から家督を承繼し、同十年十月若神子で家康と和し、翌十一年八月家康の次女督姫を室に迎へてゐた氏直宛と解しておいたが、氏政・氏直父子宛とも、北條氏一族宛と解してもよいかも知れない。

鱸越中守に與へたる所領宛行狀（天正十二年三月十九日）

濃州之内妻木領之事

右、彼領中此度所㆓宛行㆒不㆑可㆑有㆓相違㆒、彌以㆓此旨㆒可㆑被㆑抽㆓忠信㆒之狀如㆑件、

天正十二年

三月十九日　　家　康

鱸越中守殿

〔古案二　三州聞書〕18　○徳川林政史研究所所藏

『徳川家康文書の研究』上巻　五七二頁（舊・復とも）に、本狀によく類似した「鈴木重次に與へたる所領宛行狀（天正十二年三月十九日）」が收錄されてをり、本狀と同じく所領高は示されてゐない。中村孝也博士は「美濃の國內には一指をも觸れてゐないのに拘らず、事前に豫約して軍忠を勵ましたのである」と解說してをられるので、本狀の解もそれに從つておく。

妻木は美濃國土岐郡所在で、鎌倉時代から妻木郷と稱されてゐた。中世には土岐氏・明智氏の所領であった。鱸は鈴木である。越中守を稱した鈴木氏として『寛政重修諸家譜』は巻第千百五十八に重愛《しげよし》、巻第千百六十四に重時《しげとき》を掲げてゐる。重時はその事蹟よりして該當しないと思はれるので重愛の略系譜のみ掲げてみる。

忠親《ただちか》 三河國足助庄に住す
　├重政《しげまさ》 雅樂助　父に繼て足助庄に住し、某年死す。
　│　├重直《しげなを》 越後守　清康より家康に歴仕、天正十二年三月十三日足助庄に於て死す。妻は清康の養女。
　│　└重吉《しげよし》 市左衛門　重勝　清康及び家康に仕へ某年足助に於て死す。年六十一。
　└某 紀伊守　三河國小原城に住す。某年死す。
　　　└重愛《しげよし》 初重安　藤五郎　越中守　實は鈴木與六郎某が三男。紀伊守某が養子となる。家康に仕へ所々の役に從ふ。

『參河二葉松』には「鈴木越中守重實、是れは足助城主鈴木越後守の弟也。廣忠公御娘市場殿の實父也。鈴木修理出生。」とある。

三河足助庄に住した鈴木氏は一族が多く、その系譜は混亂してゐた樣で、『寛政重修諸家譜』の編者も苦勞して辻褄を合はせてゐる。

『參河二葉松』に謂ふ鈴木越後守を重直、重吉と重愛を同一人物と見て、さらに重實にも同じと解せば、一應整理もつくし、本狀の發給日が重直の死の直後であることとも關聯づけて考へられさうだが、それはあまりにも附會に過ぎよう。今は未詳としておく以外にないが、家康がこの期に鈴木一族の忠信を得ようと努めたことは疑ひないであらう。

森正成（推定）に與へたる所領宛行狀（天正十二年三月二十八日）

今度於レ抽二忠信一者、多郎賀鄕可二宛行一、尙依二戰功一望之地可二渡置一之狀如レ件、

天正十二年

三月廿八日　　家　康（花押）

（宛所闕）

原本〔古典籍下見展観大入札會〕○平成十二年十一月十七日於東京古書會館

圖版〔思文閣古書資料目錄第百六十四號〕○平成十一年十月刊

折紙を先づ半截し、本文の直前と月日署名の直後の花押の左端にかかる位置とで更に截ち、截ち落した部分、即ち本文の前後に各約七・九糎の料紙を補つて左右の餘白とし、掛軸に收まりのよい樣に裝幀してあるが、花押の第三劃の書き出しは後補らしく見える。

天正十二年四月九日に長久手で行なはれるに至る秀吉勢との合戰に備へて、尾張の地侍に所領宛行を約して誘引した文書である。忠信を抽ずれば多郎賀鄕を宛行はう、戰功次第で望みの地も渡し置くであらうと約してゐる。

「多郎賀鄕」と記される地名は辭典では見出せないが、尾張國春日井郡味岡莊のうちにあつた多樂《たらが》鄕に該當すると推定される。多樂は田樂《たらが》とも書き、明治二十二年の町村合併により田樂村となり、同三十九年には片山村と合併して鷹來《たかき》村となつたが今日でも春日井市中に田樂町の名をとどめてゐる。味岡莊は現在の小牧市味岡・本庄の小牧市街地から春日井市北部の田樂町一帶に及んでゐたと推される。天正十三年成立の「織田信雄分限帳」によれば「たらが」八百六十三貫が一旦は生駒式部少輔に宛行はれたが「たゝ(ら)か」四百貫が中川勘右衞門の知行であつたので、生駒式部少輔には

「たらか替知」として木田之郷以下三郷八百五十四貫が與へられてゐる。

尾張國は當時信雄の所領であるから家康一人でその國の中に於いて所領を宛行ふわけには行かなかつたはずと考へられるが、信雄が伊勢長島より小牧に來つたのは三月二十九日と思はれるので、尾張北部に勢力を張る地侍を一刻も早く味方に誘引することは家康にとつて急務であり、所領宛行を約することも信雄との同盟者の約束であつてみれば、受給者にとつては十分に保證の意味を持つたと解される。

生駒氏は藤原氏で河内國生駒に發して尾張北部に移住し、一族は勢力を張つた。同じく尾張北部に勢力を張つた一族に前野氏があり、兩者は姻戚關係も結び共に織田信秀・信長に仕へた。

伊勢國中江に在つて北畠家に仕へた森小一郎正久は前野五郎九郎正義の一人娘阿久以を妻とし、信長の伊勢長島攻めには一揆勢と共に反抗したが許されて尾州郡村の生駒屋敷に預けられ蟄居した。正久は勘解由また式部少輔とも稱した。正久の長男は甚之丞正成と名乘り、後に生駒式部少輔と稱し、自竹と號した。父正久と共に勢州中江から尾州郡村の生駒藏人家宗の男八右衞門尉家長の屋敷の二の丸に居住し、母前野氏の緣に由つて前野村に住んで信長に仕へた。家宗には家長の外に四人の女があり、そのうちの一人は名を吉乃と傳へられ、信長の側室となつて信忠・信雄・德姬を出生した。德姬は名を五德と傳へられ、家康の長男三郎信康の室となつた。家宗の他の三人の女はそれぞれ織田六郎三郎・森甚之丞・蜂須賀八右衞門の室となつた。天正十二年には家長は小折の城主であつた。森甚之丞正成は天正十六年八月二十七日に卒した(『武功夜話』「前野系圖」「生駒系圖」「尾張國小折村富士塚碑誌幷銘」)。從つて森甚之丞正成は信雄や德姬の叔母聟に當る。

由て本狀は宛所を闕かれてはゐるが、多樂鄉の宛行を約され、翌年の「織田信雄分限帳」に一旦「たらが　八百六十三貫　生駒式部少輔」と書き上げられ、さらに「たらか替知」として木田之鄉・矢合鄉・米屋鄉の都合八百五十四貫文を給された生駒式部少輔、卽ち森正成に宛て發給された文書であらうと推定される。宛所は「生駒式部少輔殿」と記されてゐたのではないだらうか。

屋代秀正(勝永)に遣れる書状(天正十二年五月二日)

今度凶徒等悉可レ令二對治(退)一之處、路次中拵二切所一、昨日敗北候、討洩候事無念候、将亦其表彌不レ可レ有二油斷一事肝要候、恐々謹言、

(天正十二年)五月二日　家康御判

屋代左衛門尉(秀正)殿

寫〔屋代忠雄氏所藏〕○清水市

〔戰國武士屋代勝永(秀正)考〕○小和田哲男 地方史研究一八六號

〔古文書〕○內閣文庫所藏 『信濃史料』補遺卷上　六三三頁

〔譜牒餘錄〕○五十九 屋代越中守

屋代秀正は信州屋代城主で、初め武田氏、のち上杉氏に屬した。秀正が家康に隨ふ意向を見せたのは天正十年九月頃、公けに歸屬して所領を安堵せしめられたのが翌年三月十四日である。その後の動靜は「德川家康文書の研究」上卷に收錄されてゐる九通の秀正宛文書の解說に既に詳しく述べられてゐるので參照を乞ふ。慶長六年以降に家康が判物を發給した例は殆どないから、本狀は先づ天正十一年から慶長五年の間の發給と捉へられる。その間の五月二日附で本狀の如き戰況を報じた年となると、天正十二年以外に求められない。同年四月九日の長久手合戰以降、小牧山に楯籠つた家康軍と樂田に陣した秀吉軍とは對峙して持久戰となつた。この膠着狀態を脫して轉戰すべく、五月一日秀吉は樂田に堀秀政、犬山には加藤光泰を置いて美濃に撤退した。その陣拂があまりにも見事だつたので、家康は一騎も追擊せしめ得なかつた。家康はこの戰況を秀正に報じ、秀吉方に呼應して來襲

する敵への備へを堅固にする様にと傳へた。

〔參考〕羽柴秀吉より前田利家に遣れる書状（天正十二年六月七日）

（折紙）返〻そこほ《ほ》とし《し》つか《か》に候は《は》ゝ、右のふんに《に》御こし候へく候、むま五きん十きんほ《ほ》とに《に》て御こしあるへく候、三日は《は》かりのとうり《り》うよく候は《は》んや、たゝし御こしな《な》く候てもくるしからす候、其方し《し》たいに《に》て候、此は《は》しかき我等てに《に》て候、〻み《み》申ましく候、以上、

五日御状今日到來、令㆓披見㆒候、

一竹鼻儀、如㆓御存知㆒親權（不破綱村）内ニ別而懸㆑目候つる、其子（不破廣綱）ニ候之處、水漬ニ可㆑殺段不便之條、命を助候、早從㆓今日㆒荷物以下出シ、來十日ニ相退分ニ究候、遂遣候條可㆓御心安㆒候、

一尾州河竝之敵城共、悉可㆓退治㆒覺悟ニ候、十之物九ツ、は《は》や申付候之條、是又不㆑可㆑有㆓御機遣㆒候、

一爰元爲㆓御見廻㆒可㆑有㆓御越㆒之由、尤候、其方靜謐之様候者、留守を能〻被㆓仰付㆒、馬五騎拾騎ニ而御上候て、中二日斗之逗留之覺悟に《に》て可㆑有㆓御出㆒候、旁以㆑面可㆓申承㆒候、恐〻謹言、

（天正十二年）六月七日　羽筑

秀　吉（花押）

前田又左衛門（利家）尉殿

□□□

原本〔思文閣所藏〕○京都市東山區

天正十二年の羽柴秀吉對家康・織田信雄聯合軍の戰鬪は、四月九日の尾張長久手に於ける合戰以降、兩軍對峙のまま戰線は暫し膠着狀態を續けたが、五月に入ると秀吉は小牧山に對する陣を撤して南下し、十日竹鼻城を圍んだ。「則竹鼻城取卷候、彼要害數年相拵、堀深、即時可責入地ニ無之條、可水責と存、四方ニ堤高さ六間廣サ貳拾間ニ三里間築廻、切懸木曾川處、城中令迷惑、致懇望候、彼城主久懸目申付而、不便存助命、城請取申候事」(羽柴秀吉より佐竹義重に遣れる書狀　天正十二年六月四日〔諸將感狀下知狀并諸士狀寫〕)とある通り秀吉は堤を築き木曾川の支流足近川から水を引いて堤内に灌いだので一般町家には三尺、城は二ノ丸の中まで冠水した。織田信雄も家康も援軍を送らうとしたが羽柴勢に阻まれて果せず、城主不破源六廣綱は終に秀吉に降り、六月十日城を明け渡して伊勢長島に退いた。

尾州河苙とは特定の地名ではなく、川苙は山苙と同意で木曾・揖斐・長良の三川およびそれらの支流に沿つた地域との意と解される。六月七日に秀吉は竹鼻城包圍の陣中に在つたと思はれ、本狀は六月五日に到來した前田利家からの書狀に應じて戰況を報じた返書である。利家からは秀吉を陣中に見舞ひたいと書き送つて來たと思はれる。利家は天正十一年加賀國石川・河北兩郡の地を給されて石川郡尾山城(文祿元年二月金澤と改む)に住したので、この時もその地に在つたと推定される。利家は賤ケ岳合戰に際して柴田勝家に屬しながらも途中で戰線を離脱し、秀吉も往時の好誼によつてこれを咎めず却つて優遇したので、利家は秀吉に對して多大の恩誼を感じてゐたと推量される。

秀吉も信雄・家康と抗爭中となれば、越中の佐々成政、越後の上杉景勝への抑へとしても、利家を味方の陣營に一層强く引きつけておきたかつたものと推定され、本狀の返し書きには自ら筆を執つてをり、「この端書きは自筆で書いたので讀めないだらう」と記して親しみを示してゐる。

竹鼻《たけがはな》の地は聊か解説を要する。鎌倉時代以來、本狀の發給された天正十二年六月にはまだ尾張國葉栗郡の一部であつた。ところが天正十四年六月二十四日、木曾川は未曾有の大洪水を起こし河筋が大きく變つた。これを機に秀吉は葉栗・中島・海西の三郡のうち新木曾川の右岸百十餘ケ村、高五萬三百餘を割いて美濃國に編入した。その後尾張國では葉栗の字を襲用したが、美濃國では羽栗と書き替へて混同せぬ樣にした(『羽島市史』第二編　第七章)。以後竹鼻の地は美濃國羽栗郡に屬し、今日では岐阜縣羽島市に屬してゐる。

山口重勝に遣れる書狀（天正十二年十一月六日）

爲㆓御加勢㆒其城へ被㆓相越㆒之由、苦勞察入候、人數參陣次第、可㆓押詰討果㆒候間、心安可㆑被㆑存候、少〻（も）無㆓由斷㆒候、恐〻謹言、

（天正十二年）霜月六日　家　康（花押）

山口半左衛門尉（重勝）殿

原本〔思文閣古書資料目錄第百六十八號〕〇平成十二年七月刊

折紙を半截し臺紙貼にして掛軸に裝幀されてゐる。

重勝の祖父山口盛重は尾張國愛知郡寺部に大永・享祿の頃平城を築き、その後重俊・重勝が城主となり織田氏に仕へた。寺部は寺邊とも記され、現在の名古屋市南區粕畠町・笠寺町大門（通稱寺部樣）の地に當る（『角川日本地名大辭典』）。重勝は天文十六年に重俊の男として生まれたが、父はその翌年尾張國松本城で討死した。天文十九年の笠寺城攻めで戰死とも「尾張志」は傳へるが、いづれにせよ幼くして父を亡なつた重勝はおそらく父の兄盛政に養育されたと推量される。その盛政は織田信秀に弱年より仕へ、天正八年八月十五日に六十一歲で卒した。天正十二年三月、織田信雄は尾張國星崎城（現在の名古屋市南區本星崎町字本城に在つた）主岡田重孝および津川雄春・淺井田宮丸の三重臣を羽柴秀吉密通の嫌疑を以て滅ぼした。重勝は家康の兵を借りて星崎城を收め寺部城より移つた。盛政の長男重政は永祿七年に生まれ、織田信長の重臣佐久間信盛・正勝父子に仕へた。天正十二年三月、信雄は正勝を

伊勢國に派し、重政も從つて羽柴勢を防いだが敗れ、一方をうち破つて正勝は伊勢國との境に近い尾張國海東郡の蟹江城に、重政は同郡佐屋所在の大野城に籠つた。六月正勝の臣前田與十郎の内通によつて羽柴方の瀧川一益・九鬼嘉隆の手に陷ちた蟹江城を家康・信雄軍が攻め、重政も活躍して蟹江城は回復された（『寛政重修諸家譜』巻第千百九十一）。同年十月二十三日羽柴勢は北伊勢に進出し秀吉は土山に著陣した。二十五日秀吉はさらに河曲郡神戸に著陣し、やがて三重郡濱田城（現四日市市濱田町）を圍んだ。岡崎に在つてその報に接した家康は十一月一日に出馬すべき旨を告げ九日には清須まで馬を進めた。ところが本狀より九日後の十一月十五日には秀吉と信雄の間で和議が調つたので、家康も十六日に岡崎に馬を納めるに至つた。

重勝は天正十四年に伯父盛政の長男重政を養子として家督を譲り、重政は星崎城主となつて一萬石を領し織田信雄に仕へたが、天正十八年信雄の沒落と共に離れて德川氏に仕へた。重勝は豐臣秀次に仕へ伏見城の普請を分擔、文祿四年秀次事件に連座して七月二十八日自刃せしめられた。秀次の側室となつてゐたその女お辰の方も處刑されたと言ふ。（『寛政重修諸家譜』『戰國人名辭典』新人物往來社刊『史料綜覽』）。

重勝の事蹟は上記の程度しかわからないので斷定は下し難いが、文言の鄭重さ、宛所の位置等から見ても重勝が織田家中の將として城攻めに加勢出陣し、家康もまた近日中に參陣すると述べてゐる文意に鑑みて、天正十二年冬の北伊勢に於ける羽柴勢との對陣の際に發給された文書と解しておく。

〔參考〕羽柴秀吉より土倉四郎兵衛尉に遺れる書狀（天正十二年十一月十三日）

如レ此申遣候處ニ、家康（德川）種〻懇望候て人質ヲ出候間、即請取相濟申候、

態申遣候、

一此面儀、長嶋・桑名押詰、城〻相拵、則縄生城ニ秀吉令二越年一、長嶋一著申付候者《は》ん躰を信雄（織田）被二見及一、
種〻懇望付而、令二同心一相済候條〻事

一人質覚、信雄御子息并源五殿（織田長益）實子、瀧川三郎兵衛（雄利）・中河勘右衛門（定成）・土方彦三郎（雄久）・佐久間甚九郎（正勝）・雑賀松庵、
何茂《も》實子又者《は》母出二人質一、何様尓《に》も可レ為二秀吉次第一由、被レ出二誓帋一事

一北伊勢四郡相渡候、今度拵候城〻敵味方破却事

一於尾州ハ犬山・甲田（河田）ニ秀吉人数入置、其外新儀出来候城〻雙方破却事

一家康（徳川）儀、是又前懇望候、雖レ然今度信雄若人を引入、對二秀吉一重〻不二相届一儀候條、即三州表押詰、存
分可二申付一覚悟候處ニ、家康實子并石川伯耆（数正）以下出二人質一、何様尓《に》も可レ為二秀吉次第一由候、種〻懇望候へ
共、秀吉對二家康一存分深候間、思案未二落著一候、自然於レ不二相免一、雖レ為二年内一家康分國亂入、所々令二放
火一日比可レ散二無念一心中ニ候へ共、菟角打任躰ニ聞候へ者《は》哀候間、我〻慈悲成覚悟ニて候間、過半可レ免
候歟《か》、心中難レ計候、右分ニも候へ者《は》此面明レ隙候間、五三日中可二納馬一候、尚追〻可レ申候也、

（天正十二年）十一月十三日　（秀吉）朱印

土蔵四郎兵衛尉殿

原本〔大阪城天守閣所蔵〕○大阪市

本状を初めとして土《と》倉《くら》四郎兵衛尉宛の秀吉文書五通が巻子一巻に装幀されてゐるとのことで、「土倉家文書」と称すべき史料である。土倉四郎兵衛尉はもと眞言宗の僧侶であったが還俗して近江淺井家、ついで尾張織田家に仕へ、軈て信

長の臣池田恒興に仕へた士で、四月九日の長久手の合戰で恒興が討死してより後は遺兒輝政に仕へ、天正十八年輝政が三河吉田城主になると領内に於いて五千石を給された。慶長二年家督を養子の市正勝看に讓り、同九年に死去した(『三百藩家臣人名事典　6』)。

天正十二年三月に始まった德川家康・織田信雄同盟軍對羽柴秀吉軍との交戰は、初戰の尾張北部の小牧長久手合戰から戰場は北伊勢へ、尾張西南部へと移って一進一退に時を遷し、初冬には戰線膠著狀態に陷った。故織田信長家臣團の中では柴田勝家を滅して最大の優勢者の位置を占めるに至った羽柴秀吉ではあったが、未だ天下の政權を掌握するに至ったわけではない。德川・織田同盟軍との抗爭が長びけば、一旦は羽柴勢力下に入ったかに見える北國や西國や近國からも、また離叛者が現はれる惧れも十分にあるし、紀州の根來寺雜賀衆・四國の長曾我部氏・北國の一向宗門徒や越中の佐々成政等、家康の外交戰によって羽柴勢包圍の動きを見せ始める。その脅威を感じる秀吉としては、なんとしても德川・織田同盟軍との抗爭を自軍の方が形勢有利との外形だけでも整へて収拾する必要があった。秀吉は德川・織田同盟の突破を窺ひ、十一月十一日、伊勢桑名の東郊町屋川原で信雄と會見し、單獨媾和を結ぶのに成功した。家康にとって、秀吉との抗爭の原因と言へば、少なくとも公けには織田信雄の求めに應じて起した義軍であったのだから、信雄が秀吉と和議に及んだとなれば抗爭を繼續する理由を失ふ。家康はこの和議を承認し、前線にあった諸將に引揚げを令して自分も濱松城に撤兵した。

この和議は秀吉の謀略に信雄がのせられ、秀吉は窮地を脱するを得たのが實態であったらう。秀吉とすれば戰線は自軍優勢であったのだが、信雄と家康の乞ひに應じ、彼等が人質を差し出し秀吉の存分に委せると言って來たので、特に慈悲心を以て和議に應じてやったと外部には宣傳しなければならなかったのである。秀吉にしてみれば抗爭の相手は信雄よりも家康であり、その家康との戰線を收拾するために信雄と拔け驅けの和議を結んだ心中が、本狀によく物語られてゐる。

一　秀吉が伊勢繩生城に進出して長嶋城で越年する勢ひを見せたところ、信雄が媾和を求めて來たので同意してやった。

一　信雄方からこれこれの人質を、いかやうにも秀吉次第たるべしとの誓紙と共に取ることとした。

一　北伊勢四郡を信雄に渡し、今度拵へた城は敵味方とも破却することとした。
一　尾州は犬山と河田（現在の一宮市河田）に秀吉軍を入れ、新しい城は雙方とも全て破却する。
一　家康からも信雄と同様に人質を差出して媾和してほしいと言つて來た。このたびは信雄を引入れて秀吉に重々不屆を働いたので三河まで攻め込んで存分に討滅するつもりだつたが、家康も石川數正も實子を人質に出し秀吉の存分に委せると種々懇望して來た。家康に對しては存念深く、未だ對處思案中で、許さないことにしたら年内にも家康の分國に亂入して至るところ放火し、日頃の無念を霽らしてやるところだが、神妙の態を示して哀れであるから慈悲を以て大概は許してやらうかとも考へてゐる。この樣な次第だから片附き次第數日中に撤兵するつもりである。

この樣に傳へてやつたところ、家康が懇願して人質を出すので請取つて濟ませることとしたとの大意である。戰場からの書狀、戰況報告はとかく自分側に都合のよい樣に粉飾の多いものだが、秀吉の戰況報告はいつも誇大で政略宣傳臭が强い。

本狀の十一月十三日の段階では十一日に信雄との和議が整つたのみで、家康との和議は未だ交渉が行なはれたとの史證さへ得られない段階であつた。だが後日、信雄らの斡旋を受けた家康は、結局は次男義伊（のちの秀康）を秀吉の懇望によつて養子に出し、十二月十二日に石川數正の男勝千代（のちの康勝）、本多重次の男仙千代（のちの成重）を隨はせて濱松を發し大坂へ向かはせるに至つてゐる。名目はともかく、先づ家康との間の戰線收拾策は、秀吉の目論見通りに進められて和議に至る。秀吉の外交戰略を物語る好個の史料であらう。

雜賀松庵は未詳であるが、瀧川雄利以下は織田信雄の重臣で、「信雄のずさ中川勘右衞門見ゆ。その名定成にして犬山城代たりき」と「豐鑑　巻二」にあると謂ふ（『姓氏家系大辭典』）。本狀の解說は『大阪城天守閣紀要』第二十九號に載せられた宮本裕次氏の解說に據るところが大きい。なほ本狀と略々同文で同日附の伊木忠次宛、同じく池田丹後入道・荒尾次郎作兩名宛の秀吉書狀も『大日本史料』第十一編之十と『長久手町史』資料編六に收載されてをり、秀吉の宣傳合戰が廣範に亙つたことが知られる。

屋代秀正に遣れる書状（天正十三年二月二十六日）

改年之為二祝儀一來札祝著候、殊其表無二相替儀一候之由、肝要候、尚大久保新十郎(忠泰)可レ申候、恐々謹言、

(天正十三年)二月廿六日　御名御判(家康)

屋代左衛門尉(秀正)殿

〔古文書〕○内閣文庫所蔵『信濃史料』補遺巻上　六三三頁

屋代秀正に關しては『德川家康文書の研究』上巻に收錄されてゐる九通の秀正宛文書ならびに本書四四頁、九四頁を參照されたい。

年頭の祝儀に對する返書であつて年次は定め難い。大久保忠隣（忠泰）が、未だ治部少輔に任官する前、「新十郎」と記されて使者に立つた他例は、天正十一年正月を初見に、同十三年十一月を終りとする五例しか見出されてゐない。屋代秀正は天正十一年三月に家康に屬したので、その年は除かれる。殘るは十二年か十三年であるが、十二年の羽柴軍との合戰を機に、秀正は家康に密接する樣になつたので、その翌年の改年祝儀と解しておく。

前田玄以に遣れる書状（天正十三年三月十九日）

(折紙)雖レ無二差子細一令レ啓候、仍石河伯耆守(數正)如二口上之一、義伊(秀康)事別而御懇意之由、祝著之至候、彌指

南可レ爲二本望一候、將亦鹿毛一疋進レ之候、尚伯耆守可レ申候、恐〻謹言、

（天正十三年）三月十九日　家康（花押）

（前田玄以）民部卿法印

原本〔加賀田達二氏所藏〕○新潟市

天正十二年十二月十二日（『家忠日記』）家康の第二男義伊（於義丸）は濱松を發し、石川伯耆守數正に扈從されて、その男勝千代・本多重次の男仙千代と共に大坂を目指し、同月二十日頃京都に着き、續いて大坂に向かつた。その供は千計とある（『宇野主水記』）。越前福井松平「家記」は「天正十二年十二月十一日、爲豐臣秀吉養子赴大坂、受羽柴氏及諱字稱秀康。天正十三年七月十一日　元服、敍從四位下任侍從兼三河守」と記し、「藩翰譜」は「（天正十二年）この年十二月の末、大坂に趣かせ玉ふ、秀吉深く悅ひ、やがて元服の儀行なはれ、羽柴秀康と名のらせ、河內國にて所領參らせ一萬石、明る十三年七月十一日、みづから關白し給ふとき、秀康朝臣御年十二歲なるを、四位の少將兼三河守になさる」と記してゐる。

義伊がいつ元服して羽柴秀康と名乘つたか、その月日は確認し難いが、秀吉が義伊の到著を大いに喜こび、羽柴姓を與へ秀吉と家康の片諱を合はせて秀康と名乘らせたことは疑ひない。このとき扈從した石川數正も秀吉に大いに歡待され、正月十九日には有馬湯治中の秀吉に招かれて茶會にも出席してゐる（『宗及他會記』）。數正が家康のもとにいつ歸著したかは未明だが、秀吉の義伊（於義丸）ならびにその一行に對する歡待ぶりや、その勢威熾んなる樣をつぶさに報告したと推量される。

前年の暮、秀吉との交戰は罷んだとは言へ、和議を結んだわけではない家康にしてみれば、この年二月二十七日には正二位內大臣に敍任され、三月には紀伊に出兵して前年家康に通じた根來・雜賀を討つた秀吉の和戰兩面の攻勢ぶりに如何に對應すべきか、その心中には虛々實々たるものがあつたと推量される。

そこで直接秀吉に對してではなく、また敍任の祝儀としてでもなく、おそらく京都奉行として義伊一行の歡待の役を勤

めたのであらう前田玄以に宛て、禮と今後の一層の指南を依頼するに託けて、馬一疋を送つた家康の苦心の心底を物語る書狀と解せよう。「さしたる子細なし」と書き始めながら贈つた音信が「鹿毛一疋」とは鄭重に過ぎよう。表向きは養子であつても事實上は人質として需められた義伊であつてみれば、豫想外の歡待を受けたと聞いたからと言つて、その接待役に馬一疋を贈るに抵るとは解せまい。內實は玄以の背後にある秀吉に對する含蓄に富んだ外交文書である。尙『武德編年集成』には「天正十三年三月十日、前田德善院玄以ヲ民部卿法印ニ任ジ修理職ノ大夫ヲ准シメ、院御所經營ヲ云々」とあるが、『言經卿記』には既に同年正月十五日の條に「一　民部卿法印へ當年禮ニ罷向」とあるので、本狀の宛所の「民部卿法印」の稱が早過ぎることにはならないであらう。折紙を半截して軸裝してある。

〔參考〕織田信雄より家康に遺れる覺（天正十三年六月十一日）

(折紙)

覺

一佐〻內藏助(成政)成敗として秀吉(羽柴)被㆓出馬㆒付而、家康と秀吉間柄之儀鑿穿事

一越中に秀吉在陣之間、家康家老中之人質二三人程、可㆑有㆓御出㆒候哉、其子細者此中內藏助と別而家康被㆓仰通㆒之由、方〻より申越ニ付而さて被㆑申候事

一於義伊(秀康)殿・石川勝千世(三長・康長)人質とハ申候へ共、人質ニ秀吉せらるへきよ(に)てハ無㆑之候、宿老中人質二三人清須まて被㆑出候て尤候、自然重人質之様ニ於㆓御存知㆒者、越中表在陣之間おきい殿・石川勝千世岡崎まて可㆑被㆓越置㆒候事

一秀吉出馬候て以後、家康分國中へ內藏助於㆓走入㆒者、秀吉可㆑有㆓存分㆒之由候事

一只今家康、信雄次第ニ內藏助於レ令ニ覺悟一者、家康分國ニ雖レ在レ之、我〻請負可レ申候事

以上

(天正十三年)六月十一日　信(織田)雄（花押）

(德川家康)參河守殿

原本〔久能山東照宮所藏〕○靜岡市

越中の佐々成政征伐に先立つて、秀吉が織田信雄をして家康に呈示せしめた中立條件であり、秀吉の外交術策を採り覇業を知る好史料である。

天正十二年十一月、家康と盟を結んでゐた信雄を誘つて巧みに單獨媾和を遂げた秀吉は、家康とも和議を謀らうとして十二月、第二子於義丸（義伊・のちの秀康）を養子として大坂に迎へとり、石川數正の子勝千代・本多重次の子仙千代もこれに隨つた。武力を以てしても調略を以てしても家康を降すことのできなかつた秀吉は、信雄との單獨媾和を手初めに、家康方に味方した勢力を次々と討つて羽翼を絕ち、家康を孤立せしめる策を推し進めた。卽ち天正十三年三月には紀伊に入つて根來・雜賀衆を討滅し、六月には弟秀長を總大將とする大軍を四國に送り、長曾我元親を攻めて八月六日に降らせると、早くも同月八日には秀吉自ら京都を發して越中に向かひ、同月二十日には佐々成政を降らせるに至る。成政は前年、秀吉に對抗するために包圍網を構築しようとした家康の作戰に呼應し、十二月には冬山を越えて遠州濱松に來つて信雄・家康に謁した（『當代記』）のだが、前月の十一月に信雄が秀吉と和睦し、家康も既に鉾を收めてゐたので、戰機の去つたのを知り空しく越中に引揚げた。遠からざるうちに秀吉の來襲を受けると豫測したであらう成政は、その後も家康の支援を恃んで度々使者を派遣してゐたことが「佐々喜右衞門尉に遣れる書狀（天正十三年五月二十四日）」（『新修德川家康文書の研究』一〇三頁）によつて知られるので、その解說を參照されたい。

秀吉は天正十三年四月二日には上杉景勝に向けて、五月中に越中へ出征すると豫告してゐる（「歷代古案」）。越後の上杉景勝、加賀の前田利家は秀吉の呼びかけに應じ、協力して越中の佐々成政を牽制し、以後所々に小合戰を展開する。一

方秀吉は五月二十四日近江坂本で病を發し、四國征伐の總大將を秀長に讓って同地で養生、六月十四日に至って漸く病癒えて大坂に歸った(『史料綜覽』)。信雄は秀吉の慫慂に從ってこの間、六月十日までに上洛したので、近江坂本で病氣療養中の秀吉に會ひ、越中征伐に際しての家康對應策として本状發給を依賴されたものと解される。

逐條解説は省略するが、先づ第一項では信雄が家康と秀吉の間を斡旋するのだとの形式を示した點に注目されよう。第二項では秀吉の越中出征中、家康の家老二三人を人質とする樣に奬め、その理由として成政と家康とが近來昵懇であるとの噂が頻繁である故とする。第三項では於義伊と勝千世は人質と世には言はれてゐても秀吉に人質として差出してゐるわけではないはずである。それ故人質としては家老を二三人、秀吉のもとではなく信雄の居城の清須まで出してはいかがか。それでも質として過重であると思ふならば、越中在陣中は於義伊と勝千世を岡崎まで歸國させておかう。第四項では秀吉出馬後に成政が家康の領國へ遁げこむ樣なことが生ずれば、秀吉にもそれなりに思ふところがあるさうだと恫喝を示し、第五項ではもし今家康が信雄の斡旋に從って成政に覺悟させる(秀吉に降らしめる)ならば、家康が(秀吉の上洛の催促に從はず)在國を續けてゐようとも、(秀吉が家康に對して含むところない樣に)信雄が保證すると言った文意である。於義伊や勝千世は秀吉への人質と言ふわけではなかったはずと説いて、於義伊には二箇所とも「殿」の敬稱を添へてゐる點も藝が細かい。

本状は信雄が自分で考案して發した斡旋案の形式をとってはゐるものの、その實は秀吉の外交文書である。越中征伐に出馬するに當って、家康が去年は信長の遺子たる義を名目として盟を結んだ故に輕んじるわけには行かないはずの信雄をして斡旋者に立て、その實、自分の思ふがままの條件や、於義伊や勝千世は人質ではないと言った解釋を示したり、新たな人質を信雄のもとにまで差し出す樣に求めたり、或は恫喝し、或は取敢ずの安泰を保證すると言った驅引を盛り込んでゐる。

この年の三月二十六日、信雄が從三位右中將から正三位權大納言に昇敍せしめられたのも秀吉の推擧によると推され、本來秀吉にとって主筋に當る信雄を早くも籠絡して家康との交渉に利用した秀吉の外交術策の巧みさを示して餘すところなく、家康の境地動靜をも示す好史料として採録しておく。

千宗易に遣れる書状（天正十三年〔推定〕七月十九日）

（折紙）
尚〻先度つか（ほ）差上候之處、被レ入レ念候事祝著候、
石川伯耆守（數正）あゝ（かた）へ來書披見候、仍茶之湯之道具、以二馳走一早〻出來祝著候、尚伯耆守可レ申候、
恐〻謹言、

（天正十三年推定）
七月十九日　　家　康（花押）

宗（千）易

原本〔表千家不審庵所藏〕○京都市上京區

表千家不審庵に「三將軍御消息」と稱して拋筌齋宛の信長書狀、同じ宛所の秀吉書狀とともに傳來してゐるうちの一通で、いづれも折紙を半截し一幅づつ軸裝されてゐる。

千宗易は通稱與四郎、大永二年に生れ、天文十四年に二十四歲で受戒を受けて宗易の法諱を授けられ、天正初年頃より拋筌齋とも號し、天正十三年九月に利休の居士號を禁中より賜はつた。

宗易は織田信長の命で永祿十三年四月二日、堺の松井友閑邸に於き信長の面前で手前を擔當してゐるので『今井宗久茶湯日記拔書』、その頃には旣に信長の茶頭（茶堂）を勤めてゐたと思はれる。由て家康が宗易と音信を交し始めた時期は、その頃まで溯る可能性も考へられる。また家康や石川數正が宗易に最初に會つた時期も、元龜元年の姉川合戰の前後二度に亘る入京の折まで溯る可能性が考へられる。

だが家康は元來の茶之湯數寄大名ではなく、諸大名との交際の上で必要となつてから嗜んだと推測されるので、その時

期は先づ天正元年以降であらう。

石川數正は家康の重臣で、中でも外交に任じてゐたので宗易との折衝にも當つてゐたと知られる。數正は天正十三年十一月十三日に家康の許から出奔して秀吉に身を投じたので、本狀の發給年次はそれ以前とは抑へられるが、積極的な極め手がない。

當時は今日「茶壺」と呼んでゐる葉茶壺も、「茶入」と呼んでゐる抹茶壺も、同じく單に「壺」と呼ぶことが多かつた。追手書の「つほ」を葉茶壺と解すれば、舊曆五月の新茶の季節に宇治で茶詰をさせるべく茶壺を京へ差しのぼせ、宗易に茶詰の斡旋を依賴したことを示すものと解される。一方「つほ」を茶入と解すると、いづれかへの進呈のためと考へられ、强ひて附會すれば鑑定を求めるためと言つた可能性も否定できないかも知れない。

家康の茶入の進呈となれば直ちに想起されるのは、柴田勝家討滅を祝し、數正を使者として天正十一年五月に「初花肩衝茶入」を秀吉に贈つた一件である（『家忠日記』「千宗易より鳥井宗叱に宛てた天正十一年六月二十日付書狀」）。本狀の日附七月十九日より見ても「先度つほ差上候處」とある追手書文意に照らしても、よく符合する樣に思はれる。しかし本狀は家康の注文した茶の湯道具が、宗易の肝煎りによつて早々取揃へられたことを數正に報じて來た書信に對する返書であり、天正十一年五月に初花肩衝茶入を進呈した際に、茶の湯道具を家康が注文したと解することは、少々手廻しがよすぎる感じがする。

數正はこの初花肩衝茶入進呈の使者を勤めたとき秀吉に面會したが、この時が初對面であつたか否かは定かではない。だがこの時以來、數正は秀吉より特に厚遇誘引を受け、天正十二年の小牧長久手合戰の際中にあつても秀吉と金品の贈答を交し（『武家事紀』）、同年十二月に於義伊（秀康）に隨ひ、我が子勝千代（康長）と本多重次の子仙千代を伴つて大坂に至つた時には、翌十三年正月十一日に大坂城で小袖二を贈られ、同月十九日には湯治中の秀吉の有馬での茶會にも招かれて、宗易や津田宗及と共に列席してゐる（『宇野主水記』・『宗及他會記』）。數正が茶の湯の上でも宗易と親しい交りを結ぶ樣になつたのは、おそらくこの天正十三年正月以來と推測される。歸國した數正は秀吉の茶の湯數寄ぶりと茶頭宗易の重用されぶりとを家康に報告し、秀吉との媾和外交政策を摸索してゐた家康は、茶の湯をその一つの方策として利用しようと考へ、宗易に道具の取揃へを依頼したのではないだらうか。斯く考へてみると、追手書にある「つほ差上」も、葉茶壺を態と宗易のもとに差しのぼらせて茶詰の仲立を依頼したものと解され、一見茶の湯數寄の途の上の往復文書に過ぎない様に見えながら、その裏に秘められた家康の外交政策が讀み取れる様に思はれる。

〔參考〕織田信長より千宗易に遣れる書狀（天正三年九月十六日）

（折紙）
就二越前出馬一鐵炮之玉千到來、遙〻懇志喜入候、猶原田備中守（直政）可レ申候也、謹言、

（天正三年）九月十六日　信　長（黑印）（印文「天下布武」）

抛筌齋（千宗易）

原本〔表千家不審庵所藏〕○京都市上京區

本狀は奥野高廣著『增訂織田信長文書の研究』下卷八二頁に收載され、發給の年は天正三年と考證されてゐる。但、奥野氏は「遙々之懇志」と讀んでをられるが「遙々懇志」と讀める。宗易がいつから抛筌齋と號し始めたか、その時期は確認されてゐない。本狀の宛所が現在知られてゐる史料としては最古と捉へられる。

〔參考〕豐臣秀吉より千宗易に遣れる御內書（年未詳七月二十六日）

煩如何候哉、無二油斷一養生肝要候、此方へ歸候事無用候、於二其津一心靜可二療養一候、猶木下半介（吉隆）可レ申候也、

天正十三年　（秀吉）朱印

（年未詳）七月廿六日　（千宗易）抛筌齋

原本〔表千家不審庵所藏〕○京都市上京區

秀吉から宗易に遣つた病氣見舞である。謹言とも記さずに止めてゐるので、おそらく秀吉が關白職に任ぜられた天正十三年以降に發給された文書と推されるが、極め手はない。下限は利休切腹以前の天正十八年となる。其津とは堺と推されるも確證は得られない。木下半介は秀吉の馬廻の組頭で、吉俊・吉種とも稱した。

中澤清正に與へたる所領宛行狀（天正十三年十月二日）

拾八貫五百文　小宮山之內　市川和泉分
壹貫五百文　同所　與五右衛門分
拾貫四百十文　岩村田之內　藤卷織部分
六貫六百文　三小井之內
合三拾七貫文之事
右之地出置候間、彌於二于忠節一者、重恩可二出置一候者也、仍如レ件、
天正十三乙酉年

十月二日　朱印（家康）
中澤田（清正）左衛門殿

〔古文書〕○内閣文庫所蔵『信濃史料』補遺巻上　六五六頁

「古文書」に「中澤田左衛門清正拜受、同五郎左衛門建敬書上」として本狀が掲げられてゐるので、諱はそれに由る。『寛永諸家系圖傳』藤原氏支流　癸十七　中澤氏の項には左の様な記事が見られる。久吉　五郎左衛門尉　信州岩村田に生れ、信玄・勝頼に仕へ、武田氏滅亡後は北條氏直に屬した。家康の甲州進發の時、信州は悉く氏直に屬したが、蘆田修理大夫（依田康國）は家康の誘引に從ひ、岩村田の諸士も北條氏の質となつてゐた母を犧牲にして蘆田氏と共に家康に屬した。氏直は怒つて人質の諸母を殺害したので、これにより氏直に與してゐた輩もみな蘆田に屬し、信州は忽ち家康の掌中に歸した。久吉は元和六年四月、七十五歳で歿した。その子久次は太左衛門尉と稱し、蘆田右衛門大夫（依田康貞）に屬し、關ケ原陣の時、召されて家康に供奉した。清正の事蹟は未詳であるが、通稱の田左衛門から推し、右の中澤久吉の兄弟か近い一族であつたと思はれる。小宮山鄕・岩村田鄕ともに信州佐久郡の內であるが、三小井は未明。三井鄕と見れば同じく佐久郡の內である。市川和泉・與五右衛門・藤卷織部は未明である。

某に與へたる三河九年分皆濟狀（天正十四年）

朱印（家康）
（印文福德）

天正十四年

三河丑より酉まで九年皆濟也

原本〔久能山東照宮所藏〕○靜岡市

三河國に於ける丑年から酉年まで九年分の全文家康自筆の皆濟狀である。一國の米年貢の皆濟狀を、九年分纏めて發給したとは考へ難い。主租ではなく、なんらかの地子に對する皆濟か、三河のうちの小地域に關する年貢皆濟と解す以外ないだらう。右肩に「福德」の朱印が袖印として捺されてゐる。

家康の生涯中、丑から酉の九年間を區切つてみると、天文二十二〜永祿四年、永祿八〜天正元年、天正六〜同十三年、天正十七〜慶長二年、慶長六〜同十四年の五回が得られるが、初回は早過ぎて先づ除外されよう。天正十七〜慶長二年の間は、天正十八年八月に關東に移されて三河は領國ではなくなつたので、これも除外される。慶長六〜同十四年の間は、一國を領したわけではないが、藏入地は設けられてゐたとも考へられるから、皆濟狀發給の可能性はある。但し、福德朱印の初見は永祿十二年閏五月附文書、最終は黑印で文祿三年二月五日附文書であるので、本狀のみを飛び離れて慶長六年以降の使用例と捉へることは無理であらう。とすると、殘るは永祿八〜天正元年か、天正六〜同十三年の二區分となる。

他例を檢してみると、天正五年八月五日附の棟別錢催促狀に福德朱印が捺され、天正十五年十一月五日附の年貢皆濟狀も「御朱印」とあつて、これも福德印と推される。よつて本皆濟狀も天正六〜同十三年の間の九年分の地子皆濟を、翌天正十四年に發給したものと解しておく。

小池信胤・津金胤久・小尾祐光に與へたる感狀（天正十四年二月二日）

今度於二其元一情（精）を入之由、殊眞田筋にても走廻候由ニ候、彼是令二悅喜一候、委細阿部善右衞門（正勝）

尉可レ申候、謹言、

（天正十四年）
二月二日　御判形（家康）

小池筑前守殿（信胤）
津金修理亮殿（胤久）
小尾監物殿（祐光）

〔寛永諸家系圖傳〕○三十五 清和源氏義光流小尾
〔譜牒餘錄　後編〕○十一 諸旗本之五 小尾十郎左衞門
〔譜牒餘錄　後編〕○十七 御小姓組 津金右衞門七

『寛永諸家系圖傳』には本狀の前に次の記事がある。「同(天正)十三年兵を眞田につかはして、急に眞田が城下海野町をかこましむ。時に敵兵城中よりつき出て、味方まさに崩れんとせしとき、祐光・胤久兄弟兵をかへし諸卒を引ゐて引とる。其功により祐光・胤久・小池筑前御直判の御書を頂戴す。此とき祐光疵をかうふる。御書の寫にいはく」『譜牒餘錄』後編巻第二十四　大御番　小尾源五左衞門の書上にも右と略同じ記事を載せ、三名「一所ニ二月二日御直判之御書頂戴、御小姓組阿部志摩守組津金右衞門七郎方に今所持仕候」と記されてゐる。

「小池信胤に下せる下知狀(天正十年八月十六日)」(『新修德川家康文書の研究』七八頁)の解說を參照されたい。その解說に甲斐國志巻之百十二に見られる小池氏の記事を掲げ、「右に云ふ天正十三年の三人連名の御書は未見である」と記したのが本狀に當る。

小池氏は津金氏の一族で、信胤の父胤貞が小池村に居住して小池氏を稱したのに創まる。祐光は津金胤時の男で、小尾周防の聟となつて小尾を稱した。胤久はその弟である。

問題は本状の發給年月日である。『甲斐國志』巻之百十二に「同十三酉二月眞田ノ城下海野町追手ニ味方崩ノ時　返シ戰テ勵レ功　又三人連名ノ御書ヲ賜リヌ」と記されてゐる旨は、先の拙著の解説に引用掲載した通りであるが「二月」とあるのは誤りと解される。上州沼田を北條氏に引渡す様にとの家康の命を肯んぜず眞田昌幸が上杉景勝と結んで家康と絶つたのは、天正十三年七月である。家康が部將大久保忠世・鳥居元忠・平岩親吉等を進發させ、上田城を圍んだのは同年八月であり、德川勢が上田城に決戰を挑み、棒山・海野・鵂田の三口より衝き出して奇襲に遭つて慘敗を喫したのは閏八月二日である。『武德編年集成』はこの日の合戰を詳述した末尾に、次の通りに記してゐる。「曲淵庄左衞門吉景以下ノ武川衆・小尾・津金等ノ味方ハ蹈ミ怺ヘ居タレ共、此ノ如ク擬議スル隙ニ、昌幸城中ヘ引取リケル。(中略)今日甲州衆小尾監物祐光モ疵ヲ蒙ルト云リ。」

『寛永諸家系圖傳』の記事とよく一致してをり、本狀をこの日の合戰の働きに對するものとすれば、天正十四年と解さなければならないが、閏八月二日に行なはれた合戰に於ける武功を賞するのに、翌年二月二日の發給では間が明きすぎてゐる感じがする。

一方、天正十年七月に始まつた家康の甲信鎭撫出征に當つて、初め向背明らかでなかつた眞田昌幸が、家康の誘引によつて味方に屬すると決したのは同年九月下旬であるが、その昌幸說得に信胤・胤久・祐光が「走廻」の功を立て、翌天正十一年二月に本狀を與へられたかと考へてみても、その時に三人の功を徵すべき證は得られないし、九月の眞田昌幸服屬に關する功を翌年二月二日に賞したのでは、同じく間が明きすぎてゐる感じがする。

さりとて本狀の本文には特に疑ふべき點も窺はれないので、「二月二日」の發給月日に何らかの誤寫があつて、本來は九月から十二月の間であつたと考へられれば疑問は氷解するかも知れない。『寛政重修諸家譜』巻第六百三十三　阿部正勝の事蹟の項には「(天正)十三年十二月正勝をよび本多彌八郎正信、大久保新十郎忠隣、牧野半右衞門康成をめされ、御旗本をよび御分國の諸士によろしき計策あらば各所存をのこさず、汝等三人に告べきむね觸らるるにより、その得失を正し取はからふべしとおほせ下さる」とあるので、その結果、やや間が明き過ぎた感はあるものの、翌年二月に本狀が發給されたと解しておく。

勝仙院（山城聖護院）に遣れる書状　（天正十四年十月二十八日）

御書拝見忝存候、仍採燈護摩札御守幷綰一端・杦原十帖送被レ下候、即拝領仕候、如二尊意一之禮不二申上一候、背二本意一存候、將亦分國中諸山伏之事承候、如二先規一聊不レ可レ存二疎略一候、此ホ（等）之趣可レ然候様御披露所仰候、恐々謹言、

（天正十四年）十月廿八日　　家　康（花押）

勝仙院

〔住心院文書〕　○山城『信濃史料』補遺巻上　六九七頁

〔參考〕本多廣孝より柴田康忠に遣れる書状　（天正十四年十月十五日）

尚以勝仙院御室へ御返可レ有候間、路次ホ（等）之儀、無二相違一様御馳走尤候、

聖護院（道澄）様爲二御名代一、勝仙院御下向候、家康分國中如二先規一、諸山伏法度之儀被二仰付一候、諏安（諏訪頼忠）与被二仰合一、其郡山伏中別條無様可レ被二仰付一候由、被二仰出一候、酒左（酒井忠次）可レ被二申入一候へ共、於二岡崎一御取亂候間、自二拙者一此旨候儀申入候、濱枩御留守居之儀候間、相替儀候者可二申入一候、路次中御馳走無二申計一之由候、可レ

被二心安一候、恐〻謹言、
（天正十四年）
拾月拾五日　　本多豐後守
　　　　　　　　廣　孝（花押）
（柴）（康忠）
芝田七九郎殿
　　御宿所

〔住心院文書〕○山城『信濃史料』補遺巻上　六九七頁

「諏訪安藝守殿江
　本多豐後殿ゟ之状　一通」

家康の書状のみでは手懸りに乏しいので、それに先立って本多廣孝より柴田康忠に遣られたと目される書状を參考に解明を試みる。

勝仙院は聖護院の使僧である。聖護院は天臺宗寺門派の寺院で修驗道本山派法頭を兼ねて山伏を管領し、山伏の本山とも稱された。役小角によって開かれたと傳へられ、後白河天皇皇子が入寺して以來門蹟寺院となり、足利幕府とも親密な關係にあつた。當時の門主道澄は近衞稙家の男で天文十三年京都に生まれ、天正三年佛門に入つて昭高院門蹟、聖護院門蹟となり、三山檢校、三井長吏、大僧正、准三后にまで昇つた。和歌と書をよくし、秀吉にも尊崇されて寺院の移轉興隆に助力を與へられ、大政所の追善に際してはその名代となつた（『新撰大人名辭典』）。

廣孝の書状にはこのほか次の人物が記されてゐる。

柴田康忠　孫七郎　三九郎　天文七年生　家康譜代の家臣　天正十年・十一年頃は奉行として活躍し、同十二年には佐久郡の押へ、同十三年閏八月の上田城攻に參加。そののち勘氣を蒙つたが同十八年の小田原戰役に參陣して許された。天正十九年武藏國足立郡羽生領で五千石を給され、文祿二年五月二十六日歿。

諏訪頼忠　小太郎　安藝守　天文五年生　代々信州諏訪郡を領した。天正十年の家康の甲信鎭撫に際して一旦は仕へたが叛き、天正十一年三月再び家康に臣從して諏訪郡を宛行はれた。天正十三年の上田城攻、小笠原貞慶攻に加はつた。天正十八年六月家督を男賴水に讓り、家康の關東入國に從ひ、武藏國奈良・之梨・羽生・蛭川等で一萬二千石を與へられた。慶長十年八月十一日歿。

酒井忠次　左衞門尉　左衞門督　享祿元年生　家康の重臣　家康文書に登場して活躍が知られるのは天正十四年、忠次文書でも同十五年を下限とする樣である。同十六年十月隱居して男家次に讓り、剃髮して一智と號したが晩年は盲目となつた。慶長元年十月二十八日歿。

本多廣孝　彥三郎　右兵衞佐　豐後守　越前守　享祿二年生　家康譜代の家臣。永祿年中より旣に豐後守を稱してをり、天正十一年從五位下右兵衞佐に敍任されたが、改めずそのまま豐後守を稱した。同年家督を男康重に讓つたが活躍を續け同十二年の小牧の役、同十五年の九州戰役にも出陣し、家康の關東入國に從つて上野國白井で隱居料一萬二千石を與へられた。慶長二年十二月二十七日歿。

『寬政重修諸家譜』『戰國人名辭典』より本狀の發給年次解明に手懸りとなる記事のみ抄出した。諏訪賴忠が家康に再び臣從した天正十一年以降、關東に移るまでの間、卽ち天正十七年までの間の發給とは抑へられる。

家康の書狀は聖護院から贈られた品々に對して謝辭を述べ、依賴のあつた家康分國中に於ける諸山伏の扱ひは、先規の通りとすると表明した文意であるが、家康は勝仙院には對面できなかつたと推される。

廣孝の書狀にある「其郡」とは、諏訪賴忠と談合する樣にとある故、諏訪郡と解される。卽ち柴田康忠を通じて意を賴忠に達したのが本狀であつたらしいことが、包紙に記された墨書からも窺はれる。本來ならこの旨は酒井忠次から申入れる筋合だが、岡崎は目下取込み中なので自分から申入れる、自分は濱松城の留守居役であるので、變事があつたら知らせる、と言つた意である。

天正十一年から十七年の間の十月後半に、この文意に符合しさうな年は左の通り天正十四年と推定される。卽ちこの年十月十四日、家康は濱松を發して吉田に到り、十五日には西尾に至つた。十八日岡崎に秀吉の生母大政所が到著し、家康はこれを迎へた。二十日、家康は酒井忠次・本多忠勝・榊原康政等の部將を率ゐて上洛の途に就いた(『家忠日記』

他)。

金掘六十人に與へたる山金等採掘その他に關する免許狀

(天正十五年六月二十五日)

一分國中、山金・河金・柴原諸役免許事

一分國中、在留之所、棟別諸役免許、但金堀(掘)之外除レ之事

一譜代之者、何方雖レ在レ之、如二前々一可二相取一也

右領狀、不レ可レ有二相違一之狀如レ件、

天正十五年

六月廿五日

金堀(掘)六十人中

〔渡邊文書〕○愛知縣渡邊興錄氏所藏 『信濃史料』第十七卷 四九六頁

日附の下にあつたはずの奉行の署名は寫し洩らされてゐるが、家康文書と看做して收錄する。何處の金掘衆かが記されてゐないが、先づは甲州の金掘衆と推される。本狀と略同文で同年閏五月十四日附で金山衆に與へた免許狀が既に採錄されてゐる(『德川家康文書の研究』舊 下卷之二 一七四頁。復 上卷 八二六頁)。

駿河・甲斐・信濃の宿中に下せる傳馬手形（天正十六年十二月日）

傳馬三拾疋、無二相違一可レ出候、仍如レ件、

戊子(天正十六年)十二月日　　本多中務大輔(忠勝)

駿甲信　宿々　　奉レ之

〔歴代古案　六〕○『信濃史料』第十六巻五五七頁

「右傳馬書出板谷佐渡守(光胤)處へ參候由、于今直書有之」との註が續けて記されてゐる。三箇國の宿々に一括して、しかも三十疋に及ぶ傳馬手形を發給したのはまことに異例である。

〔參考〕豊臣秀吉より遺られたる書狀（天正十五〜十六年十二月四日）

去廿七日之書中、於二京都一加二披見一候、爲二鷹狩一三州へ被二相越一之由尤候、就レ其初而取之鶴一到來悦覺候、則賞翫候、旁期二後音一(候脱カ)、猶冨田左近將監(知信)・津田隼人正(信勝)可レ申候也、

(天正十五〜十六年)十二月四日　　秀吉（花押）

徳川大納言(家康)殿

〔東京大學史料編纂所影寫本〕○豊橋市史第五巻收錄

原文書は豊橋市花園町妙圓寺所藏であつたが燒失した。

家康は天正十五年八月八日從二位權大納言に敍任され、慶長元年五月八日に正二位内大臣に昇進してゐるので、本狀はその間の書狀である。天正十八年以降は十一月下旬に三河に在つたことがなく、天正十七年は十一月二十九日に冨田知信と津田信勝が秀吉の使として小田原へ下向する途次、駿府に到著し、家康もこの日駿府を出立して上洛の途に就いたので除かれる（『家中日記・家中日記增補』）。天正十五年には十一月二十三日に三河へ鷹狩に向かふために駿府を發して田中に至り、十二月三日には旣に岡崎に在つて、以後同月十九日に駿河へ向かふまで三河の內で鷹狩や網曳を樂しんだ（同前揭書）。

天正十六年には十一月二十二日に岡崎に到著し、十二月二十二日には吉良で鷹狩を樂しんでゐるところに秀吉より鷹を贈られた（同前揭書）。

一方、羽柴秀吉は天正十三年七月十一日に關白に任ぜられ、翌十四年十二月十九日には太政大臣に任ぜられて豐臣姓を賜はつてゐた。天正十五年十二月四日には京都に在つたと推され（『多聞院日記』）、七日に大坂に下向した（『言經卿記』）。天正十六年には十一月二十七日に攝州茨木に赴き、翌二十八日は上洛したと思はれる（『言經卿記』）。十二月五日には平介と言ふ者を木材伐採に不正があつたとの科で西大寺に誅してゐるので（『多聞院日記』）、四日には京都に在つたと推される。由て本狀の發給年次は天正十五年かと思はれるも、家康・秀吉の動靜からは天正十六年であつた可能性も殘る。文意や語法、「可申候也」と結んでゐる點よりすれば書狀と呼ぶよりも御內書と呼ぶべきかも知れないが、署名し花押も据ゑてある。當時の秀吉の家康に對する接遇を知る好史料として收錄しておく。

〔參考〕北條氏規より家康の家臣某に遺れる書狀（天正十～十七年九月二十三日）

(竪紙)先日者預二一書一候、祝著候、面談之心地而詠入候、陸地之通用可レ有レ之事程有間敷候、必一夜歸ニ御越、彼むあ(か)しを承届度候、自二先年一者少年寄候へ共、彼兒之昔を承度候、仍箱一給候、御心指祝著候、秘藏可レ申候、但茶之湯よ(と)哉らん不レ存候間如何、然共自二家康一節〻無上御音信候、賞味不レ淺候、遂二面上一積御物語申度候、委細者朝彌(朝比奈泰勝)可レ被レ申候條、早〻申候、恐〻謹言、

追而到來候間、鮭進レ之候、

(天正十〜十七年)九月廿三日　美
氏規(北條美濃守)（花押）

(宛所闕)

原本〔神奈川縣立歴史博物館所藏〕○橫濱市

子爵北條雋八氏舊藏文書である。周圍が截斷されて宛所も闕き軸裝されてゐるが、殘存してゐる折目から竪紙と判る。文面にはくだけて如何にも親しげな、舊知の友人に宛てた樣な風情が窺はれる。家康から音信を度々受けてゐることを記したり、もと今川氏の家臣で家康に仕へて常に北條氏との通交の任に當つてゐた朝比奈彌太郎(彌三郎)泰勝に本狀を託してゐる點から見て、相手が家康の近臣であつたことは疑ひない。

天文十八年から永祿三年、家康八歲から十九歲に至る駿府人質時代に、家康は自分より三歲若年で、同じ人質同士の氏規と親しみ睦んでゐたと思はれる。その駿府人質に赴く家康に隨つた家臣として天野三郎兵衞康景(松平記)、榊原孫三郎忠政九歲(榊原家譜)、阿部新四郎重吉十九歲・野々山藤兵衞元政十二歲・阿部善九郎正勝九歲・酒井雅樂頭正親二十九歲・內藤與三兵衞正次二十歲・石川伯耆守數正・平岩七之助親吉、そして天文二十年には鳥居元忠十三歲(以上寬政重修諸家譜)等の名が擧げられてゐる(『德川家康文書の研究』舊・復とも　上卷　一九頁)。この全てをそのまま信ずる

わけには行かないが、これらのうち實際に駿府に在つて氏規とも馴れ親しんだ者のゐたことは十分に推量できよう。本狀の宛所はそのうちの一人ではないかと考へられる。

本狀の發給年次は未詳なるも、天正十年から十七年の間であることは疑ひなく、氏規の居城は伊豆韮山、家康は濱松城と駿府城に住した。本狀の宛所の某が、韮山に一泊往復できる地に住してゐたことも十分考へられる。

その某が氏規に贈つた「箱」とは茶の湯の道具の一種であつたのだらうか。氏規は茶の湯を聊か蔑視してゐたらしいが、家康から度々贈られた「無上」即ち上等の茶は賞味淺からずと傳へてゐる。家康も決して本來の茶の湯數寄者ではなかつたが、天正五年?三月七日附で結城晴朝に無上一箱(『新修德川家康文書の研究』六三頁)、天正九年十一月十二日附で皆川廣照に無上三斤(『德川家康文書の研究』舊・復とも　上卷　二六九頁)を贈つてをり、茶の湯に親しまずとも、茶を外交上の音信として屢々用ゐてゐたと知られる。

三河國渥美郡高師《たかし》鄕に下せる七箇條定書(天正十七年十一月三日)

(家　康)
朱印(印文福德)　定

(本文は『德川家康文書の研究』(舊)上卷　七三八頁(復・同卷　七三七頁)掲載の「定」に略々同文につき省略)

天正十七己丑年
十一月三日　彦坂小刑部(元正)(花押)

高足郷

原本〔芳賀陽介氏所蔵〕○豊橋市

『徳川家康文書の研究』(舊)上巻　七三九頁(復・同巻　七三八頁)以下に、天正十七年「諸郷村に下せる徳川家七箇條定書一覧表」が掲出されてゐる。本文書は、その一覧表の中に含まれてゐないので、掲出しておく。「和名抄」に三河國渥美郡六郷の一つとして高蘆郷があり「多加之」または「太加之」と訓ぜられてゐる。鎌倉時代から戰國期には專ら高師郷と書かれたが、時には高足・高志とも書かれた。高師山は三河と遠江との境の廣い範圍を指し、高師郷も室町期には現豊橋市南部一帯を含んだと思はれる(『日本地名大辭典』)。

三河國渥美郡小松原村(推定)に下せる七箇條定書

(天正十七年十一月三日)

(家康)
朱印(印文福德)
定

(本文は『徳川家康文書の研究』(舊)上巻　七三八頁(復・同巻　七三七頁)掲載の「定」に略々同文につき省略)

天正十七己丑年
十一月三日　　彦坂小刑部(元正)(花押)
(宛所闕)

原本〔東観音寺所藏〕○豊橋市小松原町

本書も中村孝也博士作成の一覧表の中に含まれてゐないので收録しておく。宛所が切斷されたらしく闕けてゐる。本書を所藏してゐる東《とう》觀音寺は小松原山と號し、臨濟宗妙心寺派に屬する名刹で、天平五年正月十八日に行基が此地に來り、自ら彫刻した馬頭觀音を安置したのに因み、十八日の文字を約むれば「東」の字となる故に東觀音寺と號したと言ふ(『大日本寺院總覽』)。多くの寺寶と共に、多數の文書を傳へてゐる。その文書の宛所の大半は「小松原東觀音寺」又は「小松原山東觀音寺」或は單に「小松原」と記されてゐる。家康が永祿七年四月に同寺に下した禁制(『德川家康文書の研究』舊・復とも　上卷　六五頁)も單に「小松原」と記されてゐるので、本書の宛所も同様であつたであらうと類推しておく。
小松原は戰國期に既に一村であつたか否かは未明だが地名として用ゐられ、江戸期には小松原村と稱されて東觀音寺領であつた(『日本地名大辭典』)。

〔參考〕伊奈忠次より河野通郷に與へたる知行書立(天正十七年十一月十九日)

(包紙ウハ書)
「川野傳兵衞殿　伊奈熊藏」

甲州御知行書立

一千七拾四表四舛八合　和戸之内ニ而

(伊奈忠次)(黑印)

已上

右如レ此可レ被レ成二所務一候、取高之外田畠上中下共ニ壹段ニ壹斗宛之夫錢有、右之分百姓請取一札有レ之、仍

如レ件、

天正十七己丑年

十一月十九日　　　伊奈熊藏(忠次)（花押）（黑印）

河野傳兵衛(通郷)殿

原本〔所三男氏所藏〕○東京

『甲州古文書』第三巻（文書番號二三〇七）に「甲府和戸分三十五貫文・於萬歲分百五十文餘・信州於河東壹貫九十文餘」を軍功によって河野傳藏(丞カ)に與へる旨の永祿四年五月十日附武田家印判狀寫が收錄されてゐる。『甲斐國志』卷之百四　士庶部第三には山梨郡栗原筋の士として山村在の河野助太夫を載せ、東後屋敷村在の河野傳右衞門の家記に「河野傳之丞信吉起請文ニ名作二通重一子孫武州八王子ニアリ小人頭衆也、其子傳右衞門信近、信近ノ子助太夫信忠」云々とあると記してゐる。『寛政重修諸家譜』卷第千三百七十五には、河野通重「初通康　傳之丞　但馬守　致仕號道仁」が甲斐武田氏に仕へ勝賴沒落ののち家康に仕へて天正十年十二月十二日に甲斐國のうちで本領百七十七貫三百文を宛行はれ、長久手戰役にも從軍、天正十五年致仕して文祿四年十月十八日武藏國八王子で八十六歲で歿した、その男通郷「傳之丞　母は藤左衞門某が女」は天正十五年家を繼ぎ「甲斐國和戶のうちにをいて千七十餘俵を所務し、父が役をつとむ」と記されてゐる。『甲斐國志』と『寛政重修諸家譜』の記事とは同じ人物を指してゐると見られるが諱は相違してゐる。今は『寛政重修諸家譜』の記事に從って本狀の宛所を河野通郷と解しておく。和戶は山梨郡萬力筋所在だつた戰國期の鄉名で　江戶時代の村名、今日では甲府市內の町名である。

〔參考〕伊奈忠次より小池信胤に與へたる知行書立（天正十七年十一月十九日）

（包紙ウハ書）「小池筑前守殿」

甲州御知行書立

一六百六拾三表壹斗三舛三合　村山郷內ニ而

已上　（伊奈忠次）（黑印）

右如レ此可レ被レ成ニ所務一候、取高之外、田畠上中下共ニ壹段ニ壹斗宛之夫錢有之、右之分百姓請負一札有レ之、仍如レ件、

天正十七己丑年

十一月十九日　伊奈熊藏（忠次）（花押）（黑印）

小池筑前守（信胤）殿

原本〔徳川美術館所藏〕○名古屋市

小池信胤に關しては『新修徳川家康文書の研究』七八〜八〇頁參照。その解説に（未刊）とした文書が本狀である。村山郷は巨摩郡の內で今日の北巨摩郡高根町の內である。

〔參考〕伊奈忠次より折井次忠に與へたる知行書立（天正十七年十一月二十一日）

甲州御知行書立

一百四拾壹表壹斗四舛九合六夕三才　北武田之鄉內ニ而

一五拾八表五舛三夕七才　水上鄉內ニ而

合貳百俵　（伊奈忠次）（黑印）

右之分、可レ被レ成二所務一候、取高之外、田畠上中下共ニ壹段ニ壹斗宛之夫錢有、右之分百姓請負一札有レ之、仍如レ件、

天正十七己丑年

十一月廿一日　伊奈熊藏（忠次）（花押）（黑印）

折居九郎次郎（次忠）殿

原本（田中暢彥氏所藏）○埼玉縣大里郡

折井（折居）次忠に關しては本書一四四頁參照。北武田《きたたけだ》鄉・水上《みづかみ》鄉ともに巨摩郡のうちで今日は韮崎市內である。本書と同日附で折井次昌に與へられた知行書立の解說參照。『譜牒餘錄後編』『寛政重修諸家譜』ともにこの知行高を二百石と記してゐるが、正しくは籾米二百俵であらう。石高に引直せば一俵二斗で四十石と計算される。

〔參考〕伊奈忠次より折井次昌に與へたる知行書立（天正十七年十一月二十一日）

甲州御知行書立

一叁百四拾表七舛七合貳夕九才　折居之郷

一叁百九拾壹表壹斗貳舛貳合七夕一才　北武田郷內ニ而

合七百三拾貳表　（伊奈忠次）（黑印）

右、如レ此可レ被レ成二所務一候、取高之外、田畠上中下共ニ壹段ニ壹斗宛之夫錢有、右之分百姓請負一札有レ之、仍如レ件、

天正十七己丑年

十一月廿一日　伊奈熊藏（忠次）（花押）（黑印）

折居市左衛門尉殿（次昌）

原本〔田中暢彦氏所藏〕○埼玉縣大里郡

折井（折居）次昌に關しては本書一四五頁參照。折井鄉・北武田鄉ともに巨摩郡のうちで今日は韮崎市內である。『寛政重修諸家譜』卷第百六十六の折井次昌の事蹟の項ならびに『譜牒餘錄』後編ではこの知行高を七百三十二石と記してゐるが、本文書の後註にある通り、籾米七百三十二俵が正しいであらう。

折井次昌・米倉忠繼を初め武川衆に奉行衆より與へられた知行書立は、實質上は家康文書と捉へて支障ないが、奉書の

形式とはなつてゐないので參考文書として收錄した。

〔參考〕伊奈忠次より米倉忠繼に與へたる知行書立（天正十七年十一月二十一日）

甲州御知行書立

一、七百表〇印判　つぶらい（圓井）鄕內ニ而

已上

右、如レ此可レ被レ成ニ所務一候、取高之外田畠上中下共ニ、壹段ニ壹斗宛之夫錢有、右之分百姓請負一札有レ之、

仍如レ件、

天正十七

十一月廿一日　　伊奈熊藏（忠次）印判 居判

米藏主計殿（米倉忠繼）

〔御庫本古文書纂　一〕〇『新編甲州古文書』第二卷　三八六頁

〔譜牒餘錄　後編〕〇三十二　小普請之七　內藤出羽守組之下　米倉助右衞門

折井次昌・米倉忠繼ともに武川衆中の有勢者で、組頭の地位にあつたと思はれる。『德川家康文書の研究』（舊・復とも）上卷　三二三頁に收錄されてゐる兩人宛の感狀とその解說、ならびに同書に收錄されてゐる折井・米倉はじめ武川衆の士に宛てた文書の解說參照。

『寛政重修諸家譜』巻第百六十九　忠繼の事蹟の項では天正十七年圓井郷の内に於いて七百石を賜ふとしてあるが、正しくは籾米七百俵であった。

〔参考〕伊奈忠次より山本忠房に與へたる知行書立（天正十七年十一月二十三日）

甲州御知行書立

一四百七拾貳表壹斗六升七合六夕六才　長塚郷内ニ而
一七拾六表八升八合四夕四才　長松寺郷内ニ而
一百表　甘利上條東割之内
一百表　同下條北（マヽ）割之内

合七百四拾九俵五升六合

右、如レ此可レ被レ成二所務一候、取高之外田畠上中下共ニ、壹段ニ壹斗宛之夫錢有、右之分百姓請負一札有レ之、
仍如レ件、

天正十七己丑年
十一月廿三日　伊奈熊藏（忠次）（マヽ）
山本彌右衛門尉（忠房）殿

〔御庫本古文書纂　六〕　○『新編甲州古文書』第二巻　三八七頁

山本忠房ならびにその所領に關しては『德川家康文書の研究』（舊・復とも）上卷　三四〇頁に收録されてゐる同人宛の本領安堵狀とその解說參照。

〔參考〕豐臣秀吉より家康に遣れる書狀（天正十七年十一月二十四日）

（表題）自秀吉公被遣家康卿

熊（態）差二遣使者一候、北條義（儀）可レ致二出仕一由、御請申、請二取沼田城一一札之面不二相立一、信州眞田持內吳桃城乘取之由、自二其方一津田隼人（信勝）・富田左近（知信）方之昏（書カ）狀相見候、然者北條表裡者之儀候間、來春早々出馬成敗之儀可二申付一候、速四國・中國・西國、其外國々陳（陣）觸申候、其面堺目（表境）之儀、又者可レ出人數行等之儀、可レ令二直談一候條、二三日之逗留、馬拾騎計而急々可レ被二相越一候、彼表裡者爲二使者一石卷下野（康敬）哉覽罷上候、押拔候而取二吳桃城一候間、彼使石卷成敗雖下可二申付一候上、助二一命一被レ返候、然者右關東御使津田隼人・富田左近就二申上候一、一札之上ニテモ見計候而可レ相二渡沼田城一之由被二仰付一被レ遣候處、請二取城一刻、彼北條表裡者貳萬許差越、沼田近所陳（陣）取之由、見二彼人數頭一候者、自二隼人・左近方一其樣體申二上御注進一、可レ爲二其上一之儀候處、不レ及二言上一相二渡沼田城一罷歸候事、如何思召候處、剩（乘）二取吳桃城一候上、最前兩人不レ相二屆仕立一候、然間彼石卷差添被レ遣候、兩人事三枚橋堺目城來春被レ出二御馬一候迄、番勢可レ被二申付一候、於下被レ出二御馬一上上御成敗耶（哉）、可レ爲二御赦免一耶否之儀、可レ被二仰出一候、被レ置二堺目城一候共非レ可レ仕二謀叛一者候間、不レ可レ有二其機遣一候、北條方如レ此以二一昏（書カ）一被二仰遣一候間、其方得〆寫被レ加二遣朱印一候、何方ヱモ可レ被レ爲レ見候、北條就二申上一、此返事候而可レ有レ進二上其墨付一候、於二其上一者石巻・玉龍兩人事可レ被二返遣一耶、可レ有二成敗一耶、可レ被二仰出一候、若墨付之返事就二無レ之候一而者、則堺目可レ被二懸肆一候、次妙音院（一鷗軒）事申廻假言不二相屆一所行、今般被二聞召一曲事候、於二樣子一者自二淺野彈正少弼（長政）方一可レ申候、委細相二含新莊駿河守（新庄直頼）一候也、謹言、

（天正十七年）十一月廿四日

駿河大納言（徳川家康）とのへ

猶以越後宰相（上杉景勝）ゟ四五日中上洛之由候、幸候間、關東エ行《テタテ》之儀可レ令二相談一候條、早々上洛待入候、雖レ不レ及レ申、駿甲信堺目慥之留守居被二申付一可レ然候、

〔古案　福住〕15　○徳川林政史研究所所藏

採錄した史料集は必ずしも上質とは言ひ難く、誤寫かと思はれ意味の通じ難い箇所もあるが、大意に於いては史實に悖るところはない。吳桃《なぐるみ》城は通常名胡桃城と記されるが、鄕名としては平安時代から吳桃と記された。秀吉の度々の催促にもかかはらず、北條氏政・氏直父子が言を左右にして上洛せず、秀吉の裁定によって沼田領の三分の二は北條氏、三分の一に當る名胡桃は眞田氏と決められたのに、北條氏邦の部將猪俣範直が名胡桃城を奪取した事件に至つて、秀吉が遂に北條氏に宣戰布告狀を發したのも、本狀と同日の天正十七年十一月二十四日である。茲に至るまでの情勢の推移は既に諸書に精しいので梗概の解說は省略する。『徳川家康文書の研究』上卷（舊七四九―七五七頁。復七四八―七五六頁）にも精しく、そこに採錄されてゐる「豐臣秀吉より北條氏直に遺れる宣戰布告狀（天正十七年十一月二十四日）」「北條氏直より富田知信・津田信勝に遺れる辯疏狀（天正十七年十二月七日）」「北條氏直より家康に遺れる書狀（天正十七年十二月九日）」等と本狀とを勘合してみると、文意も通じ易くなり、一層の理解が得られることと思ふ。可被懸肆は「かけたださるべく」とよんでおく。

三河國八名郡賀茂郷に下せる七箇條定書（天正十七年十一月二十四日）

（家康）
（朱印）（印文福德）

定

（本文は『徳川家康文書の研究』（舊）上巻　七三六―八頁（復・同巻　七三五―七頁）掲載の「定」に略々同文につき省略）

天正十七己丑年

十一月廿四日　神屋彌五助重勝（花押）

賀茂之郷

原本〔竹尾彰三氏所藏〕○豊橋市

『徳川家康文書の研究』舊　上巻　七四八頁（復　同巻　七四七頁）に「參州寺社古文書」より掲出されてゐる文書に該當する。

賀茂郷は「和名抄」によると三河國内に左の三郷が擧げられてゐる。

設樂郡四郷の一つ。　加茂郡八郷の一つ。　寶飯郡十三郷の一つ。

戰國期の八名郡賀茂郷は、もと寶飯郡の賀茂郷に當るとする説があり、また異論もある様だが（『日本地名大辭典』）、本文書の所藏者竹尾氏は八名郡賀茂郷（現在豊橋市賀茂町）に昔から神職を務めた家であるので、本文書は八名郡の賀茂郷に下されたものと判斷される。

三河國寶飯郡日色野《ひじきの》鄕に下せる七箇條定書（天正十七年十一月二十四日）

（家康）
朱印
（印文福德）

定

（本文は『德川家康文書の研究』（舊）上巻　七三六—八頁（復・同巻　七三五—七頁）掲載の「定」に略々同文につき省略）

天正十七年
十一月廿四日　神屋彌五助重勝（花押）
日色野之鄕

原本〔日色之區舊藏〕　○豊橋市日色野町 豊橋市美術博物館所藏

本書も中村孝也博士作成の一覧表に含まれてゐないので收録しておく。
日色野は戰國期に見える鄕名で、江戸時代は日色野村、現在の豊橋市日色野町に該當する。

〔參考〕伊奈忠次より武川衆に與へたる知行書立（天正十七年十二月十一日）

甲州御知行之書立

一 三表六升四合貳夕　甘利上條割
一 八百貳拾表三升四合仁夕四才　同所北割
一 三百六拾貳俵壹斗二升八合　同　下條北割（マヽ）
一 貳拾八俵一斗六升壹合壹夕五才　同　上條中割
一 九拾四俵者　同　上條東割
一 四拾壹俵壹斗三升五合　同　鹽前之郷
一 貳拾八俵八升　同　大嵐之郷
一 貳拾壹表五合　同　深澤之郷
一 九百五拾壹表壹斗五升八夕　なべ山之郷
一 百拾七表壹升五合　北武田之郷
一 五百九拾五表壹斗七升七合貳夕二才　武田宮地之郷
一 拾六俵壹斗五升六合貳夕九才　水上之郷内ニ而
一 七百卅壹俵五升仁合七夕八才　青木之郷
一 三百七拾七表壹斗四升壹合二夕三才　樋口之郷
一 四百五拾八表壹升八合壹夕七才　宮脇之郷内ニ而
一 百八拾四表壹斗七升九合二夕三才　黑澤之郷

天正十七年

一　百六拾表者　柳澤之郷
一　貳百九拾九表三升七合五夕二才　臺ケ原郷
一　三百五拾七表壹斗貳升七合壹夕二才　圓井內ニ而
一　貳百四拾五表貳升五合三夕三才　新奥之郷
一　三百拾三表六升九合三夕二才　入戸野之郷
一　百八拾四表七升九合一夕三才　下教來之郷
一　六拾五表二升七合三夕八才　上教來之郷
一　百八拾表者　山高郷內ニ而
一　六百九拾七表一升八合壹夕九才　白須之郷內ニ而
合七千三百卅五俵壹斗壹升四合四夕、
此外米藏主計(米倉忠繼)・折井市左衞門(次昌)・米藏彥二郎・折井九郎次郎(次忠)、此四人前ハ手形別帋ニ出候也、
右、如レ此可レ被レ成二所務一候、取高外田畠上中下共ニ壹段ニ壹斗宛之夫錢有、右分百姓請負一札有レ之候、仍如レ件、

天正十七己丑年
十二月十一日　伊奈熊藏(忠次)　判
武川衆中

〔記錄御用所本古文書　七〕○『新編甲州古文書』第二卷　三八六頁

武川衆は武田家の遺臣の中にあつても有力な武士團であり、天正十年の家康の甲信鎮撫に當つては早くから歸屬して功を立てた。『德川家康文書の研究』（舊・復とも）上巻　三二三頁の解説參照。文中にある米倉忠繼・折井次昌・折井次忠への手形は、天正十七年十一月二十一日附で發給された知行書立として本書に收錄した。米藏彥二郎は米倉忠繼の嗣子信繼かその長男永時らしいが、與へられたはずの知行書立は未見である。

羽田正親に遣れる書狀（天正十七年十二月二十六日）

急度申候、仍長丸（徳川秀忠）上洛付而種々御馳走之由、祝著之至難二申盡一候、彌御心付可レ爲二本望一候、

恐々謹言

（天正十七年）十二月廿六日　　家　康（花押摸）

羽田長門守（正親）殿

〔角屋記錄〕○東京大學史料編纂所所藏

家康の第三男秀忠は天正七年四月七日、遠州濱松で誕生した。生母は西郷氏於愛の方である。幼名を長松、のちに竹千代と稱し（「德川幕府家譜」）、また長丸・長麿とも稱した。「南無天滿大自在天神」の菅公神號一行書で秀忠自筆と傳へられる掛幅が日光東照宮・德川宗家・久能山東照宮に各一幅所藏されてをり、日光と宗家の幅には「長丸七歲」、久能山の幅には「長丸八歲」との自署がある。但し、この三幅はいづれも同筆で略同寸法ではあるが、秀忠幼少時の自筆と捉へるには留保を要すると考へてゐる。

「德川幕府家譜」には天正十五年八月八日、九歲で元服、從五位下藏人頭、同十六年正月五日正五位下との敍任が記さ

れてゐるが、元服によつて名乘つたであらう諱は記されてゐない。惟ふにこれらは秀吉の斡旋による敍任に留まり、元服とあるは誤りと推される。

天正十八年正月三日、秀忠は井伊直政・酒井忠世・靑山忠成・內藤清成等を隨へて駿府を發し、初めての上洛の途に就いた。同月十三日秀忠は京に入り長束正家等に迎へられ、十五日聚樂亭に於いて秀吉に謁した。秀吉は大いに喜び、元服させて片諱を與へ、秀忠と名乘らしめ、從四位下侍從に陞敍せしめた。

同月二十一日、秀吉は養女としてゐた織田信雄の女を秀忠に嫁せしめ、その婚儀を聚樂亭で執行した。同日秀忠は京を發して二十五日に駿府に歸著した。

この秀忠の上洛と婚儀が、秀吉の要請に應へて行なはれたものであることは言ふまでもない。秀忠の上洛を迎へるに先立つて、秀吉が配下に命じて萬遺漏なき様に取計らはしめたことは當然であらう。

本狀の宛所とされた羽田正親は詳傳を得られないが、『戰國人名辭典』には、六藏・長門守、秀長の臣、氏を羽根田・刎田ともし、姓は大神《おほみわ》、天正十三年大和添下郡小泉城主四萬八千石、文祿四年秀次事件に累座し越前に追放されて自殺とある。

本狀によつて秀吉の家康に對する懷柔策の一端が窺ひ知られ、また本狀に「長丸」とあることによつて、秀忠の當時の幼名、竝びに元服改名の期が確認される。

〔參考〕成瀨正一・大久保長安・日下部定好より
米倉忠繼・折井次昌に與へたる武川衆知行書立（天正十八年正月二十七日）

一四百七拾八俵壹斗四升三合七夕三才　山高鄉
米主計渡
一貳百貳拾四俵壹斗貳升八合　三吹鄉

一同百五拾壹俵六升四夕五才　牧原郷
一六百壹俵六升三合三才　若尾郷
一八百七拾俵四升　白須郷
此内仁十四俵壹升二合五夕五才　米主計（米倉忠繼）渡
一八拾四俵壹斗七升貳夕六才　宮脇郷
一五百四拾八俵壹斗八升九合九夕七才　甘利下條《とり》
合貳千九百六拾俵
右分丑之年貢相渡候間、如二御書付一御加恩之衆可レ有二配當一候、但地方定レ之、重而伊熊（伊奈忠次）御書付あるへし、以上、

（天正十八年）
刁
正月廿七日　成吉右（成瀬正一）印判
大十兵（大久保長安）印判
日下兵（日下部定好）印判
米藏主計（忠繼）殿
折井市左ヱ門（次昌）殿

〔記録御用所本古文書　七〕○『新編甲州古文書』第二巻　三九〇頁
〔譜牒餘録　後編〕○三十一 小普請之六 松平縫殿頭組之下　折井市左衛門

合計二千九百六十俵の丑年、即ち天正十七年分の年貢米を、米倉忠繼・折井次昌を代表とする二十四人の武川衆に渡したのであり、その配當先は次に掲げる文書に見られる通りである。

〔參考〕成瀬正一・大久保長安・日下部定好より武川衆に與へたる知行宛行狀
（天正十八年正月二十七日）

御重恩之地
一仁百表　馬場勘五郎（信義）
一仁百俵　曲淵玄長（吉景）
一仁百表　青木尾張（信時）
一仁百俵　青木彌三左衞門（滿定）
一八十表　馬場小太郎（信成）
一八十表　横田源七郎
一八十表　米倉左太夫（豐繼）
一八十表　同　彦次郎
一八十表　同　加左衞門（滿繼）
一八十表　同　彥太夫（利繼）
一八十表　曲淵庄左衞門（正吉）

一 八十表　同 助之丞（吉清）
一 八十表　折居九郎次郎（次忠）
一 八十表　青木彌七郎（信安）
一 八十表　伊藤新五郎（重次）
一 八十表　青木勘四郎
一 八十表　曾雌民部助（定政）
一 八十表　入戸野又兵衛（門宗）
一 六十表　柳澤兵部少（信俊）
一 六十表　山高将監（信直）
一 六十表　米倉六郎右衛門（信継）
一 六十表　山寺甚左衛門（信昌）
一 四百表　折井市左衛門（次昌）
一 四百表　米倉主計助（忠継）

合貳千九百六拾表

右之分可レ有二宛行一候、

（天正十八年）刁
正月廿七日　成瀬吉右衛門（正一）

大久保十兵衛(長安)
日下部兵右衛門(定好)
　　寫文書〔田中暢彦氏所藏〕○埼玉縣大里郡
　　〔記錄御用所本古文書　七〕○『新編甲州古文書』第二卷　三九一頁
　　〔譜牒餘錄　後編〕○三十二　小普請之七　內藤出羽守組之下　米倉助右衛門

本文書の後註に次の通りにある。「刁ハ天正十八庚寅年也、武川衆廿四人御重恩惣目錄也」。本文書は單獨の宛行狀ではなく、前掲の同日附の知行書立に附屬する文書である。書立てられた士の略解を記しておく。尙、單に、「巻□□□」と示したのは『寛政重修諸家譜』巻第□□□の意である。

馬場勘五郎　民部　信義　巻一八四　長篠合戰で討死した馬場美濃守氏勝の次男。家康に召されて麾下に列し、甲斐國白淵・敎來《けうら》石《いし》・臺原等のうちに於いて舊地を給ひ、天正十七年采地を加へられ、のち勘氣を蒙る。

曲淵玄長　勝左衞門　吉景　剃髮後玄長　巻一七九　武川谷に住し信玄・勝賴に仕ふ。天正十年七月子息(正吉・吉清カ)と共に家康に屬す。同十七年重恩の地を賜ひ同十八年八月關東入國の時相摸國の內に於いて采地五百石を給ふ。『甲斐國志』巻之百十二　士庶部第十一　巨麻郡逸見筋には莊左衞門吉景とあり、天正十年武川衆竝に召出されたとある。

青木尾張　與兵衞　尾張守　信時　巻一六一　武川青木村に住し天正十年家康に屬し同十七年重恩の地を給ふ。『甲斐國志』巻之百十三　士庶部第十二　巨麻郡武川筋には青木尾張守信定天文十年十月二十日逝、その男尾張守信立天正十八年六月十三日逝、年七十三。信立は永祿四年の河中島の役に深手を負つた。信立の弟尾張守信時、信時の男與兵衞信安、壬午の後幕府に奉仕すとあるので、本知行宛行狀の青木尾張は信時と解される。

青木彌三左衞門　未明。『新編甲州古文書』に諱を「滿定」と註してあるのは『甲斐國志』巻之百十三　士庶部第十二　巨麻郡武川筋の項に「天正十一年未年九月南宮修造勸進帳ニ青木彌左衞門滿定、同菅次郎豐定各花押アリ軍鑑ニ甘利衆青木彌三左衛門見ヱタリ」とある記事によって彌三左衛門と彌左衛門とを同一人物と看做した註と推される。

馬場小太郎　未明。『新編甲州古文書』には諱を「信成」と註してある。『甲斐國志』巻之九十六　人物部第五　武田氏將帥部〔馬場民部少輔〕の項に「文明ノ頃(中略)金阿馬場小太郎、下ノ郷信州起請文六河衆ノ列ニ馬場小太郎信盈花押アリ是ハ永祿中ナリ」とある。

横田源七郎　未明

米倉左太夫　豐繼　巻一七〇　丹後守宗繼の四男　信玄・勝頼に仕へ、天正十年武川衆と共に家康に屬し、同年十二月重恩の地を給ひ、十七年采地を加へられた。

米倉彦次郎　未明。巻一六九所載の米倉信繼の長男永時の子孫に彦次郎を稱する者があるので或は永時のことか。永時は助右衛門、清繼とも稱し、天正十六年初めて家康に謁し、關東入封ののち相摸國に於いて采地を給された。『甲斐國志』巻之九十六　人物部第五　武田氏將帥部には米倉丹後守重繼の男彦次郎種繼が載せられてゐるが、同人は主計と改めて松山で創を負ったとも長篠戰死とも傳へられ、また一系には定繼ともあると記されてゐるので、本知行宛行狀の彦次郎とは別人であらう。

米倉加左衛門　滿繼　定繼　巻一七〇　丹後守宗繼の六男　『甲斐國志』巻之百十三　士庶部第十二　巨麻郡武川筋の項の元和二年九月忠長に附屬せしめられたとの記事には嘉左衛門とあるが加左衛門と同一人物である。信玄・勝頼に仕へ、天正十年武川衆と共に家康に屬し、同十八年正月二十七日采地を加へられたと記されてゐる。

米倉彦大夫　利繼　巻一六九　丹後守宗繼の五男　武田家沒落ののち家康に屬し、天正十年十二月百十八貫文の所領を宛行はれ、同十七年重恩の地を給ふ。

曲淵庄左衛門　彥助　勝左衛門　正吉　巻一七九　曲淵玄長吉景の三男　勝頼に仕へて天正十年父吉景と共に家康に屬し武川衆と共に歷戰、同十七年采地を加へ給ふ。

曲淵助之丞　縫殿左衛門　筑後　吉清　巻一八〇　玄長吉景の長男　父吉景と共に武川谷に在り、天正十年家康に仕へて月俸を給ひ、同十七年采地を給ふ。別家創立。

曲淵吉景・正吉・吉清の記事は『甲斐國志』巻之百十二　士庶部第十一　巨麻郡逸見筋の曲淵助之丞吉重の項に見られるが『寛政重修諸家譜』の記事とはかなり相違があり、ここでは後者の記事に従っておく。

折居九郎次郎　折井　初昌勝　市左衞門　次忠　巻一六六　後に記す折井次昌の長男　天正十年七月家康に謁して麾下に屬し、同十一年四月甲斐國有野折井兩郷の内に於いて五十貫文を宛行はれ、同十七年同國の内に於いて重恩の地を給ふ。『甲斐國志』巻之百十二　士庶部第十一　巨麻郡武川筋の項に折井市左衞門次忠・同九郎次郎龍安として折井一族の記事がある。

青木彌七郎　與兵衞　信安　巻一六一　前記の青木尾張信時の項參照。勝頼に仕へて武功を立て使番を勤む。天正十年父信時と共に家康に仕へ同十七年重恩の地を給ふ。

伊藤新五郎　亦一郎　三右衞門　重次　巻八三一　天正十年武川衆と共に家康に仕へ、同十七年重恩の地を給ふ。『甲斐國志』巻之百十三　士庶部第十二　巨麻郡武川筋に伊藤新五兵衞の記事があり「壬午ノ記ニハ伊藤新五郎トアリ」と記されてゐるが同一人物や否や未明である。

青木勘四郎　未明。

曾雌《そし》民部助　藤助　帯刀　定政　巻二二九　信玄・勝頼に仕へ、天正十年武川の士と共に家康に仕へて同十七年采地を給ふ。『甲斐國志』巻之百十三　士庶部第十二　巨麻郡武川筋の項に一族の曾雌民部助景秀と新兵衞秀定の記事が見え、定政は帯刀定重の長男とある。

入戸野《につとの》又兵衞　門宗　門光　巻一八三　信玄・勝頼に仕へ、天正十年武川の士と共に家康に屬して歴戰し、天正十七年采地を加へられた。『甲斐國志』巻之百十三　士庶部第十二　巨麻郡武川筋の項には入戸野又兵衞門光として載せられてゐる。

柳澤兵部少　初長俊　源七郎　兵部丞　信俊　巻一六三　實は青木尾張守信立の三男。信玄・勝頼に仕へ、天正十年武川の諸士と同じく家康に屬し米倉忠繼・折井次昌等と力を合はせて北條勢と戰ひ功を立て本領を安堵せしめられた。同十七年より甲府城の番を勤め采地を加へられた。『甲斐國志』巻之百十三　士庶部第十二　巨麻郡武川筋の柳澤壹岐守信勝の項に信俊が柳澤氏を繼承するに至った記事がある。
山高將監　宮内　信直　巻一六〇　信玄・勝頼に仕へ、天正十年織田信長の武田家の士の扶助禁止令に遭った武川衆は家康に匿はれ密かに月俸を受けた。北條氏と家康との爭ひに際しては家康に味方して功を立て、さらに軍功を重ねて同十七年重恩の地を給はった。『甲斐國志』巻之百十三　士庶部第十二　巨麻郡武川筋の山高孫兵衛親重の項に若干の記事がある。
米倉六郎右衛門　丹後守　種繼　信繼　巻一六九　宗繼の三男として生まれ兄忠繼の養子となって承繼した。兄忠繼と同じく天正十年家康に仕へ、同十七年重恩の地を給はった。『甲斐國志』巻之九十六　人物部第五　武田氏將帥部に記事がある。田中暢彦氏所藏の寫文書には「米倉六郎兵衛」とあるが「六郎右衛門」の誤寫と解しておく。後記の米倉主計助忠繼の項參照。
山寺甚左衛門　妙之介　信昌　巻一六二　信玄・勝頼に仕へ、天正十年武川の士と共に家康に屬して軍功を重ね、同十七年重恩の地を給はった。『甲斐國志』巻之百十三　士庶部第十二　巨麻郡武川筋の山寺源三昌吉の項に若干の記事がある。
折井市左衛門　五郎次郎　淡路守　次昌　巻一六六　信玄・勝頼に仕へて足輕を預り武川に住してしばしば軍功を立てる。天正十年武田家滅亡に際して織田信長がその士の扶助を禁じたので、成瀬正一を通じて米倉忠繼と共に密かに家康に謁し、潛んで武川衆と共に月俸を受けた。同年六月以降の家康の甲信鎭撫に際しては武川衆を率ゐて從ひ軍功を顯はし、以後同十二年の小牧長久手の陣、同十四年の上田の陣に武川衆を指揮して軍功を重ね、同十七年十一月二十一日には舊知を改めて折居北武田等の内で七百三十二俵を給され、さらに同十八年正月二十七日の本狀の通り武川の士二十四人一紙の證文を以て重恩の地四百俵を加へられた。同年八月四日病歿。『甲斐國志』巻之百十三　士庶部第十二　巨麻郡武川筋の折井市左衛門次忠の項に記事がある。米倉忠繼と竝んで武川衆の頭目であった。
米倉主計助　五郎兵衛　忠繼　巻一六九　武田氏の將帥米倉丹後守宗繼（重繼とも稱す）の次男として生まれたが、兄晴繼が永祿十二年に戰死したので天正三年長篠の役で父宗繼が戰死すると家督繼承して武川衆の棟梁となった。天正十年信長の武田家士扶助禁止令に遭ひ、成瀬正一を以て家康の命を折井次昌と共に密かに受け、月俸を給されて遠州に潜居した。信長滅亡後の家康の甲信鎮撫に際しては家康の命を受けて武川衆を家康に參ぜしめ、指揮を執つて度々軍功を立てた。天正十七年甲斐國圓井《つぶらゐ》郷の内に於いて七百俵を給ひ、さらに本状を以て四百俵を加へられた。『甲斐國志』巻之九十六　人物部第五　武田氏將帥部に略傳が見られる。

右の二十四人の武川衆のうち、折井次昌の四百俵分、米倉忠繼の四百俵分に關しては、次に掲げる文書の通り翌日附で地方が指示された。

〔參考〕成瀬正一・大久保長安・日下部定好より折井次昌・米倉忠繼に與へたる知行書立

（天正十八年正月二十八日）

折井市左（市左衛門次昌）

四百俵　　甘利下條北王（わ）り内

米主計（米倉主計助忠繼）

貳百仁十四俵壹斗貳舛八合　三吹之郷

百五拾壹俵六舛四夕五才　牧原之鄉

貳拾四俵壹舛二合五夕五才　白吹内（須の誤カ）ニ而

合四百俵

右分、丑之年貢可レ有二御務（所脱カ）一者也、但地方儀者、伊熊（伊奈忠次）御手形可レ進候、以上、

刁（天正十八年）
正月廿八日

成吉右（成瀬正一） 印判
大十兵（大久保長安） 印判
日下兵（日下部定好） 印判

折井市左衛門殿（次昌）
米藏主計殿（忠継）

寫文書〔宗心寺所藏〕○埼玉縣比企郡嵐山町吉田
〔記録御用所本古文書　七〕○『新編甲州古文書』第二巻　三九二頁
〔譜牒餘録　後編〕○三十一　小普請之六　松平縫殿頭組之下　折井市左衛門

遠藤筑後守に遣れる書狀（天正十八年二月二日）

（折紙）今度長丸（徳川秀忠）致二上洛一候之處、即被レ任二高駕一、種ゝ御懇情之由、井伊侍従（直政）申候、寔以過分之至、忝畏存候、此等之趣可レ然之様、可レ預二御披露一候、恐ゝ謹言、

（天正十八年）二月二日　　家　康（花押）

遠藤筑後守殿

原本〔思文閣墨蹟資料目録所載〕○開店記念特輯號　昭和四十二年四月刊

折紙を半截し臺紙に貼つて軸裝してある。

秀忠は天正七年四月七日遠州濱松で生まれ、幼名を長松・竹千代・長麿とも稱したが、長丸と稱した期間が一番長かった様である。天正十五年七月八日從五位下武藏守に敍任、同十六年正月五日正五位下に陞敍された。天正十八年正月三日、當時十二歳の長丸は駿府を發し、井伊直政・酒井忠世・內藤清成・青山忠成等が供奉して上洛、十三日に京に著き、十五日聚樂第で秀吉に謁した。秀吉は大いに喜び、元服させ片諱を與へて秀忠と名乘らせた。秀忠一行は十七日に京を立ち二十五日に駿府に歸著した（「台德院殿御實紀卷一」『家忠日記』「晴豊記」）。「晴豊記」には「お長」と記されてゐるので長丸《ちやうまる》と呼ばれたと知られる。『家忠日記』の天正十八年正月七日の條には「今度之御上洛ハ、關白様尾州（織田）信雄御むすめ子御養子被成、若君様と御祝言被仰合候」とあるが、この信雄女で秀吉養女となり、秀忠に嫁したかと思はれる夫人は他に所見を得ない。『史料綜覽』にはその婚儀が正月二十一日聚樂亭に於いて擧行されたと記してゐるが、『家忠日記』には二十五日に「若君様京都より御下候」とあるので、これは家忠のゐた岡崎に到着したとの意と解せば無理は生じない。「台德院殿御實紀」の二十五日駿府歸着說は一考を要し、二十八日頃歸着と推定すると、その正月は小の月であつたから、本狀の日附二月二日も一層よく納得できる様である。

宛所の遠藤筑後守に關しては未詳である。豊臣家の家臣の中にも未見である。文意は鄭重を極めた禮狀で「高駕」の文言は平出が用ゐられてゐるし、「種々御懇情」ともある。それ故「此等之趣可然之様、可預御披露候」と家康が禮を表さうとした人物は皇族や門跡や高位の公卿と言つた貴人であると考へられ、秀吉とは思はれない。遠藤筑後守はその貴人の家司であつたと推定される。

〔參考〕成瀨正一・大久保長安・日下部定好より折井次昌・米倉忠繼に與へたる武川衆知行書立（天正十八年二月二十四日）

武川衆御重恩之地方

千三百六拾俵壹舛壹合壹夕貳才　甘利上條中割

七拾三俵壹斗五舛貳合六夕壹才　山高郷之内
貳百貳拾四俵壹斗貳舛八合　三吹之郷
貳百五俵壹斗六舛四夕五才　牧原郷
千拾俵壹斗七舛七合五夕六才　白須之郷
八拾四俵壹斗七舛貳夕六才　宮脇之郷

合貳千九百六拾俵

右、如レ此相渡申候、如二御書付一各へ可レ有二御割渡一之候、已上、

(天正十八年)寅

二月廿四日　成吉右(成瀬正一)(黑印)

大十兵(大久保長安)(黑印)

日下兵(日下部定好)(黑印)

折井市左衛門尉殿(次昌)

米藏主計殿(忠繼)

原本〔宗心寺所藏〕○埼玉縣比企郡嵐山町吉田

天正十八年正月二十七日附で二千九百六十俵が、天正十七年分の年貢として二十四人の武川衆に加恩配當せられたのは既に掲げた通りである。それから僅か一ヶ月足らずで發給された本文書は、地方に一部割直しの必要が生じた故と解される。原本の寫眞に據つたので發給者の印の黑朱の別は未明だが、他例に鑑みて黑印と推量される。

〔參考〕豐臣秀吉より家康に遣れる書狀（天正十八年三月十八日）

「本文ハ折紙」

一昨日十六芳墨令二披見一候、幷松平修理大夫（蘆田・依田康國）注進狀趣、具ニ相達候、信州牢人原阿江木白岩江取籠候處、早速追拂三百八拾餘討捕之由、尤之仕合ニ候、粉骨之働神妙之旨、能々松平ニ可レ被レ加レ詞候、隨而今日十八至二于田中城一相着候、明日府中迄可二打越一候、一兩日令二逗留一、三枚橋江可レ被レ移二御座一候、然者其間淸見寺ニ可レ爲二一泊一候條、可レ有二其意一候、猶期二對面一候、恐々謹言、

（天正十八年）三月十八日　秀（豐臣）吉（花押）

駿河大納言（徳川家康）殿

〔古案　秀吉〕2/8　○徳川林政史研究所所藏

〔諸家感狀古證文錄〕全　○同　右

〔依田文書〕○依田四良氏所藏『信濃史料』第十七巻　一〇四頁

小田原へ出馬する秀吉とこれを迎へる家康の動靜を傳へる史料、竝に信州佐久郡に於ける北條方との前哨戰を告げる好史料として採錄しておく。

依田康國は蘆田信蕃の長男として元龜元年に生まれ、依田氏を名乘り源十郎・修理大夫と稱した。天正十一年二月父戰死の蹟を繼いで小諸城主となり、天正十四年四月、弟新六郎と共に家康から片諱と松平氏を與へられ、松平修理大夫康國、松平右衞門大夫康勝（康眞）とそれぞれ名乘つた。依田氏が初め飯沼氏そして蘆田氏といつ名乘りいつ依田氏に復姓

したか、竝に康國の父子兄弟の事蹟は『寛政重修諸家譜』巻第三百五十六　依田稱松平の項に詳しい。また『譜牒餘錄』後編巻第十四　二番上野介組にも詳しい。

「依田記」(『信濃史料』第十七巻　一〇五頁)によると信州牢人原とは信州牢人輩で、北條氏に通じて佐久郡阿江木鄕の白岩砦に楯籠つた依田能登守昌朝・伴野刑部の兩將を指す。阿江木は相木とも書き、白岩は今日の南佐久郡北相木村の字名にあり昔は白石とも記された。康國・康勝の兄弟は三月十五日に小諸城を出馬し十六日には白岩城の敵を敗走せしめた。

本狀に記されてゐる秀吉の動靜は左の通り「家忠日記」の記事にもよく符合する。

十八日、庚申、(前略)關白樣田中邊迄御成候由候、
十九日、辛酉、雨降、關白樣今日駿府迄御成候由候、(後略)
廿　日、壬戌、吉原小屋普請ニ人數つかハし候、關白樣駿府迄御成候て、殿樣御こし候、
廿二日、甲子、殿樣御歸候、
廿三日、乙丑、夜より雨降、關白樣清見寺迄御成候、(後略)
廿六日、戊辰、關白樣よしハら迄御成候、
廿七日、己巳、關白樣沼津迄御成候、見物ニ越候、

秀吉到着に先立つ三月十四日、家忠は家康に命ぜられて吉原に秀吉を迎へるための陣屋を作りに行つてゐる。三枚橋は沼津。清見寺は天武天皇創建と傳へられ、巨鼇山清見興國禪寺と稱する名刹で、清見ケ關・清見潟の名所に位置し、今日でも風光明媚の地である。天正十八年當時の住職は中興開山と稱される大輝祥暹で、三月二十三日からこの地に三泊した秀吉が、清遊を樂しんだ樣子は木下勝俊朝臣の「吾妻のみちの記」に見られる(『巨鼇山清見興國禪寺の歷史』)。本狀の前半は康國に對する秀吉の感狀と呼び得る文意なので、家康が本狀を康國に與へたと解される左の記事が「依田記」に見られる。但し康國はこの翌月の四月二十六日、石倉陣中で誤解に因り殺された。

(前略)修理大夫方より夜通しに家康樣へ注進仕候處に、則秀吉公江被懸御目、秀吉公より家康樣へ御書御座候、此御

書御感状にて御座候由、家康様御意に而頂戴、于今所持仕候（後略）

淺野長吉（長政）に遣れる書状（天正十八年四月二十五日）

御状卽被（披）見申候、仍明日玉縄へ御越之由、御辛勞候、將又此方之人數之事相心得申、何も可二申付一候、殊江戸・油壺何も寂前申遣候間、不レ可レ有二異儀一候、恐々謹言、

（天正十八年）卯月廿五日　家康　御判

淺野彈正少弼（長吉）殿

寫〔播州國分寺ニ而承合之書付〕　○淺野家史料

玉縄城は相摸國鎌倉郡（のち高座郡）に屬して、鎌倉へ二里、藤澤へ半里の要衝の地に在った。家康は本多忠勝をして城將北條氏勝を誘降せしめ、四月二十一日氏勝は降って秀吉に謁した。家康はまた江戸城の守將川村兵衞大夫をも諭降せしめて、四月二十二日戸田忠次をして同城を収めた（『史料綜覽』）。油壺は相摸國三浦郡のうちで、北條氏規の掌握する所であった。氏規は嘗て駿府今川氏の下に家康と共に人質時代を過して少年時代より家康と親交篤く、小田原戰役に際しても家康は早くから氏規に和議を說いてゐたものと推される。六月氏規は家康の說得によって氏政・氏直父子に和議を勸め、七月開城に至った。同年四月下旬、家康は秀吉と共に小田原包圍軍の陣中に在り、淺野長吉は男幸長・木村常陸介および家康の部將本多忠勝・平岩親吉・鳥居元忠等と武藏・上總・下總等の諸城攻略に發向した。

〔参考〕伊奈忠次より甲州九筋百姓に與へたる起請文（天正十八年四月二十五日）

起請文

當年田地何き《れ》も被レ入レ精、散田被レ仕一札有レ之候上、壹札之表すこしも違候ハ《は》ぬやうヱ《に》一札之表ニありまけ《かりわけ・刈分》とのり《載》候分者かり分ニ成共、はいむう《ついはう・追放》ヱゐり《にな》共、少損免被レ引候て、年貝《貢》ニゐ《な》り共、いつき《れ》も百姓衆のそミ《のぞみ・望》のことくヱ《に》可二申付一候、不レ限二御藏入一諸給共ニ九筋之内、あ《か》やうニやくそく《約束》申候上者、御脇衆へも御異見可レ申候、年貝《貢》めゑり《めへり・目減》候とて難澁之地頭衆へハ、御藏前をいたし候てゐ《な》りとも申合候、首尾ちかへ申間敷候、いよく精ニ入、田地耕作可レ被レ申候、其上其方より首尾ちあ《か》い候衆をはとあヱ《とかに・科に》行む〻もの《はたもの・磔》ニあけ候歟、鄕中をむ《は》らい可レ申候之間、其分油斷被レ申ましく候、右分違候ハヽ日本國中大小神祇御むつ《はつ・罰》をあうむり《かうむり・蒙》、むけ《無間》んヱ《に》ゐさい《たさい・堕在》い《た》〻すへき者也、仍起請文如レ件、

天正十八年己丑（ママ）

四月廿五日　　　　伊奈熊藏《忠次》（血判カ）

九筋百姓中

參

原本〔一蓮寺所藏〕○甲府市

東京大學史料編纂所所藏の原本寫眞に據つた。「伊奈熊藏起證文　甲府市一蓮寺所藏」と臺紙に記されてゐる。那智瀧

寶印紙を二枚繼いだ裏に書かれてゐるため、特に左半分の後半は墨版が滲んで讀みにくい。『甲州古文書』第一卷　三三頁に採錄されてゐる一蓮寺所藏の寫、および『甲斐國志』卷之百十九に載せられてゐる寫を參照した。

筋とは甲州獨特の廣域地名稱で大概は中世の鄕名に發し、その地域は數鄕に跨る。九筋とは萬力《まんりき》筋(山梨郡)、栗原筋(山梨郡)、大石和《おほいさわ》筋(八代郡)、小石和《こいさわ》筋(八代郡)、中郡筋(八代郡・山梨郡・巨摩郡)、北山筋(山梨郡・巨摩郡)、逸見筋(北巨摩郡)、武川筋(巨摩郡)、西郡筋(巨摩郡・八代郡)を指す。

散田とは本文書では領主の田地を割當てることを意味しよう。刈分とは耕作地の收穫物を領主と耕作人とで分配する形態を言ふ。「はたもの」は磔刑であらう。この起請文は天正十七、十八年に亙つて家康が實施した所領五箇國總檢地と、それに伴つて諸鄕村に下した七箇條(『德川家康文書の研究』舊・復とも　上卷　七三六頁から七四八頁。新修　一一五頁から一一八頁參照)を前提とし、それを補ふ意味をもつて與へられたものであらう。

〔參考〕豐臣秀吉より筑紫廣門に遣れる書狀(天正十八年六月五日)

爲二御陣見廻一使札、被レ加二御披見一候、遠路悦思召候、然者東八州城々、何茂命之儀御佗言申上ニ付、悉被レ助レ命候、鉢形・忍・八王寺(ママ)・岩付城ハ、不レ被二聞召入一候、此内可レ然城、次第爲レ被レ加二御成敗一、先岩付城、淺野彈正(長吉)・木村常陸(重茲)・山崎(堅家)・岡本(重政)、家康(德川)内本田(忠勝)・鳥居(元忠)・平岩(親吉)以下以二萬餘、去月廿日押寄、外曲輪共則時ニ乘崩、首千餘討捕之、本丸迄責詰、妻子・町人以下相殘居候を被レ爲二助命一、城落居候、次北條安房守(氏邦)種々御佗言雖二申上一候、鉢形城越後宰相中將(上杉景勝)・加賀宰相(前田利家)・淺野・木村を初而、五萬餘被二押懸一候、併達而命之儀、御佗言申上之條、被レ及二御思唯(惟)一候、忍城へ石田治部少輔(三成)ニ佐竹(義宣)・宇都宮(國綱)・多賀谷(重經)・水谷(勝俊)・結城(晴朝)以下被二相添一、二萬餘を以被レ爲二取詰一候、是又樣々御理申上候、小田原之儀、彌堅被二取卷一、仕寄丈夫ニ被二仰付一候、籠城之上下悉可レ被二干殺一御存分候、其段不レ可レ有レ程候、猶淺野彈正少弼可レ申候也、

(天正十八年)六月五日　(豊臣秀吉朱印)

筑紫上野介(廣門)とのへ

〔筑紫文書〕○『關城町史』史料編Ⅲ五二七頁

筑紫廣門《ひろかど》は足利直冬の後裔と言ふ。天正十五年秀吉の九州征伐のとき降つて、六月筑後上妻郡一萬八千石を安堵されて山下城主となつた。文祿・慶長の役に出陣し感狀を與へられたが、關ケ原戰役では西軍に屬して失領、加藤清正に身を寄せて元和九年四月二十三日に歿した。

〔參考〕豊臣秀吉より加藤清正に遣れる書狀（天正十八年六月七日）

去月六日之書狀、十三日被レ加二御披見一候、仍小田原之義、彌丈夫ニ仕寄等被二仰付一候、依レ之城中樣、夜日及難レ堪、缺落之輩雖レ有レ之、於二其場一被レ加二御成敗一、又者追返候間、上下被レ爲二干殺一を相待迄ニ候、昨夜和田(信業)家來之者百餘、家康(德川)江相理、小屋〳〵ニ火を懸走出候、雖下可レ被レ成二誅罰一候上、家康江兼而心合之由ニ候條、被二助置一候、次東八州之義、城々悉相渡候、其内岩付・鉢形・八王子・忍・付井(津久井カ)、何も命を被二相助一候樣ニ与、北條安房守(氏邦)御佗言申上候得共、不レ被二聞召入一、右之内武州岩付者、北條十郎(太田氏房)城ニ候、八州ニ而要害堅固之由被レ及二聞召一、可レ然所より先可二責干一旨被二仰遣一、則木村常陸介(重茲)・淺野彈正少弼(長吉)・山崎(堅家)・岡本(重政)・家康

内本田（本多忠勝）・鳥井（鳥居元忠）・平岩（親吉）以下貳萬餘、岩付江押寄、則時外構共乗破、千餘討捕之、本城一之門江相付候、然者城中可レ然者大略討死候て、殘者町人・百姓・其外妻子類迄ニ候、十郎ハ小田原ニ有レ之間、命之儀被レ爲レ助候様ニ与申上之條、城請取被二仰遣一候、十郎妻子を初而、悉被二召籠置一候、死殘候長敷者同前ニ候、八州之城々ニ、小田原ニ籠城之者妻子共、何茂有之分ニ候、其趣小田原江相聞候、彌令二難儀一無二正躰一旨、缺落之者共申候、安房守（北條氏邦）義不二打置一、被レ成二御助一候様ニ与歎申候、既鉢形江者、越後宰相中將（上杉景勝）・加賀宰相（前田利家）・淺野・木村を初而五萬餘被二差向一候、忍城江者、石田治部少輔（三成）ニ佐竹（義宣）・宇都宮（國綱）・結城（晴朝）・多賀谷（重經）・水谷（勝俊）・佐野天德寺（寶衍、後ニ房綱）被二相添一、以二貳萬餘一可レ被レ卷旨、雖下被二仰出一候上、眼ニ仕候岩付城、被レ加二御成敗一上者、命計相助、城可二請取一旨、被二仰遣一候、奥兩國之面々不レ殘參陣候、其内伊達（政宗）參上候、彼手前之義、此比押領之地可二返上仕一由、堅被二仰出一候、御請申候、彌相究、可レ被レ成二御對面一候、將又韮山之儀、端城五ツ乗取之候、日々夜々仕寄無二油斷一被二仰付一候、落居不レ可レ有レ程候、猶山中橘内可レ申也、

（天正十八年）六月七日　（豊臣秀吉）御朱印

加藤主計頭（清正）とのへ

〔諸將感狀下知狀并諸士狀寫三〕　○『關城町史』史料編Ⅲ五二八頁

小田原戰役の情況を具體的に知ることのできる家康文書は極めて少ないので、秀吉文書を參考までに二通採錄しておく。

〔參考〕豊臣秀吉より家康に遣れる書狀（天正十八年七月二十八日）

去廿六日書狀、今日廿八於㆓宇都宮㆒到來、加㆓披見㆒候、此國之儀、佐竹（義宣）・宇都宮（國綱）幷家來者共、多賀谷（重經）・水谷（勝俊）、足弱差上、不㆑入城者破却被㆓仰付㆒候、伊達左京大夫（政宗）も爲㆓御迎㆒、今日罷著候、則足弱をも差上候、然者一兩日中、至㆑于㆓會津㆒可㆑被㆑移㆓御座㆒候、出羽・奥州へも被㆑差㆓遣御人數㆒、城々知行等可㆑被㆓相改㆒候、此表事早速被㆓仰付㆒、可㆑被㆑治㆓御馬㆒候間、可㆑被㆑得㆓其意㆒候、猶木下半助（吉隆）可㆑申候也、

（天正十八年）七月廿八日　◯（豊臣秀吉朱印摸）

駿河大納言（徳川家康）殿

〔士林證文　三〕　○『關城町史』史料編Ⅲ五二九頁

天正十八年七月十三日、家康は舊領に替へて關東諸國を與へられ、舊國に立ち戻ることなく小田原よりそのまま陸奥に進んで七月二十六日には白河に著陣した（『史料綜覽』）。一方、秀吉も同日下野宇都宮に著陣した。秀吉は常陸の佐竹義宣や下野の宇都宮國綱、多賀谷重經・水谷勝俊等が次々と足弱を差出し、伊達政宗も參着して足弱を差出したと報じてゐる。足弱とは老人や女子供のことであるが、ここでは證人の意であらう。秀吉は不要の城は破却を命じた。一兩日中にも會津に入り、出羽・奥州の城々や知行もあらためて凱旋するつもりだと述べて意氣揚々たる樣を宣傳してゐる。家康はこの後間もなく、八月朔日に江戸に入城する。

津田信勝・富田知信に遣れる書狀（天正十八年十月二十八日）

（折紙）
就㆓小笠原儀㆒以㆓成瀬藤八郎（國次）㆒申候、存分之通彼者ニ申含候間、淺野彈正少弼（長吉）有㆓御談合㆒、其元

時宜可レ然之樣、御取成憑入候、恐々謹言、

(天正十八年)十月廿八日　家　康（花押）

津田隼人正(信勝)殿

富田左近將監(知信)殿

原本〔思文閣所藏〕○京都市東山區 平成五年十二月

折紙を半截して軸裝にしてある。

成瀨國次は國重の次男で吉藏・藤藏(三)・藤八郎と稱し、從五位下伊賀守に敍任された。敍任の年は未明である。大永二年に生れて清康・廣忠に仕へ、天文十八年人質として駿府に赴く家康にも扈從した。天正十八年高力清長と共に使者として小田原城に赴き、北條家變約の罪を責め、天正十九年九戸一揆に際しては秀忠の使者として彼地に赴いた。慶長七年正月七日、八十一歳で歿した。國次の兄正賴の次男が小吉(一齋)で、その長男が隼人正正成である(『寛政重修諸家譜』『士林泝洄』)。

津田隼人正信勝は本姓織田氏で、その母は信秀の女であるから信長の從兄弟に當る。右馬允、そして一時は外峯四郎左衞門とも稱し、盛月とも號した樣だが、のち津田信重・信勝と名乘つた。信長の怒りに觸れて誅戮されさうになつたが、折からの本能寺の變で免れ、秀吉に仕へて天正十二年十一月從五位下隼人正に敍任、文祿二年に歿した(『寛政重修諸家譜』『戰國人名辭典』)。

富田知信は平右衞門と稱し、信廣・長家・一白とも名乘つた。天正十二年小牧の役では秀吉に從つて津田信勝と共に伊勢神戸城を防衞し、この年從五位下左近將監に敍任。天正十四年五月の秀吉妹朝日姬の入輿に際しては淺野長政と共に濱松まで隨行。次第に增封され、文祿四年七月には伊勢安濃津城主となつて六萬石(五萬石ともある)を領するに至り、慶長四年隱居して水西と號し、同年十月二十八日に歿した(『寛政重修諸家譜』『戰國人名辭典』)。

津田信勝・富田知信の二名は、天正十二年の小牧の役に際して共に伊勢神戸城の防衛に當って以來か、以後常に秀吉の側近にあって二人竝んで同役を勤めてゐたらしく、文書には兩者が殆ど例外なく竝記されて登場してゐる。本狀の大意は、小笠原の一件に就いて成瀨國次によく申含めて使ひせしめたので、淺野長吉とも談合の上、そこもとの時宜見計らひ然るべき樣にお取成しを賴むと言った意である。取成す先は秀吉以外に求められまい。よって其元とは秀吉・信勝・知信の在った地であり、淺野長吉も同地に在ると考へられてゐたことになる。

問題は本狀の要件であるところの「小笠原儀」である。小笠原右近大夫貞慶は本能寺の變後一ヶ月餘の七月十七日、實力を以て舊緣の地深志城を奪取し家康の甲信鎭撫に對抗したが、翌天正十一年閏正月に至るや上杉氏と斷って家康と和し、一子幸松丸(のちの秀政)を質に送った。しかるに天正十三年十一月石川數正が幸松丸をつれて秀吉のもとへ出奔するに合はせて、貞慶も家康に離叛して秀吉に與した。貞慶離叛の裏には秀吉の劃策があったと見られる。しかし翌十四年十月家康が上洛して秀吉と和するに至り、貞慶も秀吉の扱ひによって再び家康に與し筑摩・安曇兩郡を安堵された。貞慶は天正十七年正月隱居して家督は秀政(貞政、信濃守・兵部大輔)が承けた。家康はこの秀政に信康の長女とく姬を嫁した。その婚嫁は、秀吉の命により天正十七年八月十三日(『寛政重修諸家譜』卷第百八十八。秀政の項)とする傳へと、天正十八年十二月(「小笠原秀政年譜」「笠系大成」中村孝也博士)とする傳への二說がある。

天正十八年七月、秀吉が家康を關東に移封したに伴って、家康の部將も舊領內より關東に移った。小笠原貞慶父子を家康麾下の部將と看るには聊か問題のあるところだが、小笠原領に關して疑義が生じ秀吉が糺明を命じるところとなったらしいことが、參考文書として後揭した秀吉の下知狀によって知られる。また『藩翰譜』は小田原の役の時、九州戰役に際して秀吉の怒りに觸れ逃亡してゐた尾藤知宣が捕へられ、糺明されて貞慶の松本城下に隱れてゐたと白狀したので、秀吉は知宣を誅すると共に貞慶を知宣隱匿と小田原內通の疑を以て譴責したとある。信康の長女が天正十七年に婚嫁してゐたとすれば、秀政は既に家康の孫婿であり、天正十八年十二月の婚嫁であったとしても既に婚約してゐたであらうから、家康にとって小笠原貞慶への秀吉の疑念は、重大關心事であり斡旋に乘り出さざるを得なかったと推量される。家康は下總國葛飾郡古河に秀政を移して三萬石を與へ、貞慶もこの地に移ったが、舊領高は八萬石であったので五萬石の減封になつたと言ふ。もつとも甲信二國に在つた家康の屬將で關東に移された者は、いづれも減封となつたと傳へられてゐるが、舊領高はいづれも明確ではない。

由て小笠原儀に就き家康が津田信勝・富田知信に使者を派し、秀吉への取成しを依頼すると言つた事件は、この天正十八年十月を措いて他の時には求め得ず、家康は江戸に在り、「其元」とは秀吉の在つた上方と解される。但し、淺野長吉は奥州よりこの頃上洛を豫定して途に就いたが、途中で會津一揆勃發の報を聞いて引返したので、信勝・知信は長吉と談合する機を得なかつたものと推量される。

〔參考〕豐臣秀吉より上杉景勝家臣に下せる下知狀（天正十八年九月二十三日）

急度被㆓仰遣㆒候、小笠原（貞慶）分爲㆓御糺明㆒、石川出雲（康正）・石川兵藏（光吉）被㆓差遣㆒候處、此日來小笠原相拘候靑柳城（筑摩郡）・大城（安曇郡）・千味（見）城景勝（上杉）人數入置、上使承引不㆓仕候㆒由、曲事ニ候條、雖㆘可㆑被㆑加㆓御誅罰㆒与思召候㆖、景勝者候由候條、此度者不㆑及㆓是非㆒被㆑成㆓御免㆒候、早〻任㆓當知行旨㆒、右兩人ニ可㆓相渡㆒候、若於㆓油斷㆒者可㆑被㆑成㆓御政（成）敗㆒候也、

（天正十八年）九月廿三日　（朱書）（豐臣秀吉）「大閤御朱印」

春日右衛門尉（元忠）とのへ
松本　大炊助とのへ
香坂　紀伊守とのへ
保科　豐後守とのへ

蒲生氏郷に遣れる書状（天正十八年十一月十四日）

（折紙）
兼而如ニ令レ申候一、今度淺野彈正少弼（長吉）殿奥へ御下候、其元ニ地衆案内有レ之事候間、早ゝ白川迄
中付、爲ニ相移一尤候、少も不レ可レ有ニ由斷一候、恐ゝ謹言、
（天正十八年）
十一月十四日　家　康（花押）
（蒲生氏郷）
少將殿

原本〔思文閣墨蹟資料目録第一號所載〕昭和四十二年五月刊

天正十八年、秀吉は小田原の陣に遲參した伊達政宗から大沼・河沼・耶麻・會津の四郡と白川・岩瀬・安積・二本松の地を沒收して、下長井の二郡および安達郡東部の本領のみを安堵せしめ、政宗は會津黑川城を明け渡して米澤に移つた。役後の七月から八月、奥羽に陣を進めた秀吉は、小田原に參陣しなかつた諸將の所領を沒收し、大崎義隆・葛西晴信の舊領三十萬石を木村吉清・同清久父子に與へ、會津四十二萬石には伊勢松坂から蒲生氏郷を移封した。しかしながら木村父子にはその所領を治める力なく、二箇月後の十月には早くも一揆動亂が起きた。奥羽の仕置を終へて上洛の途次にあつた淺野長吉は、その報に接して再び二本松に引返し、政宗は米澤から、氏郷は會津から發して二本松に向かひ、十一月十四日下草城に會した。

會津黑川城を初め所領の多くを削減された政宗には不滿が鬱積してゐたと推測され、その政宗牽制の任を負つて會津に封ぜられた氏郷にしてみれば政宗に對して一揆煽動の猜疑心を抱くのも當然であり、兩者の間には深刻な軋轢が生じて

ゐた。長吉は現地にあつて兩者の間の斡旋をはかり、家康もまた長吉を援けて兩者の間の親和と亂の鎭壓とに心を砕いた。(『德川家康文書の研究』舊・復とも　中巻　九～三六頁參照)。

山田又右衞門尉・三輪近家に遣れる書狀(天正十八年十二月十日)

(折紙)
先度材木之儀、少將殿(羽柴秀勝)へ申入候處、可レ給之由被レ仰候間、取二差越候、無二相違一樣兩肵賴入候、
尙期二後音一候、恐〻謹言、

(天正十八年)十二月十日　家康(花押)

山田又(右脫カ)衞門尉殿
三輪五(右脫カ)衞門尉殿(近家)

原本〔河野家所藏〕○小濱市

文意より推し、秀吉在世中の文書であり上限は家康が秀吉に臣從した天正十四年十月と抑へられる。少將とは秀吉側の人物であらう。當時少將に任ぜられたことのある武將は左の通りである。

羽柴秀勝(於次　信長第四子)　天正十三年七月少將　同年十二月十日卒
羽柴秀勝(小吉　三好吉房第二子)　天正十五年七月頃少將　同十九年十一月參議
木下勝俊　文祿三年頃少將　ついで參議
豐臣秀賴　慶長二年九月少將　ついで中將　同三年四月中納言
小早川秀秋　天正十八年少將　同十九年十月參議

結城秀康（家康第二子）　少將の任官期間未明
織田秀信　天正十一年少將　文祿元年參議
蒲生氏郷　天正十八年少將　文祿四年二月七日卒
伊達政宗　文祿三年か慶長二年少將
丹羽長重　天正十八年頃少將　文祿四年か慶長三年參議
細川忠興　天正十六年少將　慶長元年參議
前田利家　天正十三年十一月二十九日少將　同十七年四月右中將
前田利長　天正十七年四月少將　文祿四年中將
益田少將　通稱であつて官ではない。本願寺内の家地子の代官を命ぜられた。

於次秀勝は在世時期から先づ除かれるが、小吉秀勝と事蹟が混同されてゐる記錄が多いので一應擧げてみた。秀賴・秀康・益田少將も除かれよう。その他の武將の中で山田又衛門尉と三輪五衛門尉と記された士を家臣に持つた者を探すと、小吉秀勝が浮び上る。

『駒井日記』文祿二年閏九月二十八日の條には「一、山田又右衛門知行半分被召上候、是ハ名さ（こカ）やにて大和中納言樣銀子、宰相殿被預置候を私に取、與三郎殿江進之候事、御折檻之由」とある。大和中納言とは小吉秀勝の弟で文祿元年正月二十九日に從三位權中納言に敍任せられ、同四年四月十六日疱瘡で卒した豐臣秀保であり、宰相とは後述の通り小吉秀勝と解されるから、山田又右衛門は秀勝の家中の士であつたと知られる。

『甲斐國志』卷之五十三　古蹟部第十六上の「谷《や》村《むら》館跡」の條には、「(天正)十八年ノ秋ヨリ羽柴少將秀勝領地トナリ家臣三輪五右衛門尉近家在城、十九年美濃國岐阜ニ移ル」とあり、三輪近家も秀勝の家中の士であつたと知られる。この兩名が本書狀の宛所として記された山田又衛門尉・三輪五衛門尉に當ると解されよう。

秀勝は三好吉房の次男として永祿十二年に生れ、秀吉の甥に當り、幼名は小吉と言つた。天正十三年十二月十日に卒した於次秀勝の遺領をついで丹波を領して龜山に住し、同十五年の九州征伐後の七月頃、左近衛權少將に敍任せられ、同十八年十一月甲斐信濃を與へられて甲府に住した。ところが秀吉の姉に當る母は秀勝を遠國に住せしむるを嘆いたので、翌十九年三月には美濃岐阜に移され、同年十一月には參議に進められて岐阜宰相と稱され、文祿元年六月に朝鮮に出陣し、同年九月九日、二十四歳で陣中に卒した。秀勝は豊臣姓を與へられ、豊臣秀勝とも名乘った。

この樣に登場人物を解してみると、家康が秀勝に材木の入手を申し入れる可能性のあった年は、天正十八年を措いては求め得ない。その年八月、江戸に移って直ちに築城工事を起した家康は、舊領國であった甲斐と信濃から材木を入手したいと欲し、兩國の新領主である羽柴秀勝に申し入れたものと推定される。「可給之由被仰候」の主語は、形は秀勝であっても實は秀吉で、その許諾のもとに江戸築城用材を受取りに赴かせる旨を、秀勝の家臣兩名に宛てて報じたのが本書狀であると解される。

〔參考〕豊臣秀吉より家康に遣れる直書（天正十九年二月七日）

（折紙）
北條氏直事、其方御理被レ申付而、國を廣被レ成二赦免一之條、被レ得二其意一、知行於二關東一九千石、近江千石、都合壹萬石爲二合力一被レ遣レ之可レ然と存候、

（天正十九年）二月七日（秀吉朱印）
武藏大納言殿（徳川家康）

原本〔神奈川縣立歴史博物館所藏〕○橫濱市

天正十八年七月十一日、北條氏政・氏輝の兄弟は切腹して果てたが、氏政の男氏直は家康の聟たるを以て助命され、叔父氏規・氏忠等と共に高野山に追放された。『寛政重修諸家譜』巻第五百五の氏直の事蹟には「十一月十日太閤深山の

寒苦を憐み、河内國天野にうつしをらしむ、十九年二月七日台德院殿(秀忠)の御とりなしにより赦免あり、關東のうちにをいて九千石、近江國のうちにをいて千石、すべて一萬石の地をあたへらる」とある。

秀忠のとりなしとあるが、家康宛の本書に「其方御理被申付而」とある故、家康のとりなしであったこと明らかである。家康は關東のほか近江國長原・岩間・石邊・蒲生にも所領を有してゐたので、關東のうちの九千石、近江のうちの千石、都合一萬石の知行は、家康の所領のうちから合力分として氏直に與へることを秀吉が認めたものであったと知られる。秀吉は北條氏のあと始末を、すべて家康に負はせる方針であったと解されよう。せっかく赦免を受けた氏直であったが、この九ヶ月後の十一月四日、河内國錦部郡天野で三十歳を以て歿した。

〔參考〕彦坂元正より相摸圓覺寺に與へたる替寺領渡狀（天正十九年四月八日）

一鎌倉圓覺寺替地渡候村之事

山内渡候

以上百拾三貫貳百拾五文

此外拾貫貳百文　御繩打ニ他所へ入

以上卅壹貫六百廿七文　右之足極樂寺にて渡候

合百四拾四貫八百四拾貳文ハ　前〻之高辻

右、先書出ニ任、如レ此在〻ニ有レ之を貳ケ所へ寄、渡置申候、何時も　御判刑〔形〕頂戴之上、此一札者拙者方へ返し可レ被レ下者也、爲ニ後日一如レ件、

(天正十九年)卯四月八日　彦坂小刑部(元正)判

天正十九年

圓覺寺
御納所中

〔歸源院文書〕○鎌倉市山ノ内 圓覺寺塔頭 『鎌倉市史』史料編 第二

本文書を「相摸圓覺寺に與へたる寺領寄進狀（天正十九年十一月）」（『德川家康文書の研究』舊・復とも　中巻　九八頁）の參考文書として收錄しておく。

淺野長吉（長政）に遺れる書狀（天正十九年四月十六日）

態令レ啓候、仍長〻其地御逗留付而、以二小栗又一（忠政）一申入候、疾（に）も以レ使雖レ可レ申候、羽忠三（蒲生氏郷）聽而被レ下候間、其折節と存候て于レ今遲〻候、然（者脫カ）無二下著一候條、餘無音之間如レ此候、將亦此方御用之儀、無二御隔意一可レ蒙レ仰候、少も不レ可レ存二疎意一候、委者水無瀨（親具）殿ニ申含候間、令二省略一候、恐〻謹言、

（天正十九年）卯月十六日　家康（花押）

淺野彈正少弼（長吉）殿

原本〔廣島市立圖書館所藏〕○廣島市

『德川家康文書の研究』（舊・復とも）中巻　五三頁に掲げられてゐる「淺野長吉に遺れる書狀（天正十九年四月二十七日）」とその解說參照。その書狀に「自二此方一以二使者一申入候、未參著不レ申候哉」と認められたのが本狀と解される。天正十八年十月六日に發した葛西・大崎一揆と、その鎭壓を周つて蒲生氏郷と伊達政宗との間に生じた軋轢、その間に

在って善處に苦心した淺野長吉、それらの間の斡旋に努めた家康の動靜等は、既に前掲書の三一頁以下に記された解説に詳しい。

伊達政宗と蒲生氏郷との軋轢は、天正十九年二月の政宗上洛によって、一應の結著を見たものの、舊冬以來奥州二本松に留まつて兩者の間に腐心してゐた長吉にとつては、未だ安心を得るには至らなかつたと推される。おそらく、長吉が最も大きな支へと恃んだのは家康であつたに違ひない。同年閏正月三日に江戸を發して上洛し、三月二十一日江戸に歸著した家康は、間もなく江戸に下向して來る筈であつた氏郷の到著を待ち、その協議の結果を長吉に報ぜんと考へてゐたところ、氏郷が江戸に下著する様子もないままに四月も半ばを過ぎたので、小栗忠政を使者として上方滯在中の次第、就中秀吉の政宗や氏郷に對する處遇や動靜を報じたものと推定される。『寛政重修諸家譜』巻第四十五の小栗忠政の事蹟の項には「(天正)十八年關東にうつらせ給ひし後、御使を承りて、蒲生氏郷が所領會津に赴き、また福嶋正則が領國に至る」とある。

水無瀬親具は兼成の男、實は高倉永家の二男で、左中將正四位下。文祿四年叛逆を謀つた家人を自ら誅して伏見に走り、家康に依り出家して法名を親留、また一齋と號した。時に四十四歳。寛永八年十二月二十四日、八十歳で卒した(『公卿辭典』)。駿府の家康の許に流寓し、慶長十六年十月六日には米八十石を與へられた(『德川實紀』)と知られるので、當時から家康に親しんでゐたものと思はれる。

「此方御用之儀、無二御隔意一云々」と、家康は長吉に對して竝ならぬ親誼を申し送つたが、本狀と入れ違ひに長吉からも來翰のあつたことが、四月二十七日附の書狀によつて知られる。

岡部昌綱に與へたる知行宛行狀 (天正十九年五月三日)

(包紙ウハ書)「岡部惣六(昌綱)とのへ」

（折紙）
相摸國東郡以二圓（遠）藤郷之内一三百五拾石出置者也、仍如レ件、

天正十九年辛卯
　五月三日　（家康）（朱印）（印文福德）
　　岡部惣六（昌綱）とのへ

原本〔海老塚正彦氏所藏〕○東京

昌綱は岡部正綱の男で宗立郎・太郎兵衛と稱した。父正綱は武田信玄・勝頼に仕へ、武田氏滅亡ののち家康に召し出されて天正十年八月五日駿河國の舊知を宛行はれた。昌綱は家康の關東入國ののち、采地をあらためて相摸國高座郡のうちに於いて三百五十石を本状を以て給され、後年頼宣に附屬せられて寛永十年に紀伊國で歿した（『寛政重修諸家譜』巻第千四百三十一）。

東郡は高座郡で古くは高倉郡とも記され「たかくら」「たかざ」とも呼ばれたが近くは「かうざ」と呼ばれてゐる。圓藤郷と言ふ郷は『大日本地名辭書』『角川日本地名大辭典』『日本歴史地名大系』では存在を證し得ない。『新編相模風土記稿』巻六十一の高座郡遠藤村の記事に「御打入の時、岡部太郎兵衛・駒井左近勝正に賜り」云々とあり、本状と同日附で駒井勝正に與へられた知行宛行状（『古文書』所收）にも「圓藤之郷」とあるので、圓藤郷とは遠藤村と確認される。今日は藤澤市内である。

蒔田頼久に與へたる知行目録（天正十九年七月吉日）

（包紙ウハ書）

「蒔田(吉良)源六郎(頼久)殿」

御知行書立

一千百貳拾五石者上總之内おゝき(た)近邊
寺崎之郷

已上

右分可レ有二御請取一候、重而御朱印可レ被レ成、令レ取レ之候者也、仍如レ件

天正十九年

七月吉日　伊奈熊藏(忠次)(花押)

大久保十兵衛(長安)(黑印)〇

前田(蒔田頼久)源六郎殿

原本圖版　〔宮崎文書〕　○千葉縣長生郡宮崎俊子氏所藏　『千葉縣史料』中世篇　諸家文書　二二七頁

頼久は吉良氏朝の男で永祿十一年の誕生である。左兵衞佐に任ぜられた。この蒔田氏に關しては少し解説を要する。系圖には清和源氏義家流　足利氏流と載せられてゐる。上總國埴生郡勝見邑(寺崎村)より起り、天正年中足利氏の庶孽《げつ》(流)蒔田左兵衞佐正乘此處に居り、勝見御所と稱す。房總治亂記に「里見方、甲州方、北條方、生實御所、勝見御所方(是は今蒔田左兵衞の先祖)上總・下總・安房三箇の國中、四ッ五ッに分れて合戰止む時なし」と。正乘、勝見の森氏に寓し、のち氏を吉良と改む(『姓氏家系大辭典』)。頼久は天正十八年父氏朝と共に初めて家康に拜謁し、氏朝は世田谷に閑居して慶長八年九月六日に六十二歳で歿した。頼久は、天正十九年上總國長柄郡のうちに於いて千百二十石餘の采地を給ひ、文祿元年二月朔日御朱印を下され、慶長五年關ケ原戰役に從軍、同六

年近江國蒲生郡のうちに於いて新恩七百石を給はり仰せによつて伏見城全阿彌曲輪を守衛、のち采地に居住した。頼久が關東に於いて吉良を稱することを家康が聞き、吉良の家號は一人に限るべしと仰せがあつたので蒔田に改めた（『寛政重修諸家譜』巻第九十七　吉良氏）。よつてこの蒔田氏は勝見氏より起きて蒔田を名乘り、のち吉良氏に改めたが家康の命によつて蒔田氏に復し、頼久より三代のちの義俊の時、寶永七年二月十五日に再び吉良氏を號することを許されたと知られる。

寺崎鄕は一宮川と埴生川の合流地點附近に位置し、地内の歡喜寺裏の臺地には勝見城址があり、東方約三・五粁に上總一宮町がある。「おたき」は小瀧で寺崎から川向かふの南方約二粁の地にその地名がある。寺崎も小瀧も今日では長生郡睦澤村のうちの大字である。小瀧は大多喜と混同され易いので注意を要する。

この知行目錄は家康の二人の奉行伊奈忠次・大久保長安から「仍而如件」と結んで發給されてゐるので、やはり家康文書と捉へるべきであらう。本目錄で約束された御朱印狀は本書一九六頁に收錄してある。

淺野長吉に遣れる書狀（天正十九年七月一日）

原本〔井出孝氏所藏〕○清水市

（折紙　前闕）

御狀則中納言殿（羽柴秀次）へ爲レ持進候、猶出陣之節以レ面可二申承一候、恐々謹言、

（天正十九年）七月朔日　家康（花押）

淺野（長吉）彈正少弼殿

軸装されてをり、本紙の法量は竪一九・五糎、横四七・六糎である。宛所の後にも餘白が十分にあるにも拘らず一行目の前には餘白がなく、半截した折紙の前半を闕いたと見られる。文意も満足ではないが、家康が長吉にこの様な書狀を遺るのは、先づ家康が秀吉に誼を通じた天正十四年十月以降、慶長五年關ヶ原合戰までであり、その間の七月一日に「出陣之節云々」と書き遺る狀況にあつたのは、天正十九年しかない。とすれば文中の「中納言殿」も羽柴秀次と解される。

御狀とは九戸政實攻撃の狀況を報じて來た長吉の書狀であらう。この時長吉が陸奥の何處に在つたか詳らかにはできない。七月一日に家康は未だ江戸城に在つたが、秀次は既に奥州へ進軍中であつた。

依田信守に與へたる感狀（天正十九年七月二十九日）

今度至二津輕地一相働、蒙レ疵候由、寔無二比類一義候、殊宿城迄悉く放火、數多被二討捕一候由、

右彌馳走候而可レ爲二本望一候、恐〻謹言、

（天正十九年）七月廿九日　　家康　御判

依田肥前守（信守）殿

〔諸家感狀録〕○内閣文庫所藏『信濃史料』第十七巻　一六一頁

『徳川家康文書の研究』（舊・復とも　上巻　三二四頁）には「依田信守に與へたる感狀（天正十年又は十一年七月十九日）」として、本狀ともとは同一と思はれる感狀が、『寛永諸家系圖傳』と『譜牒餘録』を典據として採録されてゐる。

但し本狀に「津輕地」とあるのに對して、彼には「伴野地」とある點が大きな相違である。

『寛永諸家系圖傳』には感状を與へられた經緯が詳しく記されてをり、それを信ずべきと思はれる。だが、もし「津輕地」が正しいとすれば發給の年次も捉へ直さなければならなくなる。『信濃史料』は本状を天正十八年と捉へて收録してゐるが、同年七月にはまだ奥羽まで出兵はされてゐないので、天正十九年の九戸政實の亂鎭壓の時と捉へ直す以外にないだらう。宿城の地も判然とせず、當時、平賀・鼻和・田舎の三郡の地を總稱した津輕にまで出兵されたとも確認出來ない。「伴野」の方が正しいと思はれるが、念の爲に採錄しておく。

伊達政宗に遣れる書状（天正十九年十月九日）

（折紙）
追而　上樣（豐臣秀吉）江御鷹無㆓油斷㆒、早々御進上尤候、以上、
其以來者不㆓申達㆒候、仍御肵勞追日御本腹候哉、向㆓寒氣㆒候條、御養生不㆑可㆑有㆓油斷㆒候、委
萬機齋（桑嶋親義）可㆑申候、恐々謹言、
（天正十九年）十月九日　家康（花押）
伊達侍從（政宗）殿

原本〔仙臺市博物館所藏〕

回復期にあった政宗の病氣を見舞ひがてら、秀吉への鷹進上に油斷なく、遲延すべからざる樣注意を促した書狀である。天正十九年九月二日附で豐臣秀次が政宗に遣った書狀（『大日本古文書』家わけ第三　伊達家文書之二　六五六番）に、「其方相煩之儀散々之式候由、如何、無心元存候、能々可被遂養性事、肝要候」とある。政宗が秀吉に十月に鷹を進上する可能性のある年は、天正十六年から慶長二年までの十年のうちに限られ、その間の九月に政宗が煩ったと知られる

のは、この天正十九年のみである。秀吉の政宗に対する疑心を、家康が間に立って斡旋し氷解せしむべく努めてゐた様子がよく窺はれよう。家康の署名も花押の形も、天正十九年のものと捉へるに好適である。

萬機齋とは桑嶋親義である。助左衞門と稱し、初め伊達輝宗に仕へ、のち北條氏輝に仕へたが北條氏滅亡によって家康に召出され、武蔵國多摩郡のうちに於て采地三百石を與へられ、天正十九年九戸一揆に際しては陸奥國岩手澤に供奉した。元和元年五月二十一日死す（『寛政重修諸家譜』巻第千八十一）。

淺野長吉（長政）に遣れる書状（天正十九年十月十七日）

其表働之儀無二心許一候處、樣子承届祝著申候、南部事降參之由、伏見へ注進申候、城之番等丈夫ニ被二申付一、近日可レ有二上落（洛）一候哉、左候ハヽ御立寄待入候、以二面上一可二申承一候、委細者神部角助可レ申候、恐々謹言、

（天正十九年）十月十七日　家　康（花押摸）

淺野彈正（長吉）殿

〔正德年中御家より出ル古書付寫〕○淺野家史料

奥羽南部氏の一族九戸政實の叛亂は天正十九年九月に至って漸く終熄を見る。秀吉はこの亂鎭壓の總大將として秀次を派してゐた。九月七日、井伊直政・蒲生氏郷等は政實の楯籠る九戸城を正面攻撃し、淺野長吉・堀尾可晴・中村一氏等は搦手から攻め寄せた。その夜、政實は長吉を密かに訪れ、南部家の本領安堵約束を條件に降つた。長吉はこれを許し、翌八日會津陣營の秀次のもとへ政實を同行しようとしたが、秀次は命を受けずに長吉が政實を許したのは無禮であると

怒り、長吉に命じて政實を誅さしめた(『寛政重修諸家譜』巻第三百九　淺野長政事蹟)。この政實の降を九月四日とする記録も多い。長吉は引續き奥州諸地方の鎭壓に赴き十月中旬に至つて漸く落着、凱旋の見通しを得た旨を家康に報じたものと思はれる。本状發給の十月十七日には家康は舊岩代國安積郡高倉に在つたと推される(『新修德川家康文書の研究』一三八頁)。
家康は間もなく自分も江戸へ引揚げられると豫測し、近日上洛の途に就くであらう長吉に江戸へ立ち寄る樣に奨め、面談の機を得たいと報じたのである。使者に立つた神部角助は未詳である。家康の家臣ではなく、長吉の家臣であつたらしい。本状を收録してゐる史料には、本状の寫の前に「正德五年出ル　勘定奉行西川勘右衛門所持」の註記がある。

奥平信昌室龜姫に遣れる消息(天正十九年九〜十月)

原本〔滑川弘氏所藏〕○日立市

御返事

ふ〻《(み)》御うれしく思ゐ《(ひ)》〻《(まいらせ候)》、
文給候、めつらしくゑ《(み)》ま《(ま)》いらせ《(せ)》候、やあ《(か)》てあ《(か)》いちん〻《(候べく候)》まゝ、けんさんま《(に)》て申〻〻《(まいらせ候べく候)》、
めてふ《(た)》くしし《(かしく)》、

大なこん《(大なこん・家康)》

――〻――

おたふ《(おはた・小幡・龜姫)》

『新修德川家康文書の研究』一三九頁に掲げた「奥平信昌室龜姫に遣れる消息(天正十九年九月)」とほぼ同時期に同地方に在つて執筆されたと推される。同じく全文家康の自筆である。やがて凱陣いたします故、見参して申しませうとの

文意には、父子相見る日を樂しみにしてゐる情愛が感じられるとともに、何かしら會つて直接傳へるべき樣な問題が、父子の間に生じてゐたかとも臆測させる。

この一通は餘白を切り詰められず、折目で切斷したままに繼がれてゐるので、本文と宛所の間に餘白が廣く殘されてゐる。

武藏圓福寺に與へたる寺領寄進狀（天正十九年十一月日）

（折紙）
寄進　　圓福寺
武藏國足立郡與野鄕之內五石之事
右、令二寄附一畢、殊寺中可レ爲二不入一者也、仍如レ件、
天正十九年辛卯　（家康）（朱印）（印文福德）
十一月日
原本〔德川恆孝氏所藏〕○東京澁谷區

武藏國足立郡は明治十二年に南北に分割され、北足立郡が埼玉縣に、南足立郡が東京府に屬した。與野鄕は鎌倉期から足立郡に見られる鄕名で、與野領は北足立郡に屬した。

『大日本寺院總覽』によると埼玉縣下に「圓福寺」は十五箇寺を數へるが、そのうち北足立郡與野町所在で新義眞言宗智山派第十七等として掲げられた圓福寺が該當すると思はれ、『全國寺院名鑑』には埼玉縣與野市上峰三三八番地と改められて掲載されてゐる。

『新編武藏風土記稿』巻之百五十五　足立郡之二十一　與野領の上峰村の寺院圓福寺の項には次の記事がある。「新義眞言宗、植田谷本村林光寺末、北明山龍光院と號す、本尊彌陀を安ず、開山圓海大永元年寂す、古へ五石の御朱印を藏せしが、延寶三年賊の爲に奪はれしより、收公せらると云」

本狀には包紙があり左の通り墨書されてゐる。

「延享四卯年六月十七日

御朱印　壹通

奉

御宛所圓福寺　伯耆守」

右の史料によって本狀は延寶三年に賊に奪はれ、七十二年後の延享四年には公儀に納められたと知られる。但し延寶の前の『寛文朱印留』には、この圓福寺は見出されない。

〔參考〕將軍秀忠より武藏山王權現に與へたる社領寄進狀（元和三年十一月十三日）

（包紙）「御朱印（後筆）　江戸山王」

山王領武藏國淺生鄉之内百石事、令㆓寄附㆒之訖、全社納、永不㆑可㆑有㆓相違㆒之狀如㆑件、

元和三年十一月十三日　（秀忠）〇（朱印）（印文忠孝）

原本〔日枝神社所藏〕〇東京千代田區

〔參考〕將軍家光より武藏山王權現に與へたる社領寄進狀（寛永十二年六月十七日）

武藏國豐嶋郡江戸山王權現社領、麻生鄕之內百石者元和三年十一月十三日之先判所ㇾ載之舊領也、當社者依ㇾ爲二我誕生所之靈神一、崇敬殊深、是以今度爲二新增一多東郡堀內村百九拾七石餘、阿佐ヶ谷村百八拾七石餘、天沼村百拾九石餘、合五百石令二寄附一之訖、都合六百石事全可二社納一、永代不ㇾ可ㇾ有二相違一也、彌可ㇾ抽二國家泰平之精祈一之狀如ㇾ件、

寛永十二年六月十七日　（家光）（朱印）（印文家光）

原本〔日枝神社所藏〕○東京千代田區

兩狀を「武藏山王權現に與へたる社領寄進狀（天正十九年十一月）（『德川家康文書の研究』舊・復とも　中卷　一二四頁。本書　校訂　七九六頁）の參考文書として揭げる。中村孝也博士は家康の寄進狀に郡名なしとされたが、校訂に示した通りそれは原本の一行分が脫漏されたことに因る。

山王權現は日吉山王社、今日の日枝神社である。城內に社寺を勸請することは珍しい事例ではなく、寧ろ無人の小社さへも置かない例の方が稀であらう。しかしその神社に城內に於いて社領を寄進した例となると、江戸時代には殆ど見られなくなる。武藏山王權現社も家康の江戸入城以前から城內梅林坂に勸請されて社領を有してゐたため、家康は同社を紅葉山に移建して後も、法人格とも言ふべき一種の人格とその既得權を認めたと解される。

同社は慶長九年から同十二年に亙る江戸城內外整備擴張によつて、社地を半藏門外の貝塚（麴町隼町）に替へられ移建された。その時社領も當然替へられたと考へられるし、增されたとも想像されるが確證はない。

元和三年十一月十三日、將軍秀忠は淺生郷の內に於いて新たに社領百石を寄進した。曾ての江戸城內に於ける社領五石に關しては觸れられてゐないが、この時には旣に公收されてゐたと考へられる。この寄進狀には宛所が記されてゐない。現存する包紙表書きには「御朱印　江戸山王」とあり、「御朱印」は別筆で後筆と見られるので、宛所はこの包紙にのみ「江戸山王」と記されたと解される。

寛永十二年六月十七日、三代將軍家光は同社に對し「我誕生所之靈神、崇敬殊深」きが故に、さらに三ケ村より五百石を追加寄進し、都合六百石を社納せしめた。この寄進狀にも宛所は記されてゐない。秀忠の寄進狀と同じく包紙にのみ記されたのかと推されるが、現存の包紙は原初のものではなく後補である。但し德川實紀の同日の條には、「この日府內山王の社領五百石を加へ、六百石となされ、御朱印を別當最教院晃海に賜ひ、神主も見え奉る(日記)」とあるから、別當と神主に與へたものと推定される。以後同社の社領は變ることなく明治維新に至つた。同社には家繼と慶喜を除く歷代將軍の社領寄進朱印狀が傳存してをり、それらにはいづれも「別當・神主」の宛所が記されてゐる。

半藏門外の貝塚の地にあつた社殿は明曆三年の大火によつて燒亡したので、星岡(永田町)の松平主殿頭忠房邸蹟に移され、二年後の萬治二年に新社殿が完成した。日枝神社は今日もその地に在る(『日枝神社史』)。

下總西大須賀八幡社に與へたる社領寄進狀（天正十九年十一月日）

(包紙ウハ書)「八　幡」
(折紙)

寄進　八幡

下總國埴生郡西大須賀之內拾石之事

右、令ニ寄附一畢、彌可レ抽ニ武運長久丹精一者也、仍如レ件、

天正十九年
十一月日　（家　康）（朱印）（印文福德）

原本〔飯塚博氏所藏〕○千葉縣香取郡

『寛文朱印留』には「八幡宮領、下總國埴生郡西大須賀鄕之內拾石事」として載せられてゐる。現在は香取郡下總町の大字大須賀である。この八幡社は『日本社寺大觀』神社篇や『全國神社名鑑』には載せられてゐない。本文書は『千葉縣史料』中世篇　諸家文書にも載せられ舊社家の飯塚筑後家、卽ち宮司飯塚博氏の保管とある。元和三年・寛永十三年・寛文五年・貞享二年・享保三年・延享四年・寶曆十二年・天明八年・天保十年・安政二年・萬延元年の朱印狀原本も傳へられてゐる。

下總意富比神明社に與へたる社領寄進狀（天正十九年十一月日）

（竪紙）

寄進　神明

下總國葛餝郡舟橋鄕之內五拾石事

右、如二先規一令二寄附一畢、彌守二此旨一可レ抽二武運長久之懇祈一之狀如レ件、

天正十九年辛卯十一月日　大納言源朝臣（家康）（花押）

原本〔意富比神社所藏〕○船橋市宮本町

意富比《おほひ》神社は船橋大神宮とも呼ばれて名高い。『寛文朱印留』には「神明社領、下總國葛餝郡舟橋鄕內五拾石事」とし

て載せられてゐる。延喜式に意富比神社とあり、景行天皇四十一年、日本武尊東征の時、旱魃に苦しむ民を救ふべく天照皇大神を奉齋して創建され、伊勢神宮を朝日の宮、當社を夕日の宮と稱したと言ふ。貞觀十三年關東一ノ宮の神號を賜はり、源頼義、義家父子も社殿を造營し神寶を寄せた。以後船橋六郷の地を寄進され、代々關東の源氏より崇敬を受けてゐた。天文年間以後東國紛亂の影響を受けて社運傾いたが、家康が關東に入つて本狀を以て社領を寄進し、慶長十三年には伊奈忠次をして社殿を改修せしめた。以後代々幕府の崇敬篤く、元和三年・寛永十三年・寛文五年・貞享二年・享保三年・延享四年・寶暦十二年・天明八年・天保十年・安政二年・萬延元年の朱印狀原本も傳へられてゐる(『日本社寺大觀』神社篇『全國神社名鑑』『船橋市史』史料編一)。

下總葛西藥師(淨光寺)に與へたる寺領寄進狀(天正十九年十一月日)

(包紙)「葛西藥師」

寄進　　藥師

下總國葛西庄木下川之内五石之事

右、令二寄附一畢、殊寺中可レ爲二不入一者也、仍如レ件、

天正拾九年辛卯

十一月日　　御朱印(家康)

〔御朱印寫九通幷手目錄〕○東京葛飾區東四ツ木淨光寺所藏

「木下川薬師佛像縁起」によると、天臺の教へを廣めようと思念し、自ら薬師如來尊像を彫刻してゐた傳教大師が、彫刻中の尊像の靈夢を蒙り、「如汝祈念、我欲利益東國之衆生、明旦有便我當行也」との告げを受け、翌朝偶々暇乞ひに訪れた下野國大慈寺の僧廣智に託した。廣智が武藏國にさしかかると、これまた靈夢によって尊像の東下を告げられてゐた唱翁の迎へを受け、請ひに從って草庵に尊像を安置した。やがて東國教化のため淺草寺に留錫してゐた慈覺大師が瑞雲青龍に導かれてこの尊像の所在を知り、貞觀二年、弟子慶寛に命じて本堂竝びに釋迦堂・阿彌陀堂・講堂・鐘樓等の堂宇を建立せしめた。その後源信僧都が本尊の二脇侍と十二神将を自ら彫像し、十二院を合はせて淨光寺と名づけた、と説かれてゐる。

青龍山薬王院淨光寺と號する天臺宗寺院で、淺草寺末寺であるが、古くより「薬師堂」と呼ばれ別當職に補せられ、鎌倉室町期には盛威を誇った。戰國期には衰廢してゐたが、家康は本状によって寺領を寄進すると共に堂宇を再建せしめて祈願所とし、放鷹の途次にも暫し留まった縁を以て、以後御遊獵の御膳所と定められてゐた。寺寶に天海著賛の東照大權現畫像、「東照大權現家康　三世の御ちきり　將軍家光　家光(花押)」の親筆等を有し、家康を初め家光・家綱・綱吉・吉宗・家重・家治・家齊・家慶の全九通の寺領寄進状の寫が傳へられてをり、『寛文朱印留』(一一五三)にも所載である。

本状に記された「葛西庄」はなかなかややこしい。本來は隅田川と江戸川に挾まれた低地帶の地名で、平氏の一族葛西氏はこの地より起こった。淨光寺所藏の應永三十三年正月十一日附の藤原家定の寺領寄進状には「下總國葛西庄上木毛河郷内、薬師堂別當職、同寺領等事」とあり、同寺所藏の同年六月十三日附の上杉安房守憲實の別當職補任状には「下總國葛西御厨上木毛河郷内、薬師堂（號淨光寺）別當職（幷寺領等）事」とあって、當時は該地が「下總國葛西庄」又は「御厨」と稱され「木毛《きげ》河郷」と呼ばれてゐたことは明らかである。それが天正十九年の本状では「下總國葛西庄木下川」と記されてゐるが、戰國期の小田原北條氏の臣の年未詳二月二十七日附の石巻家貞書状寫には「武州葛西庄」とある(『日本地名大辭典』角川書店)。『新編武藏風土記稿』には「巻之二十三　葛飾郡之四」に上木下《カミキゲ》川村とある。中村孝也博士は『德川家康文書の研究』中巻　一四五頁(舊・復とも)以下に「武藏國の郡名變遷表」を掲げて、中でも葛飾郡の變遷を詳述されたが、同書一六二頁には『葛飾區史』に據つて「淨光寺藥師堂　秩父郡木下川村」とも記された。

惟ふに、葛西庄と呼ばれた地は廣大で武藏と下總に跨り、軈て國境の變更によつて武藏國葛飾郡に編入された地域もあつて木下川村はその地域に屬してゐたと思はれる。また本文書の出典である「御朱印寫九通并手目錄」は明治初年の筆寫と推され「武藏國豐嶋郡木下川村淨光寺」とある。『大日本寺院總覽』(大正五年九月二十五日發行)には南葛飾郡大木村木下川在とあり、『新編武州古文書』には東京都墨田區吾嬬とある。

明治四十四年に着手、昭和五年に竣工した荒川放水路開鑿工事によつて淨光寺は舊地から移轉され、今日は葛飾區東四ツ木一―五―九に在り、「木下川《きねがは》藥師」の通稱で知られてゐる。

上總妙經寺に與へたる寺領寄進狀（天正十九年十一月）

寄進　　妙經寺
上總國海保郡姉崎鄉內拾石之事
右、令㆓寄附㆑之畢、殊寺中可㆑爲㆓不入㆒之狀如㆑件、
天正十九年辛卯
十一月　○（御朱印ノ内ニハ福德ノ古文字有）

〔「甲寅紀行」〕水戸義公全集　中

〔參考〕將軍秀忠より上總妙經寺に與へたる寺領安堵狀（元和三年三月二十七日）

寺領上總國海保姉崎莊之內拾石之事、任二去天正十九年十一月先判之旨一、永不レ可レ有二相違一之狀如レ件、

元和三年三月廿七日　◯（秀忠朱印、印文忠孝カ）御朱印ノ内文字アリ

〔「甲寅紀行」〕水戸義公全集　中

本寺領寄進狀が收錄されてゐる「甲寅紀行」とは、延寶二年四月二十二日に鎌倉へ向かつて水戸城を發し、金澤まで海路をとるべく上總湊に止宿した五月朔日に至る九日間の德川光圀の旅日記である。四月二十七日に姉ケ崎の妙經寺に至って宿した光圀は、「此寺ハ妙滿寺ノ末ナリ、古ハ眞言宗ナリシニ、日曉（ママ）此寺ニ居テヨリ法華宗トナル、ソレヨリ以降一百二十三年ニ及ヘリ云々」と記して、この寺領寄進狀、寺領安堵狀を書寫してゐる。妙經寺は一乘山と號する顯本法華宗の寺院で市原市姉ケ崎四五三番地に現存する。西上總五箇寺の一である（『大日本寺院總覽』『全國寺院名鑑』）。

上總神野寺に與へたる寺領寄進狀（天正十九年十一月日）

寄進　　鹿野寺

上總國周准（ママ）郡惣久鄉之內五拾石之事

天正十九年

右、如二先規一令二寄附一訖、彌守二此旨一可レ抽二武運長久之懇祈一之狀如レ件

天正十九年辛卯十一月日　大納言源朝臣(家康)　御判

〔神野寺文書〕○千葉縣君津郡清和村鹿野山　『千葉縣史料』中世篇　諸家文書　一八九頁

神野寺《じんや》は鹿野山《かのうざん》と號する新義眞言宗智山派の寺院で、その地を嘗ては君津郡秋元村鹿野山宿と稱した。聖德太子によって創建された時、多くの鹿が集まって堂宇工事を助けたので鹿野山と稱する樣になつたと傳へられてゐる。天慶年中平將門の亂によつて堂宇燒亡し、永保元年堂宇が再興されたのを機に、それまでの號琳聖院神應寺を恕怒院神野寺と改めた。南北朝期に再び兵火に罹つて大いに廢頽、應永年中足利氏滿再興、明應年中また火災、永正年中再興と榮枯を繰返し、のち久留里城主里見義尭・同義弘がしばしば堂宇を修繕した。本狀にも『寛文朱印留』にも鹿野寺とあるが、正しくは神野寺である。周淮《すえ》郡は天羽《あまは》郡・望陀《まうた》郡と併されて君津郡となつたので、現在は君津郡清和村鹿野山三二四番地となつてゐる。惣久《さうきゆう》鄉はのちの草久村で草牛村とも書き、鹿野山北麓の丘陵地上に位置し、村内の神野寺領を惣久村、その他の地を草牛村と書いたと言ふ（『大日本寺院總覽』『日本社寺大觀』寺院篇『全國寺院名鑑』『角川日本地名大辭典』）。

下總祥鳳院に與へたる寺領寄進狀（天正十九年十一月日）

(包紙ウハ書)「下總　祥鳳院」

(折紙)

寄進　祥鳳院

下總國葛飾郡土室鄉內拾石事

右、令二寄附一訖、殊寺中可レ爲二不入一者也、仍如レ件、

天正十九年辛卯

十一月日　御朱印

〔祥鳳院文書〕○千葉縣成田市土室　祥鳳院所藏　『千葉縣史料』中世篇　諸家文書　三一八頁

祥鳳院は竹縣山と號する曹洞宗寺院である。寛平元年に眞言宗寺院として創建され、明應年中に明堂盛哲禪師によつて中興され曹洞宗に改めた。印旛郡久住村土室であつたが成田市に編成されて現在は成田市土室五二一番地となつてゐる（『大日本寺院總覽』『全國寺院名鑑』）。『寛文朱印留』所載。

下總萬滿寺に與へたる寺領寄進狀（天正十九年十一月日）

（折紙）

寄進　萬滿寺

下總國葛飾郡小金內七拾石之事

右、令二寄附一之畢、殊寺中可レ爲二不入一者也、仍如レ件、

天正十九年　（家康）朱印（印文福德）

十一月日

〔萬滿寺文書〕○千葉縣松戸市馬橋　萬滿寺所藏　『千葉縣史料』中世篇　諸家文書　三〇二頁

『寛文朱印留』には「萬福寺　下總國葛野郡小金鄉之內七拾石事」として載せられてゐる。

天　正　十　九　年

萬満寺は法王山と號する臨濟宗大德寺派の寺院である。建長五年千葉頼胤が鎌倉極樂寺の良觀上人を請じて建立し大日寺と稱し、代々將軍竝に千葉氏一門の菩提を祈願した。元中六年（康暦元年）足利氏滿は夢窓國師の十哲、天龍寺の古天周誓和尚を請じて中興開山とし、堂宇を再建して萬福寺と改めた。小金は單に金とも書かれた。下總國風早莊のうちで高城氏の居城小金城があつたが、北條氏に屬して天正十八年淺野長政に攻略され燒拂はれた。その地は近年まで東葛飾郡馬橋村と稱してゐたが、市制が布かれて現在は松戸市馬橋二五四七番地である（『大日本寺院總覽』『日本社寺大觀』寺院篇『全國寺院名鑑』『角川日本地名大辭典』）。

〔參考〕將軍秀忠より相摸淨妙寺に與へたる寺領安堵狀（元和三年二月二十八日）

當寺領相摸國鎌倉之内四貫叁百文事、任二去天正十九年十一月先判之旨一、不レ可レ有二相違一之狀如レ件、

元和三年二月廿八日　（秀忠）（朱印）

淨明（妙）寺

〔淨妙寺文書〕○鎌倉市淨明寺町七八『鎌倉市史』史料編　第三第四

淨妙寺は淨明寺とも書かれ稻荷山と號する。臨濟宗建長寺派、鎌倉五山の第五位の禪刹である。家康が與へた寺領寄進狀の傳存は未明だが『新編相摸風土記稿』に記事があり、『德川家康文書の研究』（舊・復とも）中巻　一一七頁の掲表中に收録されてゐる。

〔參考〕將軍秀忠より相摸長谷觀音堂に與へたる寺領安堵狀（元和三年三月二十七日）

長谷觀音堂領相摸國鎌倉郡鎌倉之内貳貫文事、任二去天正十九年十一月先判之旨一、永不レ可レ有二相違一之狀如レ件、

元和三年三月廿七日　　御朱印（秀忠）

〔長谷寺文書〕○鎌倉市長谷二一『鎌倉市史』史料編　第三第四

長谷寺は海光山と號する淨土宗寺院で天平年中に開創、本尊の十一面觀世音は長谷觀音として名高く、ために觀音堂とも呼ばれる。

家康が與へた寺領寄進狀の傳存は未明だが『新編相摸風土記稿』に記事があり、『德川家康文書の研究』（舊・復とも）中卷　一一七頁に揭げられてゐる一覽表に收載されてゐる。

豐臣秀吉の家臣某に遣れる書狀（天正十九年十二月二十八日）

（折紙）今度宰相（德川秀忠）下國之儀付而、御懇之上意誠忝存候、依レ之以二本多豐後守（廣孝）一申上候、此等之趣可レ然之樣、可レ預二御披露一候、恐〻謹言、

（天正十九年）十二月廿八日　　家康（花押）

（宛所闕）

原本〔富正氏所藏〕○東金市

折紙を半截し一巻の巻物の中に仕立て込まれてゐる。

家康の書中に上意とあれば秀吉を指すと解する以外になく、本狀執筆の下限は慶長二年と抑へられる。文意よりして宰相とは家康の親族である。秀吉の生存中に家康の親族で參議に任ぜられたのは慶長二年九月二十八日に任ぜられた秀康（『越前福井松平家記』）、天正十九年十一月一日に任ぜられた秀忠（『史料總覽』）の二名が該當する。秀忠は翌年の文祿元年九月十三日にはさらに從三位權中納言に進められた。由て本狀の宰相を秀康と解すれば發給年次は慶長二年に絞られ、秀忠と解すれば天正十九年に絞られる。

慶長二年の十一月と十二月に於ける秀康の動靜は證を得ないが、その下國と言へば上方から下總結城に下ったことを指すことにならう。その配慮に對して家康が鄭重な禮を述べる立場にあったとは解せない。家康は當時、秀康を指す場合には常に三河守と記してをり、宰相と記した例はない。

秀忠は天正十九年十月に正四位下左近衞少將に、さらに十一月一日には參議に昇せられて間もなく下國することとなった。「家忠日記」の同年十二月三日の條には「若君樣京都より御下向之由候て」とあり、さらに十二月十七日には江戸に到著した旨が記されてゐる。由て本狀に記された宰相とは秀忠であり、御懇之上意とは秀忠の陞敍を斡旋した上で歸國を許した秀吉の厚意を指すと解される。

本多廣孝は大永七年生、天正十一年從五位下右兵衞佐に敍任されたが「しかれども仰によりて名をあらためずして豐後守と稱す」「天正十八年十一月十五日上野國白井にをいて隱栖の料一萬二千五百石餘をたまふ。後越後守にあらたむ」とあり慶長元年十二月二十七日に七十歳で卒した。男の康重は天文二十三年に生れ、文祿四年三月二十日に從五位下豐後守に敍任されてゐるので、廣孝が豐後守を越前守と改めたのも、ほぼ同じ頃と考へられる（『寛政重修諸家譜』卷第六百九十一）。

宛所は切り取られて闕けてをり、確認の途はないが秀吉の側近の一人であることは疑ひない。同日附で前田玄以に遺った書状が『徳川家康文書の研究』(舊・復とも)中巻　一七八頁に収録されてゐるので參照されたい。

〔參考〕豐臣秀吉より家康に遺れる書状（天正十六～十九年五月二十日）

(折紙)
もち給候、心にいれられ候て、御心さし一志(し)をまんそくいたし候、又ちやゆ(茶湯)候や、うけ給度候、其方つほ(つほ・壺)をねん(ねん・念)のいれ候て、つめ(つめ・詰)させ候間、心やす(す)く〱(候へく候)、くちきりのころハ(は)此方へこされ候て、くちをきられ〱(候へく候)、其ころまち可レ申候、以上、

爲二音信一樆二桶・蠟燭五百挺到來、喜入候、自レ何以不レ斜候、猶津田隼人正(信勝)・富田左近將監(知信)可レ申候、恐々謹言、

(天正十六～十九年)五月廿日　秀(豐臣)吉（花押）

徳川大納言(家康)殿

原本〔財團法人富山美術館所藏〕○富山市

掛軸に裝幀され重要美術品に認定されてゐる。本文は右筆であるが、追而書は秀吉の自筆で、本文の前に五行、本文の間に五行、本文と日附との間に二行と全十二行にわたつて長々と記されてゐる。

追而書に「もち給候」とあるので「樆(やまなし　木名)」は「糯(とりもち)」か「黐(とりもち)」の誤りであらう。糯は糒とも書き、米を熬つて粉にしたものである(『大漢和辭典』)。また黐は鳥黐とも書き、モチノキ・クロガネモチ・ヤマグルマ等の樹皮から製した鳥刺用の粘着劑である(『大漢和辭典』・『日本國語大辭典』)。米を熬つた粉では特に贈答

に相應しい品とも思へず、また容器が桶である點にも鑑みて捕鳥用の黐であつたと推定しておく。

津田信勝は本姓織田氏でのち津田氏を稱し、諱は信重とも名乘り、盛月とも號して天正十二年十一月從五位下隼人正に敍任、文祿二年に歿した（『戰國人名辭典』）。富田知信は諱を信廣・長家とも名乘り一白・水西と號した。天正十二年從五位下左近將監に敍任され、慶長四年十月二十八日に歿した（『戰國人名辭典』）。家康は天正十五年八月八日從二位權大納言に陞敍され、慶長元年五月八日正二位內大臣に陞せられた（日光東照宮文書）。由て本狀の發給期は天正十六年から文祿二年の間と先づは抑へられる。天正十八年五月には小田原に、文祿元年と二年の五月には肥前名護屋に秀吉・家康ともに在陣中であつたので、それらの年は除外されようが、それ以上年紀を推定するには極め手を缺く。但し津田信勝の事蹟は諸記錄の間に齟齬があつてあまり明確でなく、その歿年も「諸家系圖纂」にのみ據つてゐるので、それを改むべき史料が見出された折には、本狀發給の年も再檢討を要することとならう。

津田信勝と富田知信の略歴は『德川家康文書の研究』（舊　拾遺集　八一頁、復　中卷　八七九頁）にも揭げられてゐる。

追而書によると、家康は葉茶壺を秀吉のもとに送つて茶詰の斡旋を賴んでゐたと解される。新茶を茶壺に詰める茶詰は、每年五月下旬頃より始められるので、文意は時宜によく適つてゐる。新茶を詰めた茶壺は涼しい場所に保管されて夏を超え、秋九月頃に封を切られる。これを「口切」と言ひ、その茶會を「口切の茶會」と言つて、茶の湯の上では特に重んじられた行事である。

家康は元來の茶の湯數寄者ではなく、秀吉およびその麾下の部將や商人たちとの好誼を深める必要上、茶の湯にも親しんだものと考へられる。茶の湯は家康にとつて趣味ではなく、重要な外交政策であつたのである。

〔參考〕豐臣秀吉より家康に下されたる條目（文祿元年正月日）

一高麗入に付而御在陣中、侍・中間・小者・あらしこ（荒子）・人夫已下にいたるまで懸落仕者有ㇾ之者、其身之事ハ不レ及レ申、一類幷相抱置在所可レ被レ加二御成敗一、但雖レ爲二身類(親)一告しらするにをいては其者一人可レ被レ成二御赦免一、綴使として罷歸候共、其主人たしかなる墨付於レ無レ之者、可レ爲二罪科一事

一人足飯米之事、惣別雖レ爲二御掟一、猶以給人其念入可二下行一事

一遠國より御供之輩、軍役それ〳〵に御ゆるしなさるる間、來十月にはかわり可レ被二仰付一候條、上下ともに可レ成二其意一事

一御陣江召連候百姓田畠之事、爲二其鄉中一作毛仕可レ貢レ之、若至二荒置一者、其鄉中可レ被レ加二御成敗一旨之事、

付、爲二鄉中一作毛不レ成二仕合一有レ之おゐては、豫而奉行へ可二相理一事

一御陣江召連候若黨・小者とりかへの事、去年配當之半分通かし可レ貢レ之、此旨於二相背一者、取候者ハ不レ及レ申、主人共ニ可レ爲二曲叓一事

右之條々於二違背之輩一者、可レ被レ處二嚴科一者也、仍如レ件、

天正廿年

正月日　　秀吉(豊臣)

江戸大納言殿(徳川家康)

〔古案　秀吉〕2/8　○徳川林政史研究所所藏

「淺野家文書」（大日本古文書　家わけ第二　二六〇）には「條々」と題され、秀次の朱印を以て淺野幸長に下された、本書とほぼ同文の條目が收錄されてゐる。それが原本史料の忠實な採錄であるならば、本書は秀次文書の誤寫と見るべきであらうが、今確認の手立を缺くので先づは參考までに收錄しておく。

最上義光に遣れる書状（文禄元年正月十六日）

（折紙）
爲二年頭之一儀一、預二芳翰一候、祝著至候、然者羽忠三（蒲生氏郷）有二御同道一、可レ有二御上洛一之由承候、必
當表御通尤存候、委細大久保治部少輔（忠隣）可レ申候間、令二省略一候、恐ゝ謹言、
（文禄元年）正月十六日　家　康（花押）
羽柴出羽侍従（最上義光）殿

原本〔慈光明院所蔵〕○山形市七日町

折紙を半截して軸裝されてゐる。

本狀の發給年次に關しては、聊か考證を要する。文意より江戸に在つた家康が、蒲生氏郷と同道上洛しようとしてゐた最上義光に宛て、大久保忠隣を使者として遣つた書狀であることは疑問の餘地がない。義光がいつ羽柴姓を聽されたかは分明でないが、從四位下侍從に陞敍されたのは天正十九年正月八日である（『寛永諸家系圖傳』乙三『寛政重修諸家譜』巻第八十）。伊達政宗が從四位下侍從に陞敍されると共に羽柴姓を聽されたのが同年二月十二日頃であるから、義光の羽柴姓聽許も陞敍と同時であつたと類推される。政宗・義光ともに秀吉に臣從を示したのは前年の六、七月である。蒲生氏鄕は幼名鶴千代、のちに忠三郎教秀と名乘り更に賦秀と改め、秀吉より戰功を賞されて遠祖秀鄕の一字を以て氏鄕と改めて羽柴飛驒守と號した（『蒲生氏鄕記』）。同記は天正十二年に羽柴飛驒守氏鄕に南伊勢五郡十二萬石が與へられたと記してゐるが、羽柴姓を稱し始めた期をその時と捉へる證にはならない。だが天正十八年十一月に伊達政宗や淺野

正勝に宛て「羽忠三　氏」「羽忠三　氏郷」等と署して遺った書状數通(伊達家文書五三七　五四〇)が見られるので、羽柴姓を稱し始めた期がそれを遡ることは明らかである。氏郷は文祿四年二月七日京都で歿した。

大久保忠隣は天正十六年從五位下治部少輔に敍任され、慶長五年七月に相摸守とあらためた(『寛政重修諸家譜』巻第七百七)。由て本狀發給年次の上限は天正十九年、下限は文祿四年と抑へられ、その間に於ける家康・氏郷・義光の動靜を検討してみる。

天正十九年正月、會津を發した氏郷は二十六日二本松に到って淺野長政に會し、尋で上洛した(『史料綜覽』)。入京の月日は未明である。家康は閏正月三日に江戸を發し、同月二十二日入京した(同)。義光の動靜は未明で、氏郷が義光と同道上洛したとの記錄は未見である。一方、勸修寺『晴豐記』の同年閏正月十日の條には「晴、煩いまた不出候也、山形出羽守四品御禮申次、中山・辨被參候」とある。晴豐は時に武家傳奏で正二位權大納言、中山は同じく正二位權大納言であった親綱か子息の慶親、辨は不詳だが左大辨萬里小路充房であったらうか。義光が從四位下に敍せられた禮を晴豐に表したに違ひはないが、申次とある故に義光自身が京都に在ったと解すわけには行かず、義光が氏郷と同道上洛した證ともならない。義光はこの年は上洛せず在國だつたのではないか。また、義光の侍從任官が正月八日であってみれば、その僅か八日後の十六日に、江戸に在った家康が「羽柴出羽侍從殿」と宛所に記したと解すと、聊か手廻しがよすぎる無理が生じよう。氏郷はこの年六月、京都を發して歸國した(『史料綜覽』)。

文祿元年を措き、先に同二年・三年・四年の發給かと捉へ得るや觸れておく。先づ文祿二年の正月には、家康・義光・氏郷の三名とも肥前名護屋に在陣中であり可能性はない。同年八月秀賴誕生の報に狂喜して歸坂した秀吉のあとを追ふ樣に家康以下の諸將も京坂の地まで引揚げ、二ケ月餘滯在の後の十月五日、家康・氏郷・細川忠興等の遠國の諸大名は悉く歸國の途に就いたと『駒井日記』にあるので、義光も同じ頃山形へ向けて出立したと推される。

文祿三年には二月八日に氏郷が、同月十二日には家康が入京した。三月十五日には大坂城本丸で秀吉が興行した演能に家康・氏郷ともにシテを演じた。秀吉は四月十四日には氏郷の亭に、六月五日には家康の亭に臨んだ(『駒井日記』)。この間に義光が京坂の地に在ったとの記錄は見出されず、義光はこの年正月二十八日に山形の光明寺に知行安堵狀を與へ、さらに同寺に對して同年五月日附で禁制を下してをり、兩狀ともに「義光（花押）」とあるので（光明寺文書『山形縣史』資料篇三）、この間義光は在國であつたと解される。

文祿四年正月を家康は伏見で迎へ五月まで滞在し、氏鄕は前年十二月には既に發病し、京都の亭で病臥したまま正月を迎へ、二月七日に歿した。由て、本狀が文祿二年か四年に發給された可能性は全くなく、同三年の可能性もないものと推定される。

文祿元年は正月を家康・氏鄕・義光の三人とも、それぞれ國許に在つて迎へた。前年四月に發した九戸政實の亂は、羽柴秀次を總大將に家康・氏鄕・政宗初め諸將の協力によつて、九月初旬には平定された。その遠征の途次、秀次が義光の息女駒姫の美貌に惹かれて側室にと懇望し、義光は再三辭退したが終には辭退しきれず、駒姫は文祿四年八月、秀次の妻妾子女の一人として三條河原で慘殺され、義光は以來豊臣氏に遺恨を抱く樣になつた（『最上記』『奥羽永慶軍記』）と傳へられてゐるが、それは後日譚である。九戸の亂も治まつた文祿元年正月二日、義光は山形を出立した（『山形市史』中巻　近世編　三九頁）。もつとも、『山形市史』はその典據を「伊達家文書」と註してゐるものの、同家文書中には記事を見出せず未確認である。

正月四日氏鄕は會津より伊達政宗に宛てて、上洛のための出立を祝し、道もよし宿以下も申付けた故、當所を通る樣にと書き送つた（伊達家文書　六三八）。家康は二月二日に江戸を出立し（『家忠日記』）、上洛した。家康・氏鄕・義光は相前後して入京したものと思はれる。三月十五日家康と氏鄕は共に京都の神谷宗湛の亭の茶湯に臨んだ（『宗湛日記』『史料綜覧』）。

三月十七日諸將は京都を出立した。同月二十八日義光は藏增大膳亮に宛てて「三月十七日ニ洛中打立、同廿八日ニ境《堺》か海渡にて唐御陣へ打立候（下略）」と書き送つた（立石寺文書『山形縣史』古代中世史料Ⅰ）。

由て本狀の執筆年次は、朝鮮出兵の命を受けた諸大名が續々と上洛の途に就いた文祿元年正月と捉へられ、義光から氏鄕と同道上洛する旨の報を受けた家康が、おそらく宿の手配等兩人の一行歡待の手筈を命じたのであらう、必ず江戸を經由する樣にと書き送り、大久保忠隣を使せしめたのである。

年頭之一儀とは同例の少い用語であるが、嘉例、祝儀などと同意と解してよいであらう。

彦坂元正に與へたる知行宛行狀（文祿元年二月一日）

（折紙）
相摸國東郡之內参百三拾石、幷武州小机之內六百七拾石、下總國葛餝郡內千石、合貳千石山川等事、

右、出置訖、永可ㇾ令ㇾ知ㇾ行者也、仍如ㇾ件、

天正廿年
二月朔日（家康）（朱印）（印文福德）

彦坂小刑部（元正）とのへ

原本〔思文閣古書資料目錄第百四十號〕○平成六年五月刊

折紙を半截して軸裝されてゐる。

『寛政重修諸家譜』『斷家譜』等では諱は元成とされてゐるが、本人は文書に元正と署名してゐる。小刑部は通稱である。天正十八年小田原戰役に長柄奉行として出陣、家康の關東入國後は江戶町代官を命ぜられた。また代官頭として相摸國鎌倉郡岡津に陣屋を構へ、南關東を中心に「彦坂流」と呼ばれた獨自の地方仕法で檢地を進めて地方行政に功績を擧げ、伊奈忠次・大久保長安と共に「三目代」「關東三奉行」の一人に數へられた。慶長五年九月の關ヶ原戰役に際しては伊奈忠次・川野是定房某・大久保長安等と同じく小荷駄奉行を勤めた。文祿年間

より慶長六年六月に鶴岡八幡宮修造の不備によって勘氣をうけ閉門を命ぜられるまでの間の奉行としての活躍ぶりは目覺ましい。

『寛政重修諸家譜』には先に近江國の代官を勤めたとあるが、家康文書に彦坂元正が見られるのは、本知行宛行状が最初であらうから、家康に認められて活躍し始めたのは、關東入國を契機としたと捉へられよう。

慶長十一年正月、支配地の農民より訴へられ、貢金を私した罪により改易され、寛永十一年正月八日に歿した。享年未詳（『國史大辭典』）。

蒔田頼久に與へたる知行宛行状（文祿元年二月一日）

（包紙ウハ書）
（吉良）（頼　久）
「蒔田源六郎殿」
（折紙）
上總國一庄寺崎鄕之内千百貳拾五石幷山林等事
右、全可レ有二知行一者也、仍如レ件、
天正廿年
二月朔日　（家　康）（朱印）（印文福德）
（頼　久）
蒔田源六郎殿

原本圖版（宮崎文書）〇千葉縣長生郡宮崎俊子氏所藏『千葉縣史料』中世篇　諸家文書　二二八頁

蒔田賴久ならびに寺崎鄕に關しては「蒔田賴久に與へたる知行目錄（天正十九年七月吉日）」に解說しておいたので本書一六九頁を參照されたい。その知行目錄で發給を約束された御朱印狀が本狀である。

上總國一庄とあるのは、寺崎鄕が元來は上總一宮莊（玉崎莊）に屬する鄕であったことを推測させてゐるよう（『角川日本地名大辭典』）。

加藤正次に與へたる知行宛行狀（文祿元年二月一日）

（包紙）
（附箋）
「權現樣加藤喜助とのへ」
（折紙）
武藏國比企郡之內千六百六拾九石壹斗貳舛、幷上總國內三百叄拾石八斗八舛、合貳千石之事
右、山林川共永可レ令二知行一者也、仍如レ件、
天正廿年
二月朔日　（家康）（朱印）（印文福德）
加藤喜助（正次）とのへ

原本〔山下信一・悅子氏所藏〕○東京 世田ヶ谷區

『日本歷史』平成十一年五月號に榎本直樹氏によって紹介解說された。包紙は「加藤正次に與へたる御內書（?～慶長元

年二月十五日」(本書二四一頁に收錄)に附屬するものであつたかも知れないとのことである。

加藤氏は三河譜代で正次は慶長十八年八月十七日に六十五歳で歿したとあるので逆算すると天文十八年生となる。通稱は喜助また喜左衞門とも稱し初め竹本姓を稱した。初め織田信長に仕へ、のち家康に仕へて鈞命を蒙り加藤姓に復し、加藤家二代正信が三方ケ原戰役で戰死し嗣子がなかつたので、家康の命により正信の妹を娶つて遺跡を繼承した。その後歷戰に隨ひ、家康の關東入封に從ひ武藏國比企、上總國望陀兩郡のうちに於いて采地二千石を賜ひ、文祿元年二月朔日御朱印を下さつたとある(『寛政重修諸家譜』巻第七百七十七)。本狀はこの記事に該當する。

本文書は加藤正次の子孫の家に代々傳へられて來た四十點ほどの文書の中の一つで、末裔の悅子氏が承繼し山下信一氏に嫁いだとの傳來を持つと榎本直樹氏は紹介してゐる。

尙、加藤正次の略傳は『德川家康文書の研究』(舊・復とも)下卷之一　二四六頁に掲げられてゐる。

〔參考〕北條氏直より家康に遣れる書狀（天正十一〜文祿元年二月一日）

追而小袖三重上下送給候、珍重候、猶同名美濃守(北條氏規)可二申達一候、恐々謹言、

(天正十一―文祿元年)二月朔日　(北條)氏直(花押摸)

(家康)德川殿

〔古案　氏康〕5　○德川林政史研究所所藏

家康と氏規とは曾て今川氏の下で人質生活を共にした幼な馴染みで、天正十年甲斐若御子で對陣した氏直と家康の間を仲介し、十月二十九日和睦に至らしめた使者も氏規が勤めた。その和睦の條件の一つとして、家康は永祿八年生まれの第二女督姬を氏直に嫁せしめると約し、翌天正十一年八月十五日に督姬は小田原に入輿した。

天正十八年七月、小田原開城に當って秀吉は氏直・氏規を高野山に追放したが、氏直は翌十九年二月七日赦免されて關東で九千石、近江で千石、都合一萬石を給され（本書一六四頁）、氏規も召出されて河内丹南郡の内六千九百八十石を給された（『戰國人名辭典』）。ところが氏直は翌文祿元年十一月四日に三十一歳を以て歿したので、本狀發給の年次の下限はその年と抑へられる。上限は氏直と家康の和睦が成った天正十年以降とは考へられるが、それ以上の追求はできない。

〔參考〕大久保長安・伊奈忠次より武川衆に與へたる知行書立（文祿元年三月三日）

渡申御知行之事

一五百六拾三石八斗壹舛七合　武州（萬吉）まけち之郷

一百六拾八石七斗八舛五合　同　野原之郷

一四百四拾八石七斗七舛五合　同　（小江川）老川之郷

一八拾八石三斗四舛九合　同　（須賀廣）すゐむろ之郷

一百卅石五斗九舛仁合　同　（千代）せんたい之郷

一拾石九舛壹合　同　西冨田之郷之内ニ而

一三百五拾九石貳斗九舛九合　同　（富田）とみ田之郷

一九百貳拾五石六斗八舛五合　同　折原之郷

右之内拾石、東國寺領ニ引候、日下部（定好）判ちりあミニあり（はりがみにあり・貼紙）

一三百拾三石八斗八舛ち（は）飯塚之郷之内ニ而

一百卅壹石七斗仁舛ち（は）

今市之郷之内ニ而

右之外拾石、東國寺領ノ替ニ渡、日下部判ちりあミニあり（はりかみ）

合三千百四拾石九斗九舛三合

右分、可レ有ニ御所務一候、田畠屋敷上中下高ニ振可レ被レ分候也、

（文禄元年）
辰
三月三日

大久保十兵衛（長安）判

伊奈熊藏（忠次）判

武川衆

写文書（田中暢彦氏所藏）○埼玉縣大里郡

（記録御用所本古文書　七）○『新編甲州古文書』第二巻　三九四頁

（譜牒餘録　後編）○三十一　小普請之六　松平縫殿頭組之下　折井市左衛門

田中氏所藏の寫文書には次の後註がある。「右武川衆へ大石州・伊備御手形ノうつし、伊喜助米ニ渡し候兩人御手形之とめ」

『記錄御用所本古文書』七には本文書に次の後註がある。「天正十八年關東御國替故、甲州以來所賜ノ領地、於武州賜ル村付也、此三千百四十石餘ハ村高也、三ツ半ノ取ニシテ千九十九石餘、此内前ニ出し二千九百六十俵ノ石數五百九十二石引去テ、殘五百七石本地之所務ニ可當歟」

この後註によると本知行書立は甲州に於いて武川衆二十四人に對して加恩分として與へられた二千九百六十俵分（天正

十八年正月二十七日、同年二月二十四日附の參考文書、本書一三八〜一四九頁參照）の知行を、家康の關東入國に從って武藏國の內の十ケ村に於いて改替宛行はれたものであり、宛行はれた三千百四十石は村高であるから、その內の年貢高は三割五分として千九十九石、その內からさらに先に與へられた二千九百六十俵の換算石高（一俵當り二斗計算）五百九十二石を引いた殘りの五百七石を武川衆に割當てた計算になる。

この書立にある折原鄕の內十石を東國寺領として引き、その替を今市鄕の內で渡すとの記事に關しては、「武藏東國寺に與へたる寺領渡狀（文祿元年三月十日）」（『新修德川家康文書の研究』二〇三頁）とその解說を參照されたい。

書立てられた鄕の所在地は次の通りである。萬吉（大里郡御正領の內）、野原・小江川・須賀廣（男衾郡松山領の內）、千代（男衾郡忍領の內）、西富田・富田（兒玉郡本庄領の內）、折原（男衾郡鉢形領の內）、飯塚（榛澤郡鉢形領の內）、今市（入間郡の內）。このうち富田鄕は大鄕で戰國期には既に東西二鄕に分かれてゐたので、正しくは東富田鄕であると解される。

〔參考〕大久保長安・伊奈忠次より折井次忠・同次吉に與へたる知行書立

（文祿元年三月三日）

渡申御知行之事

一五百六石八斗六升八合　武州吉田之鄕

一貳百五拾九石三斗四升八合　同西とみ（とみた・富田）之鄕內ニて

一百四拾貳石六斗八合　同四方田之鄕

合九百八石八斗貳升五合

右分可レ有二御所務一候者也、

文祿元年

辰（文禄元年）
三月三日　大久保十兵衛（長安）　判
伊奈熊藏（忠次）　判
折井九郎次郎（次忠）殿
同　九良三郎（次吉）殿

寫文書〔宗心寺所藏〕○埼玉縣比企郡嵐山町吉田
〔御庫本古文書纂〕○『新編甲州古文書』第二卷　三九三頁
〔譜牒餘錄　後編〕○三十一　小普請之六　松平縫殿頭組之下　折井市左衛門

本文書の後註には次の通りにある。「辰ハ天正廿壬辰年也、折井父子自天正十一年至同十八年所賜甲州鄉村ノ替地武州ニテ渡時之證文也、按折井家譜次昌市左衛門嫡子次忠、次男次吉、天正十八年次昌卒ス、遺跡ヲ九郎次郎ニ賜リ九郎次郎所領之地ヲ二男次吉ニ賜フ云々、然ハ次昌市左衛門天正十三年本領安堵領知貫數米ニ有テ百六十八石四斗、同十七年御重恩四百俵米八十石四斗合現米三百十四石餘也、此三ケ村知行高九百八石餘、三ツ半ノ收納トシテ等レハ三百十八石餘前所考米錢交易之法大抵不違歟」

『德川家康文書の研究』(舊・復とも)上卷　三四七・四二五・六五九頁參照。折井次昌は天正十年八月十七日の本領改替宛行狀を以て都合百三十三貫四百文、同年十二月七日の所領宛行狀では十五貫文加へられて都合百四十八貫四百文、天正十三年五月二十七日の所領宛行狀ではさらに二十貫文加へられて都合百六十八貫四百文を給されたと知られる。その上天正十八年正月二十七日附で武川衆に與へられた知行宛行狀(本書一四〇～一四六頁參照)によって、折井次昌に四百俵、嫡子次忠に八十俵加恩されたとも知られる。

本文書の後註は、甲州に於いてこれらの折井次昌・次忠父子に與へられてゐた知行は現米にして都合三百十四石餘であるから、家康の關東入國に從つて、本知行書立により武藏國の內三ケ村に替へて與へられた知行高九百八石餘は、三つ半を収納高と見れば舊知に略等しいと述べてゐる。

後註にある通り折井次忠と次吉は天正十八年八月四日に歿した武川衆折井次昌の長男と次男である。次忠は初め昌勝、市左衞門と稱し、天正十年七月二十四日初めて家康に謁して翌年四月二十六日甲斐國有野・折井兩郷の内に於いて五十貫文を宛行はれ、天正十八年八月父の遺蹟を繼ぎ甲斐の采地をあらため、武藏國比企・兒玉二郡の内に於いて八百石を賜ひ、先に賜ふ采地のうち百四十石の地を弟九郎三郎次吉に賜ふ（『寛政重修諸家譜』巻第百六十六）と言ふ。

吉田之郷は平安時代末期から見える鄕名で秩父郡、西富田之郷は天正十八年四月二十六日の信茂某判物に「兩富田之村」とあるので既に東富田村・西富田村が成立してゐたと思はれ兒玉郡本庄領の內、四方田《しはうでん》之郷は兒玉郡鉢形領の內である。比企郡と秩父郡、九百四十石と九百八石餘と「家譜」と本書との間に少し違ひがあるが、先づこの書立が折井兄弟に與へられた知行の全てと解してよいだらう。

榊原康政に遺れる書状（文祿元年八月十五日）

御渡海就二延引一、重而飛脚祝著被二思召一候、殊普請彼是被レ入レ精之由、肝要候也、謹言、

（文祿元年）
八月十五日　（家康）（黑印）（印文無悔無損）

榊原式部大輔殿（康政）

原本〔內田嘉朝氏所藏〕〇前橋市

折紙を半截裏打して緣をつけ、黑漆葵紋桔梗蔓蒔繪の太い軸に巻きつけてある。蒔繪は繪梨子地で高臺寺蒔繪と見られ、

軸は衣桁の一部かと推される。文祿元年二月二日、家康は榊原康政・井伊直政に秀忠を輔けて江戸城留守居を命じ、この日江戸を發して西上の途に就き(『家忠日記』『家忠日記增補』『板坂卜齋覺書』)、三月十七日前田利家・伊達政宗・上杉景勝・佐竹義宣・南部信直等と共に京都を發し、四月十八日肥前名護屋に到著した(『言經卿記』『家忠日記』『光豐公記』『伊達治家記錄』『上杉年譜』『佐竹家譜』『南部家譜』等)。豐臣秀吉は同年三月二十六日京都を發して西下し、四月二十五日肥前名護屋城に到著した(『大覺寺文書』『江氏家譜』『伊達治家記錄』『黑田文書』『細川家記』)。四月二十八日附で家康が中村一氏に遺つた書狀(『德川家康文書の研究』舊・復とも　中卷　二〇九頁)に「頓而御渡海可被成御模樣候」とあるので、秀吉はおそらく京都出立以前より自ら朝鮮に出陣する構想を抱いてゐて、名護屋著陣後直ちにその構想の具體化を計り始めたと知られる。

五月十六日秀吉は朝鮮在陣の諸將に自分の渡海の準備を命じ、六月二日には將に朝鮮に向かつて乘船しようとしたが、家康や前田利家の諫止によつて延引した(『史料綜覽』『德川家康文書の研究』舊・復とも　中卷　二一二頁)。七月二十二日生母大政所危篤の報に接した秀吉は、家康と利家を肥前名護屋の守衞として殘し、急遽京都へ向けて出立した。但し大政所は既にこの日に歿した。七月二十九日秀吉は大坂に歸著し、以後大政所の追善葬儀供養を初め上方に於ける諸用を達し、十月一日大坂を出立して再び肥前名護屋に向かつた。

秀吉は家康・利家等と共に名護屋で越年し、文祿二年を迎へると朝鮮の陣は媾和の機運昂まつて三月には現地の小西行長と沈維敬の間で和議が謀られ、五月十五日には明の媾和使謝用梓・徐一貫が名護屋に到著して秀吉との交渉が始められた。交渉は紆餘曲折を經ながらも前進し、秀吉は同年五月二十二日附で北政所に遺つた消息(『豐太閤眞蹟集』三六)には七八月頃には凱陣して必ず會はうと記し、同年八月三日附で同じく北政所に遺つた消息(『豐太閤眞蹟集』三八)には九月二十五六日頃には大坂に歸ると述べるに至つてゐるので、文祿二年五月以降にはもう渡海の意志は喪はれてゐたと解される。

事實、同年八月三日に淀殿が秀賴を出生したとの報に同月九日頃接して欣喜雀躍したのであらう。秀吉は豫定を大幅に繰上げて八月十五日には肥前名護屋を出立して同月二十五日大坂に歸著した。家康もその後を追つて陣を引拂ひ、同月二十九日に大坂に歸著してゐる（『史料綜覽』）。

榊原康政は天文十七年三河國上野に生まれ、永祿三年に十三歳で家康に謁して側近く仕へ、天正十四年十一月九日に從五位下式部大輔に敍任、天正十八年上野國館林城を與へられ十萬石を領した。前記の通り文祿元年二月二日、家康は康政と井伊直政をして秀忠を輔けて留守せしめ江戸を發して肥前名護屋に向かつた。この年大規模な江戸城修築の第一彈として西之丸建設に三月には着手、翌年三月に完成した（『寛政重修諸家譜』巻第百『家忠日記』『史料綜覽』）。

右の記事から本狀は文祿元年八月、肥前名護屋に於いて發給された文書と斷定し得る。「御渡海」とは秀吉の朝鮮渡海を指す。大政所の死によつて秀吉が上方に歸り、渡海は當分の間延引される見通しとなつたとの報は、江戸の秀忠の許にも遲れても七月中には屆いたに違ひない。その報を受けた康政が肥前名護屋に飛脚を以て遣つた書信に對し、家康がそれを嘉し、目下進行中である江戸城西之丸の普請にも愈々精を入れる樣奬勵した返信が本狀である。

蜂須賀家政に遣れる書狀（文祿二年七月十二日）

（折紙）
乍二幸便一令レ啓候、仍御煩之由承、無二御心元一存候、一鷗軒爲二（闕字）御意一渡海之事候條、無二油斷一
御養生專一候、恐々謹言、
（文祿二年）七月十二日　家　康（花押）
蜂須賀阿波守（家政）殿

原本〔徳島市立徳島城博物館所藏〕

〔参考〕豊臣秀吉より蜂須賀家政に遣れる書状（文禄二年八月一日）

去月三日之書状、委細加二披見一候、其國之様子、入レ念申越候通聞届候、然者赤國モクソ城責崩之由、則彼城内物主首トモ令二京着一候、幷唐島四國之爲二面々一早速乗捕由、併無二油斷一何茂粉骨故候、其方之事、散々相煩釜山海ニ有レ之由、如何無二心許一候、能々可レ令二養生一候、猶重而可二申遣一候也、

（文禄二年）八月一日　秀吉　在判

蜂須賀阿波守（家政）とのへ

武家事紀〔『日本戰史』朝鮮役　文書第一四九號〕

本狀の收錄原典として記されてゐる「武家事紀」に當つてみたが收載箇所は未明に終つた。家康の書狀の發給年次を見定める上に、この秀吉書狀が傍證となると考へられるので先づ解明しておく。

赤國とは全羅道（朝鮮半島西南地域）を指しモクソ城とは牧使城、即ち晋州城を指す。晋州は巨濟島の西北、釜山とは略同緯度で西方約七十粁の地點であり、白國（慶尙道　朝鮮半島東南地域）に屬し赤國ではないはずであるが、秀吉文書に頻出する赤國・白國・靑國の呼稱は扇面に描かれた朝鮮地圖の色分けによつてをり（北島萬次『豐臣政權の對外認識と朝鮮侵略』）、必ずしも正確ではなかつたと思はれる。

この秀吉書狀は文祿二年五月廿日の日附のある覺書「もくそ城取巻人數之事」（『日本戰史』朝鮮役　文書第一三〇號　薩藩舊記後集より收錄された文書）との關連によつて同じく文祿二年の八月一日に發給されたと略斷定され、この年家政が「散々相煩」つて釜山海に在つたと知られる。

家康の書狀は折紙を半截して軸裝してある。「乍幸便」との語法は稀であらうが「乍」を「に從つて　本性のままに」

と言った意(『日本國語大辭典』)と解せば文意に矛盾は生じない。

家政は永祿元年に正勝の男として尾張國海東郡蜂須賀で誕生、天正十四年正月二日従五位下阿波守に叙任され德島城を居城とした。

朝鮮戰役に際しては、文祿元年二月十一日配下七千二百人を率ゐて居城を出發し四月に福島正則・中川秀政等と共に釜山浦に入港、尋で京城に入った。翌二年四月より日本軍は京城方面より撤退を開始し、忠州に在った家政も撤退して五月十四日には唐島(巨濟島)に在陣した。同年八月以降、諸將は秀吉の命によって逐次歸朝し始め、家政も十月頃歸朝した(『史料綜覽』『日本戰史』朝鮮役『寛政重修諸家譜』巻第三百六十一)。

慶長二年再び出征の命が下った。同年二月二十一日附で淺野長慶(幸長)に發した秀吉の高麗陣陣立條々と陣立書(『大日本古文書』家わけ第二　淺野家文書二七〇・二七一)によって、先手は加藤清正か小西行長と鬮で決められ、外れた方が二番手となり、三番は黑田長政以下、そして七番に蜂須賀家政・生駒一正・脇坂安治が命ぜられたと知られる。出陣は二月末か三月であったらう。七月日本軍は大擧して全羅道に進擊する策戰を立てて全軍を左右の二軍に分け、右軍の大將を毛利秀元、左軍の大將を宇喜多秀家と定め、蜂須賀家政は七千二百人の配下を率ゐて左軍に屬した。秀家は七月二十八日釜山を出帆して泗川附近に上陸、北進して全羅道の樞要地南原城に向かひ、八月十二日日本軍は南原城を四方から包圍した。家政は城東の包圍軍に加はってゐた。同月十五日、日本軍は南原城を攻略し、十八日發して更に北進し金州に向かった。翌慶長三年三月十三日附で秀吉は宇喜多秀家・毛利秀元・蜂須賀家政等に歸國を命じた(『史料綜覽』)。『日本戰史』朝鮮役　第十一章にはこの年五月の記事に「是月秀元及宇喜多秀家等歸朝シ其他諸將漸次歸朝セリ　是ニ於テ左(在カ)鮮軍ノ兵力七萬五千餘人ヲ減シ諸城ノ守備隊ハ實ニ左ノ如クナリキ」として諸城の守將と兵力が掲げられてゐるが、その中に蜂須賀家政の名はないので、家政は五月までには歸朝したものと思はれる。由てこの家康書狀の發給年次は慶長の役には該當しない。

朝鮮陣中で日本軍は幾多の疫病に惱まされ、病歿する將士も少なくなかった。文祿元年九月、秀吉は羽柴秀勝および毛利輝元が戰地で病臥すると聞いて醫師曲直瀨道三を朝鮮に派遣した。秀勝は道三の到著前に歿したが、道三は數ヶ月留まつて翌二年三月に歸朝した。秀吉は道三の替りに京都および奈良の醫師二十人を徵して朝鮮に派遣し諸隊に配した（『史料綜覽』『日本戰史』朝鮮役　附記第二　丙　我軍ノ衞生）。文祿二年七月二十一日附で伊達政宗が富塚近江に遺つた書狀には「惣別當國ニて腫氣煩候者、十人ニ九人者相果事ニ候」とあり、その三日後の二十四日附で母保春院に遺つた消息にも「此國にては水のちかい候ゆへ、人々しにうせ申候事、中々申かおろかにて候」（『大日本古文書』家わけ第三　伊達家文書之二　六四九・六五〇）とあつて日本軍の陣中に於いて疫病や飲用水による罹患の甚だしかつた樣子が窺はれる。前記の「我軍ノ衞生」の項には、文祿慶長再度の役に於ける日本軍の傷病者數や主な病名や病歿者・罹患者が揭げられてをり、その病氣の著しき者として毛利輝元が文祿元年春より罹病、十月頃曲直瀨道三の診察を受けて輕快したが翌二年三月再び病勢進み釜山で療養したとあり、その記事に續けて「小早川隆景文祿二年春咳氣アリ　吉川廣家・蜂須賀家政・黑田如水等トス」と記されてゐる。

本狀が文祿二年七月に朝鮮陣中で患つてゐた家政に宛てられた書狀であることは明らかであるが、「爲御意渡海」即ち秀吉の意によつて朝鮮に派遣と報ぜられた一鷗軒は醫師と推量されるも何某であつたか判明しない。『寬政重修諸家譜』卷第千百九十　丹波氏　施藥院の家譜には慶長四年十二月十日に七十四歲で歿した全宗の孫の宗屋が紀伊家の臣一鷗軒宗虎の養子となつて法眼に敍せられ同じく一鷗軒を號したと載つてゐるが、父の宗伯は天正四年生で文祿二年には未だ十八歲であつて、その男では年齡が全く合はないどころか誕生さへしてゐないと思はれる。養父の宗虎も一鷗軒と號してゐたとあるが、賴宣が家臣團を形成し醫師を抱へるのはどんなに早くても慶長八年十一月に名目的に水戶二十萬石を與へられた時か、慶長十四年十二月駿河・遠江五十萬石に封じられた時と一應は考へられるものの、さう見るのも難しく、先づは元和二年の家康歿後であらうから、紀伊家の臣一鷗軒宗虎が該當すると見ることは出來まい。『南紀德川史』卷之五十八にある醫師の傳記の中にも該當記事は見出せない。家譜にはないが施藥院全宗が一鷗軒とも號し、朝鮮に派遣される議があつたと假定するのが一番腑に落ちさうである。

大野彌兵衛・禰津新左衛門に與へたる山金等採掘その他に關する免許狀（文祿二年十一月九日）

定

一分國中、山金・川金・芝間共等可レ掘之事

一譜代下人何方に雖レ令二居住一、當主人に一往相屆之上可二取返一事

一百姓屋敷四壁林之外者、無二異儀一可レ令二草木取一事

右領掌不レ可レ有二相違一者也、仍如レ件、

文祿二年

十一月九日

大野彌兵衛

禰津新左衛門

〔山形縣史〕○資料編十五上 瀨場村文書 立川町 深澤重兵衛氏所藏

『山形縣史』には「大野彌兵衛・禰津新左衛門條書寫」として掲載されてゐるが、兩名は發給者ではなく宛所と解される。『山形縣史』には本狀の前に「某條書寫」として本狀と略々同文同日附で發給された「黑川衆・安部衆に與へたる山金等採掘その他に關する免許狀」が掲載されている。『山形縣史』は本狀を家康文書と捉へてゐないが、左の文書との關連に於いて本狀は家康の發給した免許狀と捉へることとならう。

市川眞久に與へたる山金等採掘その他に關する免許狀（文祿二年十二月十六日）……『德川家康文書の研究』（舊・復とも）中卷　二四〇頁

黑川衆・安部衆に與へたる山金等採掘その他に關する免許狀（文祿二年十一月九日）………『德川家康文書の研究』（舊）下之二　二〇〇頁（復）中卷　八五一頁

市川眞久も黑川衆・安部衆も、いづれも甲州武田家遺臣である。文祿二年には甲斐は家康の分國ではなく、同年八月二十九日に領主加藤光泰が朝鮮陣中に急逝し、淺野長政が同年十一月二十日で次の領主に封ぜられると言つた端境期にあつた。家康は武田家遺臣を多數起用したので、本狀を與へられた兩名もおそらく武田家中に曾て在つた金掘衆であつたと考へられる。

某（小堀正次カ）に與へたる金子請取狀（文祿二年十一月十五日）

原本〔德川美術館所藏〕○名古屋市

合五《六》まい七兩貳分二朱

右分請取、あ（か）んせうよいゝ（にはた）つましく候也、

文二（文祿二年）

十一月拾五日

小新（小堀正次カ）

『德川家康文書の研究』（舊・拾遺　一〇四頁、復・中卷　九〇一頁）に既に收錄されてゐるが再錄する。中村博士は早

稲田大學荻野研究室所藏文書として掲載されたが、同研究室は寫眞のみ保管してゐたらしく、原本は市場に出たので徳川美術館が購入した。

署名も花押も印もないが、全文家康の自筆である。初め「合五」と書いて「合六」になぞり直してある。黃金一枚は十兩に抵るので、合計六十七兩貳分二朱の金子の請取狀であり、その分は勘定から除外する旨の證文と解される。年貢と解するより、何らかの代金と解した方がよいだらう。

文祿二年十一月に、姓を「小□」「小□□」、通稱を「新□」「新□□」と稱した者を『寛政重修諸家譜』索引に據つて悉皆調査してみると、小林新平(忠右衞門)重正、小林新平(加右衞門)政次、小佐手新八郎信房、小田切新兵衞(新右衞門)昌次、小堀新助(新介)正次の五人が擧げられるが、いづれも決め手を缺く。小堀正次は遠江守政一の父で、文祿二年當時は未だ羽柴秀保に仕へて三千石を給され、大和・和泉・紀伊三箇國の郡代を勤めてゐた。しかし既に家康の高野山參詣の時に路次の沙汰をし、懇の仰せを蒙つたと家譜にあるので、この請取狀を與へられても不思議ではない。正次は慶長五年の上杉征伐以來、家康に屬した。右に擧げた五人の中では、その事蹟からみて、最も本狀の宛所に擬したい人物である。

滋賀縣伊香郡高月町森本に傳へられてゐる森本區有文書の中に、表紙に、「慶長七年八月四日　江州伊香郡もり本村御檢地帳」、末尾に「慶長七年八月四日　小堀新介㊞　墨付三拾八枚　但上帋共」と記された檢地帳がある(『大阪城天守閣紀要　第二十六號』)。由て小堀正次は慶長五年に家康に屬して後も江州の代官を勤めてゐたと知られる。家康は文祿年間より秀吉麾下の將卒と積極的に親しんで誼を通ずる策を講じ始めてゐたので、本狀の宛所「小新」もまづ小堀新介正次と解して大過はないであらう。

本狀の日附の文祿二年十一月十五日には、家康は江戸滯在中であつたが、請取狀の日附は必ずしも發給日を示すわけではなく、然るべき日に溯つて記される例が多いので、本狀も文祿三年二月の上洛後に發給されたのかも知れない。

加藤清正に遺れる書状（文祿二年假入十二月二十九日）

（折紙）
爲二歳暮之御祝儀一鱈百送給候、誠遠路之處被レ入二御念一候事、一入祝著之至候、委曲令レ期二後音一候間、不レ能レ具候、恐ゝ謹言、

（文祿二年？）
十二月廿九日　家　康（花押）

加藤主計頭殿（清正）

原本〔財團法人島田美術館所藏〕○熊本市島崎

本紙竪十七・五糎、横四十七・四糎で折紙であり、掛幅に軸裝されてゐる。

歳暮の祝儀として鱈百を送られたことに對する禮狀であり、本文のみでは何年に何處からとも見當もつき難い。だが、清正が家康に歳暮の祝儀を送るとなれば、早く見ても天正十六年の肥後半國受封以降であらうし、家康が贈答の禮狀を「恐々謹言」と結んで署名花押を記すのは、先づ慶長八年二月に將軍に補せられるまでであつて、それ以降は御內書の形式をとつた朱印または黑印狀を原則とするから、本狀の發給年次も先づその間と捉へられる。鱈は北海の產であり、かつ「誠遠路之處」とあるから、本狀は朝鮮在陣中の清正からの音信に對する返書と考へられよう。清正は文祿元年四月に渡鮮し、慶長元年六月に伏見歸著、同年十一月に再征に出立したが船中で越年して正月に渡鮮、慶長二年十二月には明軍の來襲を受けて西生浦城より蔚山城に移つて激戰籠城、翌三年十一月下旬に歸朝した。由て慶長元年と二年は除かれようが、文祿元年から四年の間のいつとは確證を得られない。

『駒井日記』文祿二年十二月十六日の條には秀吉が高麗の鱈を秀次に二十、大かみ樣（秀次の母瑞龍院日秀）に十、若政所樣（秀次正室、一の臺と呼ばれた。菊亭晴季女）に二十進呈したとの記事がある。朝鮮出征中の部將からの音信であつ

たと推されるも、誰からとはわからない。だが同年十二月は和議進行中で戦線は穏やかな時に當ってをり、清正が鱈百を家康に送ったのも、同じくこの年の朝鮮陣中よりであったと推しておく。

石川頼明・石田正澄に遣れる書状（文祿三年七月四日）

（折紙）大坂へ可二罷下一之旨（闕字）仰出、其旨奉レ存候、御船著岸次第、可二罷立一候、此由御心得頼入候、恐々謹言、

（文祿三年）七月四日　家　康（花押）

石川掃部頭（頼明）殿

石田木工頭（正澄）殿

原本〔日光東照宮所藏〕○日光市

折紙を截らずに全紙一幅に装幀されてゐる。石川頼明は初め長松・一宗と稱して秀吉に仕へ、時期は未明だが掃部頭に任ぜられ、のちに播磨・丹波などの内一萬二千石を領するに至ったが、慶長五年西軍に與して伏見城・大津城の攻撃に參加し、關ケ原敗戰後に降參、十月七日に切腹せしめられた（『戰國人名辭典』）。石田正澄は三成の兄で初め彌三・一氏と稱し、同じく秀吉に仕へて文祿二年九月三日從五位下木工頭に敍任、近江・河内の内二萬五千石を領するに至ったが、慶長五年九月十八日の佐和山落城に際して一族と共に自刃した（『戰國人名辭典』）。由て、本狀の發給年次は文祿三年以後、秀吉の薨じた慶長三年までの間である。文意よりして京都か伏見に在った家康が、大坂に在った秀吉に招かれ、その側近衆に宛てて出立の豫定を報じた書狀である。右の間の七月四日に家康が京

都・伏見に在つて、秀吉が大坂に在つた年は文祿三年以外にないので、本狀の發給年次は確定する。

この年六月三日、秀吉は山城伏見城の普請を檢分し、同月五日には京都の家康の邸で饗應を受けた。翌七月三日、秀吉は再び大坂より伏見に來たつて伏見城普請を檢分した（『家忠日記』）。七月四日には秀吉はまだ大坂へは戻つてゐなかつたかも知れないが、この年九月に伏見城に移るまで秀吉の居城は大坂城であつたから、おそらく前月五日に京都で饗應を受けた答禮として七月三日か四日に家康に對して大坂城へ招く旨を告げ、その意を請けて本狀は發せられたものと思はれる。「御舩」とあるから秀吉が迎への船を差し向ける豫定であつたと解され、その厚遇ぶりが窺はれる。「著岸次第」とあるから、家康は京都ではなく伏見の邸に在つたものと考へられよう。

署名は、家の字と康の字が合體した様な特徴のある書體で、文祿年間から慶長初年に限つて見られる形姿である。

山城大光明寺再建勸進書立（文祿三年八月二十一日）

伏見ニたい（兌・西笑承兌）長老寺被レ作勸進

（紙継）

次第不同

一百石　（德川家康）江戸大納言殿（花押）

一百石　（安藝宰相・毛利輝元）あきのさいしやう殿（花押）

一百石　（上杉景勝）越後さいしやう殿（花押）

一五拾石　（豊臣秀保）大和中納言殿

筆者註書（解説參照）

二、四〇二、〇〇〇石　伏

一、一二五、〇〇〇石　伏

五五一、〇〇〇石　伏

（文祿四年四月十六日歿）

一 五拾石　加賀中納言殿（前田利家）　二三五、〇〇〇石　伏

（紙継）

一 五拾石　備前さいしやう殿（宇喜多秀家）（花押）　四七四、〇〇〇石　伏

一 五拾石　あいつの少將殿（會津少將・蒲生氏郷）（花押）　九一九、〇〇〇石　伏

一 五拾石　さたけの侍從殿（佐竹侍從・佐竹義宣）（花押）　五三〇、〇〇〇石　伏

一 五拾石　小はや河の侍從殿（小早川侍從・小早川隆景）（花押）　（慶長二年六月十二日歿）

一 五拾石　あさの左京大夫殿（淺野幸長）（花押）　（二一七、〇〇〇石　長政）　伏

一 五拾石　中村式部大夫殿（中村一氏）（花押）　一四五、〇〇〇石　伏

（紙継）

一 三拾石　丹波中納言殿（豐臣秀俊・小早川秀秋）（花押）　（慶長七年十月十八日歿）

一 叄拾石　岐阜中納言殿（織田秀信）（花押）　一三三、〇〇〇石　伏

一 三拾石　御進退相違ニ付不承　つの中將殿（織田信包）（花押）　合點なし

一 叄拾石　丹後の少將殿（長岡忠興）（花押）　一一〇、〇〇〇石　伏

一 三拾石　越中少將殿（前田利長）（花押）　三三〇、〇〇〇石　伏

一 叄拾石　若狹の侍從殿（木下勝俊）（花押）　六二、〇〇〇石　伏

一参拾石　よし田侍従殿（池田輝政）　（花押）　一五二、〇〇〇石　伏

（紙継）

一参拾石　伊賀侍従殿（筒井定次）　（花押）　五〇、〇〇〇石　伏

一参拾石　金山の侍従殿（森　忠政）　（花押）　七〇、〇〇〇石　伏

一三拾石　北のゑやう侍従殿（北庄侍従・堀　秀治）　（花押）　一六〇、〇〇〇石　伏

一参拾石　大さきの侍従殿（伊達政宗）　（花押）　六一四、〇〇〇石　伏

一三拾石　出羽の侍従殿（最上義光）　（花押）　一三〇、〇〇〇石　伏

一参拾石　生駒雅樂守（頭）（生駒親正）　（花押）　六一、〇〇〇石　（六一、〇〇〇石　一正）　伏

一参拾石　長宗我書（長宗我部元親）　（花押）　九八、〇〇〇石　伏

（紙継）

一三拾石　安房侍従殿（里見義康）　四〇、〇〇〇石　伏

一参拾石　進退相違ニ付不納　まへのたしゐ（前野但馬（守）・前野長康）　（花押）　合點なし　秀次に連座　文禄四年自殺

一三拾石　ミやゑ兵部少（宮部兵部少（輔）・宮部長熙）　（花押）　五〇、〇〇〇石　伏

一参拾石　さゐゝあまの守（眞田安房守・眞田昌幸）　（花押）　三八、〇〇〇石　伏

一参拾石　木村常陸（木村重茲）　（花押）　秀次に連座　文禄四年自殺

一参拾石　いゐの侍従殿（伊奈侍従・京極高知）　（花押）　八〇、〇〇〇石　伏

一引　物

（紙継）

蜂須賀あわのかミ（蜂須賀阿波守・蜂須賀家政）（花押）　一七三、〇〇〇石　伏

（紙継）

一貳拾石　ゆうきの少將殿（結城秀康）（花押）　一〇一、〇〇〇石　伏

一貳拾石　長谷川侍従殿（長谷川秀一）（花押）　一〇〇、〇〇〇石　伏

一貳拾石　ゑなやうの侍従殿（郡上侍従・稲葉貞通）（花押）　四〇、〇〇〇石　伏

一貳拾石　吉河の侍従殿（吉川廣家）（花押）

一貳拾石　進退相違ニ付不納　戸田民部少輔（戸田勝隆）（花押）　合點なし（一〇、〇〇〇石　勝成）　伏

一貳拾石　田中兵部（大）少輔（田中吉政）（花押）　一〇〇、〇〇〇石　伏

一貳拾石　うつのミや彌三郎（宇都宮彌三郎・宇都宮國綱）（花押）　合點なし　五〇、〇〇〇石　伏

（紙継）

一貳拾石　まつとうの侍従殿（松任侍従・丹羽長重）（花押）　四三、〇〇〇石　伏

一貳拾石　堀尾帯刀（堀尾吉晴）（花押）　一一二、〇〇〇石　伏

一貳拾石　せんごく越前（仙石秀久）（花押）　五七、〇〇〇石　伏

一貳拾石　山うちつしま（山内對馬（守）・山内一豊）（花押）　五一、〇〇〇石　伏

留守居（花押）

一貳拾石　村上すわう（村上義明）　六六、〇〇〇石　伏

一貳拾石　ワきさか中書（脇坂中書（中務少輔）・脇坂安治）（花押）　三〇、〇〇〇石　伏

一拾石　(京極高次)八まんの侍従殿（花押）　六〇、〇〇〇石　伏

一拾石　(加藤嘉明)賀藤左馬助（花押）　六二、〇〇〇石　伏

一拾石　(渡瀬左衛門佐・渡瀬繁詮)わたせ左衛門助（花押）　秀次に連座 文禄四年自殺

（紙継）

一拾石　(石川玄蕃(頭)・石川三長)いし河げんば（花押）　五八、〇〇〇石　伏

一拾石　(日禰野織部(正)・日根野高弘)日禰野おりべ（花押）　二八、〇〇〇石　伏

一拾石　(佐野修理大夫・佐野信吉)さのしゆりの大夫　三九、〇〇〇石　伏

一拾石　(増田右衛門尉・増田長盛)ましたゑもんのせう（花押）　二〇〇、〇〇〇石　伏

一拾石　(秋田實季)秋田藤太郎　五〇、〇〇〇石　伏

（紙継）

一拾石　(富田信高)富田信濃守（花押）　(五〇、〇〇〇石　一白)　伏

一拾石　(石田三成)石田治部のせう（花押）　一九四、〇〇〇石　伏

一拾石　(大谷吉繼)大谷刑部少輔（花押）　五〇、〇〇〇石　伏

一拾石　(伊藤盛景)伊藤長門（花押）　合點なし　三〇、〇〇〇石　伏

一拾石　(羽柴美作(守)・堀　親良)はしはミまさか（花押）　二〇、〇〇〇石　伏

一拾石　(溝口伯耆(守)・溝口秀勝)みそくちはうき　留守居（花押）　四四、〇〇〇石　伏

一拾石		津田なかと（花押）（津田長門(守)・津田信成）	一三、〇〇〇石	伏
（紙継）				
一拾石	進退相違ニ付不納	ミいのいつミ（花押）（水野和泉(守)・水野忠重）	合點なし 二〇、〇〇〇石	伏
一拾石		服部うねめ（花押）（服部采女(正)・服部一忠）	秀次に連座 文禄四年自殺	
一拾石		あを木きのかミ（花押）（青木紀伊守・青木一矩）	八〇、〇〇〇石	伏
一拾石		さい村左兵衛（花押）（齋村政廣）	二三、〇〇〇石	伏
一拾石		あかし左近（花押）（明石左近(将監)・明石元知）	秀次に連座 文禄四年自殺	
一拾石		べつしよぶんご（花押）（別所豊後(守)・別所吉治）	一〇、〇〇〇石	伏
（紙継）				
一拾石		小野木縫殿介（花押）（小野木重次）	三一、〇〇〇石	伏
一拾石		木下備中（花押）（荒木重堅）	二〇、〇〇〇石	伏
一拾石		中河修理大夫（花押）（中川秀成）	合點なし 六六、〇〇〇石	伏
一材木	但観音寺へ被納候也	かなもり法印（金森(兵部卿)法印・金森長近）	三三、〇〇〇石	伏
一五石		民部法印（花押）（前田玄以）	五〇、〇〇〇石	伏
一五石		ありま法印（有馬(中務卿)法印・有馬則頼）	一〇、〇〇〇石	伏

一　五石　（松下石見（守）・松下之綱）まつ下いまん　（花押）　二、〇〇〇石　伏

（紙継）

一　五石　（人名なし）　合點なし

一　五石　（一柳右近（將監）・一柳可遊）一やなき右近　（花押）　秀次に連座　家康に預けられ自殺

一　五石　（那須與一・那須資景）なすの與一　（花押）

一　五石　（成田氏長）なりた下總　文禄四年十二月十一日歿

一　五石　（藤堂高虎）◯とうだう佐渡守　七〇、〇〇〇石　伏

一　五石　（稲葉道通）いなは勘衛門　（花押）　二五、〇〇〇石　伏

（紙継）

一　五石　（池田伊豫（守）・池田秀雄）いけたいよ　（花押）　七〇、〇〇〇石　伏

一　五石　（岡本下野（守）・岡本良勝）おかもと下つけ　（花押）　二三、〇〇〇石　伏

一　五石　（羽田正親）はねた長門　（花押）　秀次に連座　文禄四年自殺

一　五石　（青山宗勝ヵ）あを山甚左衛門尉　（花押）　二〇、〇〇〇石　伏

一　五石　（稲葉兵庫（頭）・稲葉重通）いなはひやうこ　（花押）　一二、〇〇〇石　伏

一　五石　（戸田勝成）とだの武藏　（花押）　一〇、〇〇〇石　伏

一五石　（紙継）いけた備中（池田長吉）（花押）
一五石　たゑのでまのあミ（谷出羽守・谷　衛友）（花押）
一五石　おく山佐渡（奥山重定）（花押）
一五石　山くちげんば（山口玄蕃（頭）・山口正弘）（花押）
一五石　寺西ちくこ（寺西筑後（守）・寺西正勝）（花押）
一五石　うちいゑしなゑ（氏家志摩（守）・氏家行繼）（花押）
一五石　高田孫十郎（高田治忠）（花押）

（紙継）

たい長老寺の勧進
五石　成田下總守（成田氏長）（花押）

（紙継）

一五石　石川備後（石川貞通）（花押）
一五石　寺西勝兵衛（寺西直次）（花押）
一五石　ふくまらうゑのそけ（福原右馬助・福原長堯）（花押）
一五石　むしは下おさ（羽柴下總（守）・瀧川雄利）（花押）

一〇、〇〇〇石　伏
一六、〇〇〇石　伏
（二一、〇〇〇石　正之）　伏
（二三、〇〇〇石　修弘）　伏
（二〇、〇〇〇石　是成）　伏
一五、〇〇〇石　伏

重複

一二、〇〇〇石　伏
一〇、〇〇〇石　伏
二〇、〇〇〇石　伏
二七、〇〇〇石　伏

一　五石　ゑいつ大藏（長束大藏(少輔)・長束正家）（花押）
一　五石　こいてやまと（小出大和(守)・小出吉政）（花押）
一　五石　あゐまつゐつさ（赤松上總(介)・赤松則房）（花押）

（紙継）

一　五石　かめい武藏（亀井茲矩）（花押）
一　五石　ゐきや新五郎（垣屋新五郎・垣屋恒總）
一　五石　山崎左馬丞（山崎家盛）

右たいちやうらう（兌長老・西笑承兌）寺御こん（こんりう・建立）
ゑうゐ（な）され候　方丈ハくり（庫裡）
上様（豊臣秀吉）ゟ被仰付候

（紙継）

其外各御書立のことく御地
走候様との儀ニ候　以上
文禄三
八月廿一日
山中山城守（山中長俊）（花押）
有馬刑部法印（有馬則頼）（刑部卿法印）（花押）

五〇、〇〇〇石　伏
五三、〇〇〇石　伏
一〇、〇〇〇石　伏
一〇、〇〇〇石　伏
一〇、〇〇〇石　伏
合點なし　二〇、〇〇〇石　伏
伏

有樂齋（織田長益）（花押）

原本〔大光明寺所藏〕○京都市上京區

（紙継）

〔參考〕豐臣秀吉より山城大光明寺に與へたる寺領寄進狀（文祿四年七月十五日）

（折紙）
山城國內里村之內五百石之事、令寄附畢、全可有寺納候也、

文祿四
七月十五日　（秀吉）〇（朱絲印）

伏見
大光明寺

原本〔大光明寺所藏〕○京都市上京區

大光明寺は文和年間、後伏見天皇の皇后廣義門院が伏見の鄉に堂宇を開創され、夢窓疎石が開山和尚となつた禪刹である。寺號の大光明は廣義門院が嵯峨天皇の皇后で檀林皇后と呼ばれた橘嘉智子を追慕して自ら大光明院と稱されたのに因むと言ふ。以來伏見宮家の菩提寺として香華を司掌したが戰國期には頽廢著しくなつてゐた。文祿三年八月、豐臣秀吉は方丈を再建して兌長老、卽ち西笑承兌に與へて再興開山和尚とするとともに、庫裡その他の諸堂の再建の工費を、山中長俊・有馬則賴・織田長益を奉行として諸侯に勸進せしめた。『鹿苑日錄』によると承兌は慶長二年四月十八日書院の作事を申しつけ、八月四日に庫裡の作事を始めさせ、同月十四日夜の大雨で倒れた數寄屋の門を十六日に

秀吉より與へられ、九月三日には方丈の繩張を命じ、同月二十一日には方丈の柱を立てるに至つたと知られるから、この大光明寺再建工事は慶長二年末か三年初めには完成したと考へられる。この諸堂再建の計畫に伴つて大光明寺の經營を安んぜんが爲に秀吉は文祿四年七月十五日附で寺領五百石を寄進した。ところが再建成つたこれらの諸堂は慶長年間火災に遭ひ、元和初年洛中相國寺境内に移轉再建された。しかるに元和六年二月晦日、京新町より發した火事によつて大光明寺は相國寺の諸堂と共に又もや燒亡した。以後も轉變少なくなかつたが、梵王山大光明寺と號する相國寺塔頭として今日に至つてゐる(『大日本寺院總覽』『全國寺院名鑑』『日本社寺大觀』『國史大辭典』『史料綜覽』)。

點線は料紙の繼目を示す。一紙七行を原則として整然と書立てられてゐるので一見したとき淨書本か寫本かと感じられるかも知れないが、花押が記され、右肩の合點は區々に引かれてゐる點から見て、原本と確認されよう。長尺の巻子に仕立ててから諸侯に勸進して廻つたとは考へられず、一紙づつ持ち廻つて寄進承諾の花押を貰ひ、後日巻子に仕立てたものと推定される。

書立てられてゐる諸侯は百二名だが、うち「五石　成田下總守」は重複してゐるので、實は百一名である。他に「一五石」と額のみ記されて寄進者名を闕いた一項がある。上段に勸進豫定額、下段に寄進者の名稱を奉行人の側で書立てて作成し、寄進者が自分の名稱の下に花押を記してゐる。勸進豫定額と寄進者名稱の右肩に合點が引かれてをり、これは寄進を實際に受領したことを示す確認の證と解される。合點の引かれてゐない項が九項あり、そのうち一項は寄進者名を闕いてゐる項、四項には「進退相違ニ付不納」と言つた註が記され、この四名は文祿三年八月二十一日以後數ケ月から一年のうちに改易または罪を問はれた者である。花押の記されてゐない項が十二項あり、うち一項は合點も引かれてゐないので寄進もされなかつたと思はれるが、他の十一項は合點が引かれてをり寄進も實際に行なはれたと思はれる。花押の記されなかつた理由は未明である。村上義明と溝口秀勝とは本人ではなく、名稱の下に「留守居」が花押を記してゐる。

勸進豫定額として書立てられた高の合計は千九百六十五石と蜂須賀家政の引物、金森長近の材木である。但し、うち合點の引かれてゐない九項分合計百四十石は未進に終つたと解され、かつ成田下總守の五石は重複してゐるから實際の祠堂金は千八百二十石と引物・材木であつたと解される。

人名の下に記した石高は「當代記」の文祿三年の條の「伏見普請役之帳」に載せられてゐる領高である。書立てられた諸侯百一名のうち七十九乃至八十五名が伏見城普請役を勤めてゐたと知られ、同じ伏見の地に寺を建てるとなれば、これらの諸侯が先づ勸進の中心に當てこまれたであらうことは容易に推測できよう。括弧内に石高と名を記した者は、本書立に掲げられてゐる寄進者と親子や兄弟と言つた近い親族名で「當代記」に記されてゐることを示す。六例を數へるが他に生駒親正は子息の一正も「六萬千石　同讃岐」と掲げられてゐるので、これも括弧内に示した。石高を記してない者は「當代記」に掲げられてゐない者であるが、だからと言つて伏見築城普請役を分擔しなかつたものとの即斷は愼むべきであらう。

書立てられた人物に註釋を加へておかう。上杉景勝は文祿三年八月十八日に權中納言に昇任(『公卿補任』)されてゐるが、まだ宰相と記されてゐるので、書立が行なはれたのは十八日以前であつたと考へられる。豐臣秀保は秀長の蹟を承けて大和郡山城に住し、文祿元年六月七日從三位權中納言に敍任、郡山中納言とも呼ばれた。文祿四年四月十六日に吉野十津川で水死したとも疱瘡で病死(「駒井日記」)とも傳へられてゐる。花押は記されてゐないが合點は引かれてゐるので、寄進は死歿までに實行されたと解され、寄進の進捗の樣子が窺はれる。

宇喜多秀家はこの書立の日附の二ケ月後、十月二十二日に權中納言に進められた(『公卿補任』)。淺野幸長は父の彈正長政と竝んで「當代記」に掲げられてゐるが石高は長政にしか記されてゐない。中村一氏は『斷家譜』『武家事紀』でも任官は式部少輔であるが、式部大輔(大夫)と記されてゐる事例も少なくない。

丹波中納言の同定は聊か愼重を要する。丹波中納言と呼ばれた人物としては、先づ織田信長の男で秀吉の養子となり天正十三年十二月十日に歿した於次秀勝と、秀吉の甥で秀次の弟に當り於次秀勝の遺領丹波龜山城十萬石を繼いだ小吉秀勝とがある。後者も文祿元年九月九日、朝鮮戰役陣中の巨濟島で病歿した。『公卿補任』によると文祿三年八月二十一日に武家方で散位を含めて權中納言であつたのは豐臣秀保・豐臣秀俊・德川秀忠・前田利家・上杉景勝・宇喜多秀家(五月二十日任　利家替　七月廿九日辭退)とある。秀俊は木下家定の五男で秀吉の養子となり、豐臣の姓を授けられて文祿元年正月二十九日權中納言に任ぜられた(『久我家文書』)。『公卿補任』には文祿元年七月十日に從三位權中納言に敍任され同年九月二日に辭退したとある。『戰國人名辭典』や『武家事紀』等には秀俊が丹波中納言と呼ばれたとの記事はないが、『駒井日記』の文祿三年の記事には「丹波中納言」が頻出し、『國史大辭典』には丹波龜山城は小吉秀勝が天正十八年頃甲斐に轉封(『戰國人名辭典』には天正十七年七月秀吉の怒りに觸れ所領沒收とある)されたあと秀俊が十萬石を與へられて入封し、丹波中納言と稱されたとある。よつて本書立にある丹波中納言とは豐臣秀俊、卽ちこの年の十一月には小早川隆景の養子となつて秀詮と改名、のちさらに秀秋と改めた小早川秀秋と解される。但し記されてゐる花押は『國史大辭典』に揭げられてゐる三例のいづれとも一致してゐない。

織田信包は信秀の四男、信長の弟で天正八年伊勢國安濃郡に安濃津城を築き、同十六年從三位左中將に敍任されてゐたが、この書立の一ヶ月後の文祿三年九月に安濃津城を沒收され二萬石に減封されて近江に移された(『藩史大事典』『戰國人名辭典』)。「御進退相違ニ付不承」と註されて、花押は記されてゐるものの合點が引かれてゐないのは、勸進を受けた三十石に就いて信包は花押を記して了承しながらも、その後間もなく減知轉封を受けたので寄進は實行されなかつたことを意味すると解される。

長宗我部元親が「長宗我書」と記された理由は未明だが、これが元親であることは『國史大辭典』に揭載されてゐる花押との一致によつて確認される。

前野長康が「進退相違ニ付不納」と註され合點も引かれてゐないのは、文祿四年七月の秀次事件に連座して自決した故であらう。本書立は現在一卷に仕立てられて末尾に文祿三年八月二十一日の日附はあるものの、諸侯が勸進了承の意を以て花押を記したのが同日であつたはずはなく、當然この前後と言ふよりも大半は後日であつたらうし、實際に寄進が實行されたのはさらに後日であつたらうことは前述した通り、この建立が三年後の慶長二年四月に始められたとの『鹿苑日錄』の記事によつて推定されよう。前野長康も寄進を實行することなく自決したと推され、この勸進が少なくとも文祿四年七月にまで涉つて行なはれたと知られる。もつとも木村常陸介も同じく秀次事件に連座して自決したが、これには註もなく合點は引かれてゐるので、秀次事件に連座した者でも、寄進はその事件發生以前に行なはれた例もあつたと解される。

蜂須賀家政が寄進した「引物」とは「駒井日記」文祿三年二月九日と十日の條に家政が、「材木引物六拾本」を引渡したとの記事が見られるので、金森長近と同じく材木と解される。

長谷川秀一は越前國敦賀郡東郷城主であったので「當代記」には東江(郷)侍従とある。「當代記」には郡山侍従と記された人物が見られるが、郡山は郡上の誤りと見られ、稲葉貞通であらう。吉川廣家は別に新庄侍従とも呼ばれてゐる。

戸田勝隆は諱を氏繁・氏知・政信ともしてあると言ふ。「進退相違ニ付不納」と註され、花押は記されてゐるものの合點は引かれてゐない。伏見築城助役には弟の武藏守勝成が參加してをり、勝隆は文祿三年十月二十三日、朝鮮よりの歸朝の途次に病歿した(『戰國人名辭典』)とあるので、花押は代理人で寄進は實行されなかつたものと目される。

田中吉政は正しくは兵部大輔である。長男の吉次が民部少輔に任ぜられたので混同されたのかも知れない。

宇都宮國綱には合點が引かれてゐない。文祿四年三月二十三日に正四位下侍従に敍任、慶長二年十月七日に改易されて宇喜多秀家に預けられた(『戰國人名辭典』)とあるが、寄進が實行されなかつたと思はれる理由は不明である。

渡瀬繁詮は苗字を横瀬、諱を重詮・繁勝とも言つたらしい。文祿四年七月秀次事件に連座して改易され自決した。

秋田藤太郎は『當代記』の伏見普請の面々の中に「五萬石　秋田藤太郎」とあるのに一致し、即ち秋田實季である。『戰國人名辭典』が通稱を藤太郎とせず安東太郎としてゐるのは「藩翰譜」に據つたと思はれる。

伊藤盛景は初め祐盛と名乘り従五位下長門守に敍任、天正十八年小田原戰役に従軍し三萬石に加增を受け、美濃大垣城に仕した。秀次事件に連座し叱責を受けたが改易は免れた。おそらく處分未決で寄進は實行されなかつたのであらう。

水野忠重は「進退相違ニ付不納」と註され合點も引かれてゐない。天文十年三河に生まれて家康に仕へ、天正十五年七月豊臣姓を與へられて従五位下和泉守に敍任、天正十八年秋所領を伊勢國神戸に移されて四萬石を領し、文祿三年三河刈屋の舊領に復された(『寛政重修諸家譜』巻第三百二十八)。この轉封舊知復領の理由は未明だが、おそらく轉封の繁忙に紛れて寄進が實行されなかつたのではないだらうか。

服部一忠は通稱小平太、名を春安とも言つた。初め織田信長に仕へ、のち秀吉に仕へて天正十三年七月従五位下采女正に叙任、同十九年には小田原戰役の功を以て伊勢一志郡三萬五千石を給され松坂城主となった。文祿元年朝鮮戰役に出陣、同四年七月秀次事件に累座して改易、上杉景勝に預けられて自殺した(『戰國人名辭典』)。

明石元知は名を則實・則春・全豊とも稱し、黑田孝高の從弟に當る。秀吉に仕へて四國征伐、小田原戰役に出陣、萬石餘を給されて但馬豊岡龜城や播磨明石城に住した模樣で文祿元年朝鮮戰役に出陣、同四年八月秀次事件に連座して除封、小早川隆景に預けられて自殺した(『戰國人名辭典』)。

中川秀成は文祿の役に出陣し、陣歿した兄秀政の遺領を繼ぎ、同三年歸陣の後の二月、播磨國三木城をあらためて豊後國岡城に移されて七萬四百石餘を給された。伏見築城工事を分擔し、慶長二年には再び朝鮮に出陣した。合點が引かれてゐないので寄進は實行されなかったと思はれるが、その理由は未明である。轉封、再出陣と身邊多忙であった故であらうか。

「一　五石」と書いて寄進者名がなく合點も記されてゐない條は、合點は寄進收納確認の證であらうと先に述べた推定の根據となる。同時にこの勸進書立は、百石、五十石あるいは三十石と言った大きな高はもとより、最小の五石に至るまで勸進元の奉行の方で寄進者を豫定し割り當て作成したものであることを物語ってゐよう。高も寄進者名も全て一筆で記されてゐると見取られる。

一柳可遊は文祿の役に出陣、同四年秀次事件に連累して所領沒收、家康に預けられて自殺した(『戰國人名辭典』)。

那須資景は天正十四年生まれで幼名は藤王丸、通稱は與一でこの時まだ九歳と幼稚である。天正十八年、父資晴が小田原戰陣遲參の廉を以て所領を沒收されたが、本人は病氣、子息も幼少とわかり、十月二十三日父子二人の名儀で那須郡の内五千石を宛行はれ、さらに翌年四月二十三日に子息藤王丸に五千石の加增を受けた(『寛政重修諸家譜』卷第七百三十五)。由て本書立でも父の資晴よりも子息の與一(資景)が書き上げられたものと推量される。その爲か伏見築城分擔には書き上げられてゐない成田氏長も伏見築城分擔に書き上げられてゐない。が、これは氏長が文祿四年十二月十一日に歿した(『戰國人名辭典』)故かも知れない。合點は記されてゐるので寄進は生前か、或は氏長の遺領を繼いだ弟長忠が實行したとも考へられる。氏長は重複して書立てられてゐる。

羽田正親は大和國添下郡小泉城主で四萬八千石を領したが文祿四年秀次事件に連座して越前に追放され自殺した(『戰國人名辭典』)。

青山甚左衞門尉は『武家事紀』『寛政重修諸家譜』『斷家譜』等には見出されない。一方「當代記」には文祿三年の伏見築城普請を分擔した者として「二萬石　青山修理」と載せられてゐる。これは初め丹羽長秀・長重に仕へ、のち秀吉に仕へて越前の內二萬石を與へられ、從五位下修理亮に敍任、伏見城の工事を分擔し、關ケ原戰役では西軍に屬して失領した青山修理亮宗勝(『戰國人名辭典』)と解され、青山甚左衞門尉とはこの宗勝かと推測しておく。

奧山重定は子息の雅樂助正之が伏見築城に加はつてゐる。重定は文祿三年に歿したか(『戰國人名辭典』)と思はれる。

山口正弘も子息の右京介(右京進)修弘が、寺西正勝も子息の是成が、それぞれ伏見築城助役に參加してゐるが、高田治忠は參加してゐない。垣屋恆總は「當代記」に「增屋隱岐」と掲げられてゐる人物に該當すると思はれる。

山崎家盛は伏見築城工事も分擔し身邊に異常の生じた記錄は見出せないが合點はなく、その理由は未明である。

山中長俊は天文十六年近江國に生まれて佐々木義賢・織田信長・柴田勝家・丹羽長秀と轉々と仕へ、天正十三年以降は秀吉に仕へて右筆や諸奉行を勤め、文祿二年十月三日に從五位下山城守に敍任を受け一萬石を給された。關ケ原戰役に際しては西軍に屬して改易されたが、許されて小祿で德川氏に仕へた(『戰國人名辭典』『寛政重修諸家譜』卷第五百九十二)。

有馬則賴は天文二年播磨國三木に生まれて三木淡河城に住し、秀吉に仕へてお咄衆を勤め、一萬石を給された。中務少輔・中務卿法印・兵部卿法印・刑部卿法印とも稱した。秀吉在世中から家康にも親しまれ、秀吉歿後にはその邸に家康の來訪を受け、特に慶長四年三月十一日、前田利家を大坂に見舞ひ藤堂高虎邸に泊つた家康を子息豐氏と共に警護する等、家康に近侍した(『戰國人名辭典』『寛政重修諸家譜』卷第四百六十九。『新修德川家康文書の研究』二三六〜二三九頁參照)。

織田長益は信秀の第十一男で信長の弟、剃髮して有樂齋と號し、お咄衆として秀吉に近侍、西笑承兌に親しく茶人としても利休七哲の一人として高名である。關ケ原戰役に際しては東軍に屬して奮戰し、役後攝津のうちの本領の他に大和國山邊郡のうちに於いて新恩を加へられて都合三萬石を領した。大坂城に在つては淀殿・秀頼の後見役を勤め、大坂冬の陣では大野治長と共に德川方との折衝に當つて媾和を成立せしめたが、夏の陣には大坂城に入らず、以後は所領のうち二萬石を四男と五男に分與し、一萬石を養老の料として元和七年十二月十三日、七十五歳で歿した『戰國人名辭典』『寛政重修諸家譜』巻第四百九十二）。

山中長俊、有馬則賴、織田長益の三人は、いづれも秀吉の側近に在つて世才に長け、大光明寺住持の承兌に親しかつた者たちであり、諸侯への勸進役として適役と秀吉に見込まれて奉行を命ぜられたのであらう。「當代記」は比較的堅實な史料と看做されてゐるものの編者を松平忠明とする傳稱も確證はなく、成立年代も不明である。文祿三年の伏見築城普請助役の面々の記事も、その年に記されたとは斷じられず、翌四年七月の秀次事件に連座した面々の氏名が擧げられてゐないのは「當代記」が秀次事件終熄後に編纂されたが故ではないかと考へられる。伏見築城普請を分擔しなかつた故に秀次事件に連座したわけではない。また秀次事件に連座したわけでもないのに伏見築城普請に參加しなかつた者がこの書立に見られるのも興味深い。その理由には一應の檢討を加へてみたが未明に終つた例もあり、今後の課題となつた。

合點が引かれず寄進は實行されなかつたと見られる例にも、その理由の解明を計つてみたが未明に終つた例も多く、これも今後の課題である。

注目しておきたいのは書立ての順と敬稱の有無である。冒頭に「次第不同」と記しながら、書立ての順序が寄進高の多少の順となつてゐることは一目瞭然である。そして寄進高が百石の三名は「當代記」に記されてゐる知行高に依ると、江戸大納言德川家康二百四十萬二千石、安藝宰相毛利輝元百十二萬五千石、越後宰相上杉景勝五十五萬千石と知行高の大小の順に依つてゐる。だが寄進高五十石以下五石までは、如何なる規準に據つて寄進高を決めたのか、如何なる規準に據つて書立の順序を決めたのか甚だ見極め難い。たしかに大まかには知行高の大きい者が寄進高も大きく、知行高の小さい者は寄進高も小さい傾向は窺はれる。だが知行高五十五萬千石の上杉景勝の寄進高百石に對して、知行高六十一萬四千石の伊達政宗の寄進高は三十石で、しかも知行高五萬石の伊賀侍從筒井定次よりもさらにうしろに掲げられてゐるる。

「當代記」に「惟時伏見普請役之帳」と題して文祿三年春に開始された伏見築城普請を分擔した諸侯の知行高と名稱とが書き上げられてゐることは前述の通りである。冒頭は「貳百四十萬貳千石　江戸内府」とあつて、「江戸内府」の右肩に「家康公のこと」と註が記されてゐる。但し家康の正二位内大臣昇進は慶長元年五月八日である(日光東照宮文書)。以後十四人目の「能登侍從」までは、五番目の「那須衆寄合」を除き、いづれも名稱の右肩に註が記され、官職を主に書かれた名稱を何某か特定し易い様になつてゐる。例を示せば前田利家は「加賀大納言」と記されて「本は前田又左衞門尉を今は號㆓羽柴筑前守㆒」、前田利長は「越中宰相」と記されて右肩に「前田肥前こと但羽筑息」、前田利政は「能登侍從」と記されて「羽筑二男孫四郎こと」と註されてゐると言つた次第である。伏見築城普請の文祿三年には利家はまだその年の四月朔日に從三位權中納言に敍任されたばかりで、權大納言に昇進せしめられたのは慶長二年正月十一日(『寛政重修諸家譜』卷第千百三十一)であるから、「當代記」の書き上げはその後と言ふことになり、その註はさらに後年に附されたと知られる。文祿三年當時に於ける諸侯の官職や名稱は「當代記」よりもこの書立の方が正しく、信頼できる史料である。

敬稱の附け方に注目してみる。當書上は冒頭の家康「江戸大納言殿」より二十三番目の最上義光「出羽の侍從殿」までは全て「殿」が附けられてゐる。勸進高では百石の三名、五十石の八名、三十石の十二名である。ところが二十四番目の生駒親正は「生駒雅樂守(マヽ)」と記されたのみで敬稱は附けられず、以後四十六番目の京極高次「八まんの侍從殿」までは「殿」を附けられたり附けられなかつたりで、四十七番目の加藤嘉明「賀藤左馬助」以下は一切敬稱が附けられてゐない。

二十三番目の最上義光までは勸進高も大きく當時の諸侯の中でも重く見られてゐた大名であつたから全員「殿」と敬稱が附けられたと一應は解されよう。ではどうして二十四番目の生駒親正から四十六番目の京極高次までに書立てられた二十三名の諸侯は敬稱を附けられたり附けられなかつたりしてゐるのか、勸進高の大小や當時大名として重く見られてゐたか輕く見られてゐたかに據るとも解し得ない。だが眺め廻してみると答へは簡單で、「殿」を附けられてゐるのは先づ大概侍従および少将に任官してゐた者に限られてゐると氣附く。令制下の官職相當の位は侍從が從五位下、少將が從五位上である。寮の長官の頭、省の少輔、上國の國司の三官の相當は從五位下、但し省の中でも中務少輔のみは從五位上、國司も大國は從五位上、中國は正六位下、下國は從六位下である。各職の長官たる大夫は正五位上で、そのうち特に春宮大夫・修理大夫・中宮大夫は從四位下である。本來なら佐野修理大夫信吉や中川修理大夫秀成は從五位下相當の侍從よりも位階は高いはずだが敬稱は附けられてゐない。二十三番目より前の諸侯は全て侍從や少將かそれ以上の官職任官者である。但し淺野左京大夫幸長は佐野修理大夫に敬稱が附けられてゐないのに「殿」が附き、從五位下相當の中村式部少輔(大夫と誤記)も、從五位上相當の脇坂中務少輔(中書)安治には敬稱が附けられてゐないのに「殿」が附けられてゐる。

古代の令制下に於ける官職が名目化し、相當するはずであつた位階も相當されなくなつたのは何も戰國時代に始まつたことではないから、令制下に於ける官職位階の高低上下がそのまま敬稱の有無の規準にならないことは言ふまでもない。左京大夫淺野幸長と式部少輔中村一氏に敬稱が附けられたのは、勸進の高が五十石と大きかつた故と考へるより、幸長と一氏とがその官職よりも當時の豐臣政權下に在つて占めてゐた重みを示してゐると解されよう。幸長に至つては「當代記」には知行高は父の長政にしか示されてゐないのに、當書立では長政の名は擧げられず幸長のみが擧げられてゐるのである。

戰國期に於ける官職名は、太政官に屬して正四位下以上の參議(宰相)・中納言・大納言・各大臣が尊ばれたのは當然として、近衛府に屬する少將や中務省に屬する侍從の方が、相當する位階が同じか上の各寮の頭や國司よりも身分が高いと言つた價値觀を附されてゐたと知られる。當書立には例が見られなかつたが、正五位上相當の衞門督、從五位上相當の兵衞督、從五位下相當の衞門佐もやはり武人に相應しい官職名として尊ばれたものと思はれる。この官職名に對する價値觀は、戰國・桃山期に限らず、江戸時代にも承け繼がれて行つたと認識しておいた方がよい。

この書立には冒頭に「一百石　江戸大納言」として家康の花押が記されてゐるので、やはり德川家康文書として採りあげておく。

〔參考〕豐臣秀次より家康に與へられたる御內書（文祿三年十一月二十五日）

（折紙）
內〻所望之角鷹二連、至二遠州中村一到來、自愛不レ斜候、旁期二上洛之節一候也、

（文祿三年）
十一月廿五日　（秀次）（朱印）（印文秀次）

江戸大納言殿（家康）

原本〔大阪城天守閣所藏〕○大阪市

秀次は秀吉の姉と三好吉房との間に長男として永祿十一年に誕生し秀吉の養子となつて豐臣姓を與へられ、天正十九年十二月關白職を讓られた。しかし文祿二年八月に秀吉の實子秀賴が誕生してから後は次第に秀吉との間に疎隔を生じ、文祿四年七月高野山に追放され自害せしめられるに至つた。その間の文祿三年十一月三日伏見に於ける秀吉の茶會で家康と共に饗應を受けてよりのち間もなく京を立ち、尾張・三河・遠江・駿河方面へ大がかりな鷹狩に出かけ、十二月十七日早曉、獲物の鶴・鷹・鴨・鷺等千三四百を携へて歸洛した（『言經卿記』）。本狀はおそらく十一月三日の茶會の折に秀次が內々に所望した角鷹二羽を遠州の中村で受取つたことに對する禮狀である。角鷹は「倭名類聚抄」や「類聚名義抄」によると「久萬太加」とあり鵰・熊鷹とも書き、翼を擴げると一米六十糎にも及ぶことのある大形の鷹で、最も狩獵に優れてゐた。鷹は東國の名產であり家康は江戸で飼はせてゐた鷹を、命じて鷹狩旅行中の秀次に贈つたものと思はれる。中村の地名は遠江國のうち周知郡・城東郡・榛原郡に各一ケ所、豐田郡のうちには三ケ所もあつていづことも見定め難い。家康はこの間を通して上方に滯在してゐたので秀次は「期上洛之節候也」と書き送つたのである。注目すべきは本狀の書札禮である。家康宛の秀次文書は關白に昇る以前以後を通じて本書が初見例と考へられ、本書は

關白在職中の文書である。秀吉が關白就任以後でも有力大名に對しては花押を据ゑた判物や署名を記した朱印狀を發給し、特に家康宛の文書には「謹言」または「恐々謹言」と書止めて朱印もしくは花押を据ゑる書狀の形式を守つてゐたのに對し、本書は文面もかなり尊大な上に「候也」と書止めて典型的な御内書の書式である。宛所も折紙の半から書き始めて下端に接する低い位置である。自分の實力ではなく養父秀吉の引立てによつて關白に陞ることを得たものの、實子秀頼が誕生して一年餘、秀吉との間に生じ始めてゐた阻隔と疑心不安とを、不知不識の裡に包み隱さうとの心理が働いたかに感じ取られる文書である。

本狀の解説は『大阪城天守閣紀要』第二十七號に掲載された跡部信氏の解説に負ふところが大きい。記して謝意を表する。

武藏知足院に下せる下知狀（文禄四年二月二日）

於㆓御分國㆒引導之所江、從㆓眞言宗・天臺宗山伏中㆒宗道之沙汰有㆑之由申事候、從㆓前代㆒者左樣之證候共、於㆓御當代㆒其沙汰有㆑之間敷候、上樣（家康）之以㆓仰出㆒、聖護院・不動院へ御斷之間、於㆓諸門旨（言）㆒諸代管江書付進㆑之候條、於㆓違亂㆒此方へ差檢可㆑有㆑之候、可㆑及㆓其改㆒候、爲㆓御心得㆒書付進㆑之置候、

文禄四　二月二日　全阿彌（内田正次）在判

知足院

寫文書（光福寺所藏）〇埼玉縣東松山市

『新編武藏風土記稿』巻之百九十五　比企郡之十　岡郷　光福寺の項に、次の通りに記されてゐる。「光福寺　曹洞宗足立郡里村法性寺の末、四國山と號す。（中略）又村内に知足院茂林寺といふありしが、明暦の頃回祿に罹りしに、其をりふし當地も殆ど廢寺となるべき様なるを、彼知足院を此に移來り、合して一宇となせり。」此處に記された知足院が、本状の宛所の知足院と知られる。光福寺は東松山市岡四九八番地に現存する。

「引導」の語は、本來「先に立って歩く　教へ導く」の意であるが、既に中世・近世には死人を葬る前に、僧が棺の前で、迷はずに悟りが開ける様に、經文や法語を唱へること、及びその經文や法語を指す語義に專ら用ゐられた。由て「引導之所」とは葬儀の場と捉へてよい。中世以來、東國地方に於ては、葬儀が何宗によつて行なはれようとも、その場へ天臺宗・眞言宗、或は修験道の祈禱者が、強引に押しかけて祈禱し、おそらくは謝禮の財物を強要したり、轉宗を強要したりすることが、屢々行なはれてゐたものと推される。家康は領國内に於てこれを禁じ、天臺宗修験道總本山たる京都聖護院、同じく眞言宗の高野不動院に、その旨を達したものと解される。

本文書は家康の印もなかつたものと見られ、形式的には全阿彌の奉書であるが、その内容は家康の下知であるので、下知状と呼んでおく。

有馬豐氏に遺れる書状（文祿四年三月二十九日）

先日者就二（闕字）御成一、爲二御音信一椋百人前送給候、祝著之至候、昨日御成一段之御機嫌候て、我等滿足不レ過レ之候、猶面談之節、萬〻可二申承一候、恐〻謹言、

（文祿四年）三月廿九日　家康（花押）

有馬滿助（豐氏）殿

原本圖版〔一誠堂古書目録第五十六號〕○昭和五十六年十二月發行
原本圖版〔伯爵有馬家御藏品入札目録〕○大正十四年五月四日 於東京美術倶樂部

「御成」は二行目に平出され、その前は闕字にされてゐる。御成とは汎くは貴人の動座を意味する語であるが、室町時代以降將軍の動座、中でも大名の邸宅に威儀を正して訪れ、刀劍の授受、盃の獻酬に數々の贈答品のやりとりに膳部饗應、猿樂演能と言つた禮式の伴ふ訪問「御成」は、特定行事を意味する固有名詞となつた。秀吉は將軍職には補せられなかつたものの、足利將軍家の故實に倣ひつつ自らの工夫も加へて、天正十六年七月三十日の羽柴秀長邸訪問を嚆矢とし、慶長三年四月十日の德川家康邸訪問を最後に、計三十七回に上つて「御成」に臨んだと知られてゐる（佐藤豐三氏「將軍家〝御成〟について」）。そのうち德川家康邸への御成は天正十九年三月二日（『言經卿記』）を初回として慶長三年四月十日まで計八回が數へられ、さらにその中でも本狀の日附と文意に適合するのは文祿四年三月二十八日に家康の京都の邸に秀吉が臨んだ「御成」である。この他の御成の記録は專ら茶の湯の饗應が主であつたと解されるが、この文祿四年三月二十八日の「御成」は豫め饗應の準備を重ねた大掛りな行事であつたらしく、『當代記』には家康・秀忠・秀康および家中の衆から秀吉に進上した數多の金員品々が記されてをり、『言經卿記』には「御能有之」とあつて膳部の饗應もあつたことは疑ひない。

豐氏は有馬則頼の次男として永祿十二年播磨國三木で誕生、兄則氏が秀次に仕へて小牧合戰で討死したので、以後嗣子として遇された。通稱萬助、秀吉に仕へて三千石を給され、文祿三年六月從五位下玄蕃頭に敍任、同四年八月遠江横須賀城を與へられ、加增を受けて三萬石を領した。慶長五年松平源七郎康直の女を家康養女として配せられ會津に出陣、東軍に與して同年十二月十三日三萬石加增されて丹波國天田《あまた》・何鹿《いかるが》二郡のうちに移され福智山城に住し、慶長七年父の遺領二萬石をも加へられた。大坂兩度の役にも出陣し、元和六年閏十二月八日十三萬石を加へられ筑後國のうち八郡に移されて計二十一萬石を領し、久留米城に住して寛永十九年閏九月晦日、七十四歳で歿するに至つた（『寛政重修諸家譜』卷第四百六十九）。

この豐氏が秀吉の家康邸御成の豫定を耳にして、盛儀への祝意を籠めて椀百人前を贈って來たことに對し、家康が禮を述べ併せて「御成」が成功裡に終って主客ともに滿足した旨を傳へたのが本狀である。

豐氏がこの前年の文祿三年六月に從五位下玄蕃頭に敍任してゐたならば、宛所も有馬玄蕃頭殿とあって然るべき様だが、この時はまだ三千石を給されてゐる身分に過ぎず、淡河城一萬石の城主であった父則頼に代って音信を送ったのであらうと推定される。

掛軸に装幀されてをり、大正十四年までは有馬家に傳へられてゐたと知られる。

小林重勝に與へたる年貢皆濟狀（文祿四年六月九日）

原本〔徳川恆孝氏所藏〕○東京澁谷區

文祿三午
ゐしあゝ（あしかゝ・足利）
右午皆濟也
文祿四未六九
ふり分貳兩貳朱請取
小林（重勝）

（箱蓋書）「東照宮御眞筆文祿三　明治二十六年五月五日勝（勝海舟）先生ヨリ受取」

「あしかゝ」は下野國足利郡、もしくはその内の足利鄕を指す。

『寛政重修諸家譜』卷第千二百二十四　小林家譜に「小林重勝。十郎兵衞。東照宮につかへたてまつり、下野國足利の郡代をつとむ。慶長十四年正月十日死す。法名春向。足利郡の法雲寺に葬る」とある。本状の宛所の小林は、この重勝と推される。「ふり分」と讀める語の意は未詳である。請取高として記された二兩二朱は、たとへ足利郡ではなく足利鄕分と考へても、年貢米代金としては小に過ぎると思はれ、何かしら主租以外の年貢代金と解すべきであらう。

下野一國は天正十八年七月の關東移封によつて家康領となつたのではなく、宇都宮氏・皆川氏・那須氏・足利氏と言つた土著族黨的諸大名の配下にあり、それらが順次家康の附庸に組み入れられて行つた。よつて足利郡または足利鄕が、いつから家康領となり、その藏入地となつたのかは分明ではないが、本狀は文祿三年分の皆濟狀であるから、それを溯ることは確認できる。

全文家康の自筆で軸裝されてをり、軸を收めた箱の蓋書によつて、勝海舟から公爵德川家達への寄贈品と知られる。

〔參考〕德川家康・宇喜多秀家・上杉景勝・前田利家・毛利輝元・小早川隆景の連署せる豐臣秀吉の條目（文祿四年八月三日）

御掟

一諸大名緣邊儀、得㆓御意㆒、以㆓其上㆒可㆓申定㆒事

一大名小名深重令㆓契約㆒、誓紙等堅御停止事

一自然於㆓喧嘩口論㆒者、致㆓堪忍㆒輩可㆑屬㆓理運㆒事

一無㆓實儀㆒申上候輩有㆑之者、雙方召寄、堅可㆑被㆑遂㆓御糺明㆒事

一乘物御赦免衆、家康・利家・景勝・輝元・隆景、幷古公家・長老・出世衆、此外雖㆑爲㆓大名㆒若年衆者、

可レ爲二騎馬一、年齢五十以後衆者、路次及二一里一者、駕籠儀可レ被レ成二御免一候、於二當病一者、是又駕籠之儀御免事

右條〻、於二違犯輩一者、可レ被レ處二嚴科一者也、

文祿四年八月三日

（小早川）隆景（花押）
（毛利）輝元（花押）
（前田）利家（花押）
（上杉）景勝（花押）
（宇喜多）秀家（花押）
（德川）家康（花押）

原本〔大井義秀氏所藏〕○大阪

この條目は『德川家康文書の研究』（舊・復とも）中卷　二七一頁に收錄されてゐる。各條文の字句にも若干の異同があるが、大意に相違はない。大きな相違は中村孝也博士が收錄された淺野家文書（『大日本古文書』家わけ第二　淺野家文書　二六五）には連署人に上杉景勝がなく、本書には景勝が加はつてゐる點である。秀次事件を周る動搖波及の抑制を計つて、この年七月秀吉は諸大名連署の起請文を徵し、さらに八月家康はじめ五名乃至六名の有力大名連署を以て御掟ならびに御掟追加を發布せしめた。秀次を廢したのちに秀賴を擁立せしめ豐臣政權の政體組織化を計り、その維持を目論だ施策として注目される。

八月二日乃至三日附で發布された御掟ならびに御掟追加は、中村博士が示された如く各所に數多く傳へられてゐるが、原本と確認される例は少ない。

同日附の連署狀でありながら、何故一部には上杉景勝が加はり一部には加はつてゐないのか、その疑問は未だ解明されてゐない。豊臣家五大老制成立の研究の上からも、今は多くの史料を提すべきものと考へて掲げておく。

この條目は大名の無屆緣組や結黨を禁じてゐる點、のちの江戸幕府法の先行例として注目されるが、乘物に關する規制としても大いに注目される。輿の起源は古いが、駕籠は室町末期頃に現はれた新しい乘物であり、おそらく本條目は駕籠が公文書に記された初例であらうと思はれる。しかもこれは登城の時に限らず一般通行に及ぶ規制である。家康五十四歳、利家五十七歳、景勝四十一歳、輝元四十二歳、隆景六十四歳が乘物を許されたのに秀家一人が除かれてゐるのは、二十四歳と當時未だ青年期にあつた故であらう。

大友義乘に遺れる書狀（文祿四年十月二十四日）

（折紙）就二中納言（秀忠）祝言一御吏（使）札、殊纎二端送給珍重候、併遠路之見廻御儕（醉）心之至候、委曲高山紀伊守可レ有二演說一候、恐々謹言、

（文祿四年）十月廿四日　家康（花押）

大友宗五郎（義乘）殿

原本〔松雲堂所藏〕○大阪市 昭和五十七年九月

折紙を半截し臺紙に貼つて軸裝されてゐる。

家康の在世中に中納言に昇つてから祝言を擧げた息は秀忠一人である。秀忠は文祿元年九月十三日(「德川幕府家譜」は九日)從三位權中納言に敍任された。時に十四歳であつた。文祿四年九月十七日、淺井長政の三女於江は秀吉の養女と

して伏見で秀忠のもとに入輿した（「柳營婦女傳」）。

大友義統（吉統）は天正十五年に豐後一國三十七萬石を與へられてゐたが、文祿二年朝鮮の役で失敗して除封された。その時に際して男宗五郎義乘を家康が預かり、のちに常陸國筑波郡の內で三千石、武藏國牛込の內で三百石を與へた。（『寛政重修諸家譜』巻第百十四）。「大友系圖」には惣五郎義延、侍從とある。

文祿四年十月の時點に義乘がどこにゐたか不明だが、伏見からは遠隔の地に在つたと知られる。義乘は慶長十七年七月十二日に三十六歲で歿したとあるので、當時十九歲だつたことになる。父義統が所領を沒收され、義乘の身分も甚だ心許ない狀態にあつたはずだが、そこはやはり九州の名族大友氏の嫡男として秀忠の祝言に祝の品を贈り、家康もまた名族大名として禮を盡したと知られる。

縐《しじら》は縮羅とも書く。經絲と緯絲とを張力不均等に張つたり、太い絲と細い絲とを混ぜたりして表面に凹凸を表はした織物で、素材には絹も木綿も用ゐられた。文祿年間ではまだ珍しい洒落た織物だつた。「御儕心」の三字は一見したところ「御停止」に見えるが、それでは意が通らず難讀である。「御儕心」と讀んで「御摧心」または「御碎心」の當字と解しておく。高山紀伊守は所見が得られない。家康の家臣ではなく、おそらく使者としてやつて來た大友家の家臣であらう。

加藤正次に與へたる御內書（？～慶長元年二月十五日）

（包紙）「御內書」

（折紙）爲二年頭祝儀一白鳥一到來、祝著被二思召一候、猶加〻爪（政尚）可レ申也、

（?～慶長元年）
二月十五日　加藤喜助（正次）とのへ　（家康）（黑印）（印文無悔無損）

原本〔山下信一・悦子氏所藏〕○東京世田ケ谷區

本書は『日本歴史』平成十一年五月號に榎本直樹氏によつて紹介された。包紙は後世に加藤家が作製したものと思はれる。尚、本書一九七頁に「加藤正次に與へたる知行宛行狀（文祿元年二月一日）」と題して掲げた文書の包紙が、本書に附屬する可能性もあるとのことである。加藤正次の略傳や本書の傳來も右の知行宛行狀の解説を參照されたい。

白鳥とは英語で言ふスワンとは限らず、寧ろ白雁であつた可能性の方が高いと推される。白鳥が贈答に使はれる例は珍しくなかつたと思はれ、家康の受贈品として四例、家康から宮中への獻上品として一例が報告されてゐる（伊東秀子「德川家康文書に見られる贈答品」『新修德川家康文書の研究』八三六―八七一頁）。そのうち一例は八月二十八日附文書だが、他の四例は十一月十日から二月十一日の間であるから、やはり冬の渡り鳥と捉へてよいであらう。本書は二月十五日附で一番晩れるが、年頭の祝儀に對する御内書であるから、受贈の日は正月中であつたかも知れない。加々爪は甚十郎政尚と推される。政尚は文祿四年三月二十日に從五位下備後守に敍任、慶長元年閏七月十三日の伏見の大地震で壓死した。

家康の壺形印の初見例は「三河本證寺に與へたる安堵狀（天正十三年十月二十八日）」（『德川家文書の研究』舊・復とも上卷　六七六頁）である。中村孝也博士は「寫眞版によれば楕圓形の黑印である。印文不明確」と註されたが、本證寺所藏の原本實見によつて壺形黑印と確認してゐる。最も晩れる例は「修善寺文左衞門に與へたる紙漉免許狀（慶長三年三月四日）」（『德川家康文書の研究』舊・復とも　中卷　二九六頁）であるが、本書の下限は政尚の歿した慶長元年までと抑へられる。この壺形印の使用例は目下のところ十八例、そのうち「家康」の署名を伴ふ例は六例、伴はず印のみの例が十二例であるが特に發給年次による違ひはなく、寧ろ宛先が敬意を表すべき所には署名捺印し、請取覺書や寺領寄進状や御內書と言つた與へた文書や家臣宛に遺つた書狀には捺印のみと言つた相違が指摘できる。本書も形式としては御內書であつてその例に洩れない。
發給年次は文祿年間から慶長元年までとは推されるものの、それ以上絞り込む極め手がない。

豐臣氏四奉行に遣れる書狀（慶長元年五月三日）

（折紙）
御折紙令㆓披見㆒候、仍御拾様（秀頼）就㆓御參內㆒、來八日九日十日、三日中御上洛之由、令㆑得㆓其意㆒候、殊可㆑致㆓御供㆒様子是又相心得存候、恐々謹言

（慶長元年）五月三日　　家康（花押）

民部卿法印（前田玄以）
増田右衞門尉殿（長盛）
長束大藏大輔殿（正家）
石田治部少輔殿（三成）

原本〔小濱市立圖書館所藏〕○舊酒井家文書

文祿二年八月三日に誕生した拾丸は、翌三年十二月、大坂城より伏見城に移され、この移徙を祝つて禁裏よりも勅使を以て劔と馬を賜はつた。これを機に秀吉は敍位を願つたが、流石に叶はなかつた。拾丸は以後、伏見で養育された。慶長元年五月、數へ四歳（滿二歳九ケ月）の拾丸を參內せしめると秀吉は決し、從二位內大臣德川家康、從三位中納言前田

利家に扈從を命じた。無位無官の幼兒の參內のみならず、それへの內大臣、中納言の扈從は異例である。この秀吉父子の上洛參內は、前評判さへ立てられ、道筋に見物客が押しかけるほどであつた。最初上洛日と豫定されてゐた五月八日は天候惡しく延引され、翌九日秀吉父子、家康以下七名は乘輿、諸大夫以下これに隨き從つて伏見を發し上洛した。その有様は言語道斷美麗であつたと言ふ（『言經卿記』）。

五月十三日、秀吉父子は前田利家・乳人・御局と同車、家康も車で隨ひ、諸大夫十三人、井伊侍從直政、布衣二人、隨身兵仗四人、牛童子一人、その外侍衆大勢を率ゐて參內し、禁中にて三獻を賜はつた（『言經卿記』）。拾丸はこの時從五位下に敍されたものと推されるが確證を得ない。『家忠日記追加』『武德編年集成』等には、この日拾丸は從二位權大納言に敍任され、秀賴と名乘つたと記されてゐるがそれは誤りで、慶長元年十二月十七日に元服、秀賴と名乘り、同二年九月二十八日從四位下左近衞權少將に敍任、翌二十九日左近衞權中將に進み、同三年四月二十日に從二位權中納言に陞せられた（『史料綜覽』）。

拾丸參內の二日後の五月十五日、家康は秀吉父子に隨つて禁裡御能に臨み（『史料綜覽』）、大黑の狂言を勤め（『舜舊記』）、十七日晚伏見に歸つた。同日秀吉父子も伏見に歸つた（『言經卿記』）。

本狀はこの秀吉父子の上洛參內を報じ、それに扈從すべしとの秀吉の命に對する答書である。宛所の四名は豐臣氏の奉行であり、おそらく秀吉の命を傳へた「折紙」の發給者であつたと推される。この四人に淺野長政を加へた五奉行制は、秀吉の歿する一ケ月ほど前の慶長三年七月頃、五大老制と共に成立したと說かれてゐるが（『國史大辭典』）、その數や構成に變りはあつても、秀吉政權下に於ける奉行制の發足はもつと早く、慶長元年には既に秀吉の私的な家職ではなく、內大臣家康に對しても太閤の意志を傳達し、またその返事を取次ぐ公けの職制とされるに至つてゐたことが、本狀によつて知られよう。本狀は家康が豐臣氏奉行に遣つた書狀として、最も年代の早い例であり、豐臣政權下に於ける當時の奉行や家康の位置關係を知るによい史料であらう。

岡田善同に遺れる前田利家連署の書状（慶長元年六月三日）

（折紙）今日者御番御大儀共ニ候、然者主計（加藤清正）使佐野甚左衛門尉歸朝仕候、彼口上之様子被二聞召一、能其御氣色御うあ（か）ゝい候て、様子率爾（度カ）被二仰上一尤ニ候、主計も一兩日之内可レ有二歸朝一との事、今日御透も無レ之候者、明日筑前（前田利家）御番事ニ候間、可二申上一候、おゐ（な）しくハ急御耳ニ入申度候間、御透ニ被二仰上一尤ニ候、恐ゝ謹言、

（慶長元年）六月三日　利（前田）家（花押）

家　康（花押）

岡田左近（右カ）殿（善同）

原本〔古書逸品展示大即賣會〕於東京日本橋三越百貨店 昭和五十一年正月四～八日
〔東西展觀古典籍大入札會目録〕於東京古書會館 昭和四十九年十一月

折紙を横に截斷して上段下段とし掛軸に装幀してある。家康の署名の書體は文祿から慶長三年までの間に限って見られる二字合はさつた形である。

岡田善同《よしあつ》は永祿元年に生まれ右近、勝五郎、善右衛門、庄五郎、將監、善治《よしはる》と幾度か名乘り變へ、寛永六年九月従五位下伊勢守に敍任、同八年五月二十九日に七十四歳で歿した。初め織田信長に仕へたが、天正十二年三月六日に織田信雄の老臣であった兄重孝が誅せられたので星崎城で合戰に及び、退轉して加賀前田利家の許に寓居、のち加藤清正に仕へ

て加藤とも稱し、軈て秀吉に仕へて岡田に復し、慶長五年以降は家康に仕へ、美濃國で五千石を給され、近江・伊勢・筑後等の郡代をかね、名古屋城普請の時には木曾山の材木伐採の奉行、大坂兩度の合戰には陣道具奉行を歴任し、のち山田奉行を勤めた(『寛政重修諸家譜』巻第三百二十六)とあるから吏僚として優れた士であつたらしい。利家・家康連署で發給した書狀でありながら文面が寔に鄭重であるのは、善同が當時秀吉の御番を勤める直臣であつた故であらう。「御氣色」と記され敬語を以てその動靜を文中に語られてゐる人物は秀吉であらう。清正の使者として歸朝した佐野甚左衞門尉は清正の家來かと思はれるが支證を得られない。

清正の使者が歸朝したのでその口上を聽取し、秀吉の機嫌を窺つて、事の次第を急ぎ言上されるがよい、清正も一兩日中に歸朝するとのことであるから(その前に言上しておいた方がよい)。今日機會がなかつたら、明日は利家が御番に當つてゐるので申し上げよう。同じ言上するならば急いで秀吉の耳に入れておきたいから、機會を得て言上されるがよい、と言つた大意で、清正の歸著を囘つて何やら秀吉への事前の工作に慌しい樣子が窺はれる。

清正は文祿慶長の役に再度出征してをり、慶長の役の時には秀吉歿後の慶長三年十一月末か十二月初めに歸朝してゐるので本狀の文意には該當しない。問題は慶長元年の歸朝の時期である。森田恆雄氏は『國史大辭典』に慶長元年正月伏見に蟄居と記し、『史料綜覽』は同年五月十四日の項に「是ヨリ先、肥後隈本ノ加藤清正、朝鮮ヨリ歸リテ、伏見ニ著ス、尋デ、讒セラレテ伏見ニ屏居ス」と木村又藏覺書以下八典據記錄を擧げて記してゐる。但し、その八典據記錄中に擧げられてゐる吉村文書は前揭記事に續く「是日、清正、留守居ノ加藤重淸等ニ法度ヲ下ス」の記事の典據であつて前揭記事には關係ない。前揭記事の典據とされた七つの記錄は、いづれも後日の覺書または編著であつて必ずしも堅實とは看做し難い。「清正記」には「文祿五年四月召還の使到來、六月九日伏見私第着」とあるが、これも後年の編著作であり、必ずしも信を置かれて來なかつたと思はれる。

だが慶長元年五月十一日附で島津豐久が同じく朝鮮陣中の相良長每(賴房)に遺つた書狀には「主計頭殿近日御歸朝之由風聞候、於必定者、貴所も可被成御歸國と存事候」とあり、同年六月十六日附で安宅秀安が長每に遺つた書狀には「至大坂無事ニ御上着、珍重存候」とある(『大日本古文書』家わけ第五　相良家文書之二)ので、清正が長每と共に歸朝した(「求麻外史」)と見れば「清正記」の記す「六月九日伏見私第着」說を採るか、少くとも六月三日以降に伏見歸着と考へるべきであらう。由て本狀の發給年次は慶長元年と解される。

朝鮮出征中に清正と意見衝突した小西行長の意に沿つて石田三成が讒し、秀吉が憤つて清正召還の命令を下したことはよく知られてゐよう。清正は伏見に歸着しても謁を許されずに蟄居謹愼を命ぜられたが、同年閏七月十三日の大地震に際して逸早く秀吉の身邊警護に馳せつけたので、その誠忠ぶりを嘉せられて許されたとの傳說は「地震加藤」の芝居にも組まれて有名である。と共に秀吉の清正宥免は家康と利家との政治的運動によるとの說もある(森山恆雄氏)。本狀の文面からは、清正の歸朝に先立つて歸つた使者の口上を、如何樣にして、しかも出來るだけ早く秀吉の耳に入れて置くか腐心してゐる樣子が窺はれる。行長・三成等と衝突し、秀吉の機嫌を損ねてゐた清正に對して利家と家康が好意的態度であつたことの知られる書狀であり、その宥免にもおそらく兩人の働きかけがあつたと推定される。秀吉歿後の家康・利家・清正・三成等の動靜の潛みを知る好史料であらう。

〔參考〕徳川秀忠より上田重安に遣れる書狀（慶長元年閏七月十三日）

芳墨披見、本望之至候、如レ仰不慮之地志ん(ちしん)不レ及二是非一候、先程こゝもとへ御上之由、不二存知一候て不二申入一候、上樣(秀吉)俄大坂御下付、貴殿則御越之由、御大儀共候、猶期二面上之時一候、恐々謹言、

(慶長元年閏七月十三日)
後七十三日　　秀　忠（花押）

(切封ウハ書)
＝＝

上主水樣(上田重安)　　□□より

中納言

原本〔財團法人上田流和風堂所藏〕〇廣島市西區

本狀を次に掲げる同年閏七月下旬に家康が秀忠夫人に遺った消息の參考文書として掲げておく。上田主水正重安に關しては『德川家康文書の研究』(舊　下巻之二　二〇三頁。復　中巻　八五四頁)參照。秀吉と共に伏見に在った重安が、午前零時頃から地震の起こったその日、同じく伏見の邸に滯在中であった德川秀忠に、地震の見舞を兼ね、秀吉の大坂への俄かの下向と、それに自分も隨行する旨を報じて來た書信に對し、同日直ちに應へた返書である。

地震の起こった當日の書狀と言ふだけでも貴重だが、秀吉が卽日大坂下向と決したことを示す史料として甚だ興味深い。

德川秀忠夫人淺井氏に遺れる消息（慶長元年閏七月下旬）

返〻、何事奈《な》く候まゝ、
御心安おほしめし
候へく候

大ちしんま《に》より、御ふミ《み》給候、御うれしく見ま《ま》いらを《せ》候、おやこ何事も候ハす候まゝ、御心安
おほしめし〱《候へく候》、やあ《か》てく《た》り〱《まいらせ候へく候》まゝ、御ゑ《け》んさんまて申〱《まいらせ候へく候》、〱《かしく》

（切封ウハ書）
＝　＝
御屋しき《秀忠夫人淺井氏》［　］　内府《家康》

返事

原本〔徳川恆孝氏所藏〕○東京澁谷區

全文家康の自筆である。

文祿五年は十月二十七日に改元されて慶長となつた。その年閏七月十二日夜子刻、つまり十三日の午前零時より畿内に大地震が起こった（『言經卿記』）。世に言ふ伏見の大地震で、また慶長の大地震とも言ふ。江戸でその報を受けた秀忠夫人（淺井氏）於江の方は、早速に見舞の文を家康に送つたと思はれ、この消息はその文に對する返書である。地震の起きた時、秀吉は伏見城にゐた。家康は十一日に伏見の秀忠邸を訪れてゐるので（『言經卿記』）、地震の起きた時には伏見の自邸にゐたと推されるが慥かではない。秀忠が伏見にゐたことは參考文書として掲げた閏七月十三日附の秀忠書狀によつて明らかである。文中にある「おやこ」とは家康・秀忠の父子を指す。內府とは同年五月八日に正二位內大臣に昇進してゐた家康の自稱である。

「御屋しき」との宛所は他に同例を見出してゐない。御屋敷とは通常武家屋敷を指し、御屋敷樣と言へば通常その主、もしくはその夫人を指す。本消息の宛所が女性であることは家康が女性に宛てた他の自筆消息例に照らして明らかである。親子ともに無事であるから安心する樣に、やがて下つて見參の上また申し述べようと言つた文意から推して、「御屋しき」とは江戸に在つた秀忠夫人と解して誤りないであらう。因みに秀忠と於江の方とは、この前年の文祿四年九月十七日に秀吉の媒介によつて結婚したので、まだ新婚後一年に滿たぬ若夫婦であつた。

大地震の報に接した於江の方が直ちに見舞狀の筆を執つたとしても、上方と江戸の往復日數から推して、本消息の執筆は閏七月末の頃か八月初めと考へられよう。

執筆より約一ヶ月後の九月五日、家康は伏見を出立して江戸への歸途に就いてゐる。

六之介に與へたる年貢皆濟狀（慶長元年九月二十五日）

原本〔富正氏所藏〕○東金市

小机未

皆濟也、仍如レ件、

文五九廿五

六之介

全文家康の自筆である。「小机」と讀んだが二字目に若干の不安が殘る。今日でこそ新横濱驛の近く、横濱市港北區内の小地名となつてゐるが、後北條氏支配時代には小机城を中心に小机領と呼ばれ、武藏國橘樹郡と都筑郡の大半、今日の横濱市神奈川區・港北區・鶴見區・川崎市・町田市・大和市あたりまでが領域であつた。本狀にある小机の範圍がどこまで及んでゐたかは明らかでないが、この他の皆濟狀の發給例に照會してみれば、到底村單位とは解せず、少なくとも數郷に及んでゐたと推される。この觀點よりも本狀の地名は「小机」と讀んでおく。

本狀を與へられた「六之介」も何某なるや『寛政重修諸家譜』『斷家譜』『新編武藏風土記稿』によつては解明できなかつた。小机領の代官と推されるが、地名とともに斷定は控へておく。文祿五年は十月二十七日に改元されて慶長元年となつた。「未」とあるので前年の文祿四年の分の皆濟狀である。

〔參考〕豊臣秀吉より遺られたる御内書（慶長元年十月十七日）

伊與鶴幷巻物爲二禮儀一、書狀令二披見一候、煩之事彌快氣候哉、緩〻と被レ加二養生一、其方次第上洛相待候、猶（冨田知信）冨田左近將監可レ申候也、

（慶長元年）十月十七日　秀吉（朱印）

（徳川家康）江戸内大臣殿

原本〔名古屋市秀吉清正記念館所藏〕○名古屋市中村區

『和漢三才圖繪』によると鶴には眞鶴・丹頂鶴・黑鶴・白鶴の四種があると言ふ。『古事類苑』動物部〔重修本草綱目語蒙三十二水禽〕鶴の項の鶬鶏・マナヅル・ナベヅル水戸・ネヅミヅル、一名雨落母・灰鶴の説明には「鶴ノ類ニシテ丹頂鶴ヨリ小ク陽鳥ヨリ大ナリ」との形狀の説明に續けて鳴聲の説明が續き「此ニ二品アリ、筑前、伊豫、三作、備前、加賀ノ產ハ青蒼色ニシテ時珍ノ説ニ合フ」とあるので、伊與鶴とは眞鶴の一種であつたと思はれる。

家康の内大臣昇進は慶長元年五月八日で、その年家康は九月五日に伏見を立つて（『言經卿記』）江戸に向かひ、十二月十五日には伏見に歸著（同上）、翌年十一月十七日伏見を立つて江戸に向かつてゐる（同上）ので本書の發給年は内大臣として十月中旬に上方を離れてゐた秀吉在世中の年、即ち慶長元年と斷じ得る。

「冨田知信に遣れる書狀（慶長元年十月十二日）」（『徳川家康文書の研究』舊　下巻之二　二六〇頁　復　中巻　八七一頁）に添へて家康は伊豫鶴と巻物を秀吉に贈つたのであらう。十二日附の家康の書狀には『草生津之湯を汲寄、於二于此方一可レ致二湯治一候」と記してゐるので、この頃家康は患つてゐたらしいと、本書の「煩之事彌快氣候哉」の見舞文言によつて確認できるものの、二ケ月後には上洛してゐるので大した病ではなかつたらしい。

文書の形式からは御内書と稱されるが、文意は鄭重であり、秀吉の家康への氣遣ひの深さがよく斟みとられよう。

南部利直に遣れる書狀（慶長元年十一月二日）

（折紙）
爲二遠路御音信一、見事之若大鷹二送給、祝著之至候、然者大膳大夫（南部信直）殿御煩之由、無二心元一候、無二油斷一養性（生）専用候、委細阿部伊与守（正勝）あふゟ（かたより）可レ申候條、不レ能レ具候、恐々謹言、

（慶長元年）十一月二日　家康（花押）

南部信濃守（利直）殿

原本〔盛岡市中央公民館所藏〕○舊南部家文書

鷹は一歳を一鳥屋とも黄鷹とも言ひ、二歳を二鳥屋とも撫鷹とも言ひ、三歳以上、即ち三鳥屋以上を大鷹と言ふ（『重修本草綱目啓蒙三十三山禽』）。奥羽地方は古來鷹の名産地である。南部信直は大膳大夫を稱し、慶長四年十月五日に五十四歳で卒した。利直は信直の息で天正四年に生れ、文祿四年從五位下信濃守に敍任された。阿部正勝は慶長元年五月十二日に從五位下伊豫守に任ぜられ（『久我家文書』第三巻　文書番號九四九・九五〇）、慶長五年四月七日に卒した。由て本書狀の發給年代は慶長元年から同三年の間と先づは抑へられるが、それ以上追究する決め手に缺ける。

『徳川家康文書の研究』下巻之二（舊　二六六頁　復　一一〇頁）には、「多賀谷重經に遣れる書狀（年未詳十月三十日）」が掲げられ、その使者は阿部正勝である。その書狀と本書狀とは、十月三十日と十一月二日の發給日の近接、多賀谷重經の居城常陸下妻と南部信直・利直の領國との位置關係より見て、同年の發給と考へられよう。慶長元年から同三年の

間に、十月が大の月であつたのは慶長元年と同三年であり、三年の十月、十一月は家康が伏見に在つたから重經への書狀にある「近々可上洛候」の條と矛盾する。由て、この二通の文書を同年の發給と推せば、慶長元年以外にその年を求め得ないこととなる。

松平康重に與へたる下知狀（慶長元年十一月十一日）

（折紙）
重而人衆可二召寄一旨、依二（闕字）仰出一申遣候、太（大）儀候共有二支度一、正月廿日其地を出可レ被二罷越一候、
委細大久保與一郎（忠益）・三橋左吉（長成）可レ申也、
（慶長元年）十一月十一日　（家康）（花押）
松平周防守（康重）とのへ

原本（光西寺保管）○川越市仙波町 松井子爵家舊藏

折紙全紙のまま巻子に裝幀されてゐる。松井（松平）家傳來の文書で、その舊封地川越の菩提寺光西寺に保管されてゐる。松井氏は忠次が永祿六年十一月頃、松平の稱號を許され（『家忠日記增補』）、一門ではない家に松平の稱號の與へられた初例となつた。以後封地は幾度か移されたが、代々松平姓を稱して周防守に任ぜられるのを例としたので「松平周防守家」とも呼ばれた。明治維新によつて松井に復姓し、子爵に敍せられた。忠次は家康から片諱を與へられて康親と名乘り、その男で永祿十一年に三河東條で誕生した次郎左近丞も天正十一年三月十六日に一字「康」を與へられて（『德川家康文書の研究』舊　下卷之二　一六一頁　復　上卷　八一三頁）康次と名乘り、後に康重と改めた。以後同家は代々「康」を通名として今日に至つてゐる。

松平康親（松井忠次）は天正十一年六月十七日に封地の駿河三枚橋に於いて六十三歳で歿し、長男康次（康重）が遺領を繼いだ。康重は天正十三年の信濃國上田城攻め、同十八年の小田原戰役に出陣して活躍し、家康の關東入封と共に封を移されて武藏國寄西領のうち二萬石を給された。文祿元年第一次朝鮮之役には家康に從つて肥前名護屋に至つた（『寛政重修諸家譜』卷第三百七十三）。

慶長元年九月一日、大坂城に明使を引見した秀吉は、明の違約を怒り、家康等の諫止を卻けて朝鮮再出兵を決し、同月五日家康は山城伏見を發して江戸への歸途に就いた（『言經卿記』）。次いで秀吉は諸將に朝鮮出陣を命じた。川越市の光西寺保管の「松平家譜」には次の記事が見られる。「同（文祿）四年乙未三月廿日豐臣康重敍㆓従五位下㆒任周防守　慶長元年丙申九月令㆑歸㆓往大明冊使㆒再議㆑發㆓兵於朝鮮㆒」續いて「同十一月十一日賜㆓御教書㆒曰」とし本狀を掲げてある。家康は十二月十五日に江戸より山城伏見に到著してゐるので（『言經卿記』）、本狀は江戸に在つて發せられたものと知られる。「仰出」の前は闕字法が用ゐられてをり、太閤秀吉の命であることが示され、「大儀候共」の文言に再出兵に對する家康の心情が籠められてゐるかと斟酌されよう。

本狀の使者に立つた大久保與一郎忠益は五郎右衞門忠俊の五男で新八郎忠勝の弟である。初め忠利と名乘り助左衞門と稱した。永祿六年の一向一揆、元龜元年の姉川合戰、同三年の三方ケ原合戰、天正三年の長篠合戰等に從軍し、元和三年十月九日に七十一歳で歿した（『寛政重修諸家譜』卷第七百四）とあるので、生年は天文十六年と逆算される。同じく三橋左吉長成は天正十二年四月に長久手合戰で討死した長富の長男で、家康に仕へて銕炮頭をつとめ、榊原小兵衞長利の女を妻として一男を儲けたが、「のち口論せる事により家たゆ」とあり、三橋家は弟の成次が繼承した（『寛政重修諸家譜』卷第千九）。

家康が花押のみ据ゑて署名しない判物は數少ない。

曾根長次に與へたる年貢皆濟狀（慶長元年十一月吉日）

原本〔保阪潤治氏舊藏〕○東京

七嶋皆濟、卯辰巳三年分也

慶元甲（申）十一月吉

孫兵衛（曾根長次）

全文家康の自筆である。中村孝也博士著『徳川家康文書の研究』（舊・復とも　中巻　八二八頁）に本狀は掲載されてゐるが、「孫兵衛の事蹟未詳」と記されてゐるので再掲し、解説を敷衍しておく。

家康が關東に入國した翌年の天正十九年から文祿元年、同二年まで三年分の、伊豆七嶋の年貢皆濟狀である。その發給日はさらに二年後の慶長元年十一月である。

曾根氏は甲斐國八代郡曾根村に住して代々武田氏に仕へた。長次は天文十八年に生れ、通稱を孫兵衛、源左衛門とも稱した。初め武田氏に仕へてゐたが、天正六年家康が遠州濱松城に在つて武田氏に對抗してゐる時、密かに志を通じ、家康が駿河に入つてから召されて麾下に屬した。天正十八年家康が關東に移るに隨つて伊豆國の代官職を勤め、のち駿河國山西の代官を勤めた。慶長十八年十月十四日に六十五歳で歿した（『寛政重修諸家譜』巻第百六十七）。

伊豆七嶋とは大嶋・利嶋・新嶋・神津嶋・三宅嶋・御藏嶋・八丈嶋を指すが、おそらく青ケ嶋・鳥嶋・式根嶋・小嶋等の附屬諸嶋も含んでゐたと思はれる。

宇喜多秀家に遣れる書狀（文祿四〜慶長二年三月十日）

（折紙）
御使札本望存候、殊五種五荷送給、祝著之至候、其元御普請御苦身存候、尚以レ面可ニ申承一候之間、不レ能レ具候、恐々謹言、

（文祿四〜慶長二年）
三月十日　　家康（花押）

（宇喜多秀家）
備前中納言殿

原本〔玉英堂書店所藏〕○東京千代田區神田神保町

折紙を中央よりやや下のところで横に半截して文字の下部に餘白を作り軸裝してある。江戸時代に溯る古い作と見られる棧蓋造りの桐製軸箱の蓋表には「東照大權現御眞筆」と墨書されてゐる。平成七年三月二〜四日に東京美術倶樂部で催された「日本の古書・世界の古書」展に出品され、同展の目錄にも圖版が掲載されてゐる。

宇喜多秀家は文祿三年十月二十二日に權中納言に任ぜられたので（『久我家文書』）、本狀はその翌年から關ケ原戰役までの間に發給された文書であるが、秀家は慶長二年の五月以降に朝鮮に再征し歸朝したのは翌三年五月であるから、先づこの年は除かれる。

文祿四年から慶長五年の間の三月十日に於ける家康の居所を検してみると、慶長三年には江戸にゐたらしいが、その他の年は伏見か大坂城西の丸に在ったから本狀の發信地は上方である。これに對し右の間の三月初旬に秀家が國內の何處に在ったかを確認できる史料は未明である。

「其元御普請」とは何處の普請か決め手はないが、秀吉または秀家の支配地に於ける普請らしいとは推定される。右の

間に秀吉が起した普請は伏見城のほかにもあつただらうが、朝鮮に出征した大名は原則として伏見築城の助役は免ぜられたし、事實秀家が助役を命ぜられた形蹟はない。

一方、岡山城は秀吉の指示のもとに天正十八年大規模な改造に著手し、旭川の流れをつけ替へて東に對する備へとし、新川筋を掘つた土を以て本丸を高く築き上げた。朝鮮出兵で工事は一時中斷されたが文祿三年に秀家が歸朝して再開され、慶長二年に完成した。由て「其元御普請」を岡山の普請と見れば、本狀の年次は文祿四年から慶長二年までの三年の間とは推測されるものの、それ以上の決め手を闕く。

前田玄以に遣れる書狀（文祿三〜慶長二年八月二十日）

（切封ウハ書）
「（墨引）　（前田　玄以）德善院　　家　康」

西尾小左衛門（吉次）あゝ《かた》迄御狀、本望之至候、仍先度ハ《は》參候處、種々御馳走祝著存候、猶面之時可レ申候條、令二省略一候、恐々謹言、

（文祿三〜慶長二年）八月廿日　　家　康（花押）

原本〔倉橋将一氏所藏〕○愛知縣江南市

檀紙竪紙で切封ウハ書部分を反して頭につけ、軸裝されてゐる。竪三二・九糎、横四〇糎のうち端裏三・七糎なので、軸裝の際に治まりがよい様に、左の餘白が少し詰められたと推される。內外總溜塗の箱の面取印籠蓋の上に「權現樣御筆　西尾小左衛門方迄」と墨書した貼紙があり、箱も古く貼紙も江戸前期に溯ると推されるものの、傳來は不詳で、現所藏家の岳父が大東亞戰爭後入手したとしかわかつてゐない。

前田玄以《げんい》は天文八年美濃または尾張に生れ、孫十郎、基勝《もとかつ》と稱した。叡山に入つて僧となり玄以と稱したが召し出されて織田信忠に仕へ、天正十年信忠が明智勢に圍まれた時、命を受けて三法師丸を戴いて脱出し、翌年織田信雄より京都奉行に任ぜられ、のち秀吉に仕へて同十三年、丹波龜山城に住して五萬石を給せられた。秀吉に奉行衆の一人として近侍し、慶長三年秀吉死去の直前に定められた五奉行の一人にも命じられた。同五年の關ケ原戰役に際しては、表面上は西軍に與したものの三成擧兵を東下中の家康に報ずる等、密かに誼を通じてゐたため役後も所領安堵を受け、同七年五月七日に六十四歳で卒した。民部卿、法印、德善院、僧正、半夢齋と號した（『寛政重修諸家譜』巻第千百四十『戰國人名辭典』『戰國人名事典』）。なほ「古今茶人綜覽」（『茶道全集』巻十）には、前田玄以は利休門下の茶人で、宗句・宗向または宗旬とも稱したとある。

西尾吉次は初め織田信長に仕へ、天正十年六月家康接待の役を命ぜられて堺から伊賀越の危難にも隨ひ、のち間もなく家康に仕へ同十二年長久手の戰役にも供奉した。秀吉から豐臣の姓と片諱を與へられて義次を吉次と改めたが、天正十八年九月には家康より武藏國足立郡の內に於いて五千石を給され、奏者を勤め、慶長四年十月三日従五位下隱岐守に敍任された。敍任後は家康文書に於いて常に西尾隱岐守と記されるのが例となるので、本狀發給年代の下限は敍任の年と先づは抑へられる。家康は關東移封二年後の文祿年間より、次期政權繼承の構想工作を具體化し始めたと推され、朝鮮出征の諸大名、名護屋在陣の諸將や商人たちと積極的な接觸を開始する。殊に文祿二年八月歸洛後から慶長五年六月大坂出立東下までの間は、その大半を上方に在つて過し、公家・諸大名や秀吉麾下の部將たちとも親しく往來して人心收攬策を展開した。

本狀は文意より推して、家康と玄以が近接距離、即ち上方にあつて發給されたものであること明らかであり、八月二十日とあるその年を文祿三年から慶長四年の間に捉へるに疑問はない。その六年間、八月二十日には家康は常に上方に在つた。だが年次を確定し得る證もない。但し、慶長三年は八月十八日秀吉が歿した直後であつて除かれようし、同四年八月も既に五奉行と軋轢を生じたのちであつて除かれようから、先づは文祿三年から慶長二年の間と絞つて捉へられよう。

水野光康に與へたる知行宛行狀（慶長二年九月）

武藏國足立郡大内鄕七百石之事

右所二宛行一不レ可レ在二相違一、者守二此旨一可レ抽二勤功一之狀如レ件、

慶長二丁酉九月

水野萬千代（光康）とのへ

〔士林泝洄〕○卷第七十七 辛之部

光康は戸田孫八郎守光の男で幼名萬千代、のちに惣右衞門と稱し光康と名乘って伊豆守に任ぜられた。母は水野下野守信元の女である。守光は小田原陣中に卒し、萬千代は落飾した母妙源尼に伴はれて江戸に至って家康に御目見した。妙源尼は家康の從姊妹に當る。家康は萬千代に外戚姓水野氏を繼がせ、朱印を以て本狀を與へた。同年九月吉日附を以て發給された知行宛行狀が三通、『德川家康文書の研究』（舊・復とも　中卷　二八八〜九頁）に「古文書」より收錄されてゐるが、いづれも本狀と同じく朱印狀であつたと思はれる。

光康はのち駿河で義直に附屬せしめられ、父の舊領尾張國知多郡河和千四百五十九石四斗三升三合を與へられて寛文六年四月九日に卒した。その子孫は代々尾州家に仕へた（士林泝洄　卷第七十七）。

上杉景勝（推定）に遣れる書状（慶長二年十二月二十三日）

原本〔羽田八幡宮所蔵〕○愛知縣豊橋市

（折紙）
鴨鷹御用之由、内々承及候之間、即二もとを（す）へさせ令㆓進覧㆒候、猶明春早々罷上可㆓申進㆒候間、
不㆑能㆑審候、恐々謹言、
（慶長二年）
十二月廿三日　　家康（花押）
（上杉景勝）
中納言殿

上下は茶平絹、中廻しは白か水淺葱の絓、風帶はなく一文字は紺地唐草金襴、軸黒漆と簡素な装幀で折紙一紙が軸装されてゐる。桐箱は棧蓋造で蓋表に「東照宮御筆」と墨書され、蓋裏には「これの、東照神御祖命の鴨鷹の御消息の一軸は、本藩の家老倉垣主鈴長貴ぬしの家にふるくより持傳へられたるなるを、こたび神庫に納められつれば永き代の神寶といつき藏むるとなん　安政二年乙卯九月四日　文預　羽田野常陸敬雄（花押）」と墨書されてゐる。本藩とは三河吉田（豊橋市）の松平（大河内）氏で、同家の家臣録に七代倉垣主鈴長貴は嘉永元年、高四百石、役料十人扶持　家老として載つてゐる。神庫とは羽田八幡宮、羽田野敬雄は平田篤胤門下の國學者で羽田八幡宮の宮司を勤め、明治十五年六月一日に八十五歳で歿してゐる（『豊橋市史』第六巻『和學者總覽』汲古書院）。以上の由緒は同宮の宮司白井義美氏と横田正吾氏の御教示によつて得た。

本狀宛所の中納言とは誰か、推定が難しい。傳來や傳承からは手掛りを得られない。中納言とは勿論權中納言を含み、かつ武家方に限つたわけでもないが、鷹に關する應答であるから先づ武家と捉へてよいであらう。發給の年次は上洛し

て秀吉と和した天正十四年以降、将軍補職前の慶長七年までの間と先づ大摑みに捉へ、「明春早々罷上」とあるので家康が十二月二十三日に封地に在つて、翌年早々に上洛した年を中村孝也博士の考證によつて絞つてみよう。

天正十五年　春は在國、八月上京。
天正十六年　三月十八日上京。
天正十七年　三月七日上京。
天正十八年　前年十二月二十二日駿府に歸著し、正月小田原へ向け發進。
天正十九年　正月五日〜十三日武藏岩槻へ出陣、閏正月三日出立上京。
文祿元年　二月二日出立上京。
文祿二年　正月前年より肥前名護屋在陣。
文祿三年　二月十二日出立上京。
文祿四年　正月前年より伏見滯在。
慶長元年　正月前年より伏見滯在。
慶長二年　正月前年より伏見滯在。
慶長三年　前年十一月歸國、年末在國で二月以降上京、伏見で越年の説もある。
慶長四年　正月前年より伏見滯在。
慶長五年　正月前年より大坂滯在。
慶長六年　正月前年より大坂滯在。
慶長七年　正月十九日出立上京。
慶長八年　正月前年より伏見滯在。

「明春早々罷上」と十二月二十三日に記した可能性のある年は、先づ天正十九年、文祿二年、慶長二年、慶長六年の四ケ年に絞られよう。天正十八年の十二月二十三日には、奥羽の情勢未だ動搖中で「明春早々罷上」などとは記せなかつたらう。慶長四年と五年の十二月はともに大坂に在ったので「明春早々罷上」と記した可能性を全く否定することは出來ないが、鷹進覧の地としては不適當であらう。

次に右の天正十四年から慶長六年の間に、武家方で權中納言に任ぜられた者を『公卿補任』によって擧げてみよう。

氏名	任官年月日	昇進・死歿・追放等年月日
×徳川家康	天正十四年十月四日	天正十五年八月八日昇進
×豐臣秀長	同右	同右
×豐臣秀次	天正十五年十一月二十二日	天正十九年二月十一日昇進
△豐臣秀保	文祿元年六月七日	文祿四年四月十六日歿
△豐臣秀俊（小早川秀秋）	文祿元年七月十日	
×徳川秀忠	文祿元年九月九日	慶長六年三月二十七日昇進
△前田利家	文祿三年四月一日	慶長二年正月十一日昇進
△宇喜多秀家	文祿三年五月二十日	慶長五年九月逃亡
上杉景勝	文祿三年八月十八日	
織田秀信	慶長元年五月十一日	慶長五年十月追放
毛利輝元	慶長二年三月十日	
△豐臣秀頼	慶長三年四月二十日	慶長六年三月二十七日昇進
△前田利勝（利長）	同右	

權中納言に任ぜられても短時日で辭退する例が多いが、一旦任ぜられれば辭して後も「中納言殿」と稱されるので辭退の期を本狀發給期の下限と捉へることは出來ない。昇進とは權大納言に任ぜられた期を以て示し、それ以降に「中納言殿」と宛てられる可能性はないと考へてよい。尚『公卿補任』には記事がないものの『戰國人名辭典』は右の外に小早

川隆景が文祿四年八月六日に從三位中納言に敍任を受け、慶長二年六月十二日歿したと記してゐる。本狀が發給された可能性のある年次には該當しない。輝元は文祿四年七月の起請文に既に羽柴安藝中納言輝元と署名してゐる（『德川家康文書の研究』舊・復とも　中卷　二六六頁）。

右のうち家康・秀忠は問題外、秀長・秀次も天正十九年十二月以前に權大納言に任ぜられてゐるので可能性はない。秀賴も未だ幼稚であるから省かれる。前田利長とすれは慶長六年しか該當する年はないが、その年にしては最早文面が鄭重に過ぎ、これも省かれる。

秀保とすれば文祿二年のみ、秀秋（秀俊）も慶長二年十二月には朝鮮在陣であつたので同じく文祿二年のみとなるが、その年に秀保は年齡不詳なるもまだ若年と推され、秀秋は十二歲だつたので、この二人も省かれよう。

利家は文祿二年にはまだ任官前、慶長二年十二月には既に權大納言に昇つてゐたので、これも該當しない。秀家は慶長二年十二月には朝鮮在陣であつたので該當しない。

關ケ原戰役で石田方に與した景勝・秀信・輝元が慶長六年に本狀に見られる樣な鄭重な處遇を受けるとは考へられまい。慶長六年の可能性を考へ得るのは小早川秀秋ひとりのみとなるが、その可能性は慶長六年發給の他の家康文書との形式比較や文意からして殆どないだらう。

この樣に消去して行くと、殘るのは慶長二年の上杉景勝・織田秀信・毛利輝元の三名である。十二月二十三日に於ける三人の所在地は、秀信（十八歲）は未詳、景勝（四十三歲）と輝元（四十四歲）は伏見に在つた（『上杉家年譜』『史料綜覽』）。これ以上の消去法も積極的史證も得難いと思はれるので、三人の領國と家康が最も好誼を重んじようとしてゐた人物との觀點から、本狀の宛所を上杉景勝と推定しておく。

豐臣氏四奉行に遺れる書狀（慶長三年正月二十一日）（圖版一）

（折紙）就二御普請之儀一、（平出）上意之段被二仰下一候、委細存二其旨一候、然者如二（平出）御下知一半役人數、三月朔日以前京著之事、聊不レ存二由斷一候、此旨可レ然之樣御取成賴入候、尙近〻令二上洛一候之間、不レ能二一二一候、恐〻謹言、

（慶長三年）正月廿一日　家康（花押）

（前田玄以）德善院
（長盛）增田右衞門尉殿
（三成）石田治部少輔殿
（正家）長束大藏殿

原本〔奈良縣立美術館所藏〕○奈良市

折紙の天地を少し詰めて一紙のまま一幅に軸裝されてゐる。

家康の署名は、二字を一字に合字した書體で、文祿年間から慶長初年までの間にのみ見られる特徴を示してゐる。

民部卿法印であつた前田玄以が、昇殿に伴つて僧官か院號か如何の勅問を下され、德善院と號することとしたのは慶長元年五月六日以降である（『孝亮宿禰日次記』『義演准后日記』）。文中、上意・御下知の二語はともに改行されて平出の書札禮が採られてをり、秀吉の意を指す。よつて本狀の發給年次は慶長二年か三年に限定される。家康は慶長元年十二

月十五日に江戸より伏見に到著し（『言經卿記』）、翌二年正月は伏見で迎へ、その年十一月十七日まで上方に滞在して江戸に歸った。江戸歸著は十一月末と思はれる。慶長三年の正月は江戸城で迎へ、二月か三月には江戸を立って上洛した。由て本狀の發給年次は慶長三年と確定できる。近々とある故、おそらく二月中には江戸を出立したものと思はれる。本狀にある御普請が何の普請か審らかに出來ない。秀吉は醍醐寺三寶院の修理に取りかかってをり、三月五日には五重塔の工成り、三月十五日には有名な醍醐の花見を催す。その普請に關連する下知かと考へてみたが、確證を得られない。

武川衆に與へたる替知行宛行狀（慶長三年四月二日）

（竪紙）

鉢形城廻替知行之覺

一六百拾五石壹斗六舛　　櫻澤之郷

米藏（米倉忠繼）五郎兵衞殿分、御藏入ニ成、

此替地御正本郷ニ而渡

一九百拾五石六斗八舛五合　　折原郷

成吉・日下兵へ（成瀬正一・日下部定好）市ニ殿へ替ニ渡、武川衆分

合千五百參拾石八斗五舛

右之替地

一千廿壹石三斗四舛貳合　　御正本郷

慶長三年

一四百八石九斗貳舛　是ハ櫻澤之替地ニ渡　同三ツ本
一廿壹石六斗八舛　今市分
一七拾八石九斗　成澤之内ニ而
合千五百卅石八斗五舛
右之分、爲ニ替地一渡申候間、御所務可レ被レ成候、今度五月朔日御寄合ニ而、何も加判可レ仕候間、其内之覺ニ而候者也、仍如レ件、
（慶長三年）戌
四月二日　伊熊藏（伊奈忠次）（花押）
武川衆
参

原本〔田中暢彦氏所藏〕○埼玉縣大里郡

家康が關東に入部した天正十八年以降で米倉忠繼が歿した慶長四年四月までの間の戌年は慶長三年である。鉢形城は北武藏最大の北條氏の支城であったが、天正十八年六月十四日に開城、廢城とされた。櫻澤鄕は鉢形領のうちで江戸時代には榛澤郡櫻澤村と言った。折原鄕も鉢形領のうちで男衾郡に屬してゐたが、男衾郡は明治二十九年に廢されて大里郡に組み入れられた。御正本《みしやうほん》鄕も鉢形領のうちで大里郡、三ツ本は大里郡御正領のうちの三ツ本村、今市は鉢形領のうち男衾郡今市村、成澤は大里郡御正領のうちの成澤村である（『角川日本地名大辭典』）。

米倉五郎兵衛は主計助忠繼で武田氏遺臣の武川衆である。天正十年三月、織田信長は武田家の士を扶助することを禁じ

たので、家康は成瀬吉右衞門正一を以て潜かに命を傳へ、忠繼は折井次昌と共に家康に謁して月俸を受けて潜居した。信長歿後の家康の甲信鎮撫に際しては家康に從つて武川衆を家康に屬さしめた。家康の關東入部に隨つて武藏國鉢形のうちに於いて采地七百五十石を給ひ、慶長四年四月に卒した（『寛政重修諸家譜』卷第百六十九）。

成瀬正一は小吉、吉左衞門と稱した。永祿三年故あつて三河國を去り、甲斐に行き武田信玄に仕へて武川の士と誼を通じたが軈て三河に戻つて家康に屬し姉川合戰にも出陣した。天正十年米倉忠繼、折井次昌と共に働いて武川衆を家康に屬さしめた。天正十八年家康は正一を鉢形城に居らしめ武川・根來衆を附屬せしめた（『寛政重修諸家譜』卷第九百四十七）。

日下部《くさかべ》定好は初め吉定を名乘り、兵右衞門と稱した。永祿年中岡崎で家康に仕へ、天正十年甲信鎮撫に際しては成瀬正一・岡部正綱等と共に大須賀康高を添へられ、甲州に赴いてその地の衆を味方に加はらしめた（『寛政重修諸家譜』卷第六百七十）。

市二殿は未詳である。市川平左衞門昌忠は信虎・信玄に仕へ、天正十年十一月家康に仕へ、翌十二月二十一日成瀬正一・日下部定好に副て國中の巷說を聞き、言上すべき旨の仰せを蒙る（『寛政重修諸家譜』卷第七百七十五）とある。この昌忠が該當する可能性は一番高さうだが確證はない。武田家遺臣には市川姓の士が少なくないので、そのうちの誰とも決め難い。

前田利家に遺れる書狀（慶長三年七月二十二日）（圖版二一）

「（端裏內封ウハ書）ト　大納言殿（前田利家）　家康
御返報」

慶長三年

猶以申候、昨日（闕字）御前へ罷出候、御氣色一段能御座候、可ニ御心安一候、貴殿御煩之様子、具申上候、御養生專一之由（闕字）御意候、富左（富田左近將監知信）拜下被レ存候、定可レ被レ申候、

御捻之通、具令ニ披見一候、仍最前不レ出衆、今日いつき（れ）も可レ被レ下之由、德善院（前田玄以）ゟ（より）申來候由、尤存候、我ゝ年寄相添可レ申由承候、御傷心あは（かま）しく存候、不レ及ニ其儀一候共、いつき（れ）も御渡尤候、其上御普請ニ付置申候間、御六ケ敷御座候とも、被ニ仰付一御渡尤候、恐ゝ謹言、

（慶長三年）七月廿二日　家（家康）（異形花押）

原本〔村上氏舊藏〕

檀紙で切封の宛所書きの部分は裏返して表に出し、一幅の掛物に裝幀されてゐる。封には通例の通りにはつきり「家康」と署名しながら、本文の日附の下には「康」一字を崩したか、或は「家」一字に異形花押を据ゑたかとも見られる特殊な署名が記されてゐる。これに最も近似してゐる例は「淺野長吉（長政）に遣れる書狀（慶長三年七月十四日）」に見られる署名（『德川家康文書の研究』舊　下巻之二　巻末から一三五頁　復　下巻之二　巻末から一三八頁　花押集　第三號）である。家康がこの様な異形の署名や花押を見せるのは、先づ文祿元年から慶長四年までの間と見て大過ない。およその文意から推しても本狀は公家方宛とは考へられず、豐臣秀長とも考へられず「大納言」は前田利家以外に求められない。利家は慶長二年正月十一日に權大納言に任ぜられ、同月十六日には早くも辭したが、以後も專ら加賀大納言殿もしくは單に大納言殿と尊稱された。

本狀は利家から遣られた捻文に對する答書であつて、利家の書狀の意を踏まへて應答してゐるので文意はなかなか解き難い。

慶長三年七月七日、餘命を悟つた秀吉の命により、未だ生存中ではあるが、死去に先立つて諸大名に對し秀吉の遺物分けが伏見の前田利家邸で行なはれた(『加賀藩史料』)。續いて七月十五日、伏見の前田利家邸で諸大名が誓書を德川家康と利家とに提出した(『史料綜覽』)。遺物分けはこの七月十五日であつたと解すべきかも知れない。

本狀の文中の「最前不出衆」とは、この時の遺物分けに與らなかつた衆を指すと解すと、それらの衆にも下さることになつた旨を前田玄以から申し來つた由云々と文意は通じ易くなる。この文意の通り本狀より三日後の七月二十五日に秀吉の遺物分與(『史料綜覽』)が再び行なはれてゐる。御普請とは秀吉の命じた普請であらうが何の普請か未明であり、何故にそれ故むづかしいのかも判然としない。普請の現場から出頭させるのは難しくとも、その旨を達して遺物を渡すのがよからうとの意であらうか。

追手書きによると、家康は前日の七月二十一日に伏見城の秀吉に謁したところ秀吉の氣色はよかつた樣だが、當時利家も患つてゐたらしい。利家はこの年六月二十日、上州草津での湯治から越中富山に歸著してゐる(『加賀藩史料』)。その月末には伏見に上つて秀吉の病床を見舞つた樣で、この頃利家も病んでゐたと岩澤愿彥氏は考證してゐる(人物叢書『前田利家』吉川弘文館)。

追手書の末尾、取敢ず「富左拜下」と訓じた四字は難讀難解である。富田左近將監知信と解しても「拜下」の意は通じない。富は多・留と見られないでもなく、左は右・乍とも讀めないでもなく、拜は樣と見えないでもないが、いづれを採るも意は通じ難く、暫しは後考に俟つこととする。

尙、岩澤氏の考證は『加賀藩史稾』一に由つてゐるかと推測されるも明徵を得ない。

〔参考〕豊臣秀吉の遺言覚書（慶長三年八月五日）

覚

一内府（家康）

利家（前田）

輝元（毛利）

景勝（上杉）

秀家（宇喜多）

此五人江被二仰出一通口上、付縁邊之儀、互可レ被二申合一事

一内府三年御在京事　付用所有レ之時ハ中納言殿（徳川秀忠）御下之事

一奉行共五人之内、徳善院（前田玄以）・長束大（大蔵少輔正家）両人ハ一番ニして殘三人内壹人宛伏見城留守居之事

内府（家康）惣様御留守居之事

一大坂城右奉行共内貳人宛留守居之事

一秀頼（豊臣）様大坂被レ成二御入城一候てゟ（より）諸侍妻子大坂へ可二相越一事

以上

（慶長三年）八月五日

原本〔早稲田大學圖書館所藏〕○東京

家康以下五大老に對する秀吉の遺言の覺書である。署名も印判もないが秀吉に近侍してゐた者が記し留めたものと推される。『德川家康文書の研究』（舊・復とも　中巻　三〇五〜三一三頁）に收錄されてゐる慶長三年八月五日から十一日の間に五大老や五奉行の間で取り交された誓詞や秀吉の遺言を參照されたい。秀吉の末期の樣子は各種の『太閤記』にもそれぞれ記されてゐる。しかし、これらの文書の方が死期迫るを知り、自分の死後の政體、そして幼い遺兒の將來を憂へて已まない權力者の心境が如實に窺はれる。

「緣邊之儀」とは緣組の意とのみ解せばよいのか、もう少し廣い意味と解すべきか、その對象とした範圍は五大老家に限定と解すべきか五奉行を含むのか、さらには諸大名全ての緣組は五大老が詮議すべしとの意か、解釋の方法には幅がある。第二條では家康の三年間在京執政を決め、「用所」ある時は秀忠が下ることとあるので、「用所」とは江戸および所領地での用件との意であらう。第三條の「一番にして」の意は解釋が難しいが、おそらく前田玄以・長束正家は京都奉行等の職務に當り、他の三人の奉行の內の一人は伏見城留守居に當り、家康が伏見城に在って政務總覽すべしとの意であらう。第四條は前田玄以・長束正家・伏見城留守居役奉行以外の他の二人の奉行は大坂城留守居役を務めよと命じてゐる。第五條は秀賴が伏見城より大坂城へ移徙したならば諸侍の妻子も大坂へ移轉せしめよとの命である。秀賴は秀吉の遺命によって翌慶長四年正月十日に伏見城から大坂城に移り、伏見屋敷に在った諸大名の妻子も大坂屋敷に移住することとなる。家康を伏見に置く代りに、諸大名の妻子は秀賴と共に大坂へ移轉を命じたことは、二年後の關ケ原戰役を豫見して備へたかの感もするが、それは結果論であって、秀吉とすれば豐臣政權の下、當然の措置であったらう。

加藤清正に遣れる豐臣氏四大老連署狀（慶長三年九月五日）

（折紙）

以上

慶長三年

態以ニ飛脚一令レ申候、
一御無事之儀、最前其方手前ニて可レ仕之旨、被ニ(闕字)仰出一候、雖レ然其方手前難レ調ニ付てハ、何之手前ニて成共、可レ被ニ相濟一之旨候條、急度相調候様ニ御才覺肝要候、不レ可レ有ニ由斷一候事
一御無事之様子、朝鮮王子相越候ヘハ尤候、不ニ相越一候共、御調物ニて可レ被ニ相究一候、日本御外聞迄候間、御調物多少之段者不レ入事候間、各相談候て可レ然之様ニ可レ被ニ相究一事
一冬中ニ此方へ被レ得ニ(闕字)御意一儀も、はか(はか)行間敷候間、不レ及ニ御伺一可レ被ニ相濟一候、御無事と被ニ仰出一候上者、御調物ニても、王子ニても、如ニ相調一可レ被ニ相究一事
一各迎舟之儀、(闕字)大閤(豊臣秀吉)様被ニ(闕字)仰付一候新艘百艘、其外浦〻舟貳百艘、都合三百艘、追〻被ニ差遣一候事
一内府(徳川家康)・輝元(毛利)・秀家(宇喜多)至ニ于博多一下向候而、各歸朝之儀可ニ申付一候由候處、人數不レ入之由、被ニ申止一候間、先遠慮候、然間安藝宰相(毛利秀元)・淺野彈正少弼(長政)・石田治部少輔(三成)兩三人被レ遣レ之候、其方様子ニより渡海候て成共、可レ被ニ相談一之旨候、猶追〻可レ令レ申候、恐〻謹言、

(慶長三年)九月五日

輝元(毛利)　(花押)
秀家(宇喜多)　(花押)
利家(前田)　(花押)

家　康（花押）

加藤主計（清正）頭殿

原本〔恒川正雄氏所藏〕○宇都宮市

同じく四大老より略同文同日附で島津義弘・忠恒に遺られた連署狀、毛利吉成等六將に遺れる連署狀が『德川家康文書の研究』（舊・復とも　中卷　三三一〜三三四頁）に收錄されてゐる。後者の原本は財團法人前田育德會の所藏である。

小西行長・宗義智に遺れる豐臣氏四大老連署書狀（慶長三年九月五日）

以上

態以二飛脚一令レ申候、

一御無事之儀、最前加藤主計（清正）手前に（に）て可レ仕之旨、被二仰出一候、雖レ然加主（加藤清正）手前難レ調ニ付てハ、何之手前ニて成共、可レ被二相濟一之旨候條、急度相調候樣ニ御才覺肝要候、不レ可レ有二由斷一候事

一御無事之樣子、朝鮮王子相越候へハ（は）尤候、不二相越一候共、御調物に（に）て可レ被二相究一候、日本御外聞迄候間、御調物多少之段者不レ入事候條、各相談候て、可レ然之樣ニ可レ被二相究一事

一冬中ニ此方へ被レ得二御意一儀も、はか（はか）行間敷候間、不レ及二御伺一可レ被二相濟一候、御無事と被二

仰出㆒候上者、御調者ま(に)ても、王子たちも、如㆓相調㆒可㆑被㆓相究㆒候事
一各迎舟之儀、大閤(豊臣秀吉)様被㆓仰付㆒候新艘百艘、其外諸浦之舟貳百艘、都合三百艘、追々被㆓差遣㆒
候事
一内府(徳川家康)、輝元(毛利)・秀家(宇喜多)、至㆓于博多㆒下向候而、各歸朝之儀可㆓申付㆒候由候處、人數不㆑入之由、
被㆓申止㆒候間、先遠慮候、然間安藝宰相(毛利秀元)・淺野彈正少弼(長政)・石田治部少輔(三成)兩三人被㆑遣㆑之候、
其方様子ニゟ、渡海候而成共、可㆑被㆓相談㆒之旨候、猶追々可㆑令㆑申(候脱カ)、恐々謹言、

(慶長三年)九月五日

輝元(毛利)(花押)
秀家(宇喜多)(花押)
利家(前田)(花押)
家康(徳川)(花押)

小西攝津守(行長)殿
羽柴對馬侍從(宗義智)殿

原本〔豐國神社所藏〕○京都市

本狀と略同文の書狀が『徳川家康文書の研究』(舊・復とも　中巻　三二九〜三三四頁)に收録されてをり、その解説を參照されたい。

脇坂安治に遺れる豊臣氏五大老連署の書状（慶長三年十月十六日）

朝鮮表之儀、大明人罷出之由相聞候間、來春順風次第ニ可レ被ニ差渡一候條、被レ得ニ其意一可レ有ニ用意一候、然者かこ（水主）并舟之儀、如ニ割符一是又用意不レ可レ有ニ由斷一候、恐々謹言、

（慶長三年）
十月十六日

輝（毛利）元（花押）
景（上杉）勝（花押）
秀（宇喜多）家（花押）
利（前田）家（花押）
家（徳川）康（花押）

脇坂中務少輔（安治）殿

原本〔大阪城天守閣所藏〕○大阪市

『德川家康文書の研究』（舊・復とも　中巻　三四六頁）に收錄されてゐる同文同日附の「菅達長に遺れる書狀」とその解說參照。同書狀では「差越」とあるところが、本狀では「差渡」とある以外に異同はない。おそらく本狀と同文の書狀が、菅達長の他にも九鬼嘉隆・堀内氏善へも發給されたものと推される。本狀と同文の原本文書が京都の豊國神社に所藏されてをり、その圖版が昭和四十八年五月に石川縣美術館で開かれた「前田利家展」の圖錄に掲載されてゐるが、宛所を闕いてゐるので別しては收錄しない。同圖錄では本狀を文祿元年の發給と解してある。

生駒一正に遺れる豊臣氏五大老連署の書状（慶長三年十月十六日）

朝鮮表之儀、大明人罷出候由相聞候條、來春順風次第ニ可レ被ニ指渡一候間、被レ得ニ其意一可レ有ニ用意一候、然者かこ（水主）竝船之儀、如ニ割符一是又用意不レ可レ有ニ由斷一候、恐々謹言

（慶長三年）十月十六日

（毛利）輝元　書判

（上杉）景勝　書判

（宇喜多）秀家　書判

（前田）利家　書判

（徳川）家康　書判

生駒讃岐守（一正）とのへ

〔生駒家寶簡集　乾〕○東京大學史料編纂所所藏

前掲の脇坂安治に遺れる書状の解說參照。一正は親正の男で三吉、正俊とも稱した。文祿の役には親正と共に出陣、慶長の役には親正は出陣せず一正のみ出陣した。

豊臣氏五大老五奉行連署の大坂城勤番定書（慶長四年正月）

一秀頼（豊臣）様御前江不レ依二何時一可レ有二謁（伺）候一衆

江戸内大臣（徳川家康）　加賀大納言（前田利家）
江戸中納言（徳川秀忠）　備前中納言（宇喜多秀家）
安藝中納言（毛利輝元）　會津中納言（上杉景勝）
羽柴肥前守（前田利長）　德善院（前田玄以）
淺野彈正少輔（長政）　石田治部少輔（三成）
長束大藏少輔（正家）　增田右衞門尉（長盛）
石川備前守（貞清）　石田木工頭（正澄）
石川掃部介（賴明）　片桐市正（且元）

詰衆御番之次第

壹番
杉原伯耆守（長房）　堀加賀守
毛利河内守（秀秋）　羽柴孫四郎

宮部中務（継潤）　同おきち（宮部才吉）
淺野右兵衛（右兵衛尉長晟）　伊藤美作守
木松虎松　橋本中務
山中紀伊守（幸俊）　加藤源吉（五）
村井右近（右近大夫）　伊東武藏（伊藤武藏守）
蜂屋勝千世

二番
大野修理大夫（治長）　石田主水（主水正）
左地市藏　羽柴長吉
山口左馬助（弘定）　奥（土）おかね
毛利長門守（秀元）　大方丹後守
山岡彌平次（彌源次）　生駒下野守
小西式部少輔（大輔）　長谷川吉左衛門（吉左衛門尉）
石田右近（左近　朝成カ）　青山右衛門大夫
木村右京　堀田清十郎

右、一日一夜宛、無二懈怠一可二相勤一者也、

定番之衆
暮松越後守（新九郎カ）　徳原八藏
菊阿彌
一定番詰衆之外、可ㇾ有二伺公一衆
增田兵部少輔（兵部大輔盛次）　長束兵部少輔（長吉）
石田隼人（隼人正重成）　前田主膳（主膳正茂勝）
右御書付之外、無二御用一衆參上候者、爲二當番一堅可ㇾ被二相改一者也、
一進物ニ而御禮可二申上一衆
公家衆　門跡衆
國大名衆
右、出仕之時分、加賀大納言（前田利家）・同羽柴肥前守（前田利長）父子之内壹人謁（伺）候し而可ㇾ有二御取次一事
一右之衆外無二安（案）内一心易進物ニ而可ㇾ有二御目見一衆
石田木工（木工頭正澄）　石川備前守（貞清）
石川掃部（掃部頭賴明）　片桐市正（東市正且元）
一貳拾四人之内私儀（行）法度女中方幷若衆狼藉之族於ㇾ有ㇾ之ハ、是亦見隠聞かへ（く）さす四人として
可ㇾ有二上言（言上）一事

一詰衆・御咄之衆いつれも罷出候而より以後、掃除坊主以下唐門ゟ外へ可二罷出一候共、夜中によらす御用之時分ハ、四人として當番ニ可二罷出一候、右之掟相違有間敷候也、條々如レ件、

(毛利)安藝中納言輝元　(正家)長束大藏
(上杉)會津中納言景勝　(長盛)増田右衛門尉
(宇喜多)備前中納言秀家　(長政)淺野彈正少弼
(前田玄以)德善院法印　(三成)石田治部少輔
(前田)加賀大納言利家　(德川)江戸内大臣家康

〔古案　秀吉〕2/8　○徳川林政史研究所所蔵

「武家事紀」(山鹿素行著　拔萃新編　新人物往來社發行)の年譜の慶長四年正月十日の條に「公(秀頼)伏見の城より大坂にうつりたまう。これすなわち太閤の遺命なり。五大老・五奉行供奉す。家康公その夜、片桐主膳正貞隆が宅に一宿したまう。伏見城は五奉行代々在番なり。大坂の城へうつらせたまう後、十人の衆連判をもって勤番の次第、御禮の儀式などことごとく相定まる。その趣は」との記事に續けて本文書が掲げられてゐる。但し「條々件のごとし」で終ってゐて、本文書の末尾にある五大老五奉行の名はない。その名の書き方は、五大老が官職名諱名、五奉行が氏と官職名であって、當時の五大老五奉行の書式の例に適ってゐるので連署狀と捉へておく。日附は脱落してゐるが原本には當然記されてゐたはずであるので、「武家事紀」に從って慶長四年正月としておく。登場人物の任官の時期と照合しても矛盾は生じない。官職名の表記は「武家事紀」との間に片桐市正と片桐東市正と言った樣に僅かな相違が多々あるが、いづれも人物の特定に異同を生ぜしめるほどの誤差はないので、『戰國人名辭典』と併せ補訂として右傍の括弧内に示しておく。詰衆壹番にある羽柴孫四郎は、その氏と通稱のみなら前田利長に合致するが、利長は既に不時伺候の者とされて

ゐるので別人と解すべきであり、この人物は未明である。秀頼の伏見から大坂城移徙に伴ひ、秀頼に不時伺候の者、詰衆の番、定番衆等とその役割を定めて置く必要が生じ、五大老五奉行協議の上、作成されたものと考へられるので、定書と捉へ、家康文書として採録しておく。

柏原次郎右衛門に遺れる書状（?〜慶長四年二月十日）

爲㆓音信㆒鮒一折到來、喜悅之至候、猶西尾小左衛門尉（吉次）可㆑申候、恐々謹言、

（?〜慶長四年）二月十日　家　康（花押摸）

柏原次郎右衛門殿

写〔正徳年中御家より出ル古書付写〕○淺野家史料
〔譜牒餘錄〕○二十二 松平安藝守 附家臣

「柏原二郎右衛門尉に與へたる知行宛行狀（?〜慶長五年九月十一日）」の解說（本書四〇〇頁）參照。柏原氏の所領は江州柏原庄であったので、二月十日の季節と土地柄より推して、鮒一折は琵琶湖の鮒鮨だったかと考へてみたい。西尾吉次は慶長四年十月三日に從五位下隱岐守に敍任され、以後は專ら西尾隱岐守と官職名で記される様になる。由て本狀の發給下限も同年と抑へられるが、上限は未明である。

豊臣氏五奉行に遣れる書状（慶長四年三月十日）

（折紙）
御書付披見申候、銀子之儀、委細意得申候、急度可二申付一候、恐々謹言

（慶長四年）
三月十日　　家　康（花押）

徳善院（前田玄以）
宮部法印（繼潤）
石田治部少輔殿（三成）
增田右衞門尉殿（長盛）
長束大藏大輔殿（正家）

原本（日本民俗資料館・松本市立博物館所藏）

秀吉が命じた五奉行は、右の五人中、宮部繼潤を含まず、外に淺野長政を含む。石田三成は慶長四年閏三月九日附の家康書狀（『德川家康文書の研究』中巻　舊・復とも　四〇〇頁）に「佐和山へ閉口に相定、明日可參候」とあつて、奉行失脚の期が知られる。淺野長政は慶長四年十月二日に甲斐に蟄居せしめられるに至つたが、同年八月二十日にはまだ長束正家・增田長盛・前田玄以と連署して活躍してゐたことが、伊達政宗宛の金山當年公用の金子運上分の進納を達した書狀（伊達家文書）によつて知られる。

宮部中務卿法印繼潤は比叡山の法師だつたが淺井長政、織田信長、豊臣秀吉に仕へて文祿三年には八萬千石を領し（『當

代記』)慶長元年に隠居し、その後も秀吉お咄衆として、側近に在って政務に参與し、慶長四年三月二十五日に卒した(『戰國人名辭典』)とあり、平凡社の『人名辭典』によると、享祿元年生、慶長四年閏三月二十五日に七十二歳で卒したともあるが、いづれにせよ慶長四年が本書狀の執筆年代の下限となる。男兵部少輔長煕(長房)が繼いで五萬石を給されたが、關ヶ原戰役に際して西軍に屬し、役後除封された。

繼潤が豐臣氏の奉行に任ぜられたとの確證は求められないので、本書狀も本來ならば「豐臣氏四奉行竝びに宮部繼潤に遺れる書狀」と呼ぶべきであるかも知れない。文祿三年から慶長四年の間に豐臣氏奉行が發給した文書には、淺野長政を闕いた四奉行または三奉行や二名連署狀が少なくないので、本書狀の宛所に長政の名の見られぬ點も異例とするには當らない。だが、長政に代つて繼潤が加へられてゐる點は特異であらう。

慶長二年三月七日附で豐臣氏奉行が發給した「京都御法度書之案文」寫(毛利家文書之三　三六八頁)には、本書狀と同じく長政を闕き繼潤を加へた五人が連署してをり、繼潤は正式に任ぜられた奉行ではなかつたにしても、それに準ずる役にあつたと推定される。

本書狀にある「銀子之儀」とは、具體的に如何なる問題を指してゐるかは詳らかにし得ない。とは言つても、私事ではなく、天下の仕置、一國の政務に關する問題であつたことは、豐臣氏の五奉行連署の來翰に對する答書である點から見て明らかである。家康の署名は二字合體の形姿である家康が豐臣氏五奉行と、天下の政務に關して文書を以て往復せしむるのは、秀吉の病狀危篤となつた慶長三年八月以降である。

由て本書狀の日附三月十日は慶長四年と求めるのが最も妥當であり、豐臣氏五奉行が五大老の筆頭として伏見に在つて政務を執つてゐた家康に、銀子に關して何かしら訴へて來たのに對し、承諾と實行下命とを約した答書と解することとなる。

京極高次に遺れる書状（慶長四年三月十三日）

一書申入候、大納言（前田利家）殿御煩御見廻ニ参候之處、大坂迄預ニ御吏（使）者一本望之至候、大納言殿御驗氣ニ候て、緩〻と申談候、此地御上之節、以レ面可ニ申承一候、委細井伊兵部少輔（直政）可レ申候間、不レ能レ具候、恐〻謹言

（慶長四年）三月十三日　　家康（花押）

大津宰相（京極高次）殿

原本〔大阪城天守閣所蔵〕○大阪市

慶長四年二月二十九日に大坂より伏見まで病軀をおして來訪した前田利家に對し、家康は三月十一日答禮として大坂に赴き利家の病狀を見舞ひ、その夜藤堂高虎邸に一泊して翌日伏見に歸つた。この二度に亙つた家康と利家との會談は、とかく兩者の間に確執ありとの風評を耳にしてゐた諸大名にとつて、重大な關心事であつたに違ひない。京極高次も大坂に使者を送つて兩者の會談を祝賀したのであらうが、內實は一刻も早く會談の成り行きを知りたかつた故と想像される。高次の室淺井氏お初の方（常高院）は淀の方の妹であり、秀吉側室松の丸殿（龍子）は高次の妹である。家康にとつて、豐臣氏との緣深く、要衝の大津城に住する高次は、是非ともその意を迎へて置きたい大名であつたに違ひない。その意圖が文面から讀みとれる樣である。

〔參考〕徳川秀忠より結城秀康に遣れる書狀（慶長四年三月二十二日）

（折紙）
尚々其元御様子、被レ入二御念一被二仰越一候、忝候、

御飛札本望之至令レ存候、路次中無二何事一被レ成二御上著一候由、珍重存候、將又（闕字）內府様（家康）彌御息災ニ御座候由、是又目出度存候、仍大納言殿（前田利家）煩付（闕字）內府様（家康）大坂へ被レ成二御下一候處、御入魂之由、滿足ニ存候、随而六人のうちへ御入なされ候由、御尤ニ存候、何事も自レ是可二申入一候間、不レ能レ具候、恐々謹言、

（慶長四年）三月廿二日　秀　忠（花押）

武藏守
秀忠

（結城秀康）三州様
御報

原本〔思文閣墨蹟資料目錄第三〇五號所載〕○平成九年十一月

折紙を半截し本紙を二段にして懸軸に裝幀されてゐる。

宛所の三州様とは家康の次男、秀忠の兄で三河守を稱してゐた結城秀康と解される。秀康は慶長四年閏三月十日、伏見の家康邸から佐和山へ引退する石田三成の護衞を勤めてゐるのでその一カ月ほど前に上洛し、おそらく伏見の結城邸に在つたものと思はれる。その到著後間もなく、伏見・大坂の情勢を江戸の秀忠に報じて來た書信に對する返書である。文中二ケ所に記されてゐる「內府様」は發給者・受給者ともに敬意を拂ふべき位置にあつた人物であることを示して「様」と敬稱され、かつ闕字法が用ゐられてをり、秀忠・秀康の父家康を指してゐることは言ふまでもない。家康はこ

の年二月二十九日に伏見邸に大坂より前田利家の來訪を迎へ、その答禮として三月十一日大坂に赴いて利家の病氣を見舞ひ、藤堂高虎邸に一泊して翌日伏見に歸つた。家康と利家との間に生じかけてゐた軋轢が、この相互の訪問によつて氷解した旨を秀忠は報ぜられたのであらう。滿足の意を表明してゐる。「隨而六人のうちへ御入なされ候由」とある「六人のうち」とは、いつたい如何なる六人衆であるのか。德川家康・前田利家・宇喜多秀家・上杉景勝・毛利輝元の五大老、これに更に小早川隆景の加はつてゐる例もあり、隆景が慶長二年六月十二日に歿したので、替つて秀康を加へるとの案があつたらしいと解される。但し實現はされなかつたので、單なる噂だつたのかも知れない。

前田利長に遺れる書狀（慶長四年三月二十六日）

大納言(前田利家)殿御煩爲二御見廻一、只今羽越中(長岡忠興)殿御下之由候之間、如何候哉と無二御心元一令レ啓候、猶使者可レ申候之條、令二省略一候、恐々謹言

(慶長四年)三月廿六日　家康（花押）

越中中納言(前田利長)殿

原本〔德川恆孝氏所藏〕○東京澁谷區

慶長四年二月二十九日、前田利家は病を冒して長岡（細川）忠興・淺野長慶（幸長）・加藤清正と共に伏見に來つて家康と誼を交し、家康もまた三月十一日大坂に下つて利家の病を見舞ひ、藤堂高虎邸に一泊して伏見に歸つた。この時利家は小康を得てゐたらしい樣子が三月十三日附で家康から利家と淺野長慶に遺つた書狀に窺はれるものの、軈て病狀は改まつて愈々重る一方となり、閏三月三日歿するに至る。

羽柴越中守と稱してゐた長岡忠興は、家康と利家の間に生じた確執を案じて和解斡旋に努めた。忠興の男忠隆の室は利家の女であつたから、忠興と利家・利長は姻戚關係にあつた。前田利長は天正十三年越中國のうち礪波・射水・婦負の三郡を宛行はれて守山城に住し、從四位下侍從に敍任されて肥前守にあらためた。由て以後は羽柴肥前守と記されることが多い。天正十五年越中國新川郡を加封されて富山城に移り、同十七年少將、文祿四年中將、慶長二年九月參議と進められ、慶長三年四月二十日には從三位中納言に敍任されたので以後は越中中納言とも呼ばれる樣になつた。

本狀は折紙を半截して卷子に仕立ててあり、同卷には二月二十八日附加賀宰相宛の秀忠書狀、五月三日附加賀中納言宛の家光書狀も仕立て込まれてゐる。

〔參考〕徳川秀忠より某に遣れる書狀（慶長四年閏三月十九日）

（折紙）
急度以二飛脚一申上候、仍今月十三日御城へ被レ成二御移一之由、目出度奉レ存、早々申上候、此等之趣披露可レ申候、恐々謹言

（慶長四年）後三月十九日　　武藏守
　　　　　　　　　　　　　秀　忠（花押）

〔増上寺文書〕○東京港區増上寺所藏『増上寺史料』第一卷　二四頁

幅物に仕立てられてゐると記されてゐるので原本であらう。宛所は失はれてゐるので不明だが、家康側近の家臣であらう。慶長四年閏三月十三日に家康が向島の自邸を出て伏見城西之丸に移つたことは『言經卿記』『多聞院日記』『三藐院記』にも見られる。時に江戸在城であつた秀忠は、家康移徙の報に接して早速に祝ひを家康に書き遣つたと知られる。

長谷川嘉竹に遺れる書状（慶長四年閏三月十日）

（折紙）
此中御湯治之由承候、御煩如何候、無㆓御心元㆒候、仍見事之鯉五送給、祝著之至候、猶期㆓後音㆒候條、令㆓省略㆒候、恐々謹言

（慶長四年）
後三月十日　　　家康（花押）

（長谷川）
嘉竹法印

〔水戸徳川家・音羽護國寺幷ニ某家御藏品入札目録〕○大正十年十一月廿八日入札 於東京美術倶樂部　圖版番號三三

賣立目錄所載の竪一・五糎、横三・五糎の小さな圖版から採錄したので聊か不安が殘る。折紙を半截し臺紙貼懸軸装としてある。遺憾ながら宛所の下二文字「法印」は確かであるが、上二文字が判讀困難であり、「嘉竹」とも「嘉行」「嘉軒」とも見える。

家康の存生中に閏三月のあつた年は、永祿四年・天正八年・文祿四年・慶長四年の四回を數へるが、先づ永祿四年と天正八年は除外されよう。文意から見ると閏三月に家康が同じく上方に在つた文祿四年と慶長四年のどちらの年とも解せようが、二つの觀點から慶長四年と斷じて先づ誤りないと思はれる。その一は文祿年間から慶長二年か降つても三年までの間に限り、家康は「家康」の二文字を合體した樣な署名を見せることが多いのに對し、本狀の署名は慶長三年以降再び舊來の形に戻した署名である點である。その二は文書の文言は發給された時期が近いものほど同じ樣な文言が使用されるのが通例であつて、本狀の文言を既に知られてゐる兩年の文書と比べてみると、斷然慶長四年發給の文書との共通點の方が多い。

當時家康がこの様な書狀を遺る可能性の高い者で法印に敍せられてゐた者となると、金森兵部卿法印長近・德永式部卿法印壽昌・松浦式部卿法印鎭信・有馬中務卿・兵部卿・刑部卿法印則頼・山岡宮内卿法印景友・前田民部卿法印玄以・下間刑部卿法印頼廉・長谷川刑部卿法印（法眼とも）宗仁・吉田宮内卿法印淨慶・竹田雄譽法印定加などが考へられるが、そのいづれとも、また餘人とも決め手は見つからない。宮部中務卿法印繼潤は慶長四年三月二十五日に歿してゐる。宛所の二字を「嘉竹」と讀むとすると、長谷川嘉竹が一應擧げられる。可竹とも記される。生歿年未詳だが『甫菴太閤記』には慶長三年十二月に行なはれた秀吉の遺物分けに際し、德永式部卿法印と浮田安心法印とに挾まれて長谷河可竹が「しつかけ」の刀劍を受領したと記されてゐるので、その四ヶ月後にもまだ存生してゐたであらうと推される。但し二人の法印の間に挾まれて記されてゐると言つても、嘉竹が法印に敍せられてゐたとの證はない。嘉竹の男の秀一は信長・秀吉に仕へて越前敦賀十一萬石を領し、慶長の朝鮮再役の陣中で歿したと推定される。文祿三年二月に朝鮮陣中で歿した（『戰國人名辭典』）との說もあるが、文祿三年八月二十一日の山城大光明寺再建勸進書立（本書二一四頁）には父ではなく秀一が「長谷河侍從殿」と記された下に花押を記してゐるので死歿は慶長の再役の時であらう。父は當時既に老齢だつたはずで、嘉竹は諱ではなく隱居後の道號と推定される。法印に敍せられたとの證は得られないものの本狀の宛所を長谷川嘉竹と推定しておく。

西尾光教に遣れる書狀（天正十六〜慶長四年四月二十八日）

（折紙）
爲二端午之祝儀一、生絹一重送給、悅着之至候、猶西尾小左衛門尉（吉次）可レ申候條、令二省略一候、恐々謹言

（天正十六〜慶長四年）
卯月廿八日　　家　康（花押）

慶長四年

西尾豐後守《光教》殿

原本〔古典籍下見展觀大入札會〕○平成五年十一月十二日於東京古書會館

西尾光教は天文十二年、美濃國曾根城主信光の男として生まれ、齋藤道三に屬し、のち織田信長に仕へて二萬石を領したと言ふ（『寛政重修諸家譜』卷第三百七十八）。『戰國人名辭典』は「慶長四年諸侯分限帳」を援用し、天正十年秀吉に屬し所領美濃國野口村を安堵され、同十六年同國曾禰城に移つて二萬石を領し、從五位下豐後守と記してゐる。光教の敍任の時期は定かではないが、二萬石の知行に伴ふものとすれば、先づは天正十六年頃と捉へてよいだらう。秀吉麾下の部將である。光教は關ヶ原戰役に際して東軍に屬し、役後美濃國の內に於いて一萬石を加へられ都合三萬石を領し、元和元年十一月十九日に歿した。

一方使者に立つた西尾吉次は享祿三年尾張國に生まれて信長に仕へ小左衞門尉と稱し、天正十年六月家康の堺遊覽の案內役を勤めて伊賀越にも從ひ、その後間もなく家康に屬して同年十二月には早くも家康の使者に立つて秀吉への申次の役を勤めてゐる（『寛政重修諸家譜』卷第三百七十六、『德川家康文書の研究』舊　拾遺集　二九頁。復　上卷　八七三頁）。以後家康に近侍して奏者を勤め、しばしば使者に立つてゐる。慶長四年十月三日從五位下隱岐守に敍任され、以後家康文書では西尾隱岐守と記される。光教と同じ淸和源氏支流の西尾姓であるが一族ではない樣である。由て本書狀の發給年代は天正十六年頃以降から慶長四年までの間とは推定されるものの、それ以上の極め手はない。

本狀は折紙を半截して臺紙に貼り軸裝されてゐる。

德川秀忠に遺れる書狀（文祿二〜慶長四年五月十三日）

（切紙）
其以後煩如何、無㆓心元㆒候之處、從㆓三人之者共㆒具申越候、彌平元之由滿足候、節〻注進尤候、

恐〻謹言、

（文祿二～慶長四年）五月十三日　　家康（花押）

（德川秀忠）中納言殿

〔小濱市史　藩政史料編一〕○舊酒井家文書　小濱市立圖書館所藏

家康の在世中に中納言に任ぜられた者の數は多い。だが書狀の宛所となれば「毛利中納言」「筑前中納言」「岐阜中納言」と言つた樣に、姓氏か領國・居城を冠して稱するのが通例であり、本狀の樣に單に「中納言殿」とのみ記したのは、冠稱を附するまでもない身內、親族であつた故と解してよいだらう。慶長三年五月と推される廿日附の秀吉自筆書狀の宛所も單に「中なごんさま」と記して秀賴に宛てた例がある。

本狀は病氣の見舞である。「其以後煩如何」と單刀直入で敬語もない書き出し、「從三人之者共具申越候」「節々注進尤候」等の文體に鑑みても、本狀の宛所が家康の親しい身內であつたことは疑ひないであらう。家康の在世中に、その身內の者で權中納言に任ぜられたのは左の二人である。

次男秀康　慶長十年七月二十六日　從三位權中納言
同　十一年正月十日　權中納言を辭退（公卿補任・越前福井松平家譜・美作津山松平家譜）
同　十二年閏四月八日歿

三男秀忠　文祿元年九月九日　從三位權中納言
同　三年二月十三日　權中納言辭退
慶長六年三月二十七日　任權大納言（公卿補任・德川幕府家譜）

敍任の日附は記錄によつて數日の相違があるが、年月には相違はない。秀康の權中納言在任は僅か半年で、本狀の日附「五月十三日」にその官に在つたことはないが、慶長十二年閏四月八日に歿した後まで中納言と呼ばれてゐたと知られる(『徳川家康文書の研究』下巻之一　五一一頁)。

秀忠も文祿三年二月十三日に權中納言を辭退して後、慶長五年十一月十二日までも中納言と呼ばれてゐたと知られる(前掲書　中巻　七九一頁)ので、おそらく權大納言に任ぜられるまで同じく呼ばれたと推される。

本狀の發給された情況は、その文意からして家康と中納言とは遠隔の地、おそらく一方が上方、一方が在國中で、中納言は四月から五月上旬、病氣恢復期にあつたと解される。年次は宛所を秀忠と解すれば文祿二年から慶長五年までの八年間、秀康と解すれば慶長十一年に絞られる。この延べ九年間の五月十三日頃に於ける家康と秀忠、もしくは秀康の動靜を探つてみる。

文祿二年　家康は肥前名護屋在陣、秀忠は前年十月六日に江戸に歸城して以來在國中。五月二日に松平家忠より端午の祝儀として鮑の進上を受け、五日の武州府中六所明神社の流鏑馬神事に家忠が出した黑馬を、秀忠が氣に入つて御馬屋に留めた(『家忠日記』)との記事は見られるが、四月に患ふことがあつたかどうかはわからない。

文祿三年　家康は京都・伏見滯在、秀忠は京都にて正月を迎へ、此年一年間京都・伏見に滯在(『朝野舊聞裒藁』文祿四年正月一日記事)

文祿四年　家康は五月三日京都を發し江戸へ向かふ、秀忠は前年より引續き京都・伏見滯在、九月十七日秀吉の媒により伏見にて婚儀(『朝野舊聞裒藁』七月二十四日・九月十七日記事)

慶長元年　家康は京都・伏見滯在中。五月九日には秀吉・拾丸の上洛に、前田利家と共に伏見より塗輿にて隨ひ、その行列は言語道斷美麗を極めた。十三日家康は秀吉・拾丸に隨つて參內、十五日禁中にて演能あり、家康も列して大黑の狂言を勤めた(『言經卿記』『朝野舊聞裒藁』)。秀忠は二月二十五日に伏見を發して歸國し江戸滯在中、六月六日に再び上京した(『言經卿記』)。

慶長二年　家康は五月十三日伏見より大坂に下向、秀忠は昨年來伏見に滯在、五月十日千姫伏見にて誕生、秀忠は五月十三日夕刻より霍亂にて平臥、六月十六日早朝伏見を發して關東に向かふ(『言經卿記』)。秀忠此年武州稻毛にて放鷹中疱瘡を患ふ(『台德院殿御實記』)。『家忠日記追加』はこれを十二月十二日のこととし、その報の使者が十二月十七日伏見の家康の所に到著、同月二十日に稲毛歸著としてゐる。『言經卿記』は十二月四日に秀忠伏見に到著せるも、翌五日に訪れた冷泉爲滿には所勞により不能對顏とある。『家中日記追加』の記事は月日に疑問あり、『言經卿記』の記事を採り、秀忠の疱瘡罹患はこの年の九月か十月頃と推す。家康はこの年十一月十七日伏見を發して江戸に向った(『言經卿記』)。

慶長三年　正月二十五日附で秀忠は朝鮮在陣中の淺野幸長に宛て、「此地替儀無御座候間、可御心易候」「尙以、疾以使者可申入處、去年在國仕、長々相煩候故云々」と書き遺った。その文意よりして當時秀忠は家康のゐない上方に在ったこと明らかであらう。家康は三月十五日伏見に到著、秀忠は伏見に在って病後の養生に努め、訪問客にも殆ど對面しなかったが(『言經卿記』)、四月に入って五日朝の茶會に淺野長政を招くほどに恢復した(『淺野家文書』)。六月二十一日までは伏見に滯在し(『言經卿記』)たが、以後江戸に下り、八月十九日秀吉の訃報によって上洛し、九月二日または三日に江戸に歸著した(『朝野舊聞裒藁』『德川幕府家譜』乾)。『言經卿記』には此年六月二十一日以降、家康の記事は頻出するも秀忠の記事はない。

慶長四年　家康は先年三月上京以來、この年九月二十七日まで大方伏見に過し、以後は大坂城西丸に在った。秀忠は先年九月江戸歸著以來、この年に上洛することなく、江戸城に在った(『朝野舊聞裒藁』「黑田家文書　閏三月二十三日付　秀忠書狀、五月十日付　秀忠書狀」「上杉家文書　八月十日付　秀忠書狀」)。この他この年に發給された秀忠文書は、いづれも江戸に在って草されたものと解される。但し、四月から五月上旬、秀忠が病んだとの記錄は見出されない。秀忠は多くの書狀に、いづれ上洛の節と言った文言を記してゐるが、實際にはこの年は上洛しなかった。

慶長五年　家康は先年來大坂城西丸に在って、六月十六日出陣の途に就いた。秀忠は江戸で正月を迎へ、七月十九日江戸を發して會津に向け出陣した。この年も四月から五月上旬、秀忠が病んだ記錄は見出されない。翌年三月二十七日、秀忠は權大納言に任ぜられた。

慶長十一年　家康は三月十五日に江戸を發し、四月六日伏見城に到著、九月二十一日まで上方に滯在した。秀康はこの年正月十日に權中納言を辭退し、嗣子忠直が三月三日右近衛權少將に昇任された。但し、秀康は性質剛强で武功の士を數多召し抱へてゐたので、家康は萬一の越前の叛逆に備へ、その抑へとしてこの年四月、江州長濱の城を修築して内藤信成を移し守衞せしめたと言ふ（『慶長年錄』『武德編年集成』『朝野舊聞裒藁』）。この年の五月十八日、舟橋秀賢は冷泉爲滿と共に伏見の秀康亭を訪れ振舞を受けたが、秀康は腫物を病んでをり對面しなかつた。六月二日秀賢は勅使として秀康亭を訪れたが、東福寺遊山中であつたので歸京した。六月三日秀賢は再び勅使として秀康亭を訪れ、薫衣香袋廿を賜はつた。振舞が設けられたが、秀康はその日は夜半の月の出を待つて供物を捧げ共に食する「月待」に當つてゐて相伴しなかつた。秀賢は申刻歸京した。翌四日、秀康より使者が來り書狀と帷子五を持參したので返書を認めた（『慶長日件錄』）。この年の四月から五月十八日に至る間の秀康の居所と健康狀態を窺ひ得る史料は未見である。四月六日以來伏見・京都に在つた家康の動靜記錄はあつても、秀康が同行した記錄はないが、凡らく秀康もその頃伏見に在つて腫物を病み始めてゐたものと推される。但し、六月二日には遊山に出かけてゐるので、未だ重患には至つてゐなかつたのであらう。秀康が本狀の日附の五月十三日に家康と同じく伏見に在つたと解すると、本狀の宛所「中納言殿」を秀康と解することは文意よりして辻褄が合はなくなる。

由て本狀の宛所を秀忠と解し、その發給年次を前記の行動記錄から推量してみる。文祿三年・慶長二年・三年は家康・秀忠ともに上方に在つたので除かれよう。文祿四年も本狀發給の十日前の五月三日に家康は京都を發して江戸に向かひ、秀忠は引續き伏見に留まつてゐたと言ふ情況に鑑み、これも除かれよう。慶長五年家康は五月三日に諸大名に對し會津出征の令を下してをり、その十日後の緊迫した情勢下にあつて筆された書狀とは到底考へられず、これも除かれよう。とすると殘る可能性としては、家康が肥前名護屋在陣中で秀忠が江戸に在つた文祿二年、家康は上方、秀忠が江戸に在つた慶長元年、同四年の三ケ年に絞られるが、それ以上の極め手となる史證は見出せない。

某に遣れる書狀（？〜慶長四年九月五日）

（折紙）
爲二重陽之祝儀一、小袖一重并鮭一尺送給、祝著之至候、委細西尾小左衛門尉（吉次）可レ申之間、不レ能レ具候、恐〻謹言

（?～慶長四年）
九月五日　　　家　康（花押）

原本〔財團法人松平公益會所藏〕○高松市

（添書）
「九月五日付之御判、東照宮御尊筆相違無之者也、
六月十六日　　東林庵
九峯
伊藤源五殿」

（箱書）
「重陽之祝義　東照宮御筆　天明六丙午歳八月御寶藏」

添書と箱書によつて伊藤源五なる者かその子孫から、天明六年八月に高松松平家に納められた品と推測される。家康の自筆であるかの様に記されてゐるが右筆の書である。折紙を半截して宛所を剪除し、臺紙に貼つて軸裝してある。「尺」は「隻」の借字で魚などを數へる時に用ゐられた語であるから、鮭一尺は鮭一匹の意である。特に鮭と鱈の數量單位としてよく使はれてゐるが、他の魚は本・連・尾などの方が常用されてゐたらしい。宛所は推測も出來ないが、發給年次は西尾吉次が慶長四年十月三日に從五位下隱岐守に敍任され、同十一年八月二十六日に歿してゐるので先づは慶長十年以前と抑へられ、かつ敍任後の家康文書では西尾隱岐守と記される樣になるので慶長四年以前と推定される。

家康の二字が密着してゐる署名の形、ほぼ垂直に立つて大きめの花押の形から見て、天正末年頃の發給文書かと考へられる。

山城知恩院滿譽尊照に遺れる書状（慶長四年九月六日）

（折紙）
增上寺從二前〻一紫衣之儀、暦（歴）然之處、今度御馳走祝著存候、最前如レ申光明寺・善導寺、此三ケ寺之外、誰〻望候共、無二證據一候間、一切可レ被二停止一候、恐〻謹言、

（慶長四年）九月六日　　家康（花押）

知恩院

原本〔知恩院所藏〕○京都市

折紙一紙のまま軸裝されてゐる。

增上寺は三縁山、廣度院と號し、單に縁山とも稱する淨土宗寺院で、東國十八檀林の魁首として江戸初期以來、京都の知恩院に比肩されるに至つてゐる。草創は古く遡つて詳かでなく、もとは光明寺と言ふ眞言宗寺院であつたが、明德四年改宗して增上寺と稱した。

天正十八年八月入府した家康は住持源譽存應と親交を結び、慶長三年それまでの武藏國豐島郡貝塚村（現在の千代田區紀尾井町附近）から現在地（港區芝公園）に移して伽藍を整備し、德川家菩提寺と定めたので以後大いに興隆した。

『知恩院史』（一二二〇頁）に本狀を慶長十三年九月六日として揭げてあるのは、同年十一月十二日附で增上寺に下され

た常紫衣被著の後陽成天皇綸旨の年紀に基いて「從前々」を慶長四年以來と解して補つた年紀と推量されるが、慶長十三年に至つても家康が「恐々謹言」と結び署名に花押を据ゑた形式の書狀を社寺や住持に宛てて發給したとは考へ難い。本狀は後掲の同日附知恩院滿譽尊照宛の書狀と共に、參考文書として掲げた後陽成天皇綸旨に記されてゐる年紀と同じく、慶長四年九月六日附と解される。

「增上寺從前々紫衣之儀歴然」とは、住持の源譽存應が武藏國長傳寺住持であつた天正十一年に下された左の正親町天皇綸旨に基いたものと思はれる。

著香衣令參　內、宜奉祈　寶祚延長者、依　天氣執達如件、

天正十一年十月十八日　　左中辨（萬里小路充房）（花押）

長傳寺住持源譽上人御房

〔增上寺文書〕○東京港區增上寺所藏

光明寺は京都府長岡京市粟生に在つて報國山、念佛三昧院と號す淨土宗西山義本山の寺院である。建久九年に蓮生（熊谷直實）が近江國堅田の浮御堂の千體佛の中尊阿彌陀如來像を本尊に、師の法然房源空を開山として建立し、天文三年には勅願所となり翌年紫衣勅許の綸旨が下された（『國史大辭典』）。

善導寺はもと筑後國山本郡草野庄、のち福岡縣三井郡善導寺村飯田、今日の久留米市善導寺町飯田五五〇番地所在の淨土宗鎭西派の根本道場寺院で、井上山、光明院と號してゐる。建久二年に創建され開山は大紹正宗國師。別に建暦二年聖光上人創建とも、その時より善導寺と稱する樣になつたとも傳へられてゐる。建保二年順德天皇より善導寺の勅額を賜ひ、元德二年後醍醐天皇より勅願所として「日域淨土最初梵刹」の勅題を賜ひ、元和四年後水尾天皇より世々紫衣被著の綸旨を下された（『大日本寺院總覽』『全國寺院名鑑』）。しかしながら慶長四年以前に紫衣を聽されてゐたとの史證は得られてゐない。

慶長三年それまでの增上寺の地が軈て城地に包攝されるため現在地に移して伽藍を大々的に整備し、德川家の菩提寺と定めたならば、または定めるに當つては、京都の知恩院にも比肩する高い寺格を家康は望み、禁裡に働きかけて紫衣を

著して參內し祈禱することを命ずる綸旨を得、それを根據として知恩院に增上寺の寺格を認めさせるべく壓力をかける意圖を以て發せられたのが、本狀ならびに次に掲げた同日附の書狀と解されよう。

山城知恩院滿譽尊照に遣れる書狀（慶長四年九月六日）

增上寺紫衣之儀、曆（歷）然無レ紛候之處、今度奏聞祝著存候、自餘之望、以來在レ之間敷候、爲レ其
如レ此候、恐々謹言、

（慶長四年）九月六日　　家　康（花押）

知恩院

〔增上寺文書〕○東京港區增上寺所藏『增上寺史料集』第一卷　二一六頁

〔參考〕武藏增上寺源譽存應に下されたる後陽成天皇綸旨（慶長四年九月六日）

知恩院末寺增上寺住持、著二紫衣一令二參　內一、宜レ奉レ祈二　寶祚延長一者、依　天氣執達如レ件、

慶長四年九月六日　　頭右中辨（勸修寺光豐）（花押）

源譽（存應）上人御房

〔増上寺文書〕○東京港區増上寺所藏『増上寺史料集』第一卷　二五頁

〔參考〕知恩院滿譽尊照より増上寺に遣れる綸旨添狀（慶長四年九月六日）

（包紙ウハ書）
「増上寺　　知恩院
　御侍者中　　滿譽」

貴寺任㆓先例㆒著紫衣之事、遂㆓　奉聞㆒之處、忝　勅許被㆓成下㆒、綸旨幷奉書調遣之候、彌眞俗繁榮珍重候（存脫カ）、恐惶謹言、

（慶長四年）九月六日　　滿（尊照）譽（花押）

増上寺
御侍者中

〔増上寺文書〕○東京港區増上寺所藏『増上寺史料集』第一卷　二六頁

〔參考〕勸修寺光豊に下されたる後陽成天皇女房奉書（慶長四年九月六日）

（貼紙）「慶長四暦九月六日」
文のやう御ひろう《(披露)》申て候へハ、御てら《(知恩院)》まつ《(末寺)》しむさし《(武藏國)》のくにゐと《(江戸)》さうしやうし《(増上寺)》のちう寺《(住持)》しゆつせ《(出世)》の事、ちよつ《(勅許)》きよにてめてたく候、かきいたし《(書出)》ハくわんしゆし《(勸修寺)》辨殿にて候へく候、このよししゆこう《(准后)》さまよりよく〳〵申とて候、かしこ、

（切封）
くわんしゆ寺殿《(勸修寺光豊)》へ　まいる
申させ給へ　いま

〔増上寺文書〕○東京港區増上寺所藏『増上寺史料集』第一巻　二五頁

しゆこうさま（准后様）は陽光院誠仁親王妃勸修寺晴子である。

織田長益に遣れる書状（慶長四年假入九月二十一日）（圖版三）

（修善寺紙）
御捻披見、祝著之至候、仍廿六日御茶可レ給之由、尤可レ參候、乍レ去朝者罷成間敷候之間、書可レ參候、猶期二面上一候、恐〻謹言、
（慶長四年假入）
九月廿一日　家（花押）

（切封）ト　有樂（織田長益）

家康

原本〔玉英堂書店所藏〕　○東京都千代田區神田神保町　玉英堂稀覯本書目第二百五十號　一九九九年八月

切封を表に出して末尾に繼ぎ、臺紙貼りとせず本紙の竪三四・五糎、切封を含めて横三七・〇糎のまま掛軸装とされてゐる。修善寺紙は伊豆國田方郡修善寺村で作られた紙で、薄紅色に横筋が入り、薄くて丈夫な上質紙である。家康文書にまま見かけられ、いづれも關東入府以後の私的な文書に限られよう。

本狀は文意からのみ發給年を解くことは難しい。先づ一番大きな手がかりはその署名花押の形である。家康は文祿元年から同三年頃まで、花押は從來の「乃一」形だが署名は「家」と「康」とを續け書きにして合體させた樣な形を見せる。慶長元年になると「乃一」形花押を記さず「家」の下の「康」を大いに崩し丸めて花押の樣な形を見せる（『德川家康文書の研究』下巻之二　花押集。『新修德川家康文書の研究』圖版　花押部分　本書圖版二・三・四參照）。それらの中で本狀の署名花押に最も近似してゐる例は、「柘植與一に遣れる書狀（慶長元〜四年六月二日）」もしくは「藤堂高虎に遣れる書狀（慶長四年閏三月八日）」であらう。慶長五年の九月二十一日は關ケ原戰役後六日目で大津城に滯在中、二十六日に同地を出立して山城淀城に入ってをり、到底茶の會に出席する樣な情勢ではなく、翌六年以降には本狀の樣に大名に宛てた私的な文書で「恐々謹言」と結んだ例は先づ見られなくなる。

宛所の有樂は織田信秀の十一男で天文十六年生、通稱源五郎で諱は長益、秀吉に仕へ攝津國嶋下郡味下で二千石を給され從四位下侍從に敍任、剃髮して有樂と號した。『天王寺屋會記』のうちの「津田宗及自會記」の天正十三年二月二十五日の條にはまだ「源五さま」とあり、『宗湛日記』の天正二十年十月晦日、博多の宗湛屋敷に秀吉を招いて開いた茶會の條には「御相伴ハ有樂一人也」とあるから、その間に有樂と號し始めたとは知られるが、いつとは確定できない。慶長五年上杉征伐に從軍、關ケ原合戰では奮戰して役後大和國山邊郡の内に於いて新恩を加給され、都合三萬石を領した。本書六七一頁「二位局（渡邊氏）に遣れる消息（年月日未詳）」の解說參照。

本狀の發給年次は先づは文祿元年から慶長四年の間と推定される。文祿元年九月下旬には家康・有樂とも肥前名護屋在陣中だが二十六日の動静はわからない。同二年には八月二十九日に家康は肥前より大坂に歸著し、十月二十六日には江戸に歸著した(『時慶卿記』『家忠日記增補』)と知られる。本狀に見られる晝の茶會の日の九月二十六日には、家康は京都の邸に在つて山科言經が初めて冷泉爲滿を伴つてやつて來たのに對面、言經は雜談や碁を見物し夕食を共にしてをり(『言經卿記』)、家康が茶會に出かけた樣子はない。文祿三年九月下旬には家康は上方、有樂も上方に在つたと推されるも二十六日の兩名の動靜は未明、同四年九月二十六日には家康は早朝から吉田兼見邸に淺野長吉・柳原淳光・水無瀨親具・細川幽齋・山科言經等と出向き、碁・將棊を見物して酉下刻に座を立つてゐる(『言經卿記』)から、この日に茶會はなかつたと知られる。

慶長元年には家康は九月五日に伏見を發して江戸に向かつた(『言經卿記』)ので、二十六日の茶會はない。同二年は九月二十四日に秀吉は家康・有樂・富田左近等を伴つて大谷刑部少輔吉繼邸に赴き(『鹿苑日錄』)、同月二十六日には家康は秀吉・秀賴父子に供奉して伏見より上洛し、今立賣新四郎所に入る。山科言經がやつて來て朝食を相伴し、碁・將棊等を見物して暮々に歸宅した(『言經卿記』)とあるので、この日に有樂邸の茶會に出向いたとは考へられない。

慶長三年八月十八日に秀吉は薨じたが、喪が伏せられた故か『言經卿記』には秀吉死歿の記事はない。九月二十日に言經は伏見の家康邸を訪れ對顏し、金森長近・土方雄久等と共に雜談したとの記事は見られる。しかし秀吉歿後一ケ月餘、その葬儀や朝鮮出征軍引揚やらで家康は多忙を極めてゐたらしく、言經が訪れても留守の日が多く、九月二十六日に家康出席の有樂の茶會が開かれた可能性は先づないと考へてよいであらう。

慶長四年九月、家康は七日に伏見を出立して大坂に到著、石田三成の舊邸に入り、十二日には三成の兄正澄の邸に移つた(『板坂卜齋覺書』『鹿苑日錄』)。秀吉の後室北政所杉原氏(おね・高臺院)は二十六日大坂城西丸を出て京都に移つたので、家康は二十七日以降に西丸に入つた。中村孝也博士はその日を九月二十七日と推定された。この九月中に於ける有樂の動靜を窺ふに足る史料は未見であるが、諸將の動靜から類推して有樂も大坂に在つた可能性が高い。

右の樣に文祿元年から慶長四年までの間の九月二十六日に於ける家康と有樂との動靜を檢した上で、「乃一」形の花押を記さずに「家」と「康」の二字を合體した樣な花押が記された文書で發給年次の知られる例は慶長元年から同四年の間に限られてゐる點と勘合すると、本狀の發給年次は慶長四年に求むべきものと考へられよう。但し文祿元年肥前名護屋で發給された可能性も、或は文祿三年伏見か京都で發給された可能性も否定はできない。この二字合體した樣な花押を記した文書は、いづれも宛所人に對する親しみを示す私用文書に限られよう。書札禮もそれに相應しく適へられてゐるが自筆とは限らず、本狀も右筆と見られる。

伊達政宗に遣れる書狀（慶長四年十月二十六日）（圖版四）

(竪紙端裏に包紙墨付切取貼付)
「(伊達政宗)大崎少將殿　家康」

此中者久不二申承一候處、御捻祝著之至候、仍遠嶋鷹之儀、此方へ者未何共不二申來一候、其方へ者鷹罷上候哉、見申度候、何樣以レ面可レ申候條、不レ能レ具候、恐〻謹言、

(慶長四年)十月廿六日　(家康)(花押)

原本〔仙臺市博物館所藏〕

本狀の最大の特徴は花押である。家康は永祿六年に元康を家康と改めると共に花押も、「乃一」形に改めた。以後、署名・花押の形は年代によつて多少の變化はあるが、基本形は歿するまで略々變ることなかつた。但し、文祿年間には「家康」の二字を合はせた樣な署名が三例、慶長元年から四年の間には更に「家康」の二字を以て花押とした例が七例(『德川家康文書の研究』下卷之二　舊　一三五・一三六頁　復　一三八・一三九頁　新修　圖版頁)見出される。これらによつて、家康は文祿年間から慶長四年頃迄の間に限つて、基本形から離れた異形の署名と花押を用ゐることがあつ

たと知られる。本書状の花押に最も形の近い例は、慶長三年七月十四日附の淺野長政宛の書状に見られる花押であらうが、それとて全く同じわけではなく、署名として見れば文祿元年正月十一日附の淺野長政宛の書状、文祿三年五月二十九日附の福嶋正則宛の書状に見られる署名にもやや近い。

伊達政宗は天正十九年三月侍從に任ぜられ、慶長二年十月二十六日に秀吉の御成を伏見の自邸に迎へた機に、從四位下少將に敍任された。本狀の端裏に貼付けられた包紙宛所は、磨耗してはゐるが、「大崎少將殿」と判ぜられる。奇しくも少將昇任の同日とは考へられず、慶長三年以降と解される。

遠嶋とは尾張海東郡や岩代耶麻郡金曲《かねのまがり》にも見出される地名だが、天正十九年に政宗の所領となつた牡鹿半島を指す（『大日本地名辭書』）と考へられる。

文意は、家康が暫く無音に過してゐた所へ政宗から捻文を以て遠嶋の鷹が到著したや否や尋ねて來たのに對する返書である。家康・政宗ともに上方に滯在中であつたと解される。「御捻」の語も、家康文書に於ては文祿から慶長初年の間に上方に在つて往復した文書に限つて見られる。

家康は慶長三、四、五年とも十月二十六日には上方に在つたが、政宗は五年には在國してをり、『伊達治家記錄』によると、慶長三年と四年の十月には上方に滯在してゐたと解される。慶長三年十月下旬は秀吉薨じて未だ二ケ月、家康は伏見に在つて朝鮮出陣中の諸將撤兵に肝膽を碎く折から後陽成天皇の御讓位の思召仰出しがあつて、それらの對策に寧日なき繁忙の最中であつた。それに比し翌四年十月は、前月二十七日に大坂城西丸に移り、政治情勢は小康を得てゐた時である。政宗の嗣子忠宗がこの年十二月八日大坂屋形で誕生し、翌五年の正月を政宗はこの屋形で迎へてゐるので、十月下旬には大坂屋形に在つたと思はれる。

花押の形、竪紙の形式、文意、家康・政宗の位置關係等の諸般の情況より推し、本狀は慶長四年十月の執筆と推解される。

宗菅に遺れる書狀（?〜慶長四年十二月五日）

（折紙）
爲二音信一見事之鯛五十到來、喜悅候、謹言、

（?〜慶長四年）
十二月五日　　家　康（花押）

宗　菅

原本〔財團法人上山城管理公社所藏〕○山形縣上山市

宛所は宗管・宗爰・宗姿・宗芨・宗荐・宗菱・宗闇などとも讀める。『寛政重修諸家譜』の索引で求めても、適當する人物は見當らない。敬稱が附されてゐないから號には相違ないが、未詳人物としておく以外にない。「恐々」もなく、ただ「謹言」と結ばれてゐる點、答禮に遣された筈の使者にも觸れてゐない點より見て、身分や地位はあまり高くない人物と推される。

それでも「謹言」と結んで花押を据ゑた判物であるから、發給年次は先づは關ケ原合戰以前と考へられ、かつ文面より文祿年間以降と推されるが、それ以上の決め手を闕く。

「見事之鯛」を贈られた例は、慶長四年閏三月四日附で安威《あゐ》守佐《もりすけ》に遺れる書狀（『新修德川家康文書の研究』二五八頁）に見られる。

尚、本狀は上山藩士子孫で愛知縣下在住者より昭和六十三年に寄贈されたものであるが、上山藩は里見・坂・上山・松平（能見）・蒲生・土岐・金森・松平（藤井）と藩主が變遷してをり、それらのいづれかと關係ある文書か否かも不明であ

る。

本多若狭守に遣れる書状（?〜慶長四年十二月十三日）

（折紙）御鷹野御仕合如何御座候哉、承度存候、将亦小袖送給候、喜悦候、恐〻謹言、

（?〜慶長四年）十二月十三日　　家康（花押）

本多若狭守殿

原本〔三都古典連合會創立十周年記念古典籍下見展觀大入札會展示〕〇於東京美術倶樂部昭和四十七年十二月三・四日

天正三年正月十一日附信長書状、天正四年九月九日附秀吉書状と共に三通一組の様に臺紙留にされた三浦周行博士舊藏文書である。

本多若狭守に關しては『寛永諸家系圖傳』『譜牒餘錄』『斷家譜』『寛政重修諸家譜』『武家事紀』『姓氏家系大辭典』には該當すると思はれる者が見出されない。「恐々謹言」と結び署名に花押を据ゑてゐる書状の形式より推せば先づは關ケ原戰役以前、本状は十二月十三日附であるから卽ち慶長四年以前の發給と推量される。文意は鄭重であるだけに隔意も感じられ、若狭守が徳川家譜代の家臣とは思はれない。おそらく當時は豐臣家の家臣だつたのではないだらうか。

『當代記』巻四　慶長十三年の記事の末尾に「舊冬就㆓火災㆒、正二月方々音信無㆓披露㆒」と記したのに續けて、三月三日以降家康の許に贈られて來た音信の品が、日附・數量・品目・贈主別に書き上げられてゐる。そのうちの九月二十五日の記事に、小袖二と蒔繪の飾合子十との贈主として「大和衆本多若狭守」と記されてゐる。大和には豐臣秀吉・秀長

等に仕へて高取三萬石を給されてゐた本多因幡守俊政があつて、關ケ原戰役に際しては家康に隨つて本領に据置かれた。俊政は慶長十三年閏二月八日に歿し、遺領は男政武が繼承して同じく因幡守を稱した（『斷家譜』）。これから類推すると、本多若狹守はこの大和の本多氏の一族と推され、關ケ原戰役に際しては同じく家康に隨つたものと解されよう。

『台德院殿御實紀』巻十五　慶長十六年三月の記事には「この月。京にては大御所、內裏造營の御沙汰有て、諸大名封地の高に應じ、その功を分賦し命ぜらる。いはゆる」として尾張宰相義直卿・遠江宰相賴宣卿を初め課役を命ぜられた諸大名が列擧されてゐる中に「織田民部大輔信重。山岡主計頭景以。本多若狹守某。德永左馬助昌重。」と見出される。續いて「駿府在勤のともがら」の諸大名、「江府に在勤のともがら」の諸大名、「大坂に仕ふる輩」が列擧されてゐるから、本多若狹守は諸大名の一人として課役を命ぜられたと解される。この時列擧された諸大名の中に本多因幡守政武の名は擧げられてゐないので、若狹守が政武に代つて課役を命ぜられたと解すべきかも知れない。

蜂須賀一茂（家政）に遺れる書狀（天正十四〜慶長四年十二月十五日）

蜂須加（賀）阿波守殿（一茂）（家政）

態令ㇾ啓候、仍子息疱瘡御煩之由、不ㇾ存候而不二申入一候、一段無二御心許一候、不ㇾ及ㇾ申候得共、能〻御養生專要候、恐〻謹言、

（天正十四〜慶長四年）十二月十五日　　家　康（花押）

原本〔藤山輝夫氏所藏〕　○「秀吉と阿波蜂須賀家」展圖錄　德島市立德島城博物館刊

折紙を半截し末尾の宛所を本文の前へ移して掛軸に裝幀したと思はれる。

蜂須賀家政は小六正勝の男で永祿元年に生まれ、天正十三年四國征伐の功によつて阿波國十七萬五千七百石を與へられて、翌十四年正月二日從五位下阿波守に敍任された。文祿元年三月朝鮮に出征し翌二年十月頃に歸朝した。慶長の役に際しても同二年二月に再び出征したが、翌三年三月十三日に宇喜多秀家・毛利秀元と共に歸國を命ぜられた（『史料綜覽』『日本戰史』朝鮮役）。慶長五年致仕し、石田三成の擧兵に際しては一旦は招きに應じて大坂に參集し、諸大名の妻子の歸國を阻むため久太郎町橋の守衛に充てられたが、軈て病と稱して剃髮し、蓬庵と號して高野山に身を隱し、合戰には參加せずに男至鎭《よししげ》を家康に從軍させ、かつ家臣太田彥兵衞を下野國小山に遣はして家康に誼を通じたので、役後も罪せられずに家康に仕へ、寛永十五年十二月晦日に八十一歳の長壽を全うした。家政には至鎭《よししげ》と正慶《まさよし》の二人の男があつたので本狀にある子息が正慶《まさよし》であつた可能性も考へられるが、正慶は生年も未詳であり、家康が疱瘡罹病の見舞狀を遣つたならば、やはり子息とは嗣子で家康の養女を娶るに至る至鎭《よししげ》であらうと推定されよう。

至鎭《よししげ》は天正十四年德島に生まれて初め千松丸、豐雄、忠吉と名乘りのち至鎭に改めた。文祿二年從五位下長門守に敍任され、慶長五年正月に小笠原秀政の女で家康の曾孫に當る氏姬（萬姬とも）を家康の養女として娶り、七月上杉征伐に從軍して小山の陣に至り、石田三成擧兵の報に接して福島正則・長岡忠興・黑田長政・井伊直政等と共に東海道を西上した。但し關ケ原の布陣圖や合戰記等にはその名が見えないので、合戰場での働きは大したものではなかつたらしい。それでも役後その功によつて父家政が許されたのみならず、一萬石を加增され改めて阿波國德島十八萬七千石を與へられた。至鎭も慶長九年從四位下に敍せられると共に阿波守に改めてゐるので、本狀の宛所の蜂須賀阿波守も至鎭である可能性の檢討は忘れてはならないが、家康が「恐々謹言」と書止め署名花押を記した形式の諸大名宛の書狀の發給は、慶長六年を下限としてそれ以降は先づ見られなくなるので、本狀の宛所も至鎭ではなく家政と解してよいだらう。

發給の年は至鎭誕生の天正十四年から慶長五年の間に相違なく、その家政が十二月に朝鮮出征中であつた文祿元年と慶長二年とは除かれよう。至鎭の疱瘡罹患を見舞つたのであるから、發給の年は至鎭と養女氏姬との婚姻を計らつてゐた慶長四年かと考へてみたが決め手を闕く。溯つても秀吉麾下の諸大名と積極的に誼を結び始めた文祿年間までで、天正年間に溯ることはないであらう。

某に遺れる書狀（?～慶長四年十二月二十八日）

爲二遠路音信一菱食□鮭正（五カ）到來祝著候、猶平岩主計頭（親吉）可二申上一候間、不□□（能具候カ）、恐々謹言、

（?～慶長四年）十二月廿八日　　家　康（花押）

（宛所闕）

〔富家舊藏文書〕○船橋市○東金市

千葉縣東金市史編集室の富永芳道氏より、大正六七年頃、當時は船橋市在住であった富家に本狀が所藏されてゐた旨の教示を、昭和五十七年十二月二十七日に受けた。富家は以後船橋市より移り東金市在住である。文意は菱食の雁と鮭の音信に對する禮狀であり、闕けた宛所や發給年次を解明することは難しい。平岩親吉の從五位下主計頭敍任は天正十六年四月十四日であり、死去は慶長十六年十二月三十日であるからその間には違ひないが、恐々謹言と結んで署名に花押を据ゑた形式から、先づは慶長五年以前の發給と捉へられよう。

前田玄以に與へたる古今傳授に關する沙汰書（慶長五年二月十六日）

（折紙）
古今集之事、連〻幽齋（細川）存分候、老年之儀候之間、早〻御傳授可レ然之由、八條殿（智仁親王）へ可レ被二申入一

候、恐々謹言、

（慶長五年）二月十六日　家康（花押）

（前田玄以）徳善院

原本〔宮内廳書陵部所藏〕○東京

〔參考〕八條宮智仁親王より前田玄以に遣れる書狀（慶長五年二月十九日）

古今集傳授之事、（細川）幽齋度々被レ申候へ共、若年故斟酌候つる處候、從二（家康）內府一被レ入二御念一之由、祝著此事候、如何可レ在レ之候哉、可レ然樣相心得可レ被レ申候、かしく

（慶長五年）二月十九日

寫文書〔宮內廳書陵部所藏〕○東京

書狀の寫で發給者も宛所も闕いてゐるが、發給者は「若年故斟酌候つる處」の文言よりみて八條宮智仁親王、宛所は文意よりして前田玄以と捉へて間違ひないであらう。

〔參考〕前田玄以より中大路甚介に遣れる書狀（慶長五年二月二十日）

（折紙）就二御傳受之儀一被レ成二下御書一候、則內府（家康）へ幽齋（細川）へも申届候、いまゝ（た）御若年ニ付而御斟酌之通尤ニハ候へ共、幽齋老年之儀候間、被レ成二御同心一尤之由、內府ニも被レ申候事ニ候間、其由心得候て可レ被二申上一候、恐々

謹言、

（慶長五年）二月廿日　　（前田）徳善　玄以（花押）

中大路甚介殿

原本〔宮内廰書陵部所藏〕○東京

〔參考〕前田玄以より中大路甚助に遣れる書狀（慶長五年二月二十日）

（折紙）御傳受之儀ニ（に）付而、内府（家康）より御折紙之通御披露候て被レ成二下御書一候、趣則申入候、御若年ニ付而御斟酌之通尤ニ候といへとも、幽齋（細川）老年之儀と申、内府も別而御念入候間、旁以目出度、早〻可レ被レ遂二御傳受一事、可レ然存候、此等之旨可レ然様ニ可レ被二申上一候、恐〻謹言、

（慶長五年）二月廿日　　（前田）徳善院　玄以（花押）

中大路甚助殿

原本〔宮内廰書陵部所藏〕○東京

家康文書と參考文書として掲げた三通の他、前田玄以より同じく「廿日」附で「おちの人樣」に宛てた消息一通との計五通が、慶長五年の智仁親王への古今傳授資料として一括されてゐる。中大路甚介（助）は八條宮の家司であらうと思は

れる。

細川藤孝は天文三年(四年との説もある)に生まれ、天正十年明智光秀の亂の時に剃髪入道して幽齋玄旨と號した。若い時から學問に勵んで有職故實に通じ、和歌は三條西實條より「古今和歌集」の秘訣を授けられ、二條家歌學の正統承繼者となつてゐた。慶長五年、幽齋は既に六十七歳に達してゐた。

八條宮智仁親王は正親町天皇の皇子誠仁親王(陽光太上天皇)の第六王子で天正七年正月八日生、一旦は秀吉の猶子となつたが、秀吉に棄丸が生まれたため緣組は解消され、天正十八年十二月二十三日八條殿に移徙、翌年正月二十一日親王宣下を受けて宮家を創立した。後陽成天皇の弟宮である。慶長五年、宮は未だ若冠二十二歳であつた。

宮は若年より和歌・學問・遊藝に既に關心を深めてをられたらしい。慶長五年一月二十五日、宮は細川幽齋を召して古今和歌集を講ぜしめられた(『史料綜覽』)。前掲の智仁親王より前田玄以に遺られたと推定した書狀によると、幽齋はかなり以前より智仁親王を古今集の傳授者にと考へてお奬めしてゐたらしいが、宮は未だ若年の故に躊躇してをられた。

古今傳授は元來公家方の故實であり家業であつて、武家方の介入すべき事柄ではない。だが幽齋は隱居の身とは言へ大名であつて武家方の人間である。となれば古今集の傳授者選定に當つても、武家方の權力者から公認を得ておく方が得策と考へ、五奉行の一人で京都所司代として禁裏や公家にも親近してゐる前田玄以に家康への斡旋を依賴したものと推測される。當時、玄以は既に全て家康の意嚮を汲む姿勢を示してゐた。智仁親王にしても家康に公認されれば、若年の故の遠慮も不要となる。

熊倉功夫氏の論文「江戸幕府の朝廷支配と公家家業」(『詩林泝洄』十一號　昭和四十六年)によると、この家康の許可によつて講釋が始まつたのは三月十九日、以後しばしば講釋切紙校合のことがあり、免許證明がなされたのは七月二十九日で、翌慶長六年に至つて伏見の家康のもとへ智仁親王は古今傳授の禮のために阿野實顯を遣はした旨が「智仁親王日記」に次の通りにあると言ふ。

「四月廿三日晴、御大伺公、內府へ古今傳授ノ禮ハ阿野ヲ遣、黃衣香廿、右近ニかたひら一かさね遣、幽齋より狀」

因みに石田三成の擧兵、ガラシヤ夫人自裁の變事を聞いた幽齋が、領國丹後の嶺・宮津の諸城を燒いて田邊城に楯籠つたのが七月十八日で、石田方は直ちにこの城を包圍した。同月二十七日、智仁親王は事態を憂へて侍臣を派し、幽齋に開城を奬めたが幽齋は固辭し、古今集證明狀及び和歌を智仁親王に、源氏抄・二十一代集を禁裏に獻じた。さらに深刻化する事態を憂へて後陽成天皇は勅使を田邊城に差遣して幽齋を諭され、勅を奉じて終に開城し丹波龜山城に幽齋が退いたのは九月三日である（『史料綜覽』）。

三月十九日に始められた古今傳授の講釋が、幽齋の籠城する七月十八日までに全て終了したとは思はれないから、同月二十七日乃至二十九日の證明狀とは未だ假の形式に過ぎなかつたであらう。智仁親王も後陽成天皇も幽齋に開城を諭されたのは、眞の古今傳授は未だ終了してゐなかつたからであらうし、その終了は「智仁親王日記」によつて翌慶長六年四月であつたと思はれる。

小早川秀秋に遺れる書狀（文祿四〜慶長五年三月二十一日）

原本〔廣島大學所藏〕○猪熊信男氏舊藏文書

御捻本望之至候、如レ仰先度者早々申承候、仍爲二御音信一太刀一腰・馬一疋黑毛・虎皮五牧送給候、祝著之至候、猶期二後音之節一候、恐々謹言、

（文祿四〜慶長五年）三月廿一日　家康（花押）

（小早川秀秋）筑前中納言殿

（切封）「ト　家康」

小早川隆景は天文二年に毛利元就の三男として生まれ、小早川家を繼承し、天正十五年伊豫から轉じて筑前一國に肥前・肥後二國のうち各二郡を與へられて三十萬七千三百石を領した。文祿元年二月朝鮮に出陣し翌二年閏九月に歸國、

同三年八月六日從三位權中納言に敍任、大老に列して慶長二年六月十二日に歿した。

秀秋は天正十年に木下家定の五男として生まれ、同十二年秀吉の猶子となつて羽柴姓・豐臣姓を授けられた。初め秀俊と名乘つてゐたが隆景の養子となつて秀詮と改め、のちさらに秀秋と改めた。天正十九年丹波龜山十萬石を與へられ、文祿元年正月二十九日權中納言に任ぜられて(『久我家文書』)よりのちは丹波中納言と呼ばれた。隆景の養子となつたのは文祿元年(『寛政重修諸家譜』)とも、文祿二年八月の秀賴誕生の後とも、同年閏九月に歸國した養父隆景に代つて朝鮮に出征した折とも傳へられてゐるが、いづれも誤傳であらう。おそらく文祿三年十一月(『史料綜覽』)と捉へてよいと思はれ、文祿四年七月二十日附で織田信雄初め二十八大名連署の起請文(原本は足守木下家所藏。『德川家康文書の研究』舊・復とも　中卷　二六七頁參照)には「羽柴筑前中納言」として花押を署し血判を加へてゐるので、これ以前に隆景隱居のあとを承けて家督し、筑前一國と筑後の大部分および肥前基肆・養父二郡の計三十三萬六千石を領して筑前名島城に住するに至つてゐたと解される。隆景は隱居ののち備後三原城に住して羽柴前宰相と稱した。秀秋は慶長二年六月朝鮮に出陣して(『日本戰史』朝鮮役　第十一章)翌三年五月に歸朝、六月二十二日(『史料綜覽』は四月二日としてゐる)在陣中の失態を咎められて越前北庄城十二萬石に轉封されたが、秀吉歿後の慶長四年二月五日、舊領に復されてさらに加增を受け、筑前・筑後五十二萬二千五百石を領した。慶長五年七月伏見城攻擊に參加したが、九月十五日の關ケ原合戰の最中に東軍に屬し、戰後備前・美作二箇國五十七萬四千石を與へられ岡山中納言と稱した。慶長七年十月十八日、二十一歲で歿した(『戰國人名辭典』『寛政重修諸家譜』『日本戰史』朝鮮役)。

「御捻」とは捻文で文書の封緘形式の一つである。太刀一腰、黑毛の馬一疋、虎皮五枚の贈物は極めて鄭重であり、單なる季節の音信などではなく、何かしら相當に重んじられる出來事に際しての挨拶の品である。但し、その出來事が、これらの贈答品を贈つた筑前中納言の側に生じたのか、贈られた家康の側に生じたのか、卽斷はできない。

小早川隆景と秀秋は二人とも筑前中納言と呼ばれた可能性が考へられる。但し、この兩人以外には該當者はない。本狀の宛所を隆景と解すると、發給年次は文祿四年から慶長二年までの三年の間となるが、その間に隆景が「筑前中納言」と稱したり呼ばれたりした例は未見である。宛所を秀秋と解すると「筑前」と呼ばれるのは小早川家を家督した後であらうから、やはり文祿四年以降となるが、慶長三年三月は朝鮮出征中であるから除かれ、下限は慶長五年までとなる。家康文書に捻文の受領の記事が見られるのは「有馬則賴(推定)に遺れる書狀(文祿四年四月二十六日)」(『新修德川家康文書の研究』二三六頁)と「安國寺惠瓊に遺れる書狀(慶長二年九月一日)」(『德川家康文書の研究』舊・復とも 中卷二八六頁。「御繪」とあるが「御捻」と解される)の二例である。但し、發給年次は二通とも推定である。

本狀に於ける特異な注目點は「家康」と署名した書體である。二字が一字に合成されてゐる樣な書體で、最もよく似通つてゐる例は「福嶋正則に遺れる書狀(文祿三年五月二十九日)」(『新修德川家康文書の研究』二三二頁 圖版十)であり、「淺野長吉(長政)に遺れる書狀(文祿元年正月十一日)」(『德川家康文書の研究』舊・復とも 中卷 一九〇頁 下卷之二 花押集 第二系列 第一號)とも近い。家康がこの樣に二字合成した樣な署名書體を示すのは、先づ文祿年間から慶長初年の間と捉へられる。

本狀の宛所を小早川隆景と解す餘地が全くないわけではないが、他例に鑑みて先づは秀秋(秀詮)と解される。發給年次は音信を家督の挨拶の文祿四年よりも、筑前・筑後への復封の挨拶と見て慶長四年と想像されるが極め手を闕く。

青山宗勝に遺れる書狀(慶長五年三月二十三日)

(折紙)其元之樣子被レ入レ念切々書狀、祝著之至候、猶榊原式部太輔(康政)(大)・西尾隱岐守(吉次)可レ申候條、令二省略一候、恐々謹言、

(慶長五年)三月廿三日　家康(花押)

青山修理大夫(宗勝)殿

原本〔井伊家史料保存會所藏〕○彦根市

初めに宛所の青山修理大夫の解明を計る。内閣文庫所藏の「東作誌」巻之六　東北條郡　高倉鄕　下高倉村之記の項に、里長堀内甚介所藏として青山氏の系圖が收載されてをり、外戚の故に傳へられてゐると註されてゐる。その系圖を略掲してみる。

（薄様紙）
越前丸岳城主　　太閤様ヨリ修理大夫へ慶長三年八月五日改被下御朱印ノ寫
　知行高三萬五千七百七十四石七斗四舛
　　内千百五十六石八斗五升青山介左衛門へ分知
　　同一萬九十六石五斗預り

- 青山伊賀守
  - 修理大夫　妻丹羽五郎左衛門妹　後長清院
    - 隼　人　妻長東大藏女
      - 青山介左衛門　丹羽若狭守様ニ
      - 同　又八郎
    - 丹羽勘解由
    - 松山庄兵衛
      - 松山喜左衛門　西尾隠岐守様ニ
  - 介左衛門　妻蜂須賀蓬菴妹
    - 與惣右衛門　松平阿波守様ニ
      - 青山甚五兵衛　森内記様ニ
        - 青山小平太
    - 清左衛門　同　上
  - 右衛門佐　妻伊東長門守女　右衛門佐ヲ後ニ東彌介ト云
  - 大津　此娘松平阿波守様ニ　津田又兵衛妻

女子　ヲイヌ
伊東左兵衞妻
其娘伊東内藏進妻

女子　おなべ
松平淡路守様
武藤伊右衞門妻

女子
松平加賀守様
堀右衞門妻

青山九大夫
水戸宰相様ニ　實子ナシ

女子
生駒壹岐守様ニ
高坂勘ヶ由妻

「東作誌」は文化十二年の編纂で、この系圖は介左衞門の孫で美作津山の森氏に仕へた青山甚五兵衞の子孫の外戚に傳へられてゐた。

『寛永諸家系圖傳』『寛政重修諸家譜』の丹羽氏系譜には、丹羽長秀の女で五郎左衞門長重の妹に當る一女が青山修理亮宗勝の妻であつたと記されてをり、前掲の系圖の修理大夫の記事に一致する。宗勝は修理亮とも修理大夫とも稱したと推され『越前國名蹟考』にも修理大夫・修理亮の雙方の稱で記されてゐる。本状より三ケ月餘のちの慶長五年七月七日附で宗勝に遺られた家康の書狀(『德川家康文書の研究』舊・復とも　中巻　五〇九頁)の宛所には「靑山修理亮殿」とある。

靑山宗勝は丹羽長秀・長重に仕へ、天正十一年四月柴田勝家が北莊城で滅亡したのち、長秀が越前・若狹兩國と加賀半國を領した時、越前丸岡城を與へられた。その封は四萬六千石であつたと傳へられてゐる(『坂井町誌』五九〇頁)。また初め二萬石を給され、慶長三年か四年に四萬六千石に加增されたとも言はれる(『戰國人名辭典』)。

右の系圖では伊賀守を宗勝の父としてあるが、『戰國人名辭典』では宗勝の男忠元(幼名お虎)を伊賀守としてをり、『坂井町誌』は修理宗勝が卒して男忠元が繼ぎ、關ケ原合戰に際して西軍に屬して失領、のち忠元は大坂夏の陣に豐臣方に屬して奮戰討死したと誌してゐる。『坂井町誌』の說によると宗勝は慶長五年九月の關ケ原合戰以前に歿したことになるが、それは誤傳で父子共に西軍に屬して失領したと解すべきであらう。忠元は大坂夏の陣で討死したのかも知れないが、宗勝の生歿年は未詳である。

天正十三年四月十六日丹羽長秀は歿し、十五歲で遺領を繼いだ長重が同年八月の越中佐々成政征討の陣中の家臣團不始末(家中の內紛とも傳へられる)を秀吉に咎められて、翌月の閏八月越前國と加賀半國とを削られるに及んだ時、靑山宗勝初め戶田勝成・寺西正勝・奧山重定・山中長俊・上田重安(宗箇)等の重臣たち及び長束正家も秀吉に直屬せしめられた。長重は天正十五年さらに若狹を除かれ、僅かに加賀國松任四萬石のみに削封された。

靑山宗勝は丸岡城を安堵され、關ヶ原陣の頃まで在城した(『越前國名蹟考』七六四頁)。その封は前揭の系圖に記されてゐる慶長三年八月五日に秀吉より與へられた朱印狀の寫によると、預り高を合はせ四萬五千八百七十一石二斗四升と略四萬六千石に近い。

宗勝は秀吉の麾下に屬して黃母衣衆、九州の役に從軍、伏見城の工事分擔、從五位下修理亮　豐臣の姓を授けられた(『戰國人名辭典』)。慶長三年十二月の秀吉の遺產分けに際して兼定の刀劍を受領し(『甫菴太閤記』)、翌四年二月十八日の秀吉葬儀に二百人を從へて葬列に參じたとある(『眞書太閤記』)。

本狀の發給年次は、西尾吉次の從五位下隱岐守敍任が慶長四年十月三日であるから、宗勝が關ケ原戰役で失脚するまでの間、即ち慶長五年三月二十三日と決せられる。この年家康は正月より六月十六日に會津に向け進發するまでの間、大坂城西丸に在つた。三月中旬頃宗勝が何處に在つたかは審らかでないので「其元」もいづれの地を指すか未明であるが、おそらく居城丸岡城の在つた越前國と思はれる。當時前田利家すでに亡く、上杉景勝は歸國中、五奉行のうち石田三成・淺野長政も既に失脚して事實上豐臣政權は家康に掌握されてゐる狀態であつたから、宗勝の書狀も豐臣政權代表者たる大老家康への情況報告であつたのかも知れない。だが同年七月七日附で宗勝に遣られた前記の家康書狀の文面より附會すると、宗勝は家康に情報を送り心を寄せてゐたかと推量される。しかし舊主丹羽長重に與して北國口を守つたために、關ケ原合戰に參陣したわけではないが、西軍方部將として役後長重と共に所領を沒收されたのであらう。長重は慶長八年に新たに一萬石を給されたが、宗勝は復封されなかつた。

慶長五年に發給された家康文書は數多であるが、三月の動靜を傳へる文書は少ない。

柏原二郎右衞門尉に遣れる書狀（?〜慶長五年三月二十四日）

改年之爲二祝儀一、遠路之處吏札、殊兩種祝著候、委曲中禰二左衞門尉可レ申候、恐々謹言、

（?〜慶長五年）三月廿四日　家康（花押摸）

柏原二郎右衞門尉殿

寫文書〔正德年中御家中より出ル古書付寫〕○淺野家史料

〔譜牒餘錄〕○二十二 松平安藝守 附家臣

「柏原二郎右衞門尉に與へたる知行宛行狀（?〜慶長五年九月十一日）」の解說（本書四〇〇頁）參照。

長井貞信に遣れる書状（?〜慶長五年四月四日）

（折紙）
聞茶早〻到來、祝著之至候、一段能覺候、猶紹尊可レ申候、謹言、

（?〜慶長五年）
卯月四日　家　康（花押）

長井貞信

原本〔松雲堂所藏〕○大阪市
〔第七回松阪屋古書籍書畫幅大卽賣會〕○昭和五十七年九月九日〜十四日於上野松坂屋百貨店

聞茶とは銘茶、中でも栂尾の茶と他の產地の茶を嗅ぎ分け、或は味はひ分ける鬪茶の遊びに發した語であるが、のちには銘茶そのものをも意味する樣になつた。

長井貞信《ていしん》は宇治の御物御茶師長井貞甫家の祖で、生年は未詳だが歿年は元和三年である（『茶道人物辭典』）。その年の新茶は四月に入つてから初めて送り出される制と定められてゐたので、本狀にある聞茶も新茶と解される。紹尊は茶人の號であらうとは推されるものの、何某かは未詳である。

本書は「有樂宛極月廿日附秀忠書狀」「松平將監殿宛五月二日附家光判物」と共に一幅の懸軸に裝幀されてゐる。いづれも書風にやや作爲が感じられて氣に懸るが、文意として矛盾があるわけではない。寫文書と見るべきかも知れないので署名や花押の形は措き、文意からのみ推して文祿年間から慶長初年頃の書狀と考へられる。

近江觀音寺に遺れる書狀（?〜慶長五年四月五日）

（折紙）
爲二音信一鮒鮨二桶到來、祝著之至候、恐々謹言、

（?〜慶長五年）
卯月五日　　家康（花押）

觀音寺

原本〔觀音寺所藏〕○滋賀縣草津市

折紙一紙が軸裝されてゐる。滋賀縣には觀音寺と號する寺院が十數箇寺存在するが、これは近江栗太郡常盤村大字蘆浦、今日の草津市蘆浦町四四五番地所在の觀音寺で、大慈山と號する天臺宗別格の名刹である。聖德太子の開基と稱する古刹で「蘆浦觀音寺」と呼ばれて名高い。

「觀音寺朝賢に與へたる三大老連署の寺領安堵狀（慶長五年四月八日）」（『德川家康文書の研究』舊・復とも　中卷　四七四頁）によつて寺領四百二十石が安堵されたと知られるから、當寺もかなりの大寺である。

鮒鮨は延喜式にも見られるので起源は古く、琵琶湖の名產である。本狀の發給年次は未詳だが、恐々謹言と止めて署名花押を据ゑた家康の文書は、先づ慶長五年までと下限は捉へられる。上限は抑へ難いが天正末年以降であらう。

〔參考〕德川秀忠より堀尾忠氏に遺れる書狀（慶長五年四月二十日）

（折紙）
尚々被レ入二御念一貴札本望至極候、誠ニ久敷不レ懸二御目一、御床敷存計候、

御飛札本望之至令レ存候、然者其元相替義無二御座一、御静謐之由、珍重存候、殊（平出）秀頼様彌御息災御成人被レ成之由、目出度令レ存候、如レ仰北國之義相濟申之由、被レ入二御念一被二仰越一候、得二其意一存候、次會津之義被二仰越一候通よ（に）て、唯今之分こハ（には）上洛仕間敷候様ニ相聞申候、寔元珍敷儀も無之候、萬事従レ是追而可二申伸一候、恐々謹言、

（慶長五年）四月廿日　　秀忠（花押）

江中納言　秀忠

ヽヽ堀信州様（堀尾忠氏）

御報

原本〔大阪青山短期大學所藏〕○箕面市

折紙を半截し上下二段に装幀してあり「秀頼様」の名は改行して平出の書札禮が用ゐられてゐる。

忠氏は可晴の長男で天正五年生、通稱は彌介と言つた。可晴は天正十八年七月近江國佐和山から移され、遠州濱松城を與へられて十二萬石を領し、中村一氏・生駒親正と共に豐臣家の中老を務めた。秀頼は文祿二年八月三日大坂城二之丸で誕生し、翌三年十二月には伏見に移つて養育されてゐたが、秀吉歿後の慶長四年一月十日には伏見から大坂城へ再び移り、以後慶長十六年三月、家康と二條城で會見するために上洛した以外には大坂城を離れることがなかつた。

秀忠は文祿元年九月九日從三位權中納言に敍任され、慶長三年八月十八日秀吉が伏見城で歿するや家康の計らひによつて早々出立し、九月三日に江戸に歸著して關ケ原戰役後まで上洛することなく、慶長六年三月二十八日には從二位權大納言に進められた。

北國とは越前國を指すと解される。天正十一年四月、柴田勝家が滅んでより後の越前國は丹羽長秀・溝口秀勝・金森長近・成田重政・蜂屋頼隆・長谷川秀一・木村常陸介・堀秀治・堀尾可晴等々と多くの部将が分領し、かつ交代した。殊に小早川秀秋は朝鮮陣中の失態を咎められて慶長三年六月、筑前・筑後兩國から越前北庄城十二萬石に減じて轉封を命じられたが、家康のとりなしによつて太閤遺命として慶長四年二月、筑前・筑後五十二萬二千五百石に加增復領されると言ふ慌しさであつた。そのあとの北庄城には越前府中に在つた青木一矩が同じく太閤遺命として城附二十萬石で移され、(『德川家康文書の研究』舊・復とも　中巻　三八六・三八七頁參照)、府中城のあとには慶長四年十月、堀尾可晴が「御留守居」として濱松とは別に五萬石の地を預けられて入部し、赤座久兵衞・江原小五郎・乙部左門・友松忠右衞門・野村勝次郎の五人が與力として附けられた。『寛政重修諸家譜』巻第六百七十八、堀尾可晴の事蹟の項には、慶長五年六月二十三日濱松城に入つた家康を城主忠氏が饗應した時、父可晴も越前國より歸來し供奉を願つたが、家康は府中城に戻つて佐和山城の石田三成および北國上方の動靜を注進せよと命じたとある。慶長四年二月以來の越前國の領主移動に伴ふ動搖も漸々鎭靜に向かつた樣子を大坂に在つて父可晴から報ぜられた忠氏が、家康の上洛催促に應じない上杉景勝の姿勢と共に江戸の秀忠に書き遺つた書狀に對する返書が本狀である。

忠氏は關ケ原戰役後、出雲・隱岐兩國に封ぜられ二十四萬石を領し、慶長八年三月二十五日從四位下出雲守に進められたが、翌九年八月四日、父に先立ち二十八歲で歿した。

仙石秀久に遺れる書狀（文祿元～慶長五年四月二十九日）

爲㆓端午之祝儀㆒、帷子三送給候、祝着之至候、猶期㆓後音之時㆒候間、不㆑能㆑具候、恐々謹言、

（文祿元～慶長五年）
卯月廿九日　　家　康（花押）

仙石越前守（秀久）殿

〔仙石文書〕○長野縣佐久市 重田阿紀子氏所藏 『信濃史料』第二十一卷 三九九頁

音信に對する家康の答書は、關ケ原戰役までは書狀形式で署名に花押を据ゑ、戰役後の答書は判物でもなく小判形の朱印または黑印を捺した御内書形式となる。由て本狀も關ケ原戰役以前でおそらく文祿年間以降、さらに推測すれば秀吉歿後の慶長四年か五年の發給と考へたいが支證は得られない。九月六日附の重陽の祝儀に對する書狀は、「改撰仙石家譜」の記事を典據に慶長四年として採錄されてゐる（『德川家康文書の研究』舊・復とも　四四五頁）。

中川秀成に遣れる書狀（慶長五年五月三日）

（折紙截斷）
爲二端午之祝儀一、生絹（絹）二送給、祝著之至候、猶西尾隱岐守（吉次）可レ申候、恐ゝ謹言、

（慶長五年）五月三日　家康（家康）（黑印）（印文忠恕）

中川修理大夫（秀成）殿

原本〔神戸大學文學部日本史研究室所藏〕○神戸市

秀成《ひでなり》は中川清秀の子で、元龜三年に生れた。その事蹟に關しては本書四三二頁以下を參照されたい。秀成は文祿三年春に從五位下修理大夫に敍任、慶長十七年八月十四日に歿した。西尾吉次は慶長四年十月三日に從五位下隱岐守に敍任され、同十一年八月二十六日に歿してゐるから、本狀は先づその間のものと抑へられる。

時節の挨拶としての到來品に對して家康が應へた答書には、年代によつて文言、署名の有無、押印等に變遷が見られる。慶長八年の將軍就職以前の文書では、家臣よりの贈物に對しては「到來」、諸大名や社寺からの贈物に對しては「送給」

と記し、かつ共に「恐々謹言」と結ぶのを例としたと考へられるのに對し、將軍就職ならびに罷職後は「送給」の語は用ゐなくなり、かつ「恐々謹言」の書止文言もなくなり、「也」と言切りになる。

本狀に見られる印文「忠恕」の重郭楕圓印は慶長四年二月二十日が初出と考へられ（『新修德川家康文書の研究』二六三頁解説參照）、解釋に餘地を殘す「小鄰院に與へたる年貢皆濟狀」を除けば、慶長五年十一月二十日（『德川家康文書の研究』舊　下卷之二　二六一頁・復　中卷　八七二頁）が目下のところ最終例である。

慶長七年六月十六日を初見（『新修德川家康文書の研究』三一六頁）とする印文「源家康」小判印、さらに慶長十一年二月二十四日を初見（『德川家康文書の研究』舊・復とも　下卷之一　四六五頁）とする印文「恕家康」小判印の二印とも、署名と併用された例は見出されないのに對し、この「忠恕」印は往々にして署名と併用されてゐる。

由て本狀の發給年時は、使用印と西尾吉次の敍任とによつて、慶長五年五月三日と斷ぜられる。

某に遣れる書狀（?～慶長五年五月三日）

爲二端午之祝儀一、帷子三送給祝著之至候、猶以レ面可レ申候之條、不レ能レ具候、恐〻謹言、

（?～慶長五年）五月三日　　家康（花押）

（宛所闕）

原本〔財團法人林原美術館所藏〕○岡山市

折紙と思はれる本紙を半截し、更に本文の前後に當る左右を截ち、臺紙に貼つて掛軸に裝幀してある。宛所は切られて不明である。恐々謹言と結び、署名花押を据ゑた書狀の形式から、先づは慶長五年以前の發給と思はれる。

施藥院全宗に遺れる書状（?〜慶長五年五月四日）

爲二端午之祝儀一、帷五送給祝著之至候、猶元豐可レ申候之條、令二省略一候、恐々謹言、

（?〜慶長五年）
五月四日　　　家　康（花押）

（施藥院全宗）
藥　院

原本〔古典籍展観大入札會〕○昭和四十五年十一月十三日於東京古書會館

施藥院《やくゐん》全宗は往々にして藥院と記される。その祖は丹波氏で平安朝半頃より醫事を以て朝廷に任へ、三雲氏を稱して代々典藥頭・施藥院使に任ぜられた。全宗は山門の僧であったが還俗して翠竹院曲直瀬道三の門弟となり徳雲軒と號した。やがて施藥院使に任ぜられて昇殿し、その職を以て姓とするに至った。醫事のみならず山門の復興やキリスト教禁令等にも政治的才覺を發揮して秀吉に重用され、千二百六十五石を與へられて側近にあり、秘書官の樣な役割を勤めてゐた。子息の秀隆も從四位下侍從に敍任されたが父に先立って歿し、全宗の蹟は養子の宗伯が繼いで家康・秀忠に仕へた。全宗の歿年は慶長元年、六十九歳とも、慶長四年十二月十日、七十四歳とも傳へられてゐる（『寛政重修諸家譜』巻第千百九十、『戰國人名辭典』）。元豐は全宗の家臣の號であらうと推されるが未詳である。端午の祝儀に對する答書でありながら書狀形式に署名花押が据ゑてあり、慶長五年以前の發給であることは疑ひない。

某將に遣れる書狀（?～慶長五年五月十一日）

（折紙）
御陣之樣子承度候間、以二飛脚一令レ申候、可レ然樣取合可レ爲二本望一候、其表之儀具可レ被二申越一候、次上方彌無二異儀一、可二心安一候、恐ゝ謹言、

（?～慶長五年）
五月十一日　　家　康（花押）

（宛所闕）

原本寫眞〔日本書蹟大鑑第十三卷〕○昭和五十四年二月四日講談社發行

圖版を掲載した『日本書蹟大鑑』は本狀を家康自筆文書としてゐるが實は右筆と見られる。聊か讀み辛く、その釋文には「次三方彌□□儀候」とあるが、右の通り讀解して考察を加へる。

家康が上方の動靜を報じたとなれば、先づは天正元年以降、おそらくは天正十年以降であり、恐々謹言と書止め、花押を据ゑた書狀は他例に鑑みて慶長五年までと下限を抑へられる。上方の動靜を報ずるには、何も上方に滯在中である必然性はないが、文意より推し、やはり上方方面に滯在中かもしくは極く最近まで滯在してゐたと窺はれよう。そこで五月初旬に家康が上方方面に在った年を探ると、天正十六年は四月二十七日に京都より岡崎に歸著、天正十七年、文祿三年、文祿四年は五月三日に京都を發して江戶へ向かふ。そして慶長元年から五年まではいづれの年も五月は上方滯在中である。

本狀の宛所であった某將は、當時どこかの地に在陣中であったのだから、右の九例の該當年で五月に合戰中であった年となると、文祿三年から慶長三年の間の朝鮮在陣しか求められない樣である。文面からは上方と朝鮮と言った遠隔の地

ではなく、内地の様にも感じられる。家康が上方以外の地に在つて發した書状と考へると、ますますその年次や宛所の推定は難しくなり、現段階では書止め文言と署名花押の文書形式から下限を慶長五年として収録しておく以外ない。

九老に遣れる書状（?〜慶長五年五月二十三日）

如二芳翰一稍絶二音問一候、仍爲二御音信一芳茗三十袋送給候、悦悦之至難レ謝候、猶使僧可レ有二演説一候、恐々謹言、

（?〜慶長五年）
五月廿三日　　家康（花押）

九老

原本『夜光之璧』三巻本　上巻貼込
〔古典籍下見展観大入札會展示〕○昭和五十八年十一月十一日 於神田古書會館

戰國武將や上杉家歴代明治に至るまでの書状四十七通を三巻の巻物に装幀して「夜光之璧」と名付けてあり、本状はそのうちの上巻に、謙信・信長・秀吉の書状に次いで貼り込まれてゐる。宛所を九老と讀んだが、九花とも九知とも九怍とも讀めないことはなく未詳である。敬稱が付けられてゐないので號であることは間違ひない。『日本佛家人名辭書』によると、明應九年に生れ天正六年八月十日に七十九歳で寂した僧に瑞璵、字は玉崗、號は九華がある。鄉貫詳ならず出家して臨濟禪を傳へ、佛儒に兼通し、殊に漢詩文を以て聞え、下野足利學校第七世學頭となつたとある。この僧かと考へてはみたが、天正六年以前に家康と交際が既にあつたとするには早すぎよう。今は宛所未詳としておく。

學僧に宛てた故であらう、文體はやや漢文調で固苦しい。芳茗とは銘茶のことである。書止め文言と署名花押の書式から發給下限は慶長五年と抑へられ、更に署名書體と大きめで直立した花押の形から推量すると、天正十年代かと思はれる。

慶長五年五月二十五日に山城石清水八幡宮に與へたる知行宛行狀について

右に該當する原文書または寫文書で、これまでに存在を知られたものは左の通りに收錄されてゐる。

		『徳川家康文書の研究』收錄頁	「石清水文書」番號	『寛文朱印留』該當番號
田中秀清	百石	中巻　四八四	三―一二六三	六八四
壇　榮清	六十石	中巻　四八七	六―四七二	六八五
御綱新八兵衞	三十八石四斗一升	中巻　四八九	六―四七一	
五　佐	十三石	中巻　四九〇	六―四七〇	六八二
妙　貞	十二石九斗六升	中巻　四九一 本書　三五二		
横　坊	九十石	中巻　八三〇		六八八
寶勝坊	一石	中巻　八三一		
柴座萬好	十二石二斗四升	中巻　四九一		
柴座町二良	十七石三斗六升	舊下之二　四一〇 復中巻　八七三		

神原専介	十一石五斗	中巻　四九二	六九八
田中甚吉	四石五升	中巻　四九三	
神應禪寺	百二十石	中巻　四九三	六九六
谷村孫十郎	一石五斗四升	中巻　八三一	
小林善八郎	九石三斗三升	新修　二六六	六九八
大西坊	六十四石	新修　二六八	六八七
片岡左衛門尉	七石四斗五升	新修　二六九 本書　三五五	六九〇
森元源兵衛	十二石二升	新修　二六九 本書　三五六	七〇二
橘　坊	二十石	新修　二七〇	六八八
梅　坊	二十石	新修　二七一	六八七
正法寺	五百石	新修　二七二 本書　三五七	六九二
仕丁十人	二十六石六斗	新修　二七三	七〇九
燈明領	百二十石	新修　二六七	七一一
常徳寺	三十石	本書　三六〇	六九六
森元喜太郎	三十八石五斗五升	本書　三六二	六九八
志水忠宗	四十四石八升	本書　三六五	六九八

駕輿丁美豆下司	六石八斗	本書	三六六		七〇八
昌玉庵	四石五斗三升	本書	三六八		六九四カ
清林庵	一石四斗	本書	三六九	三―一二七八	六九四カ
淨圓	六石一斗六升	本書	三七〇		六九四カ
井關坊	二十二石	本書	三七一		六八七
橘本坊	四石三斗	本書	三七二		六八七
下　坊	二十石	本書	三七二		六八七

「石清水文書」(『大日本古文書』家わけ第四ノ三)には、「〔社務中　御朱印寫〕(文書整理番號)一二五六　八幡社務以下領知目録」として左の一點が收録されてゐる。年紀を闕いてゐるが、「五さ」の領知が未だ善法寺領知に併せられず別に書き上げられてゐる故、寛文の家綱朱印を溯り、「御朱印」とは家康の朱印か、下つても家康朱印を踏襲した秀忠・家光の朱印と捉へられる。

〔社務中　御朱印之寫〕

一二五六　八幡社務以下領知目録

御朱印之目録

『徳川家康文書の研究』收錄頁　『寛文朱印留』該當番號

田中　　中　四八四　六八四

一七拾三石九斗壹升九合　八幡之內
一貳拾六石八升六合　替地　同所
合百石

善法寺　　六八二

一百貳拾六石貳斗四升　八幡內
一拾三石七斗六升　替地　同所
合百四拾石

新善法寺　　六八三

一貳拾三石九升　八幡內
一四拾石　替地　同所
一三拾六石九斗壹升　同　下奈良
合百石

壇　　中　四八七　六八五

一四拾三石八斗貳升　八幡內

慶長五年

一壹石九斗壹升　替地 同所
一拾四石貳斗七升　加増 同所
合六拾石
五さ　中　四九〇　六八二
一拾三石　八幡内
兼官　六九〇
一壹石四斗三升　八幡内
一三石五斗七升　替地 同所
合五石
公文所法眼　六九〇
一五石六斗七升　八幡内
一九石三斗三升　下奈良
合拾五石
同　六九〇
一三拾五石　嵯峨河端村

一拾四石　　　　　　　　　　　　　鴨川
合四拾九石
一貳拾石　　藤木法橋　　　下奈良村　　　六九〇
一七石四斗五升　　片岡左衛門尉　　八幡内　　新二六九　本書三三五五　　六九〇（但、七石七斗五升）
一拾九石　　紀氏宮大夫　　下奈良村　　　七〇六
一貳拾石　　紀氏撿知大夫　　下奈良村　　　七〇六
一四石　　神子　　下奈良村　　　七〇六

一拾石　　　　　　　　加増 同所
　　合拾四石
　八幡宮内殿日御供米御朱印
一百貳拾石　　　　　河内國 交野郡星田村
一貳拾八石三斗四升　　　　同寺村
　　合百四拾八石三斗四升

「石清水文書」にはこの外にも秀忠以下歴代將軍より與へられた領知朱印狀もしくはその寫が多數收錄されてをり、それらによつて慶長五年五月二十五日に發給された家康の知行宛行狀を知ることも出來るが、むしろ『寬文朱印留』(下卷)のうちの「諸社領御朱印留　二」に揭げられてゐる石清水八幡宮に宛てて與へられた御朱印留(文書番號六八一―七一三)に一括されてゐる。そのうちより「任慶長五年五月廿五日、元和三年八月十六日、寬永十三年十一月九日先判之旨、全收納永不可有相違者也、仍如件」との文言によつて原初の發給年月日の確認できる事例を左に揭出してみる。石清水八幡宮への寬文の御朱印狀は、すべて寬文五年八月十五日附で一齊に發給されてゐる。慶長五年五月から六十五年の間に、失領した例、統廢された例もあつたと考へられ、現に原文書または寫文書が存在しながら「寬文御朱印留」に揭げられてゐない事例のあることは、前揭の御綱新八兵衞・妙貞・寶勝坊・柴座萬好・柴座町二良・田中甚吉・谷村孫十郎に與へた知行宛行狀によつて明らかであり、また『續石清水八幡宮史料叢書　三』菊大路家文書目錄の「は―96」に揭げられた朱印狀寫にも、薗町六郎右衞門・同官阿彌宛に八幡庄內叄石壹斗六升の知行宛行狀が含まれること、さらに元和三年八月十六日附で徳川秀忠が與へた百姓等九拾六人に都合百九拾石五斗の安堵狀が含まれてゐることによつて推測も可能である。從つて「寛文御朱印留」を以て原初發給された知行宛行狀を網羅してゐるとは考へるべくもないが、その大概は知られよう。

最下段に付した數字は、原文書または寫文書の收載頁で、中は『徳川家康文書の研究』中巻、新は『新修徳川家康文書の研究』、本は本書、石は「石清水文書」とその文書番號を示す。

宛所	領	高	『寛文御朱印留』文書番號	『徳川家康文書の研究』收錄頁
善法寺	八幡庄内	百四十石	六八二	中 四八九
五さ	同右	十三石	六八二	
新善法寺	八幡庄内 六十三石餘 奈良村内 三十六石九斗餘	百石	六八三	
田中領	八幡庄内	百石	六八四	中 四八四
紺座町 貞庵	同右	六石四斗餘	六八四	石 三 一二七〇
壇領	同右	六十石	六八五	中 四八七
法童坊	同右	二十三石	六八七	
瀧本坊	八幡庄内 六十九石 久世郡御牧郷内 二十二石八斗八升	九十一石八斗八升	同右	
中坊	八幡庄内	八十八石	同右	

慶長五年

梅坊	同右	二十石	同右	
宮本坊	同右	二十石	同右	
井關坊	同右	二十石	同右	本　三七一
閼伽井坊	八幡庄内六十五石 久世郡寺田村十五石八斗	八十石八斗	同右	
松坊	八幡庄内二十七石 久世郡御牧郷五石九斗餘	三十二石九斗餘	同右	
祝坊	八幡庄内	四十二石	同右	
大西坊	八幡庄内六十四石 久世郡御牧郷二石三斗四升	六十六石三斗四升	同右	新　二六八
鐘樓坊	八幡庄内	三十九石	同右	
椿坊	同右	二十石	同右	
門口坊	同右	四十五石	同右	
泉坊	同右	二十石	同右	
橘本坊	八幡庄内四石三斗 久世郡野村郷百十二石五斗餘 相樂郡山田村六十三石 乙訓郡河嶋村二十五石 攝州嶋下郡礒嶋村三十石四斗	二百三十五石二斗餘	同右	本　三七二
角坊	八幡庄内	二十石	同右	
新坊	同右	二十石	同右	
塔坊	同右	二十石	同右	

井上坊	同右	二十石	同右	
辻本坊	同右	二十石	同右	
奥坊	同右	二十石	同右	
東坊	同右	二十石	同右	
下坊	同右	二十石	同右	本 三七二
栗本坊	同右	二十石	同右	原本新出、未収
萩坊	同右	二十石	同右	
白壁坊	八幡庄内 三石一斗餘 久世郡野村郷 九石四斗餘 攝州嶋下郡磯嶋村 十一石五斗	二十四石一斗	同右	
良順坊	八幡庄内	十石	同右	
敎榮坊	八幡庄内	十石	同右	
岩本坊	同右	二十石	六八八	
横坊	八幡庄内 九十石 内里村 三十石	百二十石	同右	中 八三〇
橘坊	八幡庄内	二十石	同右	
梅本坊	八幡庄内 二十四石 久世郡野村 十五石七斗	三十九石七斗	同右	
杉本坊	八幡庄内	二十石	六八九	
櫻本坊	同右	二十石	同右	

松本坊	同右	二十石	同右	
所司 公文所法眼	八幡庄内 十五石 乙訓郡鴨川村内 十四石餘 葛野郡河端村之内 三十五石	六十四石餘	六九〇	
同 藤木法橋	八幡庄内	二十石	同右	
同 兼官	同右	五石	同右	
同 片岡左衛門尉	同右	七石七斗五升	同右	新 二六九カ 本 三五五カ
安禪寺	同右	三十四石餘	六九一	
禪家九箇寺	同右	五十六石五斗餘	同右	
正法寺方丈	八幡庄内 四百三十七石四斗餘	百二十石	六九二	新 二七二
瑞雲庵	下奈良村之内 六十二石五斗餘	百石	同右	同右
勁松院	都合五百石	五十石	同右	同右
慶養庵		二十石	同右	同右
福泉庵		三十石	同右	同右
喜春庵		九十石	同右	同右
松林院		二十石	同右	同右
正壽院		七十石	同右	同右
善法律寺	八幡庄内	百石	六九三	

法園寺	同右	九十石	同右	
金剛寺	同右	九十石	同右	
大乗院	同右	五十石	同右	
壽德院	同右	四十石	同右	
山下寺庵 淨土宗三拾六箇所	同右	百五十五石七斗餘	六九四	
山下寺庵 法華宗三箇所	同右	二十八石四斗餘	六九五	
神應禪寺	同右	百二十石	六九六	中 四九三
常德寺	八幡庄内 二十石 下奈良村 十石	三十石	同右	本 三六〇
全昌寺	八幡庄内 十八石 下奈良村 二石	二十石	同右	本 三六一
慶春庵	八幡庄内	二十石	同右	
巣林庵	同右	五十石	同右	
安居本頭神人 橋本等安	同右	五十七石四斗七升	六九七	
同 横田以齋	同右	四十二石二斗六升	同右	
同 小篠與次郎	同右	三十石二斗四升	同右	
同 橋本助六郎	同右	二十九石一斗二升	同右	
同 神原四兵衛	同右	二十八石	同右	

同 山内壽齋　同右　二十四石九斗六升　同右
同 谷村淨雲　同右　二十四石　同右
同 福田彥兵衞　同右　十四石五斗六升　同右
同 橋本甚五郎　同右　十二石三斗五升　同右
同 福田新兵衞　同右　十一石二升　同右
同 橋本又太郎　同右　七石四斗五升　同右
同 相坂久助　同右　二石四斗　同右
安居本頭神人 神原市左衞門　同右　百石　六九八
同 神原喜右衞門　同右　七十石　同右
同 山岡宗甫　同右　四十六石九升　同右
同 志水小八郎　同右　四十四石八升　同右　本三六五
同 小篠半三郎　同右　三十九石二斗一升　同右
同 森元喜太郎　同右　三十八石五斗五升　同右　本三六二
同 喜多村與七郎　同右　三十三石三斗六升　同右
同 神原六助　同右　三十三石六斗一升　同右
同 松岡彌次郎　同右　三十二石五斗　同右
同 辻村勘右衞門　同右　十六石八斗三升　同右

同 神原専助　同右　十一石五斗　同右　中四九二
同 神原但馬　同右　九石五斗三升　同右
同 志水善八郎　同右　九石三斗三升　同右　新二六六
同 林　新助　同右　九石　同右
同 林與五郎　同右　八石八斗　同右
同 小谷喜三郎　同右　八石八斗　同右
同 小谷孫左衛門　同右　八石一斗　同右
同 林三七郎　同右　四石八斗　同右
同 宇野田勘解由左衛門　同右　三石六斗四升　同右
同 神原吉助四人與　同右　二石七斗五升　同右
同 橋本長右衛門　同右　三石　同右
安居脇頭神人 安　正　同右　五十三石二斗七升　六九九
同 新左衛門五人與　同右　二十三石二斗　同右
同 與次右衛門　同右　十四石一斗六升　同右
同 次左衛門　同右　十三石九斗　同右
同 又兵衛　同右　十三石五斗　同右
同 彥六郎　同右　九石八斗二升　同右

（同）次右衛門	同右	八石八斗五升	同右
（同）久右衛門	同右	六石七斗七升	同右
（同）平右衛門	同右	四石五升	同右
（同）喜兵衛 彦次郎	同右	二石九斗三升	同右
（同）清右衛門	同右	二石七斗四升	同右
（同）新九郎母	同右	二石二斗	同右
（同）好　味	同右	二石五升	同右
（同）助兵衛	同右	一石四斗六升	同右
（大禰宜安居本頭人）能村盛然	同右	四十七石六斗餘	七〇〇
（同）能村次郎左衛門	同右	三十四石二斗	同右
大禰宜座六人	同右	七十石六斗餘	同右
（安居本頭神人）片岡宗與	同右	七十九石六斗三升	七〇二
（同）片岡孫六郎	同右	五十四石一斗四升	同右
（同）片岡宗外	同右	四十一石五斗八升	同右
（同）松田助次郎	同右	三十八石六斗三升	同右
（同）片岡半右衛門	同右	三十八石三斗八升	同右

同 森元喜次郎　同右　三十八石一斗七升　同右
同 谷村孫右衛門　同右　三十六石三斗五升　同右
同 小寺三郎右衛門
小寺清右衛門　同右　二十七石七斗八升　同右
同 片岡清六郎　同右　二十七石五斗九升　同右
同 喜多村次兵衛　同右　二十四石五斗七升　同右
同 喜多村忠右衛門　同右　二十三石五斗八升　同右
同 松田次郎　同右　十七石三斗六升　同右
同 片岡ノ官　同右　十五石七斗　同右
同 森元源兵衛　同右　十二石二升　同右　新二六九カ 本三五六カ
同 能村宮内　同右　十石四斗六升　同右
同 小寺喜六郎　同右　四石五斗　同右
同 小寺壽庵　同右　二石三斗三升　同右
安居脇頭人 四拾壹人　同右　二百六十三石一斗八升　七〇三
安居脇頭人従他所居住 四拾八人　同右　百五十三石四斗餘　同右
六位安居本頭人 森元與次郎　同右　四十八石七斗六升　七〇四
同 森元源左衛門　同右　五石九斗餘　同右

小禰宜座安居本頭人 奥村五左衛門	同右	二十四石七斗	七〇五	
同 小禰宜座三人	同右	十五石一斗餘	同右	
俗別當	同右	二十石	七〇六	
宮大夫	同右	十九石	同右	
檢知大夫	同右	二十石	同右	
神　子	同右	十四石	同右	
神人他生座七人	同右	四十七石二斗餘	七〇七	
綱座五人	同右	百三十石二升	七〇八	
宮守五拾人	同右	百一石内七十三石二斗神供料	同右	
駕與(輿)丁座七人	同右	八十一石	同右	本　三六六
相撲座貳人	同右	三十四石一斗六升	同右	原本新出、未収
達所小綱座五人	同右	三十一石三斗三升	同右	
神樂座八人	同右	三十石	同右	
神馬副三人	同右	十九石九斗餘	同右	
神馬飼	同右	十五石	七〇九	
仕丁拾人	同右	二十六石六斗	同右	新　二七三

香華座三人	同右	十四石二斗三升	同右	
（燈明料）內陣役者中	同右	百二十石	七一一	新 二六七
愛染堂	同右	二十二石	同右	
勤行料	同右	九十四石	同右	
御八講領入寺	同右	十石	同右	
入寺勤行料	攝津國嶋下郡磯嶋村	十九石六斗	同右	
執行料	同右	三石	同右	
手水田	八幡庄內	三石	同右	
鏡（鐘歟）撞田	同右	三石	同右	
承　仕	同右三十二石 乙訓郡久我村九石五斗	四十一石五斗	同右	
獅子大夫	八幡庄內	二十石	七一二	
（童子）久右衛門	同右	九石七斗一升	同右	
（宮鍛冶）加　助	同右	十五石	同右	
（宮大工）彌三右衛門	同右	九石	同右	
（疊刺）理兵衛	同右	四石一斗三升	同右	
百姓九拾六人組領	同右	百九十二石五斗	七一三	

尚、右の「任慶長五年五月廿五日云々」の安堵文言とは月のみ異なつて「任慶長五年八月廿五日、元和三年八月十六日、寛永十三年十一月九日先判之旨、永不可有相違者也、寛文五年八月十五日」と記された例が見られる。慶長五年八月廿五日は五月廿五日の誤記かとも思はれるが、一應右とは別して左に掲げておく。

神寶所安居本頭人 落合八郎右衛門	八幡庄内	四十七石一斗九升	七〇一
同 谷村甚八郎	同右	三十一石六斗六升	同右
同 落合五郎右衛門	同右	二十七石五斗四升	同右
同 落合七右衛門	同右	二十二石八斗七升	同右
同 谷村甚助	同右	十石四斗三升	同右
同 谷村與三左衛門	同右	九石四斗四升	同右
同 谷村新助	同右	七石	同右
同 谷村甚兵衛	同右	六石九斗三升	同右
同 神寶所拾人組	同右	三十六石八斗七升	同右

「寛文御朱印留」に據つて慶長五年五月二十五日附で發給されたと知られる山城石清水八幡宮關係の知行宛行状は一括されたものを一通と算へても百七十通を算へ、他に同年八月二十五日附と記されたもの九通を算へる。おそらく當初は右を大幅に上廻る數の宛行状が發給されたと考へられる。因みに前者の知行高合計は六千五百五十石九斗

七升餘、後者は二百八十石九斗三升に上る。

寛文五年八月十五日附で發給された朱印狀は、給人一名に就き一通づつ發給されたわけではなく、寛文御朱印留文書番號に示されてゐる通り、子院、安居本頭神人、安居脇頭神人等同格のものは數件から二十數件に及んで一括して發給されてをり、右に掲げた寛文御朱印狀は合計三十通に過ぎない。ところが慶長五年の家康の朱印狀は、原文書もしくは寫文書の存在する横坊・小林(志水)善八郎・森元源兵衞・森元喜太郎・志水小八郎忠宗・昌玉庵・清林庵・山路町淨圓等の例によつて明らかな通り、給人一名に就き一通づつ發給された。のみならず寛文御朱印留(七〇九番)では、神馬飼・香華座三人と共に一通に一括されて單に「貳拾六石六斗　同斷　仕丁拾人」と記載されてゐる分も、家康朱印狀(『新修德川家康文書の研究』二七三頁)に於いては仕丁各一人づつの給高を記した知行目錄として發給されたと知られ、また同じく寛文御朱印留(七〇八番)では石淸水八幡宮七座組領と一括されてゐる七座のうちの一つ駕輿丁座七人のうちのそのまた一人「駕輿丁美豆下司」に單獨で知行宛行狀(本書三六六頁)を發給してゐる例や、山下寺庵淨土宗三十六箇所(六九四番)と一括されてゐる中に昌玉庵や淸林庵への知行宛行狀(本書三六八・三六九頁)も含まれてゐると推される例から推して、この時家康が石淸水八幡宮關係者に對して行なつた知行宛行が、如何に入念であつたかが知られる。

扨、關ケ原合戰以後、ましてや將軍職宣下の後ならば、家康が分國外の諸社寺領寄進を行なつても異とするには當らないであらうが、關ケ原合戰の約四ケ月前の時點に於いて、家康の分國でもない山城石淸水八幡宮關係者に對し、斯くも多數かつ入念な知行宛行狀を發給したことは、その權原に關して一考を要しよう。

石淸水八幡宮の社務職廻り持ちの順序に關して舊來紛糾連々としてゐたことは、「石淸水文書」に多數の史料が見られ、中村孝也博士も『德川家康文書の研究』中巻四八三頁から四九三頁に亙つて考證してをられる。それを若干敷衍しておく。

社務職を廻る壇榮清・田中秀清・新善法寺重清の爭論は解決を見ないので、慶長四年九月二十一日、奉行の德善院前田玄以は八幡山上山下に宛て、紛爭落着までの間、社務領山林等を差押へる旨を達し(石清水文書　三―九七〇)翌二十二日には前記三名に宛てて證文等持參の上、大坂へ出頭すべきことを命じた(三―九七一)。田中秀清は善法寺と田中家は假令別當に非ずとも、また童形であつても、從來社務職に就いた前例を擧げ、於龜の方(家康側室相應院)を通じて家康に愁訴した(三―九六〇)。於龜の方は石清水八幡宮社家志水宗清の女であり、文祿四年に家康の第八男仙千代を儲けてゐた。志水家と田中家の系圖は記錄によつて異同が劇しく分明でないが、兩家は近い姻戚關係にあり、田中秀清の父長清と於龜の方の母は兄妹または姊弟であつた(『新修德川家康文書の研究』「家康の第八子　仙千代の項」參照)。於龜の方も秀清の依賴に應へ、家康に取次ぎ秀清に度々助言を遣り、前田玄以に對しても斡旋を依賴した(三―一二七九―一二八四)。秀清は於龜の方の助言に從つて傳奏廣橋兼勝にも愁訴し、兼勝も叡慮を奉伺し前田玄以に斡旋を乞ふた。

慶長五年三月に至つて前田玄以は內大臣德川家康の直裁に委ねて解決を計るべく、壇榮清と新善法寺重清に來會を促した(三―九七二)。田中秀清も當然來會したものと推される。家康は親しく故事糺明を遂げ(三―九七六)、田中秀清の主張を全面的に容れて秀清を現社務職と認める旨の裁斷を五月十五日に下した。於龜の方の家康への愁訴斡旋は大いに効を奏したものと考へられる。同日前田玄以も社務領百姓中に對し、紛爭に由り去年から差押へてあつた社務領は、今度「內府(家康)樣被聞食」て田中に社務職を仰付けられたので、公事は落居した故、社務領は田中へ收納すべしと命じた。

五月二十五日、家康は現社務職は田中秀清、其次新善法寺・其次善法寺・其次壇と定めた旨の裁許状を各自に與へると共に、同日附を以て石清水八幡宮關係者に對し、おそらく二百通を超える知行宛行状を一齊に發給した。その知行地は八幡庄内にとどまらず、山城國内はもとより、攝津國・河内國にも及んだ。但し、その數量の膨大さに鑑みて、同日附であっても實際の發給は後日であった例も多かつたと考へねばなるまい。

六月三日、廣橋兼勝は田中秀清に宛て、家康の御前で糺明を遂げられ秀清に社務職を仰付けられたことを祝ひ、禁裏へも前田玄以より申し上げるであらうから、その時、綸旨等を相調へて進じようと書き遣つた(三―九七八)。六月十九日、後陽成天皇は田中秀清を石清水八幡宮檢校に爲すとの宣旨を下された。

この石清水八幡宮社務職を周る長年の紛爭は、禁裏に於いても奉行によつても解決できなかつたので内大臣家康に要請し、家康は自ら糺明を遂げて裁斷を下し、禁裏も奉行もその裁斷に追從して一件は落着した。

それ故、家康が下した裁斷ならびにそれに伴ふ社務廻職裁許状や石清水八幡宮關係者への知行宛行状發給の權原は、豐臣家の奉行としての前田玄以が執行すべき權限の委託もしくは委讓であつたと解さねばなるまい。ところが慶長五年五月十五日に田中秀清に與へた社務職認許状(中村孝也博士は本狀を社務廻職認許狀と題されたが、本狀は秀清を現社務職とする旨の認許狀である)を初め、同月二十五日附で發給した社務廻職裁許狀や知行宛行狀の全てが、豐臣氏の大老もしくは奉行代行と言つた權原を記さずに、ただ家康一人の判物ならびに朱印を以て下されてゐる點に注目されよう。於龜の方を通じての田中秀清の家康への働きかけは、前年の慶長四年秋頃か冬には開始されてをり(三―一二七九―一二八三)、月は未明だが六日附で於龜の方より秀清に遣つた消息には、社務職のことに關して

「こなたうへさま(家康)御がつてんにて候」とあり、果して秀清の主張が認められるに至つたのは前述の通りである。

この一件は、慶長四年秋頃には豊臣政權は形骸化しつゝあつたこと、そして關ケ原合戰前の翌五年五月に於いて既に家康が事實上、政務執行權限者であると禁裏も豊家奉行も八幡社人達も認めてゐたことを示すと解される。またそれ故にこそ中村孝也博士が指摘(『德川家康文書の研究』舊・復とも　中巻　四九四頁)された通り、同年七月十七日附の全十三條の家康彈劾條書(前掲同書　五一四頁)の第十二條に「御奉行五人(五大老五人を指す)一行に、一人として判形之事」、第十三條に「內緣(側室志水氏於龜の方を指すと思はれる)之馳走を以、八幡(石清水八幡宮を指す)之檢知被㆑免候事」と專横の譏りを鳴らさせる因ともなつたと考へられる。とすれば、この慶長五年五月二十五日に石清水八幡宮の社務廻職を裁許し、一齊に知行宛行狀を家康一人の名に於いて發給したことは、豊家五大老政體への意識的挑發行爲であり、關ケ原合戰への前哨戰であつたとも解されよう。

山城石清水八幡宮妙貞に與へたる知行宛行狀（慶長五年五月二十五日）

(折紙)
於㆓八幡庄內㆒拾貳石九斗□舛之事、全可㆓所㆑務㆒候也、

慶長五年
五月廿五日　家康 (家康)(朱印)

(印文忠恕)

薗町
妙　貞

原本〔文學堂書店古書目録第二十五號〕○平成十三年春

本狀は『徳川家康文書の研究』（舊・復とも　中巻　四九一頁）に〔古文書纂〕廿九より既に收録されてをり、知行高は「拾貳石九斗六升之事」とある。然しながら出現した原本の圖版を視ると、料紙に蟲喰や傷みはあるものの知行高の箇所に傷みはなく、「九斗六升」とは讀み難い。强ひて讀めば「壹舛」か「叄舛」かと推されるも判じかね、今は未明としておく以外ないので解説の稿も改めることとした。薗町は園町と同じで、八幡内四鄕の一つ金振鄕の內、俗には金振鄕の本鄕也と稱し、多くの社寺がある。妙貞もそのうちの一つの庵號であつたかと考へられるが、『寛文朱印留』には見出されず、『石清水文書』『石清水八幡宮史料叢書』正續編の江戸初期文書を當つてみても見出されないので、早く廢されたと考へられる。

〔參考〕將軍秀忠より山城石清水八幡宮小林善八郎に與へたる知行安堵狀

（元和三年八月十六日）

於二八幡庄之內一九石叄斗餘事、任二先判之旨一、全收納彌不レ可レ有二相違一者也、

元和三
八月十六日　御朱印（秀忠）

志水
善八郎

寫文書〔埼玉縣立文書館所藏〕○飯島德藏氏收集文書

〔參考〕將軍家光より山城石清水八幡宮小林善八郎に與へたる知行安堵狀

（寛永十三年十一月九日）

八幡庄之内九石三斗餘事、任二慶長五年五月廿五日・元和三年八月十六日兩先判之旨一、永收納不レ可レ有二相違一者也、

寛永十三
十一月九日　御朱印（家光）

志水
善八郎

寫文書〔埼玉縣立文書館所藏〕○飯島德藏氏收集文書

この二通を『新修徳川家康文書の研究』二六六頁に「山城石清水八幡宮小林善八郎に與へたる知行宛行狀（慶長五年五月二十五日）」と題して掲げた文書の參考文書として掲げる。同文書はこの二通の參考文書と同じく、その寫文書が飯島德藏氏收集文書として埼玉縣立文書館に所藏されてをり、宛行の本文は前書に掲げた文言と相違ないが、日附の「慶長五年」はやや小さく書かれ、宛所も「志水」がやや小さく書かれて「善八郎」はその左下に記されてをり、「志水」が姓ではなく所書きであつたことが示されてゐる。この寫文書の方が『新修』に出典とした「城州八幡愚聞鈔」よりも原本の姿を正しく寫し傳へてゐると考へられ、由て「城州八幡愚聞鈔」の註記にある「志水町ニ住シテ……志水ハ則所書也。故ニ肩書也。本名ハ小林氏也。」とある記事は肯ぜられる。

石清水八幡宮の門前町は內四郷と外四郷からなり、八幡八郷とも稱されてゐた。內四郷は科手・常盤・山路・金振の四郷、外四郷は美豆・際目・生津・川口の四郷であり、さらに金振郷は志水町・神原町・馬場町・園町・今田町・菖蒲池町・城ノ內町・平田町の八町、山路郷は山路町・壇所町・森ノ內町・柴座町の四町、常盤郷は紺座町・田中町・家田町・高橋町・常盤町の五町、科手郷は科手町・大谷町・橋本町の三町などからなつてゐた（『角川日本地名大辭典』）。小林善八郎は右の金振郷志水町に住してゐたので、この樣に宛てられたものと解される。善八郎は後、文右衞門と號し、寛永三年に歿した志水忠宗とその男で萬治元年に歿した忠政とに奉公したと傳へられてゐる。尾張徳川家の陪臣でありながら、一方、二代將軍・三代將軍よりも知行安堵狀を與へられたのは、石清水八幡宮の住人と言ふ特殊な身分に由ると解される。「城州八幡愚聞鈔」によると、その身分は「株」と記されてゐる。

山城石清水八幡宮片岡左衞門尉に與へたる知行宛行狀
（慶長五年五月二十五日）

於二八幡庄內一七石四斗五升之事、全可二所務一候也、

慶長五年

五月廿五日　家　康（家康）（朱印）（印文忠恕）

片岡左衞門尉

原本〔思文閣　第十一回大丸古書軸物大即賣展目錄所載〕○昭和四十八年十一月刊

『新修德川家康文書の研究』二六九頁に「山城石清水八幡宮某に與へたる知行宛行狀（慶長五年五月二十五日）」として收錄濟の文書である。

この文書は前掲の八幡社務以下領知目録（石清水文書三―一二五六）「御朱印之目録」に記載されてゐる片岡左衛門尉に與へられた知行宛行状と解されるので再掲しておく。「寛文御朱印留」（文書整理番號六九〇）には「所司片岡左衛門尉八幡庄内　七石七斗五升」とあつて三斗増加して一致してゐないが、元禄三年十二月二十六日附の「八幡社領改帳」（石清水文書三―一二七八）には左の記事が見られるので、當文書の宛所が片岡左衛門尉であつたことは疑ひないであらう。尚「寛文御朱印留」には□石四斗五升の例はない。

買得地
一高五石貳斗　　所司判官 片岡賴母
外七石四斗餘家領有之處、先代ニ不殘賣渡ス

山城石清水八幡宮森元源兵衛に與へたる知行宛行状
（慶長五年五月二十五日）

於二八幡庄内一拾貳石貳升之事、全可二所務一候也、

慶長五年
五月廿五日　　家康（朱印）（家康）（印文忠恕）

森元源兵衛

原本〔第十五回上野大古書市出品目録抄所載〕○昭和五十三年七月刊

『新修徳川家康文書の研究』二六九頁に「山城石清水八幡宮某に與へたる知行宛行状（慶長五年五月二十五日）」として收録濟の文書である。

前掲した通り、慶長五年五月二十五日附で八幡庄内に於て知行を宛行はれたと「寛文御朱印留」によつて知られる者のうち、本状に高の一致する例は「石清水八幡宮安居本頭神人拾八人組領」(文書整理番號七〇二)に書き上げられてゐる森元源兵衞が唯一例である。由て本状は宛所を闕くも安居本頭神人森元源兵衞に與へられたものと推定されるに至つたので再掲しておく。

山城正法寺および同塔頭に與へたる寺領寄進狀(慶長五年五月二十五日)

(包紙)「正法寺」
(竪紙)

八幡正法寺同塔頭領事

一百貳拾石　正法寺方丈
一百石　瑞雲庵
一五拾石　慶祥院
一貳拾石　慶粮(養)庵
一叁拾石　福泉庵
一九拾石　喜春庵
一貳拾石　松林院
一七拾石　正壽院

慶長五年

合五百石內　四百參拾七石四斗八舛　八幡內
　　　　　　六拾貳石五斗貳舛　下あ(な)ら村　替地

右、全可レ令二寺納一候也、

慶長五年五月廿五日　家康  (家康)(朱印)(印文忠恕)

正法寺

原本〔正法寺所藏〕○八幡市

『新修徳川家康文書の研究』二七二頁に「城州八幡愚聞鈔」より收載した文書であるが、原本實見の機を得、誤りが多いと判明したので再載しておく。その解説を參照されたい。「慶養院」の二字目は「養」の字を上下に分けて偏と旁に配した文字で、今日でも寺院ではよく用ゐられてゐる。

正法寺は建久二年に高田(志水)忠國によって天臺宗寺院として開創され、のち淨土宗に改宗した名刹で、後奈良天皇によって勅願寺となり、「徳迎山《とくかう》」「正法寺」の額字を下賜された。石淸水八幡社家志水氏出自の於龜の方(相應院)が家康の側室となり義直を儲けたので、慶長十二年義直の尾張國受封以降は相應院を初め尾張徳川家代々の庇護を受け、七堂伽藍を備へた大寺院として今日に存續してゐる。境內には於龜の方・於鶴の方・竹腰正信・志水忠宗の兄妹を初め志水家代々の墓石がある。

〔參考〕 豊臣秀吉より山城正法寺および同塔頭に與へたる寺領寄進狀
（天正十七年十一月二十日）

（包紙）「正法寺」
（竪紙）

八幡正法寺同塔頭領事

百貳拾石　正法寺方丈
百石　瑞雲庵
五拾石　慶祥院
貳拾石　慶粮（養）庵
叄拾石　福泉庵
九拾石　喜春庵
貳拾石　松林院
七拾石　正壽院

合五百石內　百五拾四石　美豆村內
四拾六石　八幡領內
百石　志こ（しみ）つ鄕內
貳百石　橋本領內

慶長五年

右、令二寄附一畢、全可二寺納一者也、
天正十七
十一月廿日 （朱印）（豊臣秀吉）
八幡
正法寺

原本〔正法寺所蔵〕○八幡市

山城常徳寺に與へたる寺領寄進狀（慶長五年五月二十五日）

知行方目録

一貮拾石 八幡内
一拾石 下ゐ（な）ら村新知
合參拾石
右全可レ令二寺納一候也、
慶長五年
五月廿五日 家康（朱印）（家康）（印文忠恕）

常徳寺

原本〔古典籍下見展観大入札會〕○平成二年十一月十六日 於東京神田古書會館

「山城神應寺に與へたる寺領安堵狀(慶長五年五月二十五日)」(『徳川家康文書の研究』舊・復とも　中巻　四九三頁)の解說參照。本狀は本紙竪四五・七糎、橫六六・一糎の檀紙奉書で軸裝されてゐる。

常徳寺は既に廢絶したと推され、『大日本寺院總覽』『全國寺院名鑑』には見出されない。『寛文朱印留』に本狀と同じ知行三十石として見出されることは別に一覽表に掲げた通りである。本狀に「一拾石　下なら村　新知」とあるので、常徳寺の舊來の寺領は二十石であつたところに、家康によつて十石を增されたと知られる。

〔參考〕將軍秀忠より山城全昌寺に與へたる寺領安堵狀（元和三年八月十六日）

於二八幡庄之内一拾八石、下奈良村内貳石、合貳十石事、任二先判旨一、全寺納永不レ可レ有二相違一者也、

元和三

八月十六日　(秀忠)(朱印)(印文忠孝)

全昌寺

原本〔古典籍下見展観大入札會〕○平成十四年五月二十五日 於大阪美術倶樂部

下奈良村は戰國期には山城國久世郡に屬したが慶安四年より綴喜郡に屬し、石清水八幡宮社領六千四百九十八石のうちに八幡八鄕と共に含められてゐる(角川日本地名大辭典)。

全昌寺は「寛文御朱印留の内」(文書番號　六九六)の「石清水八幡宮禪宗五箇所領」に「石清水八幡宮領内」と題され

て五箇寺の寺領の書き上げられた朱印狀の第二項に左の通りに掲げられてゐる。

一貳拾石　内 拾八石八幡庄 貳石下奈良村　全昌寺

『大日本古文書』家わけ第四「石清水文書」の元祿三年午十二月廿六日の奥書のある（文書番號一二七八）「八幡領改帳」の内にも左の通り掲げられてゐる。

社役無之禪家律家淨土宗寺庵等寺領之外神人之知行買得之分

同斷（禪宗五ケ寺之内）

全昌寺

同（買得地）

藪壹ケ所

一高四斗三升三合

外貳拾石　御朱印寺領有之內、賣渡又ハ地所不知、殘拾五石八斗所持

この全昌寺の名は『大日本寺院總覽』『全國寺院名鑑』には既に見出されないが、本狀に「任先判旨」とある故、家康よりも慶長五年五月に朱印を以て寺領寄進狀を與へられてゐたことは疑ひないであらう。

山城石清水八幡宮森元喜太郎に與へたる知行宛行狀

（慶長五年五月二十五日）

於二八幡庄內一三拾八石五斗五升之事、全可二所務一候也、

慶長五年

五月廿五日　家　康　御朱印

山路町
森元喜太郎

寫文書〔埼玉縣立文書館所藏〕○飯島德藏氏收集文書

〔參考〕將軍秀忠より山城石清水八幡宮森元喜太郎に與へたる知行安堵状（元和三年八月十六日）

於二八幡庄之内一參拾八石五斗餘事、任二先判之旨一、可二全所務一者也、

元和三
八月十六日　御朱印（秀忠）

山路町
森元喜太郎

寫文書〔埼玉縣立文書館所藏〕○飯島德藏氏收集文書

〔參考〕將軍家光より山城石清水八幡宮森元喜太郎に與へたる知行安堵状（寛永十三年十一月九日）

八幡庄之内三拾八石五斗餘事、任二慶長五年五月廿五日・元和三年八月十六日兩先判之旨一、永收納不レ可レ有二

相違一者也、

寛永十三
十一月九日　御朱印（家光）

山路町
森元喜太郎

寫文書〔埼玉縣立文書館所藏〕○飯島德藏氏收集文書

前掲の參考文書の解說參照。山路町は石清水八幡宮の內四鄕の一つ山路鄕の中の町の一つである。森元喜太郎に關しては審らかでないが、元祿三年の「八幡社領改帳」（『大日本古文書』家わけ第四　石清水文書之三　六七三頁以下）に、六位安居本頭神人として森本姓の者が三名掲げられてゐるので、森本と森元を同じと見れば、喜太郎も山路町に住した神人であつたと推される。

山城石清水八幡宮志水忠宗に與へたる知行宛行狀（慶長五年五月二十五日）

於二八幡庄內一四拾四石八升之事、全可二領知一候也、

慶長五年
五月廿五日　家康　御朱印

志水小八郎（忠宗）

〔參考〕将軍秀忠より志水忠宗に與へたる知行安堵状（元和三年八月十六日）

寫文書〔埼玉縣立文書館所藏〕○飯島德藏氏収集文書

於二八幡庄之内一四拾四石餘之事、任二先判之旨一、全收納彌不レ可レ有二相違一者也、

元和三

八月十六日　御朱印（秀忠）

志水小八郎（忠宗）

〔參考〕将軍家光より志水忠政に與へたる知行安堵状（寛永十三年十一月九日）

寫文書〔埼玉縣立文書館所藏〕○飯島德藏氏収集文書

八幡庄之内四拾四石餘事、任二慶長五年五月廿五日・元和三年八月十六日両先判之旨一、全收納彌不レ可レ有二相違一者也、

寛永十三

十一月九日　御朱印（家光）

志水小八郎（忠政カ）

志水忠宗に關しては『新修徳川家康文書の研究』三三八頁に掲げたので參照を乞ふ。

慶長五年の時點に於いて家康より八幡庄内で知行を宛行はれたことには不審はないが、元和三年に二代將軍秀忠より、寛永十三年に三代將軍家光より志水小八郎宛に知行を安堵された點に關しては一考を要する。

忠宗はおそらく慶長十二年頃に徳川義直に附屬せしめられ、尾張のうちで五千石を給されて慶長十七年には加判となり、元和五年には五千石を加封されて都合一萬石を領するに至つて、尾州家重臣となつたことは『新修』に述べた通りである。忠宗は寛永三年正月十二日に歿し、遺領は男忠政が繼承したが、忠政は藏人・甲斐を稱しても小八郎と稱したとの證は徵されない。由て元和三年の安堵狀は志水忠宗宛と解されるも、寛永十三年の安堵狀は忠宗の歿後であつて忠政宛と解する以外にないが通稱の相違に不審が殘る。

忠宗・忠政ともに尾張に於いて封を受け、尾州家の重臣でありながら、一方では志水氏はその出自、石清水八幡宮の社家の身分を保ち續けてゐた故に、八幡庄内の知行は直接將軍より安堵狀を與へられてゐたと解することにならうか。前掲の小林善八郎と同じ例であり、これもまた「株」と解することとならうか。

山城石清水八幡宮駕輿丁座美豆下司に與へたる知行宛行狀

（慶長五年五月二十五日）


（折紙）

於二八幡庄内一六石八斗之事、全可二領知一候也、

慶長五年
五月廿五日　家康（朱印）（家康）（印文忠恕）
加（駕）輿丁

美豆下司

原本〔シブヤ西武名家筆蹟・古書展観大即賣會目録〕○昭和四十六年二月

駕輿丁は石清水八幡宮に奉仕する種々な役務のうちの一つで、別掲の「寛文御朱印留」に見られるところによると、座を七人で構成し、その知行高合計は八十一石であつた。本状はその七人のうちの一人であつた「美豆下司」に與へられた宛行状である。

美豆《みづ》は綴喜郡のうち、八幡外四郷の一つでのち寛永のころ元美豆と新美豆の二村に分れたらしい。年寄二名を頭に五人組などの制が敷かれてゐた。下司とは下級の役職を指すが、それが美豆郷の役職を指すか或は八幡宮の全職制の下の下司か、または駕輿丁座のうちの役職であつたか、本状のみでは分明にできない。「石清水文書」（『大日本古文書』家わけ第四ノ三）に収録されてゐる「美豆兩郷住人交名注文案（文書整理番號一一九七）は正保・慶安頃の文書かと推されるが、下司として家康の時の年寄の一人久右衛門の名が擧げられ、他に駕輿丁と頭書されてゐる者が久保田清兵衛・安井清助・勘兵衛・久保田平兵衛・與次兵衛・清太夫・庄兵衛と七人を數へるので、おそらく駕輿丁座は美豆郷居住者を以て構成されてゐたと考へられる。

同じく「石清水文書」のうち「八幡社領改帳（文書整理番號　一二七八）」は元祿三年十二月二十六日の奥書があるが、そのうち「社務社僧神官幷諸神人家領寺領之外買得地讓地所持之分」の項に左の記事が見られる。

「買取地
　一高壹石壹斗七升五合　　駕輿丁神人
　　　　　　　　　　　　　下司久右衛門
　　外六石八斗家領有之處、賣渡殘五石五升所持

右にある「家領六石八斗」とは本状を以て宛行はれた知行を指すと解され、本状の宛所は駕輿丁座の下司職であつた神人と解されよう。下司職は世襲で通稱も代々久右衛門であつたと思はれる。

尚、本文書は平成六年秋に發行された創業八十周年記念の『文學堂書店古書目録』第十五號にも圖版十三として載せら

れ、宛所を「加輿丁華籃下司」と訓んであるが、華籃の意味は解説されてゐないので調べたが不明に終つた。

山城石清水八幡宮昌玉庵に與へたる知行宛行狀（慶長五年五月二十五日）

（折紙）
八幡庄内四石五斗三升事、全可二寺納一候也、

慶長五
　五月廿五日　　家　康（朱印）（家康）（印文忠恕）

神原町
　昌玉庵

原本〔一誠堂書店所藏〕○一誠堂古書目録　第七十八號所載　平成六年六月

二通の覺書寫が附屬してをり、そのうちの貞享三年五月朔日附の覺書寫は、台德院（秀忠）大猷院（家光）嚴有院（家綱）當（綱吉）の朱印狀と板倉伊賀守よりの目錄を寶松庵に預けた際の預證であり、元祿二年十一月附の覺書寫は「書上申昌玉菴知行之覺」と題され「御代々樣御朱印奉頂戴候」と書き始め、高四石五斗三升のうち五斗分の知行地は不明となり、殘る四石三升のみ所務してゐる旨を記して「淨土宗　昌玉庵」より「御奉行樣」に宛てられてゐる。「寛文御朱印留」には昌玉庵の名稱は見られないが、「山下寺庵　淨土宗三拾六箇所」と一括し、八幡庄内に於いて合計百五十五石七斗餘（寛文御朱印留　文書番號六九四）を安堵せしめた中の一寺と推される。

山城石清水八幡宮清林庵に與へたる寺領寄進狀（慶長五年五月二十五日）

（折紙）
八幡庄内壹石四斗事、全可㆓寺納㆒候也

慶長五
五月廿五日　家　康（朱印）（家康）（印文忠恕）

たん所
清林庵

原本〔松雲堂書畫目錄第三十六號〕○平成八年四月刊

折紙が半截されず全紙のまま一幅の掛軸に裝幀されてゐる。

清林庵は元祿三年十二月二十六日附の「八幡社領改帳」（『大日本古文書』家わけ第四　石清水文書之三　文書番號一二七八）のうち「社役無之禪家律家淨土宗寺庵等寺領之外神人之知行買得之分」と題して書き上げられた中に、買得地高二石五升を持ち、「外壹石四斗御朱印寺領有之內、本役米引殘九斗所持」と註されてゐる淨土宗寺院「淸林庵」に該當し、「寛文御朱印留」では（文書番號六九四）「石清水八幡宮淨土宗三拾六箇所領」として一括掲げられてゐる中に含まれてゐると解される。

壇所《だんじょ》は八幡八鄕と稱された內四鄕と外四鄕のうち內四鄕の一つである山路鄕に屬した四町の內の一つである。旦所とも書き今日八幡市旦所三八番地に在る淨土宗寺院「靑林院」が清林庵に該當すると推定される（『全國寺院名鑑』）。とすると慶長二年惠春院行譽の開基である。

山城石清水八幡宮神人淨圓に與へたる知行宛行狀（慶長五年五月二十五日）

（折紙）
於二八幡庄内一六石壹斗六舛之事、全可二所務一候也、

慶長五年
五月廿五日　家康（家康）（朱印）（印文忠恕）

山路町
淨圓

原本（思文閣古書資料目録第百六十八號）○平成十二年七月刊

折紙が半截もされず未裝で箱帙に入れられてゐる。

淨圓は元祿三年十二月二十六日附の「八幡社領改帳」（『大日本古文書』家わけ第四　石清水文書之三　文書番號一二七八）のうち「社役無之町人百姓等神人之知行を買得之分」と題して書き上げられた中の末尾に、山路町丁人二名に續けて「橋本町百姓」として記されてゐる六名の中の「淨圓」の祖父か曾祖父に當ると推定される。山路の地名は今日も八幡市の八幡莊内の小字として傳へられてゐる（『角川日本地名大辭典』）。『寛文朱印留』には「山路町淨圓」は見出されないが、三拾六箇所領と一括して下された中に含まれてゐるかと推測される。

山城石清水八幡宮井關坊に與へたる知行宛行狀（慶長五年五月二十五日）

知行方目錄

一拾四石壹斗九舛　八幡内

一七石八斗　同所替地

合貳拾貳石

右、全可レ令二寺納一候也、

慶長五年

五月廿五日　家康（家康）（朱印）（印文忠恕）

井關坊

原本〔村越房吉氏所藏〕○濱松市

井關坊は山城石清水八幡宮の社僧である。『寛文朱印留』での高は二十石に減じてゐる。

山城石清水八幡宮橋本坊に與へたる知行宛行状（慶長五年五月二十五日）

（折紙）
於二八幡庄内一四石叄斗事、全可レ令二寺納一候也、

慶長五年
五月廿五日　家康（家康）（朱印）（印文忠恕）

橋本坊

原本（思文閣古書資料目録第百七十八號）○平成十四年七月刊

橋本坊は山城石清水八幡宮の別當寺院と推され「寛文御朱印留　六八七」には五箇所の知行地を五行に記し、その第一行目に「四石三斗山城國綴喜郡八幡庄」とあるのが本状に該當すると解される。五箇所の高を纏めてあり、橋本坊の知行高は二百三十五石貳斗餘とあるが、家康の宛行状は本状の出現によつて知行地ごとに發給されたものと解することになる。

山城石清水八幡宮下坊に與へたる知行宛行状（慶長五年五月二十五日）

（竪紙）
知行方目録

一拾八石七斗四升　八幡內

一壹石貳斗五升　同所替地
合貳拾石
右、全二可寺納一候也、
慶長五年五月廿五日
家　康（家康）（朱印）（印文忠恕）
下坊
原本〔思文閣古書資料目録第百七十八號〕○平成十四年七月刊

下坊は山城石清水八幡宮の社僧である。

西尾光教に遣れる書状（天正十六～慶長五年六月七日）

爲二御音信一、眞桑爪（瓜）二籠送給候、祝著之至候、猶期二後音之時一候條、令二省略一候、恐ﾐ謹言、
（天正十六～慶長五年）六月七日　家　康（花押）
（別紙）西尾豐後守（光教）殿
原本〔酒井忠博氏所藏〕○東京

本書状を容れた箱の中に宛所を記した別紙が収められてゐる。封紙の離れたものと捉へておく。

西尾光教に關しては本書二九〇頁参照。音信として送られて來た眞桑瓜二籠に對する禮狀で「恐々謹言」と止められて

ゐるので慶長五年以前、光教が豊後守に任ぜられた年を天正十六年と捉へればその間と言ふことになるが極め手を欠く。

〔参考〕結城秀康より多賀谷三經に遺れる書状　二通（慶長五年六月二十三日）

（一）

已上、

熊（態カ）以㆓飛脚㆒申候、其元へ御着候哉、諸事無㆓油斷㆒可㆑被㆓申付㆒事肝要候、昨日従㆓江戸㆒其表模様次第、出馬可㆑申之由申來候、相替儀候者、早々可㆑有㆓注進㆒候、猶重而可㆑申候、恐々謹言、

（慶長五年）六月廿三日　秀（結城）康（花押）

多賀谷左近殿（三經）

（二）

飛札披見申候、廿二日己（巳）之刻ニ御着候由、一段御急故よ（と）於㆓我等㆒令㆓満足㆒候、其元無㆓油斷㆒被㆑入㆑精候事、専要ニ候、内府様（徳川家康）も廿六日ニ者、江戸迄御着候間、其分御心得尤候、恐々謹言、

（慶長五年）六月廿三日　秀（結城）康（花押）

多賀谷左近殿（三經）

〔多賀谷文書〕○『關城町史』史料編Ⅲ五五八頁

多賀谷氏は武藏國騎西郡多賀谷郷出身の豪族で、結城氏に與し室町時代初めから常陸國下妻を居城として勢力を揮つてゐた。天正十八年、多賀谷修理大夫重經は病氣との理由で遲參はしたものの小田原役に參陣し、常陸下妻城(六萬石と言はれる)を安堵され、あらためて結城氏の配下に屬さしめられた。

天正十二年に養子としてゐた家康の次男羽柴秀康を、この年七月、秀吉は結城晴朝のもとへ再養子に出し、晴朝は隱居して秀康が下總結城十萬一千石を繼承した。

一方、半ば獨立の領主であつた多賀谷氏は、昔年からの緣に由て結城氏に與しながらも、常陸國西南部に勢力を伸張する佐竹氏にも與してゐた。

重經の長男左近大夫三經は、本來なら重經の跡目を相續すべき人物であつたが、天正十七年に下妻から下總國大方郡若鄕の島城に、さらに翌十八年にはその近くに太田城を築いて居城とし、父重經から多賀谷領のうち約三萬石の分領を受け、家臣の半數も三經に從つた。重經は娘の一人を天正八年に佐竹義宣に嫁がせてゐたが、さらに天正十八年、もう一人の娘の婿に佐竹義重の四男(義宣の弟)宣家を迎へて下妻多賀谷氏の嗣子としたのである。これによつて多賀谷氏は、結城氏に與する下總太田の左近大夫三經と、佐竹氏に與する下妻の修理大夫重經・女婿宣家とに分裂するに至つた。その時に當つて重經の小田原參陣、下妻安堵、結城氏に配屬、秀康家督、家康の關東入部と重大事が次々と生じたのである。續く文祿の役には、太田城の三經は秀康に從つて肥前名護屋に出陣して事なきを得たが、重經は病氣と稱して若年の子息を參陣させたので秀吉の怒りを買ひ、下妻城は破却され金子千枚を徵收された(德川秀忠宛　天正二十年九月十四日附　秀吉文書)。

關ケ原戰役を迎へて、下總太田の多賀谷左近大夫三經と常陸下妻の多賀谷修理大夫重經・宣家とは、さらに明暗を分けるに至つた。三經は秀康に從つて出陣し、役後越前國北莊七十五萬石の大領主となつた秀康の下では、同國丸岡領・三國領で都合三萬石を與へられた。秀康が歿してのちはその五男で一時期結城氏を繼いだ直基に仕へ、三經の子孫も松平氏に復姓し大和守を稱した直基やその男大和守直矩に仕へた。佐竹義宣に與した宣家は出羽久保田二十萬石への轉封に從つて同國白岩城に入り、のち檜山領一萬石に配された。重經は下野小山の陣に家康を襲はうと佐竹義宣に提議したが義宣に斥けられたとの説もあるが確かではない。重經は役後追放されて浪々の身となり、出羽・近江と放浪し、晩年には實子の一人で井伊家に仕官してゐた四郎次郎茂光を頼り、元和四年十一月彦根で歿した(『關城町史』通史編上巻　史料編Ⅲ)。

關ヶ原戰役前の家康・秀康と、その與力多賀谷氏の動靜を知る好史料として二通を採り上げた。書狀(一)を發してのち、三經よりの來翰に接し、再び同日附で書狀(二)を發したものと解される。この日秀康がどこにゐたのか、三經がどこに到著したのかは定かではないが、旗幟不鮮明な常陸の佐竹義宣ならびにそれに屬する下妻の重經・宣家への備へを當然視野に入れてゐたものと考へられよう。秀康は家康が二十六日には江戸に到著すると豫報してゐるが、實際に到著したのは七月二日であった。

『德川家康文書の研究』下巻之二(舊　二六六〜二六九頁。復　一一〇〜一一三頁)には、いづれも(「譜牒餘錄」五　松平大和守家臣)から多賀(谷)左近宛の文書七通が採錄されてをり、すべて多賀谷重經宛と解されてゐるが、實は全てその長子三經宛と解すべきである。十月三十日附の書狀は阿部正勝の從五位下伊豫守敍任が慶長元年五月であるからそれ以後で關ヶ原戰役以前、卽ち慶長元年十月三十日と捉へられる。その他の御内書六通の發給年は未詳と言ふ以外にないが、早くても慶長六年以後、先づは慶長八年將軍就職以降の年であり、三經が越前で秀康または直基の下に在った時代である。單なる陪臣ではなく、常陸の豪族名家であった多賀(谷)氏であり、結城氏の與力大名であったが故に、家康に對しても直接に音信を送り御内書を與へられる地位にあったと解される。家康なきあとも多賀谷氏は將軍に音信を送り續けてゐる。

伊藤石見守に遣れる書狀（慶長五年七月十九日）

(折紙)
就二下國一遠路吏(使)札、殊朝倉山枡(椒)・筒服幷銀子卅枚送給祝著之至候、猶山口勘兵衞尉(直友)可レ申候、

恐〻謹言、

（慶長五年）七月十九日　　家　康（花押）

伊藤石見守殿

原本〔古典籍下見展観大入札會〕○昭和五十七年十一月十二、十三日於東京古書會館

折紙を半截し巧みに天地に餘白を作つて軸装してある。

宛所の伊藤石見守は『甲子夜話續篇』巻八十五の第二話に採錄されてゐる「豐國大明神石燈籠の覺寫」に燈籠一基の寄進者として載せられてゐる。寄進された燈籠は五十六基、寄進者は四十四名、また「石燈籠別紙」があつてそれには燈籠十一基と寄進者九名が載せられてゐる。この「覺寫」に年紀はないが、豐國神社が創建された慶長四年以降で、寄進者の中に慶長十一年に歿した桑山治部卿法印重晴の名があるからそれ以前と抑へられる。但し關ヶ原戰役で西軍に屬して滅んだ石田三成・長束正家・大谷吉繼等の名は見えないので、寄進は關ヶ原戰役以降か、或は神社完工時の慶長四年四月であつたが、この「覺」が作られ時には彼等の寄進した燈籠は除かれてゐたか「覺」には載せられなかつたかとも考へられよう。燈籠寄進者は全員豐臣氏の家臣または一族縁者であり、伊藤石見守も秀吉および秀頼に仕へた者と考へられるが、『甲子夜話續篇』以外には『武家事紀』を初め人事記録史料にその名を見出してゐない。

朝倉山椒とは丹波名産の山椒であるが、特に六角に成型しその一面に「朝倉山椒(桝)」と押印し黒褐釉をかけて焼成した丹波焼の壺に容れて出荷された。その壺も茶壺に轉用されて重寶されたとも傳へられてゐるが、轉用例は稀であらう。

伊藤石見守の所領は丹波にあつたのかも知れない。筒服とは筒袖に仕立てた鎧下等の下着である。

山口勘兵衛尉直友は天正十三年正月に召し出されて初めて家康に拝謁し、同十九年七月下總國千葉郡の内に於いて三百石を給され、文祿四年七月より御近習に列し、慶長三年十二月には上總國周准郡の内に於いて二百三十石餘を加へられた。慶長六年采地を大和國山邊郡の内に移され、加恩されて全て三千石餘を知行し奏者番となつて丹波の郡代を兼ね、

その地の諸士三十四騎を與力につけられ、給知五千石を預けられ、慶長八年二月または翌九年に従五位下駿河守に敍任された（『寛政重修諸家譜』巻第二百四十五）。

家康が「恐々謹言」と書き止めて署名に花押を据ゑる形式の書狀を發給したのは將軍職に補せられるまでで、先づは慶長六年までと抑へて大過ない。本狀には七月十九日附で「就下國遠路使札」とある。天正十四年十月に家康が上洛して秀吉に謁して以降、慶長六年までの間の七月十九日にこの文言に該當する動靜とは、慶長五年の會津出陣の時にしか求められない。家康はこの二日後の七月二十一日、江戸を進發して會津へ向かつた。

妙心院に遺れる書狀（？〜慶長五年七月二十一日）

原本〔海老塚正彦氏所藏〕○東京

家證之本借給祝著候、委細城織部（昌茂カ）可レ申候條、令二省略一候、恐々謹言、

（？〜慶長五年）七月廿一日　家　康（花押）

妙心院

折紙を半截して軸裝してある。

宛所の妙心院は未明である。寺家ならば「家證」とは稱されまいと思はれるので公家の可能性が高いと考へたが、『尊卑分脈』『系圖纂要』『公卿辭典』には該當者が見當らず、武家方と考へて『寛永諸家系圖傳』『寛政重修諸家譜』『武家事紀』『德川實紀』に當つても見當らず、『日本佛家人名辭書』にも該當なく、寺院の名稱と見ても適當する例は見當らない。女性の可能性も考へられるが、ならば消息體だつたはずであるから當らない。今は未明としておく。

字體からすれば「家證之本」と讀むのが一番素直であるが「家證」の語は辭典・辭書類には載つてゐない。證は『大漢和辭典』に「つげる・あかす・ただす・あかし」等の意が載せられてゐるので、「家證之本」とは何かしら某家の由來を證する書物の意と解せようか。

「家語之本」とも讀めないではない。家語とは一家の記錄や家記と言つた意味であるから、その方が意味は通じ易くなる。また「孔子家語」を略して單に「家語」と固有名詞化して用ゐる場合もある。但しその場合は單に「家語」とは稱しても「家語之本」とは呼ぶまいと思はれる。借は貸で、妙心院が貸し、家康が借用したとの意である。

城織部は城昌茂《まさもち》かその男信茂《のぶもち》か、そのいづれかである。昌茂は天文二十一年に生まれて武田氏に仕へ、天正十年武田氏滅亡後は家康に仕へて同十一年七月九日附で意庵(父の景茂)城織部佐(昌茂)父子宛の所領宛行狀を與へられた(『德川家康文書の研究』舊・復とも　上卷　五三四頁)。昌茂は同十二年長久手の役に隨ひ、のち武藏國忍・熊谷に於いて采地七千石を與へられた。織部・織部佑・和泉守に任ぜられ、半俗庵と號した。關ヶ原、大坂兩度の戰役に男の信茂と共に出陣したが、元和元年軍令違犯を咎められて改易されて石山寺に閉居し、寛永三年赦免されて江戸に赴く途次、信州で歿した。

信茂は天正六年に生まれ、甚太郎、織部佑を稱した(『寛政重修諸家譜』卷第五百十三)。慶長五年父昌茂と共に關ヶ原戰役に參陣し、同年九月十三日附で城和泉守(昌茂)同織部丞(信茂)の父子宛の書狀を家康より下された(『德川家康文書の研究』舊・復とも　中卷　六九一頁)。由て慶長五年九月以前に昌茂は織部佑を和泉守に改め、信茂は織部丞を稱したと知られる。しかし父が健在であつて任官するとなれば、まづ十八歲以降すなはち文祿四年以降であらう。

家康が恐々謹言と結んで署名に花押を据ゑる形式の書狀を發給したのは、特殊例を除けば將軍補職までと捉へられる。

一方、家康が文事に意を傾け學者と交り書物に關心を深めた徵の現はれるのは文祿年間頃からである。由て本狀の發給年次を敢て推測すれば、文祿年間、それも七月に肥前名護屋に在つた元年と二年を除き、三年から慶長四年までの間と言ふことにならうか。城織部も昌茂であらうと思はれるものの信茂であつた可能性も捨て切れない。

長束正家に遣れる書狀（慶長五年七月二十五日）

（折紙）猶以右之扶持方於二水口一可レ被二相渡一候、

今度被二罷上一候惣人數之扶持方、可レ被二相渡一候、大形八萬程之可レ爲レ積候、可レ有二其旨心得一候、恐々謹言、

（慶長五年）七月廿五日　家康（花押）

長束大藏（正家）太輔殿

原本〔光明寺所藏〕○常滑市大野町

長束正家は大藏大（太）輔とも大藏少輔とも稱した。初め丹羽長秀の家臣であつたが秀吉に理財の才を見出されて仕へ、天正十八年小田原役で兵粮奉行を勤め、檢地にも才覺を現はし、文祿・慶長兩度の役にも兵粮奉行を勤めた。文祿四年六月、增田長盛に替つて近江國甲賀郡水口で五萬石を給せられ、水口城（岡山城とも稱す）に住した。のち十二萬石に加封されたと傳へられてゐる。慶長五年關ケ原戰役に出陣したが敗れて脫出し、水口城に落ち逃れて圍まれ、十月三日落城自刄して果てた。從つて本狀の發給年次は文祿四年から慶長五年まで六年の間に絞られよう。

文意はこのたび上洛する總勢に對する扶持の兵粮支給依賴であり、その概數は八萬、水口で渡す様にとある。「恐々謹言」と止められてはゐるが、「その旨心得あるべく候」とあつて、依賴と言ふより寧ろ命令と解すべきであらう。この様な文意の書狀を右の六年の間に家康が正家に遣つた年を檢討してみる。

文祿四年七月十四日、江戸に在つて秀次謀叛を告げる秀吉の來書に接した家康は、翌十五日急遽出立して急行、二十四日には伏見に到著した。大亂になる可能性に備へて麾下の部將に動員を令したことも考へられるが、八萬は幾らなんでも多すぎるし、その扶持の兵粮支給を正家に半ば命令の如く依頼することもあり得まいし、軍勢に動員を令してゐたとしても既に秀次事件落着を知つたならば後續部隊に停止引揚げを命じたはずであつて、到底この様な書狀を七月二十五日に發するとは考へられない。

慶長元年・二年・三年とも七月下旬には家康は京・伏見に在つて、八萬の扶持を正家に依頼する様な事件はない。慶長三年八月十八日に秀吉が伏見に歿すると、家康らの豊臣家大老の名を以て朝鮮出陣中の諸將に引揚げを令し、諸將も次々と歸朝したが、勿論それらの人數が慶長四年七月に大擧上洛した史實はない。秀吉歿後、慶長四年に至つて家康と他の四大老前田利家・宇喜多秀家・毛利輝元・上杉景勝、それに五奉行との間の軋轢は次第に度を增して行つたが、閏三月三日に前田利家が歿し、石田三成が佐和山に引退せしめられると、家康は獨裁の傾きを次第に強め、三成を鬪いた四奉行前田玄以・淺野長政・增田長盛・長束正家等は全て家康の意嚮を窺ふ樣になる。慶長四年七月には家康は伏見城に在つて政務を執つてをり、本狀にある樣な大人數が上洛する樣な事件はない。淺野長政も同年十月蟄居せしめられて失脚し、奉行は三人となつた。とすると殘るところは慶長五年しかないが、消去法によるのみでなく、積極的にも斯く解し得るか、その年の家康と正家の動靜を檢討してみる。

五月七日、正家は奉行前田玄以・增田長盛、中老堀尾吉晴・生駒親正・中村一氏と連署して、家康に東下を諫止する書を遣つたが、家康は肯じなかつた。

六月二日、家康は大坂城西丸に在つて七月下旬奥州表に出陣すると諸將に通告した。名目は上洛の命に應ぜぬ上杉景勝を秀頼に對する謀叛と看做し、豊家大老としてこれを追討するものとした。

六月十六日、家康は大坂城を發して伏見城に入り、正家は前田玄以・增田長盛と共に大坂に留つて秀頼の補佐に當ることとなつた。

六月十八日、家康は伏見城を立つて大津城主京極高次の饗應を受け、石部に宿した。ここから東向し水口・土山を經て鈴鹿峠を越え、伊勢の關・龜山を經て四日市へ向かふ豫定である。石部の宿に水口城主の正家が來て、明日立寄られたいと招請、家康は一旦應諾したが、佐和山城の石田三成が奇襲を企ててをり、正家も異圖を抱いてゐる旨の密告を受け、急遽夜半石部を發して四里ほど東の水口城下を急ぎ通り抜けたのち、正家に使者を派して違約を謝した。正家は驚いて急ぎ家康を追ひ、土山で追ひついて更めて慰籍され刀を與へられた。家康は夜を徹して鈴鹿峠を越え、六月十九日の拂曉に伊勢の關に達した。洵に慌しい一日であつたが、この時點では家康と正家の間に隔意は生じてをらず、信頼關係は維持された。

石田三成がいつ擧兵の意圖を公けにしたのかを明らかにするに信ずべき史料を闕くが、家康に從つて東下しようとした越前敦賀城主大谷吉繼が再三に亙る三成の要請を拒み得ず、遂にこれに與すると決心して佐和山城に至つたのは七月十一日であるから、その日を以て捉へておく。

七月十二日、正家は前田玄以・增田長盛と三奉行連署狀を以て毛利輝元に上坂を要請した。

七月十七日、正家は三奉行連署を以て家康が秀吉の置目に背き、秀頼を見捨てて出馬した故、各々申談じて蹶起した。秀吉の恩を忘れぬなら秀頼に忠節を盡されたいとの書狀を、家康彈劾の條書「內府ちかひの條々」と共に諸將に發した。

七月二十一日、家康は奥州に向けて江戸城を發した。

七月二十三日、下總古河に宿營中の家康のもとに、石田三成・大谷吉繼が諸方に觸狀を廻して雜說を流してゐるとの報が入つた。但し「最上義光に遣れる書狀(慶長五年七月二十三日)」(『德川家康文書の研究』舊・復とも　中卷　五二二頁)に「大坂之儀者、仕置等手堅申付、此方は一所に付、三奉行の書狀爲披見進之候」とある三奉行の書狀とは、文脈よりして同月十七日に正家等が發した諸將に蹶起を求める書狀とは別で、「德川秀忠より瀧川雄利に遣れる書狀(慶長五年七月二十二日)」(前掲書　五二六頁)に「大坂御奉行中、貴所各被仰談、別儀無之由珍重候」とある通り、大坂平穩を告げた七月十七日以前の三奉行の書狀だつたと推される。

七月二十五日、石田三成・大谷吉繼等の擧兵確實となり、家康は小山に諸將と會して反轉西征を決した。この段階に於いて家康は、諸將のうち誰々が味方につき、誰々が石田・大谷方に與するか當然まだ把握してゐない。後日關ケ原に對峙するほどに至った大部隊を、石田・大谷方が動員できようとは豫想してゐなかった節が窺はれる。七月十七日附で發せられた正家等三奉行連署の家康彈劾狀は、七月二十七日に至ってもまだ小山の陣中には到達してをらず、正家が既に石田方に與してゐようとは家康は考へてゐなかったことが「榊原康政より秋田實季に遣れる書狀（慶長五年七月二十七日）」（前掲書　五三四頁）に「石治少・大刑少、別心仕に付而、大坂より御袋樣幷三人之奉行衆、北國羽肥州など、早々内府被致上洛尤之由申來候間」とある文意によつて知られよう。

七月二十五日、反轉西上し近江佐和山城、越前敦賀城等を攻撃すると決した家康は、名目は飽くまでも豐家大老として諸將を指揮し、豐家に叛いた石田・大谷勢を追討するのであるから、その軍勢の兵粮もまた豐家に於いて給すべきものと考へて當然であり、その職掌に在った奉行長束正家に對し、扶持の兵粮支給を命じたのが本狀と解される。

「今度罷り上られ」と記したのも家康の手勢のみではなく、大半が客將の軍勢であった故と解され、「其旨心得あるべく候」と命令口調であるのも總指揮官たる大老と命を受ける奉行との立場を示してゐよう。

小山會議當日に發された書狀としては、軍議の次第も諸將の情勢も、何も記されてゐないのはもの足りない樣な氣がするが、それらは別書を以て詳しく報ずることとし、取敢ず軍勢動員に伴ふ實務連絡を急いだものと解すると、家康の軍事戰略を立てるに當っての實務家ぶりもよく窺はれよう。會津攻めに從軍してゐた諸將の兵數は凡そ五萬五千人であったので、西上する總人數はそれに家康麾下の軍勢を加へた數と算せられよう。「八萬」は八萬名分とも讀まれるが、「中川忠重・津金胤久に與へたる覺書（慶長五年七月七日）」（前掲書　五〇三頁）に「扶持方之兵粮壹萬石も貳萬石も入次第、山形出羽守よりかり候て、於米澤扶持方可出之者也」とあるのに鑑み、また扶持の支給を命ずるならば人數のみでは要を闕き、數量であるべきと考へられるところから、八萬石と解すべきであらう。或は八萬俵と解すると、一俵三斗五升詰として二萬八千石となるが、支給は實際の米ではなく扶持の切手とも解されよう。小山會議終了の直後の時點に於いて、家康のもとに到達してゐた情報と、今回の上方矛楯に對する家康の認識とを示すよい史料であらう。關ケ原戰役關係文書で西軍部將に宛てられた文書の遺存例は少ないので、その意味でも貴重な史料である。本狀の所藏者である常滑市の光明寺と本狀の傳來關係は未明だが、本狀が正家のもとに到達したとは考へられまい。

上田重安に遣れる書狀（慶長五年七月二十六日）

其元之樣子具示給、祝著候、此表之儀、仕置等堅申付、即刻令二上洛一事ニ候、猶西尾隱岐守（吉次）可レ申候、恐々謹言、

（慶長五年）七月廿六日　　家康（花押摸）

上田主水正（重安）殿

寫文書（財團法人上田流和風堂所藏）〇廣島市西區

上田重安の事蹟に關しては『德川家康文書の研究』（舊　下卷之二　二〇三頁、復　中卷　八五四頁）參照。重安は文祿三年七月二十九日に從五位下主水正に敍任され、豐臣姓を與へられてをり（『寬政重修諸家譜』卷第二百十五）、文祿から慶長初年、家康は秀吉恩顧の諸大名と誼を通ぜんとすること頻りであつて、中村孝也博士が前記の解說を附された文祿四・五年七月二十五日附の上田主水正宛の書狀もその一例と捉へられる。

西尾吉次は慶長四年十月三日に從五位下隱岐守に敍任（『寬政重修諸家譜』卷第三百七十六）されてゐるので、本狀發給の年はその翌年以降で、吉次の歿した慶長十一年八月二十六日以前である。その間の七月二十六日に家康が上方を離れてゐて「即刻令上洛」との動靜を傳へる狀況に在つたのは、慶長五年の小山在陣中以外にない。

重安は石田方に與して關ケ原戰役後所領を沒收されたが、本狀により石田三成の擧兵を逸早く報じて家康とも誼を通じてゐたと知られる。なほ同じ七月二十六日、家康は堀秀治・京極高次・小出吉政にも早速上洛する旨の書狀（『德川家康文書の研究』舊・復とも　中卷　五三一～五三四頁）を遣つてをり、堀秀治への使者には本狀と同じく西尾吉次が立て

られてゐる。

織田信雄（推定）に遣れる書狀（慶長五年七月二十八日）

其表鉾楯之様躰、被㆑入㆓御念㆒被㆓仰越㆒候、祝著存候、爰許會津口へ令㆓出陣㆒候處、其元之儀申承候條、近日令㆓上洛㆒候、於㆓様子㆒可㆓御心安㆒候、猶期㆓後音之時㆒候、恐々謹言、

（慶長五年）七月廿八日　家　康（花押）

（織田信雄カ）常眞

原本〔舊日向飫肥藩主伊東子爵家所藏品入札目錄所載〕○昭和十一年五月二十三～四日於東京美術俱樂部

入札目錄に掲載されてゐる小さな圖版をもとに宛所を「常眞」と讀んだが確信が持てない。「常」は意・遠・道・堂・達とも見えないではないが、さう讀んでみても本狀を襲藏してゐた飫肥伊東家にもどこの家にも該當者が見出せない。敬稱もなく二字のみであるから號であることは確かで、先づは「常眞」と讀んで解說しておく。

織田信雄は永祿元年清洲に生れ、天正十年信長の歿後、清洲城に入つて尾張・伊賀および南伊勢五郡を領し、同十二年には家康と同盟して秀吉と戰つたが和睦した。同十五年には正二位內大臣にまで昇せられたが、同十八年八月秀吉に封を奪はれて下野國烏山に配流され、入道して常眞と號した。翌十九年出羽國秋田に遷されたが、家康の宥めにより伊勢國朝熊に再遷されて石手寺に寓居した。文祿元年秀吉に招かれて肥前名護屋に至り、こののち大坂天滿に邸を與へられて仕した。慶長五年石田三成等謀反の時、家臣村瀨左馬助某をして、密かに畿內の事を下野國小山および宇都宮の德川軍陣營に告げ、これにより秀忠より御書を賜はつた（『寬政重修諸家譜』卷第四百八十九）。

『寛政重修諸家譜』には、家康から御書を賜はつたとは記されてゐないが、小山の家康陣營に報じたならば、家康からも返書が發せられて當然であらう。因みに家康の小山陣營に石田三成の擧兵を報ずる伏見城守將鳥居元忠の急使が到著したのは七月二十四日であるから、その二、三日後に大坂の情勢を密かに報ずる信雄からの使者が到著したと解すると、本狀の日附も、特に相手に出陣を促した樣子のない文意も、よく納得が行かう。
信雄は小牧合戰に於ける家康との同盟以來、家康の厚誼を受けて好意を寄せてゐたと思はれる。大坂の役に際しても秀賴より援けを乞はれながら應ぜずに大坂を退き、役後上野國四郡のうちに於て五萬石を與へられ、寛永七年四月晦日、七十三歲で京都に卒した。

塩（鹽）谷孝信に遣れる書狀（慶長五年七月三十日）

（包紙）「塩谷彌七郎殿　家康」

珍書喜悅候、將亦東國惣事之儀、中曖事候、一著勿論候間、可レ爲二御心安一候、尚大久保治部（忠隣）少輔あ〜（かた）り可レ申候、恐々謹言、

（慶長五年）七月晦日　家　康（花押）

塩谷彌七郎（孝信）殿

原本〔財團法人水府明德會所藏〕○東京世田ヶ谷區

鹽谷《しほのや》氏は宇都宮氏の支族で下野國鹽谷郡より起こつた。宇都宮朝綱の孫で成綱の男朝業より鹽谷氏を名乘り、當地方に大いに威を振つたが、永祿二年五月八日宇都宮城内で生害し一時斷絶、程經ずして再興された。彌七郎は諱を孝信、安

房守に任官し喜連川城代となつた。初め那須氏に従ひ佐竹氏との薄葉合戰に従軍した旨が水戸德川家文書によつて知られる。その男朝孝は同じく安房守に任ぜられ、のち水戸德川家に仕へた。本狀は秀忠書狀ならびに大久保忠隣書狀二通、その他鹽谷系圖ほか六通の書狀と共に鹽谷家に傳へられ、その書狀類目錄二通を添へて水戸德川家に一括獻じられたものと思はれる。

本文中「東國惣事之儀、中暖事候、一著勿論候間」と讀める文意は聊か難解である。しかし參考文書として掲げた大久保忠隣の書狀によれば、鹽谷孝信より使僧を以て會津征伐の陣中見舞に接した家康が、石田三成擧兵によつて從軍の諸大名と共に反轉西上と決した情勢を知るに至る孝信を、離叛せしめぬ樣に書き遣つた書狀であることは疑ひない。

本狀は竪一三・五糎、横四〇・八糎、忠隣の書狀も竪一一・五糎、横四一・九糎と共に小さく、いづれも幅約二糎に横に細かく折り疊み、包紙に包んでさらに竪に二つに折り疊んであり、小山陣中から密かに遣られた密書であつたと解される。

〔參考〕大久保忠隣より塩（鹽）谷孝信に遣れる書狀（慶長五年七月三十日）

（包紙）「　　大久保治部少輔
　　　　　　　　忠隣
塩屋彌七郎殿
　　　御報　　　　　」

如二芳札一未二申通一候處預レ示候、欣悦之至候、仍御吏僧之趣令二披露一候、被レ凌二遠境一御懇札、一入被レ存候、依レ之以二直書一被二申入一候御吏僧御見聞之ことく、折節上洛之砌候之間、於二半途一被レ及二返報一候條、疎略之躰候、將亦於二自分一も當表相應之儀、於レ蒙レ仰者可レ爲二本望一候、恐々謹言、

（慶長五年）七月晦日　（大久保）忠隣（花押）

塩屋彌七郎（孝信）殿

御報

原本〔財團法人水府明德會所藏〕○東京世田ケ谷區

田中吉政に遣れる書狀（慶長五年八月一日）

（折紙）急度申候、仍山岡道阿彌（景友）備前衆差添、あの（安濃）ゝ津へ遣候之間、其許舩丈夫被二申付一、可レ被二渡海一候、委細道阿彌可レ申候、恐ゝ謹言、

（慶長五年）八月朔日　家康（花押）

田中兵部太輔（吉政）殿

原本〔徳川恆孝氏所藏〕○東京澁谷區

折紙を半截して懸軸に裝幀してある。

上杉景勝征討の軍に田中吉政は男吉次と共に隨ひ、七月二十五日の小山諸將會議の結果、居城の三河岡崎・西尾を家康に明け渡すと約して急遽西上した。家康は伊勢灣に臨む安濃津はじめ諸要地を、海路を利して攻略しようと考へたと推される。その作戰を山岡景友に命じ備前衆を差添へて安濃津へ向かはせるとあるが、備前衆の意が未詳である。備前は當時宇喜多秀家の領國であつて、秀家の配下の衆とは考へられない。『武家事紀』の伊勢長島城の項には「桑名の氏家、

龜山の岡本、神戸の瀧川、皆上方の逆徒に與しけるが故、長島(長島と桑名と海上二十四 五町)小勢にては守りかたかるべしとて、山岡道阿彌江州甲賀の地侍七百餘を率して長島に楯籠り、終に大利を得」とあるので、備前衆とはこの甲賀の地侍に關連するかも知れない。

景友は天文十年生、三井寺の僧となつて暹慶と號し、還俗して山岡八郎左衛門景友と稱して信長に仕へ、のち秀吉に仕へて剃髪し道阿彌と稱した。その間に備前守を稱したので、備前衆とは景友の配下の衆を指すのかも知れない。秀吉の死後、家康に心を寄せ會津征討軍にも加はり、小山より引返して西上、福嶋掃部頭高明の勢に加はつて長嶋城を守つた。九月十五日の關ケ原合戰の後、戰場を逃れて來た長束正家と戰ひ、さらに桑名城を攻めて氏家行廣・行繼を降し、神戸城の瀧川雄利、龜山城の岡本宗憲を敗走せしめ、近江水口城の長束正家を降した(『寛政重修諸家譜』巻第千百四十四)。田中吉政は天文十七年生、秀吉・秀次に仕へ、慶長元年には三河國岡崎と西尾の兩域で十萬石を領した。『武家事紀』には岡崎六萬石を男吉次(長顯)が領し、西尾四萬石は吉政が隱居料として領したとある。岡崎は海岸から離れた內陸だが、西尾は知多灣の海岸に接してゐるので、家康はその地で船を仕立て、師崎を廻つて伊勢灣岸沿ひの地方を、山岡景友とその手勢と共に攻略すべきことを吉政に命じたのが本狀の主旨であらう。吉政父子は實際には海路を經ず、岡崎・西尾の兩城を松平忠頼・水野勝成に渡して東軍諸將と共に陸路を西上し、關ケ原合戰に參陣してゐる(『寛政重修諸家譜』巻第千三百六十七)。

福島正則・徳永壽昌に遺れる書狀 (慶長五年八月十日)

(折紙半截)
一兩人方へ之書狀披見申候事
一大津之事、令レ得二其意一候事

慶長五年

猶〻一刻も其元道御明候樣、專一候、此方之儀者、少も無₂油斷₁出馬可ᴸ申候間、可₂御心安₁候、恐〻謹言、

（慶長五年）八月十日　　家　康（花押）

（福島正則）清須侍從殿

（壽昌）德永法印

原本〔源喜堂書店所藏〕○東京千代田區神田『源喜堂古文書目錄』七　平成二年四月刊

福島正則は尾張清須城主、德永壽昌《ながまさ》は美濃松之木城主で共に會津征伐に參陣し、東海道先發部隊として西上した客將である。七月二十五日小山に於ける客將會議の後、兩將は直ちに進發し行動を共にしてゐたことが、八月五日附でこの兩將に遺つた書狀（『德川家康文書の研究』舊・復とも　中卷　五五八頁）によつて推定される。

「兩人」とは家康の帷幄の家臣とは推測されるものの審らかでない。諸將からの來信は、文意は家康宛であつても、宛所は當然家康側近の臣とされてゐた筈である。正則・壽昌の書狀は八月七日頃に發せられたと推され、その頃兩將は遠江か三河邊りを進擊中であつたと思はれる。八月五日附で發せられた家康の兩將宛の書狀には未だ接してゐなかつたであらう。

「大津之事」とは京極高次の動靜を指してゐることは疑ひないだらうが、正則・壽昌が報じた文意を推すことは聊か難しい。上杉征伐のため京都を發した家康が、六月十八日大津城に立寄つて高次やその弟高知、室淺井氏や秀吉側室だつた妹松丸等に對面し、特に懇志を示して高次と密約を結び、高知を上杉征討軍に加へたこと、そして高次が九月には十日間に亙つて西軍の攻擊をよく支へ、十五日に至つて遂に開城し高野山に退いたこともよく知られてゐよう。ところが七月八月中の高次の動靜は、外見上甚だ微妙であつた。

七月十七日大坂方は家康彈劾狀を發すると共に諸大名に誘引狀を發し、十九日には伏見城を取圍んで攻擊を開始した。

氏家正廣や大谷吉繼の意を受けた朽木元綱等から大坂方に味方する様に說かれてゐた高次は、修築中であつた城壘が完成するまでは籠城も難しと考へ、人質を大坂に送つてこれに與する旨を示したので、石田三成は大津に來つて謝意を表した。七月下旬高次は大谷吉繼・脇坂安治等と共に家康方に與する堀尾吉晴(可晴)の居城越前府中城の攻擊に出陣し、三成より北國には押を置いて美濃國に轉戰すべしとの要請を受けるに及んで戰線を離脫し、九月三日大津城に戻つて籠城の決意を東海道先發部隊に加はつてゐた弟高知に申し送つた。同月六日より西軍の大津城攻擊は開始され、十五日遂に開城に至つたことは先述の通りである(『寛政重修諸家譜』卷第四百十九、『史料綜覽』『言經卿記』)。

關ヶ原戰役に際しての諸大名は、その動靜によつて左の様に分類できる。

一首尾一貫東軍方
二首尾一貫西軍方
三やむなく一旦西軍加擔　內實東軍方
四やむなく西軍加擔　事實上不戰
五東西兩軍日和見　終に東軍加擔

三、四、五の分類は微妙であり、三はさらに東西それぞれの陣營で實戰に參加したもの、しないものにも分類されよう。京極高次はやむなく一旦西軍に加擔はしたものの、六月十八日大津城に於ける家康との密約、逸早く高次が石田方擧兵を通報した書信に對する家康の書狀(「京極高次に遺れる書狀(その一)(その二)(慶長五年七月二十六日)『德川家康文書の研究』(舊・復とも　中卷　五三一・五三三頁)、就中そのうちに見られる「一途之御心底、難申謝候」の文言により、また七月下旬やむなく越前に向かつて出陣するに際しても家臣太山惣右衞門某をして關東にその旨を注進せしめたこと等により、高次の心底は首尾一貫家康方にあつたと考へられる。

よつて八月七日頃に正則・壽昌兩將が家康に送つた大津に關する報告が、外見上の動靜から高次西軍に屬すとの家康にとつて不利な情報であつたのか、それとも關東に向けて發した高次の使者に接して得た有利な情報であつたのか二様に考へてみる必要があらう。

家康が八月五日附で正則・壽昌に宛て「一刻も其道筋御明候事専一候」と書き送ったのに重ねて、本状に於いても再び同趣旨を繰返してゐるのは、なんとしても美濃岐阜・大垣邊りまでの東海道筋の早期確保を重視してゐた故と解されよう。

福嶋正頼・稲葉道通・古田重勝に遣れる書状(慶長五年八月十三日)

(折紙)其元模様承度候而、以㆓村越茂助(直吉)㆒申候、御談合候而可㆑被㆓仰越㆒候、出馬之儀者油斷無㆑之候、可㆓御心安㆒候、委細口上申候、恐〻謹言、

(慶長五年)八月十三日　家康(花押)

福嶋掃部頭(正頼)殿
稲葉藏人(道通)殿
古田兵部少輔(重勝)殿

原本〔三都古典連合會創立十周年記念 古典籍下見展觀大入札會展示〕○昭和四十七年十二月三・四日 於東京美術倶樂部

折紙を半截して懸軸に仕立てられてゐる。宛所の三人の武將は、いづれも會津上杉攻に從軍して下野國小山に至って石田方擧兵の報に接し、家康の意を受けて直ちに西上、領國に戻ってゐた者たちである。

福嶋正頼は市兵衛正信の次男で天正元年生、正則の弟で秀吉に仕へ從五位下掃部頭に敍任され、文祿三年伊勢國桑名郡長嶋城一萬石を與へられて、尾張國知多郡十萬石を支配してゐた。通稱は助六郎、諱はのちに高晴と改めた。役に際しては伊勢桑名城の氏家内膳正行廣の攻略に功を立て、役後大和國宇多城三萬石を給されたが、元和元年所領沒收され、

寛永十年に歿した(『寛政重修諸家譜』巻第千百三十九)。

稲葉道通は重通の三男で一鐵の孫に當り元龜元年生、通稱助右衛門、諱は初め重一と名乘つた。從五位下藏人(左近藏人ともある)に敍任、文祿二年七月十日に兄牧村兵部大輔利貞が朝鮮陣中に歿し、秀吉の命によつてその遺領を繼承し、伊勢國岩手(出)城に住した。役に際しては九鬼嘉隆の家臣北庄藏某の守る中嶋の壘を攻略し、役後は二萬石を加へられて伊勢國田丸城を賜ひ、都合四萬五千七百石を領し、慶長十二年に歿した(『寛政重修諸家譜』巻第六百七)。

古田重勝は重則の男で永祿三年生、諱は信勝ともある。秀吉に仕へ從五位下兵部少輔に敍任され近江國日野城を與へられた。小田原の役、朝鮮の役に出陣し、文祿四年封を伊勢國に移されて三萬五千石を領し松坂城に住した。役に際しては鍋島勝茂等の攻撃を受けたがよく防ぐ一方、津城に楯籠つた富田信濃守信高にも援軍を送つて敵をしばしば破つた。役後は二萬石を加封されて全て五萬五千石を領し、慶長十一年に歿した(『寛政重修諸家譜』巻第九百三十八)。

福嶋正賴・稲葉道通・古田重勝の三人は、いづれも秀吉恩顧の大名で、いづれも伊勢國の內の城主であつた。

中村一榮に遣れる書状(慶長五年八月十三日)

其元模様承度候而、以二村越茂助(直吉)一申候、御談合候而可レ被二仰越一候、出馬之儀者油斷無レ之候、
可二御心安一候、委細口上申候、恐々謹言、

(慶長五年)八月十三日　家康(花押)

中村彥左衛門尉(一榮)殿

原本〔中村宏氏所藏〕　○東京世田ケ谷區『日本歴史』三八六號

中村一榮は式部少輔一氏の弟である。一氏は駿河のうち十四萬五千石を領して駿府城に住し、一榮はそのうちの三萬石を分たれて沼津城に住してをり、會津出征の家康を六月二十六日、居城で饗應した。一氏はその翌七月十七日(二十四日とも言ふ)病歿し嗣子の一忠(一學、忠一ともある)は未だ幼かつたので、叔父の一榮が代つて關ケ原に出陣した。一榮が會津征伐に從軍したか否かは審らかでないが、本狀の日附八月十三日には既に居城の沼津もしくは駿府城に在つたものと思はれる。本文書は『日本歷史』三八六號に竹內秀雄氏が圖版を掲げて紹介された史料であり、その解説に負ふところが大きい。

伊達政宗に遣れる書狀（慶長五年八月十七日）

（折紙）
節〻御折紙委細令レ得二其意一候、先書如二申候一、上方種〻申様御座候間、上方へ出馬可レ申覺悟候、仙道之儀者何時も手間入間敷候條、無二御氣遣一其元丈夫ニ御仕置無二越度一様被二仰付一尤候、恐〻謹言、

（慶長五年）八月十七日　　家康（花押）

（伊達政宗）大崎少將殿

原本〔日本の古文書〕○弘文莊所藏文書 昭和五十六年一月刊

折紙を半截して軸装されてゐる。

會津攻めの軍勢を退いて上方へ向けるに當つて、家康は伊達政宗の動靜が一番と言ってもよいほどに大きな氣懸かりだつたらしい。政宗からも度々書信が遣られて來てゐた様子が窺はれるが、家康も度々頻りと書狀を遣つて關心を牽き附

け様と腐心してゐた様子が窺はれる。

上方矛盾の報に接してから家康が政宗に遣つた書狀を中村孝也博士は八月二日附を第一信、八月七日附を第二信、八月十二日附を第三信としてをられ、その順序に則れば本狀は第四信であらう。但し第一～第三信は『大日本古文書』家わけ第三「伊達家文書」に收錄されてゐるが、本狀は收錄されてゐない。

本狀に言ふ先書とは第一信から第三信を指すのであらう。文意としては特に新たな事態に觸れたところはなく、八月十二日附の書狀（『徳川家康文書の研究』舊・復とも　中巻　五六八頁）と變るところもない。だがそれだけに家康は政宗との連絡を密にして、その動向に深い關心を拂つてゐたと解されよう。

中村一榮に遣れる書狀（慶長五年八月二十三日）

村越茂助（直吉）ニ一ミ之段承、祝着之至候、爰元之儀、以ニ米津清右衛門（親勝）一急申入候間、今無レ暇候、
恐ミ謹言、

（慶長五年）八月廿三日　　家康　御居判

中村彥左衞門（一榮）殿

寫文書（中村宏氏所藏）○東京世田ヶ谷區『日本歴史』三八六號

同年八月十三日附で村越直吉を使者として家康より遣られて來た書狀に對し、一榮が詳しく報告を送り返して來たのを嘉した文意である。本狀と略々同文同日附で東海道先發の部將に數通の書狀が遣られてゐる。

一榮は一氏の幼い嗣子一忠の陣代として關ケ原戰役に出陣して功を立て、ために役後一忠は駿府の十四萬五千石に三萬

石を加へられて伯耆米子十七萬五千石に移され、一榮も沼津三萬石から伯耆八橋城三萬石に移つたが、一榮は慶長九年に歿し、一忠（一學　一角　忠一）は慶長五年從五位下伯耆守に敍任されたものの同十四年に二十歳で歿して嗣子なく斷絶した。

本狀は『日本歷史』三八六號に竹内秀雄氏が紹介された史料であり、同氏の解說に負ふところが大きい。

一柳直盛に遣れる書狀（慶長五年八月二十三日）

（折紙）
村越茂介（直吉）ニ一〻之段承、祝著之至候、何も令レ得二其意一候、寔（爰）元之儀、以二米津清右衛門尉（親勝）一具申入候之間、令二省略一候、恐〻謹言、

（慶長五年）八月廿三日　家康（花押）

一柳監物（直盛）殿

原本〔一柳末幸氏所藏〕○東京杉並區

直盛の祖父宣高の時、河野氏を改めて一柳《ひとつやなぎ》氏を稱することとしたと言ふ。直盛は直高の次男で永祿七年美濃國厚見郡に生れた。兄直末は秀吉に仕へ、天正八年父の遺領を繼ぎ、同十三年には美濃國のうちに於いて六萬石を領して浮見城に住し、從五位下伊豆守に敍任されたが、天正十八年三月二十九日山中城の合戰で討死した。

直盛は兄討死ののち、尾張國葉栗郡の西部で三萬石を與へられて黑田城に住し、天正十九年十一月二十八日從五位下に敍され、監物と稱した。翌文祿元年正月には美濃國本巣郡の内で四千五百六十六石（五千石とも傳へられる）を加へられた。慶長五年會津征討軍に出征し、小山の陣で東海道西上軍の先鋒を承つて八月九日居城黑田城に歸著、以後福嶋正

則・井伊直政・池田輝政・本多忠勝・有馬豊氏・山内一豊等の諸将と作戦を議し、二十三日の岐阜城攻略に際しては木曾川下流の渡河軍となつて奮戰し大いに功を立てた。
役後伊勢神戸に移されて一萬五千石を加へられて五萬石を領し、寛永十三年六月朔日さらに伊豫國西條城に移されて一萬八千石餘を加へられ、全て六萬八千石餘を領するに至り、同年八月十九日、新たな城地に赴く途中の大坂で卒した(『寛政重修諸家譜』巻第六百三)。本狀と略同文同日附で黑田長政・加藤嘉明・淺野幸長・京極高知・福嶋正頼に夫々遣つた書狀が『徳川家康文書の研究』(舊・復とも)中巻　六〇六〜九頁に採録されてゐる。

〔參考〕徳川秀忠より淺野長政に遺れる書狀(慶長五年九月五日)

(折紙)
被レ入二御念一大久保相摸守(忠隣)・本多佐渡守(正信)所迄御狀被見(披)申候、如レ仰眞田安房守(昌幸)事、最前ハ身命相助様ニと眞田伊豆守(信幸)を以種々侘言申候つる處、至二只今一存分を申候間、不レ能二赦免一今日上田表爲二順見(巡)一相動候處、と石(戸)之城あけ退申候間、則眞田伊豆守を彼城へ入置申候條、先以可二御心安一候、如下被二仰越一候上、此表仕置申付、頓而可レ令二上洛一候間、可二御心安一候、猶兩人あ(かた)ゟ可二申入一候、恐々謹言、

江戸中納言

(慶長五年)九月五日　秀　忠(花押)

淺野彈正少弼(長政)殿

原本〔古典籍下見展觀大入札會〕○平成三年十一月十五日於東京古書會館

折紙を半截してこの一通を以て一巻の巻子に仕立ててある。入札會目録には圖版番號二四二番に本狀の後半部分のみ收

載されてゐる。料紙に疑問は感じないが、花押はなぞつてある様に見え、筆勢にも疑問を感じ、眞正文書と斷ずるには躊躇される。寫文書と見れば問題は解消しようが本狀は「淺野家文書」(『大日本古文書』家わけ第二)にも收錄されてをり、その端裏書に「一軸」と記されてゐたとの裝幀の一致、難讀の箇所「順見」の一致から同一史料かとも考へられる。

池波正太郎の小說『眞田太平記』にも引用されてをり、世にその存在をよく知られてゐる文書と思ふが、意外と關ケ原合戰の史料集等には收錄されてゐないので採錄しておく。

大久保忠隣と本多正信は秀忠に從軍、淺野長政は八月二十四日附ならびに同二十八日附の家康書狀によつて秀忠軍への合流を命ぜられてゐたことは明らかだが、九月五日にはまだ到著してゐなかつたと知られ、その所在地は審らかでない。「種々侘言申候つる」とは、九月四日附の森右近大夫忠政宛の秀忠書狀に「安房守こと、頭をそり罷り出で、降參すべき旨、眞田伊豆守を以て種々詫言申し候」とある由(『眞田史料集』第二期戰國史料叢書2　三三二頁)を指し、「至只今存分を申候間」とは「上田軍記」「異本上田軍記」に記されてゐる通り、昌幸が初め降參する態を示して日數を稼ぎ、俄に敵對の態度を示すに至つたことを指す。卽ちその態度を豹變させたのは九月四日午後から五日朝の間であつたと知られる。「順見」は難讀で「巡見」の宛字かと見ておいたが、さう讀んでも意は通じ難い。戸石城は砥石城とも書き、曾ての眞田氏の據點であり、上田城築城後もその支城として堅固な山城であつた。「と石之城あけ退申候」とは「異本眞田軍記」に「此ノ日ノ朝、戸石城に居ル眞田ガ軍兵共、城ヲ棄テテ逃レ去ル」とある記事に一致する。だがこれもまた昌幸の作戰で、秀忠が上田城を攻めあぐんで關ケ原合戰に遲參する因となつたのである。

稲葉貞通に遣れる書狀（慶長五年九月七日）

（折紙）
永井右近（直勝）所迄之書狀令㆓披見㆒候、仍今度犬山被㆓相籠㆒候處ニ、依㆓井伊兵部少輔（直政）申㆒被㆓明渡㆒、

爲二長嶋加勢一被二罷移一由尤候、委細右近大夫（永井直勝）可レ申候、恐々謹言、

（慶長五年）九月七日　　家康（花押）

稲葉右京亮（貞通）殿

原本〔源喜堂書店所蔵〕　○東京千代田區神田『源喜堂古文書目錄』七　平成二年四月刊

大名家の系譜はとかく錯綜して理解しにくい例が多く、この稲葉氏もその例に洩れない。貞通は良通（一鐵）の男で天文十九年（一說では十五年）美濃國に生れた。通稱は彥六。兄重通は庶腹であつたので別に家をおこし、貞通が嗣子となつた。父と共に信長・秀吉に仕へて武功を立て、天正十五年冬、從五位下侍從に敍任されたと『寬政重修諸家譜』（巻第六百六）にあるが、官位相當せず「侍從」は疑問が殘る。この稲葉氏は代々右京亮を稱してゐる。天正十六年十一月に父良通は歿し、この年貞通は秀吉の命によつて居を曾根城から美濃郡上郡に移し八幡城（郡上城）を築いて住した。所領は四萬石であつた。

關ケ原戰役に際しては初め西軍に與し、岐阜城の織田秀信に屬した。このとき弟の方通（右近大夫）が家康に屬すべしと說いたが、貞通は太閤の遺命忘るべからずとて肯ぜず、八月秀信の命により石川備前守貞清を援けて關長門守一政・加藤左衞門尉貞泰・竹中丹後守重門と共に息男彥六典通を伴つて犬山城に籠つた。ところが東軍の攻擊を受けた岐阜城が支へ切れず、八月二十三日秀信が降つて陷落すると、犬山城の守將は動搖し、早くから家康に款を通じてゐた貞清（『德川家康文書の研究』舊・復とも　中巻　五六七頁・六六五・六六六頁）は、人質として城內に留めてゐた木曾の將山村良候（道祐）を解放し、戰はずして犬山城を開城した。その時貞通も井伊直政の慫めに從つて永井直勝まで書を送つて歸順を表し、これを嘉した家康は東海道西上途次の駿州島田か遠州中泉で本狀を以て應へた（『寬政重修諸家譜』巻第六百六）。『德川家康文書の研究』（舊・復とも　中巻　六六五―六六七頁）にもこの間の經緯は詳しく延べられてをり、本狀と同日附で稲葉道通に家康が遺つた書狀の追手書に「稲葉右京父子此方一味候間、可心安候」とある記事は、本狀の文

意をまさしく裏附けてゐる。

一方、八幡城は貞通父子の留守を衝いて九月一日、東軍の将飛驒高山の金森可重と美濃小原の遠藤左馬助慶隆とによって攻撃されたので、貞通父子は兵を返して三日、兩將と戰つたが、既に和を通じた故とて雌雄を決せずに八幡城に還った。『寛政重修諸家譜』巻第六百六の貞通の項は左の通りに記す。

「七日、さきに貞通父子犬山より八幡城に歸り、家臣をして書を永井右近大夫直勝にをくり、御味方に屬すべきむねを言上するのところ、この日東照宮遠江中泉に渡御ありて、家臣を御前にめされ、直勝に仰ありて返書を贈らしめたまひ、貞通に伊勢國長嶋の援兵を命ぜらる」茲に言ふ返書が本狀である。

伊勢長島は福島正則の弟正頼(高晴)一萬石の居城であった。正頼は會津征討に從軍してゐたが、家康の命を受けて小山より所領に急ぎ引き返し、軍勢を整へて出陣、西軍に與した氏家行廣の籠る桑名城を攻撃してゐた。伊勢に於ける最大の合戰は西軍の大軍に圍まれた安濃津城攻防戰であったが、城將富田信濃守信高は支へ切れずに八月二十六日に既に開城してゐるので、本狀にある長島加勢とは、おそらく長島近隣の桑名城攻撃を指すと解されよう。桑名城は陷落しなかつたが、關ケ原での西軍慘敗を聞いた氏家行廣が、翌九月十六日に開城した。貞通・典通父子は十五日關ケ原で家康に目見え、役後豊後國臼杵に移され、一萬石加封されて五萬六十石餘を領した。石川貞清は關ケ原遲參を理由に除封された。

柏原二郎右衛門尉に與へたる知行宛行狀（?～慶長五年九月十一日）

爲ニ此表見廻一使札被ニ差越一候、誠懇切之段令ニ祝著一候、仍當知行分四百石、同在所之事、一職ニ進レ之候、猶中禰ニ左衛門尉可レ申候、恐々謹言、

（?～慶長五年）
九月十一日　　家　康　御判

柏原二郎右衛門尉殿

寫文書〔正徳年中御家より出ル古書付寫〕○淺野家史料

〔譜牒餘録〕○二十二 松平安藝守　附家臣

柏原二郎右衛門尉の事蹟は審らかでない。柏原次郎右衛門とも箕浦次郎右衛門尉とも同一人物と推される。近江國には伊香郡に柏原郷があり、坂田郡にも柏原《かしはばら》庄があった。この柏原庄に柏原氏・箕浦氏の土豪があり、京極氏の配下であった。由て參考文書として掲げた天正三年十一月十七日附の知行宛行狀にある東柏原とは柏原庄の一部と解される。柏原庄は天正年間は羽柴秀吉の支配地であったので、發給者は秀吉と解されようが、既に石高制である點に疑問が殘る。秀吉は天正八年に播州で石高による知行を宛行つてゐるが、天正三年江州に於いて既にとなると如何にも早すぎる感が拭へない。この參考文書を疑問とすると本狀も疑問ありと考へることになるが、先づは收録しておく。

中爾二左衛門尉も審らかでない。『寛政重修諸家譜』巻第五百五十四、および巻第九百三に掲げられている中根仁左衛門正友または正勝に該當するかと考へてはみても、確信は得られない。

『譜牒餘録』には二月十日附の書狀と三月二十四日附の書狀の二通を掲げたあとへ「右御書二通松平安藝守家來箕浦七郎兵衛所持仕候、七郎兵衛本姓柏原ニ而御座候」と記されてゐる。『戰國人名辭典』には箕浦大内藏を掲げ、初め新左衛門、明智光秀の臣、のち秀長に仕へ、そののち淺野幸長に仕へて關ケ原の役に際しては岐阜城攻撃に參加と記され、「大日本古文書」家わけ第二　淺野家文書には、幸長が正月二十八日附で柏原民部入道に宛てた朝鮮陣中よりの書狀案が收録されてゐるので、柏原二郎右衛門尉かその一族、または子孫が淺野幸長に仕へたことは疑ひないであらう。恐々謹言とある書止めの文言と署名花押の形式から、發給年次の下限は慶長五年と抑へられようが、家康が近江で知行を宛行つた年と考へると、上限は見定め難い。

〔參考〕羽柴秀吉（推定）より箕浦次郎右衛門尉に與へたる知行宛行狀

（天正三年十一月十七日）

江州東柏原内四百石宛行訖、全可二領知一之狀如レ件、

天正叄

十一月十七日　（羽柴秀吉カ）御朱印

箕浦次郎右衛門尉とのへ

寫文書〔正德年中御家中より出ル古書付寫〕○淺野家文書

某所に下せる禁制（慶長五年九月十六日）

禁制　□□□

一軍勢甲乙人等濫妨狼藉之事

一放火之事

一田畠作毛苅取事

付、竹木剪取事

右、堅令二停止一訖、若於二違犯之輩一者、速可レ處二嚴科一者也、仍下知如レ件、

（家　康）

（印文忠恕）
（朱印）慶長五年九月十六日

原本〔古典籍展観大入札會〕〇平成十三年十一月十四日於東京千代田區中小企業センター

關ヶ原合戰勝利の翌日から本書と同文の禁制が美濃・近江・山城の鄉村や社寺に次々と下された。通常「禁制」と記した下に宛所が記されたが、宛所の記されてゐない傳存例もあり、その場合はその文書の傳來や所藏に據つて下された先は推定されて來た。本書は「禁制」の下に二乃至三文字の宛所が記されてゐたのを目立たない様に削除して埋め、少なからぬ蟲喰も埋めて掛軸に裝幀してある。

河内本願寺新門跡寺（顯證寺）に下せる禁制（慶長五年九月二十一日）

禁　制　河内久寶寺本願寺新門跡寺内

一軍勢甲乙人等濫妨狼籍（藉）事

一放火之事

一山林竹木伐採事

付、人馬取事

右、條〻堅令二停止一訖、若於二違犯輩一者、速可レ處二嚴科一者也、仍下知如レ件、

慶　長　五　年

(家康)

(印文忠恕)
(朱印) 慶長五年九月廿一日

原本〔西本願寺所藏〕○京都市

河内久寶寺本願寺新門跡寺とは、曾ての中河内郡久寶寺村久寶寺、今日の大阪府八尾市久寶寺四丁目四番三號に在る顯證寺のことで、久寶寺御堂(久寶寺御坊)とも俗稱されてゐる。初め西證寺と稱したが、のち顯證寺と改めた。淨土眞宗本願寺派の別格寺院である(『大日本寺院總覽』『全國寺院名鑑』)。

攝津吹田村に下せる禁制(慶長五年九月二十一日)

禁制　攝津國太田郡吹田村

一軍勢甲乙人等濫娘(妨)狼籍(藉)事
一放火之事
一妻子牛馬取事
右之條々堅令㆓停止㆒訖、若於㆓違犯之輩㆒者速可㆑處㆓嚴科㆒者也、仍下知如㆑件、

權現樣御朱印
慶長五年九月廿一日

〔吹田市史　六〕○橋本義敏文書

同日附で福島正則・池田輝政連署を以て下された禁制、同月二十三日に淺野幸長も加はり三名連署を以て下された禁制もあるので掲げておく。

〔參考〕福島正則・池田輝政より攝津吹田村に下せる禁制（慶長五年九月二十一日）

攝津國
禁制　すい田村之内しんけん（いカ）村

一諸軍勢甲乙人等濫妨狼籍（藉）事
一不ㇾ寄㆓男女㆒人を執事
一放火刃傷之事

右、條々違犯之輩於ㇾ有ㇾ之者、堅可ㇾ處㆓嚴科㆒者也、仍如ㇾ件、

慶長五年九月廿一日

羽柴左衛門大夫（福島正則）　御書判
羽柴三左衛門（池田輝政）　御書判

〔吹田市史　六〕○橋本義敏文書

〔參考〕淺野幸長・池田輝政・福島正則より攝津吹田三箇庄に下せる禁制
（慶長五年九月二十三日）

禁制　吹田三ケ庄

慶長五年

一軍勢甲乙人濫妨狼籍（藉）事
一放火之事
一不ㇾ寄二男女一人捕事　付、非分儀申懸事
右、條々堅令二停止一訖、若於二速（違）犯之輩一者、可ㇾ處二嚴科一者也、
慶長五年九月廿三日
（淺野幸長）左京太夫　御書判
（池田輝政）三左衞門尉　御書判
（福島正則）左衞門太夫　御書判
〔吹田市史　六〕○橋本義敏文書

石見邇摩郡・那賀郡の七箇村に下せる禁制（慶長五年九月二十五日）

禁　制　　石見國　大家村　三原村　井田村　河上村
　　　　　　　　　福光村　波積村　都治村

一軍勢甲乙人等濫妨狼籍（藉）事
一放火之事
一田畠作毛苅取事
付、竹木伐採事

右、條々堅令二停止一訖、若於二違犯之輩一者、速可レ處二嚴科一者也、仍下知如レ件、

慶長五年九月廿五日 (家康)(朱印)

(印文忠恕)

原本〔吉岡光枝氏所藏〕○島根縣邑智郡

大家《おほや》(大屋)村・三原《みはら》村・井田《ゐだ》村・福光《ふくみつ》村・波積《はづみ》村・都治《つち》村の六箇村は邇摩《にま》郡である。河上《かはのぼり》(河登・川登)村の地名は美濃郡にもあるが、これは邇摩郡に隣接した那賀郡の河上村であらう。村上直氏は江面龍雄氏の教示によつて、右の七箇村は石見銀山大森を中心に、大家・井田・波積・都治は舊國道筋に分布し、都治・河上は都治川に沿ふ自然の通路、福光は日本海に面した要地、三原は大家の南で木谷川に沿ふと述べてゐる(『日本歴史』三六五號)。關ケ原合戰後半月以内の九月後半に、家康がこの禁制と略々同文で各地の寺社や鄕村に下した禁制は、これまでに九月十六日十七通、十九日七通、二十一日十七通、二十三日九通の計五十通が既に知られてをり、他に家康の部將から下した禁制も數通知られてゐる。それらを下した先は大和・山城・河内・攝津の畿内に合戰のあつた美濃、進軍筋の近江の諸國で、それに宛所未明で駿河蓮生寺傳來の一通である。二十五日以降に發給された禁制は本文書以外は未見である。本文書の所藏者吉岡光枝氏の先祖吉岡隼人は、伊豆・佐渡・石見大森の金銀山見立てで活躍し、その功によつて家康から「出雲」の名乘りを許された金掘師である。「吉岡家由緒書」によると、慶長六年銀山奉行として赴任した大久保長安に召抱へられて切米百俵を給されたとある。吉岡隼人と同じく佐渡・石見の金銀山で活躍し「佐渡」の名乘りを許された宗岡彌右衛門の由緒書には、慶長五年大久保長安と彥坂元正とが上使として石見國に下向したとある。「石見銀山文書」には「慶長一統ノ後ハ彥坂小刑部大久保十兵衛ヲ奉行トシ給フ」とある。

石見國大森銀山は毛利氏の領するところであつたが、關ケ原戰役後、家康はこれを直轄領とし、のち德川幕府が繼承した。この石見邇摩郡の諸村に下した禁制は、この地を毛利氏より沒收して直轄領にしようとの家康の意志決定の時期に關して、極めて重要な示唆を與へる。石見銀山の直轄領化計畫は、大久保長安の獻策かと推されるが、家康もその策の重要性を夙に認識してゐたと解される。

大久保長安と彦坂元正が毛利氏の代官より銀山接收を完了したのは慶長五年十一月十八日（子歳石見國銀山諸役銀請納書　今井越中・宗岡彌右衞門・石田喜右衞門・吉岡隼人連名　大久保十兵衞様・彦坂小刑部様宛）と解されるが、本書はその接收作業の前驅をなす史料である。遠く石見國に下された禁制として、他の五十通の禁制とは異なつた重要な意味を持つてゐる。

藏人佐に遺れる書狀（慶長五年假入十一月二十七日）

（折紙）
爲二音信一海鼠腸送給祝著之至候、猶村越茂介（直吉）可レ申候間、令二省略一候、恐々謹言、

（慶長五年カ）
十一月廿七日　家康（花押）

□□藏人佐殿

原本圖版〔思文閣古書資料目録第百七十二號〕○平成十三年六月

軸裝されてをり、本紙は竪十五・五糎、横四十二・〇糎なので折紙半截と目される。

村越直吉は慶長十九年一月十五日に五十三歳で歿したと『寛政重修諸家譜』巻第千二十にあるので、生年は永祿五年と逆算され、事蹟は慶長五年の三十九歳の時から記されてゐる。

現存の知られてゐる家康文書で發給上限の確認し得る書狀への直吉の登場は慶長五年七月二十七日に始まり役目は使者、家康の意志の傳達者であり、その役目に於ける直吉の登場下限は目下のところ慶長五年十月二十四日である。慶長六年以降の文書には、直吉は大久保長安や本多正純等と連署して登場し奉行を務めたと推定される。直吉の通稱は年次に關係なく、茂介とも茂助とも記される。

一方、家康が諸將に對して發給した文書で「恐々謹言」の書止文言を用ゐたのは慶長五年末までか、後れても慶長六年までと目下のところ捉へられる。由て本狀の發給年次は先づ慶長五年と捉へて誤りないであろう。宛所は「藏人佐殿」の上、二字分か三字分が抹消されてゐて決め手を闕く。『寛政重修諸家譜』によっても『武家事紀』によっても確認は難しい。海鼠腸《このわた》は尾張鳴海の特産物だがこれも藏人佐の決め手とはならない。

福原廣俊に遣れる書狀（慶長五年十二月二十八日）

（折紙）
爲二歳暮之祝儀一、小袖一重之内綾一到來、祝著候、謹言、

（慶長五年）
十二月廿八日　（家康）（朱印）（印文忠恕）

福原越前守殿（廣俊）

原本〔渡邊翁記念文化協會所藏〕○宇部市立圖書館寄託

福原氏は大江廣元の次男時廣を初祖とし、初め長井氏を稱し、八代廣俊より毛利・福原氏を稱した。歴代には廣俊や貞俊の同じ諱を名乗った者が多く、系圖參照には注意を要する。

福原氏は毛利氏の一族で代々毛利家に重臣として仕へた。本狀宛所の廣俊は第十二代元俊の男で輝元に仕へた。永祿九年に生まれ、天正九年六月朔日加冠し少輔三郎廣俊と稱した。同十六年左近允に任ぜられ、同十七年七月十三日豐臣姓を與へられ從五位下式部少輔に敍任され、同十九年十月三日に父元俊が歿したので家督し第十三代を承繼した。慶長二年五月朝鮮に出陣し、同五年關ケ原戰役に際しては吉川廣家と志を合はせて關東との和平に盡力し、役後その功を賞して家康から信國の刀と擧羽蝶蒔繪鞍を與へられた。同年十月二十八日越前守に任ぜられ、同十年四月二十日に轉じて越

後守に任ぜられた。同十一年江戸城本丸の御手傳普請の時には益田元祥と同じく御普請奉行を勤めた。この時の普請助役を命ぜられた諸大名の對應に關しては『徳川家康文書の研究』下巻之一の四六九〜四七六頁に精しい。廣俊は家康と秀忠に三季すなはち端午・重陽・歳暮ごと、および機に應じて品々を獻じてをり、毛利輝元の家臣ではあつても諸侯並の處遇を受け、病氣の時には家康の命によつて本多正純の奉書を以て藥を與へられた。元和八年二月九日家督を男元俊に讓つて隱居し、翌九年三月二十一日に五十七歳で歿した（「福原家世譜年紀考」「福原氏系圖」ともに『福原家文書』上下巻）。

本狀は廣俊が越前守に任ぜられた慶長五年十月二十八日以降の發給であり、しかも「謹言」と書止めてあつて御內書の書式ではなく書狀と稱すべきであらう。さらに捺されてゐる印文忠恕の印は、中村孝也博士の考證（『徳川家康文書の研究』下巻之二　印章索引）によると慶長五年五月二十五日を初見とし、同年十一月二十日（同書　舊下巻之二　二六一頁、復中巻　八七二頁）が最終とされてをり、その使用期間は僅か數ケ月である。猶、同書中巻二九六頁に收められてゐる「某に與へたる年貢皆濟狀（慶長三年二月八日）」の文書は、『新修徳川家康文書の研究』四一九頁に「小鄰院に與へたる年貢皆濟狀（慶長十五年閏二月八日）」として再掲したが、本文も年紀も宛所も難讀箇所があり、慶長三年とも慶長十五年とも確定し難いので留保しておく。よつてこれを例外とすれば、忠恕印の使用例は目下のところ後掲の慶長六年五月四日附文書が最終例である。慶長六年以降の文書で進物に對する答書が本狀の樣な書狀の書式で發給された例は未見であり、本狀の發給年は廣俊が越前守に任ぜられた慶長五年十月二十八日の二ケ月後の同年と斷定されよう。

金森長近に遺れる書狀（?〜慶長五年（月未詳）二十三日）

（內對　ウハ書）
ト　　（金森長近）金法印　　家康

御撚本望之至候、仍明朝可レ參之由、令レ得二其意一候、猶面之節可レ申候條、不レ能レ具候、

(かしく)

(?~慶長五年月未詳)
廿三日

原本〔淨光寺所藏〕○東京 葛飾區東四ツ木

『新修德川家康文書の研究』五三五頁に『新編武州古文書　上』竝びに『新編武藏風土記稿』を典據に「卜金法印に遺れる書狀(年月未詳二十三日)」と題して揭げた。ところが幸ひに原本の所在を知つて實見の機を得て見ると、前記の二書は裱裝に際して末尾から冒頭に移された宛所書きの內封の封印の墨を、「卜」の文字と讀み誤つて採錄したものと知られ、宛所は「金法印」卽ち金森兵部卿法印長近と解されるので、稿を改めて再揭する。

長近は大永四年美濃國に生れ、五郎八、可近と名乘り、織田信長に仕へて偏諱を與へられて長近と改めた。柴田勝家に配されたが信長の亡後は秀吉に仕へ、剃髮して兵部卿法印素玄とあらためた。その後も小牧合戰・九州征伐・小田原戰陣・奧羽征伐と秀吉の部將として出陣し、文祿の役にも肥前名護屋に陣した。天正十四年、飛驒一國三萬八千七百石餘を給された。

家康は文祿の役の頃より秀吉麾下の部將、藤堂高虎・細川忠興・加藤清正・有馬則賴等と積極的に好誼を結び始めた樣子が窺はれ、金森長近もその一人であつた。慶長四年正月、伏見に在つた家康を石田三成が襲擊するとの陰謀が告げられた時、長近は家康邸に參じ、同年三月前田利家の病床見舞に家康が大坂中嶋の藤堂邸に宿した時も守衞に當つた(『寬政重修諸家譜』卷第三百六十二)。

同年十一月、前田利長の叛意が疑はれた時、細川忠興の男忠隆の室が利長の女であつた姻戚關係によつて、疑念の及んだ忠興が家康に呈した誓書(『德川家康文書の研究』舊・復とも　中卷　四五六頁參照)の宛所は、榊原康政・有馬則

賴・金森長近の三名となつてをり、長近が則頼と竝んで家康の則近の位置を占めるに至つてゐたと知られる。

本狀は本紙の末尾にあつた内封の宛所と署名を切り取つて冒頭に移し、餘白をつめ臺紙に留めて掛物に仕立ててある。家康の書狀で年月を記さず内封とし、「かしく」と止めて如何にも親しみを籠めた樣な私信の書式を見せてゐる例は、淺野長吉（長政）宛十七日附（『德川家康文書の研究』舊下卷之二　二七九頁　復下卷之二　二二三頁）、淺野幸長宛正月二十六日附（同書　舊下卷之二　二八〇頁　復下卷之二　二二四頁）、某宛三日附（『新修德川家康文書の研究』二三五頁）の三例が知られる。それら三通ともに慶長元年閏七月以前で、文祿年間頃の執筆と推され、「御捻《ひねり》」「御撚《ひねり》」の語は文祿年間から慶長四年までの間の書狀に見出される。本狀はただ廿三日とあるだけで、年月の確認方法はないが、長近からの來信も撚文と言つた略式であり、おそらく朝の茶會の誘ひであつたかと推されよう。とすると、家康と長近が同地にあつて親交を結んでゐた時期が想定され、文祿元年三月から翌二年八月までの名護屋在陣中、その後の十月までの京坂滯在中、或は文祿三年二月から翌四年四月、同年七月から慶長元年八月、同年十二月から翌二年十一月、慶長三年三月から同五年六月の京坂滯在中の執筆と言ふことにならうが、おそらくは文祿三年から慶長二年の間、秀吉麾下の部將達と急速に親しんだ頃、伏見に在つて發給された書狀と捉へられよう。

尙、所藏者の淨光寺に關しては本書一八〇頁參照。本狀が如何にして同寺の藏に歸したか、その經路は未明である。

三河吉田宿に下せる傳馬掟朱印狀（慶長六年正月）

定（印文傳馬朱印）（駒曳朱印）

此御朱印な（な）くして、傳馬不レ可レ出者也、仍如レ件、

慶長六年

正月日
吉田

原本〔近藤恆次氏所藏〕○豐橋市 豐橋市美術博物館寄託

解説は『德川家康文書の研究』下巻之一 一七頁（舊・復とも）參照。吉田は現在の豐橋市である。

伊勢關宿に下せる傳馬掟朱印狀（慶長六年正月）

原本〔川北康郎氏所藏〕○神戸市東灘區

定（印文傳馬朱印）（駒曳朱印）
此御朱印ぬ（な）くして傳馬不レ可レ出者也、仍如レ件、
慶長六年
正月日
關地藏

關宿は東海道五十三宿の一で、鈴鹿山麓に在り、越前の愛發《あちら》、美濃の不破と共に三關と稱された鈴鹿の關が置かれてゐた。「關宿」の名の發祥の由緣である。この宿の東追分からは伊勢別街道が、西追分からは大和街道がそれぞれ分岐して發してゐる。天平十三年僧行基が惡疫を鎭めるために彫刻し安置したと傳へられる地藏が古來「關地藏」と呼ばれて有名であり、これを本尊とする眞言宗御室派寺院九關山寶藏寺の本堂地藏院を中心に門前町の樣に集落し、東西に延び

る街道町が形成されたので、「關地藏」がこの宿の通稱となつてゐた。

本狀の所藏者川北家は、この宿の本陣であつた。本狀と共に發給されたはずの奉行衆連署傳馬定書は、關町教育委員會の返信によると傳存してゐないとのことである。

伊勢桑名宿に下せる傳馬掟朱印狀（慶長六年正月）

原本〔財團法人物流史料館所藏〕○東京
〔水谷孝平氏舊藏〕○伊勢市桑名宿

定（印文傳馬朱印）（駒曳朱印）
此御朱印れ(な)くして傳馬不レ可レ出者也、仍如レ件、
慶長六年
正月日
桑名

『新修德川家康文書の研究』二九九頁掲載の「伊勢桑名宿に下せる德川家奉行衆連署傳馬定書（慶長六年正月）」參照。その解說に「伊勢桑名宿に下せる傳馬朱印狀」の現存を豫測し、その出現を期すと記した。その甲斐あつてか、同狀の原本が出現して採錄することが出來た。

〔參考〕西尾吉次より下方貞清に遣れる書狀（慶長六年正月十二日）

態申入候、仍　下野様（松平忠吉）其方へ御移被レ成候付而、貴所御年も御寄被レ成候得共、内府様（家康）被レ入二御念を一、下野様其方へ御下ニて（にて）御座候條、切々下野様へ御參被レ成候而、御物語之御相手ニも（に）成可レ被レ申之由、我等へ被二仰付一候間、其御心得被レ成切々御祇候可レ被レ成候、内府様ゟ下野様へも其由　御諚被レ成候、其上小笠原和泉殿（吉次）へも此方ニて（にて）我等を御使として、能々申入候間、此文被レ遣候ハヽ（はゝ）、御祇候可レ被レ成候、爲レ其態申入候、恐惶謹言

（慶長六年）正月十二日　　西尾隱岐守（吉次）　判

下方左近殿（貞清）

人々御中

〔士林泝洄〕○巻第六十三戊之部一

下方《しもがた》氏は大永年間より尾張國春日井郡上野邑に住し、織田氏に仕へた。尾張の國士三十六人衆と呼ばれた豪族の一である。貞清は彌三郎・左近と稱し、天文十年に父貞經の遺蹟を繼ぎ、同じく織田信秀・信長に仕へて戰功を現はし二百二十貫文を領した。信長歿後、柴田勝家から一萬石、蒲生氏郷からは白川城二萬石、結城秀康からも一萬石を以て招かれたが、いづれも固辭し、福嶋正則の幕下に在つて尾張舊領に住した。

關ケ原戰役後の慶長五年十一月、家康は尾張清須に在つた福嶋正則を安藝廣島に轉封し、そのあとへ武藏忍に在つた四

男松平忠吉を移した。忠吉の事蹟に關しては、『新修德川家康文書の研究』一一九・二七九〜二八〇・三六三〜三六七頁に記したので參照されたい。未だ二十一歲の忠吉を尾張清須（文祿太閤檢地五七一、七五七七石　慶長十三年七月伊奈備前守忠次檢地では約十萬石減額されて四七二、三四四・七石餘）の樞要の地に移封した家康は、その領國經營、中でも尾張國衆の人心を如何に收攬せしむるか腐心した樣子が本狀に窺はれる。貞清は慶長十一年七月四日に八十歲を以て清須城中で卒したので、慶長六年正月には既に七十五歲の老體であつた。西尾吉次は三河東條の吉良持廣の男で早くから家康に屬し、このとき既に七十二歲の同じく老體であつた。家康が特にこの股肱の老臣西尾吉次をして尾張國衆下方貞清に本狀を認めせしめ、忠吉の尾張入封に際して昵懇を計らしめた次第がよく窺はれる。文中にある小笠原和泉守吉次は、忠吉の傅役を勤め、その老職となつて忠吉の淸須轉封とともに犬山城を預けられ、二萬七千三百五十石を領した。本狀を受領した貞清が、その申入れに從つて淸須城を訪れ、忠吉もまたこれを歡待した樣子が『士林泝洄』に記されてゐる。

（慶長六年）同夏、忠吉卿入ニ尾州一、無レ幾召レ之ヲ。貞清年老故、途次遲滯、入レ夜ニ到ニ淸洲城一時、忠吉卿邀《むかへ》レ之ヲ談笑、引ニ入聽事ニ一、至レ寢燃ニ蠟燭千梃ヲ一爲レ饗ト（下略）。

こののち家康は貞清を忠吉に附屬せしめ、その子孫は代々尾州家に仕へた。

三河熊野權現社に與へたる社領寄進狀（慶長六年二月十一日）

其神領之事
　合五石㊥也（伊奈忠次印）

右御寄附被レ成候所實正也、永可レ有ニ社務一者也、仍如レ件、

慶長六
　丑二月十一日　　　　伊奈備前
　　　　　　　　　　　　　忠　次（花押）
　　吉田方
　　　權　現

原本〔内閣文庫所藏〕○東京

〔參考〕三河熊野權現社に與へたる社領安堵狀（慶安二年八月十七日）

參河國渥美郡吉田方村熊野權現社領同所內五石事、任二先規一寄附之訖、全可二收納一社中幷神主屋敷竹木諸役等免除、如二有來一永不レ可レ有二相違一者也

慶安二年八月十七日

○（家光）

原本〔内閣文庫所藏〕○東京

吉田方は戰國期に見られる地名で江戸期には村名であつた。但し寛永十五年には馬見塚村・野田村・羽田村に分かれ、さらに正保二年馬見塚村から三ツ相村・吉川村が分かれたと言ふが、鄕帳類では當村一ケ村として記され、五ケ村に分かれてのちも吉田方五ケ村と總稱された。明治二十二年東豐田村・西豐田村・靑野村が合併して吉田方村を繼承し、明治三十九年には牟呂吉田村の一部となり、さらに昭和七年には豐橋市の一部となつて今日に至つてゐる（『角川日本地名

大辭典』)。

本狀の權現社もしくは熊野神社は『日本社寺大觀』『全國神社名鑑』には該當する神社が見出せない。「三河國二葉之松」には御朱印黑印除地社領之分として渥美郡吉田魚町「熊野社　社領五石」が見られ、『參河志』第二十一卷渥美郡の吉田村の高三千三十二石三斗五升九合の內譯に「五石　權現領」と見出されるが、これらが本狀の宛所に該當すると斷ずるわけにも行かない。

三河正太寺に與へたる寺領寄進狀（慶長六年二月十四日）

以上
其寺領分之事
合三石也
右如二前々一被レ下候間、可レ有二寺務一者也、仍如レ件、
慶長六　伊奈備前守
二月十四日　忠　次（花押摸）
八ゐ(名)
正太寺

〔古案二　三州聞書〕18　○徳川林政史研究所所藏

正太寺《しやうたいじ》は八名郡牛川村、今日の愛知縣豐橋市牛川町字西側十六に在る眞宗高田派の寺院である。同日附で伊奈忠次より遠江の四ケ寺に發給された寺領寄進狀（『徳川家康文書の研究』舊・復とも　下巻之一　四六～四八頁。『新修徳川家康文書の研究』三〇六頁）と文面はほぼ同じであり、本狀のみを以ては特に疑問とすべき點はない。だが正太寺には同年二月十一日附で寺領二石が既に寄進されてゐるので、本狀に疑問なしとは出來ないが先づは收錄しておく。「伊奈忠次より三河・遠江の社寺に出だせる所領寄進狀表」（『徳川家康文書の研究』舊　下巻之二　一一四～一一六頁。復　下巻之一　九〇六～九〇八頁）ならびに「三六五　伊奈忠次黑印狀　慶長六年」（『豐橋市史』第七卷　一〇七九～一〇八七頁）參照。

坪内利定・同家定・定安・正定・安定に與へたる知行目錄

（慶長六年二月二十五日）

一百八拾貳石四斗　（羽栗郡）松倉村
一九拾壹石貳舛　（同）間嶋
一三百三拾石三斗七舛　（同）松原嶋
一七拾壹石九斗四舛　（同）笠田嶋
一貳百六拾石三斗六舛　（同）上中屋
一貳百四拾七石九斗七舛貳合　（同）下中屋
一百四拾六石七斗七舛　（各務郡）小佐野《こざの》

一三百拾壹石八舛　（羽栗郡）成清
一貳百三拾七石　（安八郡）米野《こめの》
一百三拾五石三斗五舛　（武儀郡）佐野村
一三百七拾石　（各務郡）大野
一四百三拾七石六斗　（羽栗郡）平嶋《へいじま》
一七拾九石六舛　（同）江川
一貳百貳拾三石三舛　（同）無動寺
一百八拾八石　（同）中野
一千三百七拾七石六舛　（各務郡）前渡上下
一五百六石五斗八舛　（同）長塚
一五百貳拾五石八舛　（同）三井《みゐ》
一八百五拾石五斗三舛　（同）新加納

合六千五百三拾三石餘

右爲二御知行一被レ遣レ之候、御仕置等可レ被二仰付一候、御朱印之儀重而申請可レ進レ之候、以上、

（慶長六年）丑
二月廿五日　　加藤喜左衛門
　　　　　　　　正次

大久保十兵衛
長安
彦坂小刑部
元正

坪内玄蕃(利定)殿
坪内惣兵衛(家定)殿
坪内嘉兵衛(定安)殿
坪内佐左衛門(正定)殿
坪内太郎兵衛(安定)殿

〔朝野舊聞裒藁〕○東照宮御事蹟第四百二十七

『朝野舊聞裒藁』の慶長六年二月二十五日の記事には「廿五日、坪内玄蕃利定、其子惣兵衛家定・二男嘉兵衛定安・三男佐左衛門正定・四男太郎兵衛安定に美濃國各務・羽栗二郡の内にをいて采地を賜はり、彦坂小刑部元正・大久保十兵衛長安・加藤喜左衛門正次奉はりて證書を出す」とあるが、『寛政重修諸家譜』巻第千十七には玄蕃利定の子を、長男惣兵衛家定、二男太郎兵衛安定(今の呈譜五男とす)、三男加兵衛定吉(今の呈譜定安に作る)、四男佐左衛門正定としてある。

坪内氏は美濃國の士で、利定は初め織田信長に屬したが、天正十八年家康に召されて上總國に於いて利定に二千石および子息四名に千四百石、都合三千四百石を給されるに至つた。慶長五年關ケ原戰役に際しては父子五名とも井伊直政に屬して功を立て、戰役後上總國の所領を替へ増封されて舊領の美濃國羽栗・各務兩郡の内に於いて父子五名に對し六千五百三十石餘が與へられた（『寛政重修諸家譜』）。

本狀には本來「御知行之書立」とか「御知行目錄」と言った標題が附せられてゐたと思はれるが、書寫の際省略されたのであらう。知行所は全て村單位である。郡名と訓みは著者が『角川日本地名大辭典』に據つて表示したが、後世に所屬の移動した村もあると思はれる。目錄に記されてゐる高を合計すると、六千五百七十一石二斗二合となり、本狀に記されてゐる合六千五百三十三石餘に比べ三十八石二斗二合多くなる。どこかに誤寫があるのであらう。

木下家定に與へたる知行目錄（慶長六年三月二十七日）

（表紙）
「慶長六年先肥後守（木下家定）御頂戴被遊

加藤喜左衞門（正次）
御朱印　大久保十兵衞（長安）此御三人か（より）相渡候
彦坂小刑部（元正）

添帳之寫」

御知行之書立

一千三百貳拾六石七斗六升　備中賀陽郡内　西阿宗村
一千百四拾三石七升貳合　同　東阿宗村
一三百四拾九石四升　同　奥坂村

一三千六拾七石貳斗九升　同　服部郷

一五百四拾石五斗八升八合　同　門前村

一四百三拾八石貳斗五升　賀陽郡内　福崎村

一貳千百石六斗四升八合　同　足守村

一三百拾六石壹斗九升四合　同　土田村

一五百五石七斗貳升五合　同　破出村

一五百拾八石六斗九合　同　生石之内　土田村

一千四拾壹石四斗七升　同　山之内村

一五百九拾四石五斗五升九合　同　山之上村

一三百七拾石　同　上高田村

一四百四拾八石貳斗六升六合　同　下高田村

一七百三拾三石壹升九合　同　二面村

一千三百六石壹斗壹升　同　眞星村

一貳百六拾七石九斗九升　同　石妻村

一三百七拾石　賀陽郡内　吉　村

一百七拾三石五斗七升九合　同　杉　谷

一三百六拾石　同　日近村
一貳百拾九石七斗五升五合　同　間倉黒山
一三百四拾五石五斗九合　同　黒尾村
一七百五拾七石五斗三升九合　同　久米村
一八百四拾八石七斗六升貳合　同　あハい村
一千八拾壹石貳斗貳升　同　吉川村
一六百六拾石　同　可(か)い竹部
一六百五拾五石八斗五升　同　小山村　生石内
一三百八拾石七斗壹升　同　大崎村
一八百五石三斗三升壹合　同　平山村　生石内
一貳百五拾三石七斗八升五合　賀陽郡内　高塚村
一四百貳拾石貳斗六合　同　三手村　同
一貳百八拾四石六斗三升七合　同　をしあゑ(かへ)の内
一貳千三百拾五石五斗七升七合　上房郡内　竹庄
合貳萬五千石ヨ

右爲二御知行一被レ遣レ之候、御仕置等可レ被二仰付一候、御朱印之儀者重而申請可レ遣レ之候、已

上、

慶長六年
三月廿七日

加藤喜左衞門正次
大久保十兵衞長安
彦坂小刑部元正

木下肥後守(家定)殿

〔ねねと木下家文書　木下和子氏所藏文書〕○山陽新聞社昭和五十七年十一月十日發行

木下家定は杉原家利(助左衞門・祐久・定利・入道助休)の男で天文六年に誕生、秀吉の正室ねねの兄である。秀吉に仕へて木下姓となり羽柴・豐臣の氏姓を授けられ、從五位下肥後守に敍任された。ついで從三位中納言に昇り文祿四年八月十七日に加封されて播磨姫路で二萬五千石を領するに至つた。

慶長五年關ケ原戰役に際しては姫路を三男延俊に守らせ、自らは京都の秀吉正室杉原氏(ねね・高臺院)を守護した。戰役後播磨國および姫路城は池田輝政に與へられて家定は一旦失領したが、功績を認められ翌年備中國賀陽・上房二郡に於いて二萬五千石(正確には二萬五千石五升)を與へられ、足守に住した。

本狀は替知行宛行狀と解すこともできようが、延俊も同年四月に豐後國速見郡内で三萬石を新たに與へられ日出城に住したので、それと關連して考へると新知と解した方がよささうである。

家定は慶長九年七月さらに二位法印に敍せられて淨英と號し、同十三年八月二十六日に京都で歿した。家康は高臺院を通じてその遺領を長男勝俊(長嘯子)と次男利房とに分封相續せしめようとしたところ、高臺院が勝俊にのみ相續せしめようとしたので同十四年九月に所領を悉く沒收し、これも高臺院の義理の甥とも言ふべき緣戚に當る淺野長晟に與へた。

長晟は同十八年八月に歿した兄幸長の遺領を繼いで紀伊和歌山に移り、元和元年七月二十七日に至つて大坂兩度の役の功により、利房は備中足守二萬五千石を與へられて亡父の舊領を回復した。足守木下家は以後無事に江戸時代をその地に送つて明治維新を迎へた。

中川秀成に與へたる知行目錄（慶長六年四月十六日）

（袋上書）
「豐後御知行　加藤喜左衛門（正次）　大久保十兵衛（長安）
片桐市正（且元）　彦坂少刑部（小）（元正）

（朱書）
「廿九」　御書出し寫也
壹册」

（册子表紙）
「豐後國之内
御知行目錄
中川修理亮（秀成）」

御知行方目録

一五千四百八拾三石貳斗三升　豐後國直入郡 朽網鄉
一五百貳拾四石四斗九升　同 和泉鄉

一千五百貳拾四石壹斗四升
一九百七拾壹石四斗六升
一六百六拾五石四斗五升
一百四拾七石六斗
一叄百六拾三石五斗三升
一千八百九拾七石壹斗八升
一貳百六拾九石貳斗
一千百四拾石九斗壹升
一五百五拾壹石貳升
一千四百六拾四石四斗五升
一五百五拾六石五斗四升
一叄百貳拾四石貳升
一七百六拾石六斗
一千拾七石壹斗五升
一四百五拾石七斗三升
一貳百拾四石貳斗八升

同　木原郷
同　三宅之郷
同　長田之郷
直入郡　逸物郷
同　しとち（志土知）郷
同　ゐなか（不明）郷
同　すいかつる（添毛津留）郷
同　しらに（白丹）の郷
同　ねき（禰疑）野郷
同　中尾郷
同　松本之郷
同　岩瀬村
同　はに（埴）田之郷
同　飛田之郷
同　竹田町
直入郡　拝田原郷

一千叄拾六石九斗五升　同　吉田之郷
一七百叄拾九石四斗六升　同　矢藏之郷
一五百叄拾九石六斗四升　同　大田之郷
一千六拾叄石壹斗五升　同　門田の郷
一叄百四拾五石貳斗四升　同　(田井)たいの郷
一叄百七拾八石八斗貳升　同　折原之郷
一四百六拾八石三斗貳升　同　野方郷
一九百叄拾四石八斗三升　同　九重郷
一千八百七拾貳石六斗壹升　同　柏原郷
一千四拾石七斗九升　同　松本郷
一千八百五拾石壹斗六升　同　葎原郷
一叄百八拾壹石五斗三升　直入田北之内　今市村
一四千百四拾石六斗貳合　大野郡　宇目郷
一千八百五拾四石四斗貳升　同　(宇田)うた枝名
一千九拾石九斗九升六合　同　(日野小田)目のをた
一千八百四拾六石五斗　同　小川名

一九百参拾三石六斗二合　同　をかた(緒方)をつ郷
一四百七拾七石八斗六升　同　かたかせ(片ケ瀬)村
一参千九百貳拾七石六斗一升　同　川東名
一参千九拾九石四斗三升八合　同　自在名
一四百九拾壹石四斗八升　同　大かた(方)名とをり(通)山郷
一五百九拾壹石八斗六升四合　同　みゝしの(耳志野)名
一五百七拾七石六斗九升三合　同　おく(奥)畑高寺板屋村
一四百七石五斗六升七合　大野郡　犬山名
一参百九拾壹石貳斗壹升　同　なたせ(夏足)村
一貳千四百九拾五石七斗九升　同　一萬田郷
一貳百九拾貳石壹斗二升一合　同　宮崎名
一千百貳拾貳石壹斗九升五合　同　さかいし(酒井寺)村
一貳千百九拾貳石三斗八升　同　平井郷
一六百参拾七石四斗三升　同　いつミ(泉)郷
一七百六拾七石四斗八升　同　あしの(阿志野)郷
一四百拾五石四斗三升　同　ほた(保多)田村

一參百拾貳石七斗六升六合　同　(不明)かちまた村
一五百貳拾五石七斗四升九合　同　大里名
一八百貳拾六石四斗九升五合　同　菅田村
一參千貳百貳拾五石五斗九升三合　大野　井た(田)村
一貳百貳拾四石六斗三合　同　高むれ(無禮)郷
一參千八百九石七斗四升八合　同　藤北名
一百五石　大分郡　今鶴村
　外三百五拾九石貳斗二升　地震くづれ
一貳百參拾八石九斗内 拾八石七斗九升四合 百卅五石一斗八升　同 花鶴村一圓 中鶴村内　萩原村
　外六百五石三斗五升　同
　合六萬六千石者
右、如二本知一被レ進レ之候、御仕置等可レ被二仰付一候、重而　御朱印申請可レ進レ之候、以上、
　慶長六年
　　四月十六日　正次在判
　加藤喜左衛門
大久保十兵衛

長成（安）か在判

彦坂小刑部

元正在判

片桐市正

且元在判

中川（秀成）修理亮殿

参

付墨六枚

寫文書冊子仕立〔神戸大學文學部日本史研究室所藏〕○神戸市

家康文書を探求してゐると、いくつかの謎に行き當る。その生涯の折々の事蹟に鑑みて、一定の時期に當然相當數の文書が發給されたはずだと考へられるのに、全く見出されないか、見出されたとしても、それは特殊例でしかないと言つた事例である。

知行宛行狀に關しては、關東移封後と關ケ原戰役後である。天正十八年八月の江戸入城後、家康は新たな領國の要所々々に麾下の部將を配した。ところが千石以下の旗本への宛行狀は一部天正十九年五月に、社寺領寄進狀は同年十一月に一齊に發給されてゐながら、數千石から萬石以上の知行宛行狀は見出されてゐない。

關ケ原戰役後、諸大名に對し家康が除封・減封・安堵・加封したことは周知の史實であるが、それらの處遇を家康の名によつて發給した文書も見出されない。それらの處遇は慶長五年十一月には略終了してゐたと推されるものの、知行宛行狀は翌慶長六年に至つて、それも家康の判物や印判による宛行狀ではなく、加藤正次・大久保長安・彦坂元正等の奉行衆連署による知行目録を見出すのみである。しかもそれらにはいづれも「重而御朱印申請可レ進レ之云々」と言つた樣れない。

な文言が記されてゐながら、その文言を裏付ける家康朱印の知行宛行状は終に發給されなかったらしく、一通も見出さ

秀成《ひでなり》の兄秀政は、天正十一年四月二十日賤ヶ嶽合戰で討死した父清秀の遺領攝津茨木城六萬石を繼ぎ、天正十三年閏八月に一萬石を加增されて播磨三木城に移封された。文祿元年朝鮮に出征し、同年十月二十四日に戰歿して、同じく朝鮮出征中の弟秀成がその蹟を繼いだ。秀成は文祿二年秋頃に歸國したらしく、同年十一月十九日に大友氏の舊封の內の豐後國直入郡二萬九千三十八石、同大野郡內三萬六千九百六十二石、都合六萬六千石に移封されて（秀吉朱印狀『中川家文書』神戶大學）岡城（竹田城）に住した。亡兄秀政の所領も實は六萬六千石であったか、或は四千石減知されたかは未明である。秀成は翌文祿三年正月二十七日に從五位下修理大夫に敍任され、豐臣の姓を與へられた（柳原家記錄『戰國人名辭典』）と傳へられてゐるが、『中川家文書』（神戶大學編　臨川書店發行）收載の秀吉朱印狀や長束正家書狀によると文祿三年二月八日・同月十九日にはまだ中川小兵衞尉と記されてをり、中川修理大夫と宛てられるのは同年五月二十八日が『中川家文書』では初見であるから、敍任は同年二月下旬以降であったかと思はれる。

慶長五年の關ヶ原戰役に際して秀成は、領國に在つて長束正家・增田長盛・前田玄以等の大坂方奉行衆から度々上洛加勢を催促され、大坂に在った母子や女共の身を案じて一旦は上洛を畫てたものの、松井康之・黑田孝高・加藤清正等と志を通じて家康に與すると決した（『中川家文書』神戶大學）。ところが豐後國石垣原に大友舊臣が叫合して反德川の旗を擧げたをり、秀成の配下にあった大友舊臣の田原紹忍・宗像掃部等は中川氏の陣旗を無斷で持ち出し、大友方に加擔したため、秀成も西軍加擔の嫌疑を受け、これを晴らすため獨力で豐後國の西軍の據點、太田飛驒守一吉の臼杵城を攻め、多大の犧牲を拂つて疑ひを霽らした（『藩史大事典』）。その功によつて秀成は役後本知を安堵せしめられたのである。

一ッ書にされた鄕村の高合計は、直入郡二萬八千九百七十七石四斗八升、大野郡三萬六千六百七十八石六斗二升二合、大分郡三百四十三石九斗、三郡合計都合六萬六千石二合となり、僅か二合のみ計算は合はない。但し大分郡のうち「地震くづれ」と註された「外三百五拾九石貳斗二升」と「外六百五石三斗五升」とは高に含まれてゐない。秀成は慶長十七年八月十四日に歿した。

慶長六年に發給された知行目錄に連署した奉行は、加藤正次・大久保長安・彦坂元正・伊奈忠次・板倉勝重・長谷川長綱の家康直臣の他にも片桐且元・小出秀政の豐臣系大名が奉行に加はつてゐる例が見られる。且元・秀政も家康に奉行を命ぜられたには違ひないであらうから、これを德川家奉行衆と一括して捉へることも出來るかも知れないが、むしろ豐臣政權から德川政權へと移行する過渡期的政治體制であつたと捉へるべきであらう。

尚、慶長期の家康政權下に於ける檢地奉行の制、就中、慶長六年に奉行連署で發給された知行目錄の揭出と各奉行の役割に關する考察は曾根勇二氏の論文「片桐且元と大久保長安系の代官について—『初期德川政權』の實態把握の試みとして—」(『日本歷史』第五〇七號　一九九〇年八月號)に詳しい。

〔參考〕松平忠吉より澤井雄重に與へたる知行目錄（慶長六年五月一日）

（檀紙奉書）

知行方目錄

一貳百拾石四斗四舛　尾州丹羽郡 今市場村
一貳百四拾六石七斗五舛　同郡 寄木村
一貳百三石六斗壹舛　同郡 江森村
一三百七拾六石壹舛五合　同中嶋郡（屋） 米野村
一九百六拾九石三舛　同海東郡 稲葉村
一八百貳拾九石　同丹羽郡（だいち） 大地村
一百七拾壹石　同郡 福森村

慶長六年

合參千石

右令二扶助一訖、全可レ令二領知一者也、仍如レ件、

慶長六年

五月朔日（松平忠吉）（朱印）

澤井左衛門尉殿（雄重）

原本〔澤井昭之氏所藏〕○東京港區

澤井雄重に關しては『德川家康文書の研究』（舊・復とも）上卷　六四二頁參照。長久手合戰以後も黑田城に住し織田信雄に仕へ、天正十八年に信雄が失領したのちも隨つて轉々としたが、秀吉の命によつて尾張に戻り津嶋に住して千石を給された。關ケ原戰役に際しては福島正則に屬して軍功を立て、戰役後正則に替つて尾張に封ぜられた松平忠吉に屬すべき旨を家康より命ぜられた。雄重は老病の故を以て一旦固辭したが、井伊直政の強い勸めによつて命に應じ、忠吉は三千石を給して尾張組に屬せしめた。福森村は同郡、卽ち丹羽郡とあるが中嶋郡が正しいと思はれる。雄重は慶長十三年四月に病歿し、その子孫は代々尾州家に仕へた（『士林泝洄』卷六十二）。

本狀は檀紙であるため印は掠れてゐるが圓印であり、松平忠吉の印章（淸須侍從　七月十四日附、尾張中將　卯月廿三日附、兩通とも中川秀成宛で名古屋市博物館所藏）と同じと見られ、かつ『士林泝洄』の記事とも一致し「松平忠吉分限帳」の「尾張組」の項にも「三千石　澤井左衛門」と見出される故、松平忠吉の發給と斷じられる。慶長五年十一月まで家康が使用した印は專ら印文忠恕の小判形印、慶長七年六月十六日を初見とする印文源家康の印も小判形印であつて、慶長六年に圓印（福德印・龍黑印）を使用したとは考へ難い。

『德川家康文書の研究』（舊・復とも）下卷之一　六三一頁に「加藤成之に與へたる知行宛行狀（慶長六年五月一日）」が「因幡志」より、七四頁には「戸塚忠元に與へたる知行宛行狀（慶長六年七月十五日）」が「書上古文書」より收錄され

てゐる。兩狀とも「御朱印」とあるのを家康朱印と見て權現樣御朱印・東照宮御判物と誤傳されたものと考へられる。因みに兩狀ともに尾張國に於ける知行宛行狀であり、「松平忠吉分限帳」（淸須分限帳・薩摩守樣御家中分限などとも呼ばれる）に左の通り見出されるのが、右の兩狀にそれぞれ一致し、右の兩狀は共に家康文書ではなく、松平忠吉が發給した知行宛行狀であると捉へ直しておく。

「御馬廻組」千石　　加藤太郎右衞門
「寄合衆」　五百石　　戸塚作右衞門

〔參考〕松平忠吉より埴原常安の後家に與へたる知行宛行狀（慶長六年五月一日）

尾州かいとう《海東》郡長ばきむら《長牧村》の內よ《に》おゐて《て》貳百二十七石の地出し候間、ちぎやう《知行》を《す》へき者也、

慶長六年
五月朔日　　御朱印《松平忠吉》
はいはら《はいはら・埴原》
後家

〔士林泝洄〕○卷第六十八己之部

本狀の前に「關原之後、神君以二舊領二百二十七石一賜之、且賜二朱章一」とあつて、本狀は家康より與へられたものと傳へられてゐる。しかし前掲の「松平忠吉より澤井雄重に與へたる知行目錄（慶長六年五月一日）」と同日附であり、かつ「松平忠吉分限帳」にも「貳百貳拾七石　榛原後室」と見出されるので、本狀もまた松平忠吉が發給した知行宛行狀と考へられる。

埴原《はいばら》(榛原)常安は次郎右衛門と稱し、織田信長に仕へ、尾州春日井郡栗原村・高恩寺村に於て五百貫文を與へられ、加賀守に任ぜられたと言ふ。二ヶ村で五百貫文は大に過ぎ、聊か疑問が殘らう。その妻は濃州岩井丹波守女で、初め信長に侍女として仕へてゐたが、信長は命じて常安に嫁せしめ、別して二百二十七石を與へ織田信雄の代に至つても同じくこれを領したので、關ケ原戰役後、家康からも同じく舊領を與へられたと傳へられてゐるが、本狀が實は松平忠吉文書と見られる旨は前述の通りである。常安の歿年は未明であるが、本狀が後家宛である故、常安は關ケ原戰役で討死したと推量される。その後室に亡夫の舊領を忠吉が與へた背後には、尾張の國衆に對する家康の配慮が働いてゐたと推される。家康はさらに命じて中條庄兵衞の男吉次を以て常安の後室の養子とせしめ、吉次は義直に、その子孫は代々尾州家に仕へた(『士林泝洄』巻第六十八)。

〔參考〕徳川秀忠より金森長近に遣れる書狀(慶長六年五月二日)

(折紙)
爲二御見廻一御懇書本望至候、如二承意一候、罷下刻者、御使者令二祝著一候、御在國故御暇乞不レ申殘多候、其許御仕置等大方被レ明二御隙一、頓而可レ爲二御上洛一候由、得二其意一候、尚期二後信之時一候條、令二省略一候、恐ゝ謹言、

(慶長六年)五月二日　　秀　忠(花押)

金森法印(長近)

原本〔蜂谷一朗氏所藏〕○靜岡市

長近に關しては本書四一〇頁參照。文祿末年頃から家康に親しみ、秀吉の薨後は藤堂高虎・有馬頼則等と竝んで外樣で

ありながら信任を受けるに至つた。關ケ原戰役後、美濃國武儀郡上有知をよび關と、河内國金田に於いて二萬三千石を加恩され、飛驒一國三萬八千七百石餘と併せて六萬千七百石餘を領して上有知に住し、慶長十二年八月十二日、八十四歳で卒した。

天正七年四月七日生れの秀忠にとつて、長近は太閤麾下の老將であり、父家康が親しく信任する客將であつた。右の通りの文意の書狀を、秀忠が長近に遺つたのは、早くても文祿元年、十四歳の時から長近歿年の慶長十二年までの間と先づは抑へられる。文意からして秀忠はこの年四月、上方を發して江戸に下つたと知られる。文祿元年から慶長十二年の間、秀忠が四月に上方を發して江戸に下つたのは、慶長三年か慶長六年四月十日の伏見發（『言經卿記』）以外に求められない。卽ち文祿四年、慶長十年の二ケ年は四月中は京、伏見に滯在、他の年は四、五月を通じて江戸に滯在してゐる。慶長三年四月は五日朝に茶會を催してゐるが（淺野家文書）、いつ上方を發して江戸に下つたか未明である。家康は三月十五日に伏見に江戸から到著（『言經卿記』）してゐるので、秀忠は四月五日の茶會の後、程なく上方を發したものと推測される。

この樣に本狀の發給年次が慶長三年である可能性は殘るのだが、長近が國許に在つて仕置を行つてゐたとの文意から、關ケ原戰役の後、加封を受け飛驒高山から居を移した美濃國武儀郡上有知と關の新領の仕置と解し、慶長六年の書狀と推しておく。

最上義光に遺れる書狀（天正十九～慶長六年五月四日）

昨日者、爲㆓端午之祝儀㆒御使者、殊生絹帷二給候、祝著之至候、猶期㆓面談之時㆒候間、不㆑能㆑詳候、恐々謹言、

慶長六年

（天正十九～慶長六年）
五月四日　　家康（花押）

（最上義光）
出羽侍従殿

〔山形縣史〕○資料編十五上 酒田市 本間眞子氏所藏文書

義光は天正十九年正月八日に従四位下侍従に陞敍された（『寛永諸家系圖傳』乙三）。家康が「家康（花押）」の判物の形式で書状を發給したのは慶長六年までで、以降は黑印または朱印状となるから、本狀もその間とは抑へられるが、それ以上に年次を究め様がない。

帷《かたびら》は端午の節句の祝儀としての常套贈答品であるが、通常は麻である。生絹《すずし》も例が少なくない。

福原廣俊に與へたる御內書（慶長六年五月四日）

（折紙）
爲二端午之祝儀一、帷子三之內生絹二到來、悅思召候也、

（慶長六年）
五月四日　（家康）（朱印）（印文忠恕）

（廣俊）
福原越前守とのへ

原本〔渡邊翁記念文化協會所藏〕○宇部市立圖書館寄託

福原廣俊の事蹟と越前守在任期間、竝びに印文「忠恕」の印の使用期間に關しては本書四〇九頁以下を參照されたい。廣俊が越前守に任ぜられたのは慶長五年十月二十八日であるから、本書は慶長六年以降の發給となる。しかるに「忠

恕」印の使用例は先づ慶長五年中と目され、同六年以降の使用例は未見であつたので、本状が目下のところ同印の使用例下限と捉へられよう。慶長七年以降の發給の可能性は殆どないであらう。

竹中重定に與へたる知行目錄（慶長六年五月二十三日）

攝州御知行所方目錄

一千五百石　　太田郡
荒川角左衞門分
吹田村之内
山岡道阿彌分（景友）
同村之内
一百三拾壹石四斗
合千六百三拾壹石四斗者
內
四百六石六斗　　播州替地
貳百廿四石八斗　　勢州替地
千石　　御加增
右、爲二御知行一被レ遣候、御朱印重而申請可レ進レ之候、以上、

慶長六年
五月廿三日

片桐市正（且元）
加藤喜左衛門（正次）
大久保十兵衛（長安）
彦坂小刑部（元正）
小出播磨守（秀政）

竹中貞右衛門殿（重定）

〔吹田市史　六〕○橋本義敏文書

竹中重定は秀吉の謀臣として有名な半兵衛重治の従弟に當る。天文十九年か二十年に美濃國不破郡に生まれ、九郎作貞衛門と稱し、初め土岐家に屬し、のち信長・秀吉に仕へ、文祿三年十二月二日攝津國嶋下・豐嶋、河内國河内、近江國栗太の四郡のうちに於いて采地二千二百三十石餘を與へられた。慶長五年關ケ原戰役に際しては福島正則の陣所に至つて兄伊豆守重利と共に家康の味方に屬せんことを乞ひ大坂城中の形勢を言上し、同年十二月召されて舊知を賜ひ、駿府にあつて慶長十四年義直に附屬せしめられ、周防守と稱し同十五年に卒した（『寛永諸家系圖傳』清和源氏支流　癸二『寛政重修諸家譜』巻第三百七十）。

『寛永諸家系圖傳』には貞衛門《さたゑもん》とあり、『寛政重修諸家譜』にも貞衛門とあるが、その男の重房が左太右衛門、孫の重賢が貞右衛門と稱してゐるので、重定も貞右衛門と稱したと思はれる。關ケ原戰役の時には、呈譜では初めから家康方であつたかの様に記されてゐるが、重治の男重門が初め西軍に屬し、合戰に際して東軍に屬したと同じく、重定も初めから旗幟鮮明だつたわけではなく、ために一旦は所領を沒收され、本状によつて新たに給されたとも考へられる。

呈譜によると重定の所領は文祿三年十二月に攝津・河内・近江のうちに於いて二千二百三十石餘とあるが、本狀によると播磨・伊勢のうちに於ける六百三十一石四斗の知行に替へて、さらに千石を加增され、全て攝州太田郡吹田村の内に於いて千六百三十一石四斗を給されたと知られる。文祿四年から慶長五年の間に約千六百石を減知され、知行地も移されて播州・勢州のうちに於き六百三十一石四斗のみを領してゐたとも解されるが、本狀には「攝州御知行所目錄」とあるので、攝州以外にも知行を有してゐたと解すべき餘地がある。太田郡は嶋下郡である。

重定の室は石清水八幡宮の社務職田中甲清の女で、義直の生母志水氏於龜の方の叔母に當る。おそらくその緣を以て義直に附屬せしめられたものと推され、重定の次男重長およびその裔は尾州家に仕へた（『士林泝洄』）。

吉岡隼人に與へたる伏見・君ケ畑間の傳馬手形（慶長六年六月二十三日）

（印文傳馬朱印）
傳 馬貳疋、自二伏見一江州きミあた（みかはた）迄、無二相違一可レ出レ之者也、仍如レ件、

慶長六年六月廿三日

右宿中

原本（吉岡光枝氏所藏）○島根縣邑智郡

本書と「江戸・伊豆湯ケ島間の傳馬手形（慶長六年十二月三日）」（『德川家康文書の研究』舊・復とも　下卷之一　九九頁）と「吉岡隼人・宗岡彌右衞門に與へたる伏見・桑名間の傳馬手形（慶長七年二月二十三日）」（本書四七一頁）の三通の傳馬手形が「御傳馬　御朱印三枚」と墨書された一つの包紙に收められて、隼人の子孫の吉岡家に傳へられてゐる。

吉岡隼人は毛利氏のもとで石見大森銀山の金掘師であったが、慶長六年大久保長安が銀山奉行として赴任すると共に召抱へられ、佐渡金山を初め諸國の金銀山見立に活躍し、家康から傳馬朱印と共に羽織や帷子を與へられ「出雲」の名乘

りを許された（吉岡家由緒書）。

君ケ畑は江州神崎郡で永源寺から八風街道と分かれ、伊勢との國境治田峠へ向かふ交通の要所であつた。

山城豐國大明神社に與へたる社領寄進狀（慶長六年七月二十五日）

豐國大明神社領
御神供料
一六百貳拾四石壹斗七升　西ノ庄
一百四拾貳石四斗八升　大佛廻
一百八拾四石三斗壹升　同柳原
一拾九石八斗七升　新熊野
一八石三斗九升　清岸寺
一拾六石三斗壹升　岡村之內
一四石五斗　神足內
〆千石

祭禮料

一六百九拾石七斗五升(1)　西つちかわ(つちかわ・土川)村

一百五拾石四斗(2)　牛ケ瀬村

(3)兩村三百石餘　樂人拾五人、但壹人ニ貳拾石宛被レ下候

一百五拾八石四斗七升　上久世村

〆千石

神寶料

一千石　しもくせ(下久世)村内

吉田二位(兼見)

一千石(4)　神足村内

御修理料(5)

一六百四石五斗六升　冨森村

一五拾九石五斗四升　神足村内

〆六百六拾四石壹斗

知(智)積院

一百九拾八石九斗　友岡村內

右修理料內を以被レ下

吉田左兵衞(兼治)

一百八拾七石　吉田村出米分

右修理料內を以被レ下

神宮寺領神龍院

同

一百石　神足村內

已上五千百五拾石

祝衆同門守惣奉行拾貳人

一百石　宮内太輔　勝龍寺内
一百石　權少輔　勝龍寺内
一百石　刑部少輔　同村内
一百石　民部少輔　勝龍寺内
一百石　宮内少輔　同村内
一百石　中務太輔　同村内
一百石　治部太輔　勝龍寺内
一百石　兵部少輔　菱川村内

大藏少輔

一九拾壹石壹斗　　勝龍寺內

一八石九斗　　菱川之內

〆百石

一百石　　菱川村內

采女正

一百石　　菱川村內

門守

一百石　　菱川村內

惣奉行

已上千貳百石

禰宜衆貳拾人

備前守

一七拾石　　上かつら村內

伯耆守
一七拾石　上かつら村内
近江守
一七拾石　上桂村内
和泉守
一七拾石　同村内
主水亟
一七拾石　上かつら村内
隼人佐
一七拾石　同村之内
左近亟
一七拾石　同むら之内
播摩(磨)守
一七拾石　上かは(つ)ら村内
掃部亟
一七拾石　同むらの内

一七拾石　主馬亟　同むらの内
一七拾石　市正　上かは（つ）ら村内
一七拾石　内藏丞　同村內
一七拾石　左馬丞　上〻野之內
一七拾石　駿河守　同村之內
一七拾石　內匠佐　上〻野村內
一七拾石　佐渡守　同村之內
一七拾石　伊豫守　菱川村內

大和守

一四拾七石三斗八升　菱川村之内

一貳拾貳石六斗貳升　上ミ野村之内

〆　七拾石

出雲守

一六拾八石五斗五升　下津林村

一壹石四斗五升　上桂村之内

〆　七拾石

勝右(左)衛門

一五拾五石貳斗五升　越畑むら

一拾貳石八升　上ミ(み)野村内

一貳石六斗七升　かミ桂村内

〆　七拾石

已上千四百石

御燈貳人

美濃守

一五拾石　神足村内

尾張守

一五拾石　同むら村

已上百石

掃除四人

助大夫

一五拾石　神足村内

治兵衛

一五拾石　同村之内

久右衛門

一五拾石　同村之内

彦十郎

一五拾石　神足村内
　已上貳百石
神供所拾人
　因幡守
一五拾石　谷山田村内
　加賀守
一五拾石　同むらの内
　勘右衞門(6)
　喜左衞門
一四拾五石　寶生寺門前
一五拾五石　下三寸《(みす)》之内
　已上百石、但右兩人五拾石宛
　宗左衞門
一五拾石　谷山田村内

一五拾石　　新介　　同村之内

一五拾石　　土佐守　　外畑村之内

一五拾石　　九郎三郎　　外畑村之内

一拾七石壹斗　　七右衞門　　下久世村之内

一三拾貳石九斗　　外畑村内

〆五拾石

一拾八石六斗⑦　　與三郎　　谷山田村之内

一五石六斗　　下三寸ノ内

一貳拾五石八斗　　外畑村内

〆五拾石

已上五百石
神子(巫女)八人
五ミ市
一五拾石　古川村内
大わ(は)ら
一五拾石　ふる川村之内
とらじ(寺)
一五拾石　古川村内
ふ川(たつ)
一五拾石　福枝畑枝むらの内
はん(ま)
一五拾石　同村之内
ミ(み)や
一五拾石　福枝畑枝村之内
ふく

一三拾五石九斗五升　古川村之内

一拾四石五升　ふく枝・はた枝(福枝・畑枝)村之内

〆　五拾石

一四拾貳石八斗五升　志《(し)》もくせ村内

まい《(つ)》

一七石壹斗五升　ふくゑゝ・はたゑゝ(福枝・畑枝)村内

〆　五拾石

已上四百石

神樂男八人

左馬亟

一五拾石　上加茂村内

上野守

一五拾石　上かも《(も)》の内

善左衛門

一拾壹石五斗貳升　岡むらの內
一三拾八石四斗八升　上加茂村內
〆五拾石
彥介
一貳拾石　同村之內
一三拾石　志水村內
〆五拾石
久右衞門
一五拾石　馬場村之內
善三郎
一五拾石　同村內
彌三
一五拾石　同村之內
清三郎

一拾八石八斗六升　　馬場村之内
一三拾壹石壹斗四升　　志水村内
〆五拾石⑧
已上四百石
　黄衣貳拾人
　彌右衛門㊧
一貳拾石　　岡村之内
　又兵衛
一貳拾石　　同村之内
　彌七郎
一貳拾石　　同村之内
　小七郎⑨
　久兵衛
一貳拾石　　岡村之内
　吉右衛門

一貳拾石　　同村之內
喜太郎
一貳拾石　　岡村之內
與九郎
一貳拾石　　同村之內
新三郎
一貳拾石　　同村之內
久介
一貳拾石　　岡村之內
與三
一貳拾石　　同村之內
久右衞門
一貳拾石　　同村之內
與吉
一貳拾石　　岡村之內
與助

一貳拾石　　同村之內
　甚左衛門
一貳拾石　　同村之內
　新右衛門
一貳拾石　　同村之內
　藤左衛門
一貳拾石　　岡村之內
　彥兵衛
一貳拾石　　同村內
　助右衛門
一貳拾石　　岡村之內
　甚七郎
一貳拾石　　同村之內
　已上四百石
御厩三人

市左衞門

一貳拾石　岡村之內

與左衞門

一貳拾石　同村之內

助左衞門

一貳拾石　同村之內

已上六拾石

庭ゐ(は)き　三人

神供持四人　御神馬草苅一人

ふき(れ)くち　一人

孫左衞門

一拾石　岡村之內

彌右衞門

〔一拾石(10)　岡村之內〕

次郎左衞門

一拾石　岡村之內

又次郎

一拾石　同村之内

次郎右衛門

一拾石　岡村之内

四郎兵衛

一拾石　同村之内

與九郎

一拾石　同村之内

與次郎

一拾石　岡村之内

又右衛門

一拾石　同村之内

已上九拾石

舞臺留守〔主〕人

一百石　田中村之内

都合壹萬石（圓印摸）（家康カ）　（印文未詳）

右爲二社領一以二　御朱印一被レ成二　御寄進一訖、此如（如此）二割符一者配（在）分可レ有二社納一候、然者向後社役(11)

幷御修造等無二御油（由）斷一可レ被二仰付一候、已上、

慶長六年七月廿五日　　片桐市正

且元（花押摸）

大久保十兵衞

長安（花押摸）

吉田二位（兼見）殿

〔豐國大明神社領帳〕寫　○東京大學史料編纂所所藏

初めに史料を解説しておく。一册の和綴本で表紙に題簽が附され、奥書に豐國神社所藏本を明治二十二年九月に謄寫し終へた旨が記され、さらに朱字で吉田良兼氏所藏本を以て昭和三十一年六月四日に校訂した旨が記されてゐる。その校訂は本文中に同じく朱字を以て記されてゐるが、漢字と假名の違ひや「村之內」の「之」の有無等の校訂は省略し、本文の脫落を補つてゐると見られる校訂や人名の違ひは、朱字校訂文を角括弧內に示した。以下朱字校訂箇所を註にして示す。

（1）「がく人衆ニくたされ候分」の附箋がある。

(2)「がく人衆ニ被下候分」の附箋がある。

(3)「兩村……被下候」の二行分ナシと校訂してゐる。

(4)「一千石　神足村內」は左の通りに校訂してゐる。

「一八百拾三石　神足村內

一百八拾七石　吉田村出米分」

(5)「御修理料」から「已上五千百五拾石」までの十四行分を削除し左の樣に校訂してゐる。

(附箋)ちゑやくゐんへ被遣候分

御修理料

一六百四石五斗六升　冨森村

(附箋)此內百八十七石、二位ニ被遣候分多而(百五十九石五斗四升有)　此內百石神宮寺江被下候分

一三百四十六石五斗四升　神足村內

一百九拾八石九斗　友岡村內

〆千百五拾石

已上五千百五拾石

卽ち、御修理料六百四石五斗六升は智積院へ遣はされ、御修理料五十九石五斗四升、吉田左兵衞分百八十七石、神宮寺領神龍院分百石の計三百四十六石五斗四升のうち百八十七石は吉田兼見に、殘りの百五十九石五斗四升のうち百石は神宮寺へ遣はされたとの意と解される。

(6)「　勘右衞門

一五拾石　谷山田村之內

喜左衞門

一五拾石　同村之內」

として「一四拾五石……但右兩人五拾石宛」までの三行を削除してゐる。
(7)「貳拾四石貳斗　谷山田村内」とし「一五石六斗　下三寸ノ内」の一行を削除してゐる。
(8)本行より四行分のところに左の附紙ありと記してゐる。

「(〆五拾石……彌右衛門トアル部分ノ附紙)
四拾四石九斗九升九合　寶生寺門前
　勘右衛門
　喜左衛門
五拾五石壹合　下みす　同兩人
五石六斗　下みす　與三郎分」

この附紙は本來は「神供所拾人」分の給高合計を示した「已上五百石」と「神子八人」の間あたりに貼附されるべきかと思はれる。即ち註(6)に記した勘右衛門と喜左衛門の給高合計百石の知行地、竝びに註(7)に記した削除一行分とに關する註と解される。

(9)朱字による校訂もないが、「小七郎」の左に「一貳拾石　同村之内」の一行が脱漏したと推される。さもないと「黄衣」二十名に對する給高合計「已上四百石」に整合しなくなる。
(10)「一拾石　岡村之内」の一行は朱書校訂で補はれてゐる。「神供持」九名に對する給高合計が「已上九拾石」とある點に照合し、脱漏と考へて校訂一行を活かした。
(11)朱字校訂では「社役」の二字はナシとしてゐる。

慶長三年八月十八日に薨じた秀吉を祀る社殿は、九月六日の縄張りに始まって翌年四月に完成し、十七日「豊國《とよくに》大明神」の神號を後陽成天皇より宣下され、翌十八日に正遷宮式が執行された(『義演准后日記』『梵舜日記』)。この時、豊臣秀頼から社領一萬石が寄進されたものと推量されるが未明である。

關ケ原戰役の約十ケ月後、家康は本狀を以て社領一萬石を寄進した。その內譯を總括すれば左の通りである。

御神供料	千石
祭禮料（祭禮樂人十五人を含む）	千石
神寶料	千石
吉田兼見（別當）	千石
御修理料	六百六十四石一斗
智積院	百九十八石九斗
吉田兼治（神主）	百八十七石
神宮寺領神龍院（社僧梵舜）	百石
祝衆十二人（各百石）	千二百石
禰宜衆二十人（各七十石）	千四百石
御燈二人（各五十石）	百石
掃除四人（各五十石）	二百石
巫女八人（各五十石）	四百石
神供所十人（各五十石）	五百石
神樂男八人（各五十石）	四百石
黃衣二十人（各二十石）	四百石
御廐三人（各二十石）	六十石
神供持等九人（各十石）	九十石
舞臺留守人	百石
計	一萬石

神主の吉田兼治は兼見の男で慶長二年二月二十四日に左兵衛佐に任ぜられてをり、社僧の神龍院梵舜は兼見の弟である(『系圖纂要』)。この寫文書で疑問の殘るのは「都合壹萬石」の下に捺された圓印である。黒墨で摸してあるが「以御朱印被成御寄進」とある故、原本は朱印であつたと解することは可能であらう。家康の用ゐた圓印は「福德印」と「龍黒印」しか知られず、他は壺形印・小判形印・楕圓印二例、それに傳馬朱印三例・外交文書押捺二例の正方形印である。ところが摸寫されてゐる印は太細重廓で直徑約三センチメートルの圓印であり、寫された篆書體の印文は判讀不可能ではあるものの、既知の印文のいづれかに通じるとも思はれない。印文忠恕の小判形印使用の最終例は慶長五年十一月十六日と推されてをり、印文源家康の楕圓印使用初見例は慶長七年八月六日とされてゐる(『德川家康文書の研究』下巻之二　印章索引)。その間の慶長六年に於ける使用印の確實な例は未見である。由て本狀に摸寫されてゐる圓印が、はたして家康使用印や否や未確認としておく以外ないが、本狀の發給者を家康以外に求めることは出來ないだらう。尚、吉田良兼氏所藏本には印が寫されてゐない旨、朱字校訂で示されてゐる。

山城神護寺に與へたる寺領寄進狀（慶長六年七月二十七日）

(包紙貼札)「權現樣御書判御朱印」

(包紙ウハ書)「高雄神護寺」

(竪紙)高雄山神護寺領城州之內貳百六拾貳石餘、永代令㆓寄附㆒畢、佛事勤行修造等、無㆓懈怠㆒可㆓勤仕㆒之狀如㆑件、

慶長六年七月廿七日

內大臣(家康)（花押）

原本〔神護寺所藏〕〇京都市右京區梅ケ畑高雄町

高雄山と號し正稱は神護國祚眞言寺である。高尾とも書き、槇尾・栂尾と共に三尾と言ひ、古くから紅葉の名勝地として名高い。開創期は審らかでないが、和氣清麻呂の發意によると推され、八世紀末に溯る。創めは高雄山寺と稱したが、同じく清麻呂によつて建立された神願寺と、天長元年に合併され、寺號も神護國祚眞言寺（略して神護寺）と改められた。久安年間、鳥羽法皇の怒りに觸れて一山壞滅狀態となつたが、平安末期文覺上人によつて再興が計られ、鎌倉初期には沒收されてゐた八箇庄のうち五箇庄の還附を受けるに至つた。しかし、室町時代、應仁文明の亂と天文年中の兵火によつて再び寺運は衰頽し、天正年中、豐臣秀吉より漸く寄進を得た寺領は、僅かに一乘寺村の二十八石に過ぎなかつたと言ふ。

慶長五年十月、高雄山法身院の晉海僧上は側近を通じ、家康に一山の窮情を訴へて寺領境內地の返附を上願し、家康はこれを容れて翌年、本狀を以て寺領を寄進するに至つた。

住職谷內乾岳氏の敎示によると、神護寺は二代秀忠以下歷代將軍の寺領安堵朱印狀を一括收納してゐるとのことである。『寛文朱印留』にも左の通り載せられてゐる。

神護寺領（山城國愛宕郡）

當寺領、山城國葛野郡畑村貳百六拾貳石餘、愛宕郡一乘寺村之內貳拾八石、合貳百九拾石餘事、幷門前境內山林竹木等免除、任慶長六年七月廿六日、元和元年七月廿七日、同三年七月廿一日、寛永十三年十一月九日先判之旨、進止永不可有相違者也、仍如件

寛文五年七月十一日　御朱印

高雄山

神護寺

諏訪頼水に與へたる知行宛行狀（慶長六年十月十五日）

信刕諏方郡之事

右、當家依レ爲二舊領一、充行之所不レ可レ有二相違一、彌以可レ抽二忠信一者也、領知之狀如レ件、

慶長六辛丑年

拾月十五日　　　秀（家康カ）忠　御判

諏方小太郎（頼水）殿

〔諏訪文書〕　○諏訪史料叢書二十六所收『信濃史料』第十九卷

諏訪文書には往々にして疑義のあるものが多いことは、既に中村孝也博士が指摘された通りである。本狀も同期に同類の他例がなく、文言の上から見ても疑はしいが、先づは採錄しておく。秀忠御判とあるが、年次より家康としておく。参考文書として左に收錄した本多正信書狀と大久保長安書狀は是としても、將軍秀忠の安堵狀はまた疑はしい。

『德川家康文書の研究』の次の頁を參照されたい。

舊　上卷　七七九頁　復　上卷　七七八頁

舊・復とも中卷　二一六〜二一八頁　八二七頁

舊・復とも　下之一　八七・八八頁

中村博士が後世の擬作と考へられた「諏訪頼水に與へたる知行宛行狀（文祿元年十二月二十八日）」と同じく、本狀も秀忠の安堵狀も後世の擬作と思はれる。左に掲げた本多正信書狀・大久保長安書狀を含め、玆に收錄四通の文書は『譜牒

餘錄』五十二　諏訪因幡守の項には書き上げられてゐない。
頼水《よりみつ》は頼滿とも稱した。元龜元年諏訪に生まれ、天正十八年六月十日に父頼忠致仕の蹟を承けて信州諏訪郡を領し、のち武藏國のうち一萬二千石に轉じられ、文祿元年さらに上野國のうちに移され、慶長六年舊領の信州諏訪郡に復されて高嶋城に住した（『寛政重修諸家譜』巻第三百五十）。本狀は後世の擬作としても、慶長六年十月に舊領諏訪郡を替知行として宛行はれたことは史實と解される。

〔參考〕本多正信より諏訪頼水に遣れる書狀（慶長六年十月十五日）

以上

御懇札令二拜見一候、仍御身上之儀、去月廿七日ニ被二仰出一候間、其趣申入度存候處、便宜無レ之付而、去十二日長原より以二書狀一申入候キ、大十兵（大久保長安）ニ今十五日於二岐阜（美濃）ニ一參會申候間、其樣子申談候處ニ、一段滿足被レ申候、然者、諏方之儀、如二前々一被レ遣候條、關東之知行之儀者、當物成共ニ伊那備前守（忠次）殿へ御渡可レ被レ成候、委曲先書ニ申入候間不レ具候、恐惶謹言、

（慶長六年）十月十五日　本多佐渡守

正信（花押）

諏方小太郎（頼水）樣

貴報

〔諏訪文書〕○諏訪史料叢書十六所收『信濃史料』第十九卷

〔參考〕大久保長安より諏訪頼水に遣れる書狀（慶長六年十月十六日）

尚以、近日可レ被レ通候條之刻(マヽ)、以(則カ)□(面カ)可レ被レ申候、以上、

急度被(令カ)レ申候、仍其許御領分之儀申上候處ニ、先日我等方より申上候ニ付而、本佐州(本多正信)へ被二仰付一御狀被レ遣候由、御意ニ候間、自然其書狀遲々可レ被レ申と存、村茂助(村越直吉)加判ニ而、書狀進レ申(候脱カ)、其地仕置能樣ニ可レ被二仰付一候、將又我等は上方爲二仕置一可レ被レ上之旨御諚ニ候間、頓而明レ隙其□(地)可レ參候條、其節以レ面可レ申候、恐々謹言、

(慶長六年)十月十六日　大十兵衛(大久保長安)（花押）

きふより

諏方小太樣(頼水)

人々御中

〔諏訪文書〕○諏訪史料叢書十六所收『信濃史料』第十九卷

〔参考〕将軍秀忠より諏訪頼水に與へたる知行安堵状（慶長十年四月十六日）

信州諏訪郡之事

右如二先規一宛行之所不レ可レ有二相違一、全以可二領知一者也、仍如レ件

慶長十乙巳年

四月拾六日　　秀忠御判

諏方小太郎（頼水）殿

〔諏訪文書〕○諏訪史料叢書二十八所收　『信濃史料』第廿巻

吉岡隼人・宗岡彌右衛門に與へたる伏見・桑名間の傳馬手形（慶長七年二月二十三日）

（印文傳馬朱印）

［傳］馬貳疋、伏見ゟ桑名まて、上下可レ出レ之也、仍如レ件、

但、石州之隼人（吉岡）・彌右衛門（宗岡）被レ下也

慶長七年二月廿三日

右宿中

原本〔吉岡光枝氏所藏〕○島根縣邑智郡

吉岡隼人に關しては本書四四一頁參照。宗岡彌右衛門も吉岡隼人と同じく石見大森銀山の金掘師で、慶長六年大久保長安に召出されて抱へられ、石見・佐渡その他の地の金銀山見立てに活躍し、家康から「佐渡」の名乗りを許された（宗岡佐渡由緒書）。

一柳直盛に遺れる書狀（慶長五〜七年五月一日）

（折紙）
爲二端午之祝儀一、帷子三內生絹一送給、祝著之至候、猶村越茂助（直吉）可レ申候、恐々謹言、

（慶長五〜七年）五月朔日　　家康（黑印）（印文忠恕）

一柳監物（直盛）殿

原本〔一柳末幸氏所藏〕○東京杉並區

家康と署名し花押ではなく忠恕印を捺した文書は他に例を見出してをらず珍しい。この印の使用開始期は慶長五年五月二十五日が從來の初見例であるので、本狀が初見例となるかも知れない。將軍補職以後は御內書の形式となるので、本狀は後れても慶長七年の發給と抑へられるが、關ケ原合戰以後は諸大名に對してこの樣に鄭重な文意の音信への禮狀は先づ見られなくなるので、本狀は慶長五年の發給である可能性が一番高い。

三河猿投大明神社に與へたる社領寄進状（慶長七年六月十六日）

権現様御判物寫
猿投大明神領　寄附状

三河國賀茂郡猿投神鄕、合七百七拾六石之事、全可ニ收納一幷宮山竹木諸役免許、任ニ先規之旨一訖、者神供祭禮無ニ懈怠一、可レ抽ニ國家安全之懇祈一者也、仍如レ件、

慶長七年六月十六日

内大臣（家康）　御居判

〔猿投神社近世史料　御判物・御朱印寫〕

猿投《さなげ》神社は愛知縣豊田市猿投町大城五番地所在で、大碓命・景行天皇・垂仁天皇を祭神としてゐる。その所藏文書は正篇・續篇ともに豊田市教育委員會より刊行されてゐる。

同社の神官であった家の史料「青山家記」には、本狀の本文を掲げた次に左の通り記されてゐる。

神君樣、初而之御朱印ハ伏見ニ而出ル、猿投三宅藤左衞門撿校家、伏見江參着、頂戴、猿投之義、委細ニ御問被爲遊候ニ付、藤左衞門被申上ハ、猿投之義ハ往古ゟ神領ニ而、其所を則神鄕と被申上ニ故、御朱印御文言ニ神鄕入、

「御判物・御朱印寫」一綴には二代將軍秀忠以下、家光・家綱・綱吉・吉宗・家重・家治・家齊・家慶・家定・家茂の社領安堵狀もあり、『德川家康文書の研究』(舊・復とも)下卷之一　二〇三頁に寛文五年の社領安堵狀が收錄されてゐるので參照。

前田茂勝に與へたる替知行宛行狀（慶長七年九月十九日）

（奉書）
丹波國多喜郡四萬叄千八百七拾六石八斗・同桑田郡之内四千九百五拾七石八斗・攝津國太田郡之内千壹石五斗・菟原郡之内百六拾叄石六斗、合五萬石之事

右宛行訖、全可㆓領知㆒者也、

慶長七年九月十九日 （家康）（黒印）（印文源家康）

前田主膳正殿（茂勝）

原本〔米山豐彥氏所藏〕○静岡縣駿東郡

懸紙や包紙は傳存してゐない。茂勝は前田德善院玄以の次男で生歿年は未詳、通稱は彥四郞と稱した。玄以は初め織田信長に仕へ、のち秀吉に仕へて丹波國龜山城五萬石を與へられ、五奉行の一人を勤めた。慶長五年關ケ原戰役に際しては西軍に屬し大坂城留守居役を勤めたが、役後所領は安堵され、慶長七年五月七日に六十四歲で歿した。玄以の長男秀以は慶長六年閏十月六日に二十六歲で卒したので、次男茂勝は生年未詳だがそれより若年であつたと推定される。文祿四年耶蘇教に入信して受洗名コンスタンチンを授けられ、慶長四年正月豐臣秀賴に伺候した（『武家事紀』）。慶長五年石田三成が諸將をして圍ませてゐた細川幽齋の丹後國田邊城に和議調整のため差遣された勅使大納言三條公廣に茂勝は隨つて田邊に下向した。父玄以が歿するや家督を繼承したが、封は丹波國龜山城から本狀に見られる通り同國多喜郡はじめ計四箇所に替へられ、同じく五萬石を領して丹波國八上城に住した。慶長十三年六月狂氣して老臣尾池淸左衞門を手討ちにし、多くの家臣を切腹させた廉により改易、堀尾忠晴に預けられて家は斷絕した（『寬政重修諸家譜』卷第千百四十）。

某に遺れる書状（慶長元〜七年十一月二十日）

爲二遠路音信一鮭三尺到來、祝著候、猶永井右近大夫（直勝）可レ申候條、不レ具候、謹言、

（慶長元〜七年）十一月廿日　家康（花押）

原本〔松本辰夫氏仲介〕○愛知縣葉栗郡

折紙の縦五分之二ほどを下から截ち、左右も截つて掛軸に装幀してある。宛所も截たれて不明である。永井直勝が従五位下右近大夫に叙任されたのは慶長元年二月七日であるからそれ以降、御内書の形式ではなく書状の形式であるから将軍補職以前とは抑へられるものの、それ以上は判じ様がないが、おそらく慶長四年以前であらう。

武藏龍穩寺に下せる下知状（慶長七年十一月二十二日）

諸宗門引導之場江、祈禱之出家不レ可レ入レ手、况前ゝ檀那八宗共奪取之事、御國ゝ江法度堅申斷候、違亂申出家山伏有レ之者、雜物指添奉行處江以レ夫可レ被レ越、急度申付御分國可二追放一者也、

慶長七壬寅霜月廿二日　奉レ之
全阿彌判（内田正次）

寫文書〔光福寺所藏〕○埼玉縣東松山市

『德川家康文書の研究』中卷　一四〇頁に收錄されてゐる「武藏龍園寺に與へたる寺領寄進狀（天正十九年十一月）」の解說參照。龍穩寺は俗に「關三ケ寺」の名で呼ばれ、埼玉縣入間郡越生《をこせ》町龍ケ谷四五二番地に現存してゐる。町制以前は同郡梅園村龍ケ谷と言つた（『大日本寺院總覽』『全國寺院名鑑』）。

葬式の場へ修驗道の祈禱僧が押しかけ、祈禱を强制したり金品を强要、或は宗旨替を强請することは、曾て盛んに行なはれてゐたらしい。家康は關東入國以後、これを堅く禁じた。本文書と同樣の前例は、本書二三四頁にも收錄しておいたので參照されたい。

本文書も形式から見れば全阿彌の奉書であるが、その內容からして下知狀と呼んでおく。

〔參考〕將軍家光より下總總寧寺・下野大中寺・武藏龍穩寺に下せる掟書

（正保元年九月十九日）

天下寺社御奉行所ニ而禪宗永麟寺・眞言宗玉泉寺、就二引導宗導之御裁許之旨一、被レ仰二付御掟一之事

一禪宗引導之場祈禱之宗旨、出申間鋪事

一引導之道具何成共、祈禱之坊主へ一物出申間鋪事

一死人之地祈禱坊主ニ爲レ取申間鋪候事

一引導之場、燒香師之可レ爲レ儘事

慶長七年

一此儀者御分國以來、如レ斯被レ仰掟事

右之條〻御奉行所ニ而三ケ寺江被ニ仰出一候者也、

寛永廿一年
申九月十九日

總寧寺
大中寺
龍穩寺

寫文書（光福寺所藏）○埼玉縣東松山市

常陸高田權現社に與へたる社領寄進狀（慶長七年十一月二十五日）

高田權現領　寄附狀

常陸國河内郡東條庄高田鄉之內百石、造營免五拾石、神主五石、別當拾石、禰宜次郎左衞門七石五斗、禰宜若狹貳十七石五斗、酒造貳石五斗、禰宜淺路五石、幸雲寺五石、御手洗五石、迎坊五石、愛藏坊五石、勤行坊五石、西林坊五石、普門寺五石、一神子五石、二神子五石、三神子貳石五斗、席敷貳石五斗、御庭拂、都合貳百五拾七石五斗事

右、全可ㇾ社納一、并山林竹木等令ㇾ免許一了、者可ㇾ抽ㇾ國家安全懇祈一者也、仍如ㇾ件、

慶長七年十一月廿五日

内大臣（家康）

御朱印

写文書〔逢善寺文書〕○稲敷郡新利根村小野〔茨城縣史料〕○中世編Ⅰ

承平年中、平将門の亂を鎮めんとして朱雀天皇が紀伊熊野權現をこの地に勸請されたに創まると傳へられてゐる。往時は熊野權現・高田明神・高田熊野神社とも稱し、社職・僧侶・修驗各十餘名を置き、別當若王寺が社務を司った。『寛文御朱印帳』にも載せられてゐる。稲敷郡江戸崎町高田一三四八番地所在（『日本社寺大觀』『全國神社名鑑』）。

〔參考〕將軍家光より常陸高田權現社に與へたる社領安堵狀（寛永十三年十一月九日）

大猷院（家光）御朱印

高田權現領、常陸國河内郡東條庄高田鄕之内貳百五拾七石五斗并山林竹木諸役免除、任ㇾ慶長七年十一月廿五日先判之旨一、不ㇾ可ㇾ有ㇾ相違一、可ㇾ抽ㇾ國家安全之精誠（彌脫カ）一者也、

寛永十二（三）年十一月九日　御朱印（家光）

写文書〔高田神社文書〕○稲敷郡江戸崎町高田

〔茨城縣史料〕○中世編I

高田神社所藏の寫文書では「寛永十二年十一月九日」と記してあるが、常陸國の他の諸社寺に對する家光の安堵狀、および『寛文御朱印帳』に「任慶長七年十一月廿五日、寛永十三年十一月九日兩先判之旨」とあるによつて、寛永十三年が正しいと考へて掲出する。

常陸常福寺に與へたる寺領寄進狀（慶長七年十一月二十五日）

淨（常）福寺領　寄附狀

常陸國中郡瓜連鄕百石之事

右、全可㆓寺納㆒幷寺中山林竹木等令㆓免許㆒訖、者守㆓此旨㆒、佛事勤行修造不㆑可㆑有㆓懈怠㆒者也、仍如㆑件、

慶長七年十一月廿五日

內大臣（家康）

〔茨城縣史料〕○中世編II 常福寺文書

常福寺文書は朱印狀寫である。瓜連《うりづら》鄕はもと久慈西郡に屬してゐたが、文祿三年の大閤檢地を機に那珂郡に屬した。常福寺は草地山・蓮花院と號す淨土宗の寺院で、關東十八檀林の一である。成阿了實上人が曾て當國村松の虛空藏菩薩に祈求し、その瑞夢によつてこの地に至り、蓮花一莖の生ずるを見て延元年中伽藍を創建、開山となつたと傳へられて

ゐる。那珂郡瓜連町瓜連一二三二番地に所在(『大日本寺院總覽』『全國寺院名鑑』)。

〔參考〕將軍家光より常陸常福寺に與へたる寺領安堵狀(寛永十三年十一月九日)

(竪紙)當寺領常陸國中郡爪(瓜)連鄕百石事幷寺中山林竹木等免除、任㆓慶長七年十一月廿五日先判之旨㆒、不㆑可㆑有㆓相違㆒、彌可㆑專㆓佛事勤行修造㆒者也、仍如㆑件、

(截斷)

(家光)朱印　寛永十三年十一月九日

常福寺

原本〔茨城縣立歴史館所藏〕○水戸市 平成三年二月 思文閣古書資料目錄第百二十四號所收

本文の末で截斷され、朱印と年紀は失はれてゐるが、常福寺文書に年紀宛所ともに滿足な本狀の寫があり、『寛文御朱印帳』にも「任慶長七年十一月廿五日、寛永十三年十一月九日兩先判之旨」とある記事によつて年紀と宛所を補つた。原本の本紙裏に「秀忠公」と墨書した貼紙があるが家光朱印狀であることは言ふまでもない。同じく年紀を截斷された「常陸虛空藏堂に與へたる寺領寄進狀(慶長七年十一月二十五日)」と「常陸長松院に與へたる寺領安堵狀(慶安元年十月二十四日)」の家光朱印狀と共に三通一箱に納め、家康・秀忠・家光より三通とも長松院に與へられた朱印狀の如くに裝はれてゐるが、實は與へられた寺院はそれぞれ別である。

常陸虚空藏堂（日高寺）に與へたる寺領寄進狀（慶長七年十一月二十五日）

（竪紙）
虚空藏領　寄附狀

常陸國中郡村松鄕五拾石之事

右、全可㆓寺納㆒幷寺中山林竹木等令㆓免許㆒訖、者守㆓此旨㆒、佛事勤行修造等不㆑可㆑有㆓怠慢㆒者也、仍如㆑件、

（截斷）

慶長七年十一月廿五日

内大臣（家康）　朱印

原本〔茨城縣立歷史館所藏〕　○水戸市　平成三年二月 思文閣古書資料目録第百二十四號所收

本文の末で截斷され、年紀と發給者名・朱印は失はれてゐるが、『寛文御朱印帳』に「任慶長七年十一月廿五日、寛永十三年十一月九日兩先判之旨」とある記事によつて補つた。

村松虚空藏の通稱で名高いが、正しくは大滿虚空藏尊で、房州淸澄の福一滿虚空藏尊、岩代柳津の能滿虚空藏菩薩と共に、日本三虚空藏尊と竝び稱されてゐる。この大滿虚空藏尊を本尊としてゐる寺院が、十三詣で有名な村松山・日高寺で、新義眞言宗豐山派に屬し、那珂郡東海村村松八所在である。寺號よりも「虚空藏堂」で知られてゐるので、本狀の

標題もそれに随った（『大日本寺院總覽』『全國寺院名鑑』）。前掲の參考文書「將軍家光より常陸常福寺に與へたる寺領安堵狀（寛永十三年十一月九日）」に附した解說參照。

常陸逢善寺に與へたる寺領寄進狀（慶長七年十一月二十五日）

逢善寺領　寄附狀

常陸國河内郡東條庄高田鄕百石壹斗七升、學頭五拾石、寺務別當六石、竹泉坊六石、普門坊六石、櫻本坊六石、梅本坊六石、寂光坊六石、松本房六石、妙音坊貳石、承仕、合貳百石壹斗七升五合之事

右、全可㆓寺納㆒幷寺中竹木等令㆓覺（免）許㆒訖、者守㆓此旨㆒、佛事勤行修造等、不㆑可㆑有㆓怠慢㆒者也、仍如㆑件、

慶長七年十一月廿五日

内大臣（家康）朱印 摸

寫文書（逢善寺文書）○稲敷郡新利根村小野

〔茨城縣史料〕○中世編Ⅰ

慈雲山・無量壽院と號し、「小野の觀音」として知られる天臺宗寺院で、東叡山寛永寺末である。文武天皇御建立とも、

逢善道人なる者が草庵を結んだ地に、天長三年覺叡和尚が創立して開基となつたとも傳へられてゐる。本尊は海中より出現したと傳へられる千手觀世音菩薩。往時は寺中に七坊を有し、末寺は常總兩州に四十二院を數へたと言ふ。『寛文御朱印帳』にも載せられてゐる。稲敷郡新利根村小野三一八番地所在（『大日本寺院總覽』『全國寺院名鑑』）。

〔參考〕將軍家光より常陸逢善寺に與へたる寺領安堵狀（寛永十三年十一月九日）

當寺領常陸國河内郡東條庄高田鄉貳百石壹斗餘事、寺中支配幷竹木免許之儀、任㆓慶長七年十一月廿五日先判之旨㆒、永不㆑可㆑有㆓相違㆒、者可㆑專㆓佛事勤行修造等㆒之狀如㆑件、

寛永十三年十一月九日（朱印）（家光）

逢善寺

原本〔逢善寺文書〕○稲敷郡新利根村小野
〔茨城縣史料〕○中世編Ⅰ

常陸不動院（東光寺）に與へたる寺領寄進狀（慶長七年十一月二十五日）

不動院領　寄附狀

常陸國河内郡東條庄百五拾石事

右、全可二寺納一、并寺中山林竹木等令二免許一早、者守二此旨一、佛事勤行修造、不レ可レ有二怠慢一
者也、仍如レ件、

慶長七年十一月廿五日

內大臣（家康）

御朱印

寫文書〔不動院文書〕○稻敷郡江戸崎町江戸崎
〔茨城縣史料〕○中世編Ⅰ

不動院は「江戸崎不動尊」の通稱で親しまれ、醫王山・東光寺と號し、東叡山寛永寺に屬してゐたが、昭和二十六年に單立となつた天臺宗寺院である。文明二年の創建で開基は領主土岐治英、開山は幸譽法印であつた。往時は寺中に五坊、外寺中に四ケ寺、常總兩州に末寺二十二箇院を有する常陸國內の大刹であつた。稻敷郡江戸崎町甲二六一七番地所在（『大日本寺院總覽』『全國寺院名鑑』）。

東條庄は鎌倉時代以來の莊園名で、慶長七年十月に行なはれた高田の檢地帳には「常陸國河內郡東條庄高田村云々」と見える。當初は信太《しだ》郡信太庄の東部を意味してゐたのが、のちに東條庄と呼ばれる樣になつた。信太郡の南と東は河內郡に接してをり、信太庄は信太郡に、その東部で東條庄と呼ばれた地域は河內郡に屬する（『角川日本地名大辭典』）。不動寺の寺領は東條庄として寄進されたものの、寛文の安堵狀の割書によれば、實際には租を信太庄より收納してゐたので、庄名を改めて安堵されたのであるが、となれば郡名も河內郡から信太郡に改めらるべきところであつた。

〔參考〕將軍家光より常陸不動院(東光寺)に與へたる寺領安堵狀(寛永十三年十一月九日)

當院領常陸國河内郡東條庄百五拾石事幷寺中山林竹木等免許、任二慶長七年十一月廿五日先判之旨一、永不レ可レ有二相違一、彌可レ專二佛事勤行修造一者也、仍如レ件、

寛永十三年十一月九日　御朱印(家光)

不動院

寫文書〔不動院文書〕○稻敷郡江戸崎町江戸崎
〔茨城縣史料〕○中世編Ⅰ

〔參考〕將軍家綱より常陸不動院(東光寺)に與へたる寺領安堵狀(寛文五年七月十一日)

常陸國河内郡信太庄之内百五拾石先狀東條庄雖有之於此所依收納仕來改正之事幷寺中山林竹木諸役等免除、任二慶長七年十一月廿五日、寛永十三年十一月九日兩先判之旨一、不動院進止永不レ可レ有二相違一者也、仍如レ件、

寛文五年七月十一日

御朱印(家綱)

〔寛文朱印留　下〕○史料館叢書2文書番號一二五一

〔參考〕将軍家光より常陸大念寺に與へたる寺領安堵狀（寛永十三年十一月九日）

大猷院（家光）様御朱印
當寺領常陸國河内郡東條庄五拾石事幷寺中山林竹木等免除、任二慶長七年十一月廿五日先判之旨一、不レ可レ有二
相違一、彌可レ守（専カ）二佛事勤行修造一者也、仍如レ件、
寛永十三年十一月九日
大念寺

寫文書〔大念寺由緒書〕○稲敷郡江戸崎町江戸崎
〔茨城縣史料〕○中世篇Ⅰ

本狀を「常陸大念寺に與へたる寺領寄進狀（慶長七年十一月十五日）」（『徳川家康文書の研究』舊・復とも　下巻之一二七一頁）の參考文書として掲げる。

中村博士は〔檀林誌〕巳より採錄され、發給日は「十一月十五日」となつてゐるが、本狀によつて「十一月二十五日」が正しいと改められる。『寛文御朱印帳』にも「任慶長七年十一月廿五日、寛永十三年十一月九日兩先判之旨」とある。

徳川頼將（頼宣）家臣知行石高書立（慶長八年假入）

五拾石　　賀藤五左衞門
五拾石　　加藤吉藏
五拾石　　賀藤三七
五拾石　　森田藤十郎
五拾石　　笠井三郎右衞門
○
六百石　　小野与三
三百石　　川崎十三郎
百五拾石　　河窪太郎左衞門
四百石　　佐野五右衞門
貳百五拾石　　横山藤次
以上卅三人

（包紙）
「以上書　權現樣御手跡也」

原本〔古典籍下見展觀大入札會〕○平成五年十一月十二日於東京古書會館

「紀州三浦家文書」と題して德川秀忠の書狀二通と覺書一通・德川賴宣の書狀一通・三浦家系譜一册と一括して展觀された。書狀の宛所は三通とも三浦長門守(爲春)殿とある。尙、他に二代將軍秀忠から加藤左馬助に與へた元和三年九月五日附の伊豫國内に於ける知行宛行狀が同じ一箱内に納められてゐたが、これは三浦家文書ではないと判斷される。石高とその下に記された人名はいづれも右筆の手蹟で、最終行の「以上卅三人」の五文字のみが包紙に記されてゐる通り家康の手蹟と見て採り上げる。三浦家系譜一册の中には次の記事が見られる。

一慶長八癸卯年長福殿二歳之時、御懇之上意を以長門守爲春被爲附、同年常州水戶を長福殿江被進候付、蒙上意爲御仕置水戶江罷越、彼地ニ罷在候、

一權現樣御自筆ニ而御書添被遊候御人數書壹通所持仕候、御下ケ被遊候御趣意ハ相知不申候

右の記事によつて、本書が三浦家傳來の文書であると確認される。

家康は慶長十四年十二月、賴將(賴宣)を駿遠二箇國に、賴房を水戶に封ずるに當つて、それぞれに附屬せしめた家臣の知行石高書立を與へた(『新修德川家康文書の研究』四〇〇〜四一六頁參照)。本書は竪三三・四糎の用紙を橫二つ折にして記してあり、紙質も紙型も前記の知行石高書立とは異つてゐるが、書式は同じである。五行目と六行目の間は僅かにあけられ、上部に丸印が點ぜられてゐる。以上卅三人とありながら、本書に記されてゐるのは十人であるから、二十三人分は失はれたと推される。おそらく家康の筆が加へられた本書のみが保存されたのであらう。

紀州德川家に仕へた三浦氏の祖は曾て相州三浦に住して三浦氏を稱し、永正十五年以降は房州正木鄕に移つて正木氏を稱し、さらに上總國勝浦城に住した。爲春は父邦時が北條氏の質となつてゐたため天正元年小田原に生まれた。慶長三年家康に召出され、三浦氏に復して長門守に任ぜられて三千石を與へられた。妹の於萬は家康の側室に召され、慶長七年三月七日に賴宣を、翌八年八月十日には賴房を出生した。

慶長八年、爲春は水戶に封ぜられた賴宣に附屬せしめられて水戶領の仕置に當り、同十三年家康の朱印を以て常陸國の内に於いて二千石を加增され、都合五千石を領し、同十五年賴宣が駿河・遠江に移封されたに伴ひ、爲春も濱名に移されて三千石を加へられ、都合八千石を給せられるに至つた。元和五年、賴宣の紀州移封に從ひ、寛永元年隱居して家督

を譲つて剃髮、承應元年七月二日、八十歳を以て歿した(『南紀德川史』巻之五十四)。「德川賴將(賴宣)家臣知行石高書立(慶長十四年十二月)」(前掲書)には百二十五の人名が書立てられてゐるが、そのうち十九名は重複してゐるので實數は百六名である。その半數の五十三名は『南紀德川史』の「名臣傳」(巻四一～五六)および「權現樣より御附人姓名」(巻七〇)に掲げられてゐるが、殘りの半數は掲げられてゐない。本書に書立てられてゐる十名もこれらの巻には掲げられてをらず、賴宣に附けられた家臣と卽斷は出來ない。と言つて三浦爲春の家臣の知行まで家康が定めたとは、これら十名の士の知行高が合計千九百五十石に上る點から見て考へられない。

これら十名の士のうち「笠井三郎右衞門」の名は前述の「德川賴將(賴宣)家臣知行石高書立(慶長十四年十二月)」の中に「貳百石　笠井三郎右衞門」と見出されるので、他の九名も同じくやはり賴宣に附屬せしめられた家臣であらうと類推される。但し本書に記された笠井三郎右衞門の知行が「五拾石」である點に鑑み、この知行書立は賴宣が駿河・遠江に移封された慶長十四年十二月より先行し、慶長八年に賴房が水戸に封ぜられた時のものかと考へておく。

三河天王社(篠東明神)に與へたる社領寄進狀(慶長八年八月二十日)

天王領之事

參河國寶飯郡篠塚(束)村之内拾石、任二先規一所二寄附一也、并社内諸役令二免許一訖、神供祭禮無二懈怠一可三懃仕二之狀如レ件、

慶長八年八月廿日

(家康)

朱印(印文源家康)

原本〔內閣文庫所藏〕○東京

三河寶飯郡には平安期に篠塚と言ふ驛名が見えるが、古代から近代まで篠束郷、篠束村と稱されてゐるので、本狀の篠塚村も篠束村と解しておく。その地の鎮守の篠束明神は長德元年の創立、牛頭天王社として東三河屈指の神社で明治二年に篠束神社と改めた。寶飯郡小坂井町篠束宮西二八番地所在（『角川日本地名大辭典』『全國神社名鑑』）。『寛文朱印留』所載。

三河菟足八幡宮（菟足神社）に與へたる社領寄進狀（慶長八年八月二十日）

八幡領之事

叄河國寶飯郡小坂井村之內九拾五石、任二先規一所二寄附一也、幷社內諸役令二免許一訖、神供祭禮無二懈怠一可二懃仕一之狀如レ件、

慶長八年八月廿日

（家康）
朱印（印文源家康）

原本〔內閣文庫所藏〕○東京

菟《う》足《たり》八幡宮の稱は、菟上足尼命《うちかみのすくねのみこと》を御祭神としてゐるに因ると言ふ。白鳳二年勅命によって創建され、十四年後に小坂井に遷宮されたと言ふ古來の名社で、寶飯郡小坂井町宮脇二番地所在（『日本社寺大觀』『全國神社名鑑』）。『寛文朱印留』所載。

遠江應賀寺に與へたる寺領寄進狀（慶長八年八月二十日）

應賀寺領之事

遠江國敷智郡中鄕之內叄拾八石、任㆓先規㆒所㆓寄附㆒也、幷山林竹木諸役令㆓免許㆒訖、者佛事勤行修造等不ㇾ可ㇾ有㆓懈怠㆒之狀如ㇾ件、

慶長八年八月廿日

（家康）朱印（印文源家康）

原本〔內閣文庫所藏〕○東京

應賀寺は眞言宗高野派に屬する寺院で、靜岡縣濱名郡新居町中之鄕六八―一に所在する（『大日本寺院總覽』『全國寺院名鑑』）。『寬文朱印留』には眞言宗古儀として載せられてゐる。

三河碧海郡神明社（小園神明社）に與へたる社領寄進狀（慶長八年八月二十二日）

神明領之事

叄河國碧海郡中嶋村之內拾石、所㆓寄附㆒也、幷宮中竹木諸役令㆓免許㆒訖、者神供祭禮不ㇾ可ㇾ

有二懈怠一之狀如レ件、

慶長八年八月廿二日

（家康）（朱印）（印文源家康）

原本〔内閣文庫所藏〕○東京

三河碧海郡中嶋村の神明社は小園《をぞの》神明社と稱し、「浮島の森」の通稱で知られ、岡崎市中島町小園二三番地所在である（『全國神社名鑑』）。『寛文朱印留』所載。

三河花井寺に與へたる寺領寄進狀（慶長八年八月二十六日）

花井寺領之事

三河國寶飯郡牛久保鄉古宿村之內拾五石、任二先規一所二寄附一也、幷寺內竹木諸役令二免許一訖、者佛事勤行等不レ可レ有二懈怠一之狀如レ件、

慶長八年八月廿六日

（家康）（朱印）（印文源家康）

原本〔内閣文庫所藏〕○東京

花井寺《くわせいじ》は花井寺《はなゐでら》とも呼ばれる曹洞宗一等法地の寺院で、豊川市古宿町市道四所在である（『大日本寺院總覽』『全國寺院

名鑑』)。『寛文朱印留』に禪宗可睡齋派寺院として所載。

三河渥美神明社に與へたる社領寄進狀（慶長八年九月十一日）

神明領之事

參河國渥美郡吉田鄉飽海村之內參拾石、任二先規一所二寄附一也、幷社中竹木諸役令二免許一訖、者
神供祭禮等無二懈怠一可二懃仕一之狀如レ件、

慶長八年九月十一日

（家康）朱印（印文源家康）

原本〔內閣文庫所藏〕○東京

三河渥美郡飽海《あくみ》村の神明社は、豊橋市湊町一番地所在で、舊町名は中八町、縣社であった（『日本社寺大觀』『全國神社名鑑』)。『寛文朱印留』所載。

三河賀茂大明神社に與へたる社領寄進狀（慶長八年九月十一日）

大明神領之事

三河國八名郡賀茂村之内百石、任二先規一所二寄附一也、并宮中竹木諸役令二免許一訖、者神供祭禮無二懈怠一可二懃仕一之狀如レ件、

慶長八年九月十一日

（家康）朱印（印文源家康）

原本〔内閣文庫所藏〕○東京

本狀の大明神は賀茂大明神、今日の賀茂神社、嘗ての縣社で「大幡様」とも通稱され、豊橋市賀茂町神山二番地所在である。創建は不明であるが天平元年に山城國賀茂神社から勸請されたとも、また白雉元年に創建されたとも傳へられてゐる。（『日本社寺大觀』『全國神社名鑑』）。『寛文朱印留』所載。

三河興德寺に與へたる寺領寄進狀（慶長八年九月十一日）

興德寺領之事

參河國渥美郡吉田鄉之内貳拾石、任二先規一所二寄附一也、并寺中門前諸役令二免許一訖、者佛事懃行修造等不レ可レ有二懈怠一之狀如レ件、

慶長八年九月十一日

（家康）朱印（印文源家康）

原本〔內閣文庫所藏〕○東京

興德寺と稱する三河所在の寺院は『大日本寺院總覽』に曹洞宗、平僧地、豐橋市とのみ載せられてゐるが、『全國寺院名鑑』には見出されない。寄進された寺領が吉田鄉であるから、豐橋市に所在した寺院に該當すると思はれる。『寛文朱印留』には禪宗可睡齋派寺院として載せられてゐる。

三河赤岩寺に與へたる寺領寄進狀（慶長八年九月十五日）

赤岩寺領之事

一貳拾石　本尊佛供燈明修理領

一拾貳石　岸本坊

一拾貳石　正法院

一六　石　下坊

合五拾石

右、於三河國八名郡多米村之內所寄附也、幷山林竹木寺中諸役令免許訖、全可寺納之狀如件、

慶長八年九月十五日

（家　康）朱印（印文源家康）

原本〔内閣文庫所蔵〕○東京

赤岩寺《せきがんじ》は赤岩寺《あかいわでら》とも呼ばれ、三河七御堂の一つである。神龜三年行基開創と傳へられる古刹で、古くは赤岩山法言寺と稱した。眞言宗高野派の寺院で豊橋市多米町字赤岩山四番地所在、嘗ては八名郡石巻村と稱した（『大日本寺院總覽』『全國寺院名鑑』）。『寛文朱印留』に眞言宗古儀として所載。岸本坊・正法院・下坊は詳らかでないが、往時は山内に十二坊を數へたと傳へられてゐるので、それらの坊であらう。

河内道明寺に與へたる寺領寄進狀（慶長八年九月二十五日）

道明寺領之事

河内國志記（紀）郡道明寺百七拾四石貳斗、任㆓先規㆒所㆓寄附㆒也、幷寺中竹木門前諸役令㆓免許㆒畢、者佛事懃行修造等不㆑可㆑有㆓懈怠㆒之狀如㆑件、

慶長八年九月廿五日

（家　康）朱印（印文源家康）

原本〔内閣文庫所蔵〕○東京

志紀郡は南河内郡となり、道明寺は藤井寺市道明寺五三七番地所在で、眞言宗御室派の寺院である。推古帝の代に土師八島連が自邸を寺として土師寺と稱したのが創まりと傳へる古刹である。（『大日本寺院總覽』『全國寺院名鑑』）。『寛文

朱印留』には比丘尼寺領目録留二十七通の中の一通として載せられてゐる。

伊勢外宮山田年寄に與へたる條規（慶長八年九月二十五日）

一伊勢從二宮川一内三宮内知行方可レ爲二守護不入一之事

付、諸法度任二先規一年寄共可二申付一事

一喧嘩口論之儀、前々雖レ有レ之、當時堅令二停止一訖、若於二違背之輩一者、雙方可レ爲二曲事一事

一參宮之輩者、可レ爲二先規法式一事

慶長八年九月二十五日　御朱印（家康）

外宮年寄共

〔神宮要綱〕○神宮司廳昭和三年十一月刊

〔參考〕豐臣秀吉より伊勢山田・宇治・大湊惣中に與へたる條規（文祿三年十一月十六日）

（竪紙）條々

一今度伊勢惣國檢地儀雖レ被二仰付一、從二宮川一内之儀、大神宮爲二敷地一條、兩宮儀崇敬上者、不レ及二其沙汰一、

檢地免除之事

一兩宮宮司神主年寄共、猶以㆓神慮㆒奉㆓尊敬㆒、法度以下猥儀不㆑可㆑有㆑之事

一自㆓宮川㆒內山林竹木屋敷田畠等、如㆓先規㆒可㆓沙汰㆒、其外諸役令㆓免許㆒事

右條〻永代不㆑可㆑有㆓相違㆒者也

文祿三年甲午十一月十六日 （秀吉）（朱印）

山田惣中

伊勢 宇治惣中

大湊惣中

原本〔神宮文庫所藏〕○伊勢市十文字家舊藏

現在神宮文庫所藏の「伊勢內宮二鄉年寄に與へたる條規（慶長八年九月九日）」（『德川家康文書の研究』舊・復とも 下卷之一 三三三頁）に續けて掲げられてゐるが、本條規の方は「御朱印」とあるので寫文書から採錄されたものと推される。原本の所在は未明である。本條規も內宮二鄉年寄に與へた條規と同趣旨であり、押捺された印も同じであつたと推定される。

宮川は伊勢市の北西部を流れる大河川で、古くから度會大河・豐宮川などとも呼ばれ、參詣者の禊の川であつた。宮川より內、卽ち東側は神域で文祿の太閤檢地に際して檢地を免除され、德川幕府にも繼承された。

三宮とは皇大神宮（內宮）、豐受大神宮（外宮）と皇大神宮の別宮で志摩國志摩郡伊雜鄉（磯部町）所在の伊雜《いざわ》宮を指す。伊雜宮の文獻上の初見は神龜六年（天平元年）の「志摩國輸庸帳」であり、古來信仰を集め、特に近世の初期に勢力を得て內宮・外宮に併せて伊勢三宮と號し、伊雜皇大神宮とまで僭稱するに至つた（『角川日本地名大辭典』）。

〔参考〕徳川秀忠より結城秀康に遣れる書状（慶長九年六月十七日）

猶々こゝもと三州（長吉丸・忠直）息災候之間、可レ被二心安一候、

先申候、以後不二申入一候、路次中御氣色能御上著候哉、承度被レ存候、將又御煩之儀、如何御座候哉、是又無二御心元一候、委細者使者口上申含候之間、不レ能レ具候、恐々謹言、

（慶長九年）六月十七日　　秀忠（花押）

越前宰相殿（結城秀康）

原本〔大阪青山歴史文學博物館所藏〕○箕面市

秀康の事蹟に就いて觸れることは最小限にとどめる。折紙を半截して横に繋ぎ巻子に裝幀してある。

秀康は慶長二年に參議從四位下に敍任を受け、同五年十一月越前一國竝びに若狹・信濃の内の一部を合はせて七十五萬石に封ぜられ、越前宰相と呼ばれた。この時から松平姓を稱したとも傳へられてゐるが慥かではないので本書では結城姓のままとしておく。

秀康は慶長十年四月十六日（一説七月二十六日）正三位權中納言に進められ越前守と稱した（『續片聾記』『國事叢記』）。

秀康は慶長十二年閏四月八日、三十四歳で越前北莊城中に病歿するに至るが、慶長九年四月には既に痘瘡病を發してをり（『當代記』）本状によると權中納言昇進以前から既に病状は思はしくなかつた樣である。

三州とは秀康の長子長吉丸、のちの忠直である。忠直は文祿四年六月十日に誕生し、慶長九年四月、秀康の最初の江戸

參覲に伴はれてのちは江戸に在つて、まだ男子のない秀忠に寵愛された。長吉丸が元服し、秀忠の片諱を受けて忠直と名乘り從四位少將兼三河守に敍任された年月日は、記錄によつて異同があり、慶長十年四月とも九月十日とも、または同十一年三月とも傳へられてをり明確ではない。だが公式に三河守に任ぜられる以前から、父秀康が天正十二年以來長らく三河守を稱してゐた潛みに倣ひ、秀忠は長吉丸を三河守・三州と呼んで左右に侍せしめた（中村孝也『家康の族葉』）。

慶長九年五月下旬秀康は江戸を發して西上し、六月五日には岐阜に泊り、八日には伏見に著いて十日には家康の上洛を迎へた（『當代記』）。本狀はかうした狀況にあつて、病をおして西上した五歳年長の兄秀康を見舞ひ、合はせてその男忠直の無事を傳へた秀忠自筆の書狀である。

中川秀成に與へたる知行宛行狀（慶長九年九月一日）

豐後國直入郡之內四拾九箇村・大野郡之內三箇村・大分郡之內六箇村、高六萬石目錄在二別紙一事充二行之一訖、全可レ令レ領二知之一狀如レ件、

慶長九年九月一日（花押摸）（家康）

中川修理大夫殿（秀成）

寫文書（古典籍下見展觀大入札會展示）○平成六年十一月十一日 東京古書會館

縱五〇・〇糎、橫六六・三糎の大高檀紙八折で、同じく檀紙の包紙には「安國院樣御判物　壹」と記した貼札がある。安國院は家康の諡である。これを原本と唱へるならば、書式、書體、花押を考へ併せ、僞文書として扱はなければなら

ないが、先づは寫文書と捉へて解說しておく。

中川秀成《ひでなり》の事蹟とその知行に關しては「中川秀成に與へたる知行目錄(慶長六年四月十六日)」(本書四二六頁)とその解說を參照されたい。その知行目錄では直入郡は二十七鄉・二村・一町、大野郡は二十六の鄉村、大分郡は三ケ村で都合六萬六千石を與へられたのに對し、本宛行狀では直入郡四十九ケ村、大野郡三ケ村、大分郡六ケ村で高六萬石とあつて、知行の鄉村や總高に相違が生じてゐる。知行目錄に記された鄉村の合計は五十九、本宛行狀での合計は五十八で、鄉村の數としては僅か一ケ村の違ひだが、郡別の鄉村數は大いに相違し總高も六千石減じてゐるので、本狀を以て慶長六年四月の知行目錄に對應する宛行狀と解すわけには行かず、その間に知行地の割返しとそれに伴ふ引直しが行なはれ、知行目錄も新たに作成給付されたと解すことになる。

慶長六年四月十六日附の知行目錄の解說に既に記した通り、關ケ原戰役後の知行宛行に關しては、萬石以下の旗本に對してこそ家康の朱印または黑印を以て知行宛行狀を發給した例は少なからず見られるものの、萬石以上の大身者に宛てて發給された家康の朱印または黑印の知行宛行狀は、知行目錄形式の宛行狀が僅か數例見られるのみである。その觀點より本狀は稀な例に屬する。

本狀が印判によらず、また署名もない花押のみの判物である點も極めて稀な例である。家康の身分は三河の一小大名に始まつて征夷大將軍、大御所に至つたので、その出世昇進に伴つて署判の形式も變遷して當然ではあるが、同時に世の移り變りに從つて、武家の書札禮も大いに變動した時代であつた。

家康が官職や諱も記さず、印も捺さずにただ花押のみを以て發給した文書の例は極めて少ないと目される。その極めて少ない例も、管見によると慶長九年から十一年の三年間に限られ、しかもいづれも月日のみではなく年も示した、權益保證に關する公文書である。

この樣に觀察してみると、本宛行狀は一見僞文書の樣に見えながら、極めて稀な例と考へられる大身者宛の判物知行宛行狀の寫文書で、眞正史料と捉へるべきものと思はれる。

尙、中川氏の家祿に關しては史料によつて左の通りの異同がある。

『寛政重修諸家譜』巻第二百六十。文祿三年二月秀成が豊後國岡に移封され直入・大野・大分三郡の内に於いて七萬四百石餘を領す。慶長十七年八月十四日に秀成は歿し久盛が嗣ぎ、五年後の元和三年九月五日領知の御朱印を下さる。

『藩史大事典』文祿三年二月十三日秀成が豊後國直入・大野・大分三郡の内に於いて六萬六千石。元和三年九月五日久盛が七萬四百四十石を領す。

『中川家文書』（神戸大學）秀吉より文祿二年十一月十九日秀成が豊後國直入郡二萬九千三十八石、同大野郡内三萬六千九百六十二石、都合六萬六千石に封ぜられ、同三年八月二十五日には同大分郡内今靍村四百六十二石五升の代官を命ぜらる。

「知行目録」慶長六年四月十六日附で奉行衆より直入郡二萬八千九百七十七石四斗八升、大野郡三萬六千六百七十八石六斗二升二合、大分郡三百四十三石九斗、都合六萬六千石（合計實數は六萬六千石二合）の知行目録を受領す。但し「地震くづれ」他二筆は書き上げられるも、その高合計九百六十四石五斗七升は總知行高に含まれてゐない。

「中川山城守久清宛領知朱印狀・目録　寛文四年四月五日」（寛文朱印留）豊後國大野郡之内二百五十二ヶ村　高三萬九千六百六十四石九斗四升、直入郡之内二百四十ヶ村　高三萬四百十八石八斗、大分郡之内五ヶ村　高三百五十六石四斗三升、都合七萬四百四十石一斗七升。元和三年九月五日の先判による。

知行目録には增知行目録もあり、必ずしも一通に總知行高が記されてゐるわけではない。だが知行宛行狀、それも慶長六年以降に發給された宛行狀で總知行高の一部の宛行狀の例は未見である。よつて本狀が寫し誤りのない眞正史料とすれば、慶長九年九月一日に更めて中川秀成に宛行はれた知行は、舊高より六千石減じた六萬石だつたことになる。

一方、中川氏が元和三年九月五日以降、同國同三郡の内で都合七萬四百四十石餘を領したことも「寛文朱印留」によつて確認される。惟ふに、秀成が歿した慶長十七年八月十四日から久盛に七萬四百四十石餘の領知朱印狀が與へられる間に五年を經てをり、その間に一萬四百四十石餘の增封を受けたものと解すこととならう。

福原廣俊に與へたる御內書（慶長六〜九年九月九日）

（折紙）

爲二重陽之祝儀一、小袖一重到來、喜悅候也、

（慶長六年〜九年）九月九日　（家康）黑印（印文源家康）

福原越前守（廣俊）殿

原本〔渡邊翁記念文化協會所藏〕○宇部市立圖書館寄託

福原廣俊の事蹟に關しては本書四〇九頁參照。廣俊は慶長五年十月二十八日に越前守に任ぜられ同十年四月二十日に越後守に轉じたので、本狀はその間の發給である。

福原廣俊に與へたる御內書（慶長六〜九年九月九日）

（折紙）

爲二重陽之祝儀一、小袖一重到來、悅思召候也、

（慶長六〜九年）九月九日　（家康）黑印（印文源家康）

福原越前守（廣俊）との

原本〔渡邊翁記念文化協會所藏〕○宇部市立圖書館寄託

福原廣俊の事蹟に關しては本書四〇九頁參照。廣俊の越前守在任期間は慶長五年十月二十八日から同十年四月二十日に越後守に轉ずるまでの間である。

〔參考〕伊奈忠次より常陸安樂寺に與へたる寺領寄進狀（慶長九年九月十八日）

（折紙）

寺領事

合五石者　（伊奈忠次）◯（黑印）

右令二御寄附一候也、彌佛事掃除不レ可レ有二懈怠一者也、仍如レ件、

（伊奈）伊備前

（慶長九年）辰九月十八日　忠次（花押）

下妻

安樂寺

〔安樂寺文書〕○下妻市下妻丙『關城町史』史料編Ⅲ　五七三頁

茨城縣下には安樂寺または安樂院と稱する寺院が數ケ寺ある。そのうち時宗に屬し、現在茨城縣下妻市下妻丙四二三―一所在の寺院が該當すると思はれる（『全國寺院名鑑』）。

〔參考〕伊奈忠次より武藏善定寺に出せる寺領渡狀（慶長九年十一月二十九日）

（折紙）
渡寺領之事

合七石者 ◯（伊奈忠次）

右渡寄附之所也、彌佛事掃除不レ可レ有二怠慢一者也、仍如レ件、

（慶長九年）
辰 十一月廿九日　伊奈備前守

忠次（花押）◯

琴寄村
善定寺

原本〔善定寺所藏〕〇北埼玉郡大利根町

伊奈忠次は慶長五年の關ヶ原戰役に際し、川野是定房・大久保十兵衞長安・彥坂小刑部元正等とおなじく小荷駄奉行をつとめ、凱旋の後從五位下備前守に敍任す（『寛政重修諸家譜』卷第九百三十一）とあり、その發給した文書に備前と記した例は慶長六年正月を以て初見（『德川家康文書の研究』舊・復とも　下卷之一　七頁、新修　三〇〇頁）としてゐる。慶長五年以降、忠次の歿する慶長十五年までの間の丑年は慶長九年である。

善定寺は琴寄山、阿彌陀院と號して新義眞言宗智山派に屬し、山城國嵯峨大覺寺の末寺で不動尊を本尊としてゐる。慶安元年寺領七石の御朱印を與へられた（『新編武藏風土記稿』卷之二百十二　埼玉郡之十四　向川邊領）とあるが、『寛文

朱印留』には載つてゐない。琴寄村は埼玉郡向川邊領のうちであつたが、古くは太田庄に屬した。善定寺は埼玉縣北埼玉郡大利根町琴寄一九四番地所在である（『全國寺院名鑑』）。

福原廣俊に與へたる御內書（慶長五〜九年十二月晦日）

（折紙）
爲二歳暮之祝儀一、小袖二到來、喜思食候也、

（慶長五〜九年）十二月晦日　（家康）（黑印）（印文源家康）

福原越前守（廣俊）とのへ

原本〔渡邊翁記念文化協會所藏〕○宇部市立圖書館寄託

福原廣俊の事蹟に關しては本書四〇九頁參照。越前守に在任期中の文書である。

市邊正好に與へたる知行宛行狀（慶長十年四月二十二日）

知行方

甲州大石和筋上矢作村二百五十石六斗八舛・同小石和筋八千藏村二百四拾四石八斗六舛・同大窪村百貳拾石六斗六舛、合千石之事

右宛行訖、全可二領知一者也

慶長十年夘月廿二日

市邊虎介（正好）とのへ

〔士林泝洄〕○巻第七十二 庚之部一

市邊氏は藤原氏で、河内國交野郡禁野村市邊に住して市邊氏を稱した。正好は甚右衞門好清の男で幼名虎之助、のち勝正とも名乘り出羽守を稱した。好清は義直の實母で家康側室の志水氏（於龜の方・相應院）の姉を娶ってゐたので、正好がその所生ならば義直の母方の從兄弟に當る。その姻緣を以て慶長六年召出されて義直に附屬せしめられ、本狀を以て甲斐で千石を給された。慶長十六年十一月、父好清歿して家督を繼承し、その知行五百石を合はせ、さらに元和六年千石を增封されて合計二千五百石を領した。その子孫は代々尾州家に仕へた。

本狀に示された知行高は、上矢《かみや》作《はぎ》村・八《や》千《ち》藏《ぐら》村・大窪村、三ケ村を合算すると六百十六石二斗となり、合計の千石には三百八十三石八斗不足してゐる。おそらく一ケ村または二ケ村脫漏したものと思はれる。大石和筋・小石和筋ともに八代郡である。『士林泝洄』には本狀の前に「神祖賜二朱印一」とある。

遠山景吉に與へたる知行宛行狀（慶長十年四月二十二日）

知行方

甲州大石和筋地藏堂村百七拾壹石九斗・同千米寺村百七拾四石七舛・同小城村之内貳百五拾四石七斗五舛・小石和筋下之原村貳百五拾石貳計（ママ）六舛・同盃塚（蕎麥塚カ）村百四拾九石四計（ママ）三舛、合千石之

事
右宛行訖、全可㆓領知㆒者也、
慶長十年四月廿二日　御朱印(家康)
遠山勘十郎(景吉)とのへ

〔士林泝洄〕○巻第三十四 丁之部二

遠山氏は藤原氏で源頼朝に任へ、美濃國遠山庄を賜はつて遠山氏を稱し、戰國時代には北條氏に仕へて武州江戸城に住したと言ふ。景吉は勘十郎・掃部助・左衞門佐・彥左衞門とも稱した。父右衞門大夫某は江戸城に住し、天正十五年五月二十九日に卒し、兄直勝は家康に、のち松平忠吉に仕へた。景吉はその母が家康の九男義直の乳母であつたので、駿府城に召出されて義直に附屬せしめられ、本狀を以て甲斐で千石の采地を與へられた。慶長十年、義直に附屬せしめられた家臣は「駿河新參衆」の中でも特に「二十人衆」と呼ばれた。景吉の子孫は代々尾州家に仕へた。

本狀と同じく慶長十年四月二十二日附で初鹿野信吉および竹腰正信・市邊正好に、甲州のうちに於いて知行宛行狀が與へられてゐる(『德川家康文書の研究』下巻之一・四三七頁、『新修德川家康文書の研究』三七四頁、本書五〇五頁)。信吉・正信・正好・景吉の四名は、いづれも義直に附屬せしめられた。本狀發給から一ケ月足らず後の五月十五日、家康はさらに二十人餘の義直附屬の士に對し、一齊に知行宛行狀を與へた。右の四名のうち正信は義直の異父兄、正好は義直の從兄弟、景吉は義直の乳兄弟と言つた近い緣によつて義直に附けられ、重きを置かれたことが知られる。

地藏堂村・千米寺《せんめいじ》村・小城《こじやう》村は八代郡大石和筋所在、下之原村は下野原村、盃塚村は蕎麥塚(蕎塚)村と推され、共に八代郡小石和筋所在である。計を斗と讀んで合計すると千石四斗一舛となる。

福原廣俊に與へたる御內書（慶長六〜十年五月十一日）

（折紙）
爲二端午之祝儀一、帷子二之內生絹一到來、喜悅候也、

（慶長六〜十年）
五月十一日 （家康）（黒印）（印文源家康）

福原越前守（廣俊）とのへ

原本〔渡邊翁記念文化協會所藏〕〇宇部市立圖書館寄託

福原廣俊の事蹟に關しては本書四〇九頁參照。廣俊の越前守在任中の文書である。

〔參考〕德川秀忠より高橋元種に遣れる書狀（慶長六〜十年ヵ四月晦日）

（折紙）
追而太刀一腰馬一疋、別而喜悅之至候、
爲二音信一小袖一重到來、遠路懇意之至候、猶本多佐渡守（正信）可レ申候、謹言、

（慶長六〜十年ヵ）
卯月晦日 秀忠（花押）

高橋右近（元種）大夫殿

高橋元種に關しては本書六〇六頁の解説を參照されたい。

徳川義直附屬の家臣知行宛行

原本〔大東急記念文庫所藏〕○東京 世田ヶ谷區

慶長十年、家康は甲斐國のうちに於いて、義直附屬の士に知行を宛行つた。これらの知行宛行はのちに御三家と呼ばれ、幕府の支柱となる將軍連枝の大大名家を、義直以下の三子をして新たに創立せしめんとした家康の意圖の最初の徵と考へられる。創設後未だ日も淺い徳川幕府體制を、如何に築き上げ鞏固な政權とするかと腐心した家康の施策の現はれとも捉へられるので、ここに總括しておく。

第九男義直は慶長五年十一月二十八日、伏見で誕生した(十月二十八日に大坂城西之丸で誕生とする『編年大略』等の說もあるが誤說であらう)。生母は石淸水八幡宮社家の志水氏出自の於龜の方(相應院)である。幼名は五郎太、長じて義知・義利・義直と名乘つた。

慶長八年正月二十八日、家康は義直を甲斐國二十五萬石に封じた。もつとも義直はそれ以前に武藏國忍十萬石に封ぜられてゐたとする說もあるが、確證はない。甲斐府中城六萬二千石には、先に慶長六年二月、平岩親吉が封ぜられてをり、義直就封後も甲斐一國の施政は親吉が宰領した。親吉は慶長四年三月、家康の第八男仙千代を養子としたが、仙千代は翌五年二月七日に六歲で夭折した。仙千代の生母は義直と同じ於龜の方であつたので、その因緣を以て親吉の家從の子弟八名が、先づ慶長六年に召出され、御小姓として義直に附屬せしめられた。但し、八名中姓名の判明してゐるのは左の五名で、他の三名は不詳である。

平岩縫殿　親吉甥、親吉の弟助六郎（イ助六）康長の次男、後に賜三百石

平岩　杢（イ杢之助）　親吉甥　同じく康長の四男、後に賜五百石

平岩主水　親吉又甥、親吉の妹の長男角藏（宮内）の男、後に賜千石

平岩左馬助　親吉甥、親吉の妹の三男、後に賜四百七十石

中根茂吉　親吉家老中根久左衛門の次男、後に賜三百石

翌慶長七年には山下氏勝が附屬せしめられた。

山下氏勝　（萬壽丸・半三郎・信濃守・大和守）その妻は於龜の方の妹。

同年續いて平岩親吉の家從の子弟十二名が召出され、義直に附屬せしめられた。

小畑正業　（惣兵衛）後に家領三百七十五石を繼ぐ。

酒井忠次　（左平次、源左衛門）親吉家臣酒井金兵衛忠安の男

稲吉定範　（助三郎、七郎兵衛）後に賜三百石

天野重春　（助太夫）親吉家臣天野伊豆（小麥右衛門）重次の男

青山彌次兵衛　親吉家臣青山彌市郎（作兵衛）忠次の男

清水兵助　親吉家臣清水權兵衛（兵助）忠政の男

山本內藏助　親吉の妻の甥、仙千代に仕ふ

鈴木五郎左衛門　親吉家臣鈴木清左衛門の男、御抱傅、後に賜二百五十石

本多終信　(辰之助)親吉家臣本多與次右衛門光信の男、後に賜二百五十石
本多小五郎　同じく與次右衛門光信の男カ　後に改易
大鹽敎清　(傳九郎)親吉家臣大鹽藤太夫政貞の甥、後に賜二百石
天野景貞　(四郎兵衛)親吉家臣天野傳四郎正信の男、仙千代に仕ふ、後に賜二百五十石

これらはいづれも平岩親吉の親族および家臣の子弟であり、未だ幼い義直の小姓や御抱傅、御相手と言った勤めであったと思はれる。これらの者に對して、慶長六年・七年の段階で知行が宛行はれたのか否か、宛行はれたとしても、その地行所も宛行の時期も未明である。

慶長八年義直の甲斐國受封とともに、成瀬正則・津金修理亮胤久はじめ甲州の士二十人が義直に附屬せしめられたと傳へられてゐるが(編年大略・士林泝洄)、同年中および翌九年中に知行宛行狀の發給された例は未見であって確認し難い。

慶長十年四月二十二日、先づ左の四名に對し、甲州のうちに於いて知行が宛行はれた。

竹腰正信　義直の異父兄　五千石　(『新修德川家康文書の研究』三七四頁)
遠山景吉　義直の乳兄弟　千石　(本書五〇六頁)
市邊正好　義直の從兄弟　千石　(本書五〇五頁)
初鹿野信吉　武田家舊臣の子　三百石　(『德川家康文書の研究』舊・復とも　下巻之一　四三七頁)

竹腰正信・遠山景吉・市邊正好は於龜の方を要とした義直の親族姻戚である。初鹿野信吉は同傳右衛門昌久の次男で、昌久は天正十年より家康に仕へ、當時は武藏・下總兩國の中に於て七百石を與へられてゐた。信吉は父とは

別に召出されて義直に附屬せしめられたが、のちに兄が父に先立つて死するに及び、乞ふて義直家中を去り父の遺蹟を繼いで幕臣となつた。

次いで同年五月十五日、家康は義直附屬の二十名の甲州の士に知行宛行狀を與へた。これらの士は、のちに尾張徳川家中に於て「二十人衆」と呼ばれ、古參衆として重んぜられた。

井手重純　（勘平・兵部・兵左衞門）二百石（『新修徳川家康文書の研究』三七七頁）
曲淵重房　（彦助・八右衞門）百五十石（同　右　三七八頁）
秋山虎之丞（イ助）　（次右衞門）跡絶。知行高不詳
米倉半六（イ助）　後逐電成敗。知行高不詳
米倉小平次　（市太夫）跡絶。知行高不詳
青富（イ木）清三郎　（清太夫・安太夫）百五十石
青木長三郎　（長四郎・五兵衞（イ彌五兵衞））百五十石（『徳川家康文書の研究』舊・復とも　下巻之一　四三九頁）
大森甚太夫　（甚太郎）御旗本青木某へ養子に行（山寺牛之助の記事カ）二百石
山寺牛（イ平）之助　跡絶。知行高不詳
山寺重正　（源次郎・甚兵衞）二百石
跡部景綱　（又七郎・又兵衞）百五十石（『新修徳川家康文書の研究』三七六頁）
馬場六郎左衞門　知行高不詳
山寺四郎右衞門　跡絶。二百石

幡野忠成　（惣四郎・彌五兵衛）百五十石（本書五一六頁）

蘿木盛政　（小左《（ィ右）》衛門）二百石

小尾善太郎　（傳左衛門）二百石（本書五一六頁）

小尾九兵衛　後改易。二百石

小尾藤五郎　百五十石（本書五一七頁）

伊藤權右衛門　跡絶。知行高不詳

伊藤忠吉　（左五右衛門）知行高不詳

（『編年大略』『士林泝洄』）

『編年大略』は慶長八年の項に「今年甲州國士之子弟被召出輩二十人、依之後年二十人衆と云、其後追々甲州より被召出之由、前後不分明、暫申傳分誌之」と記して右の二十人を掲げ、その他にも次の六名を擧げてゐる。

津金助之進　同苗修理子父家督申繼御旗本へ入替

津金武右衛門　絶　修理甥

津金理兵衛　修理甥

津金傳三郎　文左衛門祖　修理庶長

津金庄七　後三郎右衛門　絶　修理局

曲淵六兵衛

津金修理亮胤久は武田信玄に仕へ、天正十年九月九日に家康より所領を安堵せしめられ（『徳川家康文書の研究』

上巻　舊・復とも　三六九頁)、慶長八年義直に附屬せしめられ、舊領を嫡子に讓つて別に二千石を與へられた。胤久の長男助之進は父の舊領を繼いで旗本となつた。胤久の弟海口主税の男武右衞門は、胤久の甥たるを以て慶長八年召出され、義直に附屬せしめられて二百石を與へられた。理兵衞・傳三郎・庄七の三名は、いつから義直に附屬せしめられたのか、その知行高も未明であるが、胤久の男治部右衞門某が義直より二百石を與へられ、その後裔は文左衞門を稱するので、傳三郎とはこの治部右衞門と同一人と解される。庄七は胤久の次男である。三郎左衞門ともあり、父胤久の歿後舊跡を繼いだが嗣無くして寛永三年に歿して絶家した。

曲淵六兵衞は、同姓重房の伯父庄左衞門某の男で、慶長八年駿府で召出されて義直に附屬せしめられ、二百石の朱章を與へられて二十人衆と稱したとある。よつてこれを前記の二十人に加へると二十一名となる。

また『編年大略』には書き上げられてゐないが、義直に附屬せしめられ、同じく慶長十年五月十五日に甲州の中にて知行を宛行はれた士がある。

日向《ひなた》(三枝《さいぐさ》)信正(大藏、新左衞門)　百五十石　(本書五一八頁)

これを前記の二十一名に加へると二十二名となつて、「二十人衆」の稱にますます合致しなくなるが、その稱の發生した時期は早くても慶長末年、おそらくは元和以降であらうから、その時期までに既に改易されたり絶家してゐた家は除いて「二十人衆」と稱したとも考へられる。故に後年「二十人衆」との稱が發したからと言つて、慶長十年五月十五日に知行宛行狀を與へられた士を、二十名と限定して捉へる要はないであらう。

この樣に概觀してみると、慶長七年までに義直に附屬せしめられた家臣は、平岩親吉の親族ならびにその家臣の子弟であつたのに對し、慶長十年四月二十二日に知行宛行狀を與へられた竹腰正信は五千石、遠山景吉は千石、市邊正好も千石と三名は義直の親族姻戚として大きな知行を與へられ、初鹿野信吉に與へられた三百石の知行も、二十人衆の最高知行高二百石に比べれば大きかつたと知られる。この四名は、義直家臣團の中核となるべき者と家康が考へ、二十人衆より重んじ、先んじて知行を宛行つたものと考へられる。

この四人に約一ヶ月おくれ、同年五月十五日に一齊に知行宛行狀を與へられた二十數名の士は、いづれも武田家中にあつて名族武門の聞え高かつた士の子弟である。前記の四名が義直家臣團の中核に擬されたならば、これらの士は、いづれも中堅の士に擬されたと捉へられよう。

『新修徳川家康文書の研究』四〇〇頁以下四一七頁に亙つて、慶長十四年十二月發給と推定される徳川頼將(頼宣)ならびに徳川頼房の家臣知行石高書立を掲げ、その解説の參考として慶長十三年に徳川義利(義直)に附屬せしめられた十名の士の氏名も掲げておいた。これら十名の士は慶長六・七年に附屬せしめられた士と同じく專ら平岩親吉の家臣ならびにその子弟である。

この慶長六年から十三年に至る間に、義直に附屬せしめられた家臣を綜覽した時、慶長十年に知行宛行狀を與へられた士こそ、やがて義直家中の中核・中堅となるべき家臣と、家康が目した士であつたと思はれる。この年四月十六日、將軍職を秀忠に讓つた家康は、時を移さず將軍家・幕府を支へる重要な徳川氏分家を、先づは義直に創立せしめるとの方針を決意したと推定されるのである。

幡野忠成に與へたる知行宛行狀（慶長十年五月十五日）

甲斐國八代郡栗合村九拾九石九斗六升・同金川村（金川原村）四十八石八斗・同小山村之內壹石貳斗四升、
合百五十石之事
右宛行訖、全可二領知一之狀如レ件、
慶長十年五月十五日　御朱印（家康）
幡野惣四郎（忠成）とのへ

〔士林泝洄〕○巻第二十二 丙之部一

忠成の祖父、幡野《はたの》加賀は初め駿州今川家に仕へたが、氏眞の代に至つて去り、甲州武田信玄に仕へ、武功を立てて名を顯はした。忠成は惣四郎のち彌五兵衛と稱した。外曾父津金修理亮胤久の推擧によつて家康に謁し、武名高い加賀の孫たるを以て召出され、義直に附屬せしめられて「二十人衆」と稱された。その子孫は代々尾州家に仕へた。

金川村は金川原《かなかはばら》村と推され、栗合《くりあひ》村・小山《こやま》村と共に小石和筋所在である。

小尾善太郎に與へたる知行宛行狀（慶長十年五月十五日）

甲斐國巨摩郡下條西之割之內百石・同南之割之內百石、合貳百石之事　宛行訖、全可二領知一之

狀如レ件、

慶長十年五月十五日　御朱印（家康）

小尾善太郎とのへ

〔士林泝洄〕○巻第二十二 丙之部一

小《を》尾《び》氏は清和源氏義光流で、甲斐國巨麻郡逸見筋小尾村に住して發し、武田氏に仕へた。『德川家康文書の研究』上巻三六七頁（舊・復とも）に、天正十年九月七日附で小尾祐光に與へたる所領安堵宛行狀が収錄されてゐるので、その解説も參照されたい。

小尾善太郎は『士林泝洄』によると祖母が小尾祐光の妹なので、後掲の祐光の嫡孫藤五郎とも近い一族であったと知られる。傳左衞門とも稱し、慶長八年召出されて義直に附屬せしめられ、本狀を以て二百石を給されて「廿人衆」と稱された。叔父九兵衞も同じく召出されて二百石を給されたが、のち故あって改易された。下條西割《しもでうにしのわり》村・下條南割《しもでうみなみのわり》村ともに武河筋所在である。

小尾藤五郎に與へたる知行宛行狀（慶長十年五月十五日）

甲斐國八代郡尾山村之内七拾五石四斗三升・巨麻郡下條南之割之内七十四石五斗七升、合百五拾石之事

右宛行訖、全可二領知一之狀如レ件、

慶長十年

慶長十年五月十五日　御朱印（家康）
小尾藤五郎とのへ
〔士林泝洄〕○巻第二十二丙之部一

小尾《をび》藤五郎は『士林泝洄』によると、小尾監物祐光の嫡孫に當り、慶長八年召出されて義直に附屬せしめられ、本狀を以て百五十石を給された。前掲の小尾善太郎の一族で、嫡系に當る。同じく尾張家中にあつて「廿人衆」と呼ばれてをり、『編年大略』によると、その中に小尾姓の士が傳左衞門・九兵衞・藤九郎と三人含まれてゐたとある。傳左衞門は善太郎に同じと知られ、九兵衞は善太郎の叔父で藤五郎とは別人なので、藤九郎が藤五郎に同じと判明する。その子孫は代々尾州家に仕へた。

尾山村は八代郡小石和筋、下條南割《しもでうみなみのわり》村は巨麻郡武河筋所在である。

日向（三枝）信正に與へたる知行宛行狀（慶長十年五月十五日）

甲斐國巨麻郡下條中之割之內七拾石・上條北之割之內八拾石、合百五拾石之事
右宛行訖、全可レ領二知之一狀如レ件、
慶長十年五月十五日　御朱印（家康）
日向大藏（信正）とのへ
〔士林泝洄〕○巻第七十八辛之部

信正の父、三枝《さいぐさ》信喜は新藏左衞門とも山城とも稱した。信喜は弟藤九郎が武州松山で戰死した後、武田信虎の三男武田刑部少輔信廉（信綱・逍遥軒）の命によつて日向《ひなた》大和守昌時（光村）の養子となり、日向氏を繼いだ。武田氏滅亡後は剃髮して養壽軒と號し、元和八年十一月に卒した。

信正は大藏または新左衞門とも稱した。慶長九年、十一歳の時家康に召出されて義直に附屬せしめられ、翌年本狀を與へられ「廿人衆」と呼ばれた。のち三枝の舊姓に復し、新八とも稱した。正保四年致仕し、寛文七年正月に卒した。その子孫は代々尾州家に仕へた（士林泝洄　巻第七十八）。日向氏と三枝氏は、ともに『甲斐國志』巻之九十六〜七、人物部第五〜六　武田氏將帥部に掲げられてゐる武田家中の名族である。

下條中割《しもでうなかのわり》村・上條北割《かみでうきたのわり》村ともに巨麻郡武河筋所在である。

松浦鎭信に與へたる御內書（慶長十年八月十日）

（包紙ウハ書）
「松浦法印」

（檀紙折紙）
就二火事一松板百五十間到來、喜悅候也、

（慶長十年）
八月十日　（家康）（黒印）（印文源家康）

枩浦法印（鎭信）

原本〔財團法人松浦史料博物館所藏〕○平戸市

『徳川家康文書の研究』（舊・復とも）下巻之一　四四一頁と五五五頁、『新修徳川家康文書の研究』三九一頁參照。中村孝也博士は「譜牒餘錄」より慶長十年八月十日の年紀の島津忠恆宛の御内書を四四一頁に採錄し、文中にある火事のことは未詳とされ、同じ文書を年紀は「三」を逸したものであらうと推定し、五五五頁に慶長十三年八月十日の御内書として再び採錄された。拙著に於いても中村孝也博士の推定に從つて八月十日附の毛利輝元宛の御内書を慶長十三年のものとして三九一頁に揭げた。

ところが本狀の包紙の裏側には「到來　慶長十一年三月九日」との書き入れがある。松浦家傳來の家康の御内書には到來日を折紙の餘白や包紙に書き入れてある例が他にもあり、その書き入れは當時筆されたものと考へられる。とすると火事とは依然未詳なるも、本狀および本狀と略同文で同月日附の島津忠恆（家久）宛、稻葉典通宛、毛利輝元宛の御内書は、いづれも慶長十年の發給と捉へることとなる。

松浦鎭信《しげのぶ》は天文十八年生、源三郎、肥前守を稱したが天正十七年二月式部卿法印に敍、秀吉に仕へ文祿慶長の二度の役に男久信と共に出征、慶長五年關ヶ原戰役に際しては家康に味方して、役後肥前國松浦《まつら》彼杵《そのき》兩郡および壹岐國、都合六萬三千二百石を安堵され平戸城に住した。のち致仕して家督を男久信に讓つたが、久信は父に先立つて慶長七年八月二十九日に歿したので、鎭信の致仕は慶長六年前後のことと推される。久信亡き後はその跡を繼いだ嫡孫の隆信を後見し、慶長十九年五月二十六日に平戸で歿した（『寛政重修諸家譜』巻第四百七十五）。

慶長十年八月十日附の御内書が、翌十一年三月九日に到來したのでは、いくら平戸が遠隔の地と言つても時間がかかり過ぎてゐる樣に感じられよう。しかし火事見舞や季節の音信は送られて來た日は當然バラバラであらうとも、それに答禮する御内書は、略同文で同じ日附で一齊に發給される樣になる。從つて文書に記された日附は、必ずしも執筆された日とは限らず、實際の執筆日より遡つた日附で發給することも、幕藩體制が整備されて行くにつれて增加して行つたと考へられる。その上、御内書と言つた儀禮文書は、送達も急を要さなかつたであらうから、相當の日數を經ることも多かつたと考へられよう。

〔參考〕徳川秀忠より高橋元種に遣れる書状（慶長六～十年カ八月十五日）

（折紙）爰元爲二御見舞一吏者、殊生絹五・帷子五贈給候、悦著之至候、尚大久保相摸守（忠隣）可レ申候間、不レ能二一二一候、恐ゝ謹言、

（慶長六～十年カ）八月十五日　秀忠（花押）

高橋右近殿（元種）

原本〔大東急記念文庫所蔵〕○東京世田ケ谷區

〔參考〕徳川秀忠より高橋元種に遣れる書状（慶長六～十年カ九月十二日）

（折紙）爲二重陽之祝儀一、小袖一重到來、欣然之至候、尚本多佐渡守（正信）可レ申候、謹言、

（慶長六～十年カ）九月十二日　秀忠（花押）

高橋右近殿（元種）

原本〔大東急記念文庫所蔵〕○東京世田ケ谷區

高橋元種に關しては本書六〇六頁の解説を參照されたい。

上田忠三郎に與へたる知行宛行状（慶長十年十月十二日）

（檀紙奉書）
甲斐國八代郡大石和筋中川村之内百七拾貳石四斗壹舛餘・成田村之内百貳拾七石五斗八舛餘、
合三百石、令二宛行一畢、全可二領知一者也、仍如レ件、

慶長十年十月十二日（家康）（朱印）（印文源家康）

上田忠三郎とのへ

原本〔正衆寺所蔵〕○愛知縣知多郡南知多町

本状は宛所のみ家康の自筆である。上田忠三郎は後に忠左衞門と稱したが、諱は未詳である。『士林泝洄』附錄卷第百二十九　辛之部、斷絶家系に收錄されてをり、義直の乳母の甥であつたので、駿府に於いて召出され義直に附屬せしめられたと知られる。義直が幼くして未だ駿府に在つた頃に召出されて仕へ、そのまま尾張家中の士となつた者達は、駿河詰衆あるいは駿河御部屋衆と呼ばれた。義直は慶長八年正月二十八日に甲斐國二十五萬石に封ぜられ、同十二年閏四月二十六日に尾張に移封された。大石和《おほいさわ》筋中川村・成田村は隣接し、のちに併されて英村となつた。

忠三郎は大坂之役に際して豐田小作と共に小十人頭として御小姓衆二十七人を指揮した。元和四年十一月朔日附で義直が請取つた家康の遺產の請渡帳「駿府御分物御道具帳」にも尾州家側の請取人として名を連ねてゐる。のち御小姓頭および大番頭に進んで千五百石を與へられ、さらに二代光友の傳役に任ぜられて加給され、都合三千石を領するに至つた。致仕して以心と號し、寛文二年五月に卒した。享年は未詳である。その二代後に嗣子なくして絶家した。

〔参考〕徳川秀忠より高橋元種に遣れる書状（慶長六〜十年カ十二月二十八日）

（折紙）
爲二歳暮之祝儀一、小袖一重到來、祝著候、猶大久保相摸守（忠隣）可レ申候、謹言、

（慶長六〜十年カ）十二月廿八日　秀　忠（花押）

高橋右近殿（元種）

原本〔大東急記念文庫所藏〕○東京世田ヶ谷區

萬年正勝に與へたる年貢皆濟狀（慶長十一年三月十二日）

卯辰皆濟也

慶長十一年三月十二

萬年（正勝）

原本〔徳川恆孝氏所藏〕○東京澁谷區

全文家康の自筆で卯年と辰年、即ち慶長八年と九年の二ケ年分の年貢皆濟狀である。原本の存否は未明だが、「卯皆濟也、慶長十一年三月十二　安兵衞」と日附も文面も略同様の伊藤正明に與へた皆濟狀が、『徳川家康文書の研究』（舊・復とも）下巻之一　四六六頁に收錄されてゐる。

『寛政重修諸家譜』巻第千十一に載る萬年《まんねん》氏の家譜を略記してみる。

正勝──┬──高頼──久頼
　　　└正頼

正勝《まさかつ》　七郎右衛門　頼秀。東照宮につかへたてまつり、のち相摸國の御代官をつとむ。慶長十一年死す。年六十六。法名成院。今の呈譜某年六月二十一日死す。法名成因。遠江國榛原郡川尻村の成因寺に葬る。成因寺は正勝が開基するところなり。妻は石川氏の女。

高頼《たかより》　新三郎　七郎右衛門　重頼。母は石川氏の女。濱松にをいて東照宮につかへたてまつり、天正十七年十二月食祿百俵及び田宅の地四十石餘を賜ひ、遠江國の御代官を勤め、十八年關東御入國の時したがひたてまつり、御傍に勤仕し、其後相摸國の御代官となり、同國中原にをいて宅地をたまふ。某年死す。法名戒安。相摸國二宮の大應寺に葬る。今の呈譜、慶長十一年六月二十一日死す。年六十六といふ。寛永系圖に記すところ父正勝が死年及び享年ともに相おなじ。これかならず父の死せる年月を訛り傳へしものならん。よりて姑く年齢をかく。妻は石谷氏の女。

正頼《まさより》　彌三郎　萬齋　萬年七郎右衛門正勝が二男。母は石谷氏の女。台徳院殿につかへたてまつり、御小姓をつとめ（中略）寛文四年四月十四日死す。年七十七。

久頼《ひさより》　三左衛門　七郎右衛門　母は石谷氏の女。東照宮につかへたてまつり、遠江國の御代官をつとむ。寛永十四年七月十九日死す。年六十八。法名成閑。今の呈譜常閑　川尻村の成因寺に葬る。

右の記事より各人の生歿年を算してみると、正勝は天文十年〜慶長十一年（一五四一〜一六〇六）。高頼も「今の呈譜」に従へば生歿年は父と同じで慶長十一年六月二十一日歿。正頼は天正十六年〜寛文四年（一五八八〜一六六四）。久頼は元亀元年〜寛永十四年（一五七〇〜一六三七）となつて矛盾が甚だしい。正勝と高頼を同一人と見るには、葬地と妻が合はない。『寛永諸家系圖傳』には未だ高頼の歿年や葬地は記されてゐないので、系圖作成時には存命であつたと考へられ、慶長十一年に歿したとは考へ難い。『寛政重修諸家譜』の編者の記した通り、慶長十一年六月二十一日に六十六歳で歿したのは正勝と解すべきであらう。尚、『寛永諸家系圖傳』の久頼の項には、遠州榛原に於て代官を勤め屋敷を拝領したとある。久頼も慶長十一年には既に三十七歳と算せられ、年齢に不足はないが、本状の宛所の萬年は、相州の代官であつた正勝と解しておく。

一柳直盛に與へたる御内書（慶長五〜十一年カ五月三日）

（折紙）
爲二端午之祝儀一、帷子五之内生絹二到來、祝著候也、

（慶長五〜十一年カ）
五月三日（家康）（朱印）（印文忠恕）

一柳監物（直盛）殿

原本〔一柳末幸氏所藏〕○東京杉並區

印文忠恕の印の使用開始期は慶長五年五月と見られる。この様な文面の御内書は先づは慶長八年二月十二日に征夷大将軍に補せられてより後の發給である。この印の使用期間は短かいので慶長十年頃の發給かと思はれるが決め手はない。

一柳直盛に與へたる御内書（慶長十一年五月五日）

（折紙）
其地普請出來之由、石川八左衞門尉（重次）申候、晝夜依レ入レ精、早速出來之儀、將軍（秀忠）可レ爲二滿足一候、
於二此方一も同前之儀候也、

（慶長十一年）五月五日　（家康）（黒印）（印文源家康）

一柳監物（直盛）とのへ

原本〔一柳末幸氏所藏〕○東京杉並區

慶長十一年に先づは竣工した江戸城改修に際して發給された御內書で、『德川家康文書の研究』（舊・復とも）下卷之一四六八頁から四七六頁にかけて本狀と同文の文書と精しい解説が掲げられてゐる。

中川秀成に與へたる御內書（慶長十一年五月五日）

（包紙）「中川修理亮とのへ」

（折紙）
其地（江戸）普請出來之由、石川八左衞門（重次）尉申候、晝夜依レ入レ精、早速出來之儀、將軍（秀忠）可レ爲二滿足一候、於二此方一も同前之儀候也、

（慶長十一年）五月五日　（家康）（黒印）（印文源家康）

中川修理亮（秀成）とのへ

原本〔神戸大學文學部日本史研究室所藏〕○神戸市

中川秀成の事蹟に關しては本書四三二頁を參照されたい。慶長十一年の諸大名助役による江戸城普請に關しては『德川家康文書の研究』(舊・復とも)下卷之一　四六八頁以下に記されてゐる解説を參照されたい。當時京都・伏見に在った家康は江戸城普請出來の報に接して五月五日附で本狀と同文の御内書を助役の諸大名に與へ、續いてその數日内に同じ諸大名に帷子と羽織等を贈って、その勞を犒ったものと思はれる。

中川秀成に與へたる御内書(慶長十一年五月六日)

(折紙)
遠路普請、不ㇾ嫌二晝夜一依ㇾ入ㇾ精、早ゝ出來之由、感悅候、仍帷子幷羽折・袷遣ㇾ之候也、

(慶長十一年)五月六日　(家康)黑印(印文源家康)

中川修理亮(秀成)とのへ

原本〔神戸大學文學部日本史研究室所藏〕○神戸市

慶長十一年五月六日と七日の兩日に亙り、江戸城普請助役の功の賞賜として、諸大名に時服を贈ったことを示す御内書は、脇坂安元・吉川廣家・毛利秀元・福原廣俊・中村忠一・高橋元種にそれぞれ與へた計六通が既に『德川家康文書の研究』に收錄されてゐる。本書を含め計六通に「帷子幷羽折袷」とあるが、「羽折袷」の語は「羽折と袷」なのか「袷羽折」なのか聊か解釋に餘地が殘るところである。しかし、中村忠一に與へた御内書には「帷子幷羽折袷單物」とある

ので、「帷子に羽折と袷」と解して疑問を殘さないところとなる。

一柳直盛に與へたる御內書（慶長十一年五月七日）

（折紙）
遠路普請、不ㇾ嫌二晝夜一依ㇾ入ㇾ精、早〻出來之由、感悅候、仍帷子幷羽折・袷遣ㇾ之候也、

（慶長十一年）
五月七日　（家康）（黑印）（印文源家康）

一柳監物（直盛）とのへ

原本〔一柳末幸氏所藏〕○東京杉並區

『德川家康文書の研究』（舊・復とも）下巻之一　四六八頁から四七六頁參照。同年の五月五日附の御內書を以て滿足の意を傳へ、さらに二日後には本狀を以て衣服を賞賜したのである。

中川秀成に與へたる御內書（慶長八〜十二年三月十五日）

（包紙）
「中川修理亮とのへ」

（折紙）
料理鍋九到來、喜悅候也、

（慶長八〜十二年）三月十五日　（家康）黑印（印文源家康）

中川修理亮（秀成）とのへ

原本〔神戸大學文學部日本史研究室所藏〕○神戸市

中川秀成の修理大夫任官は文祿三年春、歿年は慶長十七年八月であるが、家康のこの印の使用時期の上下限から年代の幅を推定しておいた。

「料理鍋九」は「料理用の鍋が九つ」なのか、「料理が九鍋」なのか解釋に餘地が殘るが、いづれにせよ他例未見の珍しい贈答品である。料理鍋と解するならば、非儀禮的な日常品まで贈られた駿府城の火事の後、即ち慶長十三年と考へてみたいが、使用印の下限先例からみて無理が生ずるし、その折の贈物に對する御内書が後掲の通り（本書五四九頁）別に在る。

松浦隆信に與へたる御内書（慶長十二年閏四月十二日）

（檀紙折紙）
於二其地一留候山鳥大鷹一居到來、喜悅候也、

（慶長十二年）後卯月十二日　（家康）黑印（印文源家康）

松浦源三郎（隆信）とのへ

原本〔財團法人松浦史料博物館所藏〕○平戸市

折紙の下半分の餘白に「到來　慶長十二　八月六日」の書き入れがある。閏四月は慶長十二年であり、松浦氏に與へられた御内書にそれぞれ書き入れられてゐる到來の年月日の堅實性を證してゐよう。

文意は聊か難解である。山鳥とは廣く山に住む鳥全般をも指すが、種を指す時は雉科の鳥を指す。食用の鳥として雉は最も好まれ、中でも鷹が獲つた雉を珍重したと言ふ。その山鳥と大鷹とが贈られたのか、その山鳥を獲つた大鷹が贈られたのか解し難い。鷹は拳に据ゑるので一羽と數へず一居と數へる。

隆信は慶長七年八月に父久信を喪つて跡を承け、慶長十七年九月に從五位下肥前守に敍任された。『寛永諸家系圖傳』にも『寛政重修諸家譜』にも幼名や通稱は記されてゐないが、松浦氏の長子は代々源三郎を通稱としてゐるので、本狀の宛所も慶長十二年に當主であつた隆信宛と解される。

小坂井新左衛門に與へたる定書（慶長十二年五月）

定

駿州府中町屋敷、永代其方扣可レ申事、相違不レ可レ有者也

家康

（御朱印）

慶長十二歳
未五月

小坂井新左衛門

〔囶秘錄小坂井新左衛門記〕○徳川林政史研究所所藏

徳川林政史研究所には「囶秘錄」の他に「文化十一年　紺屋頭先祖・由緒書」「弘化五年　紺屋頭由緒書」の二書が在り、「囶秘錄」所收の由緒書と記事は略同じである。それらから新左衛門の事蹟を抽出し、略記してみよう。生國は三河國寶飯郡小坂井《こさかゐ》村で鄕士であった。永祿八年生。妻は家康の側室志水氏於龜の方(相應院　義直生母)の姪で名を「めで」と言ひ、正保三年に卒して相玄院殿妙種日行と諡された。

新左衛門は慶長五年、妻めでの緣を以て於龜の方を賴り伏見城で家康に御目見、伏見丹波橋角屋敷を賜はり紺屋を開き、旗・纏等の御用を仰付けられた。同十二年駿府兩替町六町目角屋敷表間口十四間、裏まで二十間、二百八十坪を拜領した。同十五年知行を下し置かれるとの沙汰を蒙つたが拜辭し、代へて尾州濃州の甕年貢(瓶年貢)を下し置かれる樣願ひ出、聽許された。同十六年駿府より尾張名古屋に移つて七間町に二百坪の屋敷を與へられた。寛永十九年六月、江戸に於て七十八歳で卒し、品川本光寺に葬された。子孫は「駿河越衆」としての家柄を誇り、代々尾張徳川家の旗・纏の御用を勤め、紺屋頭として幕末に至った。

本書は「定」とあるので定書としたが、由緒書の唱へるところに從へば、屋敷宛行狀である。「定」とある點、「家康」と署名のある點および朱印の位置は書式の上で疑問を殘すが、書寫の際の後補と見れば、本文は疑問を插まなくてよいであらう。小坂井新左衛門の事蹟に關しては『名古屋市史』にも詳しい。本書五六五頁參照。

松浦鎭信に與へたる御內書(慶長十二年五月十六日)

(包紙ウハ書)
「松浦法印」

慶　長　十　二　年

（檀紙折紙）
爲二端午之祝儀一、生絹二到來、悅思召候也、

（慶長十二年）五月十六日　（家康）（黑印）（印文源家康）

松浦法印（鎮信）

原本〔財團法人松浦史料博物館所藏〕○平戸市

「松浦鎮信に與へたる御内書（慶長十年八月十日）」およびその解説參照（本書五一九頁）。本狀の包紙の裏側には「到來慶長十三年三月十八日」の書き入れがある。由て發給はその前年の五月と解される。

〔參考〕將軍秀忠より生駒一正に遣れる書狀（慶長十二年六月十八日）

（折紙半截）
其元普請之儀、先書如レ申極暑之時分、別而苦勞之至候、雖下非二指儀一候上、以二使者一申候、隨而帷子相送候、見舞之驗迄候、猶相二含口上一候間、不レ能レ詳候、恐々謹言、

（慶長十二年）六月十八日　秀忠（花押）

生駒讃岐守（一正）殿

原本〔博物館會津武家屋敷所藏〕○會津市

折紙を半截して軸裝されてゐる。一文字は無く押風帶の略裝である。

一正は親正の男として弘治元年美濃國土田邑に生まれ三吉、正俊とも名乘つた。文祿・慶長の再度に渉つて父と共に朝鮮に出陣し、關ケ原戰役では東軍に屬して武勳を立てた。父親正は西軍に屬したが自らは病と稱して出陣せず、役後薙髮して高野山に入つた。一正は翌年五月、父の本領讃岐國に於いて十七萬千八百石餘を給され、慶長七年丸龜城をあらためて高松城に移り住し、同十五年三月十八日に卒した（『寛政重修諸家譜』巻第千四百二十九。『戰國人名辭典』）。本狀と略同文同月日で「將軍秀忠より脇坂安治に遣れる書狀（慶長十二年六月十八日）」が『德川家康文書の研究』（舊・復とも）下巻之一　五一七頁に掲載され、脇坂龍野家譜に慶長十二年駿府築城手傳の折に江戶の秀忠より賜つた旨の記事があると紹介されてゐる。よつて本狀も同年の發給と見られる。『新修德川家康文書の研究』三九三頁には「將軍秀忠より中川秀成に遣れる書狀（慶長十三年六月十八日）」として略同文同月日の書狀を掲げたが、それも脇坂家譜の記事に隨つて慶長十二年と改むべきであつた。

加藤嘉明に與へたる御内書（慶長十二年六月二十日）

（折紙）
其元普請被レ入レ精之故、本丸早々出來、悅思食候、炎天之時分、一入苦勞候也、

（慶長十二年）六月廿日　（家康）黒印（印文恕家康）

加藤左馬助（嘉明）とのへ

原本〔古典籍下見展観大入札會〕○昭和五十八年十一月十一日於神田古書會館

本狀と同文同日附で與へられた御内書が『德川家康文書の研究』に左の通り收錄されてゐる。

有馬豐氏宛（慶長十二年六月二十日）（舊・復とも）下卷之一　五一六頁
有馬豐氏宛（慶長十九年六月二十日）（舊・復とも）下卷之一　八二九頁
高橋元種宛（慶長十九年六月二十日）（舊）下卷之二　二五八頁、（復）下卷之一　九五七頁
有馬豐氏宛の御内書は二通とも譜牒餘錄に、前者は慶長十二年の駿府城普請の折、後者は慶長十九年江戶城本丸普請の折に與へられたとある記事に據って採錄掲出されてゐる。
高橋元種宛の御内書は有馬豐氏宛の御内書を慶長十九年と捉へ、それに準じて採錄されてゐる。しかしながら、高橋元種は慶長十八年十月二十四日に改易（本書六〇六頁參照）されてゐるので慶長十九年ではあり得ないから、豐氏宛の御内書二通は衍で、正しくは慶長十二年の一通のみである。由て元種宛の御内書も加藤嘉明宛の本書も、ともに慶長十二年、駿府城普請の折と解される。

生駒正俊に與へたる御内書（慶長十二年六月二十日）

〔生駒家寶簡集　乾〕○東京大學史料編纂所所藏

其許普請被ㇾ入ㇾ精之故、本丸早々出來、悅思召候、炎天之時分、一入苦勞候也、
（慶長十二年）六月廿日　家康公　黑印
生駒左近允（正俊）とのへ

本書も前掲の「加藤嘉明に與へたる御内書」（慶長十二年六月二十日）と同文であり、それに附した解説と同じ理由で慶長十二年の發給と解される。

正俊は一正の男で天正十四年生、某年正五位下左近將監に敍任され、慶長十五年三月に父一正が卒してのち翌十六年正

月には讃岐守と改めてゐたと知られるので、正俊の官職によつても本書は慶長十二年の駿府城普請の時と斷じられる。

〔參考〕將軍秀忠より池田輝政に遣れる書狀（慶長十二年七月二十五日）

（折紙）
就二今度其元普請一在地之旨、炎暑之節御苦勞察入候、猶追而可二申述一候間、不レ詳候、恐〻謹言、

（慶長十二年）
七月廿五日　秀　忠（花押）

（池田輝政）
播磨少將殿

原本〔財團法人林原美術館所藏〕○岡山市

折紙を半截して軸装されてゐる。池田輝政は關ケ原合戰の功により播磨國五十二萬石を與へられ、姫路城を築いて住した。慶長八年二月十二日に少將に任ぜられ、同十八年一月二十五日に歿した。その間の七月に輝政が幕府の普請を務めたのは慶長十五年の名古屋城普請が知られるが、同年に諸大名に發給された秀忠の文書は書止めに「恐々謹言」はない。御内書形式であるから、本書は慶長十二年の駿府築城の時の書狀と解される。或は翌十三年の駿府城修築の折かも知れない。

福原廣俊に與へたる御内書（慶長十～十二年九月九日）

（折紙）
爲二重陽之祝儀一、小袖一重到來、喜思召候也、

（慶長十〜十二年）
九月九日　（家康）黑印（印文源家康）

福原越後（廣俊）守殿

原本〔渡邊翁記念文化協會所藏〕○宇部市立圖書館寄託

福原廣俊の事蹟に關しては本書四〇九頁參照。廣俊は慶長十年四月二十日に越前守から越後守に轉じられたので、それ以降の文書であるが、押捺されてゐる印文「源家康」の使用期の目下確認されてゐる下限が「龜井茲矩に與へたる內書（慶長十二年十月十七日）」（『德川家康文書の研究』舊・復とも　下巻之一　五二三頁。印文「源家康」と原本で確認濟）である故、本文書もそれまでの間の發給と捉へておく。

池田利隆に與へたる御內書（慶長十二年十月四日）

（折紙）
今度駿苻（府）普請付而、其方入念堅申付故、差越候者共入レ精早速出來、感悅思食候也、

（慶長十二年）
十月四日　（家康）黑印（印文源家康）

（池田利隆）
松平武藏守とのへ

原本〔熊本大學附屬圖書館所藏〕○熊本市

「池田利隆に與へたる御内書（慶長十三年八月十日）」（本書五四八頁）と共に「權現樣御判二つ」と墨書した包紙に收められ、さらにそれを包んだ包紙には左の通り記されてゐる。

家康公印判

今度駿府普請云〻

十月四日　慶長十二年　壹通

就火事疊之面云〻　壹通

本書と同文同日附で加藤嘉明・脇坂安治・毛利秀就にそれぞれ與へられた御内書が『德川家康文書の研究』（舊　下卷之二　二四一頁、復　下卷之一　九四四頁）『新修德川家康文書の研究』（三八八頁、三八九頁）に收錄されてゐるので、それらの解說を參照されたい。

利隆は池田輝政の長男で天正十二年岐阜に生まれ、初め新藏と稱した。母は中川清秀の女で利隆の幼時に歿した。文祿二年九月、秀吉の媒によって輝政の繼室となつたのは家康の第二女督姬である。輝政の子女に關しては「池田輝政室督姬に遣れる消息（慶長十六年三月二十九日）」の解說（本書五八一頁）を參照。

慶長十年、利隆は秀忠に隨って上洛し三月二十六日、從四位下侍從に敍任され右衞門督に改めた。この年、秀忠は榊原康政の女を養女として利隆に嫁せしめた。慶長十二年六月二日、利隆は松平の稱號を賜はり、武藏守に改めた（『寛政重修諸家譜』卷第二百六十三）。

輝政の二男忠繼以下の五男一女はいづれも繼室督姬の所生であつて家康の孫であるが、長男利隆には德川の血脈はない。そこで榊原康政の女を將軍秀忠の養女として利隆に嫁せしめたのも、父輝政に先立つて（輝政が松平の稱號をゆるされたのは慶長十七年八月二十三日）松平の稱號を與へ、秀忠が天正十五年九歲の時以來、慶長五年關ケ原戰役頃までの長い間稱してゐた武藏守をゆるしたのも、姬路宰相百萬石と世に稱された大封を擁する輝政の長子利隆と德川家との紐帶を、能うる限り强めておかうとした政策の現はれであらう。
輝政は隱居しなかつたので利隆は未だ家督してゐるわけではない故、父とは別して駿府築城の助役に當つたとは思はれず、その名代として、或は慶長八年に既に備前一國を與へられながら未だ幼ない弟忠繼に代つて助役に當つたのであらうか。宛所を「松平武藏守」として利隆に與へられた本書は、なかなか意味深長であると思はれる。

中川秀成に與へたる御內書（慶長八〜十二年十一月二日）

（包紙）「中川修理亮とのへ」

（折紙）爲二鷹野之見廻一、端折三到來、喜悅候也、

（慶長八〜十二年）十一月二日　（家康）黑印（印文源家康）

中川修理亮（秀成）とのへ

原本〔神戸大學文學部日本史研究室所藏〕○神戸市

本書も發給年次は確定し難く、この印の使用時期の上下限から年代の幅を推定しておく。
家康は少年期より歿年に至るまで鷹狩を好んだ。特に限られてゐたわけではないが、やはり鷹狩のシーズンは冬で、駿府隱退後は毎年秋から冬にかけて、江戸への往復の序でに相摸・武藏、時には下總にまで足を延ばして鷹狩を樂しむのを年中行事の樣にしてゐた。

「見廻」は通常「みまはり」或は「みまはし」と讀んで警戒・見物、身のまはりの細かなもの、あちらこちらを見ることなどの意味に用ゐられてゐるが、中世・江戸初期では「みまひ」と讀んで、のちの「見舞」と略同意に用ゐられた。「端折」は通常「はしょり」と讀んで、物の端を折ること、特に着物の裾を折つてからげることを意味してゐるが、着物の端を折り反して短くしたものの意から、端折は羽織の意と解されてゐる（南窓筆記『日本國語大辭典』）。今日の羽織は小袖の裾を短かくし、道服・胴服仕立てとした防寒用衣服として戰國末期、十六世紀後半頃に始まったが、その語源は定說を得てゐない。元和二年十二月から同四年十一月に亙る家康遺品の請渡帳、尾張徳川家本「駿府御分物帳」では専ら「羽折」と記され、「羽織」の表記法は見出されないから、初めは「折つた衣服」の意識のもとに成立した語であると解される。現代語の「羽織る・はおる」、即ち着物の上にうちかけて着るの意の語は、「羽織」の語が成立してより後に、さらにそれを活用させた動詞で、その成立は晩れる。

寒中野外で行ふ鷹狩の見舞の品として防寒用衣服を贈ることはまことに適切であり、「端折」とは「羽折」、後世に言ふ「羽織」に同じと解される。尚、家康遺品の羽織で原初の仕立を留めてゐる現存品を八領實見してゐるが、全て綿入仕立である。

中川秀成に與へたる御内書（慶長八〜十二年十二月二日）

（包紙）「中川修理亮とのへ」

（折紙）爲二鷹野之見廻一、念を入彦六切之ゆあ（か）け二十具到來、喜悅候也、

（慶長八〜十二年）十二月二日　（家康）黒印（印文源家康）

中川修理(秀成)大夫とのへ

原本〔神戸大學文學部日本史研究室所藏〕○神戸市

宛所書きが一致してゐないので、包紙は別の文書に附屬するものかも知れないが、現狀に從つて掲げておいた。

本書もまた鷹野の見舞として贈られた品に對する答書である。「ゆがけ」とは弓懸・韘・韝と書き、弓を射る時に手指が痛まない樣に用ゐる革製の手袋で、鹿皮に限られる。今日では專ら右手のみ、それも指三本に嵌める樣に作られてゐるが、昔は五指すべてを覆ひ、今日の手袋と同じで手首のところにつけられた皮紐で縛した。しかも當時は左右兩手に着用することが多く、左右一對になつてゐるものを一具と言つた。寒中の鷹狩見舞の品としての「ゆがけ」は、實に恰好の贈物だつたに相違ない。

「彥六切」の語は、彥六と言ふ弓懸作りの名人が作つたとの意か、もとはそれに發して既に「彥六切」と言ふ一つの型を意味する樣になつてゐたかとも想像されるが未明である。「彥六」の通稱は稻葉良通(一鐵)・貞通・典通三代の通稱であり、就中、良通・貞通はその通稱によつてよく知られ、良通は弓の名手であつたとも傳へられてゐる故、「彥六切」の稱もそれに何かしら關係あるかと思はれるが、想像にとどまる。

朝比奈泰雄に與へたる知行宛行狀（慶長十二年十二月十日）

常陸國下妻之內黑子村參千石、宛行訖、全可㆓領知㆒者也、

慶長十二年十二月十日　◯(家康)(朱印摸)

朝比奈兵衛尉（泰雄）とのへ

〔諸家文書纂一三〕○『闕城町史』史料編Ⅲ五八二頁

〔附〕伊奈忠次・大久保長安・本多正純より朝比奈泰雄に出せる知行目録
（慶長十三年正月十九日）

御知行之目録

合三千石　　黒子村

右分爲二御知行一被レ下候間、被レ成二御所務一、重而御朱印可レ被レ成二御頂戴一候、以上、

慶長十三年

正月十九日　　伊奈備前守

忠次（花押摸）

大久保石見守（長安）（花押摸）

本多上野介

正純（花押摸）

朝比奈兵衛尉（泰雄）殿

參

慶長十二年

〔諸家文書纂一三〕　○『關城町史』史料編Ⅲ五七三頁

『關城町史』通史編上巻(三五二頁)は、この朝比奈兵衛尉を旗本、諱を泰元、慶長十二年十二月に黒子村三千石が與へられたが、この黒子村とは江戸期を通じて千妙寺領であつた黒子村ではなく、戰國期に黒子鄕と通稱されてゐた井上・辻・木戸・梶内・若柳村を含む廣い地域の一部を指してゐるのであらう、朝比奈泰元の出自や役職等は不明と述べてゐる。一ケ村で三千石の村高は大に過ぎるので、黒子村に關する解釋は明解であらう。通常、奉行衆による知行書立は朱印狀より先に發給されるので「重而御朱印」云々と後日の朱印狀發給豫告文言が記される。ところがこの知行目録は朱印狀より後日に發給され、しかも「重而御朱印」云々とあるのは、知行所が單に「黒子村」とあるだけでは特定し得なかつた故に、なほ詳細な知行目録が朱印狀を以て重ねて發給されるべく豫定されてゐたとも解されよう。だが知行宛行狀や皆濟狀等の經濟關係文書は、往々にして日附を遡及して發給されたので、本狀の實際の發給日も慶長十三年正月二十日以降であつたとも考へられる。黒子鄕は常陸國下妻庄のうちで、文祿の太閤檢地を機に河内郡に屬した。

『寛永諸家系圖傳』平氏良文流の朝比奈(朝夷名)氏には、朝比奈道半の二男、兵衛尉(丞)泰雄《やすお》を載せてゐる。『寛政重修諸家譜』巻第五百二十四にも甚内、兵衛として泰雄を載せ、父についで北條氏に仕へ、のち暇を得て下野國足利に住居し剃髪して雲齋と號した。慶長十一年家康は本多正純に命じて泰雄を賴房領の下妻城代となさしめ、翌十二年十二月十日に家康より采地三千石の御朱印を賜はつた。元和三年二月朔日に泰雄は歿し、嗣なきにより俸祿は返上された。幕臣としての朝比奈は二代後の正次の時に姓を柴村と改めて二百石を給された。水戸賴房家臣としての朝比奈は、泰雄の甥朝比奈泰重に嫁いだ娘所生の泰信が、賴房の命によつて遺跡を繼ぎ、その子孫は水戸家に仕へた。

賴房は慶長十年、三歳で常陸下妻十萬石を與へられ、同十四年には兄賴宣の舊領常陸水戸城二十五萬石を與へられた。

「水府系纂」に朝比奈右兵衛尉と載せられてゐるのが、この泰雄に當ると推される。

『關城町史』は朝比奈兵衛尉を出自役職不明ながら旗本とし、名を泰元としてゐるが、その典據が示されてゐないので、朝比奈泰雄としておく。

中川秀成に與へたる御內書（慶長八〜十二年十二月十八日）

（包紙）「中川修理亮とのへ」

（折紙）爲遠路見廻、紫皮二十枚到來、喜悅候也、

（慶長八〜十二年）十二月十八日　（家康）黑印（印文源家康）

中川修理亮（秀成）とのへ

原本〔神戸大學文學部日本史研究室所藏〕○神戸市

本書の發給年次も使用印に因て年代に幅を持たせておく以外にない。紫皮とは紫色に染めた牛皮や鹿皮で、武具や調度類に多用され、時には衣服に用ゐられることもあつた。遠路とは秀成が領國豐後から遙々見舞の品を贈つて來たことを意味する。

中川秀成に與へたる御內書（慶長八〜十二年十二月晦日）

（包紙）「中川修理大夫とのへ」

（折紙）
爲㆓歳暮之祝儀㆒、小袖三之内綾一到來、喜悦候也、

（慶長八〜十二年）
十二月晦日　（家康）黒印（印文源家康）

中川修理大夫（秀成）とのへ

原本〔神戸大學文學部日本史研究室所藏〕○神戸市

家康の生涯、中でも開幕以降、季節ごとの諸大名よりの贈答品はほぼ定例化されるに至った。五月の端午の祝儀には帷子や生絹、九月の重陽の祝儀と十二月の歳暮の祝儀には小袖が恆例であった。

島津以久に與へたる御内書（慶長七〜十三年カ五月十一日）

（折紙）
爲㆓端午之祝儀㆒帷子五之内生絹二到來、喜悦候也、

（慶長七〜十三年カ）
五月十一日　（家康）黒印（印文源家康）

嶋津又四郎（以久）とのへ

原本〔思文閣所藏〕○京都市東山區

『徳川家康文書の研究』（舊・復とも　中卷　二九八頁）に「島津忠仍（久信）に遺れる直書（慶長三年五月十一日）」と題し、發給は「家康公御黑印」として「後編薩藩舊記雜錄　四十一」に據つて收錄されてゐる文書である。年紀と宛所は同雜錄に「按慶長三年戊戌正月又四郎忠仍、初爲二人質一上洛時、年十四才、蓋此時所レ賜御書也、後七年壬寅九月、九年甲辰二月上洛、可レ考、　忠仍後相模守久信ト云」とある記事に據つて慶長三年、忠仍宛のものとしておくと解說されてゐる。

この文書の原本が平成十一年十一月十二・十三日に東京神田の古書會館で催された「古典籍下見展觀大入札會」に出品されて實見の機を得た。

折紙で印文「源家康」の黑印狀であり、宛所は半折した折紙の下端に接してゐる。折目を延ばした奉書の右下端に貼札があり「家康公御黑印　以久公江」と墨書されてゐる。いつの時代に附されたかは未明であるが、少なくとも近代の貼札とは思はれない。包紙には「五月十一日　又四郎樣　御書付壹通　家康公御內書御黑印」との墨書がある。以久は島津忠將の男で天文十九年薩摩國永吉に生れ、初め幸久《ゆきひさ》・征久《ゆきひさ》と名乘り堯仁房とも號した。通稱は又四郎で從五位下右馬頭に敍任されたとあるがその年次は未詳である。慶長八年義久・家久等が乞ふて家康に初めて目見え、同年十月十八日日向國那珂郡佐土原三萬石の地を與へられ、慶長十五年四月九日伏見で六十一歲を以て卒したとある（『寬政重修諸家譜』卷第百九）。佐土原島津家の初祖である。敍任の年次は未詳と言つても、慶長十三年駿府城再築の普請の助役を勤め、その勞を賞して家康が與へた同年八月二十日の御內書（『徳川家康文書の研究』舊・復とも　下卷之一　五五六頁）の宛所は「嶋津右馬頭とのへ」と記されてゐるので、敍任は同日以前であつたと知られ、通稱の「又四郎とのへ」と記されてゐる本書の發給年次下限はこの點から慶長十三年と抑へられよう。

「源家康」印の使用時期で年月の確認されてゐるのは目下のところ慶長七年六月十六日（『新修徳川家康文書の研究』三一六頁）から慶長十二年十月十七日（『徳川家康文書の研究』舊・復とも　下卷之一　五二三頁。但し復刻版は印文誤植）

と考證されてゐる。島津氏で通稱を又四郎と稱した者は多いが、この期間に於ける該當者は島津義弘と以久に限られよう。『寛政重修諸家譜』には諱を忠仍または久信と名乘つた島津氏は記載されてゐない。

「薩藩舊記雜錄」（原題は「舊記雜錄」）は薩摩藩史料の集大成本であるが、その編纂は文化年間に始まつて明治三十年頃に完成してをり、記事の考證年代は新しい。忠仍の事蹟の記事の原典は未確認だが、「源家康」印の使用された期間に鑑みて、その考證記事は肯んじ難いであらう。慶長七年から十二年の間に島津義弘に遺られ、或は義弘が遺つた文書は『德川家康文書の研究』下巻之一（舊・復とも）に參考文書も含めて十四通が收載されてをり、羽兵（羽柴兵庫頭）と宛てられた文書が三通、惟新と宛てられ又は署名した文書が十一通であつて「又四郎」と記された文書は一例もない。翻つて「島津惟新（義弘）より同龍伯（義久）に遺れる誓書（慶長七年八月十日）」に記されてゐる「又四郎殿」を、中村孝也博士は以久であらうと考證してをられる。

以上の理由により本書の宛所の「又四郎」は忠仍（久信）でも義弘でもあり得ず、以久と捉へ直して再掲しておく。

〔參考〕伊奈忠次より會田資久に與へたる屋敷地宛行狀（慶長十三年五月十九日）

（折紙）

以　上

急度申入候、仍其方御公方御用、能〻被㆓走廻㆒候付而、爲㆓屋敷分と㆒畠壹町歩被㆑下候、長ク所務（印）可㆑被㆑致候、彌御用可㆑被㆓走廻㆒候、右之通本多佐渡殿（正信）も御存知之間如㆑此候、仍如㆑件、

慶長拾三年　伊奈備前

申五月十九日　忠　次（花押）（黑印）

會田出羽(資久)殿

原本〔小島才輔氏所藏〕○埼玉縣越ケ谷市

『寛政重修諸家譜』巻第五百八十八に、會田氏は滋野氏で信濃國小縣郡海野村に住んで海野氏を稱し、のち同國會田郷に居住して家號をあらためた。資久《すけひさ》は通稱を出羽「北條家につかへ、天正十八年かの家沒落ののち武藏國越谷に居住す。そののち東照宮越谷に放鷹したまふのとき、資久が宅地のうちに御殿等を營ませたまひ、後しばしば渡御ありて物を賜ふ。そののち台徳院殿もしばしば成せたまふ。後下野國宇都宮に御座のとき、仰をうけて間道を導きたてまつり、慶長十三年五月十八(ママ)日屋敷地として畑一町歩をたまはるのむね、伊奈備前守忠次より書ををくる。元和五年七月十六日死す。法名道光。越谷の天岳寺に葬る」とある。

家康は少年時より鷹狩を好み、将軍職を罷め駿府に退隠してのちは、毎年江戸との往復の途次、或は江戸城から出かけて相摸・武藏・下總の各地を放鷹しつつ民政民情を視察して廻った。本狀には地名は記されてゐないが、與へられた屋敷地は資久の居住した越ケ谷であったと推定されよう。家康はこの鷹狩旅行のため、街道筋の要所ごとに「御殿」を造らせた。越ケ谷は忍・岩槻・越ケ谷・葛西と街道筋の要所であり、家康の道中宿付を見ると同方面の放鷹に際しては必ず宿泊地に豫定されてゐる。越ケ谷には資久の葬地天岳寺に近く、元荒川と葛西用水との交點に越ケ谷御殿蹟がある。本狀を以て宛行れた屋敷地は畠一町歩(三千坪)と廣大であり、家譜にある通り家康の御殿用地と推量される。

柬埔寨國主浮哪王嘉に交付せる日本人處罰に關する朱印狀

(慶長十三年八月六日)

近年到二其國一日本人、作二惡逆一輩者、如二柬埔寨法度一可レ被レ致二成敗一也、於二日本一無二隔心一、

任二此印札一可レ被二申付一也、仍狀如レ件、

慶長十三年戊申八月六日

柬埔寨國主　足下

御印（家康）

〔外蕃信書〕○第十八『改定史籍集覧』第廿一冊

柬埔寨《カンボジア》は甘孛智・澉浦只とも書かれた。

「外蕃信書」には「載二異國日記一」とあるが、『異國叢書』收錄の「增訂異國日記抄」には見出されない。おそらく近藤守重が用ゐた異國日記の底本には收載されてゐたものと解される。守重は「日記ニ云、右大高也、竪ニ書レ之、御右筆書レ之」と註してゐる。

本狀は「呂宋國太守に交付せる日本人處罰に關する朱印狀（慶長十三年七月六日）」（『德川家康文書の研究』（舊・復とも）下巻之一　五三六頁）より發給日は一ケ月おくれるも、本文は略同文である。おそらく本狀と同日附で柬埔寨國主に遺つた復書（前掲書　五四七頁）と共に發給されたものと解される。

池田利隆に與へたる御内書（慶長十三年八月十日）

（折紙）
就二火事一、疊之面五百帖・兒嶋酒十樽到來、喜悅候也、

（慶長十三年）八月十日　（家康）黑印（印文恕家康）

松平武藏守（池田利隆）とのへ

原本〔熊本大學附屬圖書館所藏〕○熊本市

「池田利隆に與へたる御内書（慶長十二年十月四日）」（本書五三六頁）の解說を參照されたい。

駿府城の火事見舞に對する御内書は既に數通收録されてゐるので、それらを纏めた「毛利輝元に與へたる御内書（慶長十三年八月十日）」（『新修德川家康文書の研究』三九一頁）の解說を參照されたい。

利隆は前年の駿府城普請助役に續いて、この時も父輝政、或は弟忠繼の名代として見舞の品を贈つたのであらうか。毛利輝元が贈つた品が疊之面千帖・松板五千枚であつたのに勘案してみると、本書にある疊之面五百帖・兒嶋酒十樽が播磨・備前・淡路の三ケ國を領し姫路宰相百萬石と稱された池田父子からの見舞の品の全てであつたとは考へ難い氣がする。本書にある品々は父もしくは弟たちとは別して利隆が領國の特産品を贈り、家康もそれをよく嘉したものと考へられよう。

中川秀成に與へたる御内書（慶長十三年八月十日）

（包紙）「中川修理亮とのへ」

（折紙）就二火事一、風呂・釜共五嚴到來、喜悦候也、

（慶長十三年）八月十日（家康）黑印（印文恕家康）

慶長十三年

中川修理亮(秀成)とのへ

原本〔神戸大學文學部日本史研究室所藏〕○神戸市

慶長十二年十二月二十三日、駿府城は燒亡した。付火と傳へられてゐる。幕府は直ちに諸大名に助役を命じて復興に著手し、翌十三年八月には工成り、家康は本丸に移轉した。それを機に、家康は八月十日附でそれまでに贈られて來てゐた見舞の品に對する答書を一齊に發給したものと思はれ、同日附の同じ意の御内書が數通見出されてゐる。また同月二十日附で家康は助役の諸大名に對して、早速出來を嘉した御内書を重ねて發給したものとも思はれ、同日の中川秀成に對する御内書は收錄濟である(『新修德川家康文書の研究』三九二頁)。

本書に記されてゐる「風呂釜」とは、茶の湯に用ゐられる風爐と鑵(釜・罐)である。「嚴」は室町時代の故實書・記錄によく用ゐられてをり、「かざり」と讀み「飾・餝」等と同じ意だが、むしろ「嚴」と記す方が正式である。文字通り讀めば、風爐・鑵五セットの意と解されるが、臺子飾道具一式は風爐・鑵・水指・杓建・建水に蓋置から成るから、「風呂釜共五嚴」は臺子道具一式を意味するとも解し得よう。さらに風爐・鑵によつて臺子道具一式を代表させる場合もあるので、さう解すると臺子道具五式の意となるが、それは行き過ぎた解釋とならう。

福原廣俊に與へたる御内書(慶長十三年八月十日)

(折紙)

就二火事一手燭三十到來、喜悦候也、

(慶長十三年)八月十日　(家康)(黒印)(印文恕家康)

福原越後守(廣俊)とのへ

原本〔渡邊翁記念文化協會所藏〕○宇部市立圖書館寄託

福原廣俊の事蹟に關しては本書四〇九頁參照。駿府城の火事見舞に對する答書である。『德川家康文書の研究』(舊・復とも)下巻之一　五五五頁および『新修德川家康文書の研究』三九一頁の解說を參照されたい。印文「恕家康」の小判型印は荻野三七彥氏によると「恕家康」の右側は「萬歲」左側は「長壽」と解讀されてゐる。この印の初見は目下のところ「常陸千妙寺に與へたる寺領寄進狀(慶長九年六月二日)」(『德川家康文書の研究』舊・復とも　下巻之一　三八二頁)と德川恆孝氏所藏の原本によって見定められる。「源家康」の小判型印の使用期下限が、先づは慶長十二年までと目されるのに對し、この印の使用は元和元年七月二十七日まで確認され、おそらく翌年薨ずるまで用ゐられたと推される。

稻葉典通に與へたる御內書(慶長十三年八月二十日)

(檀紙折紙)
今度駿荷(府)江差下普請之者共、入ㇾ精候故、早速出來、喜悅候也、

(慶長十三年)八月廿日　(家康)(印文恕家康)

稻葉彥六(典通)とのへ

原本〔名古屋市博物館所藏〕

折紙一紙のまま軸裝されてゐる。

同日附で島津以久に與へた同文の御內書が、慶長十三年に發給された文書として、『德川家康文書の研究』下卷之一の五五六頁(舊・復とも)に收錄されてゐる。同書の同頁には同年八月十日附、六三四頁(舊・復とも)には慶長十五年九月三十日附で名古屋城普請助役の勞を犒つた稻葉典通宛の御內書が收錄されてゐる。

稻葉典通は貞通の男で永祿九年生、天正十年美濃國曾根城を繼領、織田・豐臣氏に仕へて同十三年七月從五位下侍從に敍任され、豐臣姓を與へられた。一旦豐臣秀吉の勘氣を蒙つたが、のち許されて朝鮮に出陣し、慶長元年伏見築城の助役を勤めた。同五年關ケ原戰役に際しては、初め父貞通とともに石田三成に與して織田秀信に屬したが、岐阜城落城ののち家康に志を通じ、貞通は役後十二月に一萬石の加封を受けて美濃郡上八幡城から豐後臼杵五萬石餘に移された。同八年九月三日に貞通が歿して典通は遺領を繼いだ。

典通は慶長元年の伏見城、同十三年の駿府城、同十五年の名古屋城、元和六年・寬永元年の大坂城と、生涯に幾度かの築城修造助役を勤めてゐる。寬永三年十一月十九日、六十一歲で卒した(『寬政重修諸家譜』卷第六百六)。

尾張蓮花寺に與へたる寺領寄進狀（慶長十三年十月日）

海東郡蜂須加村之內以(行カ)高五拾石分、先御朱印之旨以相付候、全可ㇾ有二寺納一者也、仍如ㇾ件、

慶長拾三
申十月日　　伊奈備前(忠次)（黑印）

中野七藏（重吉）（黑印）
彦坂九兵衞（光正）（黑印）

原本〔財團法人徳川黎明會所藏　徳川林政史研究所保管〕○東京豐島區

蓮花寺

蓮花寺は弘仁九年に弘法大師によって創建されたと傳へられる古刹で、本尊の木像阿彌陀如來も同じく弘法大師作と傳へられてゐる。新義眞言宗智山派の寺院で池鈴山と號し（『大日本寺院總覽』）、愛知縣海部郡美和町蜂須賀一三五二番地所在である（『全國寺院名鑑』）。

本狀に謂ふ御朱印とは、慶長五年十月に尾張に封ぜられ同十二年三月に歿した松平忠吉の寺領寄進狀であった可能性もないではないが、忠吉が尾張で發給した寺領寄進狀はいづれも黑印であり、奉行衆も家康の奉行であるから、やはり御朱印の主も家康で本狀も家康の文書と捉へられる。

尙、蓮花寺は元和六年に義直から寺領五十石の寄進を受け、以後代々尾張徳川家より寺領を安堵せしめられた。

山崎惣左衞門に與へたる知行宛行狀（慶長十〜十三年十月九日）

從二大御所様（家康）一就レ被二仰出一、被レ成二御抱一千石之地被二出置一候、爲レ其如レ此候、仍如レ件、

慶長十三年

皆川山城守

廣照

慶長十三年

山田長門守
正世（花押摸）
花井遠江守
吉成（花押摸）
松平筑後守
信直（花押摸）
松平出羽守
孚世（清直）（花押摸）
（慶長十～十三年）
十月九日

山崎惣左衛門殿
参

〔士林泝洄〕○巻第三十三丁之部一

『士林泝洄』には右の文書の前に、左の通り山崎惣左衛門の事蹟が記されてゐる。

仕二松平甚太郎家忠一、於二遠州一同二進士清三郎・山内治大夫一顯二武名ヲ一、其後以二神君命ヲ一奉レ仕于忠輝卿一、老臣等有二副簡一、傳二于家一。爲二御旗奉行一。忠輝卿左遷之後、奉レ仕于敬公ヲ賜二千石ヲ一。

皆川廣照以下の五名は、いづれも松平忠輝の重臣である。廣照は忠輝の幼稚の頃より傳役を命ぜられ、慶長八年二月、忠輝が信州川中島十四萬石に封ぜられるとともに飯山の城を與へられて、舊知を合はせて七萬五千石を領したが、慶長十四年十月二十七日勘氣を蒙つて改易され、元和九年に恩免された（『寛政重修諸家譜』巻第八百六十二）。

山田長門守正世は同じく慶長十四年十月二十七日勘氣を蒙って松平讃岐守某と共に死刑に處せられた（『台德院殿御實紀』）。ところが慶長十五年閏二月三日、忠輝が越後國を加封されて六十萬石を領するに至った時、その臣山田隼人正世なる者が村松の城をあづかり、花井遠江守某は松代の城を守って祿二萬石、松平甚兵衛信直は絲魚川の城をあづかり敍爵して筑後守と稱して祿萬石に及び、松平庄右衛門淸直も敍爵して出羽守と稱し、宮川の地五千石を下されたともある（『台德院殿御實紀』）。

皆川山城守廣照・山田長門守正世が忠輝の重臣であったのは慶長十四年十月以前、松平信直が筑後守、松平孚世（淸直）が出羽守を稱したのは翌十五年閏二月以後となって矛盾を生ずる。だが慶長十四年九月二十三日の記事に、忠輝の國老として既に松平出羽守淸直が見られるので、敍爵の年次はそれ以前であったとも考へられる。

花井遠江守は三九郎または庄九郎と稱し、亂舞音曲に堪能な輕輩として忠輝に屬せしめられ、その寵を受けた。忠輝の生母於茶阿之方（花井氏）が家康に仕へる以前に生んだ女を娶って忠輝の異父姉聟となり、花井氏を名乘って遠江守と稱し、家中に權勢を揮った。遠江守を稱し始めた時は明らかではない。

この樣に本狀の連署者の敍爵期は明確性を缺き、若しくは年代の前後するやも知れぬ矛盾さへもあって、眞正文書と解するには疑點が殘る。可とすれば家康が大御所と稱し始めた慶長十年以降、そして慶長十四年十月九日には既に皆川廣照・山田正世は紛爭の渦中にあったのだから、その前年の慶長十三年までの間に發給された文書と言ふことになる。家康の仰出に據ると文面にあるので、一應家康文書としても收錄の對象とならう。

「敬公」とは尾張義直で、山崎惣左衛門の子孫は代々尾州家に仕へた。

尾張別當藏南坊（明眼院）に與へたる寺領寄進狀（慶長十三年十月十八日）

尾州海東郡間嶋（馬）村藥師領高之事、合卅六石、此外寺中門前屋敷任㆓先　御判形㆒、如㆓帳面㆒可㆑

有二寺務一、尚勤行修造不レ可レ有二怠慢一者也、仍如レ件、

慶長十三戊申

十月十八日

彦坂九兵衞

光正（花押）

中野七藏

重吉（花押）

伊奈備前守

忠次（花押）

別當藏南坊

原本〔財團法人徳川黎明會所藏　徳川林政史研究所保管〕○東京豊島區

藏南坊太山寺は明眼院の院號の方が有名である。延暦二十一年聖圓上人の草創で、本尊は行基作と傳へられる藥師如來である。南北朝時代の中興開山清眼大僧都が藥師如來の靈夢を感得して眼科の秘法を得て以來、代々馬島眼科の名は海内に普くに至つた。

寛永九年、後水尾天皇の第三皇女の眼疾を治癒して明眼院の院號の勅宣を賜はり、以後今日まで院號を以て名高い。天臺宗寺院で五太山、安養寺と稱し、愛知縣海部郡大治村馬島字北割に在る（『大日本寺院總覽』『全國寺院名鑑』）。本狀に謂ふ「先御判形」とは、必ずしも家康のものとは斷定できず、慶長五年十月に尾張に封ぜられて同十二年三月歿した松平忠吉のものであつた可能性も考へられるが、本狀は家康の奉行衆の發給であり、家康の寺領寄進狀と捉へられる。

蜂須賀至鎮に與へたる御內書（慶長九〜十三年十二月十八日）

（折紙）
爲二鷹野見廻一大緒十筋到來、喜悅候也、

（慶長九〜十三年）
十二月十八日　（家康）黒印（印文源家康）

蜂須賀阿波守（至鎮）とのへ

原本〔沖野舜二氏所藏〕○德島市

至鎮《よししげ》の父家政（蓬庵）も阿波守を稱したが、關ケ原戰役に際して一旦西軍に屬した故を以て致仕し、家督を東軍に屬した至鎮に讓つた。至鎮は慶長九年從四位下阿波守に敍任された。源家康印の使用年代にも鑑み、慶長九年以降、同十三年の間に至鎮に宛て遺られた御內書と解される。

青木一重に與へたる御內書（慶長七〜十三年十二月晦日）

（折紙）
爲二歲暮之祝儀一、小袖一重內綾一到來、悅思食候也、

（慶長七〜十三年）
十二月晦日　（家康）黒印（印文源家康）

青木民部少輔殿（一重）

原本（専修大學圖書館所藏）〇東京神田分館石井良助文庫

青木一重は重直の男で天文二十年美濃國に生まれ、通稱を忠助、所右衛門と稱した。初め今川氏眞に仕へ、元龜元年家康に召されて姉川合戰に出陣して功を立てた。同三年の三方ヶ原合戰の後に去つて丹羽長秀に仕へ、天正十三年長秀が卒してのち秀吉に仕へて御使番となり黄母衣衆に列し、攝津國豐島郡のうち及び伊豫備中兩國のうちより併せて一萬石餘を給された。同十六年聚樂亭行幸のとき從五位下民部少輔に敍任を受け、慶長五年關ヶ原合戰後は大坂へ出仕して七手組頭の一人となり、同十九年の冬の陣には大坂城に在つて一方を守つた。十二月和議なつて元和元年正月その謝禮の使者として駿府に下向したところ大坂歸參を許されずにとどめられ、大坂落城を聞いて剃髮したものの二條城に召出されて再び家康に仕へ、攝津國豐島・兎原、備中國後月《しつき》・小田・淺口の五郡および伊豫國のうちに於いて都合一萬二千石餘を領し、元和五年致仕、寛永五年八月九日、七十八歳で卒した『寛政重修諸家譜』巻第六百六十二。『戰國人名辭典』）。

この「源家康」の小判印の初見例は慶長七年、最終使用例は同十二年乃至十三年とこれまでに知られてゐる。本書も御内書でありいかにも右の期間中の文書と思はれるも、それ以上發給年を極める手懸りがない。本書は専修大學大學院紀要『文研論集』第二十九號に庄司拓也氏によつて掲載され、同氏より教示を得た。

十一　道中宿付㈠（慶長十四年十月）（圖版五）

十大
十一 清水
十二 善徳寺
十五 三嶋
十六 小田原
十七 中原
廿 いな(な)け
廿一 江戸
廿八 わ(わ)らひ

十一小
一 河越
六 忍し
十五 岩付
十六 越谷
廿四 かさい

原本〔徳川恆孝氏所藏〕○東京澁谷區

家康が駿府城に退隠した慶長十二年から元和元年までの間に、十月が大、十一月が小であった年は、慶長十三、十四、十八の三年である。慶長十三年は九月十二日に駿府を發して關東各地で放鷹しつつ同月十八日頃江戸に著き、そのまま十二月二日まで江戸に滯在したので、この年は該當しない。慶長十四年には十月二十六日に鷹狩のため關東に向つて出發し善德寺に著いたが、病を發して中止し駿府に歸つた。慶長十八年には九月十七日に駿府を發し、關東地方で放鷹しつつ江戸に向かつた。同月二十七日に江戸に著き、以後江戸近邊に放鷹のため出かけることはあつても、駿府に歸ることなく江戸で越年した。

道中宿付はいづれも全文家康自筆の覺である。豫定表であると言つても、不可能な豫定を立てるはずはないし、二ケ月以上も前から日程を組むとも考へられない。とすれば、九月に十月中旬駿府を出立する豫定を立て得た年は、右の三年のうちの慶長十四年しかないことにならう。一旦本書の通りの豫定を立てたが、何らかの事情、おそらく體調上の理由で實際には前述の通り出立も半月ほど遲れ、しかも病を得て實現できなかつた放鷹の道中宿付と解される。

〔參考〕ドン＝ファン＝エスケラに授けたる來航許可朱印狀（慶長十四年十月中旬）

呂宋國商船、至二濃毘數蠻國一渡海之時、或遭二賊船一、或漂二逆風一、到二日本國裡一、則以二此書之印一可レ遁二災害一者也、聊莫レ渉二猶豫一、不備、

慶長十四初冬中浣

御朱印（家康）

加飛丹世連良壽安恵須氣羅《（カピタン・セレラ・ジュアン・エスケラ）》

〔増訂異國日記抄〕○『異國叢書』

濃毘數蠻《ノビスパン》は濃毘數般とも書かれ、今日のメキシコにあたる。當時はスペインの植民地で、新イスパニア(Nova Hispania)と呼ばれてゐた。本狀ならびに次の本多正信書狀を「ドン＝ファン＝エスケラに授けたる來航許可朱印狀(慶長十四年十月六日)(『徳川家康文書の研究』舊・復とも　下巻之一　五九六頁)の參考文書として收録しておく。兩狀とも慶長年錄より收載されてをり、「外蕃通書」第二十二、第二十一にもそれぞれ「載㆓慶長年錄㆒」として收録されてゐるが、一部誤讀があると解されるので、茲では「増訂異國日記抄」に據った。「増訂異國日記抄」に既に解説されてゐる通り、實際に發給された來航許可朱印狀は十月六日附の朱印狀であって、本狀はそれを漢譯した案と考へられるが、參考のために掲げておく。

〔參考〕本多正信よりドン＝ファン＝エスケラに遣れる書狀（慶長十四年十月六日）

今度到㆓上總國㆒令㆓著岸㆒船中輩、水主梶《(楫・舵)》取、不㆑殘彼加比丹任㆓下知㆒、呂宋江召具可㆑有㆓渡海㆒候、若於㆓難澁㆒者、可㆑及㆓言上㆒候、恐々謹言、

慶長六《(十四年)》　十月六日　　本多佐渡守正信印

世連郎壽安恵須氣羅《（セレラ・ジュアン・エスケラ）》

〔増訂異國日記抄〕○『異國叢書』

慶長年錄には「慶長六十月六日」として掲げられてをり、「外蕃通書」の著者近藤守重は「此書亦御當家令條ニ載ス、

令條ニハ、元和二年十月六日ニ作ル、然レトモ正信ノ卒去ハ元和二年六月七日ナレハ、十月ノ書アルヘキヤウナシ、今年錄ニ從フ」と註してゐる。

慶長十四年九月三日、上總國夷隅郡岩和田の海岸でイスパニヤ船一隻が難破した。同船はルソンよりノビスパニヤへ向かふ船であつた。船員五十餘名が溺死し、辛じて助かつた前フィリピン諸島長官ドン・ロドリゴ・デ・ヴィヴェロ(Don Rodrigo de Vivero)船長ドン・ファン・エスケラおよび船員の一部約五十名は大多喜城主本多忠朝の救護を受け、江戸および駿府に到つて秀忠・家康に謁した。この機に家康が授けたのが慶長十四年十月六日附の來航許可朱印狀であり、正信が同人に遺った本狀は同日附の添狀と解される(『增訂異國日記抄』解說)。

溝口秀勝に與へたる御內書（慶長六〜十四年十二月二十八日）

（折紙）
爲二歲暮之祝儀一、小袖一重之內綾一到來、悅思召候也、

（慶長六〜十四年）十二月廿八日　（家康）（黑印）（印文恕家康）

溝口伯耆守（秀勝）とのへ

原本〔豐田神社所藏〕○新發田市

秀勝は天文十七年に生まれ、天正十四年從五位下に敍されて豐臣姓ならびに偏諱を秀吉から與へられた。慶長三年大聖寺城より越後國新發田城に移され、一萬六千石を加へられて蒲原郡のうちに於て全て六萬石を領した。慶長五年會津征伐に際しては越後一揆を討ち平らげて家康に嘉せられた。慶長十五年九月二十八日新發田で卒した。

長男宣勝は天正十年高濱に生まれ、慶長二年秀吉の命により従五位下に敍され、秀信と稱したが、のち宣勝と改めた。父の遺領の内五萬石を與へられ、一萬二千石は弟善勝に分け與へられた（『寛政重修諸家譜』巻第百四十）。秀勝が伯耆守に任ぜられた年は審らかでないが、おそらく従五位下に敍された天正十四年と推される。宣勝は初め主膳正に任ぜられ、父の卒後伯耆守に改めたものと推される。由て本書は秀勝宛とも宣勝宛とも解し得るのだが、新發田藩「初代秀勝公宛」と傳稱されて今日に傳へられてゐるので、その傳稱を重んじ、秀勝宛と解しておく。とすると、下限は慶長十四年となり、上限は本印の使用開始期慶長九年と言ふことになる。

徳川頼將（頼宣）に與へたる覺書（慶長十四年十二月カ）

覺

一分國中事
一百せう《姓》事
一給人ち《知》行あ《荒》らす事
一せ《世》間め《迷》いわ《惑》くあ《か》けましき事
一江戸越事
一か《構》まへい《は》らせ事
一自由物事させさる事

慶長十四年

以上

原本〔松平賴實氏所藏〕○東京新宿區

紀伊德川家初代賴宣の庶子で、寛文十年伊豫西條三萬石に分家として封ぜられた賴純を初代とする松平家の傳來品で全文家康の自筆の覺書である。賴宣が分家創立に當つて、家康遺品の多數を賴純に分け與へたことは、『南紀德川史』卷之四に收錄されてゐる記錄によつて知られる。この覺書は同じく同家に傳へられてゐる左の目錄によつて、賴宣の遺物として賴純に繼承され、以後同家に傳來したものと確認される。

「包紙墨書」
寛文十一年亥二月十四日
大殿様より御遺物之御目錄　原田市十郎
加納平左衞門　□□

覺

大御所様御手跡
一色紙御掛物　山たかみ　一幅
大御所様御手跡
一御懸物　分國中　一幅
大御所様御手跡
一御掛物　すてこ　一幅
大御所様
一御手跡之切　本のつめ　一枚
（以下略）

大御所様とは家康、大殿様とは寛文十一年正月十日に歿した賴宣である。

この傳來よりみて、本覺書は賴宣が全く名目的領主に過ぎなかつた水戸二十五萬石から、駿河・遠江五十萬石に移封され、賴宣附屬の家臣も大幅に定められた慶長十四年十二月に、諭し與へられた覺書であらうと推定しておく。但し、實際には賴宣本人に對してではなく、その傳役を命ぜられた安藤直次はじめ賴宣附屬の重臣に對して與へられたものであつたらう。

七箇條から成り、いづれも簡單な表記なので諭しの具體的內容は摑みにくい。第一條は領國たる駿河・遠江二國の仕置に手落ちがあつてはならぬと言つた意であらうか。第二條は領內の百姓に對して意を重く用ゐよと言つた意であらうか。第三條は知行を與へられた家臣が、その知行地を荒れさせることのない樣に監督せよとの意であらう。第四條は道德律である。第五條は江戸の將軍家を立て、これを越える樣なことがあつてはならぬと言つた意であらうか。第六條はさらに難解である。禁止か奬勵かも分明ではないが、禁止と解せば拵へ事や奢侈の戒め、奬勵と解せば身心の鍛練に勵めとの意とならうか。第七條も道德律で、我がまま勝手な振舞ひを覺えさせてはならないとの意である。

小坂井新左衞門に與へたる定書（慶長十五年二月）

定

尾州濃州かめ年貢、永代其方へ遣ス條、相違不レ可レ有者也、

慶長十五歳
戌二月　家康（御朱印）

小坂井新左衛門

〔圀秘録小坂井新左衛門記〕○徳川林政史研究所所藏

小坂井新左衛門の事蹟に關しては、本書五三一頁に既に記したので參照。

「かめ年貢」とは甕年貢・瓶年貢とも書く。本書を以て尾張・美濃兩國中に於ける紺屋の甕年貢錢の徵收權を永代免許したので、「定」とある故、定書としたものの、正しくは「甕年貢免許狀」と呼ぶべきであらう。書式に疑問を殘す點に於いては前掲文書の解說(五三一頁)に記したところと同じである。但し、小坂井氏が本書を以て免許された甕年貢徵收權を、尾張徳川氏のもとにあつて幕末まで保持し續けたのは史實であり、因みに享保十三年の調査によれば、尾張八郡の藍瓶三千六百二十八、其年貢錢金八十二兩銀二十一匁餘、美濃領內の藍瓶八百九十一、其年貢錢金十二兩銀二十二匁餘と言ふ(『名古屋市史』產業編)。

本書に尾州濃州と一括連記されてゐる點は注目を要する。尾張一國には慶長十二年閏四月に歿した松平忠吉の遺蹟を承けて義直が封ぜられ、翌十三年八月二十五日附で將軍秀忠よりも義直に「尾張國一圓出置之訖」との一圓領知狀が與へられてゐるので、慶長十五年二月に尾張一國が義直領であつたことは明らかである。

美濃國は關ヶ原戰役によつて織田秀信以下の大名十一家が除封され、舊領を据置かれた加藤泰通・稲葉通重を含め、奥平信昌初め役後美濃國內に封ぜられた大名を合はせると、慶長十五年二月には十數家の大名の封地があつた。本書に記された濃州が、これらの封地を含むものか、或は家康直轄領のみを指すかは俄かには斷じ難い。一方、義直は元和元年、同五年の二度に亙つて都合十二萬七千四十三石九斗九合を美濃國の內に於いて加封される。前記の享保十三年の美濃領內とは、尾張徳川家の美濃に於ける領と解されるが、本書に言ふところの濃州とは、のちの義直領に限るとは解せまい。領主の知行權とは關はりなく、本書は尾張・美濃兩國全域に於ける甕年貢錢の徵收權を免許したものと解すべきであらう。

〔參考〕将軍秀忠より中川秀成に與へたる御内書（慶長十五年閏二月二十一日）

（折紙）
爲二狩場見廻一、道服三到來、喜思食候、將亦那古野普請之旨、苦勞共候、猶大久保相摸守（忠隣）可レ申候也、

（慶長十五年）閏二月廿一日　（秀忠）○（黑印）（印文忠孝）

中川修理大夫（秀成）とのへ

原本〔神戸大學文學部日本史研究室所藏〕○神戸市

尾張名古屋城築城に關する家康文書は、大がかりな普請であったにもかかはらず意外に數少ないので、秀忠文書を參考に收錄しておく。

名古屋築城は左の通り進行した（名古屋城史）。

慶長十四年正月二十五日　家康は義直を伴って清須に赴き新たな築城を決し、その地を選定。

同　年二月二日　普請奉行五名を任命。

同　年十一月十六日　普請奉行の一人、牧助右衛門が駿府より來たり、地割・檢地・繩張を開始。

慶長十五年二月八日　豐臣氏恩顧の諸大名二十家に築城助役を命ず。總高六百三十八萬七千四百五十八石三斗、總坪數二萬二千三百八十三坪六歩三厘。

同　年八月二十七日　天守石垣の工成って諸大名は封地へ歸る。

慶長十六年十二月　二之丸完成。

もちろん右を以て全工事が終つたわけではなく、慶長十八年中に本城の工事は作事とも略完成したものの、城郭外・城下町の建設はその後寛永初年まで引續き行なはれた。

名古屋築城の決定や諸大名助役の命が家康の意志によつて下されたことは疑ふべくもないが、諸大名への下命は將軍秀忠の名のもとに行なはれたと推され、秀忠も家康と共に諸大名の勞を犒つたことを示す文書がいくつか見出されてゐる。

三河本光寺に與へたる寺領寄進狀（慶長十五年四月二十日）

參河國額田郡深溝之內當寺領三拾五石、寄附之上者、永全可二寺納一幷末寺門前境內山林竹木等、
爲二守護不入一之狀如レ件、
慶長十五年四月廿日　御黑印（家康）
本光寺
寫文書〔內閣文庫所藏〕○東京

三河には本光寺と稱する寺院が六箇寺數へられ、そのうち二箇寺が額田郡に在つた。一つは淨土眞宗大谷派に屬する寺院で岡崎市駒立町字トウノシタ在で舊地名は額田郡岩津村駒立である。一つは曹洞宗の片法幢會地に位される寺院で額田郡幸田町深溝字內山在、舊地名は額田郡廣田村である（『大日本寺院總覽』『全國寺院名鑑』）。

『寛文朱印留』には禪宗可睡齋派に屬する寺院として「三河國額田郡深溝村之內三拾五石事、任慶長十五年四月廿日、元和三年三月十七日、寛永十三年十一月九日先判之旨、本光寺全收納永不可有相違者也、寛文五年七月十日　御朱印」と掲げられてゐるので、本狀ならびに參考文書として收錄した三通は、右に記した後者の本光寺に與へられた文書と確

認される。

〔參考〕將軍秀忠より三河本光寺に與へたる寺領安堵狀（元和三年三月十七日）

寺領三河國額田郡深溝之內叄拾五石事、任二其慶長十五年四月廿日先判之旨一、永不レ可レ有二相違一之狀如レ件、

元和三年三月十七日　御朱印（秀忠）

本光寺

寫文書〔內閣文庫所藏〕○東京

〔參考〕將軍家光より三河本光寺に與へたる寺領安堵狀（寬永十三年十一月九日）

當寺領叄河國額田郡深溝之內三拾五石事、任二慶長十五年四月廿日・元和三年三月十七日兩先判之旨一、永不レ可レ有二相違一者也、仍如レ件、

寬永十三年十一月九日　御朱印（家光）

本光寺

寫文書〔內閣文庫所藏〕○東京

〔參考〕將軍秀忠より山城東寺に與へたる寺領安堵狀（慶長十五年四月二十八日）

東寺領山城國七條・八條・西九條・上鳥羽・福枝・幡朶・西院内合貳千叁拾石、幷門前境内地子以下事、任二代々證判之旨一、當二知行一之上者、可レ被二全領知一、從二前々一爲二守護使不入之地一條、課役人夫等永令二免除一之狀如レ件、

慶長十五年四月廿八日　○（秀忠）（黑印）（印文忠孝）

東寺衆徒中

原本〔内閣文庫所藏〕○東京

本狀を「山城東寺に與へたる寺領安堵狀（慶長十五年四月二十日）」（『德川家康文書の研究』舊・復とも　下卷之一　六一六頁）の參考文書として收錄する。

本狀より僅かに八日先立つて家康が與へた寺領安堵狀に於いて、從前の公人諸役者が東寺領に對して保つてゐた權益を否定し、學問料惣坊領分として配分すると宣してをり、それを承けて更に將軍秀忠が寺領ならびに諸權益を安堵せしめたのが本狀である。

〔參考〕廣東商船に授けたる來航許可朱印狀案（慶長十五年七月）

維時孟秋之初旬、漢東府商士來而就二侍臣一告曰、來歳春夏之間、可レ渡二商船於吾邦一、市易相傳無二姦邪之慮一、有二公平之利一者、願賜二印紙一以レ故聞柔(子イ)、遠者來近者悅、是仁之政也、依二懇求一、特下二印札一來歳彼商船到二着吾邦一、則國々島々浦々任二商主心一、可レ得二買賣之利一、若姦謀之輩、枉二不義一者、隨二商主之訴一、忽可レ處二斬罪一、吾邦之諸人等、宜二承知一、敢勿二違失一矣、

時慶長十五庚戌孟秋日

〔外蕃通書　第八〕○『改訂史籍集覽』第廿一冊

「廣東商船に授けたる來航許可朱印狀（慶長十五年七月）」（『德川家康文書の研究』舊・復とも　下巻之一　六二二頁）に續けて「外蕃通書」には本狀が揭げられ、「守重謹按ニ、異國往來、幷ニ羅山文集ニ、又此時諭二明廣東商主一書ヲ載ス、今按ニ、道春カ草稿ヲ節略シ、短文ニ製セシメ、崇傳ニ書セ賜ヒシナラム、故ニ併セ載ス」と註されてゐる。その潛みに倣ひ、參考文書として收錄しておく。

阿部重吉・木村某に與へたる直書（天正十二?～慶長十五年七月二日）

（折紙）
急度申遣候、仍九月之節句時分ニハ(には)、速ニ(に)鷹とやを出、二も三も大平迄可レ越候、鳥屋之上へ

けゝ（た）物ゐ（な）とああ（か）り候事もあゐ（る）へく候間、入レ念候事肝要候也、

（天正十二年〜慶長十五年）
七月二日　（家康）（花押）

阿部新四郎（重吉）
木村

原本〔齋藤實氏舊藏〕○石巻市日和ケ丘
〔徳川美術館所藏〕○名古屋市

全文家康の自筆である。折紙を横に二分して竪一五・五糎とし、横四七糎の前後に切り取った餘白紙を約二〇糎づつ繼ぎ足して巻子に裝幀してある。桐素木箱の蓋表には「東照神君御筆」、底裏には「十三代阿部新四郎勝邦」と墨書されてゐる。勝邦は重吉を三代とする旗本阿部氏の直系で、文化年間頃家督したと推される。

重吉は享祿三年に生まれ、十一歳で廣忠に仕へ、家康誕生とともに附屬せしめられて御小姓を勤めた。家康の今川氏人質時代も酒井正親・平岩親吉・內藤正次・阿部正勝等とともに駿府に留まつて仕へた。慶長十六年正月十九日卒、八十二歳（『寛政重修諸家譜』巻第六百三十七）。

『寛政重修諸家譜』にはまた、重吉の弟某が朝鮮の役に彼の地に赴いて討死した記事を載せ、それに續けて「これより先重吉御鷹の事により、御書をたまふ」との記事が見られる。この記事に言ふ「御書」が、本書に當るものと解され、それに從へば、本書を與へられたのは、晩れても朝鮮の役に於ける弟某の討死より以前と言ふことになる。

もう一人の宛所木村某は、鷹によつて家康に仕へた者と思はれる。『寛政重修諸家譜』に據ると、巻第四百三十九に載る吉次・元正父子のいづれかが最も可能性が高いかと考へられるも、極め手はない。この木村一族には、のち鷹を以て德川家に仕へた者が多い。

「速ニ」は一見「迎ニ」とも讀めるが文意は通じ難くなる。「とや」は「鳥屋」で、鳥を飼つて置く小屋の意であるが、

特に鷹を飼育するための小屋を指すことも多い。鷹は夏の羽が抜けかはる間、鳥屋に入れておくのが常套的飼育法で、これを鳥屋入とも鳥屋籠りとも言った。その鷹を九月の節句時分に鳥屋から出し、二羽も三羽も大平まで持參する樣、またそれまでの間に、鳥屋の上へ、狐狸の類か獸などの上ることのない樣、入念に飼育すべしと、それこそ念の入った命を下してゐる。鷹を愛好し、下情にまで通じてゐた家康の細かな心遣ひぶりとその性格がよく窺はれよう。

大平は、おいだら・おほだひら・おほひら等と讀み、全國に多い地名で特定は難しいが、駿河國の狩野川下流の大平鄉、または同國清水の大平かと推される。三河國額田郡の大平である可能性も考へられる。

本書の花押に考察を加へてみる。これは家康の花押と知られてゐる幾種かのうち、永祿六年以降、元和二年までの五十三年の間、最も頻繁に用ゐられて有名な「乃一形」花押である。だが、この形の花押にも年代によって變遷があり、「乃」の部分が初期の右傾から略々直立に近くなり、かつ右側が膨らんだ形となる。しかも「一」が未だ長大で、本書に見られる樣な形姿の花押は、天正十二年よりのち同二十年頃までと見られる。

家康が署名せず花押のみ据ゑて發給したと確認できる文書例のうち、自筆文書は「清右衞門以下四名に與へたる公用錢請取狀(永祿七~八年五月晦日)」(『新修德川家康文書の研究』四一頁)一例、右筆文書は社寺領安堵狀と寄進狀が天正十年一例、慶長七年五例、慶長十七年一例、軍法が天正十八年一例、そして直書が天正十八年に三例、これまでに知られてゐる。

執筆年代は極め手を缺く。『寬政重修諸家譜』に朝鮮の役以前に與へられたと記されてゐる點、花押の形が天正末年から慶長の初年頃と推される點、花押のみを以て發給された他の直書の年代が天正十八年に集中してゐる點などに鑑みて、天正十八年に擬してみたが、同年七月二日はまさに小田原落城寸前の最後の大詰交涉の最中であり、翌十九年七月二日は旣に奥州出征の秀吉の命が下って、同月十九日江戶出陣に至る慌しい時に當ってをり、本書の樣な文意の直書が、しかも自筆で發給される時期としてはどうも相應しくない。

大平を駿河とすれば、むしろ慶長十二年駿府城に移ってよりのち、每年九月末から十月初めに駿府を立ち、江戶へ向かって放鷹の旅を例としてゐた點に鑑みて、駿府退隱後、重吉の卒前の慶長十五年までの間とも考へられるが、慶長十二年以降に花押のみ据ゑて發給した文書例は知られてゐない。やはり天正十八年と見るべきだらうか。

道中宿付㈡（慶長十五年十月）

十二　善徳
十三　三嶋
四　小田原
五　中原
六ヽ七　府中
七八　河越
廿三　おし
廿八　岩付
廿九　戓（をか）あへ
十一
六　うらま（わ）
十一　江戸

廿　いゐ(な)け
廿二　あ(か)の河
廿三　藤澤
五　中(原)
廿九　小田原
十二日三嶋
三　善德寺
四五　府中

原本〔德川恆孝氏所藏〕○東京澁谷區

全文家康の自筆で十月十二日の駿府出立に始まり、十二月四~五日の歸著に到る長い旅行日程表である。十月も十一月も十二月も、いづれの月の大小も示されてゐないので、年を見定める手がかりが少ない。駿府に在つて出立以前に草されたものであることは言ふまでもなく、後半になれば實際の行動とはかなりの相違が生じたであらう。だが、駿府出立の日や江戸に到る行程には、それほどの相違はないと考へられる。慶長十二年以降、江戸方面へ向つて駿府を出立した日は、次の通りである。

慶長十二年十月四日、同十三年九月十二日、同十四年十月二十六日、同十五年十月十四日、同十六年十月六日、同十七年閏十月二日、同十八年九月十七日、元和元年九月二十九日。

慶長十五年の二日遅れ、同十六年の六日先行はまづよいとして、他の年は違ひ過ぎて除かれよう。慶長十五年には十月十四日に駿府を出立してその夜清水、十五日善德寺、十九日三嶋、二十日小田原、二十一日には武州の鷹野場に着き、以後武藏國で放鷹を續けて、江戸には十月二十三日以降から十一月上旬までの間、おそらく十月末以降に到著した(『當代記・家忠日記增補・慶長見聞錄案紙・伊達貞山治家記錄』)。これに對し翌慶長十六年には十月六日に駿府を出立し、武藏國方面で放鷹することなく東海道を下り、十六日に江戸に到著してゐる。よつて、本件は出立日の近いこと、江戸下向途次に武藏國に於ける放鷹の豫定されてゐることの二點より、慶長十五年の道中宿付と解される。

往路の小田原・中原・府中・河越の日附は、「十」が省略されており、府中は「六七」と書いた「七」一字を抹消してゐる。歸路の中原も「廿」が略された上に「原」まで略されてゐる。

道中宿付㈢ (慶長十五年十一月)

(包紙ウハ書)
「權現樣御筆」

廿七　小枚
廿九　かの河
卅　藤澤
十二
五　おゝ(た)原
六　三嶋

七 善徳寺

十 府中

原本〔徳川恒孝氏所藏〕○東京澁谷區

慶長十二年以降、元和元年までの間に十一月が大の月であつた年は、慶長十二・十五・十六・十七・十九年の五ヶ年である。このうち慶長十九年は大坂冬の陣に當り、東海道で放鷹すべくもなく除かれる。この道中宿付を見ると、江戸を出立してのち、藤澤・中原あたりで四日ほどの餘裕はあるものの、ほぼまっすぐ駿府へ歸る豫定であつたと知られ、江戸で筆を執つた歸途の道中宿付である。

慶長十二年の十一月下旬から十二月初旬の家康の動靜は、詳しい史料がなくてよくわからない。十二月十二日に駿府に歸著(『當代記』)したので、江戸からまっすぐ歸つたとすれば、本件と同様な旅程を辿つたことも考へられる。

慶長十五年は『當代記』によると、十一月二十七日に江戸を出立し、途中放鷹に日を費して十二月十日に駿府に歸著したとあつて、この道中宿付に見られる豫定とピタリと一致してゐる。

慶長十六年は十月下旬に江戸を立つて十一月前半には川越・忍方面で放鷹してゐた。十一月十二日に忍で放鷹してゐたところへ、駿府より義利(義直)の疱瘡發病の報が齎され、豫定を打ち切つて駿府に直行したので、この様な道中宿付を執筆したとは考へられない。

慶長十七年の道中宿付は、後掲の通り二點現存してゐるが、十一月下旬から十二月初旬の歸途の豫定を示してゐるのは、金井次郎氏舊藏の一點である。十一月廿日江戸、廿二日小杉、廿五日かの河、廿六日藤澤、廿八日中原、十二月五日小田原、六日三嶋、八日善德寺、十日(府中)とあつて、ほぼ本件と一致する。だが、この年實際には、家康は閏十月二十日に江戸を立つて戸田・川越方面、おそらく忍・岩槻・葛西を含めて武藏國の中を放鷹して廻り、十一月二十六日に江戸に戻り、十二月二日に到つて江戸を出立し、同月十五日に駿府に歸著してゐる(『當代記』)ので、十一月に本件の様な道中宿付を、武藏國での放鷹中や、まして江戸で作成したはずはない。

よってこの宿付は「道中宿付(二)（慶長十五年十月）」を出立前に駿府で草したものの、既に大幅に日程に相違を來してゐた慶長十五年十一月、江戸に於いて歸路のみの日程を立て直した宿付であると解される。江戸出立と駿府歸著の豫定日が、實際の行動に一致したのも、これが訂正された宿付であったとの推定の證とならう。

武藏增上寺に與へたる寺領目錄（慶長十五年十二月十五日）

御寺領目錄

一高三百石　武州橘郡（橘樹郡）　池邊村之內

一高貳百石　同國郡　師岡村之內

一高百三拾壹石　同國郡　巣鴨村之內

一高三百六拾九石　同國郡　中里村之內

合千石

右、爲二御寺領一相渡申候、重而　御朱印相調進上可レ申候、以上、

慶長拾五年

極月十五日

大久保石見守（長安）（花押）

青山圖書助（成重）（花押）

安藤對馬守（重信）（花押）

土井大炊助（利勝）（花押）

増上寺

御納所

〔増上寺文書〕○東京港區増上寺所藏『増上寺史料集』第一卷 七〇頁

この寺領目録に對應する寺領寄進狀は慶長十七年五月三日附で與へられた（『徳川家康文書の研究』舊・復とも 下卷之一 六九五頁）。

〔參考〕將軍秀忠より生駒正俊に與へたる讃岐領知狀（慶長十六年正月九日）

讃岐國事無㆓相違㆒壹圓宛㆓行之㆒訖、可㆑令㆓全領知㆒者也、

慶長十六年正月九日 秀忠公 書判

生駒讃岐守（正俊）とのへ

〔生駒家寶簡集 乾〕○東京大學史料編纂所所藏

〔參考〕將軍秀忠より生駒正俊に與へたる半役免許狀（慶長十六年正月九日）

讃岐國拾七萬千八百餘石事、亡父讃岐守（生駒一正）妻子就㆘至㆓江戸㆒早速引越候㆖、右之高半役申付候訖、彌無㆓相違㆒

可二(得脱カ)其意一者也、

慶長十六

正月九日　秀忠公　書判

生駒讃岐守(正俊)とのへ

〔生駒家寶簡集　乾〕○東京大學史料編纂所所藏

生駒一正は天正十九年従五位下讃岐守に叙任され、父親正の蟄居に伴ひ慶長六年五月に讃岐國十七萬千八百餘石を承継して高松城に移り、慶長十三年五月二十三日妻子を江戸の邸に移住せしめたことによつて領國公役の半を許された。慶長十五年三月十八日、一正は五十六歳を以て卒したので、翌年正月、将軍秀忠はその男正俊に亡父の遺領讃岐國壹圓領知、ならびに半役免許を安堵せしめた。

寺西昌吉に與へたる小物成・年貢皆濟狀（慶長十六年正月吉日）

尾州西皆濟也

右分少(小)物也(成)共相濟也、仍加レ件

慶長十六正月吉

寺西藤左衛門(昌吉)

原本〔名古屋市博物館所藏〕○鈴木半右衛門氏舊藏

全文家康の自筆で酉年、即ち慶長十四年分の皆濟狀である。「小物也共」とあるので、主租たる米年貢と小物成雙方とも皆濟の意と解すべきであらう。寺西昌吉は武藏忍で、東條松平家を繼いでゐた家康の四男松平忠吉に仕へ、慶長五年の忠吉の尾張移封に隨って國奉行を勤め、同十二年忠吉が歿して家康の九男義直が尾張を繼承したのちも引續き仕へて同役を勤め、元和四年隱居して家祿二千石は息秀昌が繼いだ。

尾張一國は徳川義直領とは言へ、義直は未だ幼くして駿府の家康膝下に養育されてをり、政治は平岩親吉が尾張執政として擔ってゐても、家康在世中は事實上その直轄地であった。

池田輝政室督姫に遣れる消息（慶長十六年三月二十九日）

猶〻、さう〱御ふミ《み》あふしきなく《かたしけなく》奉㆑存候、
御書かふしきなく《かたしけなく》れくえまいらせ《みまいらせ》候、あゝ《ここ》元ふしん申付、やあて《やかて》罷下御禮可㆓申上㆒候、めてふ《た》く
しく《かしく》

（慶長十六年）三月廿九日　大ぬ（家康）
はりま殿（播磨・督姫）
御ひろう

原本（東京國立博物館所藏）

箱の中に寶暦二年にこの「家康樣御奉書一軸」が譲渡された折の覺書三通と、侯爵蜂須賀茂韶所藏であつたことを示す書附とが收められてをり、江戸中期には既に裱裝されてゐたこと、のち蜂須賀家に傳へられてゐたことが知られる。一文字風帶は紫地葵紋唐草金襴、中廻は薄茶地二重蔓小牡丹金襴、天地は藍地二重斜格子割唐花緞子、軸は象牙切付と年代のある品のよい立派な裝幀で、箱蓋表貼紙には「權現樣御書」と墨書されてゐる。

東京國立博物館ではこの消息を、小出播磨守秀政宛と解說して每度展示してゐるが、傳存してゐる十八通の家康自筆の書狀・消息と讀み較べてみると、「御書かたしけなく見まいらせ候」「さう〱御ふみかたしけなく奉存候」とある文面、そしてさらに「めてたく　かしく」とある書止めの文言からして、どう見ても部將宛とは解せず、女性に宛てた消息と解される。しかも「奉存候」「御禮可申上候」と鄭重な敬語を用ゐ、宛所に「殿」を附し、脇附に「御ひろう」とある點は、異例に屬し、相手は相當高い身分と地位にあつた女性と考へられる。

家康の署名は「大ふ」とある。「大ふ」は「內府」、卽ち內大臣の意である。家康は文祿五年五月八日に內大臣に任ぜられ、慶長八年二月十二日に征夷大將軍に補せられると共に右大臣に進んでゐるが、前官をそのまま通稱とする例は多いから、「大ふ」の稱は內大臣任官以降、歿するまで用ゐられたと考へられる。現に中村孝也博士が元和元年末から同二年正月頃に千姬侍女ちよぼに與へられた消息(『德川家康文書の硏究』舊・復とも　下卷之二　九三・九四頁)と推定された三通は、いづれも「大ふ」と署されてゐる。よつて本消息の執筆年代の上限は慶長二年と仰へられるも、下限は元和二年まで考へておく要がある。

慶長二年以降、家康の身邊の女性で「播磨殿」と呼ばれたのは、督姬のみである。永祿八年岡崎で生まれた家康の第二女で、德姬・富姬・普宇姬などとも呼ばれた。生母は鵜殿氏(蓮葉院・西郡局)である。天正十一年八月、時に二十二歲であつた北條氏直に十九歲で嫁し、同十八年七月に小田原落城して氏直は一旦高野山に追放された。氏直は翌十九年二月に許されて河內一萬石を與へられたが、文祿元年十一月(一說、天正十九年十一月)河內の天野で歿した。督姬との間に子はなかつた。

文祿二年九月、時に二十九歲であつた督姬は、豐臣秀吉の媒によつて三十歲の池田照政(輝政)に再嫁した。

慶長五年十月、關ヶ原戰功により家康は輝政を三河吉田城十五萬二千石から轉じて播磨國姫路城五十二萬石に封じた。從來の姫路城主二萬五千石の木下家定が、同高のまま備中足守に移されたのは慶長六年三月二十七日であるから、輝政の姫路入城はそれ以降と考へられる。督姫は輝政との間に慶長四年二男忠繼(長男は先妻の中川清秀女の生んだ利隆)、同七年三男忠雄、同九年四男輝澄、同十一年五男政綱、同十二年二女振姫(長女の生母は不明、のち京極高廣室となつた)、同十六年六男輝興と五男一女を儲け、二男忠繼には慶長八年備前國、三男忠雄には同十五年二月淡路國が與へられて、池田氏は輝政父子で播磨・備前・淡路の三國を領する大々名となり、世に姫路宰相百萬石と稱されるに至つて、督姫は播磨御前と尊稱された。輝政は慶長十七年八月二十三日、參議正四位に進められて松平姓を許され、翌十八年正月二十五日、五十歲を以て姫路に歿した。督姫は落飾して良正院と號し、元和元年二月五日、同じく姫路で五十一歲を以て歿した。

家康は慶長十二年に、その年正月元日側室太田氏(英勝院　於梶の方)の腹に生れた第五女市姫を、伊達政宗の嗣子忠宗に緣約せしめたが、市姫は同十五年閏二月二十二日、四歲で夭折したので、翌十六年四月、池田輝政の二女振姫を、家康と共に二條城に在つた英勝院に命じて養はせ養女とし、忠宗に再び緣約せしめた。振姫は慶長十二年四月二十一日姫路に生まれた。『寛政重修諸家譜』はその生母を某としてゐるが、『池田氏家譜集成』『幕府祚胤傳』『仙臺市史』は生母を督姫とし、振姫を家康の孫女としてゐる。家康の薨後、將軍秀忠の猶子ともされて元和三年十二月、忠宗のもとに入輿し、萬治二年二月五日に歿した(『寛政重修諸家譜』『幕府祚胤傳』『伊達治家記錄』『仙臺市史』『家康の族葉』)。

扨、本消息の文意に解析を加へてみよう。「御書かたしけなく」の語は、この他の家康の女性宛自筆消息には「ふみたまはり」「ふみうれしく」「文給候、めつらしく」等とあるのに較べて格段と鄭重であり、相手の身分地位もさることながら、何かしら家康の意に大いに沿つた內容の文であつたことを推測せしめてゐる。追手書に「さう〳〵御ふみかたじけなく奉存候」と繰返されてをり、さらに「早々」とあるからには、家康の動靜なり意志なりに、素早く對應した文であつたことをも推測せしめてゐる。「こゝ元ふしん申付」とあつて「申付候」とはないから、家康がこの消息を執筆した時點では、まだ普請を命じ終つてゐなかつたものと推される。卽ち、その普請は相當に大規模な普請であつたと推量される。「やがて」の語は、その地に家康が既に相當日數を過してゐたこと、だが未だ出立の日取は未定であつたことを窺はせてゐよう。「罷」は謙譲語で、單に「下り」とあるより相手に敬意を表する語である。「下り」とは京都から地方へ、或は京都に近い地からさらに遠くの地へ行くことを示す語であることは言ふまでもない。よつて、江戸や駿府から、さらに東へ向ふならば「下り」と表し得るが、西方、ましてや京都を越えて姫路に行くことを「下る」とは表し得ない。本消息は京都、或はその近邊にあつて執筆されたと解される。「可申上候」は單に「申上候」とあるよりも、必然・當然の意を表はす助動詞を伴つてはゐるが、却つて表現としては柔軟性に富み、「申上候」ならば未來の行動の約束となるが、「可申上候」ならば必ずしも約束とはならず、その氣持の表現に終る。つまりは實際には播磨へは下向しなかつたと解す餘地が十分に殘される。

この様に文意を解析した上で、年次の檢討に移らう。慶長七年以降、三月二十九日に家康が京都、もしくは伏見等その近邊に在つた年は、慶長七、八、九、十、十六の五ケ年であるが、慶長九年は三月二十九日に江戸より伏見に到著してゐるので、文意に照らして除外されよう。殘る四ケ年のうち、慶長七年と十年は伏見、八年と十六年は京都二條城に在つた。この四ケ年のうち、三月二十九日に「ここ元ふしん申付」と記されるに適應する普請下命は、慶長十六年三月の禁裡修造以外に該當する實例を見出せない。この月、家康は京都・駿府・江戸・大坂・在國の諸大名ならびに小は五百石以上の武家、合計二百五十二人に對して禁裡修造の助役を命じ、自らも二十九日に仙洞御料二千石を獻じた(『禁裏御普請帳』『光豐公記』)。その前日の二十八日、家康は二條城に於いて豐臣秀頼と對面した。

既に記した通り、この翌月の四月、家康は督姫が慶長十二年四月二十一日に生んだ輝政の二女振姫を、英勝院に養はせて養女とし、伊達政宗の嗣子虎菊(忠宗)に縁約せしめた。本消息の追手書「猶々、さう〳〵御ふみかたじけなく奉存候」の文意は、既に解析を加へた通り、何らかの家康の動靜なり意志なりに、督姫が素早く對應した文を送つて來たことを推量せしめる。久方ぶりの上洛や秀頼との對面を祝つた文であつたとも解せないではないが、それより、二女振姫を養女としたいと家康が督姫に申し入れたのに對し、即座に承諾の意を傳へて來た文であつたと推してみたい。かう推量してみれば、翌四月、十八日に駿府に向けて京都を出立する以前に、振姫を養女とし伊達忠宗に縁約せしめると公表した家康の動静とも、まことによく符合すると思はれる。但し、文面には「やがて罷下御禮可申上候」とは記しながら、家康はこの年も、これ以降も姫路に下つたことはない。

〔參考〕将軍秀忠より池田輝政室督姫に遣れる消息（年月日未詳）

としの《（の）》はしめのことふきと《（と）》して三百疋、な《（な）》らひに《（に）》のし一折をくりこされ候、まことにいく《（く）》久しくと祝入事に《（に）》て候、なを《（なを）》かさねて《（ねて）》申まいらせ候べく候《（まいらせ候べく候）》、かしく《（かしく）》、

ひて忠

はりまへ

――二――

原本〔思文閣古書資料目録第百八十五號〕○平成十六年一月刊

段落し散らし書きにした全文自筆の秀忠の消息である。折紙切封であつたのを半截し本紙竪二十一・七糎。長さ一米十二糎の巻子に装幀されてゐる。例によつて整然たる假名消息筆致を見せてゐるので、一見右筆かと見られやすいが書札禮書道に通じてゐた秀忠の自筆と解される。日附は全く記されてゐないので發給年月日は不明だが、新年の儀禮に適つた贈物に封する答禮書であることは自明である。この様な答禮の消息を秀忠が遣つたのは将軍襲職後と推され、その文面の鄭重さとも相俟て宛所の「はりま」は家康の次女で秀忠より十四歳年長の督姫と解す以外ないであらう。「はりま殿」に宛てた家康の督姫宛消息の參考文書として掲げておく。

舟橋秀賢に與へたる知行宛行狀（慶長十六年四月十六日）

山城國葛野郡安井村之內貳百石、同郡村之內參拾石、紀伊郡横落村之內百貳拾石、乙訓郡楓村內五拾石、合四百石之事、宛行訖、全可㆓領知㆒者也、

慶長十六年四月十六日　（家康）（朱印）（印文恕家康）

舟橋（舟橋秀賢）

原本〔內閣文庫所藏〕○東京

舟橋秀賢《ひでかた》は清原國賢の男で天正三年に生まれ、慶長六年十二月にそれまでの高倉姓を改めて舟橋と稱した。慶長七年明經博士となり、同九年從五位下式部少輔、同十八年には從四位上に陞叙された。明經博士として漢文學はもとより連歌の素養も深く、就中、活字版印刷に通じてゐたので、家康ともその開版印刷事業を通じて親交を結んでゐた様子が、その日記『慶長日件錄』に窺はれる（『國史大辭典』）。
安井村・郡《こほり》村は葛野《かどの》郡で今日は京都市右京區に屬する。横落村は横大路村が正しく、楓村は鷄冠井村と記され「かいでむら」又は「かへでむら」と呼ばれた。宛所の「舟橋」のみは家康の自筆であらう。

〔參考〕將軍秀忠より舟橋秀雅に與へたる知行安堵狀（元和三年九月七日）

知行方目録

一貳百石　山城國《》安井村之內
一百貳拾石　同　横大路村內
一五拾石　同　鶏冠井村內
一三拾石　同　郡村之內
　都合四百石

右如二前〻一可レ令二知行一者也、

　元和三年九月七日　（秀忠）（朱印）（印文忠孝）

　　舟橋式部少輔（秀雅）とのへ

原本〔內閣文庫所藏〕○東京

本狀を前揭の舟橋秀賢への知行宛行狀、ならびに『德川家康文書の研究』下卷之一　舊・復とも　六六八頁に收錄されてゐる參考文書「舟橋相賢（舊は舟橋秀賢）に與へたる知行安堵狀」（寛文五年十一月三日）に關連する參考文書として收錄しておく。

舟橋秀賢は慶長十九年六月二十八日に歿し、その男秀雅が繼承した。秀雅は秀相ともあり、正保四年九月十五日に四十八歲で歿し、その蹟は長男の相賢が繼承した。

大和圓成寺に與へたる寺領寄進狀（慶長十六年五月二十三日）

已上

忍辱山圓城寺在レ之一切經、去慶長拾四酉歲大御所樣（家康）江被二召上一候、爲二其御褒美一重而寺領百五石可レ付旨、今度大御所樣於二京都一被二仰出一、依レ其最前百三拾石、御加增百五石、高都合貳百三拾五石於二和州添上郡忍辱山村內一自今已後可レ有二所納一候、田地割之目錄別紙一琳（冊カ）在レ之、但重而百五石付候　御黑印、去月十七日ニ被二成下一大久保石見守（長安）奉レ之、仍如レ件、

慶長十六辛亥年
五月廿三日　鈴木左馬助
（花押）

和州添上郡
忍辱山圓城寺

原本〔內閣文庫所藏〕○東京

忍辱山圓成寺《あんじやうじ》は奈良市忍辱山町一二七三番地所在の眞言宗御室派の寺院である。

慶長十四年三月、家康は大和圓成寺に高麗板大藏經を獻ぜしめ、江戸増上寺に納附した（『史料綜覽』）。家康はその褒美として、先に「大和圓成寺に與へたる寺領寄進狀（慶長七年八月六日）」（『德川家康文書の研究』舊・復とも　下巻之一三二四頁）によって寄進した寺領百二十石に加へ、大和國添上郡忍辱山村内に於いて新たに百五石を加增する旨を本狀を以て告知せしめた。本狀には慶長十六年四月十七日附で大久保長安の奉書により黑印の寺領目錄が發給されたとあるが、參考文書として掲げた元和三年七月二十一日附で秀忠が與へた寺領安堵狀には、本狀を以て「支證」と記載されてゐるので、本狀を家康の寄進狀と捉へておく。家康は慶長十六年三月十七日から四月十八日まで京都に滯在した。
鈴木左馬助は『台德院殿御實紀』元和元年五月三日の條に、處士戸田八郎右衞門に兄の仇として討たれたとある江州代官鈴木左馬助であらう。古田織部重然はその舅に當り、この時逃げた左馬助の從者の挾箱から現はれた密書により、古田重然一黨の大坂方内通が露顯したと傳へられてゐる。

〔參考〕將軍秀忠より大和圓成寺に與へたる寺領安堵狀（元和三年七月二十一日）

原本〔内閣文庫所藏〕○東京

當寺領大和國添上郡門前村百參拾石、新寄進分忍辱山村内百五石、都合貳百參拾五石事、幷寺廻山林竹木等、任二去慶長七年八月六日先判之旨、同十六年五月廿三日支證之趣一、永不レ可レ有二相違一者也、

元和三年七月廿一日　（秀忠）（朱印）（印文忠孝）

忍辱山

〔參考〕將軍秀忠より平岩親吉に與へたる御內書（慶長十二～十六年六月二十日）

林檎・夏桃一折・鮎鮨・柳濟々到來、喜覺候、尚相摸守（大久保忠隣）可二申送一候也、

（慶長十二～十六年）
六月廿日　（秀忠）（花押）

平岩主計殿（親吉）

原本〔思文閣墨蹟資料目録第百七十八號所載〕○昭和六十二年五月刊

慶長十二年閏四月二十六日、義直が甲斐から尾張に移封されたのに伴ひ、その傅役であつた平岩親吉も甲府から尾張犬山城九萬三千石（一說に十二萬三千石）に移され、同年五月二十六日早くも清須城に移つた。以後親吉は慶長十六年十二月晦日に歿するまでの間、幼い義直に代つて專ら清須城に在り、執政と稱して尾張の國政を執つた。由て本書はその間に於ける親吉からの進物に對する御內書と捉へられる。

林檎はりんきん・りんき・りんこう・りゆうごうなどとも訓まれた。桃と同じく本來は秋に果實を結ぶが、夏に採れるものは特に早熟《はやなり》として珍重された。鮎鮨の產地は尾張に限らないが、木曾・長良・揖斐の三川を控へた尾張が名產地である。柳は酒である。室町時代、京都西洞院佛光寺下ルにあつた造り酒屋の酒が美味で有名となり、その家宅を柳寺と稱し、或は柳をその酒の銘としたところから京の名酒の稱へと汎がつた。酒には柳製の樽が多く用ゐられたことも、その稱を汎げる因となつたと考へられる。濟々《せいせい》とは多士濟々と同樣に、豐富で立派な樣を指す。

親吉は尾張の施政を家康より委ねられてのち、吏僚として己れの勢力を培ふに心を砕き、幕閣の關心を買ふにも熱心であり、中でも大久保忠隣に誼を通じてゐた。本書に見える品々も、おそらくは忠隣を通して獻ぜられたと推量される。

中川秀成に與へたる御內書（慶長十一～十六年十二月十九日）

（包紙ウハ書）
「中川修理亮とのへ」

（折紙）
爲㆓鷹野見舞㆒、帋子二幷革羽織一到來、喜悅候也、

（家康）
（印文恕家康）
黒印

（慶長十一～十六年）
十二月十九日

中川修理大夫《秀成》とのへ

原本〔神戸大學文學部日本史硏究室所藏〕○神戸市

本書も宛所が包紙と相違してゐるので、包紙は別の文書の附屬だつたかも知れない。押捺されてゐる印の初見は慶長十一年二月二十四日と中村孝也博士は考證されてをり、下限は元和元年七月二十七日附で與へた社寺領寄進狀（『新修德川家康文書の硏究』五〇八～五一一頁）まで現在確認されてゐる。秀成は慶長十七年八月十四日に歿したので、本書の發給年次下限は、その前年までと言ふことになる。

「紙子」は和紙で作つた衣服で、往々にして表には澁を塗り、中に眞綿を入れて仕立ててある。風を通さないし少々の雨でも支障ないので、鷹狩の時の様に戸外で用ゐるには絶好の防寒具となる。革羽織は綿こそ入れられてゐなかつたかも知れないが、これまた防寒具として絶好である。『駿府御分物帳』にも「帋子羽折」と「革羽折」は記載されてゐる。

松浦隆信に與へたる御内書（慶長十六年十二月二十八日）

（包紙ウハ書）「松浦源三郎とのへ」

（檀紙折紙）爲二歳暮之祝儀一、小袖二之内綾一到來、喜思召候也、

（慶長十六年）十二月廿八日　（家康）（黒印）（印文恕家康）

松浦源三郎（隆信）とのへ

原本〔財團法人松浦史料博物館所藏〕○平戸市

「松浦鎭信に與へたる御内書（慶長十年八月十日）」およびその解説參照。本狀の包紙の裏側には「到來　慶長十七年二月十三日」の書き入れがある。

隆信は天正十九年平戸に生まれた。通稱は『寛永諸家系圖傳』にも『寛政重修諸家譜』にも記されてゐないが、松浦家の長子は代々「源三郎」と稱してゐるので、隆信も源三郎を稱したものと考へられる。父久信は祖父鎭信の致仕を承けて家督したものの鎭信に先立って慶長七年八月二十九日に三十二歳で歿した。隆信は慶長八年京師に於いて、十三歳で初めて家康に拜謁してゐるので、家督相續をその時までに聽されたものと推される。慶長十七年九月從五位下肥前守に敍任されたので、おそらくその時隆信と名乘ったものと推定されよう。本狀の宛所は隆信がまだ敍任以前であったことを示してをり、包紙の裏側に書き入れられた年月日の信賴性を證してゐる。

加藤忠廣に與へたる知行安堵狀（慶長十七年六月十四日）

肥後國拾貳郡、此高五拾壹萬九千餘石并於㆓豐後國之內㆒貳萬石、都合五拾四萬石事、任㆓亡父肥後守（加藤清正）存知來旨㆒、全不㆑可㆑有㆓相違㆒者也、仍如㆑件、

慶長十七年六月十四日

加藤肥後守（忠廣）とのへ

〔熊本縣史料〕○中世篇第五 下川文書 六四

加藤清正は慶長十六年六月二十四日に五十一歳で歿した。その一年後に家督相續に伴ふ知行安堵狀が與へられても不審はない。『熊本縣史料』には「德川家康（?）續目安堵狀寫」と題して採錄されてをり、原本には當然朱印か黑印が捺されてゐたであらう。それは家康の印であつたと推すよりも、むしろ將軍秀忠の印であつたと解すべきと思はれるが、先づは收錄しておく。大御所時代の家康が大名の襲封に際して發給した知行安堵狀の例は他に見たことがない。

〔參考〕將軍秀忠よりノバ＝イスパニア總督に遣れる復書（慶長十七年七月十日）

日本國　征夷將軍源秀忠、報㆓章濃毘數般國主幕下㆒、信書入手、細覽薰讀、特賜㆓數般之奇產㆒、如㆓別錄㆒受㆑之、誠至情也、地已雖㆑隔㆑遠、其志親則不㆑異㆓隣境㆒、二國之商船往來、每歲互可㆑通㆑之、時々欲㆑聞㆓國風㆒

耳、雖二是薄物一、本邦之兵器、鎧三領、共皆具、寄二贈之一、
以表二寸志一、餘事正信(本多)可二傳說一焉、敢不レ能二縷陳一也、不備、

慶長十七年七月十日、
御朱印(秀忠)

〔增訂異國日記抄〕○『異國叢書』

本書は「古今消息集」第七巻より採集されてゐるが、「續善隣國寶記」には「慶長十七年孟秋中院(ママ)」の日附で載せられてゐる。「ノバ＝イスパニア總督に遣れる復書(慶長十七年六月)」(『德川家康文書の研究』舊・復とも　下巻之一　七〇六頁)の參考文書として掲げる。

本書のスペイン語譯文はセビーヤ市印度文書館にあり、その日附は「慶長十七年の第六月、即ち一千六百十二年七月」となつてゐるが、譯文の際の誤りと解されてゐるので、今は原文に從ひ「七月十日」としておく。

同年六月の家康の復書ならびに本書の發給ならびにそれらの翻譯の經緯は「增訂異國日記抄」の解說に詳しい。

「外蕃通書」にも本書は掲げられてをり、著者近藤守重は本書を「故アリテ御不用ニナリシモノナラムカ」と註してゐるが、その譯文がセビーヤ市の印度文書館にあるならば、發給されたこと明らかであらう。

道中宿付(四)(慶長十七年十月)

十月大

卅　清水

閏十月小

一　善徳寺

三　三嶋

四　小田原

五　中原

七　武府中

八　河越

十三　おし

廿五　岩付

廿六　越谷

十一月大

五　あ(か)さい

七　江戸

十七　いゑ(な)け

原本〔名古屋東照宮舊藏〕○名古屋市中區

道中宿付(五)（慶長十七年十月）

十月大

卅　清水

後十月

一　善徳寺

三　三嶋

四　小田原

五　中原

七

八　藤澤

九　あ(か)の河

十　江戸

十八　戸田

廿一　河越

廿六　おし

十一月大

九　岩付

十　越谷

十八　（か）あさい

廿　江戸

廿二　小杦

廿五　（か）あの河

廿六　藤澤

廿八　中原

十二月

五　小田原

六　三嶋

八　善徳寺

十

原本〔金井次郎氏舊藏〕○大阪

二點とも『徳川家康文書の研究』(舊　下之二　二四八・二四九頁。復　下之一　九五一・九五二頁)に收錄されてゐるが、他の道中宿付の解說との關係上再錄する。二點の道中宿付ともに十月が大の月、閏十月があつて十一月も大の月であつたと示されてをり、慶長十七年のものと確定する。ともに出立前に駿府で草された宿付であることも疑ひない。兩者ともに十月三十日を出立豫定日とし、十月五日中原(現在の平塚市內)投宿までは同じである。

その㈣は中原から東海道を外れて北上し、七日には武藏府中(現在の都下府中市)に宿り、さらに翌日は現在の國分寺市・東村山市・所澤市と一日に約三十キロを踏破して埼玉縣川越市に投宿。以後五日間は今日の川越・上尾・東松山・鴻巢・熊谷の各市方面、中仙道西側の武藏國北西部の平野で放鷹を樂しみ、十三日に忍(現在の行田市內)に投宿。さらに二十日間ばかり中仙道近邊を放鷹しつつ次第に南東に向かつて移動し、岩槻・越谷・葛西を經て十一月七日に江戶到著。十日間滯在して公式行事を濟ませたのち、稻毛(橘樹郡、現在の川崎市中原區と高津區の境邊り)を振出しに東海道西行の歸路豫定を立てかけたところで筆を擱いてゐる。

その㈤は閏十月五日の中原投宿後、せめて三日ほどは東海道沿ひに相摸で放鷹し、あとは藤澤・神奈川とまつすぐ東海道を東下して江戶に到著。八日間滯在して公式行事を濟ませ、十八日から戶田・川越・忍・岩槻・越谷・葛西と中仙道沿ひの武藏國北西部平野で放鷹を樂しんで十一月二十日に再び江戶に戾り、二日後小杉(現在の川崎市中原區武藏小杉)を振り出しに、東海道を西上して十二月十日(駿府歸著)までの豫定を立ててゐる。

兩者の間の最大の相違は、武藏國北西部での放鷹豫定を、江戶到著の前とするか後とするかの點にあることは言ふまでもない。そこでこの年のこの間に、家康が實際にとつた行動を槪觀してみよう。

閏十月二日　駿府出立。

十二日　江戶到著。東海道中での放鷹は行なつたが、武藏國北西部には廻らなかつた。十九日までの七日間に公式行事を濟ませた。

二十日　戶田へ出獵。秀忠同行。

二十四日　川越投宿。

二十五日　大里郡幡羅村字東方で放鷹。この日秀忠は別れて江戸に歸つた。
十一月二十六日　江戸に戻つた。この間一ケ月の行動を示す記録は見出せないが、おそらく道中宿付に見られる豫定の通り、忍・岩槻・越谷・葛西と武藏國北西部で放鷹を樂しんだと推される。
十二月二日　江戸出立。
十五日　駿府歸著。旅程は十三日間であるので、東海道を放鷹しつつ戻つたと推される。
實際の行動に近いのは、二點の道中宿付のうちの(五)である。よつて最初は往路途中で武藏國北西部の放鷹を計畫して(四)の宿付を草したものの、豫定を變更して順序を轉じ、(五)の宿付を草したと解される。

佐々長重に與へたる知行宛行狀（慶長十七年十月二十八日）

（竪紙）
美濃國多藝郡大坪村四百壹石五斗餘、山縣郡伊自良村之內九拾八石四斗九舛餘、山年貢共都合五百石之事
右宛行訖、全可ㇾ領知ㇾ者也、
慶長十七年十月廿八日　（家康）（黑印）（印文恕家康）
（宛所闕）

原本〔專修大學圖書館所藏〕○東京神田分館石井良助文庫

竪紙だが末尾を切除されてをり縣紙も失はれてゐるので宛所は直ちにはわからない。そこで知行所から知行主を探つてみる。

「元和貳年美濃國村高御領知改帳」（『岐阜縣史』史料編　近世一）には左の通り見出される。

一新高五百石　　佐々左平太（長重）

内

四百壹石五斗六合　　多藝郡　大つほ村

六拾八石四斗九升四合　山かた郡　伊自良村之内

小以五百石

「知行宛行狀」の「山縣郡伊自良村之内九拾八石四斗九舛餘」と「元和貳年美濃國村高御領知改帳」の「六拾八石四斗九升四合　山かた郡　伊自良村之内」との差額三十石が山年貢と解される。

同じ史料編に収められてゐる正保二年の「美濃國鄕帳」には左の通り見出される。

多藝郡

石見檢　　佐々權兵衞殿知行（長次）

一高四百壹石五斗五升八合　　同　大坪村

内　貳百六拾三石九斗壹升四合　　田方

百三拾七石六斗四升四合　　畑方

（中略）

山縣郡

「同」（石見檢）

一高三千四百五拾七石五斗九升八合　伊自良村

（田方・畑方・紙木高・紙舟役の四行省略）

四拾石七斗貳升貳合　　山年貢

右之内

（御藏入「岡田將監」・尾張大納言殿の二行省略）
高九拾八石四斗　　　佐々權兵衛殿知行

この「高九拾八石四斗」のうち三十石は山年貢である。「同　大坪村」とある「同」は衍で佐々權兵衛の知行であることを重複して示してゐる。『寛政重修諸家譜』巻第四百四十三　佐々氏によると、佐々長成の長男左平太長重は家康に仕へて御膳番を勤め、美濃國多藝山縣二郡のうちにをいて采地五百石を給され、慶長十九年九月十日父に先立つて歿し、駿河國安倍川の德願寺に葬されたとある。その弟の權兵衛長次は同年十二月に京師で家康に拜謁して亡兄長重の采地五百石を賜ひ、寛永二年に父長成が歿するとその遺蹟のうち舊知五百五十石を賜ひ、合はせて千五十石餘を知行したとある。

本知行宛行狀の知行所と知行高山年貢共都合五百石は、元和二年の「村高御領知改帳」にある佐々左平太の項の記事と符合する。左平太長重は二年前の慶長十九年九月に卒してゐるが、改帳の知行主名が未だ改められてゐなくても不審とするには當らない。知行主や名請人の死亡による名儀改訂が數年遲れることは通例である。正保二年の「一國郷帳」にある佐々權兵衛の知行とも符合してをり、本狀は佐々長重に與へられた宛行狀と斷定し得る。

本狀は專修大學大學院生の庄司拓也氏より教示を受けた。同氏が同大學院の『文研論集』第二十九號に掲載解説してをられる。

九　江戸

道中宿付㈥（慶長十七年閏十月）

慶長十七年

十八　戸田
廿二　河越
廿七　おし

原本〔徳川美術館所蔵〕○名古屋市

僅か四行の断簡ではあるが、現存する他の道中宿付と比較してみると、㈤のうちの閏十月の豫定の後半と、墨調・筆勢ともに同じで、記事もほぼ一致する。よつてこの宿付も同年の執筆と推定され、㈤に部分訂正を加へようとして草されたものと解される。

道中宿付㈦（慶長十七年十一月）

十七　かさ井（ゐ）
十九　江戸
廿三　いゐ（な）け
廿六　かの河
廿七　藤澤
廿九　中原

十二

原本〔松平宗紀氏所藏〕○東京千代田區

十一月も十二月も月の大小が示されてゐないので、執筆された年を探る手がかりが少ない。だが、既に江戸で將軍秀忠を公式に訪問したのち、武藏國で放鷹してゐた家康が、一旦江戸に戻つて僅かに四日滯在し、駿府に向けて出立すると豫定を立てたことは疑ひない。

現存する道中宿付は、慶長十四・十五・十七・十八・元和元年の五ケ年分と考へられる。それらとこの宿付とを比較してみると、葛西・江戸・稻毛と旅程を組んである點は㈣に一致し、十一月十八日葛西、廿日江戸、廿二日小杦、廿五日かの河、廿六日藤澤、廿八日中原との豫定を示してゐる㈤にも、日附・日數・旅宿ともほぼ一致してゐる。㈣㈤とも慶長十七年の宿付であり、從つてこの宿付も同年十一月の宿付と推定される。とすれば、十一月十日頃、忍・岩槻・越谷方面での放鷹旅行中に草したものと解される。だが、實際に江戸に歸著したのは、さらに七日遲れた十一月二十六日であり、江戸出立は十二月二日であつた。

傳徳川家康自筆日課念佛〔慶長十七年〕

慶長十七年の某月某日の年紀や家康の署名の入つた家康自筆と稱される「日課念佛」が世に多數傳存してゐる。それらに關しては本書に〔未勘文書〕日課念佛(慶長十七年)と題して掲げた解說(七一七頁〜七四四頁)を參照されたい。

〔參考〕将軍秀忠より高橋元種に與へたる御内書（慶長十〜十八年カ五月朔日）

（折紙）
爲㆓端午祝儀㆒、帷・單物數五到來、喜思召候、猶酒井雅樂頭（忠世）可㆑申候也、

（慶長十〜十八年カ）
五月朔日　（秀忠）（黑印）（印文忠孝）

高橋右近大夫（元種）とのへ

原本〔大東急記念文庫所藏〕○東京世田ケ谷區

〔參考〕将軍秀忠より高橋元種に與へたる御内書（慶長十〜十八年カ五月三日）

（折紙）
爲㆓端午之祝儀㆒帷三到來、喜思食候、尚大久保相摸守（忠隣）可㆑申候也、

（慶長十〜十八年カ）
五月三日　（秀忠）（黑印）（印文忠孝）

高橋右近大夫（元種）とのへ

高橋元種に與へたる御内書（慶長十一〜十八年五月五日）

原本〔大東急記念文庫所藏〕○東京世田ヶ谷區

（折紙）
爲二端午之祝儀一、帷子五之内單物三到來、悦思召候也、

（慶長十一〜十八年）
五月五日　（家康）（黒印）（印文恕家康）

高橋右近（元種）とのへ

高橋元種に與へたる御内書（慶長十一〜十八年五月五日）

原本〔大東急記念文庫所藏〕○東京世田ヶ谷區

（折紙）
爲二端午之祝儀一、帷子五内單物三到來、悦思召候也、

（慶長十一〜十八年）
五月五日　（家康）（黒印）（印文恕家康）

高橋右近（元種）大夫とのへ

原本〔大東急記念文庫所蔵〕○東京世田ヶ谷區

高橋元種は秋月種實の次男で高橋三河守鑑種《あきたね》の養子となつた。通稱は九郎、名は初め忠光、長行とも名乘つた。右近大夫に任ぜられた時期は未明だが、慶長四年八月二十日附で家康から遺られた書狀(『德川家康文書の研究』舊・復とも中巻　四四〇頁)の宛所には既に「高橋右近大夫殿」とある。文祿・慶長の朝鮮戰役には二度とも出陣し、關ヶ原戰役に際しては初め西軍に屬したが、のち東軍に降つて所領の日向延岡五萬石を安堵された。縣城の城主で宮崎城を支城としてをり、のちに關東に於いても二萬石を加封され、都合七萬石を領したが、慶長十八年十月二十四日に富田信濃守信高の改易事件に連座して改易され、陸奥棚倉の立花宗茂に預けられ、剃髮して知白と號し、翌十九年十月九日配所の二本松で歿した。

この改易事件の眞相は審らかではない。坂崎對馬守直盛の甥で罪を犯した坂崎左門が、直盛の追及を逃れて姑《をば》の夫富田信濃守信高の許に隱れた。直盛は家康に信高を罪人隱匿の廉で訴へたが採り上げられず年月を送つた。左門は發見されさうになつたので、密かにその身を移して高橋元種の許に潛んだ。慶長十八年秋に至つて直盛は信高の室が甥の左門を匿つてゐる證據を入手して幕府に訴へ出、同年十月八日江戸城大廣間の家康・秀忠の面前で信高と對決し、信高の所領沒收と決せられ、元種も信高の一味として改易追放された(『當代記』『駿府記』『寛政重修諸家譜』巻第千二百九十七富田信高の項　『戰國人名辭典』)。本狀を含め茲に採錄した高橋元種宛の家康の御内書五通は、いづれも年未詳であるが全て印文「恕家康」の黑印を以て發給されてゐるので、慶長十一年以降と推される。

參考文書として別に揭げた秀忠の書狀四通は慶長六年以降同十年頃までの發給、御内書九通は慶長十年から同十八年までの間の發給であらう。

〔參考〕將軍秀忠より高橋元種に與へたる御内書（慶長十〜十八年カ五月十日）

（折紙）
就二端午之祝儀一、帷子三到來、喜思召候、猶酒井雅樂頭（忠世）可レ申候也、

（慶長十～十八年カ）
五月十日　◯（秀忠）（黒印）（印文忠孝）

高橋右近大夫（元種）とのへ

原本〔大東急記念文庫所藏〕○東京世田ケ谷區

〔參考〕將軍秀忠より高橋元種に與へたる御内書（慶長十～十八年カ五月十一日）

（折紙）
爲二端午祝儀一、帷子一・單物二到來、悦思食候、猶本多佐渡守（正信）可レ申候也、

（慶長十～十八年カ）
五月十一日　◯（秀忠）（黒印）（印文忠孝）

高橋右近（元種）とのへ

原本〔大東急記念文庫所藏〕○東京世田ケ谷區

〔参考〕イスパニア國王フェリペ三世よりの來書(譯文)（西暦一千六百十三年六月二十日）

神の恩寵に因りて、イスパニヤ、ナポリ、シヽリヤ、エルサレム等、東西印度、大洋中の諸島及び大陸の王、アウストリヤの大公爵、ブルゴーニユ、ブラバント及びミランの公爵ハプスブルグ、フランデル及びチロルの伯爵等を兼ねたるドン・フエリペ、聖明强大にして甚だ尊敬すべき、日本全國の君、源家康の、眞正にして完全なる幸福健康及び繁榮を祈る。フイリピン諸島に居る朕が長官等の報告、幷に彼地方より來りし數人の宣教師等の言ふ所によりて、朕は殿下（家康）が智慮と正義とを以て領國を治めらるヽ事、幷に其地の海岸に於て難船したるドン・ロドリゴ・デ・ビベーロを厚遇せられし事を知り、又レルマ公兼デニヤ伯が披露したる殿下の書翰により、其地に渡航し、又は避難すべき、朕が臣民に對して、殿下が同じく厚遇を與へんとせらるヽを知りて、深く喜びたり。故に此書翰を以て朕が歡喜を表し又基督教徒の尊崇する、天地萬物の創造者なる眞の神の光榮と名譽とを增進せん爲め、喜んで殿下と親交を結ばんと欲することを言明す。朕が之を喜ぶの證として、又殿下及び太子源秀忠の贈物なりとて、フライ・アロンソ・ムニヨスが携へ來りし諸品の答禮として、其地に無しと聞ける當地常用の諸品を、此書翰と共にサン・フランシスコ派の宣教師に託して殿下に贈る。太子には別に書翰を呈して、敬意を表し、此意を言明す。猶ほ其地方に滯在し我等の眞の神に仕ふる宣教師を保護せられんことを殿下に懇請す。神殿下を護り、精神上及び俗事上に於て、大なる幸福を與へ給はんことを祈る。

千六百十三年六月二十日（○慶長十八年五月三日）サン・ロレンソ San Lorenzo に於て。

朕國王　Yo el Rey

〔異國往復書翰集〕○『異國叢書』

後掲の同年十一月二十三日附の來書（本書六一五頁）の解說參照。

〔參考〕將軍秀忠より高橋元種に與へたる御內書（慶長十～十八年カ九月六日）

（折紙）
爲二重陽佳兆一、小袖一重到來、悅思召候、猶本多佐渡守（正信）可レ申候也、

（慶長十～十八年カ）
九月六日　（秀忠）○（黑印）（印文忠孝）

高橋右近（元種）とのへ

原本〔大東急記念文庫所藏〕○東京世田ケ谷區

〔參考〕將軍秀忠より高橋元種に與へたる御內書（慶長十～十八年カ九月八日）

（折紙）
爲二重陽之祝儀一、小袖一重到來、悅思召候、委曲酒井雅樂頭（忠世）可レ申候也、

（慶長十〜十八年カ）九月八日　（秀忠）〇（黒印）（印文忠孝）

高橋右近（元種）とのへ

原本（大東急記念文庫所蔵）〇東京世田ヶ谷區

高橋元種に與へたる御内書（慶長十一〜十八年九月九日）

（折紙）爲二重陽之祝儀一、小袖二到來、悅思召候也、

（慶長十一〜十八年）九月九日　（家康）（黒印）（印文恕家康）

高橋右近（元種）とのへ

原本（大東急記念文庫所蔵）〇東京世田ヶ谷區

〔参考〕将軍秀忠より高橋元種に與へたる御内書（慶長十〜十八年カ九月十七日）

（折紙）爲二重陽祝儀一、小袖二到來、欣思食候、猶本多佐渡守（正信）可レ申候也、

（慶長十〜十八年カ）九月十七日　○（秀忠）（黑印）（印文忠孝）

高橋右近（元種）大夫とのへ

原本〔大東急記念文庫所藏〕○東京世田ケ谷區

〔參考〕将軍秀忠より高橋元種に與へたる御内書（慶長十〜十八年カ九月二十一日）

（折紙）
爲二重陽佳兆一、小袖二到來、欣思召候、猶本多佐渡守（正信）可レ申候也、

（慶長十〜十八年カ）九月廿一日　○（秀忠）（黑印）（印文忠孝）

高橋右近（元種）とのへ

原本〔大東急記念文庫所藏〕○東京世田ケ谷區

道中宿付(八)（慶長十八年十月）

十月大

十二　かさい

十六　ちん(は)
十七　東金
廿四　ちん(は)
廿五　かさい
廿六　江戸
十一月小
二　戸田
七　河越
十三　おし
廿三　戸田
廿四　小杦

原本〔久能山東照宮所蔵〕○静岡市

慶長十二年以降で、十月が大、十一月が小であったのは慶長十三・十四・十八、元和元年の四ケ年である。

慶長十八年九月十七日に駿府を出立し、同月二十七日江戸に到著した家康は、十月二日葛西に赴いて放鷹し、鶴一羽・雁四羽・鴨九羽・菱喰三羽を獲て、西丸に帰った(『駿府記』)。同月十日に本丸の将軍秀忠を公式に訪問する豫定であったが、前夜より咳が出たので延引し、十七日には本復したので、十八日に本丸を訪問した(『駿府記』)。

十月　二十日　　戸田に出獵。

廿一日　鶴一羽・雁五羽・鴨等を獲た。
廿三日　川越に移つた。
廿七日　松平正綱に命じ岩槻に於いて白鳥三十三を獲た。
廿九日　仙波に於ける天海の論議を聴き、川越に宿泊。
三十日　忍に移つた。
十一月二日　秀忠が放鷹のため鴻巣に到著。
四日　家康・秀忠放鷹。
十日　放鷹。
十一日　放鷹。
十二日　放鷹。
十三日　放鷹。
十四日　放鷹。十七日に岩槻に移る由を仰せ出した。
十五日　家康、寸白を患ひ放鷹休止。
十六日　病のため岩槻移轉の豫定を十九日迄延期と仰せ出した。
十七日　病が本復し放鷹。
十八日　放鷹。
十九日　岩槻に移る途中放鷹。
二十日　岩槻を立つて越谷に移つた。将軍秀忠は鴻巣より江戸に歸つた。
廿五日　鶴五・雁・鴨多數を獲た。
廿六日　明日葛西へ移ると仰せ出した。越谷放鷹中に鶴十九を獲て、上機嫌であつた。
廿七日　葛西へ移る途中放鷹し鶴六を獲た。

廿八日　鶴五を獲、明日江戸へ帰ると仰せ出した。
廿九日　江戸へ帰城の途中、鶴六・雁多數を獲た。
十二月三日　駿府に向かつて江戸を發し稲毛到著。その途中も鶴・雁多數を獲た。
五日　放鷹。明朝中原へ赴く旨を明らかにした。
六日　中原到著。
十三日　俄かに中原より江戸に引き返した。（以上『駿府記』）
中原より急遽江戸に戻ったのは、小田原城の大久保忠隣が謀叛を企てゐるとの報に接したためと解される。計らずも江戸で越年した家康は、慶長十九年正月、左の通り下總・上總方面に放鷹し、一旦江戸に戻つてから駿府へ向けて出立、途中放鷹しつつ無事歸著した。
正月七日　放鷹のため葛西に移つた。
八日　千葉に移つた。
九日　東金に移つた。途中鶴四を獲た。(ママ)
十日　鶴五・雁十八・鶴七を獲た。
十一日　鶴六・雁十六を獲た。
十二日　鶴三を獲、その近邊に猪が多いので狩るべき旨を仰せ出した。明後日江戸へ戻ると仰せ出した。
十三日　土井利勝・永井直勝・松平正綱等百餘人が鹿狩のため吉田佐倉方面へ出かけ、鹿二・猪四を獲た。
十四日　雨のため出立延期。
十六日　東金を發し千葉に移つた。
十七日　千葉を發し葛西に移つた。
十八日　江戸歸著。
廿一日　江戸を出立し神奈川到著。

廿二日　藤澤著。
廿三日　中原著。
廿四日　中原を出立して放鷹しつつ小田原に到著。
廿七日　三嶋著。
廿八日　善德寺著。
廿九日　駿府歸著。

慶長十二年以降、元和二年に到る間に、十月が大で十一月が小の年で家康が千葉から東金方面に放鷹した記錄は、この時を措いて求められない。惟ふに、慶長十八年九月二十七日江戶に到著した家康は、十月十日に將軍秀忠を公式に訪問したあと、下總・上總方面へ放鷹に出かけようと計畫したものと推定される。しかるに、十月九日より咳を發して江戶滯在が延引したため、この豫定は一旦中止せざるを得なくなつたが、その代り十一月初旬に豫定した放鷹豫定を繰上げて、十月二十日より出獵したと解される。大久保忠隣謀叛の疑ひにより、計らずも江戶で越年した家康は、前年十月の下總・上總方面に於ける放鷹を正月に實施し、一旦江戶に戾つてそのまま駿府に向かつたのである。よつてこの道中宿付は、江戶に在つて草されたものと解される。

〔參考〕イスパニア國王フェリペ三世より將軍秀忠への來書(譯文)

(西曆一千六百十三年十一月二十三日)

神の恩寵に因りて、イスパニヤ、ナポリ、シヽリヤ、エルサレム等、東西印度、大洋中の諸島及び大陸の王、アウストリヤの大公爵、ブルゴーニュ、ブラバント及びミランの公爵、ハプスブルグ、フランデル及びチロルの伯爵等を兼ねたるドン・フェリペ、聖明にして、甚だ尊敬すべき大納言樣(德川秀忠)の、眞正にして完全なる幸福健康及び繁榮を祈る。殿下(徳川秀忠)が貴諸國全體の君なる殿下の父源家康に倣ひ、智慮と正義とを以て、政を行ひ、其地方に在る宣教師、幷に諸港に到る朕が臣民を厚遇せらるゝ由を聞き、又レルマ公兼デニヤ伯が披露したる殿下の書翰によりて、殿下が好意を持續せんとせらるゝことを知りて深く喜び、此書翰によりて敬意を表し、朕が臣民との交通の彌々盛ならんことを望む。又サン・フランシスコ派のフライ・アロンソ・ムニョスが携へ來りし殿下の贈物に對し、其地には無しと聞ける當國常用の品を殿下に贈呈す。右進物を携へて其地に到る宣教師等の、朕に代りて陳述するところを全然信用せられ、又右宣教師其他眞の神に仕ふる爲め、其地に在る宣教師等を殿下が保護せられんことを望む。神が殿下を護り、大なる幸福を授け給はんことを祈る。

千六百十三年十一月二十三日〔○慶長十八年十月十二日〕パルド Pardo に於て、

朕國王

〔異國往復書翰集〕〇『異國叢書』

「異國往復書翰集」には、六月十二日附の家康宛、十一月二十三日附の秀忠宛の兩通とも、スペインのセビーヤ市印度文書館所藏の國王書翰案より採錄したと註してある。

先に家康は慶長十四年十二月二十八日附を以て、將軍秀忠は慶長十五年五月四日附を以て、呂宋太守ドケ＝デ＝レルマに授けた濃毘數般船來航許可朱印狀（『德川家康文書の研究』舊・復とも　下巻之一　六〇二頁）に對する答書である。家康・秀忠の來航許可朱印狀を携へたパードレ、フライ・アロンソ・ムニョス(Padre Fray Alonso Muñoz)は一千六百十年八月一日(慶長十五年六月十三日)浦賀を發し、同年十月末メキシコのアカプルコに著いた。ノバ・イスパニア總督は答禮として、一千六百十一年三月二十二日、セバスチャン・ヴィスカイノ(Sebastian Vizcaino)をアカプルコ港より派遣し、同年六月十日(慶長十六年四月二十九日)浦賀に入港したヴィスカイノは書翰と禮物とを、秀忠と家康に呈した。これに對し家康は翌十七年六月復書を遺り（『德川家康文書の研究』舊・復とも　下巻之一　七〇六頁）、我が國は敬神尊佛の國柄で、切支丹の教法はその趣を甚だ異にする故、布教は無用たるべく、ただ通商のみを行ふべき旨を報じた（『增訂異國日記抄』解說）。一方ムニョスはメキシコで本國への便船を待つこと一年近くに及び、翌一千六百十一年十月初めにイスパニアのサン・ルカ港に到著、同年十二月に政府に家康・秀忠の來航許可朱印狀を呈してその意を通じた。イスパニア政府は直ちに我が國の意に應へようとしたが、マニラより反對意見が上奏されたので再び事情を調査することとし、翌年に至つてムニョスの懇請により、毎年商船一隻をアカプルコより浦賀に渡航させることに定め、答書と贈物をムニョスに託して日本に向かはせた。ムニョスは途中病を得て使節は交替したが、使節一行がメキシコに到著すると、マニラより日本に於いてはキリスト教迫害が激しさを加へてゐる旨報ぜられてゐたので本國政府に訓令を請ふた。

イスパニア政府は當時歸國してゐたソテロの意見を聽いて商船派遣の一條を削り改め、使節は一千六百十五年四月末アカプルコを出帆、同年八月（元和元年閏六月）浦賀に到著した。當時家康は大坂夏陣後の始末中であつたので暫時待機し、元和元年八月一日二條城で家康に謁して（駿府記・中院通村日記・舜舊記）イスパニア國王の答書ならびに贈物を呈したが、これを見た家康は甚だ喜ばず、秀忠は終に贈物を退け、一行を遇すること頗る冷淡であつたと傳へられる（『異國往復書翰集』解說）。おそらくノバ・イスパニア總督に切支丹布教の禁令を通報し置いたにもかかはらず、その禁令を尊重する旨の文言が見られないのみならず、却て宣教師の保護を懇請したり、神の加護を祈る文言を加へながら、通商船派遣の文言の見られない點に家康は不快を感じたものと推測される。

〔參考〕將軍秀忠より高橋元種に與へたる御內書（慶長十〜十八年カ十二月二十四日）

（折紙）
爲二歲暮之祝儀一、小袖ニ到來、悅思食候、猶本多佐渡守（正信）可レ申候也、

（慶長十一〜十八年カ）
十二月廿四日　（秀忠）〇（黒印）（印文忠孝）

高橋右近大夫（元種）とのへ

原本〔大東急記念文庫所藏〕〇東京世田ケ谷區

本書も慶長十八年に發給された可能性は殆どなく、同十七年を下限と考へられるが念のため十八年まで視野に入れておく。

高橋元種に與へたる御內書（慶長十一〜十八年十二月二十八日）

（折紙）
爲㆓歳暮之祝儀㆒、小袖一重之內綾一到來、悦思召候也、

（慶長十一〜十八年）
十二月廿八日　（家康）（黒印）（印文恕家康）

高橋右近（元種）とのへ

原本〔大東急記念文庫所藏〕〇東京世田ケ谷區

高橋元種に與へたる御內書（慶長十一〜十八年十二月二十八日）

（折紙）
爲二歳暮之祝儀一、小袖二之内綾一到來、喜思召候也、

（慶長十一〜十八年）
十二月廿八日　（家康）（黑印）（印文恕家康）

高橋右近（元種）とのへ

原本〔大東急記念文庫所藏〕○東京世田ヶ谷區

元種は慶長十八年十月に改易されたので、歳暮の祝儀に對する答書の發給下限は先づその前年の慶長十七年までと抑へてよいだらうが、念の爲同十八年を下限としておく。翌十九年は十月九日に元種が歿したので可能性はない。

松浦鎭信に與へたる御內書（慶長八〜十八年十二月晦日）

（包紙ウハ書）
「松浦法印」

（檀紙折紙）
爲二歳暮之祝儀一、小袖二到來、喜悅候也、

（慶長八〜十八年）
十二月晦日　（家康）（黑印）（印文源家康）

松浦法印（鎭信）

原本〔財團法人松浦史料博物館所藏〕○平戸市

御內書の書式よりして家康の將軍補職以降、鎭信の歿した慶長十九年五月以前としか抑へ様はないが、中村孝也博士は

この印の使用最終例を慶長十二年十月十七日と捉へてをられる。

仙石秀久に與へたる御内書（慶長八〜十九年五月四日）

爲㆓端午之嘉儀㆒、帷子單物數三到來、喜思食候、尚本多佐渡守（正信）可ㇾ申候也、

（慶長八〜十九年）五月四日　黑印（德川家康）

仙石越前守（秀久）とのへ

〔仙石文書〕○長野縣佐久市 重田阿紀子氏所藏 『信濃史料』第二十一巻 三九九頁

『信濃史料』には圓形の黑印で家康の文書として載せられてゐるが、家康文書とすればおそらく小判形印であらう。むしろ本多正信が取次役を勤めてゐるので家康の文書ではなく秀忠の御内書であった可能性の方が高い。秀久は信州小諸の城主で五萬石を領してをり、慶長十九年五月六日に歿した。

豐臣秀頼に遣れる書狀（慶長十〜十九年六月二十六日）

爲㆓生見玉御祝儀㆒、黃金十枚送給、祝著之至候、幾久祝入候、猶山口左馬允（弘定）可ㇾ申候、恐々謹言、

（慶長十〜十九年）六月廿六日　家康

右太臣殿（豊臣秀頼）

原本〔松川行伸氏所藏〕○静岡縣富士宮市

折紙を半截して懸軸に裝幀してある。寫眞のみで原本は實見してゐないので不安が殘る。

生見玉は生御魂・生身魂・生身玉・生御靈などとも書かれ、死者の靈祭《たままつり》に對する生者の靈祭を言ふ。古代には死者生者の靈を分離せずに供養したが、中世になると兩者は分離され、後者が生見玉の供養となり、就中、生存する父母や祖父母の無病長壽を祝つて、子や孫から祝の品を贈る公式の年中行事となつた。但し定日ではなく、七月前半の吉日を選んで行なはれた。從つて遠隔の地に在る父母や祖父母に對しては、豫め六月下旬頃に祝儀の品を贈るのが通例であつた。秀頼の正室千姫は家康の孫女であるから、秀頼が義理の祖父に向けて生見玉の祝儀を贈つたことは十分に肯じられ、それに對して家康が答書を右筆に認めさせることも十分に肯じられる。秀頼は慶長十年四月十二日(十三日カ)正二位内大臣より轉じて右大臣に任ぜられ、同十二年正月十一日に右大臣を辭したが、以後も散位として右大臣・右府と稱された。秀頼の辭退後右大臣には九條忠榮、慶長十七年三月十八日からは鷹司信尙、同十九年正月十一日からは近衞信尋が任ぜられたが、これらの公家の人々が家康に生見玉の祝儀を贈る謂はない。

一方、將軍秀忠も慶長十九年三月八日(九日カ)從一位右大臣に敍任せられたが、直ちに散位とされ、右大臣には近衞信尋が家康の薨後まで在り續けたし、家康が秀忠を指して將軍と呼んでも右大臣と稱した事例はないので、本狀の宛所の右大臣とは秀頼と斷じて支障ないであらう(『公卿補任』)。

使者の山口左馬允は山口正弘の次男で、左馬助とも書かれる弘定であらう。慶長四年正月秀頼に伺候し、のちに七百石を給され、元和元年五月六日に井伊直孝の兵に討たれた(『戰國人名辭典』)。

本狀には異例が二點指摘される。關ケ原戰役までの家康文書には恐々謹言と書止めて家康と署名し花押を記した書狀が多いが、慶長六年以降、ましてや將軍職に就いてより後に發給されたと確認し得る文書は、專ら「候也」と書止めた直書や御内書の形式となる。慶長六年以降の文書で恐々謹言もしくは謹言と書き止めた例、竝びに署名か花押の記された例を『徳川家康文書の研究』より掲出してみる。
△慶長六年正月十七日　恐々謹言　家康　御判　最上義光宛　(舊下之一　八頁　復同)
△慶長六年四月二日　恐々謹言　家康(花押)　堀秀治宛　(舊下之一　六一頁　復同　但し舊下之二　二二四頁にも重複)
△慶長六・七年四月二十九日　恐々謹言　家康(花押)　加藤貞泰宛　(舊下之二　二二九頁　復下之一　九三二頁)
△慶長七年十一月九日　謹言　家康卿御黑印　島津忠恆宛　(舊下之一　二五〇頁　復同)
△慶長九年六月二十二日　かしく　家康(花押)　相國寺承兌宛　(舊下之一　三八三頁　復同)
△慶長十年正月十一日　謹言　御印　島津龍伯(義久)宛　(舊下之一　四二七頁　復同)
慶長十二年三月十一日　恐々謹言　家康　將軍秀忠宛　(舊下之一　五〇八頁　復同)
慶長十四年四月六日　謹言　家康御判　前田利長宛　(舊下之一　五七一頁　復同)
慶長十四年四月十日　謹言　家康御判　前田利長宛　(舊下之一　五七二頁　復同)
△慶長十五年二月二十五日　謹言　徳川頼將(賴宣)宛　(舊拾遺　一七〇頁　復下之一　九九四頁　新修　四一七頁)
△慶長十五・十六年五月十四日　恐々謹言　家康(花押)　有馬晴信宛　(舊拾遺　一七七頁　復下之一　九九五頁)
△印を附した文書の發給年は推定や傳稱であつて斷定はできない。このほかにも年未詳文書の中に或は慶長六年以降の發給文書で本件に該當する事例もあるかと思はれたが割愛した。有馬晴信宛書狀の發給年は慶長六年以前に捉へ直されさうなので檢討の對象としない。慶長七年以降の發給文書で「謹言」と止められた例は島津氏宛二通(但し印判)、前田氏宛二通(但し家康御判)、徳川賴將(賴宣)宛(推定)一通である。賴將宛は家康の自筆で署名も花押も印もない。島津・前田ともに大大名である。相國寺承兌宛の書狀は「かしく」と止められ「廿二日」の日附しかなく、年月は中村博士の推定であるが慶長九年は動かない樣である。結局「恐々謹言」と止め「家康」と署名して花押も記さなかつた事例は、慶長十二年三月十一日附で將軍秀忠に遺つた書狀一例のみで、しかもこれは全文家康の自筆である(原本は財團法人徳川黎明會所藏)。

即ち、本状は慶長十年以降に發給された右筆文書でありながら「恐々謹言」と止められ、しかも「家康」とのみ署して花押は記されてゐないと言ふ極めて異例の文書である。宛所が右大臣秀頼であつたが故と考へてみても、眞正文書として捉へるには聊かの躊躇が殘る。

〔參考〕　本多正純・安藤直次・成瀨正成・畔柳壽學より三浦重次に遣れる櫻井村白山社領目錄（慶長十九年八月二十八日）

（折紙）
西三河櫻井村社領之儀、如㆓前〻㆒高五拾石之分、可㆑被㆑下旨　御證候條、丑物成ゟ可㆑被㆓相渡㆒者也、

慶長拾九寅
　八月廿八日

畔柳壽學
　□□（花押）
成瀨隼人正
　正成（花押）
安藤帶刀
　直次（花押）
本多上野介
　正純（花押）

三浦十左衛門殿（重次）
　參

原本（古典籍下見展觀大入札會）○平成十一年十一月十二日於東京古書會館

西三河櫻井村社とは『參河志』第二十六巻　御朱印神社竝神主部　碧海郡に、「櫻井村白山社　領五十石三才同之　神主野田河内」と載せられてゐる白山社と推定される。『和漢三才圖繪』にも「白山大權現　在櫻井村　社領五十石」とある。但し、『寛文朱印留』には見出されない。

三浦重次の兄直正は元龜三年より家康に仕へ、關ケ原役に從軍、のち近江・三河兩國の代官となり采地七百石を給され、慶長十九年十月五日に五十三歳で歿した。その男直利は未だ幼なかつたので弟の重次が職を繼承し、のち代官職は男の八郎某に讓り、兄直正の男直利と共に參府し、元和二年十月三日に歿した（『寛政重修諸家譜』巻第五百二十三）。

奉行の本多正純・安藤直次・成瀬正成については更めて論ずるまでもないであらうが、畔柳（黑柳）壽學に關しては「本多正純・安藤直次・畔柳壽學より本多康紀に遣れる書狀（元和元年九月二十七日）」（『德川家康文書の研究』舊・復とも　下巻之二　八九頁）に見られる以外に管見に觸れず未詳である。『寛政重修諸家譜』巻第千二百三十五に畔柳氏の系譜があり、元龜三年十二月二十二日の三方ケ原の役に忠勤を勵ました武重はのち中間頭を勤め、その男武英ものちに中間頭、そのまた男で貞享元年に家督した武成ものちに中間頭を勤めたとあるので、この畔柳氏が正純・直次・正成等と竝んで奉行を勤め連署したとは考へられない。

攝津才寺村に下せる禁制（慶長十九年十月二十九日）

（裏書）

「御制札　攝州太田郡才寺村」

禁　制　攝州太田郡才寺村

一軍勢甲乙人等濫妨狼籍之事

一放火之事
一苅二取田畠作毛一之事
右於二違犯之輩一者、速可レ處二嚴科一者也、仍如レ件、

慶長拾九年十月廿九日（家康）朱印

〔吹田市史 六〕○奥與右衛門文書

才寺村は佐井寺村と書き「佐爲」とも書いたと言ふ。太田郡は天保郷帳では島下郡である。『徳川家康文書の研究』舊・復とも 下巻之一 八七二頁「攝津平野郷に下せる禁制（慶長十九年十月二十九日）」とその解説參照。

〔參考〕福嶋正則・加藤嘉明・黑田長政より本多正純に遣れる書状

（慶長十九年十二月十二日）

以上、

去朔日之御書中、拜見忝存候、誠萬方御事多半被レ寄二思召一、具樣子被二仰聞一、過分不レ得レ申候、兩御所樣（家康・秀忠）御機嫌能、彌御息災之旨、目出度奉レ存候、然者大坂表早速被レ成二御取詰一、於二諸手一首數五百餘、生捕五十斗、彼生捕手之指を御切、城中へ被レ成二御入一之由、其上あゝ（た）けめくら船迄、各數多取被レ申、殊於二青屋口ニ一佐竹右京大夫（義宣）せりあひ之刻、武田兵庫と申者父子討死、次後藤又兵衞（基次）手負存命限之由、左候ハ（は）ヽ、彼是以如二仰蒙一、城中落居程御座有間敷候、目出度御歸陣之節、萬〻可レ得二御意一候、恐惶謹言、

慶長十九年

福嶋左衛門大夫

正則（花押）

加藤左馬助

嘉明（花押）

黑田筑前守

長政（花押）

（慶長十九年）
極月十二日

（本多正純）
本上州様

貴報

寫文書〔財團法人林原美術館所藏〕○岡山市

岡山池田家傳來の「古判手鑑」に貼り込まれてゐる一通で、原本と傳へられてゐるが書式より見て寫文書と見るべきであらう。慶長十九年十月一日、家康は諸將に大坂出陣を令し、十月十一日に駿府を發した。十月二十三日、秀忠は豐家恩顧の外様大名・譜代大名・旗本等、總勢六萬と言はれる大軍を率ゐて江戸を發したが、福嶋正則・加藤嘉明・黑田長政は松平忠輝・平野長泰等とともに、家康に命ぜられて江戸に殘留した。

本狀は十二月一日附で戰況を報じて來た本多正純の書狀に對する返書として認められてをり、そこに記されてゐる大坂冬の陣の戰況には新たな知見はない代り疑問もない。首數五百餘、生捕五十ばかりとは、いづれの合戰を指してゐるのか分明ではないが、戰況報告に誇大宣傳は常套で疑問とするに當らない。生捕の指を切つて城中へ追ひ返したとの記事は、十一月二十一日、藤堂高虎が大坂方に內通してゐるかの如く畫策してゐた間者が捕はれ、高虎が大いに怒つて拷問したところ大野治房の屬兵と判明したので、その者の手足の指を切り、大野の家紋を描いた紙旗を背に指させ、戸板に載せて城邊に棄てたとの記事（駿府記、家忠日記）に符合する。安宅船・盲船捕獲の記事は十一月十九日と二十六日に九鬼守隆・向井忠勝・小濱光隆・千賀信親等が野田・福島・新家の間で秀頼の御座船安宅丸を初め大坂方の大小の船を乗つ取つたとの記事に符合する。安宅船とは船體の上部全體を銅壁造りの押廻しと稱する總櫓で堅固に圍み、防御裝甲は約三寸の堅木もしくはその上に薄い鐵板を貼り、適宜狹間をあけて鐵砲・大砲などを裝備した軍船で、盲船とは中小形の安宅船であるが、特に櫓は設けてなかつたので見張りの能力に劣る故に盲船と呼ばれたと言ふ(『國史大辭典』)。

青屋口に於ける佐竹義宣の合戰の次第も、十一月二十六日の京橋の向かひの青屋口に於ける上杉勢と城方との合戰、これを見て奮起した佐竹義宣勢の今福村での奮戰、城方の小早川左兵衞・岡村椿之助・竹田兵庫・同大助等數百人の討死、後藤又兵衞基次が左腕に鐵砲傷を受けて引き退いたこと等々、いづれも「台德院殿御實紀」に諸書より編集されたところの記述とよく一致してゐる。

だがそれだけに本狀は果して當時草された文書か否か、もしや後世の作文ではないかとの疑念を感じる。何故ならば「然者大坂表」以下の記事は、本多正純からの來翰によつて知つた戰況、或は他の部將からも寄せられたであらう報告によつて知つた戰況であつたとしても、大坂の陣中に在つて日々その戰況を知悉し得る立場にある正純に對して、わざわざ鸚鵡返しの樣に反覆して述べなければならなかつた必然性が本狀にあるとは思はれないからである。そしてその必然性のないと思はれる戰況の記事こそが、本狀を誰が讀んでも興味を覺える樣に作文した證ではないかとの疑念を否定できないからである。

しかしながら本狀の記事は、史實に悖つてゐるわけではなく、右の疑念が霽れれば大坂合戰に際しての諸大名、中でも江戸留守居を命じられた豐臣恩顧の有力外樣大名と、家康父子との微妙な關係を知る好個の史料なので、參考文書として採り上げておく。

板倉勝重に下せる下知状（慶長十九年十二月二十八日）

（包紙ウハ書）
「権現様御黑印板倉伊賀守宛所之一紙、知恩院御門跡院家覺了院正德六申三月差出」

（折紙）
今度知恩院座主興建之上者、本末寺共僧官寺法之事、門主之下知可ㇾ相守ㇾ之旨、急度可ㇾ被ㇾ申渡ㇾ者也、

（慶長十九年）
十二月廿八日　（家康）（黑印）（印文恕家康）

板倉伊賀守（勝重）

原本〔德川恆孝氏所藏〕○東京澁谷區

本狀にある「座主興建」の語を如何に解すか難しい。知恩院住持第二十八世浩譽聰補（宗甫）は弘治二年に勅請により住持となり、文祿四年十月に辭し、慶長三年十一月十七日に寂した。第二十九世滿譽尊照は文祿四年十月二十二日に就任し、元和六年六月二十五日に寂した。第三十世城譽法雲は元和六年十月十五日、將軍秀忠の命によって武藏越谷天嶽寺より轉任したとあるから、滿譽尊照は住持を辭することなく寂したものと解される（『知恩院史』）。板倉勝重が京都町奉行（のちに所司代）に任ぜられたのは慶長六年八月であったから、それ以後家康の在世中に住持の新任はなく、「座主興建」を住持新任と解すことはできない。

知恩院は從來は門跡寺院ではなかったが、慶長十二年家康の奏請によって、同年十一月二十七日、後陽成天皇の第八皇子「八宮」を以て門跡とせらるべき旨が定められた。八宮は慶長九年三月二十九日御誕生であるから、この時は未だ四歳である。慶長十九年九月二十二日十一歳で知恩院御門跡と號せられ（『駿府記』）、同年十二月十六日親王宣下されて御

名直輔、元和元年六月十二日家康奏請して猶子となし、門領千四十五石を附した。門領を附した時期を、「知恩院史年表」では元和五年九月十七日の八宮御入室得度、良純法親王と號された時と捉へてあるが、元和元年七月に發せられた「淨土宗諸法度」（『德川家康文書の研究』舊・復とも　下卷之二　七五頁）の第一條に「一知恩院之事、立二置宮門跡一、門領各別相定上者、不レ可レ混二雜寺家一」とある故、それ以前と捉へるべきであらう。第一條はさらに次の通りに續けられてゐる。「引導佛事等者、定二脇住持一、如二先規一可レ被二執行一、於二十念一、爲二結緣一、門主自身可レ有二授與一事」。座主の語のもとの意味は「一座の主」の意であつたが、我が國では大寺の管主を呼ぶ公稱となり、官命を以て任補される例となつた（『佛教大辭典』）。比叡山延曆寺の住持が任ぜられる天臺座主が著名で、第二十五世以降は特に皇族のみが任ぜられた。座主の例は他にも金剛峯寺・醍醐寺・日光山等々が見られる。

慶長十二年十一月の段階では八宮は未だ四歲で、やがては門跡と豫定されたにとどまつてゐたと解すべきであらうから、本狀の發給年次は、慶長十九年九月二十二日に御門跡と號すべき御沙汰が下り、十二月十六日に親王宣下され御名直輔と賜はつたこと、ならびに元和元年七月に淨土宗諸法度が下されてゐることに鑑みて、慶長十九年十二月と解される。「今度」とは九月の御沙汰に續いた十二月の親王宣下を指し、「座主」とは親王を門跡として戴いた故に「天臺座主」等の例に倣つて用ゐた語であらう。本末寺の僧官や寺法も、門主としての宮門跡が下知すべく規律を定めたものと解され、元和元年七月に下されるに至る淨土宗法度の第一條の先行下知とも解されよう。

尙、本狀日附の翌日、慶長十九年十二月二十九日に京都二條城に於いて家康は「知恩院之八宮」と對面してゐる（『駿府記』）。

上林勝永・森道言に下せる下知狀（慶長十二〜二十年三月二十三日）

當年茶詰事、從來朔日何も可二相詰一、其以前ニ壺在所ヲ出事停止候也、

（慶長十二〜二十年）
三月廿三日　家康朱印

上林掃部之助（勝永）とのへ
森彦右衛門（道言）とのへ

〔宇治古文書〕　○『古事類苑』遊戯部　茶壺

森氏は室町時代初期より宇治の茶園の一つ森園を拓いて森坊と稱し、やがて森氏を名乘つたと見られる宇治茶園古參の茶師である。織田信長は森彦右衛門道意に知行三百石を給し、宇治茶頭取の地位を與へた。道意は天正末年頃歿して、その男彦右衛門道言が遺蹟を繼いだが、道言は家康の時代に「御茶相違」の廉により改易され、沒落した（『宇治市史』）。上林氏は丹波上林鄕に住したが、天正初年に久重・久茂の父子が宇治に來つて住し、同五年には久茂が信長より百五十石と白銀五十兩とを與へられて獻茶を命ぜられて以來擡頭し、天正十年代には森氏を凌ぐ勢力を示すに至つた。久重には長男久茂のほかに次男紹喜、三男秀慶、四男政重があつた。上林氏に就いては『新修徳川家康文書の研究』六五頁、五二九頁に既に記したので參照を乞ふ。

上林勝永は天正元年に生まれ、六郎、掃部助、德順と稱した。慶長十一年六月七日に父久茂が歿して遺蹟を繼ぎ、宇治代官を務めて元和二年三月四日、四十四歳で歿した。

茶詰とは茶壺に葉茶を詰めることを指す。從來通り茶詰は四月一日以降に行なふべく、それ以前に宇治から茶壺を送り出すことを禁ずるとの意である。初夏に茶壺を宇治に送り、新茶を詰めさせる「宇治採茶」が、幕府によつて公式の制度と定められたのは寛永九年と唱へられてゐる。だが各大名の宇治採茶は、織田豊臣政權時代より次第に盛んになつてをり、家康もまたこれに倣つてゐたと推される。その年の新茶の採取は、鎌倉時代末から室町時代には、特に時期を定められず、早くは正月から、おそくは秋に至るまで「新茶」と稱してゐた記錄が見出されるが、德川幕府に制度化されてよりのちは、その年の新茶を詰めた茶壺は、五月中頃、將軍家の御物茶壺を先頭に、初めて宇治橋を渡つて送り出すべきものと制定された。

本下知狀は、家康が茶詰を命じた茶壺のみを對象として下されたものか、或は幕府の制として、宇治茶園全體を對象に、その茶詰期と出荷期を定めたものか、直ちには斷じ難い。家康が宇治の茶詰に、深い關心を寄せてゐたことは、『新修德川家康文書の研究』五二七頁・五七六頁にそれぞれ掲げた二通の自筆の茶壺覺書の現存によつて確認されよう。また寬永九年以降の法制化によつて正式に定められたと唱へられてゐる宇治の代官・頭取二家の制も、事實上家康の意志に發したものであることも、茶壺覺書の解說で既に指摘しておいた。だが、家康が宇治茶園全體の茶詰開始期を定めたとの傍證史料は未見であり、本狀をそれと斷定するわけにも行かない。まづは本狀は、家康が宇治に送つて茶詰を命じた茶壺のみを對象として下された下知狀と解すべきであらう。

本狀の執筆年代も定め難い。本狀と同文同月日の文書寫が、京都大學所藏の上林文書、ならびに東京大學史料編纂所所藏文書にあり、兩方とも家康朱印ではなく、秀吉朱印と記されてゐる旨、宇治採茶史を研究された穴田小夜子氏より敎示を受けた。だが、同氏も指摘された通り、本狀の宛所の一人上林掃部助勝永は、慶長十一年六月に家督してゐるので、秀吉から本狀を下されたとは考へられず、本狀の發給者は「宇治古文書」の傳へる通り、家康と解すべきものと考へられる。

『寬政重修諸家譜』には、久茂は掃部丞、勝永は掃部助を稱したとあり、それのみによれば、本狀宛所の上林掃部之助は勝永と斷ぜられる。だが、上林春松家に所藏されてゐる年未詳卯月十六日附の秀吉朱印狀の宛所にも「上林掃部助とのへ」とあるので、久茂もまた掃部助と稱したと考へられる。とすると、本狀は家康文書ではなく、秀吉文書であった可能性もまた否定できないこととなる。

掃部助を勝永と解せば家康文書となり、その發給年代は勝永の家督の慶長十一年六月以降、元和二年三月四日の死去以前と言ふことになる。

〔參考〕成瀨正成より櫻林九頭右衛門に與へたる奉書（元和元年二月十一日）

爲二御加勢一早速馳參之條達二上聞一候處、不レ斜候、仍而被官以下迄帳面こ(に)留置候、已上、

（元和元年）乙卯二月十一日　　成瀨隼人正（正成）花押

櫻林九郎（頭）右衛門殿

〔甲斐國志〕○卷之百二十一附錄第三

『甲斐國志』卷之百九　士庶部第八所載の甲州巨摩郡中郡筋宮原村の士、櫻林葛右衛門の項には、本狀の宛所を櫻林九頭右衛門と記し、九頭右衛門は小笠原の胤で、天正十年以降本村櫻林に住して氏としたとある。由て九郎右衛門は九頭右衛門の誤りと思はれる。

九頭右衛門が武田氏滅亡後、德川家に仕へてゐたとは、本狀の文意より考へられない。被官とは九頭右衛門が引連れて參陣した士と解される。惟ふに九頭衞門は德川家にも他の大名家にも屬さぬ鄕士で、大坂冬之陣勃發を聞き、手勢を率ゐて加勢に馳せ參じたものと解されよう。大坂之役に際しては、豐臣方のみならず德川方にも、全國各地の浪士が恩賞や仕官の機を窺つて多數參加してをり、九頭右衛門もその一人と考へられる。

成瀨正成は旣に義直に附屬せしめられてはゐたが、同時に家康の奉行をも勤めてゐた。奉之とは記されてゐないが、文意より奉書と呼んでおく。

松平信正に與へたる知行宛行狀（元和元年三月二十七日）

（檀紙竪紙）
參河國賀茂郡下國谷村百拾石、白藏村四拾石、足原村四拾四石三斗三舛、摺村之内五石六斗七舛、都合貳百石之事宛行畢、全可㆓領知㆒者也、仍如㆑件、

慶長廿年三月廿七日（家康）（印文恕家康）

松平太郎八（信正）

原本〔徳川美術館所藏〕○名古屋市

平成八年七月、第十八回「丸榮古書大即賣會」に出品され徳川美術館が購入した。

下國谷村・足原村・摺村はいづれも今日の足助町の内となつてゐる。白藏村の村名は『角川日本地名大辭典』『大日本地名辭書』では見出せず『岡崎市史』第六巻の村高繪圖にも見られないが、『日本歴史地名大系』には下國谷村の南部には鏡川が西流し、その上流に白倉の地名があると記されてゐるので、これに該當しよう。村高繪圖には下國谷村百五十石とあるので、二村は併合されたとも推量されよう。

松平信正は鈴木忠兵衞重次の五男として文祿二年に生れ、初め重實、主膳と稱し、松平鄕居住の松平太郎左衞門尙榮の養子となつた。元和元年三月、駿府で家康に初めてまみえて御書院番に列し本狀を以て知行を宛行はれた。同年五月の大坂合戰で重創を負つて松平鄕に歸住し、元和三年父に先立ち二十五歳で歿した（『寛政重修諸家譜』巻第三十九）。兄の鈴木三郎九郎重成も、信正と共に家康に初めてまみえて同日に知行二百石を宛行はれたことが『寛政重修諸家譜』

巻第千百五十四の鈴木系譜ならびに『徳川家康文書の研究』（舊・復とも　下巻之二　九頁）に掲載されてゐる文書によって知られる。同文書は「古文書　記録御用所本」より採録され、宛所の上に「御筆」とあって「鈴木三郎九郎」と敬称もなく記された名は家康の自筆であったことを傳へてゐる。この信正に與へた知行宛行状の宛所も名のみで敬称はなく、その筆蹟からしても宛所のみが家康の自筆と見られる。

眞田信幸に與へたる御内書（慶長八～元和元年五月三日）

原本〔眞田寶物館所藏〕○長野市松代町

（包紙）「眞田伊豆守殿」

爲二端午之祝儀一、生絹三到來、祝著候也、

（慶長八～元和元年）五月三日　（家康）黒印（印文源家康）

眞田伊豆守殿（信幸）

眞田信幸は昌幸の長子として永祿九年に生れた。通稱は源三郎、文祿三年九月一日從五位下伊豆守に敍任。慶長五年の戰役の際に、父昌幸と弟信繁（俗稱幸村）とは西軍に與して上田城に據り、信幸は東軍に與して秀忠に隨つた。役後父昌幸と弟信繁は信幸の功に免じて一命を助けられ、高野山の麓の九度山に隱棲せしめられた。信幸は從來の自領上野國利根郡二萬七千石の上に父の本領信濃國小縣郡三萬八千石、さらに三萬石を加へられて都合九萬五千石を領して上田城に住した。のち諱の信幸を信之と改め、元和八年には松代城に移封、明暦二年十月に致仕して萬治元年十月十七日に九十三歳で卒した（『寛政重修諸家譜』巻第六百五十四）。

本狀に押捺されてゐる「源家康」の印の初見は慶長七年六月十六日附の社寺領寄進狀(『新修德川家康文書の研究』三一五〜三一七頁)と思はれる。中村孝也博士はこの印の使用期の下限を慶長十二年十月十七日附の文書、推定のものを加へれば慶長十三年七月二十一日まで下ると記された(『德川家康文書の研究』下卷之二　印章索引)。但しそこに「原寸大」と註して掲げられてゐる影印は原本から作成されたものではないらしく、實際に使用されてゐる印とは微妙な、特に「源」の字の作りの「原」の部分に明瞭な相違のあることが、藤井讓治氏によつて指摘されてゐる。『日本史研究』三六七號「源家康」の印章)。しかし、この印が使用された文書には御内書が多く含まれ、それらは本狀の如く文面から發給年次を確定することの困難な例が多いので、この印の實際の使用例の下限はもつと後年まで下がる可能性が考へられる。よつて本狀發給の可能性の下限は家康の歿年を規準としたが、その前年の五月三日は大坂夏の役陣中であるから實は除かれよう。以下、眞田信幸宛の御内書を本狀の他に五月四日附・九月八日附・九月九日附の三通掲げておく。

眞田信幸に與へたる御内書（慶長十三〜元和元年五月四日）

爲二蒲節佳祝一、單物數三到來、怡思召候、尙酒井雅樂頭(忠世)可レ申候也

(慶長十三〜元和元年)五月四日　(德川家康)(黑印)

眞田伊豆守(信幸)とのへ

〔鹿野文書〕○長野縣埴科郡松代町大英寺所藏『信濃史料』第二十二卷　三〇六頁

『寛政重修諸家譜』卷第五十九に據ると、酒井忠世は慶長十二年七月、家康が駿府城に移るに際して使し、その時命によつて雅樂頭とあらためたとあるので、本狀の發給はその翌年以降となる。但し中村孝也博士は「本多正信等五名連署

にて津輕信枚等十二侯に遺れる書狀」(『德川家康文書の研究』舊・復とも　下巻之一　三九二〜三九四頁)を慶長九年四月十日の文書として掲げてをられ、その連署の一人に「酒井雅樂頭忠世　判」とある。『信濃史料』には家康文書として収載されてゐるが、圓印で酒井忠世が取次いでゐるならば秀忠文書の方が可能性は高い。

中川久盛に與へたる御內書（慶長十八〜元和元年五月五日）

（折紙）
爲二端午之祝儀一、帷子五之內單物二到來、悅思召候也、

（慶長十八〜元和元年）
五月五日（家康）（黒印）（印文恕家康）

中川內膳正（久盛）とのへ

原本〔神戸大學文學部日本史研究室所藏〕○神戸市

久盛は秀成の息で文祿三年七月十五日に生れ、慶長十三年從五位下內膳正に敍任、慶長十七年八月十四日に秀成が歿して跡を繼いだ。御目見を終へ敍任した嗣子となれば、假令家督前であっても季の祝儀の品を家康に贈った可能性はないではないが、「帷子五之內單物二」と諸大名竝の品揃へぶりから推し、やはり襲封後の贈答と解して慶長十八年から三年間の發給と捉へておく。

福原廣俊に與へたる御內書（慶長十〜元和元年五月五日）

（折紙）
爲二端午之祝儀一、帷子三之内單物一到來、喜被二思召一候也、

（慶長十年～元和元年）
五月五日（家康）（黒印）（印文恕家康）

福原越後守殿（廣俊）

原本〔渡邊翁記念文化協會所藏〕○宇部市立圖書館寄託

福原廣俊の事蹟に關しては本書四〇九頁參照。

水野勝成に與へたる知行宛行狀（元和元年七月二十一日）

和州郡山知行高目録

一壹萬八千五百八拾三石餘　添下郡

一三千五拾五石餘　平ヘクル（群脱カ）郡

一壹萬九千六百拾壹石餘　式下郡（城作二城下一）

一九千七百六石餘　廣瀬郡

一九千四拾貳石餘　（添上郡脱カ）小物成共ニ

右宛行訖、全可二領知一者也、仍如レ件、

元和元年

元和元年七月廿一日　御朱印（家康）

水野日向守（勝成）とのへ

〔水野記〕○京都紫野大德寺町龍光院所藏

勝成《かつなり》は忠重（本書六三頁參照）の男として永祿七年三河刈屋に生れた。家康の母方の從兄弟である。國松、藤十郎、六左衞門と稱し、慶長十五年五月十一日從五位下日向守に敍任、寛永三年八月從四位下に陞せられ、同十六年閏十一月致仕して宗休と號し、慶安四年三月十五日に備後福山で歿した。享年八十八歲と長命であつた。

水野氏は勝成の伯父の信元が織田氏に與してゐたので、勝成も初めは父忠重と共に信長の麾下に屬してゐたらしい。信長の橫死後は父と共に家康に隨つて甲信に出征、小牧長久手合戰にも出陣したが、陣中父の勘氣を蒙つて退轉し、天正十三年に秀吉に仕へた。同十五年九州征伐に從軍してその地に留まり、佐々成政、續いて小西行長に仕へた。

慶長三年の秀吉歿後、家康の計らひによつて漸く父忠重の勘氣も解け、同五年會津征討軍に加はることを得たが、同年七月十九日忠重が三河池鯉鮒で橫死との報に接して領地刈屋に急行し、關ケ原戰役に際しては曾根の要害の守備、大垣城の略取等に功を立て、父の遺領を安堵せしめられて刈屋三萬石を領した。因みに勝成の妹は家康の養女とされて加藤清正に嫁してゐる。

大坂兩度の役にも出陣して奮戰し、役後刈屋から大和郡山に移されて三萬石を加へられ、添下・平群・式下・廣瀨・添上の五郡の內に於いて六萬石を領したと『寛政重修諸家譜』卷第三百二十八にある。本知行宛行狀の石高合計は五萬九千九百九十七石餘である。添上郡の地名は見えてゐないが、小物成のみで九千石以上は大に過ぎるので、「小物成共ニ」とは添上郡のうちの知行と解される。

勝成は元和五年八月に大和郡山からさらに備後國九郡のうちに移されて全て十萬石餘を領し、深津郡野上村常興寺山に城郭を築いて地名を福山と改めて住した。勝成の事蹟は『寛政重修諸家譜』の他に『譜牒餘錄』卷第四十三　水野美作守附家臣の條にも詳しい。

山城御靈社に與へたる社領安堵狀（元和元年七月二十七日）

原本〔内閣文庫所藏〕○東京

當社領山城國深草内拾九石之事、全可二社納一者也、仍如レ件、

元和元年七月廿七日（家康）黒印（印文恕家康）

御靈宮

社人中

『寛文朱印留』に「御靈宮神領、山城國紀伊郡深草村之内拾九石事、任元和元年七月廿七日、同三年七月廿一日、寛永十三年十一月九日先判之旨、社家中全收納永不可有相違者也　寛文五年七月十一日　御朱印」と記載されてゐるのに該當する。

御靈神社は現在、京都市上京區上御靈前通烏丸東入に在つて「上御靈さん」と呼ばれてゐる社と、京都市中京區寺町通丸太町下ルに在つて下御靈神社と稱する社とがある。社傳によれば兩社とも慶長年中には既に現在地に在つた。紀伊郡深草村の大半は今日伏見區に編入されてをり、江戸時代には多くの社寺領があつた。その中に上御靈社領十九石餘が在つた（『角川日本地名大辭典』）ので、本狀は今日上京區上御靈前通所在の御靈神社に與へられたものと確認される。

山城蓮華王院（三十三間堂）に與へたる寺領安堵狀（元和元年七月二十七日）

（檀紙）山城國青巖寺（清閑寺）之内八石四斗、谷山田之内貳石五斗、都合拾石九斗之事、全可二取納一者也、仍如レ件、

元和元年七月廿七日　（家康）黒印（印文恕家康）

三十三間

原本〔德川恆孝氏所藏〕○東京澁谷區

三十三間堂とは蓮華王院本堂の俗稱である。長寬二年、後白河法皇の院宣により平清盛が造營し、一千一體の千手觀音と二十八部衆とを安置したのに創まる。建久二年、法住寺と共に妙法院の所管とされた。火災に遭つて文永三年に再建され、今日では國寶に指定されてゐる。三十三間堂の稱は內陣の柱間の數に因つてをり、正面外見は三十五間、長さ百二十メートルに及ぶ長大な建物で、京都市東山區三十三間堂廻り町所在である。本寺の妙法院は東山區妙法院前側町四四七番地所在で、天臺宗門跡寺院として名高い。

『寬文朱印留』には「山城國愛宕郡淸閑寺村之內八石四斗、谷山田（葛野郡）村內貳石五斗、合拾石九斗事、任元和元年七月廿七日、同三年七月廿一日兩先判之旨、三十三間堂蓮華王院全收納永不可有相違者也、寬文五年九月廿一日」とある。

〔參考〕將軍秀忠より山城西本願寺に與へたる寺領安堵狀（元和三年七月二十一日）

山城國山科鄕內貳拾石、和泉國箕尾村內貳百八拾石、都合三百石事、任二去元和元年七月廿七日先判之旨一、全寺納彌不レ可レ有二相違一之狀如レ件、

元和三年七月廿一日　御朱印（秀忠）

本願寺殿

寫文書（西本願寺所藏）○京都市

本狀を『德川家康文書の研究』下卷之二　五七頁（舊・復とも）に收錄されてゐる「山城西本願寺に與へたる寺領安堵狀（元和元年七月二十七日）」の參考文書として揭げておく。

〔參考〕山城神護寺に與へたる寺領安堵狀（寬文五年七月十一日）

神護寺領

當寺領、山城國葛野郡畑村貳百六拾貳石餘、愛宕郡一乘寺村之內貳拾八石、合貳百九拾石餘事、幷門前境內山林竹木等免除、任二慶長六年七月廿六日（マヽ）、元和元年七月廿七日、同三年七月廿一日、寬永十三年十一月九日先判之旨一、進止不レ可レ有二相違一者也、仍如レ件、

寛文五年七月十一日　御朱印

高雄山

神護寺

〔寛文朱印留　下〕○史料館叢書2 文書番號一〇八一

右によれば慶長六年七月二十六日（實は七月二十七日　本書四六五頁）の他にも元和元年七月廿七日にも重ねて家康より寺領安堵狀が與へられたと知られるので同寺住職にその安堵狀の傳存有無の敎示を乞ふたが經年に及んでゐる。

松下安綱に與へたる判金請取狀（元和元年八月三日）

請取申壹分判

合貳百十者

右分請取申候、仍如レ件、

（元和元年）卯八月三日　□（黑印）（印文源家康章）

（松下安綱）上けい

原本〔久能山東照宮所藏〕○靜岡市

『德川家康文書の研究』（舊　拾遺　一五八頁、復　下之一　九七六頁）に「某に與へたる判金請取狀（慶長八年假入）（八月三日）」として收載されてゐるので、その解說を參照されたい。しかし年紀と宛所を改めて解したので再錄する。

一分判金二百十枚の請取狀である。一分判四枚で小判一兩に抵るから、小判に換算すれば五十二兩二分となる。室町幕府に彫金を以て仕へた後藤四郎兵衛の五代徳乘光次は、家康に仕へて大判金を造り、文祿二年關東に於いて初めて小判・一分判の製作を命ぜられた。慶長元年光次は猶子橋本庄三郎に後藤姓を名乘らせ、桐紋極印および「光次」極印を譲つて金銀改役の御用を勤めさせた。この後藤庄三郎が小判座後藤の初代であり、以後庄三郎家代々は小判金・一分金の鑄造を世職とする樣になつた。

本狀は卯年に發行されてをり、後藤庄三郎が鑄造を開始してより後で家康在世中の卯年は慶長八年と元和元年であるから、そのいづれかの年に發給されたことになる。

宛所の「上けい」を、中村孝也博士は醫師の吉田淨慶の當字と推定された。淨慶は盛方院と號し法印に敍され、さらに慶長二年九月二十八日従五位下宮内卿に敍任された。同三年秋には後陽成天皇の御病を拜診し、家康に仕へて江戸や駿府に參向した。諱は忠文と言つた。晩年の家康に信任を受け、慶長十九年五月四日、六十一歳を以て歿した。よつて本狀の宛所を淨慶と解せば、元和元年の卯年ではあり得ず慶長八年となる。

だが一方、『東照宮御實紀』付錄卷十九には、「駿河土產・岩淵夜話別集・家譜」を典據として、駿府城で鹽辛い漬物を供して女房達の不評を買ひ、家康に問はれて惣菜の儉約のためと答へて意に適つた常慶なる人物の逸話が掲げられてゐる。「此常慶といふ者、本氏は松下にて藏主安綱と稱し、はじめ濱松の二諦坊の住職にてありしが、天性賦稅の事に精しければ、駿府租稅の事を司り、御厨の事をも沙汰し、年久しくつかへたる老人にて」と記されてをり、『寛政重修諸家譜』卷第四百十二によると、家康・秀忠に仕へて七百四十石餘を給され、寛永元年七月十三日に六十七歳を以て卒したとあるから、生年は永祿元年と逆算される。賦稅に精しかつたとの事蹟に鑑みて、本狀の宛所「上けい」は、醫師吉田淨慶と見るよりも、この松下安綱と推した方が適當すると思はれる。とすれば、「駿府租稅」とあること、および晩年になるほど文書の傳存率の高いこと、本書六五九頁に掲げた「中坊秀政に與へたる銀子請取狀(元和元年十二月二十八日)」と書式の類似してゐることの三點より、執筆年次は元和元年卯と解すべきものと思はれる。

本狀には「源家康章」と刻んだ重廓正方の黑印が捺されてゐる。本狀は明治十四年五月に三位徳川家達より久能山東照宮に寄附されたことが、同宮「寶物臺帳」によって知られるが、文化十四年の「柳營御道具帳」、文久元年の「柳營御道具寄帳」、明治四年八月の「靜嶽館書畫幷茶器目錄」にも記載されてをらず、それ以後、明治十四年五月までの間に德川宗家である家達に、某より齎されたものであったと解される。明治八年頃より十年代、德川宗家には勝海舟・山岡鐵舟・高橋泥舟、それに舊幕奧醫師で當時軍醫監となってゐた松本順(良順)らが參向し、家康初め歴代將軍の遺墨や畫軸を齎してゐたことが、同家の道具やその帳によって判明する。彼等はまた日光・上野・久能山・名古屋・世良田等の各東照宮や輪王寺にも、同樣に歴代將軍の書畫と稱するものを相當數に上って寄附または斡旋してゐるが、それらの大半は舊幕臣池田松之助の手に成った僞物贋作であった。

本狀に捺されてゐる黑印と同一の印を朱で捺した家康自筆と稱する畫幅を、著者は今日までに五幅目にしてゐるが、いづれも贋作であり、かついづれも右の五人のうちの誰かが介在したか、または介在したと推される狀況にあったものばかりであった。

だが本狀が家康の自筆文書であることには疑ひを容れない。よって本狀を入手した右の五人のうちの某が、「源家康章」の黑印を捺し加へ、德川家達に齎し、それがさらに久能山東照宮に寄附されたものと解明される。

眞田信幸に與へたる御內書（慶長八〜元和元年九月八日）

(包紙)「眞田伊豆守とのへ」

爲二重陽之祝儀一、小袖二之內綾一到來、祝著候也、

(慶長八〜元和元年)九月八日　(家康)黑印(印文源家康)

眞田伊豆守(信幸)殿

眞田信幸に關しては本書六三四頁參照。

眞田信幸に與へたる御內書（慶長八〜元和元年九月九日）

原本〔眞田寶物館所藏〕○長野市松代町

(包紙)「眞田伊豆守とのへ」

爲㆓重陽之祝儀㆒、小袖一重到來、喜悅候也、

(慶長八〜元和元年)九月九日 (家康)〔印〕(印文源家康)

眞田伊豆守(信幸)とのへ

眞田信幸に關しては本書六三四頁參照。

福原廣俊に與へたる御內書（慶長十〜元和元年九月九日）

(折紙)爲㆓重陽之祝儀㆒、小袖二到來、悅思召候也、

（慶長十〜元和元年）九月九日（家康）（黒印）（印文恕家康）

福原越後守殿《（廣俊）》

原本〔渡邊翁記念文化協會所藏〕○宇部市立圖書館寄託

福原廣俊の事蹟に關しては本書四〇九頁參照。

道中宿付(九)（元和元年九月）

廿九　清水

十大

一　善德

四　三嶋

六　小田原

八　中原

十一　府中

十二　まらひ《（わ）》

十七　河越

廿二　　忍し

十一

二　　岩付

三　　越谷

十二　　かさい

十五　　江戸

原本〔彰考館所蔵〕○水戸市

道中宿付(十)（元和元年九月）

九小

廿九　　清水

十大

一　　善徳寺

三　　三嶋

四　　小田原

六　中原
八　府中
九　川越
十四　忍し

原本〔松平宗紀氏所藏〕○東京千代田區

道中宿付(十一)（元和元年九月）

廿九　清水　　　廿九　清水
十　　　　　　　十
一　善徳寺　　　一　善徳寺
三　三嶋　　　　三　三嶋
四　小田原　　　四　小田原
六　中原
十　藤澤
十一　(かヵ)あの河

十二 江戸
廿四 ま(わ)らひ
廿八 河越
十一
三 忍し
十三 岩付
十四 越谷
廿三 かさ井
廿五 江戸
廿八 小杦
十二
二 中原
六 小田原
八 三嶋
十 善徳寺
十五 府中

道中宿付(十二)（元和元年十月）

（折紙）

十月大

廿九　おし

十一月

九　岩付

十七　かさい

十八　ちん(は)

十九　東金

廿六　ちん(は)

廿七　あ(か)さい

廿八　江戸

十二月

原本〔日光東照宮所蔵〕○日光市

一　いゑ(な)け
四　中原
九　小田原
十　三嶋
十三　善徳寺
十五　府中

原本〔財團法人宇和島伊達文化保存會所藏〕○宇和島市

道中宿付㈢（元和元年十一月）

十二
廿七　江戸
一　いゑ(な)け
四　あ(か)野川
五　藤澤
六　中原

十一　小田原
十二　三嶋
十四　（府）藤善
十六　府中

原本〔櫻井徳太郎氏所藏〕○清水市

㈨は水戸徳川家、㈩は越前福井松平家傳來で、(十一)は昭和四十二年春に市井に出て日光東照宮が購入し、(十二)は宇和島伊達家傳來、(十三)は櫻井家傳來である。櫻井氏は『寛政重修諸家譜』巻第九百五十三に載る藤原氏支流で三河國宇津山出身の勝光・勝次の父子が家康に仕へて勇名を馳せ、勝次の男勝成は本多平八郎忠勝・忠政に屬したが、のち直參旗本となり、その子孫は明治維新後の徳川慶喜・家達に從って駿河に移住し、現在の徳太郎氏に至つてゐる。

これら五點の道中宿付を比較して見れば、豫定された旅行が同一のものであったこと、㈨㈩(十一)の三點は同時期に駿府に於て草されたものであり、(十二)は武藏川越邊りで、(十三)は江戸を目前にして草されたものであること、一目瞭然と言ってよいであらう。幸ひに㈩には「九小　十大」とあり、(十二)にも「十月大」とあって、この年は九月が小、十月が大の月であったことがわかる。慶長十二年以降、この條件に合致する年は慶長十七・十八、元和元年の三ケ年である。慶長十七年は道中宿付が存在し、十月三十日に駿府出立と豫定され、實際の出立は閏十月二日であったし、慶長十八年には早々と八月九日に翌九月十七日出立と言明し、實際にも豫定通り出立した。よってこの兩年には合致しない。殘る元和元年には、㈨㈩(十一)の道中宿付に見られる通り、實際にも九月二十九日に駿府を出立した。よつて、先づこの三點がいづれも元和元年九月、駿府に於て執筆されたものであることは疑ひもない。三者の相違の概要は左の通りである。

㈨と㈩とは、日程こそ多少異るが、中原より北上して武藏府中に至り、川越・忍・岩槻・越谷・葛西と武藏國北西部で放鷹を樂しんだのちに江戸到著と言ふ道程に於ては同じと解される。日程は忍到著豫定日までしか比較できないが、出立日は同じ九月二十九日でも、㈨では十月二十二日到著であったのに對し、㈩では十月十四日と八日も早められ、しかもそこで擱筆されてゐる。

これらに對し㈪は、出立より中原までは日程も㈩と同じだが、以後の武藏國北西部への出獵を取止め、江戸に直行して十月十二日到著。江戸に十二日間滯在して公式行事を濟ませ、十月二十四日より約一ヶ月の豫定で武藏國北西部に出獵して十一月二十五日に江戸に戻り、三日後に出立して東海道を西上、十七日間かけて途中放鷹を樂しみながら十二月十五日駿府歸著の豫定としてゐる。

ところが㈫は、武藏國北西部への出獵中、葛西から江戸へ戻る當初の豫定を、川越邊りに到つて俄かに變更し、下總千葉から上總東金まで遠路強行出獵すると計畫し直したことを示してゐる。豫定になかつた千葉・東金へ足を延ばしても、江戸滯在期間と歸路日程とを短縮し、駿府歸著は㈪で立てた豫定の通りとしてゐる。

㈬は千葉・東金方面での放鷹を終へて江戸を目前にした葛西で十一月二十六日に再び立て直した江戸到著日と歸路の日程表である。十二月一日に江戸を出立し稻毛に到著する豫定は㈫と變りがないが、さらに狩野川（久良岐郡のうちで江戸期には神奈川と稱された）と藤澤を中原までの間に加へ、駿府歸著を一日遲らせて十二月十六日と改めてある。「十四藤善」は「十四府」と書きかけて誤りに氣づき擬ったので「藤」の樣になってしまひ、二字目に「善」と書いて「善德寺」を意味させたのである。いい加減の樣に感じられるかも知れないが、自分だけの覺書なのだからこれで十分である。

では、この樣に度々變更した豫定と、その間にとつた家康の實際の行動とを概觀比較してみよう。

九月二十九日　午刻駿府出立、申刻清水到著。
十月　一日　善德寺到著。
　　三日　善德寺出立、三嶋到著。
　　四日　小田原到著。
　　五日　中原到著。
　　八日　中原出立、藤澤到著。

九日　神奈川到著。
十日　江戸城西丸到著。
二十一日　江戸を出立し、戸田で放鷹。『伊達政宗記録事蹟考記』には元和日記抜書として、川越・忍・岩槻・越谷・葛西・千葉・東金・船橋等へも鷹野に赴き、十一月二十七日に江戸帰著豫定であつたと記されてゐる。宇和島の伊達家に傳來した㈢の宿付を參照した記事とも考へられよう。
二十五日　戸田出立、川越到著。
三十日　川越出立、忍到著。
十一月　九日　忍出立、岩槻到著。
十日　越谷到著。
十五日　越谷出立、葛西到著。
十六日　千葉到著。
十七日　東金到著。
二十五日　東金出立、船橋到著。
二十六日　葛西到著。
二十七日　江戸城歸著。
十二月　四日　江戸出立、稲毛到著。
六日　稲毛出立、中原到著。
十三日　中原出立、小田原到著。
十四日　三嶋到著。
十五日　善德寺到著。
十六日　駿府歸著。（以上『駿府記』）

元 和 元 年

(九)(十)の豫定とは異り、(圭)に示されてゐる通り、駿府より江戸に直行し、しかも二日早く到著してゐる。江戸を基點とした出獵も三日早められた。武藏國に於ける放鷹は十一月二十四日までと豫定されてゐたが、豫定より三日早く十月二十五日に川越に到著し、そこで豫定を變更し、忍・岩槻・越谷・葛西を經たのち東南に轉じて下總千葉に向かひ、お茶屋御殿で一泊の後さらに御成街道を東行して上總東金に到著した。㈢では岩槻に八日滯在を豫定しながら實際には翌日越谷に移動して五日を過したのち、十一月十五日には江戸を目前にした葛西まで南下、その翌日には三十數粁東へ强行して下總千葉、そのまた翌日には約二十五粁を踏破して上總東金に至つた。葛西・千葉には各一泊しかせず、しかもこの速度で移動したのでは、途中で放鷹を樂しむ暇もなかつたと思はれる。この千葉・東金への出獵は、十月二十一日の江戸出立の時點ではまだ豫定されてゐず、二十五日に川越に到著したのち前年の正月と同じく東金方面に獲物が多く期待できるとの報に接して豫定を立て直したものと知られる。㈡の宿付で十月二十八日と豫定しておいた川越到著が、實際には江戸出立とともに三日早まつて二十五日となり、千葉・東金へ足を延ばしても駿府歸著豫定日は變へずに濟むと考へて㈢を作成し、東金での放鷹を樂しんだ歸路、明日は江戸著となつた十一月二十六日、葛西で作成し直したのが㈢の宿付である。江戸出立を十二月一日とし、狩野（神奈）川・藤澤に各一泊と豫定し、駿府歸著を一日延ばして十二月十六日としたが、實際には江戸出立が三日遲れて十二月四日となつたので、狩野川・藤澤には泊まらず中原まで直行し、その地で豫定より二日長く七日間滯在して駿府には豫定通り十二月十六日に歸著したと知られる。

惟ふに、家康は當初㈨の豫定を草したのち、何かしら江戸到著の急がれる事情が生じて、經路は變へずに日程を切り詰めて調整するつもりで㈩を草しかけてはみたものの、やはり江戸入城以前に武州を廻つて放鷹するは得策にあらずと考へ直し、先づ江戸に直行してその後武州に出獵する樣、豫定を變更して草したのが㈡であり、㈢は前記の通り武州方面へ出立後の川越で千葉・東金方面への出獵を決めて變更した豫定表であり、㈢は下總・上總への遊獵を終へ、明日は江戸城歸著となつた十一月二十六日に、葛西で草し直した江戸から駿府への豫定表と知られる。

道中宿付

「道中宿付」とは旅行日程表である。秀吉に「律儀」と評され實務家であった家康は、旅行の豫定も自ら策定したのであらう。本書に收錄した自筆道中宿付のみでも十三點(うち二點は再錄)にのぼる。

慶長十二年、駿府城に退隱した家康は、以後慶長十九年の大坂出陣の年を除いて、每年初冬、九月末から十月末に駿府を立って江戸に下向し、十一月末から十二月前半に駿府に歸著する旅行を年中行事の樣にしてゐた。そして行きがけに、或は江戸を起點に武藏國中を放鷹して廻り、時には下總・上總にも足を延ばし、往復の道中にも放鷹を樂しんだ。

家康の放鷹の記錄は、今川氏のもとに駿府に育った少年時代から始まる。以後、機を得ては每年の樣に樂しんでゐたと思はれ、鷹狩に關する記錄は少なくないが、殊に太平の世となって駿府に隱退してよりのちは、それを唯一の樂しみとしてゐた樣に窺はれる。樂しみとは言っても、鷹狩は單なる道樂ではなく、身體の鍛練、武術・合戰の訓練、民情視察等の目的を兼た行事であり、女中衆まで同伴し、七十歲を超えても時に一日十餘里の行程……當然騎馬であらう……を行き、鐵炮を擊ち、民の訴へを自ら聽いてこれを裁き、それを機に人材、家臣や側室までも得たことさへあった。

今日に傳存してゐる自筆の道中宿付は、いづれも駿府退隱後の執筆で、慶長十四年十月執筆と推される宿付が初見例である。いづれも單なる街道上下の宿割書ではなく、放鷹を豫定した日程であったことは、その巡路や、一ヶ所に數日滯在を豫定した日割からも明白であり、かつ『當代記』『駿府記』等の實際の行動記錄によつても裏付けられる。但し、道中宿付は豫定表であるから、實際の行動とは當然かなり相違を生じてゐるし、また豫定を何回も立て直したり、途中で部分訂正を行なつたり、旅行の前半部分または後半部分のみの豫定を記すこともある。だから、一回の旅行に關して數種數葉の道中宿付が作製されることも十分にあつたわけである。

旅行の途中、風雨天候や家康の健康狀態等、事前に豫測し得なかつたと思はれる理由による日程の變更は常に行なはれたが、出立日や經路、駿府歸著日等の大概は道中宿付に記された通りに實施されてをり、家康は晩年から最期に至るまで、己れの行動は自らの意志によつて策定し、實行してゐたと知られる。

家康の道中宿付に關しては、左の論考の參照を乞ふ。

「德川家康自筆の年貢皆濟狀と宿割書」高柳光壽『史學雜誌』第三十三編　第五號　大正十一年五月二十日發行。

「德川家康自筆泊次書と放鷹」伊藤源作『靜岡縣鄉土硏究』第十一輯　昭和十三年九月十八日發行。『久能山叢書』第四編再錄　昭和五十一年七月一日發行。

「德川家康筆の道中宿付について」森威史『國學院雜誌』第六十七卷　第十二號　昭和四十一年十二月十五日發行。

「德川家康公筆『道中宿付』について」森威史『久能山叢書』第四編　昭和五十一年七月一日發行。

「家康公と鷹狩――特に南關東地方道中宿付について――」中村孝也『大日光』二十八號　日光東照宮　昭和四十二年五月十五日發行。

「家康の道中宿付」中村孝也『歷史と趣味』第二十九篇　第三號・第四號。昭和四十二年七月・十月發行。

「家康の道中宿付」中村孝也『家康の政治經濟臣僚』雄山閣　昭和五十三年六月二十五日發行。
「德川家康筆の道中宿付」德川義宣『金鯱叢書』第十輯　財團法人德川黎明會　昭和五十八年八月三十日發行。

仙石忠政に與へたる御內書（元和元年十二月二十七日）

（封紙ウハ書）
「仙石兵部少輔とのへ」

爲二歲暮祝儀一、小袖二到來、怡思召候、尙土井大炊頭（利勝）可レ申候也、

（元和元年）
十二月廿七日　（德川家康）（黑印）
仙石兵部少輔（忠政）とのへ

〔仙石文書〕○長野縣南佐久郡　重田阿幾子氏所藏『信濃史料』第二十二卷　三〇九頁

忠政は秀久の男で天正六年近江國に生まれ、慶長五年八月從五位下兵部大輔に敍任された。その年九月、父秀久と共に秀忠の麾下に在って眞田昌幸の楯籠る上田城を圍んだ。慶長十九年五月、父秀久が歿して信州小諸城五萬石の遺領を承繼した。

土井利勝は慶長十年四月二十九日に從五位下大炊助に敍任された。大炊頭への昇進の年月日は詳らかでないが、慶長二十年正月吉日附で板倉勝重・安藤重信・酒井忠世と連署して駿河岡部宿に下した傳馬掟書（『新修德川家康文書の研究』五〇三頁）には「土井大炊助」と記してあるので、昇進はその後のことである。とすると本狀は元和元年十二月と見定められる。『信濃史料』は家康文書として收載してゐるが、圓印で土井利勝が取次いでゐるならば秀忠文書であった可

能性の方が高い。

中坊秀政に與へたる銀子請取状（元和元年十二月二十八日）

原本〔中坊家舊藏〕

請取銀事
　合拾三貫目
右分請取也、
元和元卯十二廿八
　　中はう（中はう・中坊）

中坊《なかのぼう》秀政の父秀祐は初め筒井順慶に屬し、永祿五年從五位下飛驒守に敍任された。慶長七年家康に召し出されて仕へ、大和國吉野郡の舊領三千五百石を給されて奈良の奉行となり、のち大和・近江兩國に在る藏入地を支配し、慶長十四年三月朔日に卒した。秀政は天正三年に生れ、左近・左近太夫と稱し、父の遺領を繼いで同じく奈良奉行を勤め、大和・近江兩國の藏入地を支配した。寛永十年從五位下飛驒守に敍任、同十五年八月十日に卒した（『寛政重修諸家譜』卷第千四十一）。本狀には署名も花押も印判もないが、その筆蹟よりして家康の自筆であることは疑ひない。本狀には何年分「皆濟也」と言った文言がないので、皆濟狀とは呼べないが、請取った銀子はやはり藏入地に對する何かしらの賦課であったと考へられよう。「松下安綱に與へたる判金請取狀（元和元年八月三日）」（本書六四二頁參照）と請取狀の形式は略同じである。

松浦隆信に與へたる御内書（慶長十七〜元和元年十二月二十八日）

（包紙ウハ書）
「松浦肥前守とのへ」

（檀紙折紙）
爲二歳暮之祝儀一、小袖二到來、悦思召候也、

（慶長十七〜元和元年）
十二月廿八日　（家康）（黒印）（印文恕家康）

松浦肥前守（隆信）とのへ

原本〔財團法人松浦史料博物館所藏〕○平戸市

隆信の父久信も肥前守に任ぜられたが、その父鎭信の致仕は早くても慶長五年關ケ原戰役後と推され、久信は慶長七年八月二十九日に歿したので、本狀の宛所の松浦肥前守が久信であった可能性も否定できない。しかし本狀に押捺されてゐる印の初見を、中村孝也博士は慶長十一年二月二十四日と捉へてをられるので、本狀の宛所は慶長十七年九月に從五位下肥前守に敍任された隆信と捉へておく。

福原廣俊に與へたる御内書（慶長十〜元和元年十二月二十八日）

（折紙）
爲二歳暮之祝儀一、小袖一重之內綾一到來、喜思召候也、

（慶長十〜元和元年）
十二月廿八日　（家康）黒印（印文恕家康）

福原越後守（廣俊）とのへ

原本〔渡邊翁記念文化協會所藏〕○宇部市立圖書館寄託

福原廣俊の事蹟に關しては本書四〇九頁參照。

福原廣俊に與へたる御內書（慶長十〜元和元年十二月二十八日）

（折紙）
爲二歲暮之祝儀一、小袖二之內綾一到來、悅思召候也、

（慶長十〜元和元年）
十二月廿八日　（家康）黒印（印文恕家康）

福原越後守（廣俊）殿

原本〔渡邊翁記念文化協會所藏〕○宇部市立圖書館寄託

福原廣俊の事蹟に關しては本書四〇九頁參照。

福原廣俊に與へたる御內書（慶長十〜元和元年十二月二十八日）

（折紙）
爲二歲暮之祝儀一、小袖一重之內綾一到來、悅思召候也、

（慶長十〜元和元年）十二月廿八日

福原越後守（廣俊）とのへ　（家康）黒印（印文恕家康）

原本〔福原元宏氏所藏〕○宇部市中村

福原廣俊の事蹟に關しては本書四〇九頁參照。

〔參考〕伊達政宗より茂庭綱元に遣れる書状（元和二年三月五日）

以上

急度申遣候、爰元之樣子、定而無二心元一可レ存候、

一大御所樣（德川家康）御機合御氣色、何共𛂁𛀚《なが》びき候て御笑止候、其上藥師衆之煎藥𛂁《な》と一二貼あ𛀚《か》り候ても、何と哉らん御胸ニ𛁪𛀚《つか》い、きゝさうも𛂁《な》きと被レ仰、其儘被レ爲レ置、又してハ《は》御手合之きつき御藥を折々參候間、藥師衆も御養生何共仕にくき由物語候、其上御灸𛂁《な》と被レ成候而可レ然樣子ニ候得共、惣別やいとう御きらいニ而候間、中〻申出者も無レ之候、宗哲（片山・與安）先度御藥之事ニ御ためぞくの儀𛁪《つ》よく被レ申候へハ《は》、御意ニかゝり、于レ今御前へ不レ被レ出候、乍レ去御城ニ者日夜被二相詰一候、右之分ニ候間、將軍樣（德川秀忠）も御養生之御吴見𛂁《な》と被二仰上一候事、中〻不レ成候、其外者推量候へく候、○中略

（元和二年）三月五日　　正（伊達）宗（政）（花押）

〔亘理文書〕○陸前 『信濃史料』第二十二巻 二九八頁

茂庭石見守殿（綱元）

家康の發病はこの年正月二十一日、放鷹中の田中の旅宿であった。醫師片山宗哲の投藥によって一旦は小康を得たが、二月に入って病狀は一進一退を續け、三月に至ると病狀重大と看せられ、將軍秀忠を初め伊達政宗以下の諸大名も駿府に詰めて病狀を見守った。

本狀は駿府に在った政宗が、伊達家重臣茂庭綱元に宛てて書き遺った書狀で、當時の家康の病狀を知る好史料であるので採錄しておく。家康は政治姿勢の上では「吾妻鑑」を愛讀し、室町幕府の式制を手本としたり、古法の遵守を旨としたり、保守的な思想の持主であったと同時に、新しい人文知識や科學技術も積極的に學んで採り入れようとした合理主義者でもあった。その一面の表はれであらう、家康は藥種・藥餌に對しても多大の關心を寄せてゐた。駿府城に膨大な藥種や藥道具が備蓄されてゐたことは、尾張・水戸兩德川家にそれぞれ傳へられてゐる「駿府御分物帳」の記事によって明らかであり、また家康が自ら調劑に用ゐた藥研や乳鉢・藥瓶等も久能山東照宮に傳へられてゐる。

この最後の病床にあっても、家康は自ら診斷して愛用の藥を服用するので、醫師片山宗哲が強く諫めたところ、却て怒りに觸れ信州高嶋に配流されるに至った次第が、『寬政重修諸家譜』卷第三百十三　片山宗哲の事蹟に左の通り記されてゐる。

元和二年○中略のち御腹中に塊あり、御みつから寸白の蟲とのたまひて、萬病圓をふくしたまふ、宗哲これをいさめたてまつり、たゝに大毒の劑をもってこれをせめたまはゝ、積（癪カ）をのそかるゝことあたはす、かへって御正氣やふれなは、まさに御本復かたからむと言上すといへとも、かつて御許容なく、日々に御憔悴あり、このこと台德院（德川秀忠）殿御歎息ありて、昵近の士をめされ、東照宮萬病圓を用ひさせたまふといへとも、かつてその效なし、汝等かの御藥をとゝめたてまつるへきむね仰を蒙るといへとも、彼等猶豫して御聽に達せす、よりて宗哲またその仰をうけたまはり、たゝちにこれを言上せしかは、御氣色蒙りて、信濃國高嶋に配流せらる、しかりといへとも、采地はもとのことくたまふ、○下略

家臣知行石高書立（年月日未詳）

貳百五拾石　松金七郎
百五拾石　加左馬助
同　本藤四郎
同　鵜善六
同　三左兵衛
貳百五拾石　榊甚五兵衛
百五拾石　同加兵衛
同　花左右衛門尉
同　長久五郎
同　喜與右衛門尉
三百石　石半三郎
三百石　赤五郎作
百石　上たくぬ（ま）

同　原平十郎
同　大平十郎
　　酒鄕藏
百石　喜兵衞
七拾五石　中喜四郎
同　天甚右衞門尉
百石　本長三郎
百石　齋孫九郎
百　但新次

寫眞〔東京大學史料編纂所所藏〕

史料編纂所所藏の寫眞には「伯爵酒井忠興所藏」と記されてゐるので、酒井雅樂頭忠世の後裔である播磨姬路の酒井家に傳來してゐたと知られる。念のため同家に所在を照會してみたが既に不明とのことであつた。

德川賴將(賴宣)家臣知行石高書立(慶長十四年十二月)、德川賴房家臣知行石高書立(慶長十四年十二月)(二通とも『新修德川家康文書の研究』四〇〇頁、四一四頁にそれぞれ收載)の二通の家臣知行石高書立が、右筆の草案に家康が筆を加へた覺書であるのに對し、これは全文家康の自筆である。人名は姓の一字と通稱を以て記されてゐる。

「三百石　石半三郎」「三百石　赤五郎作」の二行の頭から引かれた合點も家康の筆であらう。同樣の例は德川賴將(賴宣)家臣知行石高書立にも、その他の家康自筆の覺書にも見出される。

書き立てられてゐる二十二名の士の解明を計って『寛政重修諸家譜』『斷家譜』『武家事紀』『士林泝洄』『南紀德川史』の「名臣傳」等を總當りに探ってみたが、これぞと言ふ決め手となる記事や該當者は一人も見出せなかった。姫路の酒井家傳來文書と言っても、特に忠世に繋がる諸士とも言へず、連記された二十二名は、一つの家中ではないまでも、なんらか横に關連を持ったグループと考へられるので、一人でも決め手が見つかれば、それが解明の絲口となるかも知れないが、今はこれらの士のすべてを未詳としておく以外にない。

稲葉典通に與へたる御內書（年未詳十二月晦日）

爲二歳暮之祝儀一、小袖二之內綾一到來、喜悅候也、

（年未詳）十二月晦日（家康）（黒印）（印文恕家康）

稲葉彥六（典通）とのへ

原本〔アベノスタンプコイン社所藏〕○東京

『日本古書通信』○昭和六十一年二月十五日發行 第五十一卷第二號圖版掲載

稲葉典通は慶長八年九月三日に父貞通が卒して豐後臼杵五萬石餘を繼ぎ、寛永三年に歿した。天正十三年七月に從五位下侍從に敍任されたので、彥六侍從、臼杵侍從とも呼ばれた。本書は印文より推して發給の年次上限は慶長九年以降と推されるが、下限は最晩年にまで及ぶ。

〔參考〕将軍秀忠より蜂須賀家政に遣れる御内書（年未詳三月二十六日）

所勞之由如何候哉、無二心元一候、能〻養生肝要候、委曲土井大炊助（利勝）可レ申候也、

（年未詳）三月廿六日　（秀忠）○（黑印）（印文忠孝）

蓬庵（蜂須賀家政）

原本〔沖野舜二氏所藏〕○德島市

家政は關ケ原戰役後致仕して蓬庵と號し、寛永十五年十二月晦日、八十一歳を以て卒した。利勝は慶長十年四月二十九日に從五位下大炊助に敍任され、元和元年大炊頭に進んだので、本書は家康在世中の發給である故、參考文書として採り上げておく。

生駒讚岐守に與へたる御内書（年未詳五月十一日）

爲二歳暮之祝儀一、小袖二重内綾一幷端午帷子五内生絹四到來、喜悅候也、

（年未詳）五月十一日　家康公　黑印

生駒讚岐守（一正カ　正俊カ）とのへ

〔生駒家寶簡集　乾〕○東京大學史料編纂所所藏

音信に對する答書であるが、實に不思議な點がある。歳暮の祝儀として小袖、端午の祝儀として帷子を贈るのは通例であつて何の不思議もないが、歳暮の祝儀は當然十二月に贈られ、それに對する答書も十二月中に發給されたと考へたい。ところが本書は五月十一日附であり、端午の祝儀の帷子に對する答書としては通例だが、歳暮の祝儀として贈られた小袖に對する答書をも兼てゐる點が不思議である。季節の音信に對する答書は遥か後日になつてから纏めて發給されたとも考へられる。本書と同じ文例が『德川家康文書の研究』(舊　下巻之二　二六九頁、復　下巻之二　一一三頁)に「多賀谷重經に與へたる内書(年未詳五月十一日)」として掲載されてゐるので、誤寫とは思はれない。前年の歳暮の祝儀に對する答書を五月に至つて發給したと考へるよりほかないだらう。

生駒一正は親正の男で天正十九年從五位下讃岐守に敍任され慶長十五年三月十八日に卒した。その男正俊は初め正五位下左近將監に敍任され、襲封と共に讃岐守に改め(本書五三二頁參照)、元和二年二月には從四位下に昇敍されてゐる。黑印の御内書であるから發給年次は慶長八年以降であらうが、父子ともに讃岐守に任ぜられてゐるので、そのいづれに遣られた御内書であるのか決せられず、從つて發給年次の下限も見定められない。

生駒讚岐守に與へたる御内書(年未詳九月九日)

爲二重陽之祝儀一、小袖二重到來、喜悅候也、

(年未詳)九月九日　家康公　黑印

生駒讚岐守(一正カ　正俊カ)とのへ

〔生駒家寶簡集　乾〕○東京大學史料編纂所所藏

生駒讃岐守に關しては前掲の「生駒讃岐守に與へたる御内書（年未詳五月十一日）」の解説參照。

生駒讃岐守に與へたる御内書（年未詳十二月晦日）

爲二歳暮之祝儀一、小袖二重到來、喜思召候也、

（年未詳）十二月晦日　　家康公　黑印

生駒讃岐守（一正カ　正俊カ）とのへ

〔生駒家寶簡集　乾〕○東京大學史料編纂所所藏

生駒讃岐守に關しては前掲の「生駒讃岐守に與へたる御内書（年未詳五月十一日）」の解説參照。

仙石秀久に與へたる御内書（年未詳五月五日）

爲二端午之祝儀一、帷子三之内單物一到來、喜思召候也、

（年未詳）五月五日　（徳川家康）（朱印）

仙石越前守（秀久）とのへ

〔仙石文書〕　○長野縣佐久市　重田阿紀子氏所藏
『信濃史料』第二十一卷　四〇〇頁

「改撰仙石家譜」三　世譜　秀久公譜　下（『信濃史料』第二十卷　二二頁）に本狀と同じ文書を掲げ、慶長六年五月もしくは慶長七年五月に時服を獻じた時のことと註してあるが、支證を缺くと思はれるので年未詳としておく。採錄史料に圓形の朱印とある點は疑問で、おそらく小判形印と推される。「改撰仙石家譜」には「御黑印」とある。

宛所未詳の御內書（年未詳九月九日）

（折紙）
爲二重陽之祝儀一、小袖三之內綾一到來、悅思召候也、

（年未詳）九月九日　（家康）（黑印）（印文源家康）

○宛所闕ク

原本〔第十一回大丸軸物大即賣展目錄所載〕　○昭和四十八年十一月十五～二十日
於京都大丸百貨店　思文閣出品

宛所を截り取つて軸裝してあるので何某に與へた御內書かわからない。本書の樣に季節の音信に對して極まり文言の答書を黑印で發給した時期は、先づは慶長八年將軍補職以後であらうが、それ以上の決め手を闕く。本印の使用例初見は慶長七年六月十六日（『新修德川家康文書の研究』三一六頁）、最終例は慶長十二年十月十七日（『德川家康文書の研究』舊・復とも　下卷之一　五二三頁）とされてゐる。但し舊・復とも印に關してはミスプリントで黑印、印文源家康と國立歷史民俗博物館所藏の原本で確認してある。もつとも下限はさらに下る可能性が推定されてゐる。

一柳直盛に與へたる御内書（年未詳十二月二十八日）

（折紙）爲二歳暮之祝儀一、小袖二之内綾一到來、喜悅候也、

（年未詳）十二月廿八日（家康）黒印（印文恕家康）

一柳監物（直盛）とのへ

原本〔一柳末幸氏所藏〕○東京杉並區

文面よりして家康が將軍に補せられてより後の發給である。おそらく慶長十一年以降であらうが下限は家康の歿する前年までと抑へる以外にない。

二位局（渡邊氏）に遣れる消息（年月日未詳）

（折紙）返ゝまこ二郎事、ふさゝ《た》申間敷候まゝ、御心安おほしめし《候へく候》、御ふミ《み》くゝ《た》され候、くま《わ》しく見《まいらせ候》、まこ二郎事、仰越候、う《織田長益》楽たうかん《等閑》ゐ《な》くきゝ候まゝ、おせあ《か》らと申、ふさゝ《た》申間敷候まゝ、御心やを《す》くおほしめし《候へく候》、まあ《わか》身も此程ハ《は》少ま《わ》つらひ申ゝ《ま》いらを《せ》候まゝ、ひて《豊臣秀頼》よりさゐ《ま》へ御見え申《まいらせ候》よし、めてたく、《かしく》

（二位局・渡邊氏）
二ゐ御中　大ぬ
（内府・家康）

原本〔正傳永源院所藏〕○京都市東山區

全文家康の自筆である。折紙を横に切つて繼ぎ、掛軸に裝幀されてゐる。一文字と風帶は茶地桐に四菱三重襷金襴、中廻は白地小唐花文金襴、上下は淺葱平絹、軸は象牙である。一文字は本來風帶と同じ裂地を同じく竪の方向に用ゐなければならないところを、横の方向に用ゐてある點は略式裝幀であり、本狀が氣輕に軸裝され傳へられた品であつたことを示してゐる。軸の表紙に「高臺院殿文　正傳院」の墨書があり、折紙が軸裝された時には既に高臺院、秀吉正室杉原氏筆との傳稱が生じてゐたと推される。折紙の狀態であつた時に生じたと思はれる損傷は全くない樣だが、軸裝されてから生じた蟲喰ひが二列認められ、表具にも傷みが少なくない。

正傳院は建仁寺の塔頭の一つで、天文年間以來荒廢してゐたのを元和四年織田長益（有樂）が再興し、同七年十二月十三日に歿した有樂はこの寺に葬られた。『寛政重修諸家譜』が正傳院は長益の開基する所と傳へてゐる樣に、有樂・織田家由緣の寺として名高かつたが、明治五年に寺地は公收され、替地として建仁寺の北、花見小路筋の舊永源庵の地を與へられて移轉し、翌六年より「正傳永源院」と改稱して今日に至り（『京都市の地名』日本歷史地名大系27（平凡社）「建仁寺」の項）、「お正傳さん」の稱で親しまれてゐる。由て本狀は秀吉正室高臺院の緣や、まして家康の緣を以て正傳院に納められたものではなく、本文中に「有樂」が登場してゐる緣を以て江戸時代のいつ頃かに、正傳院に寄進されたものと想像される。その當時すでに家康の自筆消息であることは見失はれて、高臺院文との誤傳を正じてゐたとすれば、江戸時代も後半のことであつたらうと推量される。

本文は聊か難讀にして難解である。先づ登場人物を檢討してみる。「大ふ」は内府で家康の自稱、慶長元年五月八日に内大臣に任ぜられて内府と稱され、自らも私的な消息には「大」または「大ふ」と自署した例が左の通り知られてゐる。

藤堂高虎に遺れる書狀（慶長四年二月二十九日）『德川家康文書の研究』舊・復とも　中卷　三八九頁。

藤堂高虎に遺れる書狀（慶長四年三月七日）同書　三九一頁。

池田輝政室督姫に遺れる消息（慶長十六年三月二十九日）　本書五八一頁。

ちよぼに與へたる消息三通（元和元年十月ごろ・同二年正月初め・同二年正月中ごろと推定）『徳川家康文書の研究』舊・復とも　下巻之二　九三頁。（但し下村效氏はこの三通を慶長六〜八年の執筆と推測された『栃木史學』第八號。）

いづれも年次は推定であるから絶對確定とは言ひ難い。親しい仲の相手に對し、相手が自分に對して呼ぶ稱を自稱とも する例は、秀吉の「てんか（殿下。天下と宛てた解説も行なはれてゐるが誤りであらう）」家康の「大なこん（大納言）」の先例があり、今日でも廣く、特に子女に對して行なはれてゐると見られる。そしていつたん親しまれた呼稱は、その因となつた官職を退いたり變つたりしても、そのまゝ慣稱される例が珍しくない。中村孝也博士は「ちよぼに與へたる消息三通」のいづれにも見られる「大ふ」の自署を、前内府の意と解してをられるが、さらに近親の子女に對して特に親しみを籠めた場合の自稱と一歩進めて解することもできよう。

「う樂」は有樂と號してゐた織田長益であらう。信秀の十一男として天文十六年に生れ、關ヶ原役では東軍に屬して奮戰し、役後三萬石を與へられ、千利休七哲の一人としての茶人、有職故實家として家康よりも重んぜられた。淀の方の叔父として後見役をつとめ、大坂城内でも重きをなし、豐臣家と徳川家の交誼を計り、豐家の存續に心を砕いたと推されるが、失意の裡に冬の陣後大坂城を退き、元和七年に歿。如菴有樂正傳院と號した。

「まこ二郎」は孫二郎であらうが不詳である。二位局と近親の關係にあつた、おそらくはまだ年の若い人物で、有樂もその處遇には淺からぬ關係を持ち、家康もまた二位局の依頼があれば疎かにしておくことはできない人物であつたのであらう。二位局の血縁者で千姫の身邊に仕へる者かと想像してみたい。

「ひてより」は秀頼である。「ひてよりさま御見え候べく候まゝ」と讀めないこともないが、他の家康の自筆文書と比較檢討すると「さまへ」と讀め、「候べく候まゝ」とは書體が異り「まいらせ候よし」と讀んでおく。

宛所の「二ゐ」は秀頼に仕へてゐた二位局である。『台徳院殿御實紀』には慶長十九年八月、片桐且元・同貞隆・大野治長が駿府に下つて鐘銘事件を辯明しようとしたが、その機を與へられぬままに空しく逗留してゐるところへ、大藏卿局・二位局・正榮尼の三名が淀殿の使者として到著、家康から歡待を受けた。三名は家康に慫められてさらに江戸まで下って秀忠に謁して同じく歓待を受け、駿府に立ち戻って再び家康に謁したところ、やがて淀殿は江戸に住むことになるのだからと聞かされて訝しみ、且元に先立って帰坂して且元に內應の疑ひありと告げたとある。また同年十二月二十日には冬の陣の和睦を祝ふ淀殿の使者として常高院・二位局・饗場局の三名が茶臼山本陣に來り、家康に時服三襲・緞子三十巻を贈りいよいよ誼を進めたとある。元和元年三月には秀頼の使者青木民部少輔一重、淀殿の使者常高院（京極若狭守忠高の生母）・二位局（渡邊筑後守勝の姉）・大藏卿局（大野修理亮治長の母）・正榮尼（渡邊內藏助糺の母）とが駿府に到著し、家康に謁して贈物を贈ったところ、家康は自分も義直の婚儀のために名古屋へ出向くが、尾張の女房たちは田舎に生れ育って儀禮を知らないから、局たちは名古屋へ先行して婚儀の指揮を執る様にと奨められた。四月十一日名古屋に在った家康のもとに、大坂方が京都を焼き拂はんとの噂によって人心動搖すとの報が届いたので、家康は自分も不日上洛してその虚實を糾明し沙汰する故、常高院と二位局は大坂に歸ってこの旨を淀殿に報ぜよ、大藏卿局と正榮尼とは京都に先行して家康の上洛を待てと命ぜられたとある。五月八日の大坂落城に際しては帯曲輪土倉內で秀頼母子に殉じて自害した士、女房たちの名が書き連ねられたのちに「二位局は召されて茶臼山にありしかば終に助命せらる」とあり、『駿府記』にも同日の條に、二位局、即ち渡邊筑後守母一人が呼び出されて助命されたとある。家康は二位局を茶臼山に呼んで秀頼母子の助命のことを議し、助命と決して近藤登助秀用を以てその旨を速水甲斐守守之に通じたところ、守之は母子のための乗物を要求した。秀用は急遽の際とてその要求を容れず馬で出る様に達したところ、守之は憤然としていかに御運が末にならうとも、右大臣母子の顔を衆目に晒してよいものかと應へ、門を閉ぢて面々と共に自害に至ったともある。

『寛政重修諸家譜』巻第四百八十三　嵯峨源氏・渡邊の項には左の様にある。

渡邊重（元龜元年歿。妻は速水甲斐守信之が妹。）
├女子（豊太閤に仕へ二位局と稱す。）
└勝《かつ》（筑後守　従五位下　今の呈譜に中ごろ速水庄兵衛と稱すといふ。母は信之が妹。）

勝は初め秀吉に仕へ慶長三年めされて家康に仕へて攝津・上總等の內で三千石を給され慶長五年秀忠に従った。慶長十年敍任されてのち千姫に附屬せしめられ、寛永三年六月七日に六十六歳で歿した。

『戰國人名辭典』は速水守久を載せ、勝太、少大夫、甲斐守。右近ともいつたが、名は時之、種久、種之ともしてあるとし、秀吉馬廻でのちに近習組頭、小牧・小田原の兩陣に參加、關ケ原の役ののち秀頼に仕へて一萬五百石、大坂七手組頭の一人で大坂落城の時自害と記してある。この人物は『台德院殿御實紀』にある速水甲斐守守之に同じであらうが、二位局と渡邊勝の姉弟の母の兄速水甲斐守信之とも同じと解するには年齢の點から無理があるだらう。だがいづれにせよ二位局（渡邊氏）と速水甲斐守とは近い親族であつたと推定される。渡邊勝も千姫に仕へたとあるので大坂城にあつたかとも考へられるが未明である。

本狀の宛所の「二ゐ」とは、この渡邊氏二位局と斷じて誤りないであらう。弟の勝は歿年から逆算して永祿四年生であるから、二位局は秀吉の歿した慶長三年には三十八歳以上、慶長十九年には五十四歳以上である。淀殿の使者として度々家康のもとに赴いてゐるが、本狀の出現によつて織田有樂とも近しい關係にあり、家康からも自筆の消息を遣られるほどに親近されてゐたと知られる。鐘銘事件を周つて淀殿から派された使者の女性たちは、片桐且元内應の疑惑を生ぜしめ、義直の結婚祝儀の使を勤めながら淀殿恫喝の使を勤めさせられるなど、時に際して恰かも家康に一方的に操られた道化役の樣に解されることが多かつた樣だが、本狀は二位局を家康が豫め大坂城内に配した布石の一つであつたとも、布石の一つとしようとした史證とも考へさせるのではないだらうか。家康の外交策の深慮遠謀ぶりを窺はしめる好個の史料である。

大阪城天守閣の渡邊武氏は、二位局に關して『駿府記』や『寛政重修諸家譜』の記事の他にも、『日本女性人名辭典』（日本圖書センター）に、二位局は速水甲斐守の妹で秀吉の側室となり秀吉歿後剃髪して崇榮尼と稱し高臺寺に隱棲ののち寛永五年六月二十六日に歿したとの記事のあることを紹介してをられる。その崇榮尼二位局の存否にまで檢討を及ぼすことは、本狀の解說としては逸脫に過ぎさうなので愼んでおく。

本狀に關する人物を右の樣に見定めても、文意は難解である。「たうかんなく」は「御湯殿上日記」長享二年三月八日の條に「御とうかんなきと御申」とあるのと同じで「等閑なし」と宛てられ、「忘れることがない、なほざりにしない、おろそかにしない」と言つた意である。刈谷の水野信元內某女から傳通院と推される岡崎の某女に宛てた書狀（櫻井寺文書）にも「われ〳〵もしんによゐん御とうかんは候はねとも」とあり、同じ意に用ゐられてゐる。「おせから」は「おせかう」と讀めないこともないが、日葡辭書にある「せからしい」「せからしさ」の語の女房言葉「おせから」と考へ、氣忙しいと言つた意に解しておく。「ひてよりさまへ御見え申まいらせ候よし」の條は、主語が省略されてゐるので難解だが、まこ二郎が主語と推量されよう。意譯を試みると、「御手紙を頂きました　詳しく拜見しました　孫二郎のことに關して御依賴を受けましたが、有樂が親身に伺ひましたので、氣忙しい樣ですが放置は致しませんから御安心下さい　私もこのところ少し健康を害してをりましたので（事情御賢察下さい）（孫二郎が）秀賴樣へ御目見するとのこと、重疊に存じます　かしく、（追伸）孫二郎のこと、放置はいたしませんので御安心下さい」とでもならうが、相互に前提となつてゐる事情を踏まへて執筆し、使者の口上でも補はれる私的な消息の文意を、第三者が解することは難しい。

本狀は大阪城天守閣學藝員によつて見出され、平成六年十月の大阪城天守閣特別展「戰國の五十人」に出陳されて實見の機を得た。その翌年三月發行の『大阪城天守閣紀要』第二十三號に「新出史料紹介」と題して渡邊武館長が本狀發見の經緯と詳細な檢討とを發表された。本狀の解說に當つては渡邊氏の御教示に負ふところが大きい。但し、同氏と釋文を一部異にしたため、文意の解釋の上でも、同氏が本狀を慶長十六年三月二十八日に二條城で行なはれた家康と秀賴との會見の豫備工作に關係する消息と積極的に解されたのに對し、本解說ではそこまでは踏みこめなかつた。

一　柳直盛に與へたる御內書（年未詳五月五日）

（折紙）
爲二端午之祝義（儀）一、帷子五內單物三到來、悅思食候也、

（年未詳）
五月五日　（家康）黑印（印文恕家康）

一柳監物（直盛）とのへ

原本〔一柳末幸氏所藏〕○東京杉並區

この様な文面の御内書の發給は、將軍職に補せられてより後である。この印の初見例は慶長九年六月二日附の文書（本書七六一頁）であるが、直盛は寛永十三年八月十九日に歿したので、下限は元和元年と抑へるしかない。

一柳直盛に與へたる御内書（年未詳五月十六日）

（折紙）
爲端午之祝儀、帷子三内生絹一到來、悦思召候也

（年未詳）五月十六日 （家康）黒印（印文源家康）

一柳監物（直盛）とのへ

原本〔一柳末幸氏所藏〕○東京杉並區

一柳直盛に與へたる御内書（年未詳十二月晦日）

（折紙）
爲歲暮之祝儀、小袖三之内綾一到來、喜悦候也、

（年未詳）十二月晦日　（家康）（黒印）（印文源家康）

一柳監物（直盛）とのへ

原本〔一柳末幸氏所藏〕○東京杉並區

一柳直盛に與へたる御內書（年未詳十二月晦日）

（折紙）爲二歳暮之祝儀一、小袖三到來、喜思召候也、

（年未詳）十二月晦日　（家康）（黒印）（印文源家康）

一柳監物（直盛）とのへ

原本〔一柳末幸氏所藏〕○東京杉並區

中村伊豆守に與へたる御內書（年未詳十二月二十八日）

（折紙）爲二歳暮之祝儀一、小袖一重到來、悦思召候也、

（年未詳）十二月廿八日　（家康）（黒印）（印文恕家康）

中村伊豆守とのへ

原本〔古典籍下見展觀大入札會〕○平成十一年十一月十二日 於東京古書會館

折紙を半截して掛軸に裝幀してある。料紙の損耗甚しいが本文と印章の讀解には支障ない。

中村氏を稱した人物は全國に散在してをり特定は難しい。因幡國守護山名氏の重臣に中村氏があり、因州高草郡德尾村新山城は布施の出城として築城され、中村伊豆守定香が定番を勤めた。定香は新三郎の男で永祿六年四月三日に武田高信との湯所の合戰で討死した。山名豐數は中村伊豆守の死を悼んで一子中村鍋法師に自筆の感狀を下し、所領を宛行って功を賞した（『鳥取縣史』2 中世。『姓氏家系大辭典』中村 81）。

この中村鍋法師が長じて父と同じく伊豆守を稱したかと想像はされるも山名氏は滅んでをり如何んとも推定し難い。恕家康印の初見例は慶長九年六月二日の千妙寺への寺領寄進狀（『德川家康文書の研究』舊・復とも 下卷之一 三八二頁 本書七六一頁）で最晩年まで用ゐられた。三行に刻されてゐる印文の中央一行は「恕家康」、右一行は「萬歲」、左一行は「長壽」と萩野三七彥氏が讀解を示してをられる。

東海道里程覺書（年月日未詳）

（扇面表）

うつ（つ）らな（な）く間野乃（の）入り江の（の）濱風は（は）に（に）

尾はな（はな）

あ《な》ミ《み》よゑ《る》

秋のゆふ暮

こしを《た》もと以《い》とゝひあʃ《かた》き旅の夜の
志《し》ら露ハ《は》らふ木ミ乃《の》しʃ《た》

（扇面裏）

もへ出るかゝるを《も》於《お》あ《な》しのへ乃《の》草
いつき《れ》あ《か》秋よ《に》あ王《わ》てハ《は》つへき

三嶋
一清水　十二里
するあ《駿河》　五
一田中　七
あ《掛》け河　六
一ハ《濱》ま松　七
吉田　八

一（岡崎）おかさき　七

一（熱田）あつた　七

一桑な（名）　舟七

一（亀山）かめやま　八

一（水）みな口　八

一（膳所）せゝ　九

一（淀）よと　五

原本〔中島恒雄氏所藏〕〇名古屋市中區

茶屋四郎次郎清延が家康より拜領した扇子で、清延の三男新四郎長吉から尾州茶屋家に傳來してゐる。扇面を表裏に分けてそれぞれ掛物に裝幀されてゐる。兩面とも礬水引きで下半分に金泥が掃かれてをり、和歌二首書きの方はさらに銀砂子が雲霞の樣に蒔いてあり、淡墨線描で中央に雲、左端に鳥の樣な下繪があるので表とした。その方が和歌の手習ひと見た場合に續きがよいであらう。

その餘白に東海道の西三分之二の里程を記してある。宿名の下に記されてゐる數字は、前の宿からその宿までの里程と解される。試みに『國史大辭典』に載つてゐる「幕末期東海道宿驛一覽」によつて算出した里程を示してみる。清水は江尻、駿河は府中、田中は藤枝、膳所は大津に充てた。一里は三十六町、一町は六十間、約一〇九メートルである。

	里	町	一日行程	町
一三嶋（清水）江尻	十三	八	十三	八

府中(駿河)	二	二十二		
一藤枝(田中)	五	六	七	二十八
掛河	六	二十五		
一濱松	八	五	十四	三十
吉田	八	三十五		
一岡崎	七	○	十五	三十五
熱田	八	十二		
一桑名	七	○	十五	十二
龜山	八	二十四		
一水口	八	十三	十七	一
大津(膳所)	十	六		
一淀	五	二十二	十五	二十八

家康の記した地が幕末期の宿と同じではないであらうが、駿河五里と府中二里二十二町の箇所は大きく相違したものの、その他の里程は家康の記した里程と略同じである。「一」と頭書してある宿までを一日の行程と豫定したものと解し、その里程を計算してみると、江尻・藤枝間(清水・田中間)は八里弱と短いが、他は大體一日に十三里から十七里移動すると豫定したことになる。

日附は記されてゐないので、「道中宿付」の様な旅行日程表と捉へるわけにも、實際の行動豫定と捉へるわけにも行かない。家康が駿府から出發した上洛ならば實際の動靜と照らし合はせて執筆年月の見當もつけられるかも知れないが、三嶋から清水へ行つて一泊、駿府ではかなり時間を割くらしいが泊らずに田中まで行つて泊ると解すると、家康自身の豫定ではない様にも思へる。一日あたり十七里の行程はかなり强行だが、十五里前後は通例の行程と見てよい。

扇面の表に筆された二首は『新編國歌大觀』によると左の通りに見出される。

金葉和歌集　巻第三　秋部
堀河院御時御前にて各題をさぐりて歌つかうまつりけるに、すすきをとりてつかまつれる　源俊頼朝臣
うづらなくまののいりえのはまかぜにをばななみよる秋のゆふぐれ
異本金葉和歌集　第三　秋百十一首
堀河院御時御前にて草花を採りて人人歌つかうまつりけるに、すすきをとりてつかうまつれる　源俊頼朝臣
うづらなくま野のいりえのはまかぜにをばななみよる秋の夕ぐれ
散木奇歌集　第三　秋部　（源俊頼家集）
堀川院御時殿上の人人秋花をさぐりてよまさせ給ひけるに、薄をとりてつかうまつれる
うづら鳴くまのの入江のはま風にを花なみよる秋のゆふぐれ
新勅撰和歌集　巻第二十　雑歌五
堀河院御時、藏人頭にて殿上にさぶらひけるあした、いでさせたまうて、こいたじき、ときのふだをくつかうぶりによめとおほせごと侍りければ、つかうまつりける　權中納言俊忠
こしたもといとどひがたきたびの夜のしらつゆはらふきぎのこのした
俊忠集　（書陵部本）
殿上にてくつかぶりのうた、當座、こいたじき、ときのふだ
こしたもといとどひがたきたびのよのしらつゆむすぶきぎのこのした

俊頼の和歌は「濱風に」を「濱風は」と誤寫し、右に小さく「に」と訂正してある。俊忠の和歌は「木々のこのした」と記すべきところを「木々のした」と二字脫字してゐる。家康が書寫した和歌には誤寫や脫字がよく見られ、家康の性癖推察のよい手がかりとなつてゐる。

俊忠の和歌は意の解しにくい歌だが、その詞書を見ると理由がわかる。「くつかうぶり」は「沓冠り」で或る語を各句の頭と後《しりへ》に一音づつ詠み込むことを言ふ。「こいたじき」は「小板敷」で清涼殿の殿上の間の南側の小庭から殿に上る所の板敷、藏人職事が伺候する所、「ときのふだ」は「時の簡」で中古頃、宮中の清涼殿、殿上の間の小庭に立てて時刻を示した札、時の杙《くひ》で支へ、時刻ごとに雜事にあたる內豎《ないじゅ》が立て替へた札のことである（『日本國語大辭典』）。技巧的な言葉遊びの物名歌で、俊忠の和歌は左の通りに詠みこまれてゐる。

こしたもと**い**とひかたき**た**ひのよの**し**らつゆはらふ**き**きのこのした

太字は句の頭で「小板敷」、傍點は句の後で「時の札」となる。俊頼の和歌も俊忠の和歌も堀河院に奉つた和歌なので、二首には同じ原典があるかと思はれるが未詳である。

裏面の和歌は『平家物語』一之卷「祇王」で、清盛の寵を佛御前に奪はれて追はれた白拍子の祇王が詠んだ和歌である。謠曲の「祇王」にはこの和歌は使はれてゐない。

しやうじになく〳〵一首の歌をぞかきつけける
もえいづるも枯るるも同じ野邊の草いづれか秋にあはではつべき

家康は晩年藤原定家の書に親しみ、習ひ臨摹した遺墨が少なくないが、扇面表の二首の底本も定家遺墨との關係の有無は不明であり、まして平家物語は定家に關係のあるはずもなく、手本は不明である。

結城秀康に遺れる書状（年月日未詳）

尚明日委細可レ承候、今日者貴下も御草臥候哉、定事之外痛申候、

改暦之御慶珍重存候、如レ仰先刻者得二賢意一本望之至ニ存候、然者袖印先可レ然之由候旨、則御使ニ進レ之候、御意ニ入候者貴下御用ニ候間、迚之義ニ染させ本給次第仕立、廿六日之御用ニ立候様ニ可レ申候、此方ニもいつそい又入申事も御座候ハん間、次手ゟあ《（なか）》ら仕立置可レ申候、恐々
謹言

□□□□

（切封）

家　康

結城中將（秀康）殿

□□□

原本〔古典籍展觀大入札會〕○平成十三年十一月十四日於東京千代田區中小企業センター

切封を切つて表裏を覆し本文の末尾に繼いで掛軸に裝幀してある。止め書きのあとに僅かに黑痕が見えるが日附は闕失してしまつてゐる。おそらく軸裝の際、左右の餘白の體裁を整へるために末尾の白の多い部分を切り除いたのであらう。

末尾に繼がれた切封ウハ書部分が原文書であるとの確證が得られなければ、家康文書とも確認は出來ない次第だが、積極的な疑問點もないので先づは採り上げて置くこととする。

署名のみで花押も印もないのは切封ウハ書である故である。本文は省筆が甚だしく難讀で文意の通じにくい箇所もある。家康の自筆ではなく、その寫文書かとも思はれるが、僞文書と看倣すべき理由もない。

秀康は天正二年二月八日に遠州敷智郡濱松莊宇布見村で家康の次男として誕生。生母は永見氏於萬之方で幼名は義伊とも於義丸とも言つた。天正十二年十二月秀吉の養子となつて大坂に赴き、元服して羽柴秀康と名乘り、從五位下侍從兼三河守に敍任された。翌十三年七月十一日從四位下左近衞權少將に昇り、同十六年四月十四日中將に昇せられた。同十八年八月六日結城晴朝の養子となり食邑十萬千石を繼承、慶長二年九月二十八日參議、慶長五年十月越前國六十七萬石に封ぜられ、同八年二月二十五日從三位（二月十二日正三位宰相）、同十年四月十六日權中納言に昇り、同十二年閏四月八日に三十四歳で北庄城に歿した。秀康の事蹟は「德川幕府家譜」と福井松平家の「家記」とに據つたが、兩者の間にはかなりの相違があるので、一應右の樣に解しておく。

結城中將との宛所からすると天正十八年以降の文書である。「家記」は宰相（參議）への任官を慶長二年九月二十八日とし、「德川幕府家譜」は慶長八年二月十二日としてゐるので、中將の稱の下限は見定め難く思はれるが、慶長五年九月十七日附で「羽作州樣」即ち堀親良に遺つた書狀には「結城宰相秀康」と署名してあると「譜牒餘錄」五十四にあるので、「家記」の說を採るべく、下限は慶長二年と抑へられよう。

「改暦」とは改元ではなく年の改まることを指すから正月の執筆である。袖印とは文書の印判ではなく、軍陣などで敵・味方の見分けのために鎧の左右の袖につけた袖標である。

香合覺書（年月日未詳）

一ちん　三兩三分二朱
一ちやうし　一兩二分三朱
一くんろく　三分三朱
一ひやくたん　三分
一あ(か)いあ(か)ら　二分三朱
一さかう　一分一朱
又　二朱も
一《ちん二》壹文　一《□□》三分《□□□》　一《白》貳合《□□》
一《ちん》壹分　此分□□□□□□
ちん七兩□□□□□□
一《ちん》三兩三ゆ　一《丁》壹兩壹分二ゆ
一《くん》貳分二朱　一《白》貳分一朱　一《目》壹分三ゆ

ち
六兩壹分二朱　壹兩□分□
丁

貳兩二分三ゆ　二分□□
くん
壹兩壹分三朱　一分一朱
白
壹兩壹分　一分
同
壹兩壹朱　三朱□□
さかう
貳分二朱　二朱

三兩三朱
壹兩壹分一朱
三メ
二分二朱
二分壹朱
壹分一朱

六兩　壹兩二分　壹兩
三分　二分　三□□
□□□□□□□□□

原本〔舊日向飫肥藩主伊東子爵家所藏品入札目錄所載〕○昭和十一年五月二十三〜四日於東京美術俱樂部

入札目錄の小さな圖版から採錄したので、不分明な箇所の多いのは遺憾であるが、全文家康の自筆である點に於ては疑ふ餘地はない。點線より前は上段、後は下段と二段に貼り込んで掛軸に仕立てられてゐる。竪一尺、横一尺五寸と示されてをり、その寸法は次に掲げる名古屋東照宮所藏の「香合覺書(年月日未詳)」の寸法、縱一五・六糎、横四六・五糎を二段重ねにした寸法に略々一致する上、記事も略々同樣であるので、兩者は當初一連の覺書であつたと思はれる。料目に記された「ゆ」とは「朱」の意である。

家康自筆の「香合等覺書　一帖」(慶長十八〜二十年)(『新修德川家康文書の研究』五二〇頁)が現存してをり、本覺書の執筆年代も同じ頃と推定される。

香合覺書(年月日未詳)

一ちん　三兩三分二朱
一丁　一兩二分三ゆ

一くん　三分三朱
一白　三分
一同　二分三朱
一さ　壹分一ゆも
　二朱も
又
一ちん　六兩壹分二朱
一丁　貳兩二分三朱
一くん　壹兩壹分三ゆ
一白　壹兩壹分
一同　壹兩一朱
一さ　貳分二ゆ
又
一三兩三朱　ちん
一壹兩壹分一ゆ　丁
一三メ　くん

一二分二朱　白
一二分壹朱　同

原本〔名古屋東照宮所藏〕○名古屋市中區

淡青色に染めた料紙一枚に記され、掛軸に仕立てられてゐる。料目に記された「ゆ」が「朱」の意と解されることは前述の通りである。

家康が香合はせに興味を抱いてゐたことは『新修德川家康文書の研究』四八三頁・五二〇頁・五七〇頁・五七三頁にそれぞれ掲げておいた覺書とその解說によつて明らかになつてゐよう。香木の種類に關しては同書五七五頁から五七六頁にかけて記した解說を參照されたい。但しその解說に「東大寺」を不明と記したのは、全く著者の不明の至りであつた。「東大寺」とは「蘭奢待」の各文字の一部づつの抽出であり、蘭奢待の別名であると訂正しておく。

この覺書は前掲の伊東子爵家舊藏の覺書の拔萃と言つてもよいほどに記事が同じである。十一行目の料目の一字目は、書き損じ文字を抹消して右傍に「壹」と書き直してある。これらの覺書を家康文書と捉へる根據は、それぞれ各一點づつ捉へようとするならば筆蹟と傳稱以外に求められないところだが、六點にのぼつて管見に觸れてゐる香合覺書の樣に、相互比較によつて見出される記事の共通性も堅固な根據となる。

家康の文藝的遺墨について

家康の文書には、署名も花押も印判もないが、ただその筆蹟が家康の自筆と認められるが故に、家康が發給した文書と捉へられる例が少なくない。署名や花押のある家康自筆の書狀や消息も少なくない。それらからは文意のみならず、自筆で認められた事實、それ自體を一つの史料として汲みとることができる。だがそのためには、家康の筆蹟を確認することが前提となる。

家康自筆の文書の存在は、歴史學者の間に於いてはおそらく大正年間より、そして昭和の代となつてからは益々汎く認識される様になつてゐた。その認識に誤りはほぼ生じてゐなかつたと考へてよいが、例へば大半が「かな書き」で「家」とか「大ふ」としか署されてをらず、自筆としか解し様のない消息や一部の覺書に未だ限られてをり、決して十分とは言へなかつた。愼重を期せば範圍の限定されることは當然ではある。だがその限定された「家康の自筆」遺墨の中でも、その代表例として早くから認められてゐたのが、大正十二年三月發行の『大日本史料』第十二編之二十四、元和二年四月十七日の條に、約五頁に亘り折込圖版を插入して掲げられた「德川家康日課念佛」だつたのである。そして昭和八年の「重要美術品等の保存に關する法律」の施行に始まり、昭和二十五年に同法が停止されるまでの間に、家康の自筆遺墨として重要美術品に認定された計二十二件のうち、實に二十一件を「日課念佛」が占めるに至り、「日課念佛」こそ東京帝國大學や文部省が公認した家康自筆遺墨の典型として諸書に掲載紹介され、展覽會にも度々展示されて圖録にも掲載されて來たのである。

しかしながら、この「日課念佛」は家康の自筆や眞蹟ではなく、全て明治十年代の後半、おそらく十七〜八年頃に、舊幕臣池田松之助の手によって僞作されたものであった。その考證の概略は〔未勘文書〕の項に「日課念佛(慶長十七年)」と題し本書七一七頁以下に記しておいたので參照されたい。

この様に家康自筆遺墨の代表例と世に最も汎く認められて來た「日課念佛」を否定したならば、〝では家康の自筆文書とは、その筆蹟とは如何なるものか〟との新たな問ひに著者は答へなければならない。

先づ家康自筆であることが確實な、左の様な文書を基準作として採り上げる。

松平忠吉に遣れる消息(天正十六〜十八年正月十八日)福松とのへ　大納言　『新修徳川家康文書の研究』二一九頁。

奥平信昌室龜姫に遣れる消息(天正十五〜十六年十二月)新城　大納言　舊・拾遺　五七頁、復・上巻　九〇一頁。

將軍秀忠に遣れる書狀(慶長十二年三月十一日)將くんまいる　家康　舊・復とも　下之一　五〇八頁。

側室志水氏・同神尾氏に遣れる消息(慶長十六年十一月十六日)おかめ・あちゃ　家　舊・復とも　下之一　六七七頁。新修　四三七頁。

千姫に遣れる消息三通(元和元年十月〜同二年正月)ちょほ申給へ　大ふ　舊・復とも　下之二　九三頁。

消息・書狀類には右の他にも家康自筆であることが確實と高い確率を以て類推し得る例が少なくない。署名も花押も印判もない書狀もあるが、署名に花押のある例、花押のみの例、印判のみの例もある。年貢皆濟狀としては左が好例である。

猪飼光治に與へたる年貢皆濟狀（慶長十六年二月二十八日）署名・花押・印判なし　舊・復とも　下之一　六五二頁。

この皆濟狀には酒井重勝より猪飼光治に遺った同年四月三日附の書狀が添ってをり、昨二日に上京したところ、家康が吉日であるからと代官衆を召し出し、板倉勝重の肝煎を以て「卯より甲迄（マヽ）之御皆濟、御自筆にて出申候間、早々進候」と記されてゐて、この皆濟狀が家康の自筆で認められたことが證されてゐる。同日附を以て發給されてゐる左の二通も、この重勝の書狀により家康自筆と確認してよい。

志水忠宗に與へたる年貢皆濟狀（慶長十六年二月二十八日）舊・下之二　二四七頁、復・下之一　九五〇頁、新修・八二四頁。

中坊秀政に與へたる年貢皆濟狀（慶長十六年二月二十八日）舊・復とも　下之一　六五四頁。

皆濟狀・請取狀・覺書の類には右を根據として家康自筆と類推し得る例が少なくない。

これらの消息・書狀・皆濟狀等の間に於いても、家康の筆蹟、書風は幅廣く、その機に應じて細くも太くも、濃くも淡くも、謹直にも雜駁にも、多樣に變化展開されたと知られる。となると、家康の筆蹟・書風を見極めるためには、比較檢討史料はなるべく多くを求めるべきことは當然となり、檢討の對象とする史料は文書に限らず、家康筆と傳へられてゐる全ての筆蹟、和歌色紙・短册と言った文藝的遺墨も對象とすべきこととなる。

家康が色紙や短册を家臣に與へたとの記錄は「寛政重修諸家譜」卷第二十七の松平忠實の項、卷第五十六の松平定實の項を初めとして、同家譜や諸書にも散見されるので、實例が遺されてゐても不思議はない。事實、家康筆と稱する色紙や短册が好事家のもとに蒐められてゐたり、大名家の子孫のもとや社寺に傳へられたりしてゐる。ところがそれらは傳誦であつて家康自筆と言ふ確實な支證は伴つてゐないために、輕々しく信じないのが學問的であり、教養人の常識とも考へられてゐるのであらう、德川松平一門の大名家の子孫の家に於いても、しかもその當主が教養人であればあるほど、疑ひのポーズを強く見せて來た樣である。

しかしながら尾張德川家や水戸德川家には、淨書された下賜品ではなく、書き散らした覺書や書き止したり書き誤つたりしてゐる歌書寫しと言つた遺墨が傳へられてをり、それらはいづれも家康歿後、その身の廻りの遺品を殘さず整理して分けられたものと解する以外にない樣な遺墨であり、かつ江戸時代より「權現樣御筆」として大切に傳へられて來た品であつて、中には家康が所持してゐたと判明してゐる藤原定家筆の歌書の臨摹もある。これら家康の自筆としか解し樣のない遺墨を規準作として德川松平一門の子孫の家、舊大名家、それらの關係社寺に家康筆として傳へられてゐる文藝的遺墨を調査してみると、江戸時代前半よりの傳來の明確な遺墨は、家康自筆と確認して間違ひないと判明した。

これらを規準作としてさらに家康文書や傳來不明の傳家康筆の文藝的遺墨に檢討の枠を擴げてみると、さらに多くの文書や遺墨が、家康自筆と確認、或は高い確率をもつて推定されるに至つたのである。

文藝的な遺墨は文書ではないが、その文書が家康文書であるか否かの判定のために、またその文書を家康が自筆で認めた意義を考へるためにも、家康の書風筆蹟の檢討は家康文書の研究に缺くことは出來ないし、そのためには文藝的遺墨の研究も缺くことは許されないであらう。

これら文藝的遺墨はその書風筆蹟や料紙に史料性があるのであつて、文意には史料性は殆どないので本書に收錄することは不適當と考へて掲げないこととした。猶、これらの文藝的遺墨の大半は拙著『德川家康眞蹟集』(角川書店　昭和五十八年十一月十五日發行)に圖版と解說を載せてあるので參照されたい。

末勘文書

凡例

一　未だ勘合に到らない文書を掲げた。
一　掲出の順序は年月未詳、年未詳文書を先に掲げ、文書にある年紀および記事に該当する事件の年代の順に掲げた。
一　人名は擬へたと推される人物を宛てておいた。
一　日課念佛は別して解説文を掲げた。

〔未勘〕越主に遣れる直書（年月未詳二日）

抑留之蓮華翁つめ《つめ》之通をいた《た》し候間、露可ㇾ致二賞味一と存儀候、來月五日ニハ待入候、委細は《は》使者口上ニ可ㇾ申も《も》の也、

（年月未詳）二日　　家康（花押摸）

越主との

□□□

原本〔宮內廳三之丸尚藏館所藏〕○東京

折紙を半截して掛軸に裝幀し、瀬戸鐵釉牡丹貼花文四耳壺「蓮華翁茶壺」に由來書として由緒書二通と共に附屬させてある。四耳壺の土、削つた成形法、鐵釉法、牡丹貼花等は、松平忠直が大坂城攻略の功によつて家康から賞賜され、拋げ損じたが繕はれて越前福井松平家に傳へられてゐる瀬戸鐵釉貼花文四耳壺「初花茶壺」に近似してをり、室町後期の瀬戸の產と見られる。但し、この壺は高さ五十六糎、胴周百三十四糎、胴徑四十二糎、重さ十一瓩半餘もある大きな壺で、茶會の席主が一人で扱はなければならない茶壺としては大き過ぎて、高さ胴徑とも平均三十數糎の規格に適つてゐない。葉茶の容器として用ゐられたとしても專ら保存のための容器で茶席で用ゐられた茶壺ではない。「瘤」と呼ばれる膨らみが器面全體にわたつて異常に多く、作爲と解される。由緒書は二通とも江戶末期か明治初期頃の作と推され、一通は形姿に各所の寸法や重量を示した記錄である。他の一通は「覺」と題して左の樣に記されてゐる。

一此蓮華翁之叓、略考申候處、豊臣實祿《ママ》文祿元年之記ニ云、古壺自ニ呂宋國一來ニ名護屋一、盛茶久不レ損故世人愛玩之俗曰眞壺又謂蓮華王者(中略)。
一御壺之名、王之一字を改、翁之字用申候由緒傳承候所、秀吉公禁裏へ指上させ給へは、近衛殿但信輔公歟、被ニ聞召一、王之字如何と思召、幸又茶之異名千歳薬といひ、齢を延る祝儀なれは翁の字然へしとの御事にて、則御詠歌をつらねさせ給ひ、壺に御添指上させ給よし(下略)。

中國南方の民窯の産で、我が國に渡つて來た多種多様大量の耳附壺のうち、耳(これを茶壺では特に乳と言ふ)の間に一乃至四、天蓋や蓮臺を伴つて「王」の一字の陽刻印の捺されてゐる壺を、十六世紀半頃から「蓮華王」と呼び始めた。いづれも高さ胴徑とも三十數糎ほどで、葉茶壺に轉用され珍重された。但し文祿三年にルソン島から同種の壺が大量に輸入されたのを機に、唐物茶壺に對する信用と評價は崩落し、やがて關心も去つて茶壺に關しては誤説・虚説の往行に任されるに至つた。

王の文字印のない壺を蓮華王と稱したり、唐物ではない國産の壺を蓮華王と稱したり、また蓮華王を蓮華翁と稱したとの實例に觸れたことはなく、右に揭げた由緒書「覺」の一節は虚構と解される。秀吉や家康の時代から珍重されて來た茶壺ならば桐製の蓋や内箱があつて然るべきだが蓋や緒も網も袋も内箱もなく、檜製の變形の道中箱のみがあつて箱の蓋の裏には左の墨書がある。

明治二十五年七月四日、後藤遞信大臣邸へ臨幸之節獻上、傳來書二通、掛物一幅添

後藤遞信大臣とは明治二十年に伯爵に敍爵してゐた後藤象二郎である。箱は獻上するに際して作られたものと推され、掛物も江戸末期か明治初年頃の装幀と推される。

本書の「抑留」「露可致賞味と存儀候」は難讀であつて意味も通じ難い。別の解讀も検討されようが、この壺と結ぶべき證は得られないだらう。家康の署名の右側から花押の右上部と左下部、宛所の脇附部分は損じて缺失してゐる。その損傷ぶりは聊か不自然であり、家康の署名と花押の墨色筆勢にも疑問なしとはし得ない。宛所の「越主との」は未明であるが、「中もの也」と書き止めた直書でありながら署名に花押を略さずに据ゑてをり、かつ宛所を日附と同じ高さか

ら記してある位置の高過ぎる點も例に卽さず、家康の眞正文書としても四耳壺の由來書としても肯じ難く思はれる。

〔未勘〕前原新之丞に與へたる御内書（年未詳正月二十一日）

年頭之爲二祝儀一、太刀代百疋到來、欣然之至候、彌不レ可レ存二疎略一事肝要候也、

（年未詳）正月廿一日　家康公　御書判

前原新之丞とのへ

〔東作誌〕○内閣文庫所藏

「東作誌」は美作國の地誌で文化十二年八月の緒言がある。巻之五、東北條郡北高田庄下横野村の里長、前原氏の項に所藏文書として足利義政・正勝（不詳）・織田信長・豐臣秀吉等より前原氏に宛てられた文書と共に掲載されてゐる。美作の前原氏に關しては『姓氏家系大辭典』にも若干の記事があつて、下横野村の舊家とは知られるが、新之丞に關する記事はない。

疑問點がいくつか指摘される。書き出しは「爲年頭之祝儀」とあるべきである。年頭の祝儀を初め太刀の贈答は恆例であるが、その「代百疋」の贈答は他例を見ない。文書の形式は御内書であるのに「彌不可存疎略事肝要候也」の文言は不適當であるばかりか文意としても首尾一貫しない。御内書の發給は先づは慶長六年以降であり、いづれも黑印もしくは朱印であつて、署名花押を以て發給された例はない。義政・信長・秀吉等の文書と列擧する掲出法には往々にして作爲の場合が多い。

以上の諸點より未勘文書として收錄しておく。

〔未勘〕荒尾内匠以下五名に遣れる書状（年未詳三月八日）

わさと申遣候、九州退散其元へも可二相聞申一候間、諸事由斷有ましく候、謹言、

（年未詳）三月八日　（家康）（花押摸）

荒尾内匠殿（成利？）
同　志まの守殿（志摩守隆重または山就？）
つゝちくこの守殿（津田筑後元匡？）
うとの民部殿（鵜殿長之？）
□□□□□

原本〔西明寺所藏〕○豊川市八幡町寺前

本狀は軸裝されてゐる。寫眞のみしか眼にしてゐないので卽斷は愼むが、意識的な崩しの甚だしい書體、署名のない異例さ、花押の形から、一目して疑問を感ぜざるを得ない。宛所五名のうち末尾の一名は文字が掠れてゐて讀みとれないので不明だが、他の四名は池田氏の家臣と推される故、先づ初めに池田氏の略系圖を『寛政重修諸家譜』卷第二百六十三および卷第二百六十五より拔萃して掲げる。

中川清秀女
利隆　武藏守・侍從從四位下
榊原康政女・秀忠養女
光政　左少將・元和三年播磨を改め因幡・伯耆兩國三十二萬石を賜ふ寛永九年六月光仲と領地を替へらる

池田信輝――輝政
督姫　家康第二女
忠繼　左衞門督・侍從從四位下・慶長八年備前國等三十一萬五千石を賜ふ
忠雄　參議・正四位下・元和元年六月繼承寛永九年四月卒
光仲　寛永七年生亡父遺蹟繼承と同時に光政と領地を替へらる
忠雄　兄忠繼養子となり元和元年六月繼承松平宮內少輔
輝澄　石見守　松平但馬守が祖
政綱　右京大夫
輝興　右近大夫

『寛政重修諸家譜』の池田光仲の項には、寛永九年六月十八日に僅か三歳で父忠雄の遺領を繼いだ光仲が、幼稚なるによつて封地をあらためられ、因幡・伯耆兩國をたまひ、三十二萬石を領し、因幡國鳥取城に住した。この日石見守輝澄、右近大夫輝興、をよび家臣荒尾內匠某・荒尾志摩某・乾兵部某を御前にめされ、光仲幼稚たるにより、各相談して國務を沙汰すべきむね懇の仰をかうぶるとある。

光仲の父忠雄は兄忠繼の養子となつて備前國と備中國四郡都合三十一萬五千石を領してゐた。忠繼は輝政の次男、忠雄は三男であるが、母は文祿三年に秀吉の仲介によつて嫁した家康の第二女督姫であつて、督姫が輝政との間に生んだ第一子と第二子に當り、家康の外孫であつた。それ故忠繼・忠雄は長兄利隆がありながら、同じく督姫所生の弟輝澄・政綱・輝興と共に別して封を受けて、それぞれに家を興した。光仲は通稱勝五郎、相摸守、侍從從四位下、左少將に敍任され、輝政以來の松平姓を稱し、元祿六年に六十四歳で歿した。

『寛政重修諸家譜』巻第六百三十の在原氏荒尾の條に、織田信長に仕へ木田城に住して尾張國知多郡荒尾村を領し、天正十八年十二月に八十三歳で歿した善次(作右衛門　美作守　號閑齋)がある。善次の女子は池田信輝の室となり、次男成房(小作　平左衛門　遠江守　但馬守)及び三男隆重(次郎作　與兵衛　志摩守)は信輝および輝政に仕へたとある。成房の長男成利(駒之助　内匠助　但馬)は池田光仲に仕へ、次男山就(志摩　嵩就とも稱す)は叔父隆重の養子となつたとあり、女子は松平宮内少輔(池田忠雄)家臣津田筑後元匡が妻となつたとある。

同家譜巻第七百四十二の藤原氏師尹流鶉殿の條に、家康に仕へ、天正十一年督姫が北條氏直に嫁したとき供奉し、文祿三年池田輝政に再嫁したときにも隨つて輝政・忠繼に仕へ、寛永十三年二月に八十四歳で歿した長次(藤助　藤右衛門　大隅)があり、その四男長之(虎之助　民部　大隅)は寛永十一年七月上洛した家光に二條城で謁し、父に繼で池田光仲に附屬せられ、子孫は彼家の家臣となつたとある。

宛所五名のうち末尾の一名は判讀できないが、他の四名はいづれも尾張か三河の出自の父または祖父を持ち、のち因州鳥取の池田家に仕へた者と言ふことになる。これらの四名が連名で書狀の宛所とされる可能性は早くても池田忠雄が家督を繼承した元和元年六月以降、先づは寛永九年六月に幼稚の光仲が家督を繼承した時以降と解する以外なく、家康の歿後となる。

本文の「九州退散云々」の意も秀吉の九州征伐や文祿朝鮮の役とも結び難く、本狀は「未勘」としておく以外にないであらう。

〔未勘〕入江左馬助に遣れる書狀（年未詳九月三日）

以㆓使者㆒申達候、貴殿親父入江駿河守衆於㆓所々㆒數度之戰功無㆓比類㆒事共、無㆓申斗㆒候、仍親

父堅固之節被二申置一候義在レ之間、其方無二多事《他》一自今以後、諸事於レ爲二忠節一者可レ令二滿足一候、
旅宿早〻申遣候、以上、

（年未詳）九月三日　　　家　康（花押摸）

入江左馬助殿

（まいる）

原本〔森岡家所藏〕○小濱市

右の書狀のほか左の五通の書狀が一括して傳へられてゐる。

足利尊氏書狀　　入江左近大夫宛　　二月十六日附
　天王寺表に於ける對赤松合戰の武功を賞す

細川高國書狀　　入江駿河守宛　　四月三日附
　西山四郎左衞門尉を使者として忠節を賞す

細川高國書狀　　入江駿河守宛　　□月廿日附
　藤澤某を使者として粉骨の武功を賞す

織田信長書狀　　入江左馬助宛　　七月十二日附
　蜂須賀彥右衞門を使者として、左馬助が三好家中にあつて先づ開城せるを嘉す

豐臣秀吉書狀　　入江又左衞門宛　　三月二日附
　相州小田原發向に同心せるを嘉す

『姓氏家系大辭典』には十五流の入江氏を載せ、『寛政重修諸家譜』には二流の入江氏が載つてゐる。このうちに藤原北家工藤氏流で駿河國有度郡入江莊に起きた入江氏がある。また攝津の入江氏は高槻城主であつたが、永祿十一年九月信長當國に入るや、城主入江左近將監出でて降りしも、のち三好黨に屬せしを以て誅せらるとある。惟ふにこの全六通の文書は、これらの入江氏の事蹟を基に、その後裔と稱する者が、先祖書きを粉飾せんが爲に作文した一連の文書と解される。

〔未勘〕某に遺れる書状（年未詳十一月三日）

貴簡殊更悤承レ之候處、被レ懸二御意一忝令レ存候、彌御無事御座候由、大慶ニ存事ニ候、仍同名伊勢守殿無事由承、珍重ニ存候、恐ミ、

（年未詳）十一月三日　　家康（花押摸）

□□□□□□

原本〔古典籍下見展観大入札會〕○平成九年十一月八日於東京古書會館

軸裝されてをり桐製印籠蓋表には「東照宮神翰」、蓋裏には「御書簡　貴簡殊更　御名判アリ　古筆了仲（花押）」の墨書がある。

全體に竪に間伸びのした書體で、冒頭の九字が特に讀みにくい。勢の字も「執力」の二字の様に書かれてゐるので、初めの九字も聊か無理をして讀んだが、わざとらしい作爲の感じられる書體である。簡も更もそれぞれ二字の様にも見え、悤《いそぎ》も承之も慥かでなく、候處も「小鳥」の様に見える。家康の右筆文書の中に同筆は記憶に浮かばない。難讀箇所の多

い故もあつて執筆背景を推定できる様な手掛りは求め難く、文意は茫漠としてしまつてゐる。宛所は大半が闕かれ、僅かに五六文字の右側四分之一程度が見えてゐるが判讀は難しい。料紙の上部には折り疊んであつた時に生じたと推される規則的な傷みが五箇所見られ、修復されてゐるが第一行目の書き出しと右の餘白部分に墨による汚損がある。

家康の書狀の留書は「恐々謹言」が大多數で「謹言」とのみ記されたのはその一割以下であらう。「恐惶謹言」はそのまた一割以下かも知れないが若干は認められる。本狀の留書はまた激しく崩してあつて難讀ではあるが「恐々謹言」とも「謹言」とも讀めない。强ひて「恐々」と讀んだが家康の書狀としては殆ど他に例のない留書となる。「最上義光に遺れる書狀（慶長五年九月七日）」（『德川家康文書の研究』舊・復とも　中巻　六七四頁）が「恐々」と結ばれてゐる唯一の他例と目されるが、原本からの收載ではないので實例として擧げるには留保を要しよう。

家康の署名と花押の形には、特に呈すべき様な疑問點は殆ど認められないが、花押の右上から下がつてさらに右へ折れて下がる部分に疑問を覺える。さらに大きな疑問は署名花押の位置が高過ぎ、その下に餘白があり過ぎる點である。家康は花押の最後の一劃を本文の下端と略同じ高さになる様に記すのが通例である。

箱の蓋裏に墨書した古筆了仲は尾張徳川家の醫師淺野文達の男として文政三年に生まれ、名は榮村、清水了因と名乘つて古筆了觀に師事し、のち養はれて古筆家十四代を繼いで了仲と改め、明治二十四年三月三十一日に歿した。了仲は自ら僞筆に關與した節があり、その鑑定にも作爲を採り混ぜた例が散見され、了仲の鑑定のあるものは要注意である。これらの諸點を綜合勘案してみると、本狀を眞正文書と看做すには疑問點が多過ぎると思はれる。

〔未勘〕松平清善に與へたる所領宛行狀（永祿六年四月十六日）

萩原ょ《に》て貳百貫文可レ進レ之候、萩之儀ニ方分、指出次第た《た》るへし、鳥河之義、是又進レ之候、

千貫之分可ニ相渡一候、恐ゝ謹言、

（永祿六年）四月十六日　（家康）朱印（印文福德）

松平備後守（清善）殿

原本〔松平康逸氏所藏〕○蒲郡市本町

原色圖版〔蒲郡市文化財圖錄〕○蒲郡市教育委員會平成八年二月六日發行

松平清善《きよよし》は親善《ちかよし》の男で天正十五年五月二十三日に八十三歳で歿したとあるから、逆算すれば生年は永正二年となる。與二郎・玄蕃允・備後守を稱した。初め三河寶飯郡竹谷《たけのや》に住して今川義元に屬してゐたが、永祿三年義元の敗死によって家康に随つた（『寛政重修諸家譜』）。萩原の地を寛政譜は三河國萩原としてゐる。地名辭典では三河國内に萩原の地名は見當らないので萩原の誤記と推される。萩は三河國寶飯郡のうちの地名にあり、永祿三年十一月十三日の今川氏眞の安堵状には萩郷・千兩郷とあると言ふ。鳥河《とりかは》は三河國額田郡のうちの地名である。「萩之儀二方分、指出次第たるべし」の文意は難解である。萩郷のうち二つの地を與へるが、その高は檢地によって定めるとの意であらうか。それとも貞享書上（『譜牒餘録』後編巻第五　交代寄合之四　松平帯刀）には三河國「荻原村・平原村ヲ賜フ」とあるので、本狀の「萩」も「荻」の誤字で、二方分とは共に幡豆郡在の荻原・平原の二村を指すと解すべきであらうか。

本狀の發給年の見定めも難しい。『寛永諸家系圖傳』には本狀に觸れた記事はない。貞享書上には本狀を永祿五年の鵜殿藤太郎長照討滅の功によると書き上げてあるが、鵜殿長照・長忠の討滅を永祿六年とする正史にしたがつて、寛政譜は本狀の發給年を永祿六年に改めると記してゐる。しかし松平元康の寶飯郡上之郷城攻擊は永祿五年二月に始まり、同年六月十一日附の日扇書狀（長存寺文書『岡崎市史』六）に「西郡御落城、藤太郎殿（鵜殿長照）御傷害」とあるので、鵜殿長照討滅を永祿五年とする貞享書上は肯定してよい。

だが本狀をその功によつて與へられたものとする說は肯定し難い。永祿五年六月の鵜殿討滅の功を永祿六年四月に賞したと解するのも後れすぎる。それよりも問題は本狀の福德朱印である。中村孝也博士の考證によると、福德朱印は永祿十二年閏五月の「遠江舞坂鄕に下せる傳馬等禁止定書」が初見とされてゐる。これを遡る例の發見の可能性も否定はできないが、永祿六年までは到底遡行できまい。永祿六年七月に改名する以前の文書は元康の署名に花押を据ゑて發給、改名後も家康の署名に花押を据ゑるのを例としてをり、印判を以ての發給例は「松平家忠に與へたる下知狀（永祿十一年二月十日）」（『德川家康文書の研究』舊・復とも　上卷　一〇〇頁）が初例である。由て本狀の發給も先づ永祿十一年以降と見なければなるまい。しかも福德朱印を以て發給した文書はいづれも「仍如件」と結んだ定書や禁制・宛行狀等であつて、本狀の樣に「恐々謹言」と結んだ書狀形式の文書に、その例はない。

福德印を捺す位置も、本狀の樣に日附の下に捺して署名花押の代りにした樣な例はなく、通常は袖印として冒頭か、日附に被せた高い位置に捺すのを例とする。本狀の福德印は掠れが多く、印の眞僞の判定は難しい。萩と荻の誤記は往々にして生じ易い誤りとしても、幡豆郡のうちの荻原村と平原村、および額田郡の鳥河村のうちから淸善に所領が宛行はれたとの傍證も得られず、福德朱印の使用された初例と見るにも早過ぎ、かつ福德朱印を以て發給される文書としては形式として異例に過ぎる。これらの觀點より本狀は未勘文書として收錄するにとどめる。

〔未勘〕植村土佐法印に與へたる感狀（元龜三年十二月二十二日）

今度味方原挑戰尾州勢敗北、被引立身上共引入處、敵跡附來及二難義一節、和僧爲レ迎吉井渡迄來候、於敵後詰之見与勢止由、大久保彥左衞門（忠教）・林・服部・本多・佐久間等取返、敵三町程追

拂候事、是法印忠義不レ過レ之候、恩賞之儀者重而急度可二沙汰一候、猶此上之忠勤可レ被レ抜、仍感悦之狀如レ件、

元龜三壬申年十二月廿二日　家　康

植村土佐法印
格下江

〔靜岡縣史　資料編8　中世四　五六八〕○記錄御用所本古文書六 内閣文庫所藏

植村土佐法印なる人物の實否は不詳である。當時の文書に暗かつた者の作文と思はれ、文意も解し難いところがある。

〔未勘〕戸田吉國に與へたる軍忠狀（天正三年四月二十八日）

（折紙）
からのかしら

右者今度於二仁連木口一戰功有レ之、依而遣レ之訖、彌可レ抽二軍忠一者也、

天正三年
四月廿八日　家　康（花押）

戸田傳十郎（吉國）殿

原本〔戸田喜章氏所藏〕

「家康に過ぎたるものが二つあり。唐《から》の頭《かしら》に本多平八」。昔から人口に膾炙した俚諺である。『日本戰史』には「駿河草」に據り、元龜三年十二月の三方ケ原合戰に際し、戰功拔群の本多平八郎忠勝を賞して、甲州勢がこの様に歌つたとある。

「唐の頭」とは白熊の毛で飾つた兜を意味すると言はれてゐる。但し、當時より白熊と傳へられてゐる毛を検してみると、その大部分はチベットやネパール方面に棲息してゐるヤクの毛である。色は白に限らず黑褐色・黑・淡褐色と様々であり、太さは馬の鬣《たてがみ》よりも細く、少し縮れて長いものは六十糎にも及ぶ。要は中國から渡來した珍奇な獸毛を、想像でしか知らなかつた白熊に結んだり、「唐渡りの毛」で飾つた兜であると言ふので「唐の頭」などと呼稱したものと思はれる。事實、戰國から江戸時代初期の、奇拔な意匠を凝らした兜には、ヤクの毛で飾つた作例が少なくない。

戸田傳十郎吉國は三河國田原城に住した戸田氏の分家で二連木に住した。永祿十年五月、宗家の當主戸田甚平(彈正・忠重)が歿し、その遺蹟を繼いだ虎千代(康長)が未だ六歳の幼稚であつたので、翌十一年三月、家康は虎千代の母方の叔父に當る一族の戸田吉國に名代を命じた(『德川家康文書の研究』舊・復とも　上巻　一〇一頁。『寛永諸家系圖傳』藤原氏　癸二　戸田)。

『寛政重修諸家譜』巻第九百四に載せられた戸田吉國の事蹟の記事は、吉國が永祿十二年正月二十二日に二連木で歿した様に讀めるが、おそらく天正の脱漏であらう。康長の事蹟の記事には天正三年五月、長篠合戰に先立つて武田勢が二連木に押し寄せた際には戸田勢はよくこれと戰つて首十八級を得、また同月二十一日の鳶巣山の砦襲撃に際しては、吉國が康長に代つて出陣し軍功を顯はしたとあるから、吉國が天正三年に健在であつたことは明らかである。但しその軍功に對して家康が「唐の頭」を與へたとか、軍忠狀を與へたと言つた記事はない。

本狀は全文の書風や家康の署名・花押いづれから見ても眞正文書とは到底考へ難い。馬の尻尾で作つたと稱する朱色の被り物と共に吉國の子孫に傳へられてゐるが、前記の有名な俚諺に假託されたものと思はれる。

〔未勘〕仙石秀久に遣れる書状（慶長五年八月八日）

急度申遣候、加・越・信計策頼入候、猶重而、恐ゝ、

（慶長五年）八月八日　御花押（家康）

仙石越前守（秀久）殿

〔改撰仙石家譜〕○三　秀久公譜下　『信濃史料』補遺巻下　五二頁

秀久は天文二十年美濃國に生まれた。通稱權兵衞、諱は秀久。初め秀康のち盛長と名乘つたとも言ふ。秀吉に仕へて天正十一年より淡路國を領し、同年七月從五位下越前守に敍任、同十三年八月讃岐國一國（内二萬石は十河存保が分領）に遷された。同十四年十二月、九州戰役中の戸次の合戰で慘敗した責を問はれて失領、高野山に入つて剃髮した。同十八年赦免されて小田原戰役の先陣目付となり、役後信州小諸城を與へられて五萬七千石を領した。慶長五年上杉征討軍に加はつて小諸より出陣した。「改撰仙石家譜」によると、七月二十三日、秀久は眞田昌幸軍が密かに引返すのを見て小山の陣の家康に報じた。秀久は家康に召されて、急ぎ居城に引返し、敵の動靜ならびに近隣の機變を察知して注進すべしと命じられたので八月三日に小諸に歸城したとある。のち秀久は秀忠軍と合して上田城攻撃に加はつた。

本狀は八月八日であるから、家康が小山から引返して八月五日に江戸城に入つてのちの發給となるが、文面が簡易に過ぎるばかりでなく、文意にも疑問なしとしない。小諸城主の秀久に信州の計策を命じたのは可としても、加賀・越後（越中も含むか）の計策まで命ずるとは、いくら士氣を鼓舞する戰略の一端と考へても聊か荷が勝ち過ぎる樣に思はれる。

當時家康が發給した夥しい文書に照らして、本狀が眞正文書ならば、同樣の文意の書狀が越後や信州の武將にも遣られてゐて然るべしと思はれる。恐々の留書も異例である。

〔未勘〕仙石秀久に遣れる書狀（慶長五年八月十三日）

書狀令二披見一候、彌眞田安房守（昌幸）敵對申由、中納言（秀忠）追々令二進發一候、其方無二落度一樣取合之儀賴入候、若及二大敵一候ハヽ、此方へ注進可レ有レ之候、出馬卽時蹈𛂞（つ）ふし可レ申候、恐々、

（慶長五年）八月十三日　　御花押（家康）

仙石越前守（秀久）殿

〔改撰仙石家譜〕〇三 秀久公譜下 『信濃史料』補遺巻下 五二一頁

家康の命によつて上杉征討軍陣中より引返した秀久は、居城信州小諸城に八月三日に歸著し、男兵部大輔忠政と共に諸方に手配して眞田攻めに備へ、近隣の動靜を探つては家康に報じ、秀忠軍の出征を待ち受けてゐた。「若及大敵候はば」「卽時踏潰し」など、當時の他の家康文書に見られない語句が目立ち、使者の名もない點など疑問が多い。

〔未勘〕仙石秀久に遣れる書狀（慶長五年八月二十五日）

急度申入候、上方之𭁈賊悉く弱り、岐阜中納言（織田秀信）を生捕、岐阜之堀をも乘𛂞（つ）ふし、其上內通之者

依レ有レ之、來朔日令ニ出馬一、追付京都幡可レ揚候旨ニ候、其許之闕差置、美濃路へ被ニ押出一可レ然存候、貴殿其國之衆へ可レ被ニ相觸一候、恐々、

（慶長五年）八月廿五日　（家康）御花押

仙石（秀久）越前守殿

〔改撰仙石家譜〕〇三 秀久公譜下 『信濃史料』補遺巻下 六一頁

岐阜城攻略戰は八月二十一日に始まり、二十三日午後に至つて織田秀信は降つて城を開いた。江戸に在つた家康が二日後の二十五日に既にその結末を知つてゐたはずはない。家康の江戸出馬は九月一日であつたが、八月二十五日の段階で既に豫告したとの支證もない。文意にも作爲が多い。

〔未勘〕仙石秀久に遣れる書状（慶長五年九月十四日）

此表敵方追日弱り罷候間、押詰卽時ょ《に》討果し候間、其許不レ限ニ晝夜一進發被レ致候樣、秀忠へも被レ諫、一刻も早く責上り可レ被レ申候、此元之烈敵之儀ハ可レ被ニ心易一候、卽時ぬミにぬし《ふみつふし》可レ申者也、恐々謹言、

（慶長五年）九月十四日　（家康）御諱御花押

仙石越前守（秀久）殿

追而不レ移二時日一京都ニ可レ揚レ幡覺悟ニ候、追ゝ吉左右可二申遣一候、以上、

〔改撰仙石家譜〕〇三 秀久公譜下 『信濃史料』補遺巻下 七五頁

日附からすれば關ヶ原合戰の前日であるが、その日に本狀の文意の如き書狀を發給したとは考へられない。「改撰仙石家譜」には秀久の事蹟を飾らうとした後年の作爲が多く見られる。

〔未勘〕代々淨土宗歸依願文（元和二年二月十二日）

謹言、武將某、再出師不レ得レ利、走二入登州大樹寺一、欲レ自二裁先祖廟前一、智者登譽聞二義兵道一、且示二淨土宗護國心行敎一、於二飛中一求二活計一、從レ是揚二厭穢欣淨旗一、數度馳二戰場一、以鏖二賊徒一、今至二治國平天下安二萬民一、此由二彌陀願一王施、蓋和光同塵結緣始八相成道利物、終ニ云二彼言一是佛力不思義也、可レ信可レ仰何時報二佛恩一哉、德川松平子孫男女代々可レ爲二淨土宗一、若有二違背族一可二滅亡一者也、某拜二佛像一心難レ盡二筆紙一、仍而奉二納寶前一書狀如レ件、

元和二年丙辰二月十二日

清和天皇二十五代后胤新田廣忠嫡子源家康謹書

原本〔西野隆氏所藏〕〇福島縣郡山市

『新修德川家康文書の研究』六〇六頁參照。衒學的で難讀な大樹寺所藏本の書風に比べて、これは楷書に近い謹直な行書で讀み易い。然しながら文意としては解し難い箇所もあり、難讀の底本によつて書寫したが故と解される。この願文の出典は未明だが、おそらく多數書寫されて汎められたと思はれる。掛軸仕立となつてゐる。

〔未勘〕日課念佛（慶長十七年）

「南無阿彌陀佛」の六字名號を、縦二十六糎・横三十五糎ほどの料紙に五段から七段、行數は三十四行から四十六行ほど隙間もないほどに連記し、所々に「家康」の署名や日附があつて、徳川家康自筆と長い間稱されて來た「日課念佛」が、世に數多存在してゐる。そのうち二十一件が昭和八年から二十年までの間に重要美術品に認定されてゐる。

　晩年の家康が、大樹寺の登譽上人から日課として念佛六萬遍を稱へる様に勸められたことは、「大樹寺歸敬錄」「松平崇宗開運錄」「松平啓運記」等に見出され、また「將軍秀忠夫人淺井氏に與へたる訓誡狀（慶長十七年二月二十五日）」（『新修徳川家康文書の研究』四三九～四四九頁）の諸傳本にも「近年、日課をたて、念佛六萬遍づつ唱申候」とあるので、家康が慶長十七年の頃、日課として「南無阿彌陀佛」の念佛を、口に稱へてゐたことは史實と考へられる。法然上人は念佛を單に腦裏に念ずる觀念だけではなく、實際に口に稱へる「口稱《くしょう》の念佛」、所謂「專修念佛」を說いた。ところが日課として念佛を口に稱へるのみならず筆記し、時には判を用ゐて日々に捺し記すと言つた修行も、鎌倉時代より出家に於いてはもとより、在家信仰者の間に於いても屢々行なはれてをり、その遺例や記錄に接することも稀ではない。

　だが、家康が日課として念佛を口に稱へるにとどまらず、日々これを筆記したと捉へる根據は、その自筆と稱する「日課念佛」の遺墨以外には見出されない。振り返つてみると大正十二年三月に發行された『大日本史料』第十二編之二十四、元和二年四月十七日の條に、約五頁に亙り折込圖版をも插入して「德川家康日課念佛」が掲げられて以來、多くの歷史關係、佛教史關係、書道史關係、文化史關係の書籍や全集に、この書蹟は「德川家康自筆　日課念佛」として引用收錄され、多くの展覽會にも出品されて數多の圖錄にも掲載され、NHKテレビでも放映されて來た。昭和八年以降、重要美術品に次々と認定されたことは前記の通りであり、歷史學者・佛教史學者・書道史學者等の研究者の間に於いても、晚年の家康の修行を示す好個の史料であると捉へられ、家康自筆の遺墨と信じられて來た。中村孝也博士も『德川家康文書の研究』(舊　下卷之一　七四四頁　拾遺集　一八〇頁、復　下卷之一　七四四頁・九九八頁)や『德川家康公傳』にこの「日課念佛」を收載された。

念のために記しておくが、この一連の家康自筆「日課念佛」とは、書風も書式も異る日課念佛も數多存在し、それらの中には家康の署名があつたり、家康自筆との箱書や添書が附されてゐても信じられてゐない例、卽ち從來より識者の間では家康の「日課念佛」の僞物と看做されて來たものも幾つか存在してゐる。それらはもとより採り上げるに足りない。

家康自筆の「日課念佛」と世に長らく容認されて來たものには、所々に「家康」「南無阿彌家康」「南無阿彌陀家康」「南無阿彌陀家」「南無阿彌陀康」「七十一翁」と言つた署名があり、また「慶長十七年子四月朔日」の樣に年月日を記した例や、單に月日を記した例も多い。さらには家康の手判を押捺した例も二例見られる。署名のみの例は省略し、管見に觸れた年月日の記載されてゐる例を掲げてみよう。年はすべて慶長十七年に限られるので、日順に從つて掲げる。但し「七月四日家康」に始まる思文閣舊藏分・德川宗家(當主第十八代恒孝氏)所藏分・五島美術館所藏分の三件は、長大な卷子仕立となつてをり、日附は前後してゐる箇所もあるが、現狀の開繙の順に掲げる。

日課念佛に見られる日附(日附の上に○を附したものは重要美術品認定)

日附		所藏者
○慶長十七年子四月朔日家康	東京	故山岡莊八氏
慶長十七年子五月四日家康	京都市	思文閣
慶長十七年子六月朔日家康	清水市	清見寺
慶長十七年六月九日家康	上田市	常樂寺
○慶長十七子年六月晦日家康	桑名市	市立文化美術館
○慶長十七年子七月三日家康	青森縣	鈴木吉十郎氏
慶長十七　子七月七日家康	名古屋市	若山直忠氏
七月　八日家康	東京	東京大學史料編纂所
七月　十日家康	上尾市	畑　巖氏
慶長十七子七月十五日家康	京都市	東本願寺
七月　四日家康	京都市	思文閣
七月　朔日家康	同	右
七月　朔日家康	同	右
七月　二日家康	同	右
七月十二日家康	同	右
七月廿五日家康	同	右

七月十一日家康	同	右
七月十二日家康	同	右
七月十二日家康	同	右
七月十八日家康	東京	德川恒孝氏
七月十九日家康	同	右
七月十八日家康	同	右
七月十九日家康	同	右
七月十九日家康	同	右
慶長十七年子七月廿九日家康	同	右
七月十七日家	同	右
七月十七日家康	同	右
七月二十六日家康	同	右
慶長十七年子八月朔日家康	鎌倉市	鈴木眞人氏
慶長十七年子八月十日家康	東京	弘文荘
九月四日家康	半田市	新美秋雄氏
慶長十七年子九月十日家康	濱松市	市立郷土博物館
九月十二日家康	東京	東京國立博物館
○九月晦日家康	東京	五島美術館
○十月朔日家	同	右
○十月朔日家康	同	右
○十月二日家康	同	右

○慶長十七年子十月三日家康　同　右
○　十月七日家康　同　右
○慶長十七年子十月五日家康　同　右
○　十月八日家康　同　右
○慶長十七年子十月九日家康　同　右
○　十月十一日家康　同　右
○慶長十七年　十月十五日七十一翁　同　右
○慶長十七年子十月十九日家康　同　右
○慶長十七年子十月晦日七十一翁家康　同　右
○　十二月三日家康手判　同　右
慶長十七年子十月廿四日家康　日光市　輪王寺

五島美術館所蔵の分は三十枚が一巻一件として重要美術品に認定されてゐる。管見には觸れてゐないが、右の外に『大日本史料』には左の通りの日附のある日課念佛が掲げられてゐる。

○慶長十七年五月十七日家康書　東京　松岡操氏
六月　六日家康　東京　南葵文庫（紀伊德川家）
六月　朔日家康　同　右
六月　三日家康　同　右
六月　九日家康　同　右
六月　四日家康　同　右
六月　十日家康　同　右

○慶長十七年子七月朔日家康　青森縣　下斗米多嘉吉氏
〔慶長十七年ヵ〕七月廿一日家康　青森縣　工藤德兵衞氏
○慶長十七年子七月廿九日家康　東京　宮田弘氏（孝次郎氏舊藏）
慶長十七年子八月十□（九ヵ）日家康　東京　川島むめ氏
○慶長十七子年八月晦日　家康　青森縣　山本勝次郎氏

また『重要美術品等認定物件目録』には、右に掲げた分との重複を避けても、「紙本墨書徳川家康自筆日課念佛」の名稱のもとに、左の通り掲載されてゐる。日附の下には「家康」の署名が、全て記されてゐると推される。

○慶長十七年子五月十一日　一幅　名古屋市　關戸有彥氏
○慶長十七年子五月十一日　一幅　名古屋市　奥村彌三郎氏
○慶長十七年子六月二日　一巻　愛知縣　加藤仙壽氏
○慶長十七年子七月十一日　一幅　名古屋市　關戸有彥氏
○慶長十七子七月十三日　一幅　名古屋市　堀江瀧三郎氏
○慶長十七年七月十六日　一幅　滋賀縣　四居萬次郎氏
○慶長十七年七月十九日　一幅　酒田市　市原平三郎氏
○慶長十七年子八月四日　一幅　滋賀縣　四居萬次郎氏
○慶長十七年子八月四日　二枚　京都市　沓水文次郎氏
○慶長十七年子八月廿九日　一巻　滋賀縣　村瀬嘉平氏
○慶長十七年子九月十五日　一幅　滋賀縣（茨城縣）　四居萬次郎氏（横瀬丑太郎舊藏）
○慶長十七年九月十五日　一幅　大阪市　橋本寅吉氏

○家康ノ手印アリ　一幅　東京（東京吉安三武郎舊藏）武藤林三郎氏

「家康ノ手印アリ」として重要美術品に認定されてゐる武藤林三郎氏所藏の一紙には、日附はないが料紙の左下あたり、七段に書き連ねた六字名號の上から左手の墨手判が重ねて捺してある。五島美術館所藏の日課念佛一巻には、最終行の奥に繼がれた一紙に「十二月三日家康」の日附署名と左手の墨手判が捺してあり、さらにその奥の一紙には、左の山岡鐵舟自筆の鑑定書が貼り込まれてゐる。

東照神君御眞筆

六萬遍御名號之内ニ

相違無之者也

正四位山岡鐵太郎拜鑑［山岡高（六字未明）］（朱文方印）

山岡鐵舟は明治十六年に正四位、同十九年子爵勳二等に敍勳、同二十一年七月に歿した。同じく重要美術品に認定されてゐる桑名市立文化美術館所藏の「日課念佛」は、同市岡村太郎氏の舊藏品で、六段書三十七行の末に「慶長十七年子六月晦日家康」の日附署名があり、掛軸に裝幀されてゐて、左の由緒書と共に山岡鐵舟の鑑定書の寫が添へられてゐる。

「由緒書」

本巻者元茨城縣長官某氏之遺族より出てたる由、察するに人見氏は靜岡藩の要路にありて、舊藩地神佛分離處分にも預りたる人に付、其頃久能等より出てたる一部を得、一巻となし珍藏せしものと被レ存候、宮田

持田君

「鑑定書」

（包紙）山岡子爵鑑定書□（印抹消跡ヵ）

東照神君御親筆

六萬篇御念佛之内

一萬篇　一巻

右者戰死之靈之爲御

日課御執筆之品たるべし

明治十九年十月日

正四位山岡鐵太郎［山岡高（六字未明）］（朱文方印摸）

由緒書は寫しである。鑑定書も原本ではなく、鐵舟の筆蹟と印とを忠實に摸した寫しである。文中に「本巻」または「一巻」とあるから、もとは一萬遍に及ぶ長大な巻物に仕立てられてゐて、鐵舟の鑑定書は五島美術館所藏本と同じく、その巻子裝の奥に附せられてゐたのであらう。その巻子裝を解き、いくつかの掛軸または小巻子に仕立て替へるに際し、由緒書や鑑定書もいくつか寫を作つて附屬させたものと推される。この鑑定書寫には明治十九年十月日の年紀がある。五島美術館所藏本には年紀はないものの山岡鐵舟が正四位に敍された明治十六年以降の執筆であり、おそらくは同じく明治十九年頃の執筆と類推される。

一方、日光東照宮を初め上野東照宮・名古屋東照宮に各一幅、久能山東照宮には一幅と額装の二點、合計五點の「人の一生は重荷を負て遠き道をゆくかことし」の一文に始まり「及はさるは過たるよりまされり」と結ばれて有名な「東照宮御遺訓」が存在してゐる。五點のうち名古屋の一幅と久能山の額装の二點には「人はたゝ身の程をしれ草の葉の露もおもきは落るものかな」の和歌が本文に續けて記されてをり、他の三點には和歌はない。本文は用字法に僅かな相違はあるものの、五點とも同筆同文である。日附は全て正月十五日だが、年紀は慶長八年が三點、慶長九年・慶長十七年壬子が各一點である。一點は署名がなく花押のみであるが、他の四點には署名と花押がある。但しそれらの花押は、家康の花押として廣く知られてゐる「乃一形」の花押とは違つて、五點とも異形の花押である。

これら五點の「東照宮御遺訓」が、その筆蹟や字配りから見て同一人の手に成つたものであることは明らかである。いづれも家康自筆と傳誦されてはゐるものの、その傳誦は檢討にも價しない、まづは幕末から明治の頃の僞筆と捉へるのが識者の常識であつたらう。「東照宮御遺訓」と稱する一文は、幼少年期を人質として過し、織田・豐臣政權の下にあつては隱忍自重を重ね、六十歳に及んで初めて天下の覇權を握つて泰平の世を拓いた家康の人生訓として、如何にも相應しいと世には廣く受容されてゐるが、歴史學者の間に於いては、慶長年間は未だ戰國の餘塵治まらない時代で、「人の一生は」の様な倫理道德を說く人生訓が遺訓とされる時代ではないし、宛所もなく文書としての形式も整つてゐない故、後世の作文と捉へるのが常識であつたらう。因みにこの「人の一生は」の一文は、「松濤棹筆」巻二十に「天保會記」巻十三より採錄したと註して載せられてゐる「人のいましめ　水戸黃門公御作之由」の一文が原典と見られ、天保以降幕末までの間に口調を整へて美文化され、水戸光圀作との傳承も「東照宮御遺訓」と改變されて廣められたのである。因みに「松濤棹筆」(徳川林政史研究所所藏)の著者奥村得義は寛政五年生で文久二年に歿した尾張藩士であった。

各東照宮所藏の徳川家康自筆と稱する五點の「東照宮御遺訓」なる遺墨が、筆蹟・文意・書式のいづれより見ても、僞文書と更めて指摘するまでもない、極めて拙劣と言ふより寧ろ稚氣滿々たる僞筆僞作であることは、知識者ましてや歴史學者の間に於いては夙に常識であつたであらうし、論證を重ねる必要もないであらう。その上、この五點の「東照宮御遺訓」を家康自筆として製作した人物によつて同じく製作されたと確認または推定される一連の徳川家康の僞筆が世に多數存在してゐる。著者は昭和五十五年頃、その同一作者の手に成つたと捉へられる一連の僞筆を調査し、既に八十二點が管見に觸れてゐる。それらのうち六點は家康のものと稱する墨手判、二點が十六神將の墨手判血判、二點が關ケ原戰役東軍諸將墨手判血判狀、その他九點が成瀬隼人正正成等の家康の家臣や天海僧上を發給者に擬した僞文書や三代將軍家光の一行書の僞作等で、家康筆と稱するものは六十四點である。その六十四點のうち二十三點は一字書・二大字・和歌懷紙・色紙・短册と言つた文藝的遺墨?であり、「東照宮御遺訓」五點を含んだ四十一點を一應文書と仕分けておく。

これらの文藝的遺墨の中に「佛恩感慨和歌」とでも名付くべき詞と和歌を筆にした例が四件見られる。

我弓馬の家に生、身を軍陣に寄、度々危難に會といへとも、九郎本尊の慈悲を以てまぬかれし事、
誠に廣大の佛恩なりと

量りなき命は彌陀の誓ひにて
　山をきり抜六字とはなる
二月三日　　家　康（異形花押）

右の懐紙一件は本紙竪三六・二糎、横五〇・七糎で懸軸に装幀されてをり、德川恒孝氏所藏である。德川宗家にいつ頃からか傳へられてゐる一連の德川家康の僞筆の中の一點で、おそらく明治十年代に勝海舟より德川家達に寄贈されたものと推測される。異形花押は五點の「東照宮御遺訓」に見られる異形花押と同じであり、筆蹟も同じである。

この「佛恩感慨和歌」は久能山東照宮にも所藏されてゐる。詞と和歌は德川宗家所藏品と同筆同文で、「四月三日　家康（花押摸）」と結ばれてをり、その花押の形は家康の花押として最もよく知られてゐる「乃一形」を摸してある。現在はこの一紙で額装されてゐるが、奉納された時は一字書「虎　慶長七寅年正月二日　家康（花押摸）」と「御遺訓」より作成した文書二點、「一將軍に仕へ武家の流をくむ者は云々」、「一兎角、武道無案内の者は云々」の四點で一巻の巻子装であつた。明治十三年四月、東京府士族池田松之助より奉納された品である。

昭和五十四年頃、古書店の思文閣が入手した一巻は、先づ三二・六糎に及ぶ前掲の長大な「日課念佛」に始まつて、その奥に繼がれた一紙に、この「佛恩感慨和歌」が記されてゐた。詞と和歌は前述の二點と同筆同文で「七月十三日（花押摸）」と結ばれてゐる。署名はなく花押は「乃一形」を摸してある。これら三點の

「佛恩感慨和歌」が家康の眞筆ではなく、五點の「東照宮御遺訓」と同じくまことに幼稚な僞作僞筆であることは更めて證するまでもないであらう。「佛恩感慨和歌」「東照宮御遺訓」ともに同一人の作である。

この「佛恩感慨和歌」は東本願寺所藏の一幅にも見出される。一紙を一幅に裝幀した掛軸であり、先づその箱と裝幀を紹介しよう。外箱は桐素木印籠蓋造で、蓋表に「日課名號　德川家康公筆」の墨書があり、内箱は內外黑漆塗印籠蓋造で、蓋表に「德川家康公御筆」と金蒔繪で記されてゐる。維新以前に「德川家康公云々」との箱書きが行なはれたとは考へ難く、その書體とも相俟つて、二重の箱が作られた年代は明治以降と推される。表具は一文字が淺葱地葵紋ニ雲金襴、中廻は二重蔓牡丹文で地文花入桝繫金襴、天地は藍地獅子牡丹文緞子と言ふ立派な裝幀である。

本紙は竪二六・〇糎、横二九・一糎で、料紙の右側一五・三糎の部分に「日課念佛」を六段十四行に記し、五段七行目には「南無阿彌家康」、最終行には五段目六段目の二段通しで「慶長十七子七月十五日家康」の年紀署名がある。料紙の左側半分には、六字名號の最終行との間に一・〇から一・五糎の餘白を置いて、佛恩感慨の詞が三行書き、和歌が四行書きにされてをり、和歌の一行目の下方に「家康」の署名と乃一形花押が記されてゐる。前記の三點と合はせ「佛恩感慨和歌」計四點は、料紙の形や寸法がそれぞれ異なつてゐるので、詞や和歌の文字の配置も異なつてはゐるものの、この東本願寺所藏の一幅一紙の左半分に記されてゐる「佛恩感慨和歌」も、紛れもなく他の三點と同文同筆であり、「東照宮御遺訓」五點を初め八十餘點に上る一連の僞筆のうちの一つである。

この東本願寺所藏の一幅は、一紙の右半分に「日課念佛」、左半分に「佛恩感慨和歌」が記されてをり、その兩者の間を三十倍率の照明付顯微鏡を以て具に檢視してみても料紙に繼目は見出せず、「日課念佛」「佛恩感慨和歌」とも一紙に記されてゐることに、疑問を插む餘地はない。因みに右半分に記されてゐる「日課念佛」は、世に汎く德川家康自筆日課念佛として受容されて來た遺墨？の一連であることにも、疑問を插む餘地はない。

この東本願寺所藏の一幅は「日課念佛」が全て僞筆であることの決定的證である。明治二十年頃より世に現はれ、「德川家康自筆日課念佛」として、重要美術品にも數多認定されてゐる「日課念佛」は、八十餘點に上つて見出される一連の德川家康の僞筆と同一人の手によつて作り出された僞作である。その證は、この東本願寺所藏の一幅のみではない。古書店の思文閣が扱つた長大な「日課念佛」一卷もその奧に「佛恩感慨和歌」を記した一紙が仕立て込まれてゐたし、德川宗家に「日課念佛」一卷と「佛恩感慨和歌」一幅とが共に傳來してゐる點も疑念を抱かしめる。「七月十日家康」と日附署名のある「日課念佛」六段五行は、短冊狀にされ、同じく一連の僞筆を以て「入相の鐘とはかりに聞すてゝ身の夕暮を知る人そなき」の一首が記された短冊と一對の樣に臺紙に貼り込まれてゐる。これと同じ一首が懷紙狀の料紙に六行書きにされて「家康」と署名され、軸裝されて上野東照宮に奉納されてをり、「日課念佛」と共に一對の短冊の樣に仕立てられた和歌も、家康の自詠自筆に僞裝されてゐることは自明である。また五島美術館所藏の「日課念佛」一卷の奧にある墨手判、武藤林三郎氏所藏の「日課念佛」に重ねて捺されてゐる墨手判も、この一連の僞筆作者が「家康十六神將墨手判血判」および「關ケ原戰役東軍諸將墨手判血判狀」を各二通づつも作つたり、信長・秀吉・家康・清正の墨手判を作つてゐる點に鑑みて、強い作爲を感じないではゐられないであらう。家康の時代に、武将が墨手判を捺すと言ふ慣ひはなかつたのである。
この「日課念佛」が全て僞筆であることは、過年左の小論に論證しておいたので、詳しくはその參照を乞ふ。
「一連の德川家康の僞筆と日課念佛―僞作者を周る人々―」（『金鯱叢書』第八輯　財團法人德川黎明會　昭和五十六年六月三十日發行）
「一連の德川家康の僞筆　補訂」（『金鯱叢書』第十輯　財團法人德川黎明會　昭和五十八年八月三十日發行）
「自筆文書の意義と認識形成について―德川家康文書と日課念佛を例に」（『金鯱叢書』第二十二輯　財團法人德川黎明會　平成七年十月三十日發行）
「日課念佛」および一連の德川家康の僞筆の作者は舊幕臣、知行五百石の旗本であつた池田松之助である。松之助の祖池田圖書頭政長は天正十二年頃、大塚元重の男として生まれ、母の實家池田氏を名乘り、初め金森氏に、のち家康に仕へて千石を給された。それ故に松之助は維新以後大塚姓も稱し、その男は大塚新吉と名乘つてゐる。松之助は政長から算へて十三代目に當り、天保五年頃生まれた。安政三年四月に講武所が開かれると願つて稽古に勵み、六月晦日には劒術世話心得を命ぜられ、萬延元年五月十四日部屋住のまま召出されて兩御番に加へられ御小性組となつて三百俵を給され、文久元年四月五日奥詰を仰付けられて拾人扶持を加給、同三年三月五日太田筑前守組、同年十二月十七日には兩御番格奥詰で講武所奉行支配となり、慶應年間に隱居した父の采地、美濃國武儀郡内三百石、上總國市原郡・長柄郡内二百石、都合五百石を繼承して明治維新を迎へた。維新後の松之助は松男・松雄とも稱したが、生業は不明であり多くの舊旗本と同じく不遇を託つたものと想像される。東京府麻布區市兵衛町二丁目二十五番地に居住し、明治二十一年に歿して菩提寺の淺草白泉寺に葬された。過去帳には七月とあり、戸籍には四月とある。

松之助は維新以前より既に「關ケ原戰役に際し、本多忠勝が獻じて家康が使用し、役後池田政長に與へられて菩提寺の臨川寺に納めた」と揑造した由緒を陣太鼓に書きつけてゐるが、一連の德川家康の僞筆に手を染め始めたのは明治十一年からと思はれる。上野東照宮所藏の「東照宮御遺訓」一軸を納めた箱の蓋裏には、大塚松男(池田松之助)が東照宮御親筆御遺訓を奉納する旨を證した明治十一年六月の松本良順の墨書があり、久能山東照宮所藏の「東照宮御遺訓」二點のうち軸裝されてゐる分の箱蓋裏にも、明治十一年六月に松本良順の紹介によつて靜岡の平尾清助が入手した旨の墨書がある。以後、日光・上野・久能山・世良田・名古屋の各東照宮、日光輪王寺の德川家由緣の社寺および德川宗家に一連の僞筆が寄附もしくは讓渡された。その年代の判明するものは、明治十三年夏までが大半を占め、數點が同十四年以降二十年までの間である。

「日課念佛」の製作下限期は、山岡鐵舟の鑑定期、明治十九年十月と先づは抑へられよう。もとよりそれ以降松之助歿年の明治二十一年までの間に僞作が續けられなかつたと斷ずることはできない。「日課念佛」は松之助の行なつた僞作僞筆の中でも特異の作であり、その他の作の多くが明治十五年頃までに作られたのに對してそれ以降に手を染め始められたものと思はれる。因緣を好んだ松之助の性癖から、明治を慶長に擬へて、明治十七年に筆にされ始めたかとも考へられる。

一連の僞筆僞作の調査に當つて、著者はその由緒と現所藏者の入手期等を調べた。中でも「日課念佛」は、その裝幀・箱書・附屬文書等を念入りに檢討し、各所藏者の中でも德川宗家、輪王寺・東本願寺・駿河興津の淸見寺・上田市の常樂寺と言つた明治以前から襲藏してゐた可能性の考へられる所藏家に於ける傳來を精査した。その結果、裝幀・箱書・附屬文書・所藏品目錄等によつて、明治十年以前より存在して傳來したことを示す支證を伴ふ「日課念佛」は一例もなく、いづれも入手期は早くても明治十年代、或はそれ以降と捉へなければならない例ばかりであつた。「日課念佛」は明治十九年から世に流布し始めたと推定され、そして大正十二年には旣に『大日本史料』に採り上げられる程に定評を得てゐたのであるから、おそらく明治時代後半には識者や學者の間にその存在を知られる樣になつてゐたと考へられる。

この「日課念佛」に、家康の眞筆に相違ないとの鑑定書を附した山岡鐵舟は、これらが全て池田松之助の僞作僞筆であることを知悉してゐたと考へられる。

八十餘點に上る池田松之助の手に成つた一連の德川家康の僞筆の中には、これらの遺墨が家康の眞筆であり池田圖書頭政長に與へられてその子孫松之助に傳へられたものであることを證する箱書・軸の裏書・添書などの添つてゐる例が二十三點數へられる。その僞證者は左の通りである。

松本順（一八三二—一九〇七）

醫家。男爵。順之助・良順、號は蘭疇、天保三年六月十六日、下總佐倉藩醫佐藤泰然の次男として生まれ、幕府の醫官松本良甫の養嗣となつた。安政二年二十四歲で幕府に出仕、幕命によつて同四年より六年間長崎に留學し蘭醫學を修め、その間に勝海舟と親交を結んだ。江戸に歸つてのち塾を開いて子弟を敎へ、文久年中將軍家茂の侍醫に登用され法眼に敍せられた。同じく幕府の醫官であつた十年先輩の石川櫻所とは昵近であつた。長崎留學時代に親交を結んだ勝海舟と、同じく講武所に在つた山岡鐵舟・高橋泥舟・岩田通德、そして池田松之助ともこの頃知り合つたと思はれる。

明治元年、戊辰の役に際しては東北軍に加はり、會津に病院を設けて傷病者の治療に努めた。賊軍加擔の罪によつて明治二年逮捕投獄されたが、翌三年五月釋放されて開業醫となつた。翌四年陸軍大輔山縣有朋に招かれて陸軍軍醫頭となり、さらに軍醫監から軍醫總監となつて陸軍の醫療制・軍醫制・衞生部・病院等の制定設立に顯著な功績をあらはした。明治二十三年、貴族院議員に任ぜられ、同三十八年男爵を授けられて從三位勳一等に敍せられた。同四十年三月十二日歿。順の事蹟は各歷史辭典や人物辭典に載せられてゐるが、鈴木要吾著『蘭學全盛時代と蘭疇の生涯』(東京醫事新誌局　昭和八年八月廿三日發行・同年九月十日第二版發行)に詳しい。

松本順は一連の僞筆十二點の奉納や紹介に介在したことが明らかであり、かつ二十九點に上る上野東照宮への奉納、久能山・世良田の東照宮への奉納品に關與したことも明らかとなつてゐる。

石川櫻所（一八二二—一八八二）

醫家。名は良信、號は櫻所が有名だが他にも陸舟庵・香雲院とも號した。文政五年陸奥國登米郡櫻場村に生まれた。大槻俊齋・伊藤玄朴に師事して西洋醫學を學び、さらに長崎に赴いて蘭醫學を修めた。仙臺藩醫員から幕府の醫官となつて法眼に敍せられ、将軍慶喜に重用されて侍醫となり、法印に陞り香雲院と號した。戊辰の役では慶喜に隨つて盡したがために、のち辭職して仙臺に歸鄕したが罪に問はれて入獄、一年後に赦免された。明治四年兵部省に召出されて軍醫權助となり、累進して軍醫監に至り、從五位に敍せられ、明治十五年二月二十日歿。

松本順より十歲年長ではあつたが、幕府の醫官時代より軍醫監時代まで、役職就任は順が先行し、二人は長年月に亙つて親密な關係にあつたと思はれる。

櫻所がこの一連の池田松之助による家康の僞筆に關與したことが明白となつてゐるのは、日光東照宮所藏の軸裝の一字書「虎　正月二日　家康(異形花押)」の一點のみである。その一軸には左の通りの軸裏墨書や箱書・添書が添つてゐる。「晃」は「日光」を指す。

「軸裏墨書」　　東照宮御眞蹟

「箱桟蓋表墨書」東照宮虎字御眞蹟　壹幅

「箱桟蓋裏墨書」東照宮御眞蹟虎字一幀、良信嘗獲レ之、秘藏已久矣相傳、其裝潢所用之葵章黑絹、卽東照宮官服之殘片也、今茲托二之保晃會一、寄二納晃山之神庫一、以期二保存永遠一云、

旹明治十四年十二月　從五位石川良信敬記

（香雲）（朱印）　（石川良信）（朱印）

「添書包紙」奉納物添書　石川良信

「添書」

記

一東照宮虎字御眞蹟

裝潢用

東照宮御官服椀子牙軸

右者、拙者所藏之品ニ候所、今般貴會江寄附シ、日光山東照宮江奉納仕度候條、可レ然御取計有レ之度、此段及二御依頼一候也、

舊幕府侍醫長香雲院法印　明治朝陸軍々醫監東京府士族

從五位石川良信（朱白文方印）

明治十四年十二月十七日

保晃會　御中

「東照宮御眞蹟」と繰り返し記した點も念の入り過ぎた感じだが、箱の蓋裏に「秘藏已久矣相傳」と記したり、この蓋裏にも添書にも、この軸の表具の天地に用ゐてある黑絹葵紋牡丹文綾は家康の官服の裂であると證してゐる點は、聊

か児戯に近い作爲である。黒染の布帛は媒染劑の鐵の酸化によつて甚だ痛み易く、慶長から明治初年まで二百六十餘年も保つことの殆ど不可能なことは、少し染織に知識のある者なら常識である。櫻所が松之助の僞筆に氣附かなかつた、或は欺かれたとは到底考へ難く、松本順の共謀者であつたと解する以外ない。

岩田通徳（生歿年未詳）

通稱は半太郎、文久二年五月講武所奉行支配取締役、同年十二月には頭取竝となつた。慶應二年九月諸大夫織部正に敍任、京都見廻役竝、遊撃隊頭、見廻組之頭を歴任し、慶應四年閏四月には大目付となり日光奉行を兼帶した。講武所では池田松之助の上役であり、遊撃隊頭の時の同職には、高橋泥舟・勝海舟がある（『柳營補任』）。

通徳の事蹟は『柳營補任』以外に未見であるが、泥舟・海舟等と合役の幕臣であり昵近であつたと思はれる。通徳は明治十六年十月、池田松之助の僞筆五點を三幅の掛物に仕立て二重箱に收め、左の通りの添書を付して名古屋東照宮に奉納した。奉納協賛者として名を連ねた十七名の士は、欺かれて三幅の表具、内外黑漆蠟色塗葵紋高蒔繪の內箱や桐製外箱の製作費を據出、協力させられた者と見られる。

「外箱蓋表墨書」　東照宮御親筆

「外箱蓋裏墨書」　御遺訓　　　壹幅
　　　　　　　　御詠 松太可幾云々　壹幅
　　　　　　　　起請文 外貳葉合裝 壹幅
　　　　　　　　　明治十六年十月七日

「添書包紙表墨書」　添書

御書を納むるの記

池田松男は我が親しき友なり。その遠つ祖は、東照宮の大神の現し御世に、殊に親しく召仕はれたる內つ夫にして、萬の御書ともは更にもいはす、他より奉りたるをも同しく預り奉しとそ。後に致仕して曾の預りの御書ともをたまはり、是を背負て舊里なる美濃國にかへり、僧となり寺を建、そこに一生を終りたり。その血統のうちより二世・三世は蹟つきたりしも、其後はこの寺をつくものはあらさりけり。然はあれと、その血統は幕下にて、即只今の松男まてそ傳はりたる。かくて遠つ祖の舊里に負もて歸りける御書は、いとさはにて其儘にあるものゝ、行末永く傳へむ事は、大神の在す御社に納むるこそよけれと、軍醫總監松本順なと事議りて、東京なる上野の御社、其外へも奉りき。こはみなおのれ通德かつふらにしることなり。松男かこの浪越にこれの御書ともを負もてこしか、故ありて人に預け東に歸りける時、萬事をおのれ通德にかせけるより、こむ(の)御社の深くらに收め、世に傳へむこそよけれと、通德こたひおもひ起して諸人にはかりて、かく納むることゝはなりぬ。こはもとより大神をあかまへ、御書をゐやまひかしこむ諸人のこゝろさしによりてなり。されはその諸ひとの名をも、御書と共に後の世に傳へむと、此記のしりへにその名を連書し、御書にそへて納めおくになむ。

明治の大御世十まり六とせの秋十月の七日といふ日にしるす。

岩田通德

同しこゝろさしの諸ひとの名を連書するの序は、たゝ便によりたれは、其しなの高きひくき、志のあつき薄き等に(依脱カ)たるものにはあらさるなり。

靜岡縣士　小杉直吉
京都府士　近藤秀寛
愛知縣士　志水忠平
(以下十四名省略)

各奉職浪越に在るもの

浪越とは名古屋の美稱である。祝詞風の擬古文體で綴られた添書は、子供欺しの様な文意とも相俟って、作爲紛々と言ふよりむしろ稚氣に滿ちてゐよう。この添書によって上野を初め各東照宮に對する池田松之助作の一連の家康の僞筆僞作の奉納斡旋は、松本順を主謀者とし通徳もこれに深く關與してゐたと知られる。

勝　海舟（一八二三―一八九九）

伯爵。義郎・麟太郎・安芳、従五位下安房守。號の海舟が有名である。文政六年正月晦日、男谷氏左衞門の男として生まれ、小普請組勝元良の養子となつた。海舟の事蹟は諸書に詳しいので省略する。海舟は「御遺訓」より松之助が僞作した秀忠宛の家康文書を軸装した軸裏に左の通り墨書してゐる。

先祖の政道　一幅
東照宮親筆、是昔池田某之祖先、以有功所賜、實子孫之永寶矣、
勝　安芳謹誌　池田松男所藏

この一軸は明治十一年六月から同十三年夏までの間に、池田松男(松之助)から上野東照宮に奉納された二十九點に上る一連の僞筆の中の一點である。海舟は維新後も靜岡に隱居中の徳川慶喜をしば〳〵見舞ひ、また公爵徳川家達の屋敷をたび〳〵訪れては、家康を初め歴代將軍の書畫遺墨を十數件にわたつて寄附してゐる。今日、家達の曾孫に當る徳川宗家の恆孝氏のもとに、「日課念佛」一巻を初め池田松之助による僞作が三巻一幅、計十點が傳へられてゐる。これらの入手經路は未詳ではあるが、各種の江戸期の柳營御道具帳ならびに明治四年八月改正の「靜嶽館書畫并茶器目錄」には一切記載されてをらず、海舟より寄附された可能性が最も高い。田安龜之助改め徳川家達は靜岳と號した。上野東照宮に奉納された「先祖の政道云々」の一幅が松之助の僞作であることを海舟が知悉してゐたことは、次に述べる高橋泥舟との關連に於いても明らかである。尚、海舟は遺墨?の他にも、四・二糎正方角で「源章家康」と二行に陽刻した印を捺した家康親筆と稱する「竹ニ鷄圖」を所持讓渡(日光東照宮所藏)したことが知られてをり、それと同じ印を捺した家康親筆と傳へる畫軸が、徳川宗家・上野東照宮に各二幅傳へられてゐる。いづれも傳來未詳だが、これらも海舟の寄附もしくは斡旋による可能性が高い。印はもとより僞印であり、繪も家康筆とは認め難い。

高橋泥舟（一八三五―一九〇三）

幼名謙三郎、名は政晃、通稱精一、字寛猛、號泥舟。從五位下伊勢守。天保六年山岡家に生まれ高橋家の養子となつた。鎗術を以て兄の山岡靜山と共に謳はれ、鐵舟は妹婿、義弟である。安政三年二十二歳で講武所教授、御書院番、兩御番格。文久二年十二月十日、二丸御留守居格、講武所鎗術師範役。合役に海舟がゐた。同三年三月京都浪士取扱を命ぜられ、從五位下伊勢守に敍任。御徒頭次席。文事にも堪能で、この頃勝海舟・山岡鐵舟を初め講武所を中心とする志士たちの人望を集めた。慶應二年十一月十八日遊擊隊頭取、同四年三月十日御作事奉行格遊擊隊惣括。明治元年二月、寛永寺に謹愼する慶喜を守護し、海舟・鐵舟らと志を合はせ、協力盡瘁して江戸無血開城を實現せしめた。明治六年六月より同年十月まで、日光東照宮權宮司を勤めた。明治三十六年二月十三日歿。

泥舟は「御遺訓　人の一生は」の一軸を富商、久能木宇兵衞信成をして日光東照宮に奉納せしめるに際し、その箱に見事な楷書筆蹟で左の箱書を行なつた。

「箱蓋表墨書」　御眞筆

「箱蓋裏墨書」　此御遺訓者、池田氏祖先政長昵近之際、所レ賜而秘二藏之濃州於屋那村臨川寺一、余有レ故、乞二其孫長世氏一奉二納以晃山神廟一［白文方印］（印文臣精一）［朱文方印］（印文泥舟）

明治十三年九月　東京日本橋區室町　久能木宇兵衞信成

日光東照宮の「寶物貴重品臺帳」によると、明治十三年九月十三日、この一軸と共に橫二大字「堪忍　二月三日　家康（異形花押）」一軸が松本順より奉納されてゐる。久能木はもと功刀《くぬぎ》と稱する甲州商人であつたが、文久二年に上京して日本橋室町に店を構へ、難讀の功刀を久能木に改めて家業繁盛し、以後代々宇兵衞を稱した。信成は文政七年六月に京都の絹物商殿村源兵衞の二男として生まれ、初代宇兵衞の養子となつてその二女を妻とし、明治十年家督を繼承して二代目久能木宇兵衞を稱した（『鴛渕家・久能木家の系譜』私家版　平成四年八月十五日　鴛渕公二編）。泥舟はこの信成の名を藉りてこの一軸を奉納したか、或は信成にこの一軸を斡旋した縁によつて箱書きを行なつたものと推測される。泥舟は上野東照宮に納めた一字書「壽　慶長十六亥十一月廿八日　七十老　家康（異形花押）」の一軸の軸裏にも同じく楷書體で左の通りの證文を記してゐる。

壽（朱字）

虎　松高き御歌（六字朱點で抹消　二行七字異筆）

東照宮七十齡御賀之尊筆、池田祖先圖書頭所二下賜一也、十三代孫池田松男所藏　泥舟高橋精一記（朱文方印二顆）

同じく上野東照宮に奉納した「御遺訓」からの僞作「急度申入候云々。八月三日（異形花押）江戸將軍秀忠殿」宛の文書一通の奥附別紙にも、今度は巧みな草書體を以て左の證文を記してゐる。

此尊翰者、池田家菩提所濃州臨川寺所二秘藏一也、有レ故爲二池田家所藏一、子孫勿二差略一焉、
明治庚辰（十三年）夏日　泥舟高橋精一記

また德川宗家に寄贈された和歌色紙「天下心のまゝになりぬれは民も豊に照す日のかけ」の一軸には左の箱書がある。

「箱蓋表墨書」　烈祖神君色紙眞蹟

「箱蓋裏墨書」　嘗聞二天下心之歌　神君夢中所レ得、今拝二觀眞蹟一、憂國恵民之仁溢レ於二三十一字中一、不レ覺肅然起レ敬也、据二舊函一所記レ蓋、幕府之故物而、係二飛鳥井家所レ獻者、不レ知二何時散二落人間一、靜山兄得レ之珍レ如二鴻寶一、裱裝新成、笑俾余誌二其由一、庚辰冬日向榮謹書□・□（二つとも白文方印　印文未詳）

金銀の砂子や切箔、金泥で山野邊の民屋と草木・土坡を描いた具引きの色紙に、肉太の筆蹟で和歌一首を散らし書きにしてゐる。書は池田松之助と斷ずるわけには行かないが、家康の筆蹟に非ざることは明白である。箱書の書は高橋泥舟と見られる。印は文字印ではなく、印文は讀解し難い。靜山とは泥舟の實兄山岡靜山であらう。笑俾と讀める語の意は解き難い。庚辰冬日は明治十三年冬、向榮は箱書を記した者の號であるべきところだが、假名であらうか。

泥舟の行なつた、又は泥舟と推定される家康親筆保證の筆蹟はいかにも書家としても名高い泥舟らしく見事であるが、その文言はいづれも作爲露呈と言ふより寧ろ稚氣滿々と評される。「和歌色紙」の由緒は別として、その他の説くところは松本順・岩田通德・勝海舟が記したところと同じく、松之助の祖先池田圖書頭政長が家康自筆の文書遺墨を多數預託され、それらを知行地美濃國武儀郡在の菩提寺臨川寺に持ち歸つて襲藏してゐた、それをこの度云々と證してをり、泥舟もまたそれら一連の家康の僞筆が、池田松之助の僞作に成つたものであることを十二分に心得てゐたことに疑ひを挾む餘地はないであらう。

山岡鐵舟（一八三六―一八八八）

子爵。名は高歩、字は猛虎、通稱鐵太郎、一樂齋とも號したが鐵舟の號が名高く、海舟・泥舟と共に三舟と稱せられてゐる。小野朝右衞門の長男として天保七年七月六日に生まれ、のち山岡家を繼いだ。劍鎗を久須美祐義に、軍學を井上淸虎に學び、のち千葉周作の門に入つて眞影流を修め、遂に一流を立てるに至つて無刀流と稱した。講武所劍術世話役となり、海舟・泥舟らと親交を結んだ。明治元年二月二十四日精鋭隊頭、同年三月十四日歩兵頭格となり、同年四月二十五日よりは大目付を兼帶した。同役に岩田通德があつた。官軍東下を迎へ、海舟や義兄泥舟と諮り、靜岡の征東大總督陣營に使して、江戸無血開城に盡力した功績は有名である。明治二年新政府に出仕して靜岡縣權大參事となり、ついで茨城縣參事、伊萬里縣知事を歴任し、軈て明治天皇侍從を拜命した。さらに皇后宮亮、宮內少輔等に歴補、同十九年子爵に敍せられ勳二等に進んだ。同二十一年七月歿。

鐵舟がこの一連の家康僞筆に直接關與した證のあるのは「日課念佛」二件のみである。一件は五島美術館所藏の一巻の奥付の鑑定書、一件は桑名市立文化美術館所藏の一幅が未だ分割されずに巻子裝であつた頃に鑑定書が附せられたことを示す鑑定書冩である。前者の「東照神君御眞筆　六萬遍御名號之内ニ相違無之者也　正四位山岡鐵太郎拜鑑」、後者の「東照神君御親筆　六萬遍御念佛之内一萬遍一卷　右者戰死之靈之爲御日課御執筆之品たるべし　明治十九年十月日　正四位山岡鐵太郎」とある鑑定文言には、松本順・石川櫻所・岩田通德・勝海舟・高橋泥舟がそれぞれ綴り記したほどの作爲は感じられない。この五人が一連の家康僞筆は池田松之助の僞作と知りながら箱書・軸裏書・奧書等を行なつたことは明らかと考へられるが、鐵舟一人は彼、もしくは彼等、友人達に欺かれて「日課念佛」を家康の自筆と信じ、鑑定書を執筆したと考へられるだらうか。否、鐵舟もまた「日課念佛」が松之助の筆と知りながら、友人達の惡戲に苦笑しつゝも荷擔して筆を執つたものと解される。そして鐵舟が鑑定書を附した「日課念佛」のみが、約一世紀に亙つて家康自筆として世に受容されてゐたのである。何故であらうか。

順・櫻所・通德・海舟・泥舟の行なつた家康親筆との保證文言は、いづれも作り話らしい稚氣に滿ち、その保證文言を附された遺墨なるものもあまりにも稚拙な僞物であること、識者の眼に一旦映れば立所に明々白々で、苦笑の種でしかない。事實、「日課念佛」以外のこれらの一連の家康の僞筆が、家康の自筆として學界に採り上げられたことはこれまでにない。

ところが「日課念佛」のみは、明治期後半に世に現はれて以來、歷史學者・佛教學者・書道史學者・美術史學者の誰一人からも疑問を呈せられたことなく、家康自筆と信じられ受容され、重要美術品にも認定されて來たのである。その理由は「日課念佛」が、あまりにも特殊な遺墨?で〝僞物の常識〟を外れたものであつたからと考へられる。

「日課念佛」はもとより文書ではないし、「覺」と言つた記錄でもなく、和歌色紙や一行書と言つた文藝的な書でもない、家康の自筆?としては他に類例のない遺墨?である。一紙に五段から七段、三十四行から四十六行ほど、即ち百五十回から三百回ほど「南無阿彌陀佛」の六字名號をただひたすら書き連ねた極めて特殊な書蹟である。六字名號を日々に筆記したり判で押捺したりする修行は昔から行なはれてをり、日課として日々に口誦する修行もあつて、家康が念佛口誦を日課としてゐたとの記錄もある。となれば〝堪忍〟を處世訓としてゐた家康が、日々筆を執つて六字名號を書き連ねることは、その晩年の修行として如何にも相應しい。「日課念佛」こそ紛ふことなき家康の代表的な筆蹟であり、家康ならずしてこの樣な遺墨のあらうはずがないと考へられたのであらう。一紙に百五十回から三百回も「南無阿彌陀佛」と書き連ねれば、當然、時には筆も亂れようし、年紀や署名の書體にも文書に見られるそれらとは相違が生じても不思議はないであらう。第一、一紙を書き盡すのに、この樣に辛氣臭く多大な勞力を要する遺墨、それも一紙や二紙のみならず、十數紙から數十紙が書き繼がれて卷物に裝幀されてゐる膨大な遺墨が、拵へものや僞物であらうはずがない、即ち歷史學者や識者が〝常識として僞物であるはずがない〟と考へたところに、「德川家康自筆　日課念佛」は成立してしまつたのである。

松本順・石川櫻所・岩田通德・勝海舟・高橋泥舟たちは、池田松之助が僞作するところの家康遺墨?を以て、本氣で世を欺かうとしたとは到底思へない。いづれも稚氣滿々、他日の苦笑爆笑の種を仕掛けたとしか思はれない。明治十年代、既に德川の世は去つて人心も移ろふ時に、池田松之助は舊幕藩體制への鄕愁を搔き立て昇華して、次第に舊體制の象徵・淵源であつたところの家康へと收斂し、その偶像化・虛像化へと傾斜して行つたと分析される。そんな松之助の姿に、舊幕臣の彼等は、一種の爽快さを感じ、また同時に舊體制を懐しみ舊價値觀に固執する者へのやり切れなさとを感じて、惡戯心を起したのであらう。

山岡鐵舟とて松之助の作るところの「日課念佛」を前にして、順・櫻所・通德・海舟・泥舟等と同じ心境であつたに違ひない。その記した鑑定書の文言は、池田氏祖先云々の作り話もなく、簡潔である。鐵舟の羞恥心がなさしめたのであらうか。だが、それ故にこそまた世の人々に疑念を抱かしめる餘地も生じなかつたのである。

鐵舟は松之助の直向《ひたむ》きさに打たれて、「日課念佛」の鑑定書に筆を執つたのであらうが、おそらく數年のうちには僞作であることが露はれるに違ひない〝ひとときのいたづら〟と考へたのではないだらうか。だがその僞作があまりにも突飛で僞文書としての常識を外れたものであつたが故に、世の人々は疑念を抱かずに信じ、鐵舟も鑑定を行なつた明治十九年十月から二年と經ない明治二十一年七月、未だ「日課念佛」が巷間に流布する以前に歿して、僞作であることを自ら曝露する機會も失なつたのではないだらうか。

「德川家康自筆　日課念佛」は、明治十七〜八年頃、舊幕臣池田松之助の手に成つた僞作である。しかし、それを約一世紀に亙つて見拔けず、家康研究の筆頭史料と扱つて來た歴史學者は、著者を含めて反省を迫られて然るべきであらう。

なほ、池田松之助の手に成つた一連の德川家康の僞筆の中には、强ひて範疇を求めれば文書に屬するもの四十一點が數へられることは前述の通りである。だがそれらは、「東照宮御遺訓　人の一生は」や「御遺訓(松永道齋聞書)」の一部から捏造したものであつたり、原本の存在する文書の寫を原本に擬裝したものであつたり、いづれも一見にして眞正文書ならざることの明瞭な僞文書ばかりである。それら管見に觸れたものは前記の小論「一連の徳川家康の僞筆と日課念佛—僞作者を周る人々—」「一連の徳川家康の僞筆　補訂」「自筆文書の意義と認識形成について—徳川家康文書と日課念佛を例に—」とに既に收錄したし、敢て本書に再錄せずとも世に迷ひを遺すことにはなるまいと考へ、「未勘文書」としても採り上げないこととした。關心のある際にはそれらの小論を參照されたい。

校　訂（中村孝也博士『德川家康文書の研究』收錄中）

中村孝也博士は文書の大半を編纂史料、例へば「甲州古文書」等より收錄してをられる。それらも寫文書や『甲斐國志』等によつて正し得る例も少なくなかつたが、原本ではないのでここには採り上げなかつた。

原本確認一覧表

舊版掲載頁	復刻版掲載頁	名稱	原文書所藏者又は圖版掲載書	本文校訂の有無（本書掲載頁）
上 四二	上 四二	菅沼定盈に與へたる所領宛行狀（永祿四年七月二十四日）	『岡崎市史別巻』上巻圖版	有（七六九）
四七	四七	松平伊忠に與へたる所領安堵狀（永祿五年五月二十二日）	島原市　子爵松平忠和氏舊藏	有（七七〇）
六六	六六	戸田重貞に與へたる誓書（永祿七年五月十三日）	名古屋市博物館（戸田康英氏舊藏）	有（七七〇）
六九	六九	三河大平寺に下せる禁制（永祿七年五月）	內閣文庫	無

七一	七一	酒井忠次に與へたる覺書(永祿七年六月廿二日)	鶴岡市 致道博物館	有(七七一)
七四	七四	三河運昌寺存祝和尚に與へたる寺領安堵狀(永祿七年八月十二日)	内閣文庫	無
八一	八一	三河三明寺別當に與へたる別當職安堵狀(永祿八年九月十三日)	豐川市 三明寺	有(七七一)
一〇八	一〇八	匂坂吉政に與へたる安堵狀(永祿十一年十二月二十日)	清瀬市 匂坂六郎五郎氏	無
一一六	一一六	牧野源介に與へたる所領安堵狀(永祿十二年正月十一日)	早稲田大學圖書館	有(七七二)
一四三	一四三	三河大樹寺に下せる定書(永祿十二年六月二十五日)	岡崎市 大樹寺	無
一五〇	一五〇	三河普門寺桐岡院に與へたる寺領諸役安堵狀(永祿十二年十二月)	豐橋市 普門寺	有(七七二)
一八八	一八八	遠江本興寺に與へたる諸役免許狀(元龜三年二月)	内閣文庫	有(七七三)
一八九	一八九	松平清善に與へたる所領宛行狀(元龜三年十月二十七日)	蒲郡市 松平康逸氏	有(七七四)
二二〇	二二〇	奧平久賀齋に與へたる劍法傳授起請文(天正二年十月二十八日)	所藏者不明	無
二二二	二二二	遠江妙立寺に下せる定書(天正二年十二月十三日)	内閣文庫	有(七七四)
二三四	二三四	石川數正・鳥居元忠に遣れる書狀(天正三年五月十九日)	岡崎市 龍城神社	有(七七五)

二三五	二三五	京都知恩院總甫浩譽に遣れる書狀（天正三年六月二十二日）	京都市	知恩院	無
二四九	二四九	三河大樹寺に下せる定書（天正七年三月二十一日）	岡崎市	大樹寺	有（七七五）
二五〇	二五〇	伊達輝宗に遣れる書狀（天正七年七月一日）	仙臺市博物館		有（七七六）
二五〇	二五〇	遠藤基信に遣れる書狀（天正七年七月一日）	仙臺市	財團法人齋藤報恩會	有（七七六）
二五四	二五四	伊達輝宗に遣れる書狀（天正七年十二月二十八日）	仙臺市博物館		有（七七七）
二五六	二五六	明珍久大夫に遣れる書狀（天正八年三月十一日）	大澤米二郎氏舊藏		無（七七七）＊解說あり
二六三	二六三	遠江方廣寺に下せる定書（天正八年九月三日）	靜岡市	久能山東照宮	有（七七九）
二六六	二六六	三河大樹寺に下せる條規（天正九年四月十六日）	岡崎市	大樹寺	有（七八〇）
二六八	二六八	三河東光坊に與へたる寺領安堵狀（天正九年十月二十六日）	西尾市	桂岩寺	無
二七五	二七五	駿河當目鄉に下せる百姓保護の朱印狀（天正十年二月二十一日）	燒津市	原田昇左右家文書	有（七八〇）
二七八	二七八	駿河清見寺に下せる禁制（天正十年三月三日）	清水市	清見寺	無
三一九	三一九	酒井忠次に與へたる定書（天正十年七月十四日）	鶴岡市	致道博物館	有（七八一）

三三〇	三三〇	岡部正綱・同掃部助に與へたる本領安堵状(天正十年八月五日)	『思文閣古書資料目錄』第百六十三號	有(七八二)
三四五	三四五	長井吉昌に與へたる本領安堵状(天正十年八月十六日)	早稻田大學圖書館	有(七八二)
三五三	三五三	岩手入道(信盛)に與へたる本領安堵状(天正十年八月二十一日)	大阪城天守閣	有(七八三)
三五八	三五八	初鹿野昌久に與へたる本領安堵状(天正十年八月二十七日)	大阪城天守閣	有(七八四)
三六四	三六四	多田正吉に與へたる本領安堵状(天正十年九月二日)	千代田區　源喜堂書店	有(七八四)
四四二	四四二	長井吉昌に與へたる本領安堵状(天正十年十二月九日)	早稻田大學圖書館	有(七八五)
四七〇	四七〇	井伊直政に遺れる書状(天正十一年正月十二日)	東京大學史料編纂所(原本寫眞)	有(七八六)＊異形署名
四七七	四七七	長井吉昌に與へたる本領安堵状(天正十一年閏正月十四日)	早稻田大學圖書館	有(七八六)
四八七	四八七	屋代秀正に與へたる安堵状(天正十一年三月十四日)	清水市　屋代忠雄氏	有(七八七)
四九五	四九五	屋代秀正に遺れる書状(天正十一年四月十二日)	同　右	有(七八八)
四九九	四九九	甲斐千塚八幡社に與へたる社領安堵状(天正十一年四月十八日)	名古屋市　藤園堂	無
五〇二	五〇二	甲斐法善寺に與へたる寺領安堵状(天正十一年四月十九日)	『明治百年大古書展目錄』明治古典會　昭和四十二年五月	無

五二四	五二四	水野忠重に遺れる書状（天正十一年五月三日）	茨城縣立歴史館	無
五四一	五四一	廣瀬景房に與へたる所領安堵状（天正十一年九月二十八日）	『思文閣墨蹟資料目錄』第十八號昭和四十四年七月	有（七八八）
五五七	五五七	石川家成の母妙西尼に遺れる消息（天正十一年十二月三十日）	京都市　西本願寺	有（七八九）
五六八	五六八	某に遺れる書状（天正十二年三月十七日）	名古屋市　徳川美術館	無
五七一	五七一	吉村氏吉に遺れる書状（天正十二年三月十九日）	大阪城天守閣	無
五七二	五七二	鈴木重次に與へたる所領宛行状（天正十二年三月十九日）	名古屋市　土岐弘樹氏	無
五七七	五七七	遠山半左衞門尉・同佐渡守・同與助に遺れる書状（天正十二年三月二十三日）	高松市　上原孝夫氏	有（七九〇）
五七七	五七七	遠山半左衞門尉に與へたる本領安堵状（天正十二年三月二十五日）	高松市　上原孝夫氏	有（七九〇）
五八〇	五八〇	加藤景延に與へたる德政等免許状（天正十二年三月二十五日）	『名古屋市史』地理編四八五頁	無
五八三	五八三	近江多賀大社町に下せる禁制（天正十二年三月二十九日）	內閣文庫	有（七九一）
五八八	五八八	平岩親吉・鳥居忠政に遺れる書状（天正十二年四月九日）	名古屋市　徳川美術館	無
五八九	五八九	吉村氏吉に遺れる書状（天正十二年四月十日）	大阪市　大阪城天守閣	無

五九二	五九二	本願寺に遣れる書状（天正十二年四月十日）	京都市　東本願寺	無
五九五	五九五	尾張熱田社惣中に遣れる書状（天正十二年四月十一日）	名古屋市　加藤千代子氏	無
六二一	六二一	吉村氏吉に遣れる書状（天正十二年六月十三日）	大阪城天守閣	無
六二一	六二一	吉村氏吉に遣れる書状（天正十二年六月十三日）	同　右	無
六二三	六二三	吉村氏吉に遣れる書状（天正十二年六月十八日）	同　右	無
六二四	六二四	吉村氏吉に遣れる書状（天正十二年六月十九日）	『思文閣墨蹟資料目録』第三十八號昭和四十七年五月	無
六二五	六二五	吉村氏吉に遣れる書状（天正十二年六月二十日）	大阪城天守閣	無
六二六	六二六	吉村氏吉に遣れる書状（天正十二年六月二十二日）	同　右	無
六二七	六二七	高木貞利等に遣れる書状（天正十二年六月二十二日）	岐阜縣　市田靖氏	無
六二九	六二九	吉村氏吉に遣れる書状（天正十二年七月十日）	大阪城天守閣	無
六三一	六三一	吉村氏吉に遣れる書状（天正十二年七月十八日）	同　右	無
六三八	六三八	吉村氏吉に遣れる書状（天正十二年八月十七日）	同　右	無

六五一	六五一	遠山佐渡守に遣れる書狀（天正十二年十月十八日）	高松市	上原孝夫氏	有（七九一）
六六三	六六三	大井又五郎に與へたる感狀（天正十三年閏八月二十六日）	茨城縣眞壁郡	濱名尙文氏	有（七九二）
六七五	六七五	本願寺に與へたる安堵狀（天正十三年十月二十八日）	京都市	西本願寺	有（七九二）
六七六	六七六	三河本證寺に與へたる安堵狀（天正十三年十月二十八日）	愛知縣碧海郡	本證寺	有（七九三）
六九六	六九六	遠江大通院に下せる禁制（天正十四年九月七日）	濱松市	大通院	無
六九八	六九八	遠江鴨江寺に與へたる諸役免許狀（天正十四年九月七日）	濱松市	鴨江寺	無
六九九	六九九	駿河淺間社造營勸進につき遠江國中に下せる朱印狀（天正十四年九月十四日）	靜岡市	淺間神社	有（七九四）
七二五	七二五	伊達政宗に遣れる書狀（天正十六年十月二十六日）	仙臺市博物館		有（七九四）
七二八	七二八	北條氏直に遣れる書狀（天正十六年十一月十五日）	目黑區	高岡秀一氏	有（七九五）
七六二	七六一	井伊直政に與へたる直書（天正十八年二月十五日）	彥根市	井伊直愛氏	無
七六七	七六六	羽柴秀長に遣れる書狀（天正十八年三月十八日）	京都市	圓光寺	無
七七〇	七六九	淺野幸長に遣れる書狀（天正十八年四月五日）	東京	淺野長孝氏	無

七七一	七七〇	三河大樹寺に遺れる書状（天正十八年四月十日）	岡崎市　大樹寺	有（七九五）
七七四	七七三	伊達政宗に遺れる書状（天正十八年五月三日）	仙臺市博物館	無
七七七	七七六	北條氏規に遺れる書状（天正十八年六月七日）	神奈川縣立歴史博物館	有（七九六） ＊新修七七〇
中　三五	中　三五	伊達政宗に遺れる書状（天正十八年十二月二十四日）	仙臺市博物館	有（七九六）
四二	四二	淺野長吉に遺れる書状（天正十九年正月三日）	東京　淺野長孝氏	無
四四	四四	伊達政宗に遺れる書状（天正十九年正月十二日）	仙臺市博物館	無
四八	四八	伊達政宗に遺れる書状（天正十九年閏正月二十六日）	同　右	無
五一	五一	伊達政宗に遺れる書状（天正十九年四月三日）	同　右	無
五五	五五	新見正勝に與へたる知行宛行状（天正十九年五月三日）	横濱市　新見正敏氏	有（七九七）
六〇	六〇	山岡景長に與へたる知行宛行状（天正十九年五月三日）	目黑區　山岡知博氏	有（七九七）
七六	七六	伊達政宗に遺れる書状（天正十九年七月十四日）	仙臺市博物館	無
七九	七九	蒲生氏郷・淺野長吉（長政）に遺れる書状（天正十九年七月二十七日）	東京　淺野長孝氏	無

八五	八五	伊達政宗に遺れる書状（天正十九年九月十日）	仙臺市博物館		無
八七	八七	淺野長繼（幸長）に遺れる書状（天正十九年十月五日）	東京	淺野長孝氏	無
九二	九二	相模三島大明神に與へたる社領寄進狀（天正十九年十一月）	大宮市	西角井正文氏	無
九四	九四	相模金剛寺に與へたる寺領寄進狀（天正十九年十一月）	同	右	無
九八	九八	相模淨智寺に與へたる寺領寄進狀（天正十九年十一月）	同	右	無
一〇八	一〇八	相模淨樂寺に與へたる寺領寄進狀（天正十九年十一月）	同	右	無
一〇九	一〇九	相模東福寺に與へたる寺領寄進狀（天正十九年十一月）	同	右	無
一一九	一一九	武藏六所宮に與へたる社領寄進狀（天正十九年十一月）	府中市	大國魂神社	無
一二四	一二四	武藏山王權現に與へたる社領寄進狀（天正十九年十一月）	千代田區	日枝神社	有（七九八）
一二九	一二九	武藏清德寺に與へたる寺領寄進狀（天正十九年十一月）	品川區	清德寺	有（七九九）
一六五	一六五	上總建曆寺に與へたる寺領寄進狀（天正十九年十一月）	大宮市	西角井正文氏	無
一七三	一七三	上野般若淨土院に與へたる寺領寄進狀（天正十九年十一月）	同	右	無

一九〇	一九〇	淺野長吉(長政)に遣れる書狀(文祿元年正月十一日)	東京	淺野長孝氏	無 *異形署名
二一三	二一三	坂井利貞に與へたる前田利家と連署の過書二通(文祿元年七月二十三日)	知立市	酒井利彥氏	有(八〇〇)
二一五	二一五	井伊直政に遣れる書狀(文祿元年九月十一日)	彥根市	井伊直愛氏	有(八〇一)
二二一	二二一	井伊直政に遣れる書狀(文祿元年十一月十八日)	同右		有(八〇一)
二三〇	二三〇	駿河清見寺に遣れる書狀(文祿二年二月二十一日)	清水市	清見寺	無(舊・上七六四)
二三三	二三三	伊達政宗に遣れる書狀(文祿二年四月二十一日)	仙臺市博物館		無
二三五	二三五	伊達政宗に遣れる書狀(文祿二年四月三十日)	同右		無 圖版六
二三七	二三七	脇坂安治に遣れる書狀(文祿二年八月十五日)	西宮市	脇坂研之氏	無
二四四	二四四	淺野長吉(長政)に遣れる書狀(文祿三年二月十八日)	東京	淺野長孝氏	無
二四八	二四八	內記介に與へたる年貢皆濟狀(文祿三年二月)	世田ケ谷區	淺野長愛氏	無
二四九	二四九	柳生宗嚴に與へたる兵法相傳誓書(文祿三年五月三日)	東京	柳生宗久氏	無
二六〇	二六〇	淺野長吉(長政)に遣れる書狀(文祿四年五月十三日)	世田ケ谷區	淺野長愛氏	無

二六一	二六一	前田利家に遣れる書狀（文祿四年六月二十一日）	東京	前田育德會	無
二七一	二七一	〔參考〕德川家康・前田利家・宇喜多秀家・毛利輝元・小早川隆景の連署せる豐臣秀吉の條目（B）（文祿四年八月三日）	大阪	大井義秀氏	有（二三八）＊再錄
二八三	二八三	淺野長慶（幸長）に遣れる書狀（慶長二年六月十六日）	東京	淺野長孝氏	無
二八四	二八四	脇坂安治に遣れる書狀（慶長二年八月十五日）	西宮市	脇坂研之氏	無
二八六	二八六	安國寺惠瓊に遣れる書狀（慶長二年九月一日）	世田ヶ谷區	淺野長愛氏	有（八〇二）
二九八	二九八	島津忠仍（久信）に遣れる直書（慶長三年五月十一日）	京都市	思文閣	有（五四四）＊再錄
二九九	二九九	淺野長吉（長政）に遣れる書狀（慶長三年七月十四日）	世田ヶ谷區	淺野長愛氏	無＊二字合體署名
三三二	三三二	毛利吉成等六將に遣れる豐臣氏四大老連署書狀（慶長三年九月五日）	東京 京都	前田育德會 個人	有（八〇三）
三四一	三四一	小西行長に遣れる豐臣氏五大老連署の書狀（慶長三年十月十五日）	『古典籍展觀大入札會目錄』昭和三十七年十二月		無
三五七	三五七	淺野長政に遣れる書狀（慶長三年十一月十五日）	世田ヶ谷區	淺野長愛氏	有（八〇四）
四〇〇	四〇〇	福島正則・蜂須賀一茂（家政）・淺野長政に遣れる書狀（慶長四年閏三月九日）	東京	淺野長孝氏	無

四〇六	四〇六	毛利輝元に遺れる誓書（慶長四年閏三月二十一日）	防府市	防府毛利報公會	無
四〇九	四〇九	島津義弘（惟新）・同忠恆（家久）に遺れる豐臣氏五大老連署の書狀（慶長四年四月一日）	東京大學史料編纂所		無
四三五	四三五	山城豐光寺に與へたる豐臣氏五大老連署の寺領寄進狀（慶長四年八月七日）	京都市	大光明寺	有（八〇五）
四四〇	四四〇	松浦鎭信に遺れる五大老連署の書狀（慶長四年八月二十日）	平戸市	松浦史料博物館	無
四五三	四五三	中村一氏に遺れる書狀（慶長四年十一月十五日假入）	京都市	思文閣	有（八〇六）
四五八	四五八	小倉氏（鍋）に與へたる豐臣氏三大老連署の本知行宛行狀（慶長四年十二月一日）	大阪市立博物館		有（八〇六）
四八六	四八六	山城石清水八幡宮善法寺掌清に與へたる社務廻職裁許狀（慶長五年五月二十五日）	八幡市	石清水八幡宮	無
四八七	四八七	山城石清水八幡宮壇榮清に與へたる知行宛行狀（慶長五年五月二十五日）	同	右	無
四八九	四八九	山城石清水八幡宮御綱新八兵衞に與へたる知行宛行狀（慶長五年五月二十五日）	同	右	無
四九〇	四九〇	山城石清水八幡宮五佐に與へたる知行宛行狀（慶長五年五月二十五日）	同	右	無

四九一	四九一	山城石清水八幡宮妙貞に與へたる知行宛行狀(慶長五年五月二十五日)	『文學堂書店古書圖錄』第二十五號 平成十三年春		有(三五二) *再錄
四九七	四九七	村上義明に遣れる書狀(慶長五年六月十四日)	新潟市	保坂潤治氏	無
五一二	五一二	加藤貞泰に遣れる書狀(慶長五年七月二十日)	大阪市	有村松雲堂 昭和六十二年六月	有(八〇七)
五三一	五三一	堀秀治に遣れる書狀(慶長五年七月二十六日)	東京	前田育德會	無
五三五	五三五	眞田信幸に遣れる判物(慶長五年七月二十七日)	長野市	眞田寶物館	無
五四一	五四一	柳生宗嚴に遣れる書狀(慶長五年七月二十九日)	澁谷區	柳生宗久氏	有(八〇七)
五四六	五四六	脇坂安元に遣れる書狀(慶長五年八月一日)	西宮市	脇坂研之氏	無
五四七	五四七	木曾諸奉行人に與へたる朱印狀(慶長五年八月一日)	名古屋市	木曾義明氏	無
五六三	五六三	黑田長政に遣れる書狀(慶長五年八月八日)	岩國市	吉川重喜氏	有(八〇八)
五七三	五七三	池田輝政・同長吉・九鬼守隆に遣れる書狀(慶長五年八月十三日)	岡山大學附屬圖書館		無
五八二	五八二	妻木賴忠に遣れる書狀(慶長五年八月十五日)	土岐市	日東信之氏	無
五九一	五九一	妻木賴忠に遣れる書狀(慶長五年八月二十日)	土岐郡	妻木良郎氏	無

六〇四	六〇四	伊達政宗に與へたる所領宛行狀（慶長五年八月二十二日）	仙臺市博物館	無
六一一	六一一	淺野長政に遣れる書狀（慶長五年八月二十四日）	東京　淺野長孝氏	無
六三一	六三一	池田輝政に遣れる書狀（慶長五年八月二十六日）	岡山大學附屬圖書館	無
六三五	六三五	池田輝政に遣れる書狀（慶長五年八月二十七日）	同　右	有（八〇八）
六三七	六三七	池田長吉に遣れる書狀（慶長五年八月二十七日）	岡山市　林原美術館	有（八〇九）
六三八	六三八	妻木賴忠に遣れる書狀（慶長五年八月二十七日）	土岐郡　妻木良郎氏	無
六四八	六四八	〔參考〕德川秀忠より加藤茂勝（嘉明）に遣れる書狀（慶長五年九月五日）	世田ヶ谷區　五島美術館	有（八〇九）
六五六	六五六	藤堂高虎・黑田長政・田中吉政・一柳直盛に遣れる書狀（慶長五年九月一日）	杉竝區　一柳末幸氏	無
六六四	六六四	加藤貞泰・竹中重門に遣れる書狀（慶長五年九月三日）	關ケ原町歴史民俗資料館	有（八一〇）
六八八	六八八	丹羽長重に遣れる書狀（慶長五年九月十三日）	早稻田大學圖書館	無
六八九	六八九	〔參考〕西尾吉次・同藤兵衞より丹羽長重に遣れる書狀（慶長五年九月十四日）	同　右	有（八一〇）

七三五	七三五	大和興福寺に下せる禁制（慶長五年九月二十一日）	內閣文庫	有（八一二）
七四〇	七四〇	森忠政に遺れる書狀（慶長五年九月二十二日）	『思文閣古書資料目錄』第百二十九號　平成四年四月	有（八一二）
七四六	七四六	美濃安八郡の諸村に下せる禁制（慶長五年九月二十三日）	岐阜市　棚橋健二氏	無
七五〇	七五〇	小早川秀秋に遺れる書狀（慶長五年九月二十四日）	岡山縣　足守木下家	有（八一三）
七六一	七六一	讚岐鹽飽島中に與へたる知行安堵狀（慶長五年九月二十八日）	丸龜市　香川縣鹽飽勤番所顯彰保存會	無
七七七	七七七	毛利輝元・同秀就父子に與へたる誓書（慶長五年十月十日）	防府市　防府毛利報公會	無
七九三	七九三	大和興福寺五師中に與へたる下知狀（慶長五年十一月十六日）	內閣文庫	無
八二八	八二八	曾根長次に與へたる年貢皆濟狀（慶長元年十一月吉日）	東京大學史料編纂所（原本寫眞）	有（二五五）＊再錄
八三一	八三一	山城石清水八幡宮谷村孫十郎に與へたる知行宛行狀（慶長五年五月二十五日）	慶應義塾大學圖書館	無
下之一				
三五	下之一　三五	尾張鳴海宿に下せる傳馬掟朱印狀（慶長六年正月）	名古屋市博物館	無
一八四	一八四	三河大樹寺に下せる法式（慶長七年六月二日）	岡崎市　大樹寺	有（八一三）
二〇二	二〇二	三河大恩寺に與へたる寺領寄進狀（慶長七年六月十六日）	內閣文庫	有（八一四）

二〇二	二〇二	三河東観音寺に與へたる寺領寄進状（慶長七年六月十六日）	同右		有（八一四）
二二三	二二三	大和興福寺に與へたる町役・屋地子免許状（慶長七年八月六日）	同右		無
二二九	二二九	三河妙嚴寺に與へたる寺領寄進状（慶長七年九月七日）	同右		有（八一五）
二三九	二三九	山上孫左衛門尉・同彌四郎に與へたる知行宛行状（慶長七年十月二日）	東京	川崎昌隆氏	無
三一〇	三一〇	伊勢慶光院に與へたる傳馬手形（慶長八年三月九日）	伊勢市	神宮徴古館農業館	無
三一四	三一四	宛所未詳大泥渡海朱印状（慶長八年四月二十八日）	京都市	相國寺	無
三二一	三二一	參河財賀寺に與へたる寺領寄進状（慶長八年八月二十日）	内閣文庫		有（八一六）
三二二	三二二	三河長圓寺に與へたる寺領寄進状（慶長八年八月二十二日）	同右		有（八一六）
三二八	三二八	三河西明寺に與へたる寺領寄進状（慶長八年八月二十六日）	同右		有（八一七）
三三五	三三五	三河普門寺に與へたる寺領寄進状（慶長八年九月十一日）	同右		有（八一八）
三六四	三六四	松前慶廣に與へたる定書（慶長九年正月二十七日）	『古典籍下見展觀大入札會』平成三年十一月		有（八一八）
三七〇	三七〇	山上彌四郎に與へたる知行宛行状（慶長九年三月五日）	東京	川崎昌隆氏	無

三八二	三八二	常陸千妙寺に與へたる寺領寄進狀(慶長九年六月二日)	澁谷區	德川恆孝氏	有(八一九) *恕家康印の初見例カ
三九五	三九五	安當仁に授けたる呂宋渡海朱印狀(慶長九年八月十八日)	京都市	相國寺	無
三九八	三九八	島津忠恆に授けたる暹邏渡海朱印狀(慶長九年八月二十五日)	同　右		無
四〇〇	四〇〇	明人林三官に授けたる西洋渡海朱印狀(慶長九年八月二十六日)	同　右		無
四〇〇	四〇〇	細川忠利に遺れる內書(慶長九年八月二十六日)	東京	永青文庫	有(八二〇)
四一〇	四一〇	島津忠恆に授けたる暹邏渡海朱印狀(慶長九年閏八月十二日)	京都市	相國寺	無
四四〇	四四〇	島津忠恆に授けたる安南渡海朱印狀(慶長十年七月一日)	同　右		無
四四二	四四二	山城高臺寺に與へたる寺領安堵狀(慶長十年九月一日)	京都市	高臺寺	無
四四三	四四三	角倉了意に授けたる東京渡海朱印狀(慶長十年九月十日)	東京	前田育德會	無
四七四	四七四	福原廣俊に與へたる內書(慶長十一年五月七日)	宇部市	渡邊翁記念文化協會	有(八二〇)
四七五	四七五	〔附〕本多正純より福原廣俊に遺れる書狀(慶長十一年五月六日)	同　右		有(八二二)

四八三	四八三	鈴木重朝に與へたる知行宛行狀（慶長十一年七月十三日）	日光市　圓光寺	有（八二二）
五二〇	五二〇	〔參考〕將軍秀忠より德川義利（義直）に與へたる知行宛行狀（慶長十三年八月二十五日）	豐島區　財團法人德川黎明会	有（八二三）
五二二	五二二	龜井茲矩に與へたる內書（慶長十二年十月十七日）	國立歷史民族博物館	有（八二四）
五五七	五五七	竹中重門に與へたる內書（慶長十三年八月二十六日）	岐阜縣　不破幹雄氏	無
五七〇	五七〇	山中宗俊に與へたる知行宛行狀（慶長十四年三月五日）	靜岡　山中眞喜氏	有（八二五）
五八四	五八四	ジャックス＝フルーネウェーヘンに授けたる來航許可朱印狀（慶長十四年七月二十五日）	ハーグ　オランダ國立中央文書館	無
五八七	五八七	山城東寺に下せる法度（慶長十四年八月二十八日）	京都市　東寺	有（八二六）
六一七	六一七	山城勸修寺に與へたる寺領安堵狀（慶長十五年四月二十日）	內閣文庫	有（八二六）
六一八	六一八	武藏增上寺に遺れる書狀（慶長十五年五月十九日）	港區　增上寺	無
六五二	六五二	猪飼光治に與へたる年貢皆濟狀（慶長十六年二月二十八日）	東京大學史料編纂所	無
六五四	六五四	中坊秀政に與へたる年貢皆濟狀（慶長十六年二月二十八日）	中坊家舊藏	有（八二七）

六九三	六九三	山城高臺寺に與へたる寺領寄進状（慶長十七年五月一日）	京都市	高臺寺	無
七〇六	七〇六	ノバ＝イスパニア總督に遣れる復書（慶長十七年六月）	京都市	金地院	無
七七二	七七二	山城南禪寺に與へたる寺領安堵状（慶長十八年五月二十七日）	澁谷區	德川恆孝氏	有（八二八）
七七八	七七八	平野長泰に與へたる内書（慶長十八年六月二十日）	奈良市	福岡洋介氏	有（八二八）
七八一	七八一	近江石山寺に與へたる寺領安堵状（慶長十八年七月二十九日）	内閣文庫		有（八二九）
七八五	七八五	英吉利國に與へたる通商許可朱印状（慶長十八年八月二十八日）	英　國	オックスフォード・ボドレイアン圖書館	有（八三〇）
八二八	八二八	福原廣俊に與へたる内書（慶長十九年五月七日）	宇部市	渡邊翁記念文化協會	有（八三一）
八三〇	八三〇	慶光院周清に與へたる寺領安堵状（慶長十九年六月二十二日）	伊勢市	神宮徵古館農業館	無
八三三	八三三	星谷才藏に與へたる知行宛行状（慶長十九年八月三十日）	靜岡縣	星谷縫平氏舊藏	無
八七六	八七六	池田忠繼に與へたる感状（慶長十九年十一月七日）	東京	荻野三七彦氏	有（八三一）
八八四	八八四	稲田植次に與へたる感状（慶長十九年十二月二十四日）	新宿區	奥井基繼氏	有（八三二）
八八八	八八八	森氏純に與へたる感状（慶長十九年十二月二十四日）	德島市	森　孝純氏	有（八三二）

	八八八		八八八	〔參考〕將軍秀忠より森氏純に與へたる感狀（元和元年正月十一日）	同右		有（八三三）
	八九六		八九六	山城慈照寺に與へたる寺領安堵狀（慶長十九年十二月二十八日）	京都市	慈照寺	有（八三三）
下之二	一六	下之二	一六	〔參考〕將軍秀忠より淺野長晟に與へたる感狀（元和元年五月一日）	世田ケ谷區	淺野長愛氏	無
	三九		三九	山城清水寺に與へたる寺領安堵狀（元和元年七月二十七日）	內閣文庫		有（八三四）
	五九		五九	山城本法寺に與へたる寺領安堵狀（元和元年七月二十七日）	京都市	本法寺	無
	六九		六九	永平寺諸法度（元和元年七月）	福井縣	永平寺	無
	七五		七五	淨土宗諸法度（元和元年七月）	港區	增上寺	有（八三四）
	八八		八八	蘆澤信重に與へたる金子預狀（元和元年九月十八日）	史學雜誌第三二編第六號（原本圖版）		無
	九三		九三	ちよぼに與へたる消息　その一（元和元年十月ごろと推定）	東京國立博物館		無
	九四		九四	ちよぼに與へたる消息　その三（元和二年正月ごろと推定）	東京	個人	無
	一一一	下之一	九〇三	三河赤坂・御油宿に下せる傳馬掟朱印狀（慶長六年正月）	豐川市	御油連區	無
	一一一		九〇三	三河藤川宿に下せる傳馬掟朱印狀（慶長六年正月）	岡崎市	關山神社	無

一三七	上	七八九	三河高隆寺恵定坊に與へたる同海問寺寺領寄進狀（永祿七年十二月）	岡崎市　高隆寺	無
一九五	中	八四六	上總本壽寺に與へたる寺領寄進狀（天正十九年十一月）	千葉縣廳	無
一九六	中	八四七	下總神崎大天神に與へたる社領寄進狀（天正十九年十一月）	千葉縣香取郡　神崎神社	有（八三五）
二一四	中	八六五	秋田實季に遺れる書狀（慶長五年七月七日）	東京大學史料編纂所	無
二一七	中	八六八	田中吉政に遺れる書狀（慶長五年九月十九日）	早稻田大學圖書館	無
二一七	中	八六八	〔附〕村越直吉より田中吉政に遺れる書狀（慶長五年九月十九日）	同　右	無
二四八	下之一	九五一	道中宿付（慶長十七年十月）	金井次郎氏舊藏（原本寫眞）	無（五九六）＊再錄
二四九		九五二	道中宿付（慶長十七年十月）	名古屋東照宮舊藏（原本寫眞）	無（五九四）＊再錄
二八〇	下之二	一二一四	淺野幸長に遺れる書狀（年未詳一月二十六日）	東京　淺野長孝氏	無
二八四		一二一八	津輕爲信に遺れる內書（年未詳十二月二十八日）	國文學研究資料館	無
二八四		一二一八	堀尾吉晴に遺れる書狀（年未詳十二月二十九日）	豐橋市　妙圓寺	無
二八九		一二三三	山城鞍馬山妙壽院に遺れる書狀（慶長二～五年三月二十六日）	京都市　鞍馬寺	有（八三六）

二九二	一三六	勘定覚書（年月日未詳）	澁谷區　徳川恆孝氏	無
二九二	一三六	里見義康に遣れる書状（年未詳十月三日）	安房郡　延命寺	無
二九五	一三九	淺野長政に遣れる書状（年月未詳二十三日）	世田ヶ谷區　淺野長愛氏	無
二九六	一四〇	淺野幸長に遣れる書状（年未詳九月五日）	東京　淺野長孝氏	有（八三六）
二九七	一四一	龜井茲矩に遣れる書状（年未詳六月二十日）	國立歴史民俗博物館	無
二九七	一四一	龜井茲矩に遣れる書状（年未詳六月二十六日）	國立歴史民俗博物館	無
四一〇	一四七	吉村橘右衛門に遣れる書状（年未詳七月十四日）	大阪城天守閣	有（八三七）
拾遺				
六	上　八五〇	松平伊忠に與へたる所領安堵状（永祿六年五月九日）	名古屋市　徳川美術館	無
一六	八六〇	佐久間正勝・佐々一兵衛尉に遣れる書状（元龜二年カ十一月二十六日）	同　右	有（八三八）
三二	八七六	屋代秀正に遣れる書状（天正十一年九月十九日）	清水市　屋代忠雄氏	有（八三八）
八二	中　八八〇	松平家忠に下せる下知状（天正十八年十二月四日）	名古屋市　徳川美術館	無
八八	八八六	奥平貞昌室龜姫に遣れる消息（天正十九年十月頃カ）	東京　直木氏	有（八三九）

一〇〇		八九七	相模建長寺に遺れる書状（文禄元年十二月三十日）	鎌倉市	建長寺	無
一〇四		九〇一	某に與へたる金子請取書（文禄二年十一月十五日）	名古屋市	徳川美術館	有（八三九）
一一一		九〇八	松平家忠に下せる伏見城普請中法度（文禄三年二月五日）	同　右		有（八四〇）
一一二		九〇九	長束正家に遺れる書状（文禄三年四月十日）	岡山市	財團法人林原美術館	無
一一四		九一一	末吉利方（推定）に與へたる金錢請取状（文禄三年六月十日）	（原本寫眞）		有（八四一）
一二二		九一九	中山慶親に遺れる書状（慶長三年又ハ四年カ八月十三日）	長野市	善光寺	無
一二三		九二〇	岩坊に遺れる書状（慶長三年又ハ四年カ八月十三日）	同　右		無
一五八	下之一	九七六	松下安綱に與へたる判金請取状（元和元年八月三日）	静岡市	久能山東照宮	無（六四二）＊再録
一六三		九八一	伏見・岡崎間傳馬手形（慶長十一年六月）	岡崎市	松應寺	無
一六四		九八二	鈴木重朝に與へたる知行宛行状（慶長十一年七月十三日）	日光市	圓光寺	有（八二二）＊重複
一六七		九八五	鈴木重朝に遺れる書状（年未詳十月十八日）	同　右		無

一七二　九九〇　〔參考〕村越直吉・成瀬正成・安藤直次・本多正純連署、土井利勝・安藤重信・青山成重連名宛に遣れる書状（慶長十二年又ハ十三年六月十九日）　京都市　思文閣　平成四年十月　有（八四一）

校訂

舊・上　四二頁（復・同）

菅沼定盈に與へたる所領宛行狀（永祿四年七月二十四日）

（八行目以降）

右爲二御本地一知レ之條、不レ可レ有二相違一、新知者任二先判一、聊不レ可レ有二異儀一者也、仍如レ件、

（永祿四年）七月廿四日　　松平藏人佐

元康（花押）

菅沼（定盈）新八郎殿

參

原本〔『岡崎市史別巻』上卷〕三五一頁圖版

復には舊を校訂して載せてあるが更に校訂を加へた。永祿四年と考證されてゐるが、花押の形からは永祿五年か六年と見られる。

舊・上　四七頁（復・同）

松平伊忠に與へたる所領安堵狀（永祿五年五月二十二日）

（一行目）

一作岡《さくのをか》之內、眞弓名、同松下島田之事、御本領之旨承候、各相尋可レ進レ之也、

原本〔子爵松平忠和氏舊藏〕○島原市

舊・上　六六頁（復・同）

戸田重貞に與へたる誓書（永祿七年五月十三日）

（白山瀧寶印牛王紙）

（十九行目から二十行目）

右出置知行都合參千貫文、於二末代一不レ可レ有二相違一、若此儀於二相違一

梵天帝釋四大天王、惣而者日本國中之大小神祇、別而富士白山之蒙二御罰一、八幡大井摩利支尊天

原本〔戸田康英氏舊藏・誓紙部分のみ名古屋市博物館所藏〕

舊・上　七一頁（復・同）

酒井忠次に與へたる覺書（永祿七年六月廿二日）

吉田東三河之儀申付候、異見可レ仕候、室・吉田小郷一圓ニ出二置之一、其上於二入城一者、新知可二申付一候、由來如二年來一、山中之儀、可レ有二所務一之、縦借儀等ニ向候共不レ可レ有二異儀一者也、仍而如レ件、

永祿七年甲子　　　　（松平）藏人

六月廿二日　　　　家　康（花押）

酒井（忠次）左衞門尉殿

原本〔致道博物館所藏〕○鶴岡市

舊・上　八一頁（復・同）

三河三明寺別當に與へたる別當職安堵狀（永祿八年九月十三日）

（二行目以降）

永祿八乙丑年

九月十三日　　　　家　康（花押）

三明寺別當

原本〔三明寺所藏〕○豊川市

舊・上　一一六頁（復・同）

牧野源介に與へたる所領安堵狀（永祿十二年正月十一日）

解說に「永祿十二年十二月」とあるのは永祿十一年十二月の誤りである。

（五行目）

正月十一日　　　家　康（花押）

原本〔早稲田大學圖書館〕○東京

舊・上　一五〇頁（復・同）

三河普門寺桐岡院に與へたる寺領諸役安堵狀（永祿十二年十二月）

（一行目から二行目）

參州渥美郡船形山普門寺桐岡院領事

右寺領幷諸役已下、如二前々一令二領掌一之上者、永不レ可レ有二相違一、次門前之者他之被官契約之事、

舊・上　一八八頁（復・同）

遠江本興寺に與へたる諸役免許状（元龜三年二月）

原本〔普門寺所藏〕○豊橋市雲谷町

（七行目以降）

右條々任二先判形旨一、依レ爲二無縁所一、永令二免除一之訖、末寺之本壽寺事、任二前々一免レ之、大窪七郎右衞門尉、鵜殿休庵爲二檀那一令レ言二上子細一之間、悉令二領掌一之、一圓爲二不入一之上者、諸奉行人・地頭・代官不レ可レ有二其綺一者也、仍如レ件、

元龜三壬申年

二月日　家康（花押）

本興寺

原本〔内閣文庫所藏〕○東京

舊・上　一八九頁（復・同）

松平清善に與へたる所領宛行狀（元龜三年十月二十七日）

（折紙）
（三行目以降）

元龜三
十月廿七日　家　康（花押）
松平（清善）備後守殿

原本〔松平康逸氏所藏〕○蒲郡市

舊・上　二三二頁（復・同）

遠江妙立寺に下せる定書（天正二年十二月十三日）

（六行目）

十二月十三日　家　康（花押）

原本〔內閣文庫所藏〕○東京

舊・上　二三四頁（復・同）

石川數正・鳥居元忠に遣れる書狀（天正三年五月十九日）

（一行目から三行目）

先刻申含候場所之事、樣子被㆓見積㆒、柵等能々可㆑被㆑入㆑念候事肝要候、馬一筋入可㆑來候、恐々謹言

（天正三年）五月十九日　家　康（花押）

原本〔龍城神社所藏〕○岡崎市

舊・上　二四九頁（復・同）

三河大樹寺に下せる定書（天正七年三月二十一日）

（十行目）

一方丈幷衆中被官於㆓縦權門之威者㆒、寺内門前可㆑被㆑拂事

原本〔大樹寺所藏〕○岡崎市

舊・上　二五〇頁（復・同）

伊達輝宗に遺れる書狀（天正七年七月一日）

原本〔仙臺市博物館所藏〕

（六行目）

（包紙ウハ書）
「伊達殿　家康」

舊・上　二五〇頁（復・同）

遠藤基信に遺れる書狀（天正七年七月一日）

（二行目以降）

迄被レ副二一書一之由申候、爲悅候、此度又鷹爲二所持一下候之間、往還無二相違一候樣賴入候、兼又向後輝宗（伊達）江
可二申談一心中候、畢竟其方才覺可レ爲二本望一候、委細彼口上相含候、恐々謹言、

（天正七年）
七月一日　家康（花押）

遠藤山城守（基信）殿

（包紙ウハ書）
「遠藤山城守殿　家康」

原本〔財團法人齋藤報恩會〕○仙臺市

舊・上　二五四頁（復・同）

伊達輝宗に遣れる書状（天正七年十二月二十八日）

（包紙）「伊達左京大夫殿　　家　康」

去頃中河市助差下候、歸路之時分無二御存知一故、追ゝ御報喜悦之至候、何樣來春自レ是可レ申候之間、不レ能二

一二一候、恐ゝ謹言、

（天正七年）十二月廿八日　　家　康（花押）

伊達左京大夫（輝宗）殿

原本〔仙臺市博物館所藏〕

舊・上　二五六頁（復・同）

明珍久大夫に遣れる書状（天正八年三月十一日）

＊本文に校訂はないが解説を改めて本書に登載

校　訂

（包紙 由緒書）先祖六代以前中興元祖宗介十九代目明珍久大輔紀宗家、織田家仕、江州安土住居之砌、天正八年二月蒙レ命、歯朶之御具足於二遠州一獻二上之一、同十年三月、黒絲威御具足、於二濱松御城一獻上之節、以二水野惣兵衞殿一此御書頂戴、以後宗家嫡子大隅守宗信、慶長十九年從二大坂一江戸被二召呼一住居、已後宗信子長門守邦道、長門守宗主祖父大隅守宗介　大切秘藏之處、宗介死後亡父大隅守宗正幼年之砌、享保十二三年之比、故有他家所持行衞不レ知之處、維年相知十一月廿六日酒井家於二屋形一請二戻之一、爲二家秘藏一處也、仍後證記レ之、

于時

寛政六甲寅年閏十一月朔日　　増田明珍長門守紀宗政

同　　主水佐紀宗妙

原本〔大澤米二郎氏舊藏〕

奈良縣立博物館學藝課長宮崎隆旨氏より、同氏が昭和四十五年頃東京の明珍某氏のもとで撮影された原本および包紙の寫眞を恵與されたので、包紙に記された由緒書全文を掲げると共に、考究を加へておく。

中村博士は本狀を天正八年として掲出されたが、由緒書に從へば天正十年と捉へることとならう。だが、本狀を眞正文書と捉へるには疑問が多い。書狀の樣式に關しては寫眞のみに據るので斷定は控へるが、折紙を眞半分に切斷したと見ると、本文に比べ花押の位置が下がり過ぎ、且その形も筆勢も疑はしい。

由緒書に從って本狀を天正十年三月十一日發給とすると、その日はまさに武田勝賴父子が滅亡した日であり、家康は甲府陣中に在ったので、本狀發給の情況としては納得し難い。では由緒書を非とみて、本狀のみを檢討してみる。城東の地名は全國各地に見られるので特定は不可能であるが、城東郡と言ふ郡名はどこの國にも見出されない。備前に上東郡（上道郡）は見出されるが、その地に家康が出陣した史實はない。「大悦申候」の語は表現としてやや過度であらう。「出

場」の語も馴染まず「出馬」もしくは「出陣」とあるべきところである。
鈴木敬三氏はその論考「久能山東照宮の神寶と江戸城紅葉山の武器」（『久能山東照宮傳世の文化財』同宮博物館　昭和五十六年十一月二十日發行）の中で、同宮所藏の家康著用の御夢想形具足、別名齒朶具足の傳來に精しい考證を加へられ、その製作者は家康より信頼を受け、のちに幕府の御具足師となつた岩井與左衞門であると解いてをられる。同氏は本状にも觸れ、寛政六年閏十一月一日、「御具足師竝」に仰渡された明珍長門が、有名具足をその祖先製作と稱して家職を飾らんがために、同日、本状とその由緒書とを製したと解してをられる。著者も同氏の解に同意である。

舊・上　二六三頁（復・同）

遠江方廣寺に下せる定書（天正八年九月三日）

（五行目から七行目）

一爲㆓無緣所㆒之間、（如缺）㆓前々㆒志次第勸進可㆑仕㆑之、同諸職人如㆓前々㆒志次第細工可㆑仕事、付門前屋敷四間之事

右爲㆓祈願所㆒之間、諸事可㆑爲㆑如㆓近年㆒、守㆓此旨㆒國家安全懃行等、不㆑可㆑有㆓怠慢㆒者也、仍如㆑件、

原本〔久能山東照宮所藏〕○靜岡市

舊・上　二六六頁（復・同）

三河大樹寺に下せる條規（天正九年四月十六日）

（三行目）

一夜中ニ紛瓦礫をうち、諸事不レ可レ有二狼藉一事

（六行目）

一於二寺中一開山以來之法度於レ有二違犯之僧一、爲レ惣一烈（列）可二申上一事

原本〔大樹寺所藏〕○岡崎市

舊・上　二七五頁（復・同）

駿河當目鄕に下せる百姓保護の朱印狀（天正十年二月二十一日）

此百姓等子細在レ之、對朱印相出之上、當軍勢聊以不レ可二手差一、若於二違背之輩一者、速可レ加二成敗一者也、仍如レ件、

天正十年

二月廿一日　（家康）朱印（印文福德）

阿部善九郎（正勝）

奉之

とうめ郷中

原本〔原田昇左右家文書〕○焼津市

舊・上　三一九頁（復・同）

酒井忠次に與へたる定書（天正十年七月十四日）

（一行目）

一信州十二郡棟別四分一、其外諸役不レ入レ手ニ出置事

（四行目から七行目）

一國中一篇ニ納候上も、貳年本知令二所務一、其上者可レ被レ上、十二郡不レ納間者本知相違有間敷候、國衆同心同前事

一國衆同心在國之衆者、其方同前ニ可レ有二走舞（廻）一、信州一篇之間者、何も可レ令二同心一、少も於二違亂之輩一者、可レ加二下知一事

（九行目から十一行目）

右條々、永不レ可レ有二相違一、縱先判雖レ在レ之、出置上者、一切不レ可レ有二許容一者也、仍如レ件、

天正拾年壬午

七月十四日　　家　康（花押）

原本〔致道博物館所蔵〕○鶴岡市

舊・上　三三〇頁（復・同）

岡部正綱・同掃部助に與へたる本領安堵状（天正十年八月五日）

（一行目原本になし）

（四行目・五行目）

天正十年

八月五日　　家　康（花押）

原本〔思文閣古書資料目録第百六十三號所載〕○平成十一年八月刊

舊・上　三四五頁（復・同）

長井吉昌に與へたる本領安堵状（天正十年八月十六日）

（一行目原本になし）

甲州河内郷之内五拾貫文・志田郷之内三十俵・小松屋敷所五貫文・淺利之郷夫丸共、信州河中嶋ニ而五拾貫

文之事
右爲二本領一之由言上候間、宛二行之一、彌守二此旨一、可レ抽二軍忠一之狀如レ件、
天正十年
八月十六日　（家康）朱印（印文福德）　大久保新十郎（忠泰）　奉之
長井又五郎（吉昌）殿
原本〔早稲田大學圖書館所藏〕○東京

舊・上　三五三頁（復・同）

岩手入道（信盛）に與へたる本領安堵狀（天正十年八月二十一日）

（折紙）
甲斐國岩手鄉貳百貫文分知共事
右爲二本領一之由言上候之間、不レ可レ有二相違一、以二此旨一、可レ被レ抽二戰忠一之狀如レ件、
天正十年
八月廿一日　（家康）朱印（印文福德）　大久保新十郎（忠泰）
岩手入道（信盛）殿　奉之
原本〔大阪城天守閣所藏〕○大阪市

舊・上　三五八頁（復・同）

初鹿野昌久に與へたる本領安堵状（天正十年八月二十七日）

原本〔大阪城天守閣所藏〕○大阪市

（五行目以降）

八月廿七日　　家　康（花押）

初鹿野傳右衞門尉（昌久）殿

舊・上　三六四頁（復・同）

多田正吉に與へたる本領安堵状（天正十年九月二日）

（一行目原本になし）

（折紙）
甲州鎮目內百貫文・板垣內拾八貫文・押越拾貫文、增利內五貫九百文・下桑原拾貫文、幷被官・夫丸・屋敷
等事

右爲㆓本領㆒之由言上之間、所㆓宛行㆒不㆑可㆑有㆓相違㆒、以㆓此旨㆒、可㆑抽㆓軍忠㆒之狀如㆑件、

天正十年

九月二日
多田三八（正吉）殿
安倍善九郎（正勝）奉之

原本〔源喜堂書店所蔵〕○東京
〔源喜堂古文書目録　六〕○昭和六十一年三月刊

舊・上　四四二頁（復・同）

長井吉昌に與へたる本領安堵状（天正十年十二月九日）

（一行目原本になし）
（五行目以降）

十二月九日（家康）朱印（印文福德）
本田彌八郎（正信）奉之
高木九助（廣正）
長井又五郎（吉昌）殿

原本〔早稲田大學圖書館所藏〕○東京

舊・上　四七〇頁（復・同）

井伊直政に遣れる書状（天正十一年正月十二日）

急度以二飛脚一申候、高藤（遠）口甲（押カ）人數つあま（かわ）し候、そのハ（は）うの同心の物主つかま（わ）し候へと申候や、忘候間、飛脚進候、申候ハ（は）つハ、清三郎（木俣守勝）かたき（れに）ふてもつかま（わ）しらし（候へく候）、恐々謹言、

（天正十一年）卯

正月十二日　家　康（花押）

井　兵部（直政）殿

異形

寫眞〔東京大學史料編纂所所藏〕○東京

舊・上　四七七頁（復・同）

長井吉昌に與へたる本領安堵状（天正十一年閏正月十四日）

（一行目原本になし）

（四行目以降）

天正十一年

後正月十四日（家康）（朱印）（印文福德）
長井又五郎（吉昌）殿

原本〔早稲田大學圖書館所藏〕○東京

舊・上　四八七頁（復・同）

屋代秀正に與へたる安堵狀（天正十一年三月十四日）

（竪紙）

（四行目以降）

天正十一年
三月十四日　　家　康（花押）
屋代左衞門（秀正）尉殿

原本〔屋代忠雄氏所藏〕○清水市更埴市役所寄託

舊・上　四九五頁（復・同）

屋代秀正に遣れる書状（天正十一年四月十二日）

（包紙ウハ書）
「屋代左衛門尉殿」

（折紙）

（三行目以降）

（天正十一年）卯月十二日　家康（花押）

屋代（秀正）左衛門佐（尉）殿

原本〔屋代忠雄氏所蔵〕○清水市更埴市役所寄託

舊・上　五四一頁（復・同）

廣瀬景房に與へたる所領安堵状（天正十一年九月二十八日）

（一行目）

甲州小河原内七拾貫文・鹽子内拾貫文、此外諸役錢共、原八日市場内三貫文、此外諸役錢共、

（三行目）

拾貫文、白井河原夫丸壹人、棟別三間、幷諸役免許等事

（六行目以降）

九月廿八日　（家康）（朱印）（印文福德）

井兵部少輔（直政）

奉之

原本〔思文閣墨蹟資料目録第十八號〕○昭和四十四年七月刊

舊・上　五五七頁（復・同）

石川家成の母妙西尼に遣れる消息（天正十一年十二月三十日）

（包紙）「ひう可《か》の守

者《は》ゝ可多《かた》へ」

本く王《わ》んし門との事、この多《た》ひ志《し》やめんせしむるうへハ、分こく中前ゝよりありき多流《たる》たうちやう（道場）さういあ留《る》へ可《か》ら須《す》、志可《しか》らハ、このむ祢《ね》申こさ留《る》へく候、仍如レ件、

天しやう十一年

十二月卅日　（家　康）（朱印）（印文福德）

ひうあのかミ（ひうかのかみ・石川家成）

はゝあたへ（はゝかたへ・妙西）

原本〔西本願寺所藏〕○京都市

舊・上　五七七頁（復・同）

遠山半左衞門尉・同佐渡守・同與助に遺れる書狀（天正十二年三月二十三日）

遠山半左衞門尉に與へたる本領安堵狀（天正十二年三月二十五日）

（一行目原本になし）

（折紙）

（本文訂正なし）

（懸紙）

「遠山半左衞門尉殿」

（竪紙）

（本文訂正なし）

原本〔二通共上原孝夫氏所藏〕○高松市

舊・上　五八三頁（復・同）

近江多賀大社町に下せる禁制（天正十二年三月二十九日）

（四行目）

一三社森伐㆓採竹木㆒等事

（七行目）

三月廿九日　　家康（花押）

原本〔内閣文庫所藏〕○東京

舊・上　六五一頁（復・同）

遠山佐渡守に遣れる書状（天正十二年十月十八日）

今度於㆓其表㆒晝夜之辛勞令㆑察候、仍（遠山）半左衞門尉討死之儀、無㆓是非㆒儀候、御心底押計候、乍㆑去次男（茂兵衞）在㆑之由候條、彌忠儀專一候、尚井伊（直政）兵部（少）太輔可㆑申候、恐〻謹言、

（天正十二年）
十月十八日　　家　康（花押）

遠山佐渡守殿

原本〔上原孝夫氏所蔵〕○高松市

「遠山半左衛門尉に與へたる本領安堵狀」（天正十二年三月二十五日）『德川家康文書の研究』舊・復とも　上卷　五七八頁參照。本狀も原本は「半左衛門」の下で筆が止まつてをり、「尉」と讀める。井伊直政の官職は兵部少輔が正しいが、本狀では兵部太輔と書き誤つてゐる。

舊・上　六六三頁（復・同）
大井又五郎に與へたる感狀（天正十三年閏八月二十六日）

（三行目）
後八月廿六日　　家　康（花押）

原本〔濱名尚文氏所蔵〕○茨城縣眞壁郡

舊・上　六七五頁（復・同）
本願寺に與へたる安堵狀（天正十三年十月二十八日）

（包紙）
「本願寺三州馬頭家康」
（本文校訂なし）
（五行目）
十月廿八日　　家　康（花押）
原本〔西本願寺所蔵〕○京都市

舊・上　六七六頁（復・同）

三河本證寺に與へたる安堵狀（天正十三年十月二十八日）

（三行目）
十月廿八日　　家　康（黑印）○寫眞版によれば壺形黑印印文「無悔無損」
原本〔本證寺所蔵〕○愛知縣碧海郡櫻井町野寺町野寺

本狀は平成元年九月七日現在で壺形印の初見例である。

舊・上　六九九頁（復・同）

駿河淺間社造營勸進につき遠江國中に下せる朱印狀（天正十四年九月十四日）

（三行目から四行目）

右分國中、不レ論二貴賤一、在家壹間八木壹升宛可レ出レ之、但別而奉加之事、者可レ任二其志一者也、仍如レ件、

原本〔淺間神社所藏〕○靜岡市

舊・上　七二五頁（復・同）

伊達政宗に遣れる書狀（天正十六年十月二十六日）

（一行目）

（包紙ウハ書）

（三行目から五行目）

其表惣無事之儀、家康可二申噯一旨、從二殿下（豊臣秀吉）一被二仰下一候間、御請申、則以二使者一、和與之儀可二申噯一由存候處、早速御無事之由、尤可レ然儀候、殊義光（最上）之儀、御骨肉之事候間、彌向後重御入魂專要候、將亦羽折

一・無上茶三斤進レ之候、委細玄越口上相含候、恐々謹言、

原本〔仙臺市博物館所藏〕

舊・上　七二八頁（復・同）

北條氏直に遣れる書狀（天正十六年十一月十五日）

（折紙）

（三行目から四行目）

之條、不ㇾ能二其儀一候、樣子御陣ゟ被二御届一可ㇾ然候樣專要候、委細彌太郎口上申含候、恐〻謹言、

原本〔高岡秀一氏所藏〕○東京目黑區

舊・上　七七一頁（復・上　七七〇頁）

三河大樹寺に遣れる書狀（天正十八年四月十日）

猶々此表之儀急速可ㇾ令二落著一候、隨而慥ニ送給之而（候カ）悅之至候、以上、

芳翰披閱喜悅之至候、仍此表之儀、敵城構限へ押詰候、北條滅亡不ㇾ可ㇾ有ㇾ程候、猶期二歸陣之時一候、恐〻謹言、

（天正十八年）卯月十日　　家　康（花押）

大樹寺

原本〔大樹寺所藏〕○岡崎市

舊・上　七七七頁（復・上　七七六頁　新修　七七〇頁）

北條氏規に遣れる書狀（天正十八年六月七日）

態令ㇾ啓候、仍㝡前も其元之儀及二異見一候之處ニ無二承引一候之き、此上者被ㇾ任二我等差圖一兎角先有二下城一、氏政父子之儀御詫言專一候、猶朝比奈彌太郎（泰勝）口上相含候、恐々謹言

（天正十八年）六月七日　家康（花押）

北條美濃守（氏規）殿

原本〔神奈川縣立歴史博物館所藏〕○横濱市

舊・中　三五頁（復・同）

伊達政宗に遣れる書狀（天正十八年十二月二十四日）

（四行目）

刻御辛勞令ㇾ察候、尚小關大學助口上申含候、恐々謹言、

原本〔仙臺市博物館所藏〕

舊・中　五五頁（復・同）

新見正勝に與へたる知行宛行状（天正十九年五月三日）

（一行目原本になし）

（折紙）

（三行目から四行目）

天正十九年辛卯

五月三日　（家康）（朱印）（印文福德）

原本〔新見正敏氏所藏〕○橫濱市

舊・中　六〇頁（復・同）

山岡景長に與へたる知行宛行状（天正十九年五月三日）

（一行目原本になし）

（包紙）「山岡庄右衞門とのへ」

（折紙）
相州東郡
一八拾石四斗　　中嶋之郷
一貳百拾九石六斗　懷嶋之鄕
合三百石
右出置者也、仍如レ件、
天正十九年辛卯
五月三日（家康）（朱印）（印文福德）
山岡庄右衛門（景長）とのへ

原本（山岡知博氏所藏）○東京目黒區

武藏山王權現に與へたる社領寄進狀（天正十九年十一月）

舊・中　一二四頁（復・同）

（一行目と二行目の間、一行脫落）
寄進　　山王權現
武州豐嶋郡

江戸城内五石之事

（四行目）

天正十九年十一月　日　（家康）（朱印）（印文福徳）

原本〔日枝神社所蔵〕○東京千代田區

舊・中　一二九頁（復・同）

武蔵清徳寺に與へたる寺領寄進状（天正十九年十一月）

（三行目以降）

右令二寄附一畢、殊寺中可レ爲二不入一者也、仍如レ件、

天正十九年辛卯

十一月　日　（家康）（朱印）（印文福徳）

原本〔清徳寺所蔵〕○東京品川區

舊・中　二一三頁（復・同）

坂井利貞に與へたる前田利家と連署の過書二通（文祿元年七月二十三日）

（二行目から五行目）

（天正二十年）天廿

七月廿三日

家　康 （黒印）（印文無悔無損）

利　家 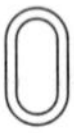 薄紫印

路次御奉行

原本〔酒井利彦氏所藏〕〇知立市

（二行目以降）

（天正二十年）天廿

七月廿三日

家　康 （黒印）（印文無悔無損）

利　家 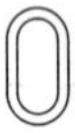 薄紫印

路次御奉行

原本〔酒井利彦氏所藏〕○知立市

舊・中　二一五頁（復・同）

井伊直政に遣れる書状（文祿元年九月十一日）

（折紙ウハ書）
「權現樣」

（折紙）
追而其許普請之繪圖被レ入レ念被二差越一候、見屆祝著候、已上、

其地之普請一段被二相稼一之由、從二宰相（徳川秀忠）所一申越一候、祝著被二思召一候、留守中之儀、萬端可レ被レ入レ精事肝要候、謹言、

（天正二十年）
九月十一日　（家康）（黑印）（印文無悔無損）

（井伊直政）
井侍從とのへ

原本〔井伊直愛氏所藏〕○彦根市

舊・中　二三一頁（復・同）

井伊直政に遣れる書狀（文祿元年十一月十八日）

（折紙）

（二行目）

（天正二十年）十一月十八日　（家康）（黑印）（印文無悔無損）

原本〔井伊直愛氏所藏〕○彦根市

舊・中　二八六頁（復・同）

安國寺惠瓊に遣れる書狀（慶長二年九月一日）

（四行目）

伊與あ（か）た迄之御捻披見申候、只今自㆓幽齋（長岡）㆒罷歸候、猶以㆑面可㆓申承㆒候、恐々謹言、

原本〔淺野長愛氏所藏〕○東京世田ケ谷區 廣島市立圖書館保管

舊・中　三三二頁（復・同）

毛利吉成等六将に遣れる豊臣氏四大老連署書状（慶長三年九月五日）

（前・四行目）

一御無事之儀、㝡前加藤主計（清正）手前ニて可レ仕之旨、被二仰出一候、雖レ然加主（加藤清正）手前難レ調ニ付而者、何

（前・七行目）

外聞迄候間、御調物多少之段者不レ入事候間、各相談候て、可レ然之様ニ可レ被二相究一事

（前・八行目）

一冬中ニ此方へ被レ得二御意一儀も、はか（はか）行間敷候間、不レ及二御伺一可被二相濟一候、御無事と被仰出

（個・九行目）

候上者、御調物に（に）ても、王子に（に）ても、如二相調一可レ被二相究一候事

（前・十二行目から十三行目）

一内府（家康）、輝元・秀家、至二于博多一下向候而、各歸朝之儀可二申付一候由候處、人數不レ入之由、被二申止一候間、

（個・十三行目）

申止一候間、先遠慮候、安藝宰相・淺野彈正少弼（長政）・石田治部少輔（三成）兩三人被レ遣レ之候、其方様

（個・十九行目以降）

毛利(吉成)壹岐守殿
伊藤(祐兵)民部太輔殿
相良(長毎)宮内太輔殿
高橋(元種)九郎殿
秋月(種長)三郎殿
嶋津(忠豊)又七郎殿

原本〔前田育德會所藏〕○東京目黑區
原本〔個人所藏〕○京都『五大老』圖錄　大阪城天守閣　平成十五年十月

舊・中　三五七頁（復・同）

淺野長政に遣れる書状（慶長三年十一月十五日）

(折紙)
御折紙具令㆓披見㆒候、仍高麗表敵敗北付而、何も釜山浦へ被㆓引取㆒之由尤存候、彌早々歸朝候樣可㆑然候、猶期㆓後音之時㆒候條、不㆑能㆑具候、恐々謹言、

(慶長三年)十一月十五日　家　康（花押）

淺野(長政)彈正少弼殿

原本〔淺野長愛氏所藏〕○東京世田ヶ谷區廣島市立圖書館保管

舊・中　四三五頁（復・同）

山城豐光寺に與へたる豐臣氏五大老連署の寺領寄進狀（慶長四年八月七日）

（折紙）

（三行目以降）

（慶長四年）
八月七日

（前田）利　長
（毛利）輝　元（花押）
（上杉）景　勝
（宇喜多）秀　家（花押）
家　康（花押）

豐光寺

原本〔大光明寺所藏〕○京都市上京區

校　訂

舊・中　四五三頁（復・同）

中村一氏に遣れる書状（慶長四年十一月十五日假入）

（一行目から二行目）

阿部伊豫（正勝）所迄之御折紙披見申候、仍爲二御音信一蜜柑二桶、遠路送給候、祝著候、次我々眼病者（は）や能候間、
可二御心易一候、猶御上之節可二申承一候間、不レ能レ具候、恐々謹言、

原本（思文閣所藏）〇京都市東山區
（思文閣古書資料目録第百四十五號）〇平成七年六月刊

舊・中　四五八頁（復・同、八三三頁參照）

小倉氏（鍋）に與へたる豊臣氏三大老連署の本知行宛行狀（慶長四年十二月一日）

（四行目以降）

（折紙）

輝（毛利）元（花押）
秀（宇喜多）家（花押）

家　康（花押）

原本〔大阪市立博物館所蔵〕

舊・中　五一二頁（復・同）

加藤貞泰に遺れる書状（慶長五年七月二十日）

（折紙）就二其許雑説一、出陣延引之由尤候、彌岐阜中納言殿（織田秀信）有二談合一、仕置等肝要候、猶加藤太郎左衛門尉（成之）可レ申候、
恐々謹言、

（慶長五年）七月廿日　　家　康（花押）

加藤左衛門尉殿（貞泰）

原本〔有村松雲堂所蔵〕○大阪市東區

舊・中　五四一頁（復・同）

柳生宗巖に遺れる書状（慶長五年七月二十九日）

（折紙）今度筒井順齋遣レ之候間、伊賀守（筒井定次）令二談合一、牢人等相集可レ有二忠節一候、猶又右衛門尉（柳生宗矩）口上申付候、謹言、

（慶長五年）七月廿九日　　家　康（花押）

柳生但馬入道（宗巖）殿

原本〔柳生宗久氏所藏〕○東京澁谷區

舊・中　五六三頁（復・同）

黑田長政に遣れる書狀（慶長五年八月八日）

從吉川（廣家）殿二之書狀、具令二披見一候、御斷之段、一々令レ得二其意一候、輝元（毛利）如二兄弟一申合候間、不審存候處、無二御存知一儀共候由承、致二滿足一候、此節候之間、能樣被二仰遣一尤候、恐々謹言、

（慶長五年）八月八日　　家　康（花押）

黑田甲斐守（長政）殿

原本〔吉川重喜氏所藏〕○岩國市

舊・中　六三五頁（復・同）

池田輝政に遣れる書狀（慶長五年八月二十七日）

（二行目）

岐阜之儀早々被二仰付一處（候ナシ）、御手柄何共書中難二申盡一存候、中納言（秀忠）先中山道可二押上一由申付候、我

原本〔岡山大學附屬圖書館所藏〕

舊・中　六三七頁（復・同）

池田長吉に遺れる書状（慶長五年八月二十七日）

（一行目原本になし）

（折紙）
於二今度其表一被レ成二先手一、別而被レ入レ精、殊自身御高名、早速岐阜被二乗崩一儀、難二書中申(盡脱カ)一候、中納言(秀忠)先中山道可二押上一候由申付候、我等者従二此口一出馬可レ申候、彌無二論所一様御働尤候、恐々謹言、

（慶長五年）八月廿七日　家康（花押）

池田備中守(長吉)殿

原本〔財團法人林原美術館藏〕○岡山市

舊・中　六四八頁（復・同）

〔參考〕徳川秀忠より加藤茂勝（嘉明）に遺れる書状（慶長五年九月五日）

今度於二濃州表一被レ及二御一戰一、敵悉被二討捕一、岐阜之城則時被二責落一、其上爲二加勢一石田治部少輔(三成)人數指越候處、是又無レ殘被二討果一、其外大柿之城ニ楯籠之由、誠御手柄之段、無二比類一儀共候、将亦我等事、眞田表

爲㆓仕置㆒令㆓出陣㆒候、此表隙明次第可㆑令㆓上洛㆒候、恐〻謹言、

（慶長五年）九月五日　江戸中納言

秀（徳川）忠（花押）

加藤左馬助（茂勝・嘉明）殿

御陣所

原本〔五島美術館所藏〕○東京世田ケ谷區

舊・中　六六四頁（復・同）

加藤貞泰・竹中重門に遣れる書狀（慶長五年九月三日）

（一行目）

兩通之書狀令㆓披見㆒候、然者前廉首尾無㆓相違㆒忠節之段、感悅之至候、今日三日、至㆓小田原㆒令㆓

原本〔關ケ原町歷史民俗資料館所藏〕○岐阜縣不破郡

舊・中　六八九頁（復・同）

〔參考〕西尾吉次・同藤兵衛より丹羽長重に遣れる書狀（慶長五年九月十四日）

（懸紙）

「―― 西尾隱岐守
同 藤兵衛
羽加州樣
人々貴報 兩人」

去月廿二日之尊書、昨日十三日きぬニおゐて令二拜見一候、肥前殿(前田利長)与(と)御入魂可レ被レ成之由被二仰下一候、內府(家康)別而滿足被レ仕候、たとい如何樣之儀御座候共、此時ニ御座候間、諸事御勘忍候て被二仰合一、上方御手合尤ニ存候、內府も昨日十三日きふへ著陣被レ申候、則今日赤坂表へ被二相働一候、此面早速可レ被二申付一候條、其地も無二御油斷一御かせき被レ成可レ然存候、貴殿樣御如在無レ之通、內府へ具ニ申聞候間、可二御心安一候、頓而於二上方一可レ得二御意一候、恐惶謹言、

(慶長五年)九月十四日

(西尾)吉次(花押)

(西尾)(花押)

(丹羽長重)羽加州樣

人々貴報

猶以、ひせん殿(前田利長)へも則以二飛脚一被レ申候條、早々被二仰談一、尤ニ奉レ存候、以上、

又申候、佐州(藤堂高虎)ハ先手ニ被レ居申候間、返事無二御座一候、

原本〔早稻田大學圖書館所藏〕○東京新宿區

舊・中　七三五頁（復・同）

大和興福寺に下せる禁制（慶長五年九月二十一日）

原本〔内閣文庫所藏〕○東京千代田區

（七行目以降）

（家　康）
（朱印　印文忠恕）
◯慶長五年九月廿一日

舊・中　七四〇頁（復・同）

森忠政に遣れる書状（慶長五年九月二十二日）

（一行目）

御使札披見、祝著之至候、仍今度其表被二相殘一儀尤候、（以下本文訂正なし）

（三行目）

（慶長五年）
九月廿二日　家　康（花押）

原本〔思文閣古書資料目録第百二十九號〕〇平成四年四月刊

舊・中　七五〇頁（復・同）

小早川秀秋に遺れる書狀（慶長五年九月二十四日）

（折紙）

今度於二關ケ原一御忠節之儀、誠感悦之至候、從二㝡前一之筋目無二相違一儀、別而祝著存候、向後武藏守（秀忠）同前ニ存、不レ可レ有二疎略一候、委細者井伊兵部少輔（直政）可二申入一候、恐々謹言、

（慶長五年）九月廿四日　　家康（花押）

（小早川秀秋）筑前中納言殿

原本〔足守木下家所藏〕〇岡山縣足守

舊・下之一　一八四頁（復・同）

三河大樹寺に下せる法式（慶長七年六月二日）

（三行目）

一於下背二住持老僧之掟一輩上者、寺中可レ爲擯出一事

原本〔大樹寺所藏〕○岡崎市

舊・下之一　二〇二頁（復・同）

三河大恩寺に與へたる寺領寄進狀（慶長七年六月十六日）

原本〔內閣文庫所藏〕○東京千代田區

（五行目）

內大臣（家康）（朱印）（家康）（印文源家康）

舊・下之一　二〇二頁（復・同）

三河東觀音寺に與へたる寺領等寄進狀（慶長七年六月十六日）

（二行目）

三河國渥美郡小松原之內、百貳石全可二寺納一、幷魚船五艘、其外諸役不入、任二先規之旨一訖、

（四行目）

慶長七年六月十六日　內大臣（朱印）（家康）（印文源家康）

原本〔內閣文庫所藏〕○東京千代田區

舊・下之一　二二九頁（復・同）

三河妙嚴寺に與へたる寺領寄進狀（慶長七年九月七日）

（二行目より）

三河國寶飯郡豊川村之內四拾五石、令ニ寄附一訖、全可ニ寺納一、并山林竹木諸役免許、末寺之出仕等所レ任ニ先規旨一也、者佛事勤行修造不レ可レ有ニ怠慢一狀如レ件、

慶長七年九月七日

內大臣（家康）（朱印）（家康）（印文源家康）

原本〔內閣文庫所藏〕○東京千代田區

舊・下之一　三二一頁（復・同）

參河財賀寺に與へたる寺領寄進状（慶長八年八月二十日）

（二行目より）

參河國寶飯郡之内百六拾壹石六斗、任㆓先規㆒所㆓寄附㆒也、幷山林竹木諸役令㆓免許㆒訖、者佛事懃行修造等、不㆑可㆑有㆓懈怠㆒之狀如㆑件、

慶長八年八月廿日　（家康）朱印（印文源家康）

原本〔内閣文庫所藏〕○東京千代田區

舊・下之一　三二二頁（復・同）

三河長圓寺に與へたる寺領寄進状（慶長八年八月二十二日）

（二行目より）

參河國碧海郡中嶋村之内拾石幷屋敷、永所㆓寄附㆒也、寺中竹木茶園諸役令㆓免許㆒訖、者佛事懃行不㆑可㆑有㆓

懈怠一之狀如レ件

慶長八年八月廿二日　（家康）（朱印）（印文源家康）

原本〔内閣文庫所藏〕○東京千代田區

舊・下之一　三二八頁（復・同）

三河西明寺に與へたる寺領寄進狀（慶長八年八月二十六日）

西明寺領之事

三河國寶飯郡八幡村之内貳拾石、任二先規一所二寄附一也、幷寺中竹木諸役令二免許一訖、者佛事勤行等不レ可レ有二懈怠一之狀如レ件

慶長八年八月廿六日　（家康）（朱印）（印文源家康）

原本〔内閣文庫所藏〕○東京千代田區

舊・下之一　三三五頁（復・同）

三河普門寺に與へたる寺領寄進狀（慶長八年九月十一日）

船形山普門寺領之事

參河國渥美郡雲谷村之内百石、任㆓先規㆒所㆓寄附㆒也、幷山林竹木寺中諸役令㆓免許㆒訖、者佛事懃行修造等不㆑可㆑有㆓懈怠㆒之狀如㆑件、

慶長八年九月十一日　（家康）朱印（印文源家康）

原本（内閣文庫所藏）○東京千代田區

舊・下之一　三六四頁（復・同）

松前慶廣に與へたる定書（慶長九年正月二十七日）

（包紙）「松前志摩守とのへ」

（竪紙）定

一自二諸國一松前へ出入之者共、志摩守（松前慶廣）不二相斷一而、夷仁與（与）直ニ商賣仕候儀、可レ爲二曲事一事

一志摩守ニ無レ斷而、令二渡海一、賣買仕候者、急度可レ致二言上一事

付、夷之儀者、何方へ往行候共、可レ致二夷次第一事

（七行目より）

慶長九年正月廿七日　（家康）黒印（印文源家康）

松前志摩守（慶廣）とのへ

原本〔古典籍下見展観大入札會〕○平成三年十一月十五日於東京古書會館

〔新撰北海道史〕○第二巻八九頁圖版

舊・下之一　三八二頁（復・同）

常陸千妙寺に與へたる寺領寄進狀（慶長九年六月二日）

（二行目より）

慶長九年六月二日　（家康）朱印（印文恕家康）

千妙寺

原本〔徳川恒孝氏所藏〕○東京澁谷區

目下のところ恕家康印の初見例である。

舊・下之一　四〇〇頁（復・同）

細川忠利に遣れる内書（慶長九年八月二十六日）

（二行目より）

慶長九年八月廿六日　（花押）（家康）

忠興三男（後補）

内記（細川忠利）とのへ

原本〔永靑文庫所藏〕○熊本大學寄託

舊・下之一　四七四頁（復・同）

福原廣俊に與へたる内書（慶長十一年五月七日）

遠路普請、不レ嫌二晝夜一依レ入レ精、（後略）

（慶長十一年）五月七日　（家康）（黑印）（印文源家康）

福原越前守（後）（廣俊）とのへ

原本〔渡邊翁記念文化協會所藏〕○宇部市立圖書館寄託

中村孝也博士は本文書の發給年次を慶長十一年とも同十九年とも捉へられ、重複して掲出された。その理由はそれぞれの文書の解説を參照されたい。本文書は原本の所在が判明し、黑印は印文「源家康」と確認できる。この印の使用期間は目下のところ慶長七年六月十六日（『新修德川家康文書の研究』三一六頁）から同十二年十月十七日、推定を加へれば同十三年七月二十一日（『德川家康文書の研究』舊・復とも　下卷之一　五二三頁・五三九頁）とされてゐる。五二三頁に「（印文恕家康）」と印刷されてゐるのは原本によって（「印文源家康」）と確認訂正できてゐる。由て本文書は印文よりして先づ慶長十九年とは捉へられない。福原廣俊は「福原家世譜年紀考」に據ると慶長五年十月二十八日に越前守に任ぜられ、慶長十年四月二十日には越後守に轉任せられてゐる故、本文書の發給年次の慶長十一年には「福原越後守」と宛てられて然るべきところである。しかしその轉任は書役には知られてゐなかつたと推され、本文書にはまだ「福原越前守とのへ」と記されてゐる。廣俊が慶長十一年の江戸城本丸普請手傳の時に益田元祥と同役の御普請奉行を勤めた記事が「福原家世譜年紀考」（『福原家文書』上卷）に見られ、次に掲げた參考文書「本多正純より福原廣俊に遣れる書狀（慶長十一年五月六日）」によつても、本文書の發給年次は慶長十一年と確認されよう。

舊・下之一　四七五頁（復・同）

〔附〕本多正純より福原廣俊に遺れる書状（慶長十一年五月六日）

（二行目・三行目）

一書申入候、仍江戸御普請ニ付而永〻御苦労被レ成候由之間、従ニ大御所（家康）様一、岡田新三郎を以被レ仰候、将又
御帷・御單物・御道服被レ進候、委細岡田新三郎可レ被レ申候、恐惶謹言、

原本〔渡邊翁記念文化協會所藏〕〇宇部市立圖書館寄託

舊・下之一　四八三頁（復・同）

鈴木重朝に與へたる知行宛行状（慶長十一年七月十三日）

知行方目錄

一三百四拾五石四斗六舛　常州茨城郡大内村
一百貳拾四石六斗六舛餘　同郡大場村内
一千三百拾貳石壹斗七舛餘　同郡門部村内

一貳百拾六石八斗貳升餘　同郡岩坪村
一七百六拾七石八斗貳升餘　同太田郡内田村
一貳百三拾三石五舛　同郡小澤村
合叄千石
右令二宛行一訖、全可二領知一者也、
慶長十一年七月十三日（家康）朱印（印文源家康）
鈴木孫三郎（重朝）殿
原本〔圓光寺所藏〕○日光市小來川
〔大日光第三十二號〕○圖版六頁

本文書は舊　拾遺　一六四頁（復　下卷之一　九八二頁）に重複收録されてゐる。

舊・下之一　五二〇頁（復・同

〔參考〕將軍秀忠より徳川義利（義直）に與へたる知行宛行狀（慶長十三年八月二十五日）

尾張國一圓出置之訖、全可二領知一之狀如レ件、

慶長十三年八月廿五日　（花押）（秀忠）

徳川右兵衛督（義利）とのへ

原本〔財團法人徳川黎明會〕○東京豊島區

新修三九三頁參照。

舊・下之一　五二二頁（復・同）

龜井茲矩に與へたる內書（慶長十二年十月十七日）

（折紙・半截）

（印部分）

（家　康）

（印文源家康）

原本〔國立歷史民俗博物館所藏〕○佐倉市

舊・下之一　五七〇頁（復・同）

山中宗俊に與へたる知行宛行狀（慶長十四年三月五日）

（一行目原本になし）

知行方目錄

伊勢國一志郡美濃田村之內六百石、安藝郡野崎山田井村之內四百石、合千石之事、右令㆓扶助㆒畢、全可㆓領知㆒者也、

慶長拾四年三月五日（家康）朱印（印文恕家康）

山中八藏（宗俊）とのへ

原本（山中眞喜氏所藏）〇靜岡

舊・下之一　五八七頁（復・同）

山城東寺に下せる法度（慶長十四年八月二十八日）

（七行目）

右東寺・醍醐、眞言教相之所學及二退轉一之由、甚以油斷也、至下無二學問一者上、寺領之所帶不レ可レ叶、早速可レ有二修學興行一者也、

慶長十四年八月廿八日　（家康）（黒印）（印文恕家康）

東寺年預坊

原本〔東寺所藏〕○京都市南區

舊・下之一　六一七頁（復・同）

山城勸修寺に與へたる寺領安堵狀（慶長十五年四月二十日）

山城國當知行勸修寺村之内叁百拾貳石之事、全可レ被二寺納一、并門前境內山林竹木不レ可レ有二相違一也、爲二守

護不入地〔二〕之條、課役人夫等、令〔レ〕免除〔一〕之狀如〔レ〕件、

慶長十五年四月二十日　(家　康)(黒印)(印文恕家康)

勧修寺

原本〔內閣文庫所藏〕○東京千代田區

舊・下之一　六五四頁（復・同）

中坊秀政に與へたる年貢皆濟狀（慶長十六年二月二十八日）

（一行目）

和州・江州兩國皆濟也、

（二行目以降校訂なし）

原本〔中坊家舊藏〕○『百人の書蹟』永島福太郎著

全文家康の自筆である。

舊・下之一　七七二頁（復・同）

山城南禪寺に與へたる寺領安堵狀（慶長十八年五月二十七日）

（一行目）
當寺領五百九拾貳石餘、同常住領梅津之內叄百石、都合八百九拾貳石餘、（後略）

（四行目より）
慶長拾八年五月廿七日　（家康）（花押）

南禪寺

原本〔德川恆孝氏所藏〕○東京澁谷區

舊・下之一　七七八頁（復・同）

平野長泰に與へたる內書（慶長十八年六月二十日）

（一行目原本になし）
其許普請入レ精之故、本丸早々出來、悅思召候、炎暑之時分一入苦勞候也、

（慶長十八年）六月廿日　（家康）黒印（印文恕家康）

平野遠江守殿（長泰）

原本〔福岡洋介氏所藏〕○奈良市

舊・下之一　七八一頁（復・同）

近江石山寺に與へたる寺領安堵狀（慶長十八年七月二十九日）

（三行目より）

慶長十八年七月廿九日　（家康）朱印（印文恕家康）

石山寺

原本〔内閣文庫所藏〕○東京千代田區

舊・下之一　七八五頁（復・同）

英吉利國に與へたる通商許可朱印狀（慶長十八年八月二十八日）

一いき里寸《りす》よ里《り》日本へ、今度初而渡海之船、萬商賣方之儀無二相違一可レ仕候、渡海仕付而者諸役可レ令二免許一事

一船中之荷物之儀者、用次第目録ニ《に》而可二召寄一事

一日本之内何之湊へ成共、著岸不レ可レ有二相違一、若難風逢、帆楫絶、何之浦々江《え》寄候共、異義有レ之間敷事

一於二江戸一、望之所ニ《に》屋敷可レ遣之間、家を立致二居住一、商賣可レ仕候、歸國之義者何時ニ《に》而茂《も》、いき里寸《りす》人可レ任二心中一、

付、立置候家者、いき里寸《りす》人可レ爲レ儘事

一日本之内ニ《に》而、いき里寸《りす》人病死奈《な》と仕候者、其者之荷物無二相違一可レ遣レ之事

一荷物押買、狼藉仕間敷事

一いき里寸《りす》人之内、徒者於レ有レ之者、依二罪輕重一、いき里寸《りす》の大將次第可二申付一事

右如レ件

慶長十八年八月廿八日

（家康）
朱印
（印文源家康忠恕）

いんきらていら

原本〔オックスフォード・ボドレイアン圖書館所藏〕○英國

舊・下之一　八二八頁（復・同）

福原廣俊に與へたる內書（慶長十九年五月七日）

前掲の校訂　舊・下之一　四七四頁（復・同）參照（本書八二〇頁）。重複掲載である。

舊・下之一　八七六頁（復・同）

池田忠繼に與へたる感狀（慶長十九年十一月七日）

河越ニ而、大和田被㆓責捕㆒之由、手柄共候、一段御祝著被㆓思食㆒候也、

（慶長十九年）
十一月七日　（家康）黒印（印文恕家康）

（池田忠繼）
松平左衞門督とのへ

原本〔荻野三七彦氏所藏〕○東京

舊・下之一　八八四頁（復・同）

稲田植次に與へたる感状（慶長十九年十二月二十四日）

（折紙）
今度於二大坂千波表一、蜂須賀阿波守（至鎮）手、紛レ夜切出之刻、討二捕首一之條、粉骨之至、御感思召候也、

（慶長十九年）
十二月廿四日　（家康）（花押）

稲田九郎兵衛（植次）とのへ

原本〔奥井基繼氏所藏〕○東京新宿區

舊・下之一　八八八頁（復・同）

森氏純に與へたる感状（慶長十九年十二月二十四日）

（折紙）

（三行目）
（慶長十九年）
十二月廿四日　（家康）（花押）

原本〔森孝純氏所藏〕○徳島市

舊・下之一　八八八頁（復・同）

〔參考〕將軍秀忠より森氏純に與へたる感狀（元和元年正月十一日）

（三行目）

正月十一日　（花押）（秀忠）

原本〔森孝純氏所藏〕○德島市

舊・下之一　八九六頁（復・同）

山城慈照寺に與へたる寺領安堵狀（慶長十九年十二月二十八日）

（二行目以下）

慶長十九年十二月廿八日　（黒印）（家康）（印文如家康）

慈照寺

原本〔慈照寺所藏〕○京都市左京區

舊・下之二　三九頁（**復・同**）

山城清水寺に與へたる寺領安堵狀（元和元年七月二十七日）

山城國西院ノ内六石貳斗七升、三本木ノ内拾五石九斗七升、清水境内百拾石七斗六升、都合百叁拾叁石事、全可二寺納一、幷門前境内諸役等令二免除一訖、但右之内貳拾石者慈心院領也、仍如レ件、

元和元年七月廿七日　（家康）黒印（印文恕家康）

清水寺

原本（内閣文庫所藏）○東京千代田區

舊・下之二　七五頁（**復・同**）

淨土宗諸法度（元和元年七月）

（第十三項）

一就下相二替古跡之住持一者上、可レ令二血脈附法相續一、（以下略）

（第二十二項）

一諸寺家之住持、任二自己之分別一、背二世出之法義一者、（以下略）

原本〔増上寺所蔵〕〇東京港區

本件は校訂ではなく、校異である。中村孝也博士は知恩院文書から收錄され「東京増上寺及び同傳通院にも、家康の花押のある同文の法度が現存してゐる」云々と解説された。増上寺所蔵の同法度と比較してみると、左の二項目にのみ僅かな相違が見られる。

舊・下之二　一九六頁（復・中　八四七頁）

下總神崎大明神に與へたる社領寄進狀（天正十九年十一月）

（包紙ウハ書）

「神崎大明神」

寄進　大明神

下總國香取郡神崎鄕之内貳拾石事、

右令二寄附一訖、彌守二此旨一可レ專二祭祀一之狀如レ件、

天正十九年辛卯

十一月日　（家康）朱印（印文福徳）

原本〔神崎神社所蔵〕○千葉縣香取郡神崎町

舊・下之二　二八九頁（復・下之二　一三三頁）

山城鞍馬山妙壽院に遣れる書狀（慶長二〜五年三月二十六日）

當山之花并獨活一折到來祝著候、猶阿部(正勝)伊豫守可ㇾ申候、恐々謹言、

三月廿六日　　家康（花押）

鞍馬山

妙壽院

原本〔鞍馬寺所藏〕○京都市左京區

阿部正勝は慶長元年五月十二日に従五位下伊豫守に敍任（久我家文書）され、慶長五年四月に歿した。

舊・下之二　二九六頁（復・下之二　一四〇頁）

淺野幸長に遣れる書狀（年未詳九月五日）

（四行目）

（切封ウハ書）

「ト　淺野左京大夫殿　　家康」

原本〔淺野長孝氏所藏〕○東京

舊・下之二　四一〇頁（復・下之二　一四七頁）

吉村橘右衛門に遣れる書狀（年未詳七月十四日）

（折紙）

（三行目）

（年未詳）七月十四日　　（一字合成署名）家　康（花押）

原本〔大阪城天守閣所藏〕○大阪市

舊・拾遺　一六頁（復・上　八六〇頁）

佐久間正勝・佐々一兵衛尉に遣れる書状（元龜二年カ十一月二十六日）

（一行目）

尚々、其表之躰、委大六（小栗重常）ニ可レ被二仰越一候、此方人衆之事可レ為二御さ右次第一候、

（六行目）

佐久間甚九郎（正勝）殿

原本〔徳川美術館所蔵〕○名古屋市

舊・拾遺　三二頁（復・上　八七六頁）

屋代秀正に遣れる書状（天正十一年九月十九日）

（包紙ウハ書）

「八代左衛門尉殿　家康○（血判痕カ）」

急度令レ申候、仍眞田安房守（昌幸）此方へ令二一味一候間、自二其方一彼館へ行等、諸事御遠慮尤候、其段即景勝（上杉）へも委細申理候、然者敵之儀今節悉可二討果一候間、可二御心安一候、尚令レ期二後信之時一候、恐々謹言、

（天正十一年）九月十九日　家　康（花押）
八（屋）代左衛門尉（秀正）殿

原本〔屋代忠雄氏所蔵〕○清水市入江南町 更埴市役所寄託

舊・拾遺　八八頁（復・中　八八六頁）

奥平貞昌室亀姫に遺れる消息（天正十九年十月頃カ）

（三行目）
てかいちん《（凱陣）》とき、申まいらせ候べく候、かしく

原本〔直木氏所蔵〕○東京

舊・拾遺　一〇四頁（復・中　九〇一頁）

某に與へたる金子請取状（文禄二年十一月十五日）

合五まい七両貳分二朱
右分請取、あ《（か）》んせうまい《（にはた）》つましく候也、
（文禄二年）文二

十一月拾五日

小□

原本〔徳川美術館所藏〕○名古屋市

舊・拾遺　一一一頁（復・中　九〇八頁）

松平家忠に下せる伏見城普請中法度（文祿三年二月五日）

（六行目以降）

一御普請中よ里《（り）》闕落之者於レ有レ之者、妻子共可レ行二死罪一事

一所ゝ宿ゝユ《（に）》て、少茂《（も）》狼籍有間敷事

右所レ定如レ件、

文祿三年二月五日　（家康）（黑印）（印文福德）

原本〔徳川美術館所藏〕○名古屋市

福德朱印と同じ印で黑印である。おそらく唯一の例で、目下のところ福德印の最終使用例である。もと九州島原の松平家に傳來してゐた。

舊・拾遺　一一四頁（復・中　九一一頁）

末吉利方（推定）に與へたる金錢請取狀（文祿三年六月十日）

（三行目）

一金五拾兩者あゝれめ（かゝつめ・加々爪）より請取也、

（七行目以降）

文祿三年六月十日

あん兵衛（かん兵衛・末吉勘兵衛利方カ）

（原本寫眞）

舊・拾遺　一七二頁（復・下之一　九九〇頁）

〔參考〕村越直吉・成瀬正成・安藤直次・本多正純連署、土井利勝・安藤重信・青山成重連名宛に遣れる書狀（慶長十二年又ハ十三年六月十九日）

（折紙）

以上

校訂

一書申入候、仍其元ゟ御物参候間、杢風助四郎(正廣カ)申次第、人馬之儀、可レ被二仰付一候、次ニ助四、年來之御勘定相濟能候て、委細ハ助四郎可レ被レ申候、恐々謹言、

(慶長十二年又ハ十三年)六月十九日

(村越)村　茂助　直　吉（花押）

(成瀬)成　隼人　正　成（花押）

(安藤)安　帯刀　直　次（花押）

(本多)本　上野介　正　純（花押）

(土井利助)土大炊殿

(安藤重信)安對馬殿

(青山成重)靑圖書殿

原本〔思文閣所蔵〕○京都市東山區　平成四年十月

補　訂

甲斐の社寺に與へたる所領安堵狀　補訂

『德川家康文書の研究』舊・復とも　上卷　五〇七ページから五一四ページにかけて、寛文御朱印帳に採錄されてゐる天正十一年四月十八日～四月二十六日の甲斐の社寺所領安堵狀が十七通が載せられてをり、それぞれの社寺が「甲斐國志」の第何卷何部何番に載せられてゐるか註記されてゐる。左に一部補訂を掲げておく。

　甲斐國法華寺

「天正年中神祖本州へ入御ノ節御祈禱ヲ命ゼラレ如二舊規一寺領拾貫文屋敷分三貫文ノ御判物ヲ賜ハル」(甲斐國志卷之七十三　佛寺部第一)。

　甲斐國惠運院

「同十一年四月十五(十九の誤カ)日御朱印成島內四貫六百文西保內五貫文トアリ」(甲斐國志卷之八十二　佛事部第十)。

　甲斐國國長象寺　(誤りにつき左に訂正)

　甲斐國長泉寺

(湯澤山長泉寺)若神子村　時宗相州藤澤山末御朱印七石貳斗境內千七百六拾六坪(甲斐國志卷之八十三　佛寺部第十一)。寛文御朱印帳にも「長泉寺」「甲斐國巨麻郡若神子村內七石貳斗事」と載せられてゐる。

　甲斐國隆圓寺

(充富山隆圓寺)下今井村　曹洞宗傳嗣院末御朱印壹石四斗四升境內千三百五拾六坪(甲斐國志卷之八十五　佛寺部第十三)。

　甲斐國聖應寺

(長國山聖應寺)大黑坂村　同宗鹽山向岳寺末寺領大黑坂一村御朱印四拾九石四斗餘(甲斐國志卷之七十七　佛寺部第五)。天正十一年との年紀はないが、御朱印が天正十一年發給の家康朱印狀と斷じ得よう。

甲斐國雲興寺

「南明寺が雲興寺なのだらうと思ふ」とされた推定は明解だが「御朱印寺領貳拾貳石五斗餘内九斗餘鎮守領」(甲斐國志巻之八十五　佛寺部第十三)とあつて貳石の相違がある。

『徳川家康文書の研究』掲表補訂

舊・復とも　上巻　四五六頁

甲斐國志所收所領安堵宛行一覧表（天正十年・同十一年）（但、寺社を除く）

年月日	受給人名	所領貫高	合計 貫高	其他	奉行名	參考
天正十年 六月十一日	原多門	萩原内本領十五貫文	一五・〇〇〇		岡部次郎右衛門 曾根下野	士庶部第三
同六月廿三日	古屋甚五兵衛	藏科の内七十貫文	七〇・〇〇〇		岡部正綱・曾根昌世	三
同六月廿三日	河住與一左衛門	十八貫文・常雲院分云云	二七・〇〇五		有泉大學奉 大須賀康高印書	十三
同六月廿四日	長田織部佐	下曾根知行の内手作前共 五十貫	五〇・〇〇〇			六
同六月廿四日	和田八郎左衛門 内藤七左衛門	竹居の内七十貫	七〇・〇〇〇		大須賀康高印書	七・十
同八月十一日	〔御岳衆〕相原内匠助友貞	平瀬の内七十貫文・龜澤の内五十貫文	一二〇・〇〇〇		岡部次郎右衛門奉	九 1047—1048
同八月十一日	〔御岳衆〕相原兵部左衛門 同 惣左衛門					1049

同　才兵衛
同　清三郎
同　九左衛門
同　助五郎
同　助之尉
同　善三
内藤織部丞

常小地《ちょうこち》百貫文
牛句《うしく》七十貫文

一七〇・〇〇〇

舊・復とも　上巻　四五七頁

同八月十一日	〔御岳衆〕 惣加澤《そうかざは》の清左衛門 同　清四郎	千塚の内光蔵寺分十八貫文	一八・〇〇〇	○惣加澤は草鹿澤村、この二人は御岳衆の部下であらう。			
同八月二十日	市川半兵衛	竃之郷五貫文・一宮五貫文八城五貫文・役知行三十五貫文	五〇・〇〇〇	木戸一間諸役等	(御朱印)	・	796
同八月二十日	網野因幡守	徳和郷九貫文・松尾郷六貫五百文・安部の地十八貫文	三三・五〇〇	諸役等		三	987
同八月二十日	古屋甚五兵衛	甲州原八日市場七貫文・手作前十三貫文・西原十貫文	三〇・〇〇〇	諸役	(御朱印)	二度目三	984
同八月廿三日	渡邊半右衛門	南古《なこ》の内七貫五百文・市川大鳥居小澤分二貫文・黒澤内大木後家分五貫文	一四・五〇〇	屋敷二間・名田・山・被官		十四	116
同八月廿四日	河住與一左衛門	鍛冶田の内七澤郷三貫文・藏出五貫文		屋敷二間諸役免許二貫文復役	大久保新十郎奉 御朱印	二度目十三	1111

舊・復とも　上卷　四五八頁

同十二月二日　若尾新九郎　十四貫六百五十文　在家塚棟別免許名田・屋敷・被官等　六月廿四日大須賀ノ知行目錄一章、同十一月一日四奉行印書ありといふ、　十三 1097

同十二月三日　依田三郎左衞門　市川本所内篠尾分七十貫文・此定納二十五貫三百文・恩棟別三百文　十四

舊・復とも　上卷　四五九頁

同十二月十日　（平左衞門尉カ）渡邊但馬守　萬力内正德寺分十八貫文・成澤關五貫文　二三・〇〇〇　六 1022

舊・復とも　上卷　五一五頁

〔甲斐の社寺に與へたる所領安堵狀第三類〕四十三通（天正十一年四月十八日―四月二十七日）

これは「甲斐國志」に載せてある四月十八日より同二十七日までの十日間に出された四十三通の寺社領安堵狀である。左にこれを表示する。

武田八幡宮（巨摩郡西郡筋）合五十三貫七百文　四月十八日

右は卷之八十五　佛寺部第十三　巨摩郡西郡筋から採られた記事であるが、卷之六十六　神社部第十二　巨摩郡武川筋にも武田八幡宮領に關して左の記事がある。

天正十一年癸未四月十八日武田八幡領五拾壹貫四百五拾文ノ御朱印

同　頁　第二項　高減額

南宮明神（巨摩郡武川筋上條東割村）甘利の上條・下條の内二十六貫　四月十八日

同　頁　第七項　地名補訂

駒井村諏訪明神（巨摩郡逸見筋駒井村）三貫七百九十九文　四月十八日

舊・復とも　上巻　五一六頁

七行目「福壽院」一行抹消。大泉寺の記事の混入

十六行目「明安院」一行抹消。深向院の記事の混入

舊・復とも　上巻　五一七頁

傳嗣院（巨摩郡西郡筋上宮地村）神山之内四貫文・青野二百文・隆昌院分三貫

七百文・下今井隆圓寺分一貫文・山林寺家門前棟別諸役免許等　四月廿一日

東陽軒（山梨郡栗原筋）寶珠寺七貫文　四月廿四日

舊　上巻　七四四頁・復　上巻　七四三頁

九行目の次に左の一行を追加

同　七月七日　阿部善四郎正次　河合　河合文書　同志太郡益津村河合友右衛門藏　八〇三

十行目（舊のみ）同榛原郡を遠江榛原郡に改む

十四行目の次に左の一行を追加

同　七月七日　渡邊彌之助光　（宛名缺）　後藤文書　同小笠郡岩滑村後藤林平藏　二五〇

舊　上巻　七四七頁・復　上巻　七四六頁

徳川家七箇條定書一覽表〔C〕諸種文書より纂輯したもの七通のうち三川本郷蓮華寺宛の「文書欄」に追記。『古典籍展観大入札目録』昭和三十四年十二月發行　圖版八六

舊　上巻　七四八頁・復　上巻　七四七頁

二行目の次に左の一行を追加

同　　十一月十七日　小栗二右衞門尉吉忠　（宛名缺）　三州額田郡大樹寺村百姓久七藏（一話一言、巻三十七）

舊・復とも　下巻之一　二七八頁

六行目を左の通り改む

同　　　不　動　院　同　信太郡信太庄內百五十石、幷寺中山林竹木諸役等免除、

舊・復とも　下巻之一　八七五頁

二行目の次に左の一行を追加

同　　十月日　　　攝州太田郡山田村　　同　　橋本義敏文書（吹田市史六）

五行目の次に左の一行を追加

同　　十月十八日　　攝津吉志部村（島下郡）　池田利隆　竹原秀三文書（吹田市史六）

正誤表（前著『新修徳川家康文書の研究』）

掲載頁	名称	訂正
二六	戸田忠重に與へたる誓書（永祿七年十一月十六日）	二行目　申合候→申含候
五九	織田信長に遺れる書狀（天正二年閏十一月九日）	一行目　御越儀→御越之儀
二七二	山城正法寺および同塔頭に與へたる寺領寄進狀（慶長五年二月二十五日）	原本〔正法寺所藏〕○八幡市 再錄　本書三五七頁參照
五〇五	蘆澤信重に與へたる上り給皆濟狀（元和元年二月二十八日）	二行目　分皆濟也→右分皆濟也
五三五	卜金法印に遺れる書狀（年月未詳二十三日）	金森長近に遺れる書狀 再錄　本書四一〇頁參照
五四二	金子覺書（年月日未詳）	原本〔栃木縣立博物館所藏〕
五四四	〔參考〕久能御藏金銀請取帳（元和二年十一月二十一日）	四行目　松平右衞門尉→松平右衞門尉殿
七七〇	北條氏規に遺れる書狀（天正十八年六月七日）	原本〔神奈川縣立博物館所藏〕 再錄　本書七九四頁參照
七八四	高橋元種に遺れる書狀（慶長四年十二月二十四日）	十二月廿日→十二月廿四日

後記

未だ校正半ばだが後記の筆を執ることとした。前著、『新修德川家康文書の研究』を昭和五十八年六月に發行してから、既に二十二年近くを經てしまつた。その「序說」に、「十年後には本書も大幅に改訂できる樣にと心懸けて行くつもり」と記した。慥かに前著の誤りや解明の不足した點に氣づき、書き直したい、追記したいと思つたことも少なからずあつた。『新編武州古文書　上』と『新編武藏風土記稿』より採集した何某とも知れない「ト金法印に遺れる書狀」が、原本實見によつて正しくは「金法印」で金森兵部卿法印素玄の略稱、即ち金森長近と判明した例や、「道中宿付」の樣に中村孝也先生が既に收錄された文書でも、本書に揭げる「道中宿付」の解明のためには、再揭すべきと判斷した例もある。また慶長五年五月に一齊に百數十通から二百餘通に上つて發給されたと思はれる「山城石淸水八幡宮」關係文書も關連文書として一括し、再揭せざるを得ないと言つた例もあつた。

だがそれらの場合は例外で、新出の原本文書を筆頭に、既刊の『德川家康文書』に未收の未活字化史料、活字にはなつてゐても「史料集」として纒められてゐるわけではなく、散在してゐる文書の蒐集を優先した。それらは題と月日と本文のみの原稿を起こし、寫眞や圖版のコピーがあれば添附して「未收文書」の番號をつけてコンピューターに登錄ファイルし、時間を盜んで解明し、解說を書き終へると「解說濟文書」の番號をつけて登錄ファイルすると言ふ作業を積み重ねて來た。一旦「解說濟」としながらも、關連文書や史料の出現によつて解說を書き改めることも追記する必要も生じる。

一方、著者の日常は目前に期日の迫る仕事が次から次へ、あとからあとへと重なり合ふ樣に押し寄せて來る。家康文書の解說書きには期日はないので常にあと廻しとなり、解明や解說の途中で數週間から數ケ月も筆をとめて置かざるを得ないことも珍しくなかつた。當然能率は極めて惡くなり、文書の解說を濟ませるよりも「未收文書」の出現の速度の方が早くなる。企業で言へば在庫が增え續ける狀態で、在庫一掃の目算は立つはずもない。新史料かと眼をとめ、既刊の『德川家康文書の硏究』にあたつてみる。あればほつとする。なければ『解說濟文書』のファイルにあたつてみる。あると見落しや讀み違ひはなかつたか、追記すべき項はと少しドキリとするが、大概の場合はほつとする。なければ「未收文書」のファイルにあたる。そこにあると解明解說書きの遲れの自責の念をまた新たにする。そこにもなければ「新史料」である。當然最も喜ぶべき事態なのだが、伸しかかつてくる壓力の方を大きく感じてしまひ、「硏究者として……」の反省と共に舌打ちする。

その繰り返しで二十年を經、既解說文書は五百通を超えてしまつたので、六十歲代も半ばを超え、古稀も近づいて來れば人生の始末を考へるのが當然であり、研究者としての義務である、と本書の緒言に記した。さう記してからもはや三年餘を經て、著者は既に古稀を超えること一年餘となつてゐる。本書に收錄した家康文書は三百五十七點(附屬文書二點)、參考文書百三十三點、未勘文書十四點、合計五百六點を數へるが、見切り發車で積み殘した文書も既に九十一點を數へ、そのうち二十二點は解說執筆濟でもある。それらはもう溜めこまずに著者が勤務してゐる財團法人德川黎明會の年刊研究紀要『金鯱叢書』に逐次掲載して行くことにしようと考へてゐる。

前著『新修德川家康文書の研究』の發行に至るまでも多くの方々から御敎示と御力添へとを戴いた。本書の發行に至る間にも多くの方々、中でも大阪城天守閣の北川央氏には同天守閣所藏の史料を中心に御敎示御協力を戴いた。德川美術館の副館長山本泰一氏はじめ學藝員の諸君、德川林政史研究所の竹内誠所長はじめ研究員の諸君には史料の紹介のみならず解明にも協力を仰いだし、財團總務部長近松眞知子氏にも出版の具體化に協力して貰つた。

さらに特筆して感謝の意を捧げなければならないのは、史料整理、コンピュータ入力等の研究助手役を、日常の錯綜する業務や自分の研究も續けながら果してくれた歷代の秘書孃たちである。伊東(舊姓　河原)秀子氏が前著の編纂に際して、史料の探索蒐集から本文の原稿起こし、校正・索引作りと獨壇場の奮闘を展開されたのみならず、その傍ら「德川家康文書に見られる贈答品」の研究も纏め上げられたので前著に收録したことは前著の「後記」に記した通りである。前著發行の際に見切り發車として積み殘した文書のファイルは勿論伊東氏の作だつたが、發行後もさらに史料探索を續けて起こした本文原稿をファイルに積み增して職を去つた。

伊東氏のあとを承けた坂本(舊姓　角井)希久子氏、渡邊(舊姓　武田)依子氏、前川(舊姓石原)痲里氏、小林由紀子氏、そして歷代のファイルを整理整頓して本書の編纂發行へと强力に推進、組版の指定から校正、索引作りと最大の實行力を發揮し督勵してくれたのは林(舊姓香山)里繪氏であり、その林氏と共に協力してくれた現祕書鎌田純子氏である。特記して深甚の感謝の意を表する。

本書の出版は財團法人徳川黎明會の研究事業の一端として財團を發行者としたが、その製作費は著者ならびにその姉小佐野英子の寄附金で充當した。

擱筆に當つて、諸學兄の御叱正と今後ますますの御教示とを、再びお願ひ申し上げる。

(平成十七年二月四日　順天堂醫院にて)

附　記（仙千代）

前著に「家康の第八子　仙千代」と題した小文を附記した。故中村孝也博士へのお約束を果さんがためにと記した通りで、文祿四年三月十三日に生まれ、慶長五年二月七日に僅か六歳で歿した仙千代に、生前なんの事蹟があらうとも思はれなかつたが、實はその歿後にこそ生母お龜の方（相應院）と、仙千代の養父となり義直の傅役、ならびに尾張執政として權力を掌握した平岩親吉らによつて、尾張徳川氏の家臣團形成の權原の象徴として利用され、大坂の坂松山一心寺・廐橋（前橋市）の正幸寺・甲府の極樂寺・同寺の廢寺によつて同地の教安寺に改葬・尾張清須の高岳院に移されて寺領百石を寄進され、さらに新府名古屋城下に移されて尾張徳川家の寺院とされるに至つた菩提寺高岳院と、續々轉々と六箇所に墓を設けられ、高野山越前廟内にも供養塔を建てられるに至つたと報告した。

これだけでも十分に過ぎようが、前著發行後、さらに京都の黑谷、金戒光明寺にも仙千代の高さ四・五米に及ぶ大きな五輪塔と相應院の墓石も設けられてゐると知つて參詣して來た。調査した因縁は本書にとつてはあまりにも蛇足に過ぎようから割愛する。

徳川義宣主要論文一覧

「東京都仙臺坂貝塚調査報告」『日本考古學』第一巻六號　日本考古學研究所　昭和二十四年九月
「秩父宮家御藏　堤中納言集と名家歌集」『墨美』百二十六號　墨美社　昭和三十八年四月一日
「秀吉の手紙」『古美術』第五號　三彩社　昭和三十九年八月三十日
「家光公の書狀」『大日光』第二十四號　日光東照宮　昭和四十年五月十日
「葉月物語繪卷」『寢覺物語繪卷・駒競行幸繪卷・小野雪見御幸繪卷・伊勢物語繪卷・なよ竹取物語繪卷・葉月物語繪卷・豐明繪草子』〈日本繪卷物全集十七〉角川書店　昭和四十年七月
「琳派藝術に惟ふ」『琳派名品展』徳川美術館　昭和四十一年十月
「家光公自筆書狀」『大日光』第二十七號　日光東照宮　昭和四十一年十月十五日
「〝大和繪〟と〝繪卷の成立〟」『御物・國寶・重文・繪卷名品展』徳川美術館　昭和四十二年十月二十一日
「家康公の辻ケ花染衣服」『大日光』第三十號　日光東照宮　昭和四十三年五月十五日
「光悅筆敬公手習手本帖」『古美術』第二十二號　三彩社　昭和四十三年六月三十日
「源氏物語繪卷の傳來と保存・模本・複製」『國寶　源氏物語繪卷』徳川美術館　昭和四十五年九月一日
「徳川美術館の刀劍と「駿府御分物御道具帳」」『尾州徳川家傳來名刀百選』徳川美術館　昭和四十六年四月二十三日

「司馬江漢作　陶製振袖西洋人形(徳川美術館藏)」『古美術』第三十五號　三彩社　昭和四十六年十二月十五日

「尾張・水戸兩徳川家襲藏　辻ケ花染衣服の傳來について」『大和文華』第五十五號　大和文華館　昭和四十七年三月一日

「加藤清正と讃岐國―忠廣息女の婚嫁をめぐって―」『徳川林政史研究所研究紀要昭和四十七年度』徳川林政史研究所　昭和四十八年三月三十日

「水戸徳川家御道具成立に關する試論」『彰考館藏水戸徳川家名寶展』徳川美術館　昭和四十八年九月二十九日

「續　徳川家康筆　茶壺の覺」『古美術』第四十六號　三彩社　昭和四十九年十一月二十五日

「(阿倍四郎五郎家史料)加藤清正・忠廣史料　池田圖書政長史料の傳來について」『金鯱叢書』創刊號　徳川黎明會　昭和四十九年三月三十日

「木筆三十六歌仙繪について―新出史料　彰考館藏―」『金鯱叢書』創刊號　徳川黎明會　昭和四十九年三月三十日

「徳川家康筆　茶壺の覺」『古美術』第四十四號　三彩社　昭和四十九年四月五日

「水戸家本「駿府御分物刀劍元帳」について」『駿府御分物刀劍と戰國武將畫像』徳川美術館　昭和四十九年十月六日

「琉球王府式樂とその樂器について」『沖縄の工藝』京都國立近代美術館　昭和五十年一月十五日

「大名物茶壺〝金花〟について―呂宋壺の渡來をめぐって―」『金鯱叢書』第二輯　徳川黎明會　昭和五十年三月三十日
「塵躰和歌集―加藤忠廣自筆・自詠歌日記―」『金鯱叢書』第二輯　徳川黎明會　昭和五十年三月三十日
「續　大名物茶壺〝金花〟について―「金花・松花のあるも名物」―」『金鯱叢書』第三輯　徳川黎明會　昭和五十一年三月三十日
「源氏物語繪卷「書風第一類」斷簡―「幻」の斷簡か―」『金鯱叢書』第三輯　徳川黎明會　昭和五十一年三月三十日
「五郎七燒茶碗について―中野燒との關係を中心に―」『金鯱叢書』第三輯　徳川黎明會　昭和五十一年三月三十日
「琉球漆工藝史序說―漆樹の存在實證を基に―」『金鯱叢書』第三輯　徳川黎明會　昭和五十一年三月三十日
「家康公の書道」『大日光』第四十五號　日光東照宮　昭和五十一年四月一日
「家康公の訓誡狀―將軍秀忠夫人宛(慶長十七年二月二十五日)」『大日光』第四十六號　日光東照宮　昭和五十一年十月二十日
「駿府御分物帳に見られる染織品について」『金鯱叢書』第四輯　徳川黎明會　昭和五十二年三月三十日
「「源氏物語繪卷」成立の背景とその形態」『源氏物語繪卷』〈日本繪卷大成一〉中央公論社　昭和五十二年四月二十八日
「葉月物語繪卷」『葉月物語繪卷・枕草子繪詞・隆房卿艷詞繪卷』〈日本繪卷大成一〇〉中央公論社　昭和五

十三年一月二十五日
「桃山時代の衣服―新出史料　徳川家康所用―」『金鯱叢書』第五輯　徳川黎明會　昭和五十三年三月三十日
「琉球の漆工藝」『漆工史』創刊號　漆工史學會　昭和五十三年五月十三日
「徳川家康文書　後拾遺集序―中村孝也先生を偲びて―」『大日光』第四十九號　日光東照宮　昭和五十三年八月二十五日
「平安　堤中納言集」『日本名跡叢刊』二十二　二玄社　昭和五十三年八月二十日
「源氏物語繪卷解說　源氏物語繪卷の成立とその傳來・模本について」『國寶・源氏物語繪卷』講談社　昭和五十三年九月十日
「茶壺考　序說―「いはゆる呂宋壺」の產地・製作地・渡來期とその受容―」『金鯱叢書』第六輯　徳川黎明會　昭和五十四年五月三十日
「「西行物語繪卷」の成立をめぐって」『西行物語繪卷』〈日本繪卷大成二十六〉中央公論社　昭和五十四年五月二十五日
「金澤文庫古文書『源氏物語色紙形』」『金鯱叢書』第七輯　徳川黎明會　昭和五十五年七月三十日
「「金澤文庫古文書」に見られる茶器」『金鯱叢書』第七輯　徳川黎明會　昭和五十五年七月三十日
「〔資料紹介〕陳晶　江蘇省武進縣新出土　南宋の珍貴なる漆器について」『文物』(一九七九年三月號)共譯『漆工史』第二號　漆工史學會　昭和五十四年十二月十日
「天字形・團扇形・分銅形の印のある漆工品―琉球王府藏印の可能性檢討―」『漆工史』第二號　漆工史學會

昭和五十四年十二月十日
「天正十四年を下限とする高臺寺蒔繪調度―尾藤知宣・加藤清正の遺品―」『漆工史』第二號　漆工史學會　昭和五十四年十二月十日
「一連の徳川家康の僞筆と日課念佛―僞作者を周る人々―」『金鯱叢書』第八輯　徳川黎明會　昭和五十六年六月三十日
「金澤文庫古文書『源氏物語色紙形』補訂」『金鯱叢書』第八輯　徳川黎明會　昭和五十六年六月三十日
「徳川家康遺訓「人の一生は」について」『金鯱叢書』第九輯　徳川黎明會　昭和五十七年六月三十日
「茶器の銘と名物の成立について」『金鯱叢書』第九輯　徳川黎明會　昭和五十七年六月三十日
「徳川家康の道中宿付」『金鯱叢書』第十輯　徳川黎明會　昭和五十八年八月三十日
「一連の徳川家康の僞筆　補訂」『金鯱叢書』第十輯　徳川黎明會　昭和五十八年八月三十日
「御所本三十六人家集甲本　僧正遍昭集の奥書について」『金鯱叢書』第十輯　徳川黎明會　昭和五十八年八月三十日
「御所本三十六人家集甲本　僧正遍昭集の奥書について　補訂」『金鯱叢書』第十一輯　徳川黎明會　昭和五十九年六月三十日
「徳川家康の晩年の手習と手本―定家樣書道の草創を周って―」『金鯱叢書』第十一輯　徳川黎明會　昭和五十九年六月三十日
「十三、十四世紀文獻に見られる美術・工藝・藝能史料の檢討」『金鯱叢書』第十二輯　徳川黎明會　昭和六

十年六月三十日
「『教言卿記』『教興卿記』に見られる美術・工藝・藝能史料の檢討」『金鯱叢書』第十三輯　德川黎明會　昭和六十一年六月三十日
「天字形・團扇形・分銅形の印と銘文―琉球漆器との斷定史證―」『漆工史』第九號　漆工史學會　昭和六十一年十二月十日
「明倫博物館―尾張德川家の經營した博物館―」『金鯱叢書』第十四輯　德川黎明會　昭和六十二年八月三十日
「燕子花圖屛風の三次元的構圖」『金鯱叢書』第十五輯　德川黎明會　昭和六十三年八月三十日
「『歷代宸記』『伏見天皇宸記』『花園天皇宸記』に見られる美術・工藝・藝能史料の檢討」『金鯱叢書』第十六輯　德川黎明會　平成元年十月三十日
「茶入考　序說」『金鯱叢書』第十七輯　德川黎明會　平成二年六月三十日
「辻ケ花と德川家康の衣服」『辻が花―英雄を彩った華麗な絞り染め―』德川美術館　平成二年十月五日
「初花肩衝の傳來について」『金鯱叢書』第十八輯　德川黎明會　平成三年九月三十日
「婆娑羅の時代」『婆娑羅の時代―王朝世界の殘照・近世のいぶき―』德川美術館　平成三年十月五日
「新出の琉球樂器「長線(チャンスヱン)」」『漆工史』第十四號　漆工史學會　平成三年十二月十日
「沖繩縣伊是名島傳存の丸櫃について」『金鯱叢書』第十九輯　德川黎明會　平成四年九月三十日
「天字形・團扇形・分銅形・鼓胴形の印の意義―琉球王府傳來の寶劍―」『漆工史』第十五號　漆工史學會

平成四年十二月十日

「徳川家康の衣服―小袖・胴服・羽織・能小袖―」『金鯱叢書』第二十輯　徳川黎明會　平成五年九月三十日

「徳川家康の遺金と御三家への分與金」『金鯱叢書』第二十一輯　徳川黎明會　平成六年六月三十日

「〔資料紹介〕天字形・團扇形・鼓銅形の印のある漆工品―新出史料と琉球王府に於ける意義―」『漆工史』第十七號　漆工史學會　平成六年十二月十日

「自筆文書の意義と認識形成について―徳川家康文書と日課念佛を例に―」『金鯱叢書』第二十二輯　徳川黎明會　平成七年十月三十日

「大井林町古墳」『品川歴史館紀要』第十一號　品川歴史館　平成八年三月三十一日

「〔資料紹介〕黑漆鳳凰ニ雲卍格子沈金臺子―雲鳳文の變遷を周って―」『漆工史』第十九號　漆工史學會　平成八年十二月十日

「等々力古墳（御嶽山古墳）發掘調査報告」『史料館紀要』第九號　學習院大學史料館　平成九年三月二十五日

「徳川家康と甲州金―天神瓦を中心に―」『金鯱叢書』第二十四輯　徳川黎明會　平成十年一月三十日

「山城伏見大光明寺再建勸進書立について」『金鯱叢書』第二十五輯　徳川黎明會　平成十年八月三十日

「「堤中納言集」の傳來について」『金鯱叢書』第二十六輯　徳川黎明會　平成十一年八月三十日

「〔史料紹介〕加藤忠廣より安藤直次に遺れる書狀（寛永七年六月七日）」『金鯱叢書』第二十七輯　徳川黎明會　平成十二年十一月三十日

「〔史料紹介〕春日局（お福・齊藤氏）より東福門院附權大納言局（橋本氏）に遣れる消息（寛永十年十一月十三

日)」『金鯱叢書』第二十七輯　徳川黎明會　平成十二年十一月三十日
「朱漆花鳥七寶繋文沈金御供飯」『國華』第千二百六十四號　國華社　平成十三年二月二十日
「跤趾金襴手壽之字御香合青薬擂茶―我が國最初の赤繪金襴手か―」『金鯱叢書』第二十八輯　徳川黎明會
平成十三年十二月三十日
「保科正之の子女入輿」『金鯱叢書』第二十九輯　徳川黎明會　平成十四年十一月三十日
「古田重然と織部」『金鯱叢書』第三十輯　徳川黎明會　平成十五年十二月三十日
「茶壺の賞翫について」『桃山陶の華麗な世界』愛知縣陶磁資料館　平成十七年三月二十一日

徳《とく》川《がは》義《よし》宣《のぶ》（尾張徳川家二十一代）

昭和八年十二月東京に生れる。

昭和三十一年學習院大學政經學部經濟學科卒業。

昭和五十一年徳川美術館館長、平成五年財團法人徳川黎明會會長就任。

昭和五十六年以降、青山學院女子短期大學、上智大學、學習院大學、東海學園大學等で教鞭を執る。

平成三年文部大臣表彰、平成十四年文化庁長官表彰を授與される。

平成十七年十一月二十三日逝去。享年七十一歳。

著書
『葉月物語繪巻』（木耳社・昭和三十九年七月五日発行）
『琉球漆工藝』（荒川浩和共著）（日本経済新聞社・昭和五十二年六月十日発行）
『茶壺』（淡交社・昭和五十七年十一月十一日発行）
『新修　徳川家康文書の研究』（徳川黎明會・昭和五十八年六月二十日発行）
『国宝　源氏物語絵巻』（岩崎美術社・昭和五十八年六月三十日発行）
『徳川家康眞蹟集』（角川書店・昭和五十八年十一月十五日発行）

新修　徳川家康文書の研究　第二輯

平成十八年十一月一日發行

著者　徳川義宣

發行所　財團法人　徳川黎明會
〒171-0031　東京都豊島區目白三丁目八番一一號
電話（三九五〇）〇一一一（代表）

發賣所　株式會社　吉川弘文館
〒113-0033　東京都文京區本郷七丁目二番八號
電話（三八一三）九一五一（代表）
振替口座〇〇一〇〇―五―二四四番
http://www.yoshikawa-k.co.jp/

印刷所　株式會社　理想社
〒162-0802　東京都新宿區改代町二十四番地
電話（三二六〇）六一七七（代表）

ISBN4-642-03418-8

索　　引

目　　次

徳川義宣が生前に原稿に線引きした項目により作成した。

家康索引を除き、各索引は五十音順に表示した。

徳川義宣の前著『新修徳川家康文書の研究』の索引とは統一をとらず、以下の通り變更した。

・未勘文書は頁番號に「未」を付加して同一索引内に表示した。
・人名索引は(A)(B)の二つを作らず、氏が伴わず探しにくい場合に限り、同一索引内に通稱・幼名・官名・略稱・號等から氏と諱を検出できるよう矢印で表記した。
・出典索引を出典・所藏者索引とし、文獻からの出典であっても所藏者が判明する場合には名前から探すことが出來るようにした。
・徳川家康の項目は人名索引には掲載せず、家康索引として別立した。家康索引には署名・呼稱(文書中に登場する表記)・花押・印章が含まれる。

人 名 索 引

氏と諱を以て表示するのを原則とし、實際に文書に用いられている呼稱を括弧内に示した。氏や諱が不明の場合には通稱・幼名・官名・略稱・號等を以て示した。

同一文書に於いて同一呼稱が同頁内に重出する場合には、その頁を一回のみ示した。同一文書の中の同一呼稱であっても、複數頁に亙る場合には、各頁一回に限って示した。同頁の中で同一呼稱が重出しても、それが複數の文書に亙る場合には、その頁を重ねて表示した。

德川家康は家康索引を參照されたい。

あ

會田資久(出羽) 546
會津少將 → 蒲生氏鄉
會津中納言 → 上杉景勝
青木一矩(紀伊守) 219
青木一重(民部少輔) 558
青木勘四郎 141
青木信時(尾張) 140
青木信安(彌七郎) 141
青木滿定(彌三左衞門) 140
青山右衞門大夫 278
青山成重(圖書助) 578
青山宗勝(修理大夫)(甚左衞門尉) 220, 315
赤五郎作 664
明石元知(左近將監) 219
吾妻源五左衞門 62
赤松則房(上總介) 222
安藝宰相 → 毛利秀元
安藝宰相・安藝中納言 → 毛利輝元
秋田實季(藤太郎) 218
淺井氏(御屋しき)(德川秀忠夫人) 248
淺路(禰宜) 476
淺野長晟(右兵衞)(右兵衞尉) 278
淺野長吉(長政)(彈正少弼) 132, 152, 154, 155, 155, 157, 161, 166, 170, 173, 272, 274, 277, 280, 397
淺野幸長(左京大夫) 215, 406
朝比奈泰雄(兵衞尉) 541, 541
朝比奈泰勝(朝彌) 121
足利義昭(一乘院) 18
蘆田康國 → 依田康國
吾妻 82
阿部重吉(新四郎) 572
阿部正勝(安倍)(善九)(善九郎)(伊豫守)(善右衞門尉) 35, 41, 43, 112, 252
荒尾志摩守(隆重または山就) 未 702
荒尾内匠(成利?) 未 702
荒川角左衞門 439
荒木重堅(木下備中) 219
有賀勘左衞門 79
有馬豐氏(滿助) 235
有馬則賴(中務卿法印)(刑部卿法印) 219, 222
安房侍從 → 里見義康
安藤重信(對馬守) 578
安藤帶刀(直次) 623

い

か

き

く

け

こ

さ

し

す

せ

そ

た

ち

つ

て

と

な

に

ね

の

は

ま

ゆ

よ

れ

ろ

わ

地 名 索 引

規模の大小や所在地に關係なく全て五十音順に表示した。大は國名や地方名から、小は村名や城名・邸宅名を含む。一部特殊な讀みを採り上げているが、基本的には最も讀まれ易いと思われる訓讀法から探すことができるようにした。括弧内に國名を記した。庄以下のいかなる單位の地名であるかは、各文書の解說を參照されたい。

あ

い

う

え

お

か

き

く

こ

さ

し

す

せ

そ

た

ち

つ

て

と

な

に

ぬ

ね

の

は

ひ

ふ

へ

ほ

ま

み

む

も

や

よ

る

れ

わ

ゐ

を

社　寺　索　引

規模の大小や所在地に關係なく全て五十音順に表示した。
坊名は寺名のもとに表示した。
括弧内に國名を記した。各社寺の現在地は各文書の解說を參照されたい。

こ

さ

し

せ

そ

た

事項索引

一部を除き、「御」といった敬称は取り除き項目名とした。

き

く

け

こ

さ

し

出典・所藏者索引

文書の出典・所藏先を五十音順に表した。
所藏者の名前の內、「財團法人」「株式會社」といったものは省略し、
續く固有名稱の五十音で記載した。

あ

い

う

え

お

か

き

く

け

こ

さ

し

す

せ

そ

た

ち

つ

と

な

に

ね

は

ひ

家 康 索 引

文書中に現れる家康の名前を署名・呼称(文書中に登場する表記)・花押・印章の四つに區分して索引とした。

○署名

○呼稱(文書中に登場し、家康と判明するもの)

○花押

『德川家康文書の研究』下卷之二　花押集及び『新修德川家康文書の研究』圖版　花押部分　參照。また異形花押は本書圖版及び文書解說を參照されたい。

○印章

1.「福德」朱印

外徑五・八糎の重圈圓印。印文「福德」。本書では二十五個集錄。本書でも朱印のみが確認され、黑印は未確認である。これまでの永祿十二年閏五月を溯る本書 21 頁の「祝田新六(推定)に與へたる感狀」が初見となる可能性がある。

初見　永祿十一年假入、最終　文祿二年十二月十六日。

21(永祿十一年假入), 43, 50, 54, 55, 61, 72, 73, 75, 78, 82, 84
88, 111, 122, 123, 133, 134, 168, 175, 179, 185, 195, 196, 197(文祿元年二月一日), 未708

「福德」朱印　摸　35, 41, 71, 74
「福德」印カ　58
福德の古文字アリ　182
袖印　52, 81

2.「無悔無損」黑印

縱五・八糎、横四・三糎の壺形印。印文「無悔無損」。本書では一個集錄。黑印のみ。
初見　天正十六年正月十九日、最終　慶長三年三月四日。

203(文祿元年八月十五日), 242

3.「忠恕」朱黑印

縱四・九糎、横三・八糎の重圈楕圓印。印文「忠恕」。本書では二十個集錄。
初見　慶長四年二月二十日、最終　慶長十五年閏二月八日。

(黑印)　324(慶長五年五月三日), 471
(朱印)　352, 355, 356, 358, 360, 366, 368, 369, 370, 371, 372
373, 403, 404, 407, 409, 438, 525(慶長五～十一年カ五月三日)

4.「源家康」朱黑印

縱五・八糎、横四・八糎の太細重圈楕圓印。印文「源家康」。本書では四十個集錄。初見　慶長七年六月十六日　最終　慶長十二年十月十七日。

(黑印)　473(慶長七年九月十九日), 502, 502, 505, 508, 519, 526
526, 527, 528, 529, 529, 532, 536, 536, 538, 539, 543
544, 544, 557, 557, 619, 634, 644, 645(慶長八～元和元年九月九日), 670, 677, 678, 678
(朱印)　488, 489, 490, 491, 491, 492, 493, 493, 495, 495, 522

5.「恕家康」朱黑印

縱四・九糎、横四・二糎の太細重圈楕圓印。印文「恕家康」。本書では二十九個集錄。
初見　慶長十一年二月二十四日、最終　元和元年七月二十七日。

(黑印)　533(慶長十二年六月二十日), 548, 549, 550, 551, 562, 591

592, 599, 605, 605, 610, 618, 619, 628, 633, 636, 637
639, 640, 646, 660, 661, 661, 662(慶長十～元和元年十二月二十八日), 666, 671, 676, 678
(朱印) 586

6. 傳馬朱印(駒曳朱印)

縦横七・○糎の重廓方印。印文「傳馬朱印」。傳馬朱印二種の内、馬を引く人物が含まれる爲、駒曳朱印と記した。本書では三個集錄。他に二個同印と思われる文書があるが、圖版では印面を確認できない。

412, 413, 414(いずれも慶長六年正月)
(未確認)441, 470

7.「源家康章」黑印

外枠　縦横四・一糎の重廓方印。印文「源家康章」。本書では一個集錄。僞印。本書642頁解説参照。

642(元和元年八月三日、印だけ後捺されたか)

8. 不明印

印を特定できないものを以下に掲げた。特定できるものは上記各印章の項目を参照されたい。

(朱印) 26, 36, 37, 40, 46, 52, 57, 59, 60, 69, 70, 79, 80, 111
180, 185, 404, 477, 480, 483, 496, 507, 516, 517, 518
518, 530, 560, 565, 625, 630, 638, 669
(黑印) 534, 568, 620, 635, 658, 667, 668, 669
(朱印摸) 481, 540
圓印摸(印文未詳) 461
(御印) 548